THE

# ANCIENT LITURGIES

OF THE

# GALLICAN CHURCH;

NOW FIRST COLLECTED,

WITH AN INTRODUCTORY DISSERTATION, NOTES, AND
VARIOUS READINGS,

TOGETHER WITH

## PARALLEL PASSAGES

FROM THE

ROMAN, AMBROSIAN, AND MOZARABIC RITES.

BY

# J. M. NEALE, M.A.,

WARDEN OF SACKVILLE COLLEGE;

AND

# G. H. FORBES.

Catholic Church, Liturgy and Ritual.
in Sacramentary.

# AMS PRESS, INC.
NEW YORK

Reprinted from the edition of 1855, London
First AMS EDITION published 1970
Manufactured in the United States of America

International Standard Book Number: 0-404-04655-X

Library of Congress Catalog Card Number: 71-131030

**AMS PRESS, INC.**
NEW YORK, N.Y. 10003

TO THE

# HON. G. F. BOYLE,

### ONE OF THE FOUNDERS

OF

## THE CATHEDRAL CHURCH OF S. NINIAN,

### AT PERTH,

AND

### FOUNDER

OF

## THE COLLEGIATE CHURCH OF THE HOLY SPIRIT

### IN CUMBRAE,

# THESE LITURGIES

### COGNATE TO THAT GREAT EASTERN FAMILY

WHENCE

## THE COMMUNION OFFICE

OF THE

# CHURCH OF SCOTLAND

### IS DERIVED,

### ARE DEDICATED BY

# THE EDITORS.

# PREFACE.

As the general introduction to the Gallican Liturgies will not appear till the whole is completed, it has been thought right here to say a few words on the subject of the present edition of these venerable monuments of the Western Church, by way of explaining what has been done in it to throw light upon their character and origin.

The fortunes of the Ephesine Liturgy, which was once universally used throughout France and Spain, may not unfitly be compared to those of the original inhabitants of these countries, who, by the irruption of the Arian races, have been so entirely driven out of France, that hardly a memorial exists of their former occupation, while in Spain they are now confined to a single province.

The Ephesine Liturgy, in like manner, though in Spain it was preserved, at first from intermixture with the Roman, and afterwards (in part through the patriotic zeal of the great Ximenes) from total oblivion, was so thoroughly disused in France in the time of Charlemagne, that even in the reign of his successor Charles the Bald all recollection of its nature seems to have faded away, and priests had to be brought from Toledo to gratify the king's curiosity concerning the service by which his predecessors had worshipped God.

We need no further proof of the entire ignorance that prevailed on this subject in more recent times, than the fact that the *Missa* published by the Lutheran, Flaccus Illyricus, at Strasburg in 1557, was for some time accepted by learned men as the original Gallican Liturgy, although it is purely Roman.

The first person who laid a solid foundation for the settlement of this matter, was the truly eminent Bona. He in his great work on Liturgical Matters, laid down four peculiarities which had distinguished the Gallican service from the Roman, being mentioned in the writings of authors who had lived while it was yet used; and proceeding a step further, he pointed out two Missals in the Vatican Library, which, as they corresponded with these particulars, he pronounced to be genuine Gallican Liturgies. They were soon after published by Cardinal Thomasius, with the addition of a third, which resembled them; he added a few notes.

The subject was now taken up by Mabillon. In one of his journeys he discovered at Luxeuil a Lectionary which he perceived to have belonged to the Gallican Rite. This he published at Paris, in 1685, with a very learned introduction and notes, adding thereto the three Missals which Thomasius had printed at Rome about two years before.

We cannot here withhold our tribute of admiration for the skill which he displayed in amending the very faulty text which the Italian had given with scarcely any alteration from the MS. Almost all the numerous errors which are to be found noted in the margin of the present edition as occurring in it, have been corrected by the diligence of the learned Benedictine; though it would certainly have been more satisfactory had he not done so *sub silentio;* and the more so, because many of the readings which he has altered, rather proceed from the *infima latinitas* of the time, than from mistakes of the copyist.

We have only to add that these three Missals, the Gothic, Frankish, and Gallican, were reprinted by Muratori in his Collection of Western Liturgies published at Venice in 1748 (strangely misnamed *Liturgia Romana Vetus*,) from the original edition of Thomasius, without making any use of the emendations of Mabillon, while Vezzosi in his collected edition of the works of Thomasius, in which the sixth volume is occupied with these sacramentaries, does not take nearly so much advantage of Mabillon's labours as he might have done.

The next circumstance that threw light on this subject was the discovery of the Gallican Sacramentary in the library of Bobio, by Mabillon during his journey into Italy. He printed it in the first volume of his *Museum Italicum* with a good many notes and an introduction; from this it also was copied into Muratori's collection. All the four have been reprinted by the Abbé Migne in the lxxii volume of his Patrologia, Paris, 1849, but without any corrections, together with the Expositio Brevis of S. Germanus of Paris; which also will accompany the present edition. Thus stood the researches of the learned for a century.

M. Mone, who is Librarian at Karlsruhe, was engaged in collecting the original writers of the History of Baden. In the library there exists a Commentary of S. Jerome on S. Matthew, the first leaves being of the seventh, and the rest of the eighth century. It came from the Abbey of Reichenau, and contains in a later hand and in blacker ink, at the end, Benedicat Deus Johanni Episcopo et congregationi nostræ. This points out John II. Bishop of Constance and Abbot of Reichenau, (A.D. 760—781.) Hence the later part of the MS. is coeval with S. Pirmin, the founder of Reichenau, who died in A.D. 754. It is not, then, unnatural to conclude, as the former part of the MS is earlier than the foundation of the Abbey, that S. Pirmin brought it with him from his native Austrasia. But the MS was clearly palimpsest, and M. Mone, anxious to examine it for his Historical Collection, ascertained that the old ink only was metallic, and by the application of suitable chemical agents, he was thus enabled to restore the first writing without destroying the second. He then discovered fragments of eleven Gallican Masses, written on forty-five leaves, but sadly cut about to suit the formation of the new work. The variable parts only

of the Mass are given, and M. Mone devotes a learned
dissertation to the discovery of their age.

The text is so exceedingly corrupt, that we have thought
it best to give both that and a conjectural emendation of
it. In the latter, for which Mr Neale is responsible, we
have followed the usual orthography; because it is so exceedingly difficult to determine what in the original is patois,
and what is simply a blunder on the part of the transcriber,
or rather amanuensis; for, as will be seen, the MS seems
to have been written from dictation.

The only other relic of the French Liturgies is that which
Mr. Bunsen has published in his Hippolytus. It was commu-
nicated to him by Niebuhr.

It remains to speak of what has been done as to the
Services edited by Mabillon and Thomasius. The publisher
having had occasion to examine several of the Western
Liturgies for his work on *the Christian Sacrifice*, was struck
with the number of collects which were found both in the
Gothic Missal and in the Roman Sacramentary that goes
under the name of S. Leo. Further investigation into other
Roman rituals greatly increased the number, and it was observed that a large proportion of those which could not be
traced in Roman service-books, occurred in the Mozarabic.

He, therefore, resolved in printing the Gallican services to
make an attempt at separating what was borrowed from
other Churches from what might be considered the genuine
compositions of the ancient French ritualists. Starting from
the supposition that France would borrow from Rome, and
not Rome from France (a supposition borne out by the
internal evidence) he has given in smaller type whatever could
be found in any Roman Liturgy, including under that head
the Ambrosian Missal. What the Gallican services have in
common with the Mozarabic has not been so distinguished,
as this latter belongs to the same general Ephesine family.
Had he, however, been as strongly persuaded at the outset
as he now is, that the Mozarabic is the original from which
the compilers of the following services have borrowed, he
would probably have adopted some method to distinguish these
portions also; but as the parallel passage is always printed
in the margin, this is of less moment.

He is fully sensible how imperfectly he has executed the
task he proposed to himself, and wishes, therefore to bear the
full blame of the defects that will be found in it, as also in
the revision of the text of those printed by Mabillon. He
trusts, however, that allowance will be made by those who
reflect on the labour necessary to trace the various collects,
which are often considerably altered and applied to different
services. He has to a certain degree endeavoured to give

the earliest authority he could find (e. g. not to quote the Sacramentary of S. Gregory for a prayer occurring in that ascribed to S. Gelasius) but this has not been always carried out. It is hoped that what has been done will direct the attention of others to this enquiry, especially of those who have access to the MS rituals of Western Europe, as there can be no doubt that much more light might thereby be thrown on the ancient Gallican rite, both by removing prayers of foreign origin, and also by supplying better readings of those which really belong to it, and, it may be, fuller recensions which have been abridged by the compilers of the services which have been preserved.

The text has been formed by a careful collation of the editions of Vezzosi, Mabillon, and Muratori. When the first and third of these agree in differing from Mabillon, the reading has been given as that of the MS. But in the few instances in which Muratori agrees with Mabillon, it has been supposed to be a change of Vezzosi's, and is marked accordingly. The pages of Mabillon's edition are given in the mg. distinguished by a *, and those of Vezzosi's Thomasius preceded by a †.

The following are the editions employed, and the abbreviations by which they are designated.

*S. Leon.*—The Sacramentary ascribed to S. Leo, from the 2nd volume of his works published by the Ballerini; Ven. 1756.

*S. Gel.*—That ascribed to S. Gelasius from the 6th volume of Vezzosi's edition of Thomasius' works.

*S. Greg.*—That compiled by S. Gregory as edited by Menard; from the Benedictine edition of his works; Paris 1705.

*S. Greg. vet.*—The edition of the same Sacramentary published by A. Rocca; quoted from the edition of S. Gregory's works, Ant. 1615.

*S. Greg. apud Pam.*—The edition of the same published by Pamelius in his *Liturgica Latinorum*; Col. Agr. 1571.

*S. Greg. apud Mur.*—That published by Muratori in his *Liturgia Romana Vetus*, already referred to.

*S. Greg. apud Gerb.*—That published by Gerbert in his *Monumenta Veteris Liturgiæ Alemannicæ*; Typis San-Blasianis, 1777.

*Miss. Ambr.*—The Ambrosian Missal from the edition of Pamelius in his work mentioned above; also from that authorised by Cardinal Puteobonelli, Milan, 1768.

*Miss. Moz.*—The Mozarabic Missal is quoted from Lesley's edition Rome 1755, and also from that of Arevalus; Rome 1804.

*Brev. Moz.*—The Mozarabic Breviary was printed at Madrid in 1775, by Cardinal Lorenzana.

*Martene's* work *de Ant. Eccl. Ritibus* has also been referred to; Ant. 1773.

*M. Goth. M. Franc. M. Goth.*—The Gothic, Frankish, and Gallican Missals are referred to by the pages of Mabillon's edition, but the text is taken from Vezzosi's Thomasius.

*Sac. Gall.*—The Sacramentarium Gallicanum from Mabillon's edition mentioned above.

*M. Rich.*—The Missal of Richenau, first published by Mone in his Messen Lateinische und Griechische, 1850.

*M. San-Gall.*—The fragments printed by Bunsen in his Hippolytus.

# MISSALE RICHENOVENSE.

## (MISSA I.)

(ante orationem dominicam.) a, ª peccato sancto nomine suo jubeat liberari; et jam eos nostris precibus adjuvemus, qui ignorantes adhuc iter verum à diabolo in erroribus sæculi ᵇ detinentur, ut omnes agnitione suae majestatis illuminet. Per Jesum Christum Dominum nostrum; cujus mandata retinentes oramus et dicimus:

(post orationem dominicam.) Libera, Domine, libera nos ab omni malo, et constitue nos in omni opere bono: qui ᶜ vivis et regnas cum Patre et Spiritu Sancto in secula seculorum. Amen.

(post communionem.) Spirituali escâ haustuque recreati, omnipotentem Deum Patrem debitâ gratiarum actione veneremur. Per Dominum nostrum Jesum Christum Filium suum viventem manentemque secum cum Spiritu Sancto in æterna saecula saeculorum. Amen.

ª The preceding sentence probably referred to heretics or open sinners.

ᵇ A clear proof that this mass is of a date anterior to the establishment of Christianity as the religion of the country.

ᶜ In the Gothic Missal, this prayer, the *Embolismus*, (see Introduction) is almost universally addressed to the Father: but there do occur some instances where (as here) it is directed to the Son: see pp. 214a, 230a, 237a:
Libera Domine, libera nos ab omni malo. et a fortissimis adversariis diabolo et morte, ea, quæ cunctis fortior est, virtutis et dexteræ tuæ protectione defende.—Miss. Goth. p. 238b.
Libera nos a malis, auctor bonorum omnium, Deus: libera nos ab omni tentatione, ab omni scandalo, ab omni hæresi, ab omni opere tenebrarum; et constitue nos in omni opere bono: et da pacem in diebus nostris auctor pacis et veritatis, Deus. Per.—Miss. Goth. p. 296a.
Accepto cœlesti corporis sacramento, et salutis æternæ calice recreati, Deo Patri omnipotenti gratias agamus laudesque dicamus. Per.— Miss. Goth. p. 294b.

### Textus codicis.

### (MISSA I.)

(ante orationem dominicam.) * * cato sancto nomine suo jubeat liberari et iam eos nostris precibus adiuuemus. qui ignorantes adhuc iter uerum a diabulo in erroribus saeculi detinentur. ut omnes agnitione suae maiestatis inluminet per Jhesum Christum dominum nostrum cujus mandata retenentes oramus et dicimus.
(post orationem dominicam.) Libera domine libera nus ab omni malo. et constitue nos in omni opere bono qui uiues et regnas cum patre et spiritu sancto in secula seculorum. amen.
(post communionem.) Spirita- | li esca haustuque recreati omnipotentem deum patrem debita gratiarum actione ueneremur per dominum nostrum Jhesum Christum filium suum uiuentem manentemque secum cum spiritu sancto in aeterna secula seculorum. amen.

71b
Mone 15
Mone 16

71a

I

*(collectio.)* Exaudi nos, Deus Pater omnipotens, et præsta quæ petimus per Dominum Jesum Christum Filium tuum qui vivit et regnat Deus in sæcula seculorum.

*(benedictio.)* Sit, Domine, miseratione tuâ digna misericordiam vox petentum : cunctos respiciens tu singulos non repelles : hoc votivum nobis faciens, quod necessarium esse cognoscis, ne aliud nostra intemperantia studeat petere, quàm tua præsciat potentia convenire. Per Dominum.

## (MISSA II.)

*(collectio.)* Deum fidelium salvatorem, conservatoremque credentium, Deum æternæ immortalitatis auctorem, fratres dilectissimi, unianimiter Dominum deprecemur, ut nobis pietatis suæ dono spiritali misericordiam indeficienter impertiat. Per Dominum.

*(ante nomina.)* Deus, qui pro magnitudine tuâ per universa diffunderis et ubique tamen totus adsistis, discritens [a] omnium voluntates, qualitatibus, locis, temporibus, atque personis, votorum omnium capax, propitiatus nos exaudi ; dum ad cunctos adspicis, foves, omnibus misereris. Per Dominum.

*(post nomina.)* Recitata nomina Dominus benedicat, et accepta sint Domino : uti hujus oblationis [b] nostris precibus intercessio suffra-

[a] Mone would read *discretius*, which has no sense. *Discritens*, or rather *discretens*, is mere patois for *discernens*, the verb being re-formed from the participle.
The passage is undoubtedly obscure : but may perhaps mean : " Thou canst distinguish the will and design which give birth to the action, and makest allowance for the action itself, as it is necessarily influenced by circumstance, place, time, and person." *E. g.* God saw the difference between the question of Zacharias, identical in words with that of the Blessed Virgin Mary : and punished the one, while He rewarded the other. In the last clause we may perhaps read, ad cunctos adspicis, *cunctos* foves, omnibus misereris.
[b] If our emendation be correct, the sense is : " that the intercession of this oblation may assist our prayers." The *nis* might easily have been dropped before the *nostris*.

### Textus codicis.

*(collectio.)* Exaudi nos deus pater omnipotens et praesta quae petimus per dominum Jhesum Christum filium tuum qui uiuet regnat deus in saecula seculorum.

*(benedictio.)* Sit domine meseratio tua digna misericordia uox petentum 57b cunctus | respiciens jn singulus non repelles. hoc uotiuum nobis faciens. quod necessarium esse cognusces. ne aliut nostra intemperantia studeat petere. quam tua praesciat potentia conuenire. p. d.

### MISSA II.

*(collectio.)* Deum fidelium saluatorem, conseruatoremque credentium. deum aeterne. inmortalitatis auctorem. fratres dilectissimi. unianimiter dominum 57a depraecemur. ut nobis pietatis suae dono spiritali | misericordiam indeficienter inperciat p. d.

*(collectio ante nomina.)* Deus qui pro magnitudinem tuam per uniuersa Mone 17 deffunderis et ubi tamen totus adsistis. discritens omnium uoluntatis qualitatebus locis temporibus adque personis. uotorum omnium capax. propiciatus exaudi. dum ad cunctus adspices foues omnebus misereris. p. d.

73b *(post nomina.)* Recitata nomina dominus benedicat et accep- | ta sit domino uti huius oblatio. nostrisque praecebus intercessio suffragetur. spiri-

getur. Spiritus quoque carorum° nostrorum
lætis sedibus conquiescant, et primæ resurrectionis gaudia consequantur. Per Dominum.

(ad pacem.) Exaudi nos, Deus salutaris
noster, et in consortio nos divinorum sacrificiorum dignanter admitte; hanc pacem tuam
benignus largire. Per Dominum.

(contestatio.) Dignum et justum est, æ-
quum et justum est, ut te, sancte Pater,
omnipotens æterne Deus, omnibus locis, omnibusque temporibus, per omnia momenta veneremur: tibi supplices simus, tibi deferamus
preces, te. totis studiis et affectibus adoremus: Deus, qui ultra omnes virtutes, ultra
omnes es potestates, Deus universorum arbiter,
judex secretorum; quem cæli et terra, quem
angeli et archangeli, quem throni et dominationes, quem Cherubin et Seraphin incessabili
voce proclamant, dicentes: Sanctus, Sanctus,
Sanctus.

(alia contestatio.) Dignum et justum est,
nos tibi gratias agere, Domine Deus, per
Christum Jesum Filium tuum: qui, cùm Deus
esset æternus, homo fieri pro nostrâ salute
dignatus est. O unice singulare, et multiplex
Salvatoris nostri mysterium! nam unus idemque et Deus summus et homo perfectus, et
pontifex maximus et sacrificii sacratissimum,
secundum divinam potentiam creavit omnia,
secundum humanam conditionem liberavit
hominem: secundum vim sacrificii expiavit

° This peculiarly tender expression is
characteristic of Gallican prayers for
the departed; while in the very numerous examples of such prayers in
the Mozarabic Missal it does not
occur more than two or three times.
See pp. 416. 101 and 314. 55. In like
manner the prayer that they may be
admitted to the joys of the first
resurrection, common in the Gallican
Liturgies (see Miss. Goth. pp. 237b
246a, 271b, 292a, 299a. Sacram. Gall.
p. 384b, 385a) is not applied once to
the departed in the Mozarabic, though
there are some few instances of its
being used for the living: see e. g. p.
207. 47. 209. 65. We may therefore,
safely infer that the present Missa.
belongs entirely to the Gallican family
of the Ephesine Liturgy.

*Textus codicis.*

tibus quoque karorum nostrorum laetis sedibus conquiiscant. et primi resurrectionis gaudia consequantur. p. d. nm.

(ad pacem.) Exaudi nos deus salutares noster. et in consortio nos diui-
norum sacrificiorum dignanter admitte. hac pacem tuam benignus largire.
p. d.

(contestatio.) Dignum et iustum est. equum et iustum est ut te sancte 73a
pater omnipotens aeterne deus. omnibus locis. omnibusque temporibus. per
omnia momenta ueneremur. tibi supplices simus. tibi deferamus praecis, te
totis stodiis et effectibus adoremus. deus qui ultra omnibus uirtutis. ultra
omnis es potestatis. deux uniuersorum arbiter. judex secretorum. quem caeli et
terra. quem angeli | et archangeli. quem throni et dominationis. quem cherubin. 65b
et serafin. incessabili uoce proclamant dicentes. SS. SCS. SS.

(contestatio.) Dignum et iustum est. nos tibi gratias agere domine deus
per Xpm Jhm filium tuum. qui cum deus esset aeternus. homo fieri pro nostra
salute dignatus est. O unice singulare. et multiplex saluatoris nostri mysterium.
nam unus idemque et deus summus et homo perfectus, | et pontifex maximus. 65a
et sacrificii sacratissimum. secundum diuinam potentiam creauit omnia.
secundum humanam conditionem liberabit hominem. secundum uim sacrificii

d The accusative plural, as is also *of-fensus.*

commaculatus,[d] secundum jus sacerdotii reconciliavit offensus.　O unice redemptionis mysterium singulare ! in quo vetusta illa vulnera

\* Mone would read *Domini*, but the
text seems correct; "A new medicine
healed those ancient wounds *to* the
LORD ;" i. e. to His glory, and for His
service.　But, if any correction be
necessary, *Dominus* would undoubtedly be better :—"The Lord healed
those ancient wounds by a new medicine."

nova Domino[e] medicina sanavit : et primi
hominis præjudicia salutaris nostri privilegia
resciderunt !　Ille concupiscentiæ exagitatus
stimulis, hic obedientiæ confixus est clavis :
ille ad arborem manus incontinenter extendit,
iste ad crucem patienter aptavit : ille, voluptate illicitus, gustus explevit, iste cruciatu
indebiti doloris afflictus est.　Ideo merito pœna
innocentiæ facta est absolutio debitoris : jure
etenim obnoxiis dimittuntur debita quæ pro
eis ille qui nihil habebat absolvit.　Quod singulare mysterium non solùm homines in terris,
verùm etiam angeli venerantur in cœlis.　Cui
merito.

Vere sanctus, vere benedictus Dominus noster Jesus Christus Filius
tuus, manens in cœlis, manifestatus
in terris.　Ipse enim pridie.—Miss.
Goth. 189a.

*(post sanctus.)*　Vere sanctus, vere benedictus Dominus noster Jesus Christus Filius
tuus.　Qui pridie.

Te oramus, uti hoc sacrificium tua
benedictione benedicas et Spiritus
Sancti tui rore perfundas; ut sit
omnibus legitima Eucharistia per
Christum.—Miss. Goth. p. 251a.
f This change of person, however
awkward it may seem, is not without
other examples.
g A *legitima eucharistia* is, according
to the commentators, one in which all
the rite is not only validly, but duly
and orderly performed.　The expression is found in the Mozarabic Missal.
See Areval. p. 1314.　From a comparison of the passages in which the
expression occurs it would rather
seem to refer to the effect of the
Holy Eucharist, and to imply "*grace
giving.*"

*(post mysterium.)*　Domini ac Dei nostri
sempiterni gloriam deprecemur, orantes uti
hoc sacrificium tuâ[f] benedictione benedicas et
Sancti Spiritûs tui rore perfundas : ut accipientibus universis legitima[g] sit eucharistia
per Jesum Christum Filium tuum Deum ac
Dominum conservatoremque nostrum : cui est
apud te, Domine, cum Spiritu Sancto regnum
sempiternum, perpetua divinitas, in secula
seculorum.　Amen.

## Textus codicis.

expiauit conmaculatus. secundum jus sacerdocii reconciliauit offensus. O unice
redemptionis. mysterium singulare. in quo uetusta illa uulnera. noua domino
medicina sanauit. et primi hominis praeiudi- | cia. salutares nostri praeuiligia
resciderunt. ille concupiscientiae exagitatus stimolis. hic oboedientiae, confixus
est clauis. ille ad arborem manus incontinenter extendit. iste ad crucem
pacienter abtauit. ille uoluptate inlecitus gustus explebit. iste cruciatu indebite
dolores afflictus est. ideo merito poena innocentiae facta est absolutio debe-
tores jure. etenim obnoxii demittuntur debita | quae pro eis ille qui nihil
habebat absoluit. quod singulare mystirium. non solum homines in terris. uerum
etiam. angeli uenerantur in caelis. cui me.

　　*(post sanctus.)*　Uere sanctus. uere benedictus dominus noster Jhs Xps
filius tuus.　Qui pridie.

66b　*(post mysterium.)*　Domini ac dei nostri sempeterni gloriam depraecemur.
orantis uti hoc sacrificium tua benedictione. benedicas et sancti spiritus | tui
rore perfundas. ut accipientibus uniuersis. legitima sit eucharestia per Jhm
Xpm filium tuum deum ac dominum conseruatoremque nostrum. cui est aput
te domine cum spiritum sanctum regnum sempiternum perpetua diuinitas in
secula seculorum amen.

Mone 18
58b
58a

## (MISSA III.)

*(collectio.)* Omnipotentem Deum in Trinitate venerabili subsistentem, Patrem divinitatis auctorem, Filium cum Patre semper extantem ante omnia sæcula, consubstantialiter et æqualiter dominantem, fratres carissimi, dilectionis plenitudinem deprecemur : ut sensus nostri terrenis actibus segregati, illi inseparabiliter copulentur, à quo se intelligunt accepisse quod vivunt : et cùm, Auctori [a] suo se humiliando, mens devota subdederit, Reparator noster exaltet [b] inclinatâ majestatis potentiâ quos redemit. Per Dominum.

*(ante nomina.)* Deus qui exuberantem fontem misericordiæ [ministras,[c]] tardus ad vindictam, celeriter[d] ad veniam ; quem peccatorum nostrorum non ignorantia revocat, sed patientia clementer expectat : [e] propitiatum nobis te indulge. Intellectum dirige : directum irreprehensibiliter tutare : ut vitantes quo moriamur, valeamus accedere, te prævio, quo vivamus. Per Dominum.

*(post nomina.)* Propitiatorem nostris facinoribus, fratres amantissimi, venerabiliter supplices exoremus : ut recitatis nominibus defunctorum dignanter munera respiciat offerentum. Ut suæ potestatis sanctificatione largitâ, hæc oblatio in Christi corpore et

Are the words dilectionis plenitudinem to be referred to the Holy Ghost, so as to complete the mention of the persons of the B. Trinity, Who is spoken of in the beginning, of the prayer? If the preceding words given by Mone as fratres carissimi were taken from a contraction in his MS, it is not impossible that they were written by mistake instead of the contraction Sps scti.
a If this correction be right, the sense that will be elicited is this ; "And when the devout mind, by humbling itself, shall have submitted to its Creator, our Restorer may exalt those whom He redeemed by bowing down the power of His Majesty."—Compare the words inclinata potentia in this same Missa p. 7.
b Compare : Ut qui te auctore sumus conditi, te reparatore salvemur.—Sac. Leon. p. 121.
c The verb is wanting : perhaps we may read *ministras.*
d Celeriter is manifestly a corruption. Was the genuine reading *celere iter,* the *swift way* to obtain pardon ?
e The MS. gives pure nonsense, which a less violent emendation can hardly rectify.
Auditis nominibus recensitis, Deum pietatis et misericordiæ deprecemur ; ut hæc quæ oblata sunt benignus adsumat.—Miss. Goth. 293b.
Recensitis offerentum nominibus, divinam misericordiam exoremus, ut offerentes sibi placitos esse faciat, et quæ offerunt in odorem incensi bene flagrantis adsumat.—Miss. Goth. 295a.

---

*Textus codicis.*

### (MISSA III.)

*(collectio.)* Omnipotentem deum in trinitatem uenerabilis subsistentem patrem diuinitatis. auctorem. filium cum patrem semper extantem omnia saecula. cumsubstantialiter et | aequaliter dominantem. fratres karissimi. 66a dilectionis plinitudinem depraecemur. ut sinsus nostri terrensis actibus segregati. illi inseparabiliter. copolentur. a quo se intellegunt. accepisse quod Mone 19 uiuunt. et cum auctore suo se humiliando. mens deuota subdederint reparatur noster exaltet. inclinata. maiestatis potentiam quos redemit. p. d.

*(ante nomina.)* Deus qui exuberantem fontem misericor- | diae. tardus ad 50b uindicta. celeriter ad ueniam. quem peccatorum nostrorum non ignorantia reuocat. sed patientia clementer expectat. propiciosa a nobis te indulge. intellectum. dilige dilectum inrepraehinsibiliter. emitari. ut uitantis. qui morimur ualeamus accidire te praeuio quo uiuamus. p. d. nm.

*(post nomina.)* Propiciatorem nostris facinoribus, fratres amantissimi uene- | rabiliter supplicis exoremus. ut recitatis nominibus defunctorum 50a dignanter munera respiciat offerentum. ut suae potestatis sanctificationem largita. haec oblatio in Xpi corpore et cruore conuersa prouiciat, defunctis ad

cruore conversa, proficiat defunctis ad requiem, fiat offerentibus ad mercedem, maneat sumentibus ad salutem: Per Dominum.

*(ad pacem.)* Deus universalis creaturæ dominator et conditor, quem agnoscere lux est et colere salus, desiderare corona est, suscipe [f] humilitatis nostræ orationem libenter, et tribue divinitatis tuæ dignanter indulta: ut qui munera tui honoris offerimus, culpæ nostræ debita non luamus. Deprecantes ut quicumque junguntur ad osculum, magis [g] illigentur affectu, tenentes [h] hoc pectore quod ore profertur. Per Dominum.

*(contestatio.)* Dignum et justum est, vere æquum et justum est, nos tibi gratias agere, omnipotens æterne Deus, Pater, Unigenite, Spiritus Sancte ex Patre et Filio [i] mysticâ processione subsistens: una eademque in Sanctâ Trinitate trium personarum substantia, coæterna essentia et non discreta concordia: æqualis potentia; voluntas unita; ipsa apud se permanens ante tempora universa vel sæcula; nihil [j] ultra se habens; nihil intra se nesciens; cuncta supereminens, et se cunctis infundens; loca continens, et locis excedens; nullius indigens et omnia complens; sermone ineffabilis, virtute efficax. Etsi voce non capax, solo præcepto potentiæ, cælum, terram, maria, cum suis formis in generibus procreasti; sed inter reliquas animantium creaturas, ut peculi-

---

[f] The MS. *suscipire*, i. e. *suscipere* perhaps intended for a deponent imperative.

Quicunque ex præcepto junguntur ad osculum.—Miss. Goth. p. 227a.
Et pacem quam in labiis oris exequimur, immaculatis cordibus teneamus.—Miss. Goth. p. 289a.

[g] i. e. that those who outwardly express their love by this kiss, may be yet more really knit together by inward love.

[h] The MS. has *teneantur*, which is either a mistake of the copyist, whose eye may have been caught by *profertur*, further on, or a deponent form.

[i] If this passage has not been subsequently tampered with, it is perhaps the earliest definite dogmatic assertion of the Double Procession which can be found. That it has been altered seems probable from the fact that the Gallic. Sacr. p. 313a, 376a; mentions only the procession from the Father.

[j] Compare S. Hildebert:
Intra cuncta, nec inclusus:
Extra cuncta, nec exclusus:
Super cuncta, nec elatus:
Subter cuncta, nec substratus.
Super totus, præsidendo:
Subter totus, sustinendo:
Extra totus, complectendo:
Intra totus es, implendo:
Mundum movens, non moveris:
Locum tenens, non teneris:
Tempus mutans, non mutaris:
Vaga firmans, non vagaris.

---

*Textus codicis.*

requiem fiat. offerentibus ad mercidem maniat. sumentibus ad salutem, p. d. nm.

*(ad pacem.)* Deus uniuersalis creaturae dominatur et conditur. quem
68b agnuscere lux est. et colere salus | desiderare corona est. suscipire humilitatis nostrae libenter. et tribuae diuinitatis tuae dignanter indulta. ut qui munira tui honoris offerimus. culpae nostrae debita non luamus. depraecantes ut quicumque junguntur ad osculum. magis inlegentur affectu teneantur hoc pectore quod ore profertur. p. d. I. Xm.

*(contestatio.)* Dignum et iustum est. uere equum et iustum est. nos tibi
68a gratias agere. omnipotens. aeterne deus, | pater unigenite spiritus sancte. ex patre et filio mystica processione. subsistens. una eademque in sanctam trinitatem. trium personarum substantiam. coaeterna essent. et non discreta concordia. aequalis potentia. uoluntas unita. ipsa apud se permanens. ante tempora uniuersa uel saecula nihil ultra se habens. nihil intra se nesciens. cuncta supereminens. et se cunctis infundens, loca continens. et locis excedens.
31b nullius | indigens. et omnia conplens. sermone ineffabilis. uirtute efficax. etsi uoce non capax solo praecepto potentiae. caelum terram maria cum suis formis
Mone 20 in generibus procreasti. sed inter reliquas animantium creaturas et peculi-

ariùs in tuâ laude viverent, hominem ad imaginem et similitudinem beatissimæ Trinitatis condidisti, ut collocatus in suavitate paradisi, Creatori serviens, creaturis reliquis imperaret, et tibi fideliter famulando haberet in aliis generibus dominatum. Sed culpâ prævarica-tionis[k] admissâ, homini, projecto de vitâ paradisi, successit mors de pœnâ peccati : et jacebat in tenebris, tuæ lucis jussa contemnens. Inter hoc nullus erat, qui cæco lumen ostenderet, prostrato manum porrigeret, exuli patriam redderet, sepulto vitæ munera reformaret. Tu autem clemens et conditor[l] condolens tuo homini prævaluisse culpam peccati, ut jacens potuisset erigi, ad illum inclinatâ potentiâ descendisti. In hoc enim persona unigeniti Filii humana carnis absolvit : et quod omnipotens dedit per pietatem humilis reformavit formis.[m] Igitur dignè proferat quod indignis præstitit divina clementia; ut Deo admirabiliter uniretur humanitas, et homini per Deum tribuetur æternitas. Cui merito.

(alia contestatio.) Dignum et justum est, vere æquum et justum est et sanctum est, nos tibi gratias agere, Domine sancte, Pater omnipotens, æterne Deus, precem fundere, te confiteri, in tuis laudibus gloriari : Qui omne verbo jubes, sapientiâ disponis, virtute confirmas, ratione dispensas. Digne igitur[n] ac juste te laudare, quem omnes angeli conlaudant, et astra mirantur, maria benedicunt, terra

[k] Compare *culpa peccati*, just below.

[l] Compare the hymn ;—
Qui condolens interitu
Mortis perire seculum,
Salvasti mundum languidum,
Donans eis remedium.

[m] This passage appears incurably corrupt. May we not read *reformavit per meritum?*

[n] Either we must read *Digne igitur ac juste debemus;* or more probably, *Dignum igitur ac justum est.*

*Textus codicis.*

arius in tua laude uiuerint, hominem ad imaginem in similitudinem beatissima trinitatis condedisti ut conlocatus in suauitate paradyssi creaturi seruiens, creaturis reliquis imperarit. | et tibi fedeliter famolando haberit in aliis [31a] generibus dominatum. sed culpa praeuarecatione admissa. homine proiecto. de uita paradissi successit mors de poena. peccati. et iacebat in tenebris. tuae lucis. iussa contemnens. inter hoc nullus erat. qui caeco lumen ostenderit. prostramanuu porregerit. exoli patriam redderit. sepulto uitae munera reformarit. tu autem climens et conditor condo- | lens tuo homini praeualuisse. [26b] culpam peccati. ut iacens potuissit erigi. ad illum inclinata potentia descendisti. in hoc enim personam. unigeniti fili humana carnis absoluit. et quod omnipotens dedit per pietatem humilis reformauit formis. igitur digne proferat. quod indignis praestetit diuinae clementiae. et deum admirabiliter. uniretur diuinitas. et homini per deo trebuetur aeternitas, cui me.

(contestatio.) Dignum et iustum est. uere equum et iustum est. et sanctum [26a] est. nos tibi gratias agere. domine sancte pater omnipotens aeterne deus. praecem funde . . . te confetiri. in tuis laudibus gloriari. qui omnem uerbum. iubes sapientia. sapientia disponis uirtutem. confirmas, rationem dispensas, digne igitur ac iuste. te laudare quem omnis angeli cumlaudant. et astra veneratur, inferna suscipiunt; cui Cherubim et Seraphim non cessant clamare dicentes:—

o We would rather read, *ex.*

p Mone would read, *eradicandis;* but there is no occasion for the change. *Erudire* is to heal; and so Du Cange quotes from a MS. life of S. Felix, by S. Gregory of Tours; "Cumque, profluente sanguine, nullus manum ad erudiendum auderet apponere."

q We might perhaps read, *mortalitati nostræ: infertis* is patois for *illatis.* Mone would read *infertis ipsi:* but *ipse* clearly goes with *unigenitus.*

(*post sanctus.*) Benedictus Deus et[o] clementi proposito pro erudiendis[p] mortalitati nostræ facinoribus[q] infertis: Ipse etiam unigenitus pro partu quo caro factus est, habitus est mortalis, ultro se subdens ludibriis: et columnâ sui corporis direptionis nostræ ruinas fulcivit, ac sui casus pondere hostis arma conterens fortiore robore quam ... ecclesiam ruituram erigit. Per Dominum. Qui pridie.

Hæc igitur præcepta servantes.—Miss. Goth. 227b.
Hæc, Domine, dona tua et præcepta servantes, in altare tuum panis ac vini holocausta proponimus; rogantes profusissimam tuæ misericordiæ pietatem, ut in eodem Spiritu quo te in carne virginitas incorrupta concepit, has hostias Trinitas indivisa sanctificet &c.—Miss. Moz. p. 40. 55.
Ut has hostias sancto altario tuo superpositas...—Miss. Moz. 77. 29.
r There is clearly a corruption here.
a The reference is to the *Benedictus,* and perhaps the prayer may be understood almost as it stands; "We render thanks by benediction, and pay to Thee that which we can return (*vicissitudinem*) for Thy visitation" (for He hath visited and redeemed His people:) "and because the Almighty hath done great things for His people, when He was about to lift up a horn in the house of David, and assigning over to joy, after a long interval of time, the oracles of the Prophets, and guiding our feet in the way of peace and salvation." We must in this case add *magna* after *fecit.*
We compare with this prayer two others in the Missale Goth. which are also based on the *Benedictus,* and are both found in the same part of the service as this one, a fact which is worthy of notice. See M. Goth. pp. 190a, 251a.

(*post secreta.*) Recolentes igitur et servantes præcepta Unigeniti, deprecamur, Pater omnipotens, ut his creaturis altario tuo superpositis Spiritum sanctificationis infundas, ut per transfusionem cælestis atque invisibilis sacramenti, panis hic mutatus in carnem, et calix translatus in sanguinem, sit totius[r] gratia, sit sumentibus medicina. Per Dominum.

### (MISSA IV.)

(*post prophetiam.*) Dum prophetica dicta nostræ devotionis comitamur obsequiis, et benedictione reddimus gratias, et vicissitudinem pro visitatione desolvimus: et quia omnipotens plebi suæ fecit, in domo David cornu erecturus, et gaudio adsignans, post spatia temporum, vaticinia prophetarum, gressusque nostros in viam pacis dirigens[a] et salutis. Per Dominum.

### Textus codicis.

81b mirantur, maria be- | nedicunt, terra ueneratur. in inferna suscipiunt, cui cyruphym et seraphym non cessant. clamare dicentes,
  (*post sanctus.*) Benedictus deus et clementi proposito. pro erudiendis. mortalitatis nostrae facinoribus, infertis ipse. etiam unigenitus pro parte quae caro factus est. abitus est. mortalis ultro se subdens ludibriis. et colomna sui
81a corporis. dilectionis nostrae ruinas fulcirit | ac sui casus condere hostes arma conterens forciore rubore. quam eclesiam ruiramus erigit. p. d. Qui pridie.
  (*post secreta.*) Recolentes igitur. et seruantes praecepta unigeniti. depraecamur pater omnipotens. ut his creaturis altario tuo superpositis spiritus sanctificationis infundas, ut per transfusione caelestis adque inuisibilis sacra-
61b menti. panis hic mutatur, in carne, et | calex translatus in sanguine, sit totius gratia, sit sumentibus medicina. p. d.

### (MISSA IV.)

POST PROFETIAM. Dum profitica dicta, nostrae deuotionis cometamur obsequiis. et benedictionem reddimus gratias, et uecessitudinem. pro uisitatione
Mone 22 desoluemus, et quia omnipotens plebi suae fecit in domo Dauid cornu erecturus. et gaudio adsignans, post spacia temporum, uaticinia profetarum
61a gressusque nostros. | et uia paces dirigens, et salutes p. d. nm. Ihm. Xpm.

*(præfatio.)* Unum Deum Patrem et Filium cum Spiritu Sancto, divisis personarum nominibus, indivisâ divinitate confessi, fratres carissimi, totis mentibus deprecemur, ut in omni loco, vel tempore, cuncti fidem rectam, vitam habeant innocentem, auctorem conditionis suæ ac redemptionis agnoscant, resurrecturos se, ac secundum sua opera judicandos intelligant: et quia ex vitiatæ naturæ contactu nostræ voluntatis habet fragilitas ut lædatur, suæ benignitatis præstet pietas ut placetur. Per Dominum.

*(ante nomina.)* Deus, cujus tam immensa est bonitas quàm potestas, præsta quod justis polliceris accipere, quod reis minaris evadere, veraciter te credere, rationabiliter confiteri, salubriter conversari; si quies adrideat, te colere, si temptatio ingruat, non negare; temporariæ vitæ necessariis abundare, æternis gaudiis non carere. Per Dominum.

*(post nomina.)* Sanctifica, æterne omnipotens Deus, ea quæ à te ordinata sunt, placabilitate. Dignatorᵘ libens suscipere quod offerimus, et clemens indulgere, quod lætemus; sanctorum tuorum nos gloriosa merita, ne in pœnam veniamus, excusent. Defunctorum fidelium animæ quæ beatitudine gaudent, nobis opitulentur; quæ consolatione indigent, ecclesiæ precibus absolvantur; eorumque oblatio, quorum ante altare tuum nomina recitantur,

ᵘ If this correction be right, the sense must be: "Sanctify, O eternal Almighty God, by Thy mercy, those things which have been ordained by Thee. Vouchsafe freely to receive what we offer, and mercifully to bestow upon us that in which we may rejoice."

## Textus codicis.

VI. *(praefatio.)* Unum deum patrem et filium hac spirito sancto, diuisis personarum nominibus, indiuisa diuinitate confessi. fratres. karissimi. totis mentibus depraecemur, ut in omni loco. uel tempore, cuncti fidem rectam uitam habiant innocentem, auctorem conditionibus suae ac redemptiones agnuscant resurrecturus se, ac secundum sua opera judi- | candus intelle- ⁶²ᵇ gant. et quia ex uiciate naturae, contacto nostrae uoluntatis habit fragilitas, ut laedatur suae benignitatis. praestit pietas ut placetur. p. d. nm.

*(ante nomina.)* Deus cuius tam inmensa est. bonitas, quam potestas, praesta quod iustis polliceris. accepire quod reis minaris, euadere, ueraciter te credere, rationabiliter confetiri, salubriter conuersari, sit quies. adridat, | te ⁶²ᵃ colere, si timptatio ingruat non negare, temporariae uitae, necessariis abundare. aeternis gaudiis non carere p. d.

*(post nomina.)* Sanctifica tua omnipotens deus ea quae a te ordinata sunt, plagabilitate dignatur. libens suscipe. quod offeremus, et clemins indulgeat, quod laetamus, sanctorum tuorum nos gloriosa merita. ne in poena. ueniamus. excusent, defunctorum fedilium. animae quae beate- | tudinem gaudent. nobis ⁷⁴ᵇ opetulentur, quae consolatione indigent, eclesiae praecibus. absoluantur, quorumque oblatio, quorum ante altarem tuum, nomina recitantur. ita sit in tuis Mone 23

2

ita sit in tuis oculis placita, ut illis sit in beneficiis copiosa. Per Dominum.

*(ad pacem.)* Dona nobis, Domine Deus noster, in custodiendâ pace tuum donum,[v] tuumque depositum custodire, et sic in hominibus sequi quam ipse jubes et tribuis caritatem, ut in aliquibus culpas noverimus odisse, non animas; finem optare crimini, non saluti: si cunctis [w] concordia, sit amori; ut discordiam nec inferre ulli liceat, nec referre. Per Dominum.

*(contestatio.)* Dignum et justum est, omnipotens Pater, tibi semper gratias agere, te super omnia diligere, pro omnibus te laudare; cujus munere cunctis hominibus imaginis tuæ dignitas conceditur in naturâ; æternitatis facultas dignatur in animâ; libertas arbitrii præstatur in vitâ; felicitas baptismi offertur in gratiâ; hereditas cæli promittitur in innocentiâ; utilitas remedii servatur in pænitentiâ; bonitatis venia iniquitatis poenæ proponitur: ut abundantius in omnes homines Dei pietas, nec in malitiâ vellet degenerare quos condidit, nec in ignorantiâ perire quos docuit, nec in supplicio permanere quos diligit, nec à regno discedere quos redemit. Ante cujus conspectum omnes angeli non cessant clamâre dicentes: Sanctus, Sanctus, Sanctus.

*(alia contestatio.)* Dignum et justum est, nos tibi semper gratias agere, Trinitas Deus,

[v] The reference is of course to S. John 14. 27. "Peace I leave with you, My peace I give unto you."

[w] The context seems to show that some word or words are wanting, and that the sense originally was, "While we are in *concord* with all, let us exhibit our *love* more especially to the household of faith."

*Textus codicis.*

oculis placita, ut illis sit in beneficiis copiosa p. d. nm.

*(ad pacem.)* Dona nobis domine deus noster, in custodienda. pacem tuum [74a] donum, tuumque depositum custudire, et sic in nominibus sequi. quam ipsi, | jubias. et trebues caritate, ut in aliquibus culpas noueremus odisse. non animas, finem optare crimine, non salute si cunctis, concordia sit amori. ut discordia. nec inferre ulli liceat. nec referre p. d.

*(contestatio.)* Dignum et iustum est. omnipotens pater. tibi semper gratias agere, te super omnia diligere, pro omnibus te laudare, cujus munera cunctis [33b] homenibus. imaginis tuae, dignitas concedetur. in natu- | ra. aeternitatis facultas dignatur. in anima libertas arbitrii praestatur in uita filicitas baptismi offertur. in gratia hereditas. caeli promittetur. in innocentia. utelitas remedii seruatur. in paenitentia bonitatis ueniam. iniquitatis poenam. proponetur. ut habundantius in omnes homines dei pietas, nec in militia uellit degenere quos condedit, nec in ignorantia perire. quos docuit. nec in supplicio permanere [33a] quos diliget. nec a regno discedere | quos redemit, ante cujus conspectu. omnes angeli non cessant clamare dicentes. SSS.

ITEM CONTESTATIO. Dignum et iustum est. nos tibi semper gratias agere, cujus nos potestas verbo creavit, pro merito nostro offensa damnavit, per Filium pietas liberavit: per baptismum et pœnitentiam ad cælos vocavit. Cui merito.

*(post sanctus.)* Deus,[x] qui nos cœlestium numquid hymnum tibi vis offerre, sed meritum, et sacra angelorum tam loca tenere, quàm carmina: dona, ut qui supernarum virtutum concentum in tuâ prædicatione sumimus, etiam superioris vitæ affectum ex correctione sumamus: illa Domini nostri Jesu Christi quæ in memoriam passionis suæ tradidit verba dicturi. Per Dominum. Qui pridie.

*(post secreta.)* Deus Abraham, Deus Isaac, Deus Jacob, Deus et Pater Domini nostri Jesu Christi, tu de cælis tuis propitius affavens, hoc sacrificium nostrum indulgentissimâ pietate prosequere. Descendat, Domine, plenitudo majestatis, divinitatis, pietatis, virtutis, benedictionis et gloriæ tuæ super hunc panem et super hunc calicem: et fiat nobis legitima eucharistia in transformatione corporis et sanguinis Domini: ut quicumque et quotiescumque ex hoc pane et ex hoc calice libaverimus, sumamus nobis monumentum fidei, sincerem [y] dilectionis, tranquillam spem resurrectionis atque immortalitatis æternæ in tuo Filiique tui. . . . .

[x] Mone calls this prayer unintelligible. If we take *numquid* in the sense of *non solum*, the meaning seems easily elicited. "God, Who willest that we should not only offer to Thee the hymn, but the good works (*meritum*) of celestial spirits, and should have no less the holy places than the holy songs of the Angels, grant that we, who in setting forth Thy praises take to ourselves the united strains of the supernal Virtues, may also by correcting our evil ways, take to ourselves the love of the heavenly life, &c." ✱

Hanc quoque oblationem ut acceptam habeas et benedicas supplices exoramus ... Descendat hic, quæso, invisibiliter benedictio tua ... et oblata pariter et vota sanctificet, ut quicunque ex hoc corpore libaverimus sumamus nobis. . . .—Miss. Moz. 200. 102.

[y] Either *sincerem* is patois for *sinceritatem*, or we must read *sinceram* and imagine the noun to be lost.

---

### Textus codicis.

trinitas deus. cujus nos potestas uerbo creauit, per mereto nostro offensa damnauit, per filio pietas liberauit. per baptismum et paenitentia. ad caelos uocauit. cui m. omnes. SS.

POST SANCTUS DICES. Deus qui nos caelestium numquid hymnum tibi uis offerri sed meretum et sacrum, angelorum tam | loca tenere quam carmena [28b] dona qui supernarum uirtutum concentum. in tua praedicationem sumemus etiam superiores uitae affectum. ex correctione. sumamus. illa domini nostri Ihu Xpi que in memoria passionis suae tradedit uerba dicturi p. d. Qui pridie.

COLLECTIO. Deus Abraham. deus Isaac. deus Jacob deus et pater domini nostri Ihu Xpi tu de caelis tuis. propitius affauens. hoc sacrificium nostrum. indullentissima pietate prosequere. discendat | domine plenitudo. magistatis. Mone 24 diuinitatis, pietatis. uirtutis, benedictionibus et gloriae tuae. super hunc panem. [28a] et super hunc calicem. et fiat nobis. legitima eucharistia in transformatione corporis et sanguinis domini. ut quicumque et cotienscumque ex hoc panem. et ex hoc calice libaberimus. sumamus nobis. monimentum, fidei. sincerem dilectiones. tranquilla. spem resurrectionis. adque inmortalitatis aeterne in tuo filique tui. hac. ✱ ✱ ✱

2*

a This *Missa* appears to be one of the earliest now extant. It is clear that it was composed in time of a violent persecution ; " Nullæ quidem nobis adhuc cytharæ personant ; " " quos ungulæ pœna non invenit ; " &c. The Liturgy itself is, almost certainly, of the South of France ; and its extreme antiquity appears also from the hypothetical way in which it alludes to the presence of Angels in the Holy Eucharist ; " qui adesse nobis *possent.*" The fourth century would have spoken with far greater certainty on the subject.

Therefore a (1) violent, and (2) very early persecution (3) in the south of France, naturally leads our thoughts to that of Lyons, A. D. 177, which sent the Bishop S. Pothinus, and so many martyrs to glory. Mone is very anxious to fix its date to that epoch ; and compares with it, not unsuccessfully, the celebrated letter of the Church of Lyons to those of Asia. Notice especially these passages ; " Qui *bestiam sæculi hujus* vicerunt ; " as compared with ἵνα ἀποπνιχθεὶς ὁ θὴρ, οὓς πρότερον ᾤετο καταπεπωκέναι, ζῶντας ἐξεμέσῃ, and *concordia virtutum perseverante* with βουλόμενοι νικῆσαι τὴν ἐκείνων ὑπομονήν. We may remark, too, that the phrase *edictum*, in the Post Secreta, does not elsewhere occur in these masses.

b Something is wanting here, the palimpsest being cut. The sense may, we conceive, be completed thus : " The Saints who by the perseverant concord of virtues have conquered the Beast of this world [may join in the song of Moses and of the Lamb :] but we have no song of Moses &c." It is those " that had gotten the victory over the beast and over his image," who are represented in Revel. xv. 2. as uniting in that Song.

c This is an extremely difficult passage. Mone would read *possumus ;* but perhaps the following meaning may be elicited from the words as they stand : " We hear no voice of Angels, unless perchance they may praise us, who may possibly be present with us, when we consecrate &c."

d *Explicare*, to set forth publicly : another reference to time of persecution.

e The sense is probably, "for who can negligently pass over Thy divine gifts."

f A clear reference to Virgil's  59b Igneus est ollis vigor, et cœlestis origo : again an argument for an early date.

## (MISSA V.a)

*(contestatio.)* . . . res gratiæ debitores, jugi continuatione, veneremur, seu cum publicâ prece sacra adolemus altaria, sive cum secretis mentium penetralibus ineffabilia dictu quæ feceris æstimantes, tacito fovemus affectu. Justæ enim viæ tuæ, Rex gentium. Quis non timebit et magnificabit nomen tuum? Nullæ quidem nobis adhuc cytharæ personant : sancti tui qui bestiam sæculi hujus concordiâ virtutum perseverante vicerunt.b . . . nullum de nobis Moysi canticum qui inter fluctus adhuc istius sæculi volutamur. Nulla vox angelorum, nisi forte laudare nos possunt,c qui adesse nobis possent, cùm Filii tui dilectissimi corpus sacramus et sanguinem. Sed pia cura pro populo, et sancta pro salute plebis oratio : et mens cultui intenta divino si non potest majestatem tanti operis explicare,d nititur tamen usum concessi muneris frequentare. Quis enim possit perfunctorio sensu divina, tua præterire munera ?e Tu corruptibili limo lutoque solubili, spiritum vitæ insufflare dignatus es ; hominem fecisti esse quod limus est : materiamque mortalem, ad imaginem similitudinemque tuam spiritali vivificasti vigore naturæ, ut pigram humum hebetemque limum igneus vigorf intus animaret, agilique motu venæ tepentis

*Textus codicis.*

## MISSA V.

*(contestatio.)* * * res gratiae debitores, iugi continuatione, ueneremur, seu cum publica praece sacra adolemus altaria, siue cum secretis mentium penetralibus ineffabilia dicta quae feceris, aestimantes tacito fouemus adfectu. justae enim uox tuae rex gentium. quis non timebit. et magnificabit nomen tuum. nullae quidem nobis adhuc cythare personant. sancti tui. qui bestiam saeculi 59a hujus. concordia uirtutum perseuerante uicerint | nullum de nobis Moysi canticum. qui inter fluctus adhuc istius saeculi uolutamur. nulla uox angelorum nisi forte laudare nos possunt, qui adesse nobis possent, cum fili tui dilectissimi corpus sacramus et sanguinem, sed pia cura pro populo. et sancta pro salute plebis oratio. et mens cultui intenta diuino si non potest maiestatem tanti Mone 25 operis explicare, nititur tamen usum concessi muneris, frequentare, quis enim | 49b possit perfunctorio sensu, diuina tua praeterire munera, tu corruptibili. limo lutoque solubili spiritu uitae insufflare dignatus es, hominem fecisti esse quod limos est. materiamque mortalem, ad imaginem similitudinemque tuam spiritali uiuificasti uigore naturae, ut pigram humum hebetemque limum igneus uigor. intus animaret. agilisque motu uenae tepentis. caro nostra uiues-

caro nostra vivesceret. Quid sumus, et quantum meruimus?[g] Huic limo leges; huic limo prophetarum oracula, angelorum ministeria, militarunt; huic limo ipse Dominus Jesus, labores miseratus humanos, cruce sui corporis triumphavit. Quid loquar ad tuorum cineres martyrum torqueri incorporeas[h] potestates? Urit hic limus quos flamma non tangit; torquet favilla quos ungulæ pœna non invenit; auditur gemitus quorum tormenta non cernimus. Et hæc quàm[i] magna parvi laboris præmia, infelix voluptas quæ rejicit! Misera caro, quid sibi invidet? de cælo se revocat, et luto reddit. Nec hoc mirum si terra præponderat. Sed quia tu, Domine Deus Pater omnipotens, in tui Unigeniti levatos corpore cælum nos reparare jussisti; ne, quæso, patiaris perire nobis misericordiam tuam. Satis sit quod inclusa corpore anima in leges misera transit alienas, generisque pœna communis pro errore unius est persoluta. Amiserimus certè prærogativam naturæ, non amittamus redemptionis tuæ gratiam. Mercem igitur, Domine, tuam tibi serva, quam Filii tui dilectissimi tibi corpore comparasti. Nihil huic carni debemus et sanguini: jussumque dominicæ redemptionis,[k] ut quemadmodum scriptum est, simus ejus qui à mortuis resurrexit. Merito tibi.

*(alia contestatio.)* Dignum et justum est, æquum et justum est, nos tibi gratias agere,

[g] *Meruimus* is Mone's suggestion; it is simply used in the sense of "what hast Thou vouchsafed to do for us!"— So Dracontius, in perhaps the most marked of a thousand similar examples, speaking of the song of the newly created birds in Paradise :

Et, puto, laudabant Dominum meruisse creari.

[h] Anxious to draw the parallel between the Contestatio and the Martyrs of Lyons as close as possible, Mone has here recourse to a most extraordinary interpretation. He will have *incorporeæ* to be a false reading for *corporeæ*, and *potestates* to mean magistrates, because in the letter of the Church of Lyons they are called ἐξούσιαι. He says, "If the expression be explained of evil spirits, and not of the powers of this world, *incorporeæ* in this connexion is excessively strange," (not half so strange as *corporeæ*, according to the other interpretation,) "and the relative *quos* in the following clause does not suit, since it is masculine." Why may it not exactly as well refer to *diabolos*, or *spiritus*, as to *magistratus?* "And how can it be said of evil spirits, *quos flamma non tangit*, in direct opposition to Scripture?" The passage does not speak of *any* flame; it simply mentions the fire which consumed the Martyrs; and *that* flame did not touch the devils. Mone here sees a reference to the six days and nights in which the bodies of the Martyrs lay unburied, and their then being burnt, and the ashes cast into the Rhone. But how can it be said that the magistrates were tortured or burnt by these remains? How can it be said of the city officials *auditur gemitus quorum tormenta non cernimus?* Whereas, if applied to the casting out of evil spirits, by the relics of the Martyrs, the whole becomes clear. In fact, how almost impossible is it that *incorporeæ* shall have been written for *corporeæ!* And, if it were, who ever heard of *corporea potestas* meaning a magistrate?

[i] The masterly correction of the next passage is due to the late Dr. Mill, and affords, as he most truly observed, a noble meaning. *Reparare* must be taken in the sense of *to reseek.* Mone makes no further attempt at correction than the suggestion of *aera* (!) for erra.

[k] Some such future as *observabimus* seems wanting to complete the sense.

*Textus codicis.*

ceret, quid sumus. et quantum eruemus | huic limo leges. huic limo profetarum oracula angelorum ministeria militarunt, huic limo ipse dominus Ihesus labores miseratus humanos. cruce sui corporis triumfauit, quid loquar ad tuorum cineres martyrum torqueri incorporeas potestates, urit hic limus quos flamma non tangit, torquet fauilla quos ungulae poena non inuenit. auditur gemitus quorum tormenta non cernimus, et haec quam magna parui laboris prae- | mia, inflex uoluptas quod eicit misera caro. quid sibi inuidet. 63b de caelo se reuocat, et luto reddit. nec hoc mirum sit erra praeponderat. sed quia tu domine deus pater omnipotens. in tui unigeniti leuatus corpore caelum nos separare iussisti. ne quaeso. patiar ui perire, nobis misericordiam tuam satis sit quod inclusa corpore anima in leges misera transit alienas generisque poena communi pro errore unius est persoluta | amiserimus certe 63a proerogatiuam naturae non amittamus redemptionis tuae gratiam, mercem igitur domine tuam tibi serua, quam fili tui dilectissimi tibi corpore conparasti, nihil huic carni debemus et sanguini jussumque dominicae redemptionis. ut quemadmodum scriptum est. simus eius qui a mortuis resurrexit. merito tibi.

ALIA CONTESTATIO. Dignum et iustum est. aequum et iustum est, nos tibi

[1] Mone compares the 60th epigram of S. Prosper.
Unde licet fandi vires animique vigorem
Vincat et excedat gloria lausque Dei:
Nos tamen officio cordis gaudemus et oris,
Et tanto oblectat succubuisse bono.

sancte Pater, omnipotens Deus : qui quamvis magnitudinis tuæ meritum digno sermone non valemus attingere, laudis tamen debitum libentissimè confitemur.[1] Cujus nomen invictum regit cælum, terram, maria ; et cùm ex te omnia, tu in omnibus inveniris ; es enim tam excellens, ut celsa possideas, tam dignabilis ut terrena non deseras ; sic etiam pius ut nec inferis desis ; namque cùm totus semper et ubique sis, clementia majestatis tuæ, nota sideribus, patefacta terrenis, apud inferos manifestata perclaruit ; quia miseratione quâ polles sic fidem credentium pascis, ut hoc tam copioso prophetarum numero Spiritus Sanctus semper operatus sit ; nec discrepans alter ab alio, sed potius Deum unum et Dei dona omnis prophetia consonâ voce testetur, ut eo sit nobis manifesta fides quæ abundantius prophetarum numero et testimonio perhibetur. Incrementum majus habitura credulitatis intentio cum conlatis, hinc et inde fidei membris plenitudo corporis invenitur. Nec frustra in nobis per sæcula nuntiantur, videlicet ne inopinantibus accederet cœleste beneficium, et difficilè ignorantia crederet quod statim deberet fides illuminata suscipere. Traditis itaque legis ordinibus et inspiratis prophetarum vocibus indicia cucurrerunt, ut cum cælesti beneficio gratularemur, beneficiorum etiam confiteremur auctorem qui, Dei clemen-

*Textus codicis.*

60b gratias agere | sancte pater omnipotens deus qui quamuis magnitudinis tuae meritum digno sermone non ualemus attingere, laudis tamen debitum liben-
Mone 26 tissime confitemur, cuius nomen inuictum regit caelum, terram maria, et cum ex te omnia tu in omnibus inueniris, es enim tam excellens. ut celsa possedeas, tam dignabilis ut terrena non deseras, sic etiam pius ut nec inferis
60a desis, namque cum totus semper et ubique sis, clementia maiestatis tuae, | nota sideribus patefacta terrenis. apud inferos manifestata perclaruit, quia miseratione qua polles. sic fidem credentium pascis, ut hoc tam copioso profetarum numerum spiritus sanctus semper operatus sit, nec discrepans. alter ab alio sed potius deum unum et dei dona. omnis profetia consona uoce testetur, ut eo sit nobis manifesta fides. qui abundantius profetarum numero et testimonio
42b perhibetur. incrementum ma- | ius habitura credulitatis intentio cum conlatis, hinc et inde fidei membris plenitudo corporis inuenitur. nec frustra in nobis per saecula nuntiantur, uidelicet ne inopinantibus accederet caeleste beneficium. et difficile ignorantia crederet quod statim deberet, fides illuminata suscipere, traditis itaque legis ordinibus et inspiratis profetarum uocibus indicia cucurrerunt, ut cum caelesti beneficio gratularemur, beneficiorum
42a etiam | confiteremur auctorem qui dei clementiam uenerati praecolorata

tiam venerati, præcolorata singula videmus in Christo; qualiter signa præmissa indicium mox futuræ passionis ostenderent, ut captivitatem generis humani triumphus passionis evinceret, cùm Deus noster adversarium morte destruxerit qui mortis obtinuerat potestatem. Cui merito.

(post sanctus.) Hic, inquam, Christus Dominus noster et Deus noster, qui sponte mortalibus factus adsimilis per omnem hunc ævi diem, immaculatum tibi corpus ostendit, veterisque delicti idoneus expiator, sinceram inviolatamque peccatis exhibuit animam, quam sordentem rursus sanguis elueret; abrogatâque in ultimum lege moriendi, in cælo corpus perditum atque ad Patris dexteram relevaret. Per Dominum. Qui pridie.

(post secreta.) Addit etiam istud edictum, ut quotiescumque corpus ipsius sumeretur et sanguis, commemoratio fieret dominicæ passionis, quod nos facientes Jesu Christi Filii tui Domini ac Dei nostri semper gloriam prædicamus. Rogamus uti hoc sacrificium tuâ benedictione benedicas, et Sancti Spiritûs rore perfundas; ut accipientibus universis sit eucharistia pura, vera, legitima, per Jesum Christum Filium tuum, Dominum ac Deum nostrum, qui vivit et regnat tecum cum Spiritu Sancto in æterna sæcula sæculorum. Amen.

*Textus codicis.*

singula uideremus in Xpo, qualiter signa praemissa indicium mox futurae passionis ostenderent, ut captiuitatem generis humani triumphus passionis euinceret. cum deus noster aduersarium mortis destruxerit qui mortis obtinuerat potestatem, cui merito.

OR. POST SCS. Hic inquam Christus dominus noster. et deus noster qui sponte mortalibus | factus adsimiles per omne hunc aeui diem. inmaculatum 64b tibi corpus ostendit. ueterisque delecti idoneus expiator. sinceram, inuiolatamque peccatis exhibuit animam, quam sordentem rursus sanguis elueret, abrogataque in ultimum lege moriendi. in caelo corpus perditum adque ad patris dexteram releuaret. p. d. nm. Qui pridie.

POST SECRETA. Addit etiam istud edictum. ut quotienscumque corpus ipsius sumeretur. et sanguis. | commemoratio fierit dominicae passionis, quod nos 64a facientis Jhesu Christi fili tui domini ac dei nostri. semper gloriam praedi- Mone 27 camus, rogamus uti hoc sacrificium tua benedictione benedicas et sancti spiritus rore perfundas, ut accipientibus uniuersis. sit eucharia pura uera legitima, per Jhesum Christum filium tuum dominum ac deum nostrum qui uiuet et regnat tecum cum spirito sancto in aeterna saecula saeculorum amen.

*(post orationem dominicam.)* Oremus
Deum nostrum ut oblationem quam.   .   .   .

## (MISSA VI.)

a Mone woul read *adesto:* but the sense clearly requires a continued sentence. We may either read *adstante,* or *a te.* The *imperata servitia* is of course the reasonable *service* which our Lord instituted at the Last Supper.
b *Quadrata confessio* is exact and complete confession: and so the word is used by Quintilian.

*(ante nomina.)* populo adsto [a] imperata servitia persolventi sit saltem obedientia pro merito, quia polluitur conscientia per reatum; obtineatque veniam quadrata confessio,[b] quia amisit gloriam scelerata conversatio; et quod in nobis stimulis carnalibus petulans culpa contraxit, purgent suspiria per dolorem, quod perpetrasse caro cognoscitur voluptate. Per Dominum.

c This corrupt clause may perhaps be read thus: "Offerentium nuncupationem compertasque etiam dantium accipientiumque personas, nota vocabulorum designatione monstrantes, ad dilecta &c.

*(post nomina.)* Offerentum nuncupatione[c] compertamque etiam dantum accipiendumque personas, notâ vocabulorum designatione, monstravit; ad dilecta precum revertamur officia; sperantes de potentiâ Trinitatis immensæ, ut et superstitum confirmet vota et defunctorum laxet ergastula: ut vivis præ-

d Something seems wanting to the antithesis: e. g. ut vivis præstans gratiam, pariter et sepultis *conferat veniam;*

stans gratiam, pariter et sepultis:[d] et hos exaudiat cum invocaverint, et illos quia quondam invocaverunt non condemnet. Per Dominum.

*(ad pacem.)* Exaudi nos, Deus Pater omnipotens, et præsta quæ petimus. Per Dominum. Pax Domini sit.

*(contestatio.)* Dignum et justum est, te lau-

*Textus codicis.*

ITEM ORATIO.   Oremus deum nostrum ut oblationem quam * * *

## MISSA VI.

95b  *(oratio ante nomina.)* * * * pulo. adsto imperata seruicia. persoluenti sit saltim obidientia. pro meretum quia polloetur, conscientia. per reatum obteneatque ueniam quatrata confessio. quia amisit gloriam scelerata conuersatio. et quod in nobis stimolis carnalibus petolans culpa contraxit. purgent suspiria. per dolorem, quod perpetrasse caro cognuscetur uoluptate p. d.

95a  POST *(nomina.)* Offerentum nun- | copatione conpertamque etiam dantum. accipiendumque personas. nota uocabolorum. designatione, monstrauit ad delictam. praecum reuertamur officia, sperantes de potentiam trinitatis inminse ut et superstitum confirmit uota. et defunctorum laxit ergastola. ut uiuis praestans gratiam. pariter et sepultis. et os exaudiat cum inuocauerint. et illus quia condam inuocauerunt non condemnet p. d.

47b  *(ad pacem.)* Exaudi nos deus pater omnipotens. et praesta que petemus p. d. pax domini sit.

*(contestatio.)* Dignum et iustum est. te laudare trinitas deus. qui homí-

dare, Trinitas Deus, qui hominem tuum limi glutino coagulante constrictum, et ad imaginis tuæ speciem concordantium lineamentorum officio normali ratione plasmatum, effeceras de terrâ sidereum, de pulvere sempiternum; nam spiritum tuum infundens protinus per membra torpentia, caluit sanguis in venis, vigor in nervis: et ad cælestis creatoris imperium mox meruit terra animam, anima spiritum, spiritus rationem : cui cuncta operis tui elementa committens, sicut eum plasmaveras præstantiorem membris, ita volueras esse sublimiorem et meritis; sed miseræ carnis illecebrosâ voluptate flammatus, concessa perdidit, dum illicita concupivit : nam dum dissimilis [e] fieri per edulia interdicta contendit, accepit confestim pro æternitate mortem, pro edacitate jejunium, pro præsumptione[f] supplicium : cunctisque mortalibus conformis [g] effectui meruit per culpam, quod non acceperat in naturâ. Sed formæ tuæ imaginis miserator, tibi doluit perire quod feceras, cùm ille nesciret se perdidisse quod dederas. Igitur cum ipse captivitatis nesciret vinculum, tu redemptionis destinas modum, mittendum [h] nobis Unigenitum tuum, Dominum ac Deum nostrum Jesum Christum, qui in se et per se nostrorum nexus exsolveret debitorum, qui mortem nostram suâ morte prosterneret, et vulneris sui cruore pariter lymphâque perfusus purgaret; baptismo martyrium[i] coronaret,

[e] One would naturally, at first sight, read *Dei similis*, with reference to the promise, " in the day thou eatest thereof, ye shall be as gods." But *dissimilis* may stand, on a comparison of other passages. Miss. Goth. p. 334. "ne imago ..... dissimilis haberetur ex morte." Miss. Mozarab. p. 206. " Dissimilem redemptorem." The sense seems to be ; "they desired to be unlike what God had made them ; and they obtained their wish : for they immediately received death instead of eternity."

[f] i. e. Instead of that which by his presumption he expected to gain, glory, he did in reality obtain only punishment.

This is a very difficult clause. If we read *effici*, the sense may possibly be : " and by his fault he merited to become like that which other mortals now are,—a likeness which did not exist in his original nature."

[h] Mone would read *mittendo*. But *mittendum* is right. "Thou didst [g] ordain a method of redemption,— namely, that Thy Son should be sent, &c." This inaccurate way of speaking, as if the sacrifice of Christ had not been foreordained before the beginning of the world, would scarcely have been employed in Arian times ;— and this is one fair argument for the extreme antiquity of the present liturgy We may find another in the resemblance of the first *Contestatio* to that of the preceding mass ; and a third in the classical turn of the second *Contestatio*.

[i] If we read *martyrii*, the sense will be: " might crown us by means of the Baptism which derives all its virtue from His Martyrdom or Crucifixion." If *martyrium*, then we must understand the passage ; " might crown His Martyrdom by Baptism :" i. e. might complete it by ordaining that His side should be pierced, and that blood and water should thence flow forth, to be a type of, and to hallow, Baptism.

*Textus codicis.*

nem tuum limi glotino. quoagolante constrictum. et ad imaginis tuae. speciem concordantium. liniamentorum officio nurmali ratione plasmatum. effeceras. de terra sidereum. de puluere sempeternum, nam spiritum tuum infundens pro— tenus per mem- | bra turpentia. caluit sanguis in uinis. uigor in neruis. et Mone 28 ad caelestis c . . . oris imperio mox meruit. terra. animam. anima spiritum. [47a] spiritus rationem. cui cuncta. operis tui elementa conmittens, sicut eum plasmaueras praestanciorem membris. ita uolueras esse sublimiorem et meretis. sed misire carnis. inlicebrosa uoluptate. flammatus concessa perdedit. dum inlicita concupiuit, nam dum dissimiles fieri. per edulia in- | terdicta [41b] contendit, accepit confertim. pro aeternitatem mortim, pro edacitate ieiunium. pro praesumcione supplicium. cunctisque mortalibus. conformis effectui meruit per culpam. quod non acceperat in naturam. sed formae tuae imaginis. miseratur. tibi doluit perire quod feceras. cum ille nescirit. se perdedisse quod dederas, igetur cum ipse captiuitates nescirit uinculum. tu raedemptionis | distenas modum. mittendum nobis. unigenitum tuum dominum ac [41a] deum nostrum Jhesum Christum. qui in se et per se nostrum nexus exsolueret. debetorum. qui mortem nostram. sua morte prosterneret. et uulneres sui cruore pariter lymfaque perfusus purgaret. baptismo martyrio coronarit.

3

fieretque nobis prævius in paradiso, redemptor in tartaro, doctor in mundo, invitator in cælo. Cui merito.

*(item contestatio.)* Dignum et justum est, æquum et justum est, hic et ubique tibi gratias agere, Domine, sancte Pater, æterne Deus: qui nos ex morte perpetuâ, atque ultimis inferorum tenebris evulsisti, materiamque mortalem, luto solubili congregatam, Filio tuo æternitateque donasti. Quis in laudibus tuis gratus relator, quis operum copiosus adsertor? te omnis lingua miratur, tuam cuncti extol-

Something is wanting, or corrupted. lunt gloiam sacerdotes. Tu chaos [i] confusisque principiis, et nantum rerum caliginem sempiternam, admirabiles formas elementis

[j] Mone compares the *tener* mundi orbis of Proba Falconia (vers. 130). stupentibus addidisti, cùm solis ignibus[j] tener mundus erubuit; et lunare commercium rudis terra mirata est. Ac, ne hæc omnia nullus habitator ornaret, solisque rebus vacuus orbis intenderet, facta est de limo manibus tuis figura præstantior: quam sacer ignis intus animaret, pigrasque per partes agilis anima vivesceret. Scrutari non licet, Pater, interiora mysteria; tibi soli operis tui nota majestas, quid illud in homine quod pavidos artus,

[k] *et in terris sola visceribus ossa redolescunt* is manifestly nonsense. But *sola* might easily have been written for *fota;* and thus the sense becomes easy: "and the bones, perpetually nourished by the internal organization, are refreshed and supported;" which is, of course, philosophically true. terramque viventem, clausus in venis sanguis interluit; quod solutæ corporum species nervis rigentibus colliguntur, et internis fota visceribus ossa redolescunt.[k] Sed unde tantum miseris bonum, ut Filio tuo tibique similes

*Textus codicis.*

fieritque nobis praeuius in paradyso. raedemptor in tartaro, doctor in mundo, inuitatur in caelo. cui merito.

43[b]   ITEM CONTESTATIO. Dignum et iustum est. aequum et iustum est. hic et ubique tibi gratias agere domine sancte pater. aeterne deus. qui nos ex morte perpetua. adque ultimis inferorum tenebris euulsisti, materiamque mortalem luto solubili. congregatam filio tuo aeternitatique donasti. quis in laudibus tuis gratus relator, quis operum tuorum copiosus adsertor, te omnis lingua

43[a] miratur, tuam cuncti | extollunt gloriam sacerdotes, tu chaos confusisque principiis. et nantum rerum. caliginem sempiternam, admirabiles formas elementis, stupentibus addidisti, cum solis ignibus tener mundus erubuit. et lunare commercium rudis terra mirata est, hac ne haec omnia nullus habitator

Mone 29 ornaret, solisque rebus uacuis orbis intenderet, facta est de limo manibus 48[b] tuis figura. praestantior. quam sacer ignis | intus animaret, pigrasque per partes agilis anima uiuesceret, scrutari non licet pater interiora mysteria, tibi soli operis tui nota maiestas, quid illud in homine quod pauidus artus. terraque uiuentem, clausus in uenis sanguis. interluit quod solutae corporum. species neruis rigentibus colliguntur, et in terris sola uisceribus. ossa redo-

48[a] lescunt, sed unde tantum miseris bonum, ut filio tuo tibique si- | miles fingeremur, et aliquid de terrâ esset æternum? Beatæ majestatis tuæ præcepta perdidimus, mortalesque rursum in terram ex quâ veneramus immersi, deflebamus æterna doni[1] tui amissa solatia. Sed tua multiplex bonitas, inæstimataque majestas, salutare Verbum misit è cælo, quod, humani corporis immixtione concretum, perditas sæculi partes, et vulnera antiqua curaret. Ipsum igitur omnes angeli cum multiplici turbâ sanctorum incessabili voce conlaudant dicentes. Sanctus, Sanctus, Sanctus.

[1] It is possible that the original reading may have been *domi*, the genitive and the gender being alike patois.

(*post sanctus.*) Hanc in excelsis gloriæ tuæ laudem supernarum creaturarum voce resonante, nobis quoque famulis tuis cognitam fieri pietas tua voluit, et hæc præconia sedibus celebrata sidereis, magnificentiæ tuæ donum, non solum noscenda famulis tuis, sed etiam imitanda patuerunt. Qui pridie.

(*post secreta.*) Respice igitur, clementissime Pater, Filii instituta, ecclesiæ mysteria, credentibus munera, à supplicantibus oblata, et eroganda supplicantibus.[m] Per Dominum.

[m] This second *supplicantibus* has a very suspicious look. Indigni quidem sumus nomine filiorum; sed jubemur dicere, Pater noster.—M. Goth. p. 210b.

(*ante orationem dominicam.*) Indigni quidem sumus nomine filiorum, omnipotens Deus; sed jubente Domino nostro Jesu Christo Filio tuo, licèt trepidantes tamen obedientes, humili mente oramus et dicimus.

(*post orationem dominicam.*) Libera nos à malo, nostra libertas, quia tibi soli licet

Libera nos ætérna pietas et vera libertas.—M. Goth. p. 228a.

*Textus codicis.*

fingeremur, et aliquid de terra esse aeternum. beatae maiestates tuae praecepta perdidimus, mortalesque rursum in terram ex qua ueneramus immersi deflebamus, aeterna doni tui amissa solacia. sed tua multiplex bonitas. inaestimataque maiestas, salutare uerbum misit e caelo, quod humani corporis inmixtione concretum. perditas saeculi partes. et uulnera antiqua curaret, ip- | sum igitur omnes angeli cum multiplici. turba sanctorum. incessabili 34b uoce conlaudant dicentes. SSS

(*post sanctus.*) Hanc in excelsis gloriae tuae laudem supernarum creaturarum uoce resonante, nobis quoque famulis tuis cognitam fieri pietas tua uoluit, et haec praecunia sedebus celebrata. sidereis. magnificentiae tuae donum. non solum noscendam famulis tuis. sed etiam himetandum patuerunt, Qui pridie.

| (*post secreta.*) Respice igitur clementissime pater. fili instituta eclesiae 34a mystiria credentibus munera, a supplicantibus oblata et eroganda supplecantibus p. d. nm.

(*ante orationem dominicam.*) Indigni quidem sumus nomina filiorum omnipotens deus sed iouente te domino nostro Jhesu Christo filio tuo. licet tripidantes tamen oboedientes, humili mente oramus et dicemus,

(*post orationem dominicam.*) Libera nus a malo nos- | tra libertas, quia 44b

3*

Evacua nos vitiis, et reple virtuti- augere merita, et dimittere peccata.    Evacua
bus:—M. Goth. p. 189b
  ...et quia tibi soli est præstandi nos vitiis, et reple nos virtutibus, ut sanctifi-
potestas, tribue, ut solemne hoc sacri- cata atque aucta sanctificet corda [mysterium[n]]
ficium sanctificet corda nostra, dum
creditur: deleat peccata, dum sumi- dum creditur, deleat peccata dum sumitur,
tur. Per.—M. Goth. p. 293a M. Gall. ut hîc et in æternum salvi esse mereamur.
p. 335b
[n] We must plainly supply some no- Per Dominum.
minative, either *mysterium*, or per-
haps *oblatio* referring the words *sanc-*      *(post communionem.)*   Refecti escâ cælesti,
*tificata* and *aucta* to it instead of to
*corda.* poculo Domini recreati, Deo Patri omnipotenti
  ...ut hic et in æternum, te auxili- laudes et gratias referamus.    Per Dominum.
ante, salvi et liberi esse mereamur.—
Brev. Rom.      *(benedictio.)*   Exaudi nos, Domine, et præsta quæ te petimus, pacem tuam perfectam de
cælis.    Da nobis hodie pacificum quoque hunc
[o] We may perhaps take *præsta* as diem, et cæteros dies   vitæ nostræ præsta[o]
intended to govern a double accusa-
tive; "and to bestow peace on the pacem.    Per Dominum.
remaining days of our life."


## (MISSA VII.)

     *(præfatio )* Supplicantes humili prece, Dei
Patris et Domini nostri Jesu Christi majestatem ubique dominantem humili prece deprecemur; commemorationem facientes, pro
omnibus episcopis, presbyteris, diaconibus,
subdiaconibus, omnibusque ministris suis: uti
Devotum ac dicatum sibi virgina- eos Sancto Spiritu regat; devotum sibi ac
lem pudorem et continentiæ propo-
situm gloriosum atque beatum in dicatum virginum pudorem, et continentium
omnibus custodiat: viduarum labo- propositum, integrum in omnibus intemera-
riosam continentiam sua miseratione
confoveat, orphanis opem pietatis tumque concedat: viduarum laboriosam tole-
paternae impertiat.—M. Goth. p. 253. rantiam suâ miseratione confoveat; orphanis
quoque opem paternæ pietatis indulgeat;


*Textus codicis.*

tibi suli. licet augere merita. et demitti peccata. euacua nos uitiis. et reple
nos uirtutibus, ut sanctificata atque auxta. sanctificet corda dum creditur.
deleat peccata dum sumetur, ut hic et in aeternum salui esse mereamur
p. d. nm.
     *(post communionem.)* Refesti esca caelesti. poculo domini recreati deo
patri omnipotenti laudes et gratias referamus. p. d.
Mone 30    *(benedictio.)* Exaudi nos domine et praesta quae te petimus, pacem tuam
44a | perfectam de caelis. da nobis hodie pacificum quoque hunc diem. et citeros
dies uitae nostrae praesta pacem p. d. nm.


   III                     (MISSA VII.)

     *(praefatio.)* Supplicantes. humili praece. dei patris, et domini nostri
Jhesu Christi. maiestatem ubique dominantem. humili praece depraecemur,
commemorationem facientes, pro omnibus epyscopis, praesbiteris diaconibus
subdiaconibus omnibusque menistris suis. uti eos sancto spiritu regat. deuotum
92b sibi ac dicatum | uirginum podorem. et continentium propositum integrum
in omnibus intemeratumque concedat uiduarum laboriosam. tolerantiam sua
miseratione confoueat, orfanis quoque opem paternae pietatis indulgeat,

misericordibus misericordiam largiatur, ægrotis medelam tribuat, ubertatem quoque terræ et frugum copiam subministret; afflictos pœnis ac vexationibus liberet,[a] piasque omnium preces exaudire dignetur. Per Dominum.

*(collectio.)* Exaudi nos, Deus Pater omnipotens, et præsta quæ petimus per unigenitum et primogenitum Jesum Christum Filium tuum Dominum et Deum nostrum; viventem manentemque tecum cum Spiritu Sancto in æterna sæcula sæculorum. Amen.

*(ante nomina.)* Oremus, carissimi, pro fratribus nostris qui offerunt Deo nostro spiritalia munera; petentes ut oblationes illorum [b] accepto ferre dignetur; restituat illis pro modicis.

*(cetera desunt.)*

### (MISSA VIII.[a])

*(præfatio.)*

Sidereâ de sede nitens, bone Conditor orbis,
Te pietate probans, non nostra hic crimina pensans,
Expositas admitte preces, et, judice librâ
Mitior æquali non reddens pondere pœnam,
Errores ignosce gregis; pastorque fidelis
Ereptis ovibus paradisi pabula reddas.
Per Dominum.

*(collectio.)*

Summe sator rerum, qui spinis cultor ademptis
Catholicæ ecclesiæ plantaria fida locasti,

[a] Hence we may gather that this Mass is of a later date than the last persecution; otherwise the sufferings of Confessors would have been particularised.

[b] This passage is corrupt; the sense seems to require that we should read, *referre* dignatur, and supply some such word as mercem. Oremus pro his qui offerunt munera Domino Deo nostro sacrosancta spiritalia pro...:—M. Goth. 249b

[a] The whole structure, the cadences and the cœsuras, of this versified mass, shew—1. That it cannot be 'much later than A.D. 400: 2. That it was composed in some place where Latin was still used in some degree of purity: and therefore probably in Provence. Now the *nullo cruciata vapore* of v. 12. exactly applies to the poisonous, blighting, torturing *mistral* of that country; while the special mention of the *murex* in the second Contestatio would naturally lead us to some town carrying on a trade in that article. Hence we may with great probability ascribe it to the Church of Arles.—Now S. Hilary, Bishop of Poitiers, who died in 367 has left a poem which begins:—

Dignum opus et justum est, semper tibi dicere grates,
Omnipotens mundi genitor.

Is there anything so improbable in the supposition that this mass should also be his? He, it is well known, interfered in defence of the Catholics at Arles, where Saturninus, alone among the Gallican Bishops, was inclined to Arianism; and a composition of his would therefore easily be received into the offices of that Church. Deus, qui evulsis superstitionum spinis in Ecclesia tua plantaria fidei, alta radice posuisti, respice de cœlo et visita vineam istam et præsta, ut te inrigante fructum accipiat in ubertate, quæ te plantante incrementum accipit in germine.— M. Goth. p. 251.

*Textus codicis.*

misericordibus misericordiam largiatur, aegrotis medellam tribuat, ubertatem quoque terrae et frugum copiam sumministret, adflictos poenis. ac uexationibus. piasque omnium praeces exaudire dignetur p. d.

*(collectio.)* Exaudi nos deus pater omnipotens et praesta que petimus 92a per unigenitum et primogenitom Jhesum Christum filium tuum dominum et deum nostrum uiuentem manentemque tecum. cum spiritu sancto in aeterna saecula saeculorum. amen.

*(ante nomina.)* Oremus carissimi pro fratribus nostris. qui offerunt deo nostro spiritalia munera. petentes ut oblationis illorum. accepto ferre dignetur. restituat illis. pro modicis |

SS          (MISSA VIII.)

*(praefatio.)* Siderea de sede nitens bone conditur orbis,          143b
te pietate probans non nostra hic crimina pinsas,
expositas admitte preces, et iudice libra
mitior aequali non reddens pondere poenam,
errores ignosce gregis pastorque fidilis          Mone 31
ereptis obibus paradissi pabola reddas. p. d. n.

*(collectio.)* Summe sator rerum, qui spinis cultor ad- | imptis          143ᴿ
catholicae ecclesiae plantaria fida locasti,

Flecte oculos ad vota pios : age, mente serenâ,
Hæc ut apostolico fodiatur vinea rastro ;
Adridens foliis, vivaci palmite vernans,
Roscida fonte tuo, nullo cruciata vapore,
Nutriat æternos felici germine fructus,
Fertilis et placeat largo vindemia partu.

*(ante nomina.)*

Adnue, rector, opem, vultuque adverte secundo,
Quæ damus, accipiens ; quod poscimus, ipse
    rependens ;
Et quamvis trepidet proprio mens tacta reatu,
Vel[b] sacra reddentes commendet causa redem-
    ptos ;
Hoc speciale bonum tribuens, ut corde fideli
Vivamus Domino, moriamur crimine mundo.[c]
Per Dominum.

*(post nomina.)*

Quod poscit divinus honor, quod funus aman-
    tum
Obsequio reddente Deo solemne tributum,
Suppliciter Dominum per vota gemella prece-
    mur,
Ut quos culpa premit, pietas miserata relaxet,
Atque interventu sacri libaminis hujus
Vita superstitibus detur, indulgentia functis.
Per Dominum.

*(ad pacem.)*

Arbiter orbis, apex rerum, spes una reorum,
Tardus vindictæ, veniæ celer, immemor iræ,
Qui loca perquiris, miseris ubi parcere possis,

b Join *vel* with *causa.* " Let the very cause why we offer our devotions, commend us who have been redeemed by Thee . . ."

c Mone understands the expression to mean, *crimini et mundo.* But per- haps we may take *crimine* for the ablative, the sense being,—" that we may die to the world through or by sin," i. e. so far as sin is concerned.

*Textus codicis.*

plecte oculos ad uota pius. age mente serena,
haec ut apostoleco fodeatur uinea rastro,
adridens foliis, uiuaci palmite uernans,
ruscida fonte tuo, nullo cruciata uapore,
nutriat aeternus filici germine fructus.
fertiles, et placeat largo uindimiae partu.

*(ante nomina.)*  Adnuae rector opem, uultuque aduerte secundo,

97b
quae damus, acci- | piens, quod poscimus, ipse rependens ;
et quamuis trepidet proprio mins tacta reatus,
uel sacra reddentes commendet causa redimptus,
hoc speciale bonum tribuens, ut corde fidili
uiuamus domino, moriamur crimine mundo. p. d.

POST NOMINA.  Quod poscit diuinus honor, quod funus amantum
obsequio reddente deo solemni tributum,
suppliciter dominum per uota gemella praecemur,
ut quos culpa praemit, pietas miserata relaxit.

Mone 32    | atque interventu sacri libamini huius
97a   uita superstitibus detur, indulgentia functis. p. d.

*(ad pacem.)*  Arbiter orbis, apex rerum, spis una reorum.
tardus uindictae, uiniae celer, inmemor irae,
qui loca perquiris, miseris ubi parcere possis,

Invitans ad dona magis, ne crimina damnes,
Necte fidem populis, pacem sere, pectora junge,
Ut teneant animo, quod blanda per oscula
    produnt.   Per Dominum.

*(contestatio.)*

Dignum et justum est, nos gratias tibi dicere
    dignas,
Summe Deus, semperque manens dominator
    ubique,
Et qui cuncta potens propriis animata figuris
Artifici sermone facis, quique edita cernens,
Ante vides rerumque creas per nomina formas.
Cùm fierent, vox semen erat, nec distulit ortus
Imperium natura sequens ; mox Spiritus oris
Æthera curvavit, sola,[d] nec sueta æquora fudit,
Materiamque operis sola est largita voluntas.
Ne deforme jugum similis portaret imago,
Tegmine servili latuit regnator Olympi, [e]
Ut sua gentiles implerent cœpta furore.
Quis dolus Herodis, cum tristia bella moveret
Infantum, mandata neci ? quos ubere raptos
Vulnera suscipiunt parvis errantia membris,
Vix[f] habitura locum, sævoque jubente tyranno
Nasci pœna fuit, cujus tulit impetus ævum,
Quem nescivit agi, qui perdidit. O nova mortis
Conditio, solus vitam pro fine subire,
Et cùm prima dies atque ultima sit simul una,

[d] Mone would read *solidata* or *solida* without proposing any emendation for the latter part of the verse. But perhaps *sola* may be right, and may have been intended to signify *continents :* the verse in that case might stand thus: *sola nexit, et æquora fudit.*

[e] The use of the word *Olympus* proves this mass to have an early date, and yet to be subsequent to the time of persecution.

[f] The poet is either imitating the sermon of S. Ambrose, on S. Agnes, (in which case it cannot be S. Hilary :) or perhaps it may more probably be said that both drew the idea from the same source ; the observation must have been a common one from the very beginning in the case of Martyr children. " Fuit-ne in illo corpusculo vulneri locus ? Et quæ non habuit quo ferrum reciperet, habuit quo ferrum vinceret : . . . militibus totum offerre corpus, mori adhuc nescia sed parata." But if one of the passages were directly taken from the other, the vigour and compactness of the expression, " posse magis quam scire mori," would lead one to consider this as the original. Both, however, are inferior to the exquisite beauty of the Mozarabic Mass for the Holy Innocents. " Decepti furoris insania fecit martyres esse per meritum, qui adhuc confessores non erant per ætatem. Et ubi non accessit possibilitas judicandi, cessit felicitas pereundi. . . Nec præjudicat, quod illis defuit sermo, quos constat perire pro Verbo. Et qui non poterant discernere, quid sitirent, nunc habent in gaudio, quod biberunt."

*Textus codicis.*

inuitans ad dona magis, ne crimina damnis,
necte fidem populis, pacem serere, pectora iunge,
ut teneant animo, quod blanda per os- | cola produnt. p. d. nm 51b

CONTESTATIO.  Dignum et justum est, nos gratias tibi dicere dignas,
summe deus semperque manens dominatur ubique,
et qui cuncta potens propriis animata figuris
artefice sermone facis, quique edita cernens
ante uidens rerumque creans per nomina formas.
cum fierent, uox semen erat, nec distulit ortus
imperium natura sequens ;  mox spiritus oris
aethera curuauit sola, | nec suetaequora fudit,
materiamque operis sola est largita uolontas.
Ne defurme iugum similis portarit imago,
tigmine seruile latuit regnat . . Olimpi,
ut sua gentiles implerent coepta furoris.
Quis dolus Herodis, cum tristia bella moueret
infantum, mandata neci ? quos ubire raptus
uulnera suscipiunt paruis errantia membris,
uix habitura locum, saeuoque iubente thiranno
nasci poena fu- | it, cuius tulit impitus aeuum.
quem nesciuit agi, qui perdedit. o noua mortis
condicio solus uitam pro fine subire.
et cum prima dies atque ultima sit simul una,

51a
Mone 33

56b

Posse magis quàm scire mori! Quis lumine sicco
Aut gemitu cessante queat memorare Pilati,
Quod deflent elementa, nefas? quo judice Christus
Subdere pro mundi voluit sua membra periclis,
Ut carnale malum caro solveret, et ferus hostis
Cujus ab ingenio fluxerunt tela veneni,
Perderet antiqui lacrimosa piacula belli,
Materiâ superante pari; nec criminis ultra
Per sobolem prodiret onus.  Damnatio justi
Libertas est facta reis.  Da semina verbi
Per tua dona; colis signisque novalibus usa
Colligat ista manus te fructificante maniplos,
De quibus ipse tui componas horrea cœli
Triticeamque fidem lolio pereunte corones.
Per quem cuncta tibi, quæ sunt cælestia, semper
Virtutesque tonant[g] sacro modulamine carmen,
Ang'lorumque chorus resonant his vocibus hymnum:
Quæsumus ut jubeas nunc nos audire canentes,
Et tibi sint placitæ, laudes cùm dicimus istas.
Cui merito.

*(alia contestatio.)*

Dignum æquum ac justum est, tibi nos, pie, clangere laudes,

[g] If we read *tuas* for *toas*, and join it with *virtutes*, it seems scarcely possible to elicit any grammatical sense. *Virtutes* we rather take as the angelic *virtues*: and so we get a triple ascription of heavenly praise: Cuncta cœlestia . . . virtutesque . . . angelorumque chori; followed up

*Textus codicis.*

posse magis quam scire mori.  Quis lumine sicco
aut gemetu cessante queat memorare Pilati,
quod deflent elimenta, nefas? quod iudice Christus
subdere pro mundi uoluit sua membra periclis,
ut carnalem malum caro soluerit et feros hostis,
56a cuius ab injenium | fluxerunt tela ueneni,
perderet antiqui lacrimosa piacola belli,
materia superante pari; nec criminis ultra
per subolum proderit onus. damnatio justi
libertas est facta reis.  Da semina uerbi
per tua dona, colis signisque noualibus usa,
collegat ista manus te fructificante manipolus,
de quibus ipse tui conponas horrea caeli
triticiamque fidem lulio pereunte coronis.
90b Per quem cuncta tibi, quae sunt caelestia, | semper
uirtutisque toas sacro modolamine carmen
angelorumque chorus resonant his uocibus hymnum.
Mone 34 quaesumus ut iubeas nunc nos audire canentes
et tibi sint placitae, laudes cum dicimus istas.
CUI        SS        SS        SS

*(contestatio.)*

Dignum aequum ac iustum est, tibi nos piae clangere laudes,

Lux, via, vita, decus, spes, fons, sator, arbiter,
 auctor,
Gratia, dulcedo, sapientia, gloria, regnum,
Qui sine principio perstas, sine fine per ævum.
Cujus trinus apex statuit tria maxima rerum.
Sol, luna, astra, polus, radiarunt lumine mun-
 dum,
Fons, pecus, herba, frutex, terras variavit
 honore ;
Piscis, concha, lapis, sal, murex, æquora com-
 plet.[h]
Sic hominem, Genitor, finxisti ductile[i] limo,
Atque reformasti post crimina fonte lavacri.
Unde tibi merito rerum Deus, una triades,[j]
Vocibus angelicis hæc carmine sancta resultat.[k]
 Cui merito.
 *(post sanctus.)*
Verè terribilis, sanctus, metuendus, amandus,
Conditor, instructor, moderator, tutor, oper-
 tor,[l]
Qui proprium Genitum, per quem, virtute
 paternâ,
Tunc adolescentis formasti exordia mundi,
Mittere sede poli demum dignatus es orbi,
Qui reparator adest nostrarum [m] animarum.
 Per Dominum. Qui pridie.
 *(post secreta.)* Miserere, Domine, suppli-
cibus tuis, et petitiones humiliatæ tibi plebis
placatus intellige. Moveat te ad misericordi-
am, imminens nobis, te deserente, discrimen.

[h] by a triple ascription of earthly praise, from the terrestrial *trina rerum machina*, sky, earth, and ocean. Compare
 Hunc cœlum, terra, hunc mare
 Hunc omne, quod in eis est,
 Auctorem adventus tui
 Laudat exultans cantico.
[i] This is, of course, a barbarous ablative for *ductili.*
[j] Nothing is more usual than bad grammar in the adoption of Greek words by western poets. e. g.
 Tu Theos, tu Enos,
 Nitens flos, virens ros.
[k] *Hæc sancta* i. e. the *Triades* (for *Trias*) in the Ter Sanctus.
[l] We read *opertor* for *operator,* which not only satisfies the metre, but agrees with the preceding word *tutor:* "Thou That defendest us, and That *coverest* us."
[m] We may perhaps read *nunc* before *animarum,* to make the verse good.

*Textus codicis.*

 lux, uia, uita, decus, spis, fons, sator, arbiter, auctor,
 gratia, dulcido, sapientia, gloria, regnum,
 qui sine prin- | cipio praestas, sine fine per eum.    90a
 cuius trinus apex statuit tria maxime rerum.
 sol, luna, astra, polus radiarunt lumine mundum,
 funs. pecus, herba, frutex terras uariauit honore,    Mone 35
 piscis, concha, lapis, sal, murex aequora conplet.
 sic hominem genitor finxisti ductile limo
 atque reformasti post crimina fonte lauacri.
 unde tibi merito rerum deus una triades
 uocibus angelicis haec carmine sancta resultat. | cui m    139b
*(post sanctus.)* Uere terribilis, sanctus, metuendus, amandus,
 conditur, instructor, modiratur, tutor, operatur,
 qui proprium genitum, per quem uirtutem paternam
 tunc adoliscentes formasti exordia mundi,
 mittere sede poli demum dignatus es orbi,
 qui repa.. tur adest nostrarum animarum. p. d. n. qui pridie.
 *(post secreta.)* Misirere domine supplecibus tuis. et peticionis humiliate |
tibi plebis placatus intellege, moueat te ad misericordia, inmenens nobis te, 139a

4

Aspice, quæsumus, lacrimas nostras, ubertate fletuum vix cadentes; audi singultibus interpellata suspiria, et præsta in judicio liberos quos vides in confessione compunctos: et quos aspicis humiles per reatum, erectos munerare digneris in præmio, mitigans. . . .

a This is simply a poetical *Contestatio* done into prose. Mone has reduced it in one or two lines: but has failed to see that the whole is of the same nature. The least alteration will throw whole passages into hexameters: e. g.

Conflagrat Helias, zelo accendente superno,
. . . . . . . . . .
Indomitam plebem. Mox imperat hic elementis,
Cœlis præcipiens ac nubibus . . .
Lugebat tellus viduata, et roscida prata,
Et terrena sacris pallebant ora jejunis:
(the abbreviation of the first syllable is not without other examples.)
Ætherea *de* sede jubet descendere flammam, ut
Hostia sidereas . . . vectatur ad ædes.
Quid fuit, inquam, illud *mirum* summumque . . .
. . . . . . . . .
Septus, ad angelicam . . . *pergere* vitam
Serus; rapt*ari* carruca flammige*rante*, et
Ignitis vallatus equis voli*tare* per astra!
Ascendit . . . cuneis circumdatus . . .
b A very corrupt passage. The meaning seems to be: Elias stood alone: (I even I only, remain a prophet of the Lord; but Baal's prophets are four hundred and fifty men:) the stiffnecked people, *gens cervicata*, stood by multitudes, *redundabat*, on the other side. (We read contra, which would have been written *cuntra*, for *cupiens*.) The particular force of the next clause, it seems impossible to explain.

*(MISSA IX.)*

*(ad pacem.)* . . . Spiritu Sancto nomine, in communione omnium sanctorum, remissionem omnium nostrorum criminum. Credimus, Domine, quòd hæc nobis fixâ credulitate poscentibus præstabis. Per Dominum.

*(contestatio.)* a Dignum et justum et æquum et justum est, nos tibi semper gratias agere, Domine sancte, Pater omnipotens, æterne Deus; qui in sanctorum tuorum patriarcharum [numero] Heliam famosissimum dare dignatus es vatem. Discurrebat inter Deum et homines verus legatus, castitatis balteo cinctus; ad propitiandam divinam potentiam stabat fidelissimus servus. Redundabat contrà gens cervicata,b et inter dapsiles dapes patriam neglexerat: jure unius mulieris impudicæ, portentosa colebantur figmenta, et sacrorum voluminum legalia contemnebantur præcepta. Conflagrat at Helias, supernum zelum accensus, adversus indomitam plebem; mox imperat

*Textus codicis.*

deserente discrimen, aspice quaesomus. lacrimas nostras. ubertate fletuum. uix cadentis audi. singultebus. interpellata suspiria, et praesta in iudicio liberos quos uides in confessione conpunctus. et quos aspices humilis per reatum. erictus munerare digneris in praemio, mitigans |

MISSA IX.

15b *(ad pacem.)* spirito sancto nomine, in conmunione, omnium. sanctorum remissionem. omnium. nostrorum. criminum. credemus domine quod haec nobis fessa credulitate poscentibus praestabis p. d.

Mone 36    CONTESTATIO. Dignum. et iustum, et aequum et iustum. est. nos tibi semper gratias agere. domine sancte pater omnipotens aeterne deus, qui in sanctorum tuorum patriarcarum Heliam famosissimo. dare dignatus es uatem discur-

15a rebat inter deum | et homines uirus legatus, castitatis balteo cinctus, ad propiciandam diuinam potentiam. stabat fidelissimus seruus. redundabat cupiens. gens ceruicatam, et inter dapsilis. dapes patriam neglexerat. jura unius mulieres inpudice, purtentuosae colebantur figmenta. et ad sacrorum uolumenum. legalia contemnebantur praecepta. conflagrat at Helias, super-

79b num zelum accensus, | aduersus indometa plebem, mox imperat aelementis,

elementis, cœlis præcepit ac nubibus ne ros
darent nec pluvias; lugebat tellus sterilis,
viduata roscida prata, et terrena sacris pallebant ora jejuna. Placabilis exorat denuo, et
imbrium cataractæ reserantur; et ætheriâ à
sede jubet descendere ignem, ut impolluta
hostia sideream vectatur ad sedem. Quid fuit,
inquam, illud mirificum, summumque prodi-
gium ut, quod prius pulsaverat infernum et
mortiferum jam antrum defunctorum, unicum
filium suæque [c] matri redderet vivum? His
virtutibus septus, ad angelorum vitam pergit
serus: raptatur carrucâ flammigerâ, et ignitis
vallatus equis volat per astra. Ascendit angelorum cuneis circumdatus, in cujus translatione unus testis est Helisæus. Glorioso nunc
fruitur choro, conlaudat regem sedentem in
throno. Cui merito.

*(contestatio.)* Dignum et justum et æquum
et justum est, nos tibi semper gratias agere,
Domine sancte, Pater omnipotens, æterne
Deus; tu in sanctis laudibus gloriaris, tu in
cælis regnas, tu agnus immaculatus, tu Patris
sempiternus es filius;[d] tu splendor sanctorum;[e]
tu martyrum coronator, omnium animarum
protector, orphanorum pastor, viduarum gubernator, cæcorum illuminator, peccatorum
veniæ promissor, captivorum liberator, languentium salvator, mortuorum suscitator, paradisi plantator, maris stabilitor, cæli et terræ

[c] If the *que* is to stand, we must supply some such word as *revocaret*
before *suæ.*

[d] This quotation from the *Te Deum*
is very remarkable.
[e] The reference is to Ps. cx. 3. Tecum
principium in die virtutis tuæ in
splendoribus Sanctorum.

*Textus codicis.*

caelos praecepit ac nubebus. ne ros darent ne pluuias, lugebat tellus steriles.
ueduata rosceda prata. et terrena sacries pallebat ora ieiuna. placabiles exorat
dinuo. et inbrium cataractae, reserantur. et aetherio a sacra jobet discendere
ignem. ut inpuluta hostia. siderea uectat ad side ' ' ' quid fuit inquid illum
mirificum. summum- | que prodigio ut quod prius pulsauerat. infernum et [79a]
morteferum. jam antrum defunctum, unicum filium suaeque matri reddedit
uiuum. his uirtutebus septus, ad angelorum uita pergit serus. raptatur carruca
flammegera. et igniis uallatis equis. uolat per astra. ascendit angelorum cuniis
circumdatus jn cuius translatione unus testis est. Helisaeus. gloriosum. | [75b]
nunc fruetur chorum, conlaudat regem sedentem in tronum, merito.
    CONTESTATIO.   Dignum et iustum et. aequum et iustum est. nos tibi semper
gratias agere, domine sancte pater omnipotens aeterne deus, tu in sanctis laudibus gloriaris, tu in caelis regnaris, tu agnus immaculatus tu pater sempe-
ternus es filius, tu splendor sacrum, tu martyrum coronatur omnium animarum
protectur. orfanorum, | pastor. uiduarum. gobernatur. caecorum inluminatur. [75a]
peccatorum ueniam promissor captiuorum liberatur, languentium saluatur.
mortuorum suscitatur, paradyssi plantatur, maris stabilitur. caeli et terrae

4*

fabricator, gentibus intellectum, catechumenos
ad baptismum[b] provocator, presbyteris sacerdotium, episcopis apostolatum datum ; tu,
Domine, cœlestia possides, terrestria judicas,
inferna suscitas, æterna moderaris ; merito
tibi, Domine, omnes angeli.

[d] Whatever the composer *wrote*, it is very easy to see that he *meant*—catechumenorum ad baptismum provocator, presbyteris sacerdotii, episcopis Apostolatus dator.

## (MISSA X.)

[a] This *Apologia*, taking the place of the Collectio post prophetiam, shows that the present fragment belongs to a different family from the preceding *Missæ*.

*(post prophetiam.)* [a]Deus sancte, ecclesiæ
constitutor, qui stans in medio discipulorum
tuorum, venerationis hujus sacramenta docuisti, præsta ori meo divinitatis gratiam, ut
quæ acceptabilia sunt in laude tuâ verba
labiorum meorum inveniant. Illumina faciem
tuam super servum tuum, ut de meis oneribus
absolutus, rectè etiam tibi pro populo tuo
rogaturus adsistam. Per Dominum.

*(collectio.)* Misericors et miserator Domine,
qui si nobis quod meremur rependeres, nullum
tuis dignum remissionibus invenires, multiplica super nos indulgentiam tuam, ut ubi
abundavit peccatum, gratia remissionis exuberet. Per Dominum.

## (MISSA XI.)

*(De s. Germano episcopo Autissiodorensi.)*

[a] The whole structure of this Missa evidently shews the much greater antiquity of those preceding it.

*(collectio.)* [a] Unianimes, fratres carissimi,
Dominum deprecemur ut hæc nobis sollemnitas beatissimi patris nostri Germani episcopi

### Textus codicis.

Mone 37 fabricatur, gentibus intellectum, catecuminus ad baptismum prouocatur, presbiteris sacerdotium, episcopis apostolatum datum, tu domine caelestia 77b possedes, terrestria iudicas, inferna suscitas, aeterna | moderaris, merito tibi domine omnes angeli. N. SS. SS. SS.

### MISSA X.

POST PROFETIA*m*. Deus sancte eclisiae constitutur, qui stans in medio discipolorum tuorum, uenerationis huius sacramenta docuisti. praesta ori meo diuinitatis gratiam ut quae acceptabilia sunt in laude tua verba labiorum meorum inueniant, inlumina faciem tuam super seruum tuum ut de meis oneribus absolutus, recte etiam tibi pro populo tuo rogaturus adsistam. p. dnm. nm. Ihm.

77a *(collectio.)* | Misericors. et miserator domine. qui si nobis quod meremur rependeris. nullum tuis dignum remissionibus inueneris, multiplica super nos indulgentiam tuam, ut ubi abundauit peccatum. gratia remissionis exuberet. p. d.

.VII.                    MISSA XI.

*(De s. Germano episcopo Autissiodorensi.)*
*(collectio.)* Unianimes. fratres karissimi domino depraecemur ut haec nobis sollemnitas beatissimi patris nostri Germani episcopi. meretis inchoata ipso

meritis inchoata, ipso interveniente, plebi suæ
pacem tribuat, fidem augeat, corda purificet,
lumbos accingat, et januam salutis aperiat.
Per Dominum.

(*ante nomina.*) Exaudi nos, Domine sancte,
Pater omnipotens, æterne Deus, et meritis
sive intercessionibus sancti antistitis tui,
Germani episcopi, hanc plebem tuam tuâ
miseratione custodi, benignitate conserva, pietate salvifica. Per Dominum.

(*collectio post nomina.*) Oremus, fratres
carissimi, ut hæc oblatio nostra accepta sit
Domino: ut quos in honorem summi sacerdotis sui Germani episcopi videt esse devotos,
ita sibi beneplacitos esse concedat, ut defunctorum spiritibus et requiem tribuat, et
beatitudinem largiatur. Per Dominum.

(*ad pacem.*) Præsta, Domine, intercedente
sancto antistite tuo Germano, cujus hodie
in conspectu majestatis tuæ beatitudinis gloriam dignis laudibus exaltamus, ut omissis
odiis in pace, quia b nobis daturi sumus, pura b Should we not rather read *quam* ?
tibi ac pacifica corda nostra pandamus. Per
Dominum. Pax Domini.

(*contestatio.*) Dignum et justum est, Deus
noster, verè dignum est, majestati tuæ semper
gratias agere atque in laudibus tuis cum lætitiâ et exultatione sanctorum tuorum præconia
dicere; laudes attollere eorumque jugiter
exaltare virtutes: nam beatissimi patris nostri
antistitis tui, Germani episcopi, cujus hodie

*Textus codicis.*

interueniente, plebi suae pacem tribuat, fidem augeat, corda pure- | ficit,78b
lumbus accingat. et ianuam salutis. aperiat. p. d.

(*ante nomina.*) Exaudi nus domine sancte pater omnipotens aeterne
deus, et meritis, siue intercessionibus sacti antestitis tui, Germani episcopi
hanc plebem tuam tuae miserationis costudi. benignitate conserua pietate
saluifica. p. d.

COLL. POST (*nomina.*) Oremus, fratres karissimi. ut hanc oblatio nostra.
accepta sit domino. ut quos in honorem summi sacerdotis sui Germani epis-
copi uidet esse deuotus. ita sibi beneplacito esse concedat, ut defunc- | torum78a
spiritibus et requiem tribuat. et beatitudinem largiatur. p. d.

(*ad pacem.*) Praesta domine ut intercedente sancto antestite tuo Germano, Mone 38
cuius hodie in conspectu maiestatis tuae beatitudinis gloriam dignis laudibus
exultamus, ut omissis, odiis in pace, quia nobis daturi sumus, pura tibi ac
pacifica corda nostra pandamus. p. d. pax domini sit

CONTEStatio. Dignum et iustum est deus noster, uere dignum est, majestati
tuae semper gratias agere atquae in laudibus, | tuis cum laetitia et exultatione 80b
sanctorum tuorum praeconia dicere; laudes adtollere eorumque jugiter exultare uirtutis, nam beatissimi, patris nostri, antestitis tui Germani episcopi. cuius

annua, ac præcipua depositionis festa celebramus, cujus tantus erga te fuit amor, Domine,
tanta dilectio, ut jam præsentis sæculi seductione calcatâ, ad futuram beatitudinem mirabili virtute tetenderit; nec potuerit peccatorum
funibus illigari, aut gladiis vel sagittis antiqui
hostis attingi, quem per loricam justitiæ et
scutum fidei, protectio tua ovibus suis liberum
ac securum fecerat esse pastorem : pro quibus
utique ovibus, in eleemosynis, in jejuniis, in
vigiliis, omni tempore constitutus pastor egregius, mori potius desideravit, quàm lupi rapacis potuerit [c] in aliquo morsibus superari.
Fuit etiam ecclesiæ justissimus judex, sapientiâ primus, spiritali instructione præcipuus,
humilitate magnus, affabilitate suavis, patientiâ fortis, instructione necessarius doctrinæ,
religione pater, dilectione frater, fidei amicus,
misericordiâ proximus. Coepiscopos suos oratione juvit, consilio supplevit, auctoritate monuit; presbyteros, diaconos, omnemque clerum
totamque plebem tuam, Domine, velut sua
membra dilexit ; erexit oppressos, defessos
fovit, dissidentes fecit esse pacificos, discordes
docuit servare concordiam, reddidit cæcis
visum, claudis gressum, febricitantibus medicinam, et occupatas ab immundissimis spiritibus animas velociter liberavit. Quo igitur
interveniente, supplices tui pietatis tuæ misericordiam postulamus, omnipotens Domine,

[c] The sense would be clearer if this word were omitted.

*Textus codicis.*

hodie annua, ac praecipua dispositionis festa celebramus, cuius tantus erga te
fuit amor domine, tanta dilictio ut tam praesentes saeculi seductione calcata,
ad futuram beatitudinem mirabile uirtute tetenderit nec potuerit peccatorum
80a funibus inligari, aut gladiis, uel sagittis, antiqui, | hostis attingi, quem per
luricam justitiae et scutum fidei, protectio tua, ouibus suis liberum ac securum
fecerat. esse pastorem, pro quibus, utique obibus in elymosinis in ieiuniis, in
uigiliis, omni tempore. constitutus. pastor egregius, mori potius desiderauit.
quam lupi rapacis potuerit in aliquo morsibus superari, fuit etiam eclisiae
iustissimus judex, sapientiae primus. spiritali instructione praecipuus. humili-
76b tate magnus, affabilitate, suauis, patientia fortis distructione necessa- | rius
doctrinae. religionis pater, dilectione frater, fidei amicus misericordia proximus.
coepyscopus suos, oratione iuuit, consilio suppleuit. auctoritate monuit.
praesbiteros diaconos omnemque clerum totaque plebem tuam domine uelut
sua membra dilexit, erexit obpressos, indefessos fouit dissidentes fecit esse
pacificus. discordes docuit seruare concordiam, reddedit caecis uisum, clodis
gressum. febricitantibus medicinam. et occubatas, ab inmundissimis spiritibus
76a animas | uelociter liberauit, quo igitur interueniente. supplicis tui pietates
tuae misericordiam postulamus. omnipotens domine, ut qui eius meritis

ut qui ejus meritis æquari non possumus, saltem <sup>c</sup> peccatorum nostrorum veniam conse- qui mereamur, angelicâ te exultatione laudan- tes. Cui merito angeli et clamant <sup>d</sup> dicentes.

<sup>c</sup> This is one instance among many that the present Missal was written by ear from dictation, by some copyist who scarcely understood Latin ; and that to this cause some of its worst barbarisms are to be attributed. No one could have copied *psaltim* for *saltem ;* but nothing easier than so to have set down the word from dicta- tion.

<sup>d</sup> Unless this be a strange inversion for *et angeli,* we may read *exclamant.*

*Textus codicis.*

aequari non possumus, psaltim peccatorum nostorum ueniam consequi mereamur, angelica te exultatione laudantes, cui merito angeli et clamant dicentes.

# \*MISSALE GOTHICUM

## SEU

# GOTHICO-GALLICANUM.

a The MS being imperfect at the beginning, this title has been supplied
by Mabillon from the references to
the Eve of the Nativity which occur
in the service. By comparing it with
those which follow, we see that several prayers are also wanting. The
two preceding *Missæ* were, no doubt,
those for Advent.

Grata tibi sit, Domine, quæsumus,
hodiernæ festivitatis oblatio; ut, tua
gratia largiente, per hæc sacrosancta
commercia in illius inveniamur forma, in quo tecum est nostra substantia. Per.—Sac. Leon. p. 150. cf.
S. Greg. p. 6.

b It will be observed that in this and
the following prayers, a collect has
been taken from the Roman Missal,
and added to at the end; a practice
of which we shall find many instances
in this Missal.

Da nobis, omnipotens Deus, ut sicut adoranda Filii tui natalitia prævenimus, sic ejus munera capiamus
sempiterna gaudentes. Per. — Sac.
Leon. p. 151. S. Greg. p. 5.

† T. 232

c *literis cœlestibus*, that is, in the
book of life; a prayer which is very
common in the Gallican Missals with
considerable variety of expression.
Thus we find, in libro vitæ jubeas as-
cribi cœlesti chirographo:—M. Goth.
232a, b in æterno vitæ libro conscribi.—S. Gall. 359a in libri vitæ
paginam jubeas intimare.—S. Gall.
384b in libro vitæ censeas deputari.—
M. Goth. 273a in cœlesti pagina conscribi præcipias—M. Goth. 231a S.
Gall. 332a in cœlesti pagina jubeas
intimari—M. Goth. 276a in cœlesti
pagina jubeas intimare—ib. 286a in
cœlestibus paginis conscribantur—ib.
283b ut æternalibus indita paginis,
sanctorum cœtibus aggregentur.—ib.
255b nomina scribi jubeas in æternitate.—ib. 191b in beatitudinem æterni
gaudii recenseri facias. — ib. 270b
æternitatis titulo jubeas præsignari.—ib. 234b figere in scriptione
sempiterna.—ib. 233b. The same
prayer is found in the Mozarabic Missal with equal variety of expression,
but always extended to the living, a
curious fact similar to that noticed
above on Miss. Richen. p. 3. It is
also found in the Roman once, of the
living: See S. Leon. p. 24.

## III Ordo Missæ in vigilia Natalis

### Domini. [a]

*(Collectio post nomina.)* Grata tibi sit, Domine,
quæsumus, hodiernæ festivitatis oblatio : ut, tuâ gratiâ
largiente, per hæc sacrosancta commercia in illius inveniamur formâ, in quo tecum est nostra substantia.[b]
Spiritibus quoque carorum nostrorum tribue,
ut mortalibus segregati cœtibus, litteris
mereantur conscribi cœlestibus.[c] Præsta per
Dominum nostrum Jesum Christum Filium
tuum, qui tecum.

*(Collectio ad pacem.)* Da nobis, quæsumus, Domine, ut sicut adoranda Filii tui natalitia celebraturi,† ab
hodiernis vigiliis in confessione tui nominis prævenimus ;
sic ejus munere capiamus sempiternum; et dirigere
dignare Angelum pacis, qui oscula nostra
puris sensibus inligata connectat : nosque tibi
ab omnibus peccatorum maculis expurgatos
adjungat. Per coæternum tibi Jesum Christum Filium tuum Dominum nostrum.

*(Immolatio Missæ.)* Dignum et justum est.
Verè dignum et justum est, nos tibi gratias
agere, Domine sancte, Pater omnipotens,
æterne Deus, amanda pietas, tremenda virtus,
veneranda majestas. Qui hanc noctem ven-
turam, toto orbe venerandam, cœlorum gratu-
latione, et terrarum remuneratione, angelicâ
exultatione ditasti; ut nascente in carne
Domino nostro Jesu Christo Filio tuo, superiora pariter et inferiora gauderent. Aspice
nunc familiam tibi supplicem : conserva
populum tuis laudibus personantem : et
superventuræ noctis \* solemnitati ita pervigiles redde,

ut sinceris mentibus Domini nostri percipere mereamur
natalem venturum. In quo invisibilis ex substantiâ tuâ,
visibilis per carnem apparuit in nostrâ: tecumque unus,
non tempore genitus, non naturâ inferior, ad nos venit
ex tempore natus. Per cujus nativitatem indulgentia criminum conceditur, et resurrectio non
negatur. Meritò itaque omnis terra adorat
te, et confitetur tibi. Sed et cœli cœlorum et
angelicæ Potestates non cessant laudare dicentes : Sanctus, Sanctus, Sanctus.

*(Collectio post Sanctus.)* Verè sanctus, verè
benedictus Dominus noster Jesus Christus
Filius tuus, manens in cœlis, manifestatus in
terris. Ipse enim pridie quàm pateretur.

*(Post Mysterium.)* Hæc facimus, Domine
sancte, Pater omnipotens, æterne Deus, commemorantes et celebrantes Passionem unici
Filii tui Jesu Christi Domini nostri. Qui
tecum vivit et regnat cum Spiritu Sancto in
sæcula sæculorum.

*(Ante Orationem Dominicam.)* His precibus
te, Deus, Pater omnipotens,† deprecamur, qui-† T. 233
bus nos Dominus noster Jesus Christus Filius
tuus orare præcepit, dicens : Pater noster.

*(Post Orationem Dominicam.)* Libera nos
à malo omnipotens Deus, et custodi in bono.
Evacua nos vitiis, et reple virtutibus : et bona
nobis tam præsentia, quàm æterna concede.
Per Dominum nostrum Jesum Filium tuum.

*(Benedictio Populi.)* Deus, qui adventum
tuæ majestatis per Angelum Gabrielem, priùs
quàm descenderes, nuntiare[d] jussisti : Amen.

Qui sine initio sempiternus es, terras inlustrare per Virginem, tartara lavare dignasti
per crucem : Amen.

Præsta, ut hic populus tuus in præceptis
obedienter ambulans, sicut est partus Virginis
singularis, ita eis[e] benedictionum tuarum veri
luminis imbrem infundas. Amen.

Et tentationem insidias, vel aculeos ten-
tatoris, spiritalibus armis accinctos, adversarii
tentamenta, et præsentis vitæ inlecebras in
tuo nomine facias superare : Amen.

Et primæ nativitatis, et secundæ regenerationis auctorem suum sciant esse quod natum
est ; seque tibi intelligant debere quod sanctum est : Amen.

Quod ipse præstare digneris: qui cum Patre
et Spiritu Sancto vivis et regnas.

Ut superventuræ noctis officiis nos ita pervigiles reddat, ut sinceris menti-bus 〈jus percipere natale venturum. In quo invisibilis ex substantia tua visibilis per carnem apparuit in nos-tra : tecumque unus, non tempore genitus, non natura inferior, ad nos venit ex tempore natus. - S. Greg. p. 5.

Per cujus nativitatem indulgentia criminum conceditur, et resurrectio non negatur.—Sac. Gall. eodem die et loco p. 289 b.

See above M. Richen. II and below M. Goth. p. 292 b.

See M. Goth. p. 294b 297a.

See M. Richen. VI eod. loco.

See M. Goth. p. 192 b.

d Perhaps we might read nuntiari.

This word *lavare* seems strange. One would rather expect *spoliare* or some such word.

Sit hæc plebs tuis præceptis obedi-enter amabilis, sicut est partus Vir-ginis in origine singularis, ut cum dies tui fulgoris effulserit . . . —Bene-dict. ex cod. S. Theod. in opp. Gregorii p. 626. cf. Ipse super vos benedic-tionis suæ gratissimum imbrem infun-dat.—S. Greg. p. 6.

It might naturally be expected, that even after the Gallican Liturgies had been abandoned, some of their rich stores of devotional forms would be retained in the offices of the French Churches. Accordingly, we find a considerable number of the benedic-tions of the M. Goth. in the Benedic-tionale printed in the Benedictine ed. of S. Gregory the Great from a MS of a Monastery near Rheims.

e Vezzosi has *eos*.

**\* M. 190**    *(Post Communionem.)* Cœlesti cibo potu-
que roborati, omnipotenti Deo laudes et gratias, fratres carissimi, referamus, poscentes,
ut nos, quos dignos habuit participatione Corporis et Sanguinis Domini nostri Jesu Christi
Unigeniti sui, dignos etiam cœlesti remuneratione percenseat. Per ipsum Dominum
nostrum Jesum Christum Filium suum.

Quod ore sumpsimus, Domine, *(Collectio sequitur.)* Quod ore sumpsimus, Do-
quæsumus, mente capiamus, et de mine, mentibus capiamus : et de munere temporali, fiat
munere temporali fiat nobis reme-
dium sempiternum. Per.—Sac. Leon. nobis remedium sempiternum.
p. 65.

---

† T. 234

**† IV. Ordo Missæ in die Nativitatis
Domini nostri Jesu Christi.**[a]

ᵃ Notice that the Gallican like the
Mozarabic offices, provide only one
mass for Christmas Day, instead of
the three which, from the very beginning, formed a part of the Roman
Rite.
In the Missale Gothicum, this prayer
and the following occur merely in
the Offices for Christmas and Easter.
On all the other days, the service
seems to have begun with the Præfatio or exhortation to the people, or
else with a Collect in its place. We
learn from the exposition of the
Gallican service ascribed to S. Germanus that the *Prophetia* was the
song of Zacharias, which indeed we
might have gathered from the fact
that both of the *Collectiones post
Prophetiam* which occur in the M.
Goth. and the five which are found
in the Sac. Gall. p. 285b, 340b 365b,
370b 373a are all based on the *Benedictus.*— See M. Richen. II note 2.
ᵇ So we read instead of *in.*
ᶜ We might perhaps read *antiquo.*

*(Collectio post Prophetiam.)* Ortus es nobis
verus Sol justitiæ, Jesu Christe. Venisti de
cœlo, humani generis Redemptor. Erexisti
nobis cornu salutis ; et celsi Genitoris Proles
perpetua, genitus in domo David propter
priscorum oracula vatum, propriam volens
absolvere plebem, et vetusti criminis delere
chirographum : ut æternæ vitæ panderes
triumphum. Ideoque nunc te quæsumus, ut
per [b] misericordiæ tuæ viscera nostris appareas
mentibus, salus æterna : et nos, eripiendo ab
iniquo [c] hoste, justitiæ cultores efficias : omni-
que mortis errore spreto, pacis viam rectè
itinere gradientes, tibi rectè servire possimus,
Salvator mundi. Qui cum Patre et Spiritu
Sancto vivis, dominaris et regnas Deus in sæcula sæculorum.

ᵈ According to Mabillon, by *precem*
we are here to understand the Song
of the Three Children, which formed
part of the Missa for Christmas Day.
But Vezzosi, with greater probability,
refers it to the prayers preceding the
expulsion of the Catechumens.

*(Collectio post Precem.*[d]*)* Exaudi, Domine,
familiam tibi dicatam, et in tuæ Ecclesiæ
gremio in hac hodiernâ sollemnitate Nativitatis tuæ congregatam, ut laudes tuas exponat.

† T. 235

† Tribue captivis redemptionem, cæcis visum,
peccantibus remissionem : quia tu venisti, ut
salvos facias nos. Aspice de cœlo sancto tuo,
et illumina populum tuum, quorum animus in
te plenâ devotione confidit, Salvator mundi.
Qui vivis.

*(Præfatio Missæ.)* Sacrosanctum beatæ
Nativitatis diem, in quo nascente Domino,
virginalis uteri arcana laxata sunt, incorrup-
torumque genitalium pondus, sæculi levamen,

effusum est, sicut exoptavimus votis, ita veneremur et gaudiis. Hic namque ortus die splendidior, luce coruscantior est. In hoc omnipotentem Deum, qui terrenam fragilemque materiam* causâ nostræ redemptionis adsumpsit, fratres dilectissimi, supplices deprecemur: uti nos, quos ortu corporis visitavit, societate conversationis edocuit, præcepto prædicationis instituit, degustatione mortis e redemit, participatione mortis amplexus est, divini Spiritûs infusione ditavit; sub perpetuâ devotione custodiat, et in his beati famulatûs studiis permanere concedat. Qui cum Patre et Spiritu Sancto vivit et regnat Deus in sæcula sæculorum.

*M. 191*

e Should we not read *Passionis* for *mortis?* yet perhaps there is an allusion to the words, "Tasted death for every man." (Heb. 2. 9.)

(*Collectio sequitur.*) Deus, qui dives es in misericordiâ, quâ mortuos nos peccatis, convivificasti Christo Filio tuo, ut formam servi acciperet, qui omnia formavit: ut qui erat in Deitate, generaretur in carne: ut involveretur in pannis, qui adorabatur in stellis: ut jaceret in præsepio, qui regnabat in cœlo: invocantibus nobis aurem majestatis tuæ propitiatus accommoda, donans hoc per ineffabilem tuæ misericordiæ caritatem: ut qui exultamus de Nativitate Filii tui, qui vel ex Virgine natus, vel ex Spiritu Sancto regeneratus est, pareamus præceptis ejus, quibus nos edocuit ad salutem. Præsta per Dominum nostrum Jesum Christum Filium tuum: qui tecum.

The *contestatio* for Christmas eve in the Sac. Gall. p. 289b much resembles this prayer.

(*Collectio post nomina.*) Suscipe, quæsumus, Domine Jesu,† omnipotens Deus, sacrificium laudis oblatum, quod pro tuâ hodiernâ Incarnatione à nobis offertur: et per eum sic propitiatus adesto, ut superstitibus vitam, defunctis requiem tribuas sempiternam. Nomina quorum sunt recitatione complexa, scribi jubeas in æternitate; pro quibus apparuisti in carne, Salvator mundi, qui cum cœterno Patre vivis et regnas.

*† T. 236*

See above p. 32 note c.

(*Collectio ad pacem.*) Omnipotens sempiterne Deus, qui hunc diem Incarnationis tuæ et partum beatæ Mariæ Virginis consecrasti: f quique discordiam vetustam per transgressionem ligni veteris cum Angelis et hominibus per Incarnationis mysterium, lapis angularis, junxisti: da familiæ tuæ in hâc celebritate lætitiæ, ut qui te consortem in carnis pro-

f Ought we not to read, *Incarnatione tua et partu?*
Omnipotens, sempiterne Deus, qui hunc diem per incarnationem Verbi tui, et per partum beatæ virginis Mariæ consecrasti:—S. Gelas. p. 5b eodem die;
cf. M. Moz. p. 27. 102 "dum discordiam quæ inter Angelos et homines per culpam primi parentis contracta fuerat, verum hominem assumendo ac pro omnibus moriendo, per crucis tuæ trophæum resolvisti.
da populis tuis in hac celebritate justitiæ, ut et qui tua gratia sunt redempti, tua adoptione sint filii: Per.—S. Gelas. p. 5b eodem die.

pinquitate lætantur; ad summorum civium unitatem, super quos corpus adsumptum evexisti, perducantur ; et [inter [g]] semetipsos per externa complexa jungantur : ut jurgii non pateat interruptio, qui te auctorem gaudent in suâ naturâ per carnis venisse contubernium. Quod ipse præstàre digneris, qui cum Patre et.

[g] The word *inter* has been added by Mabillon.

*(Immolatio Missæ.)* Verè dignum et justum est, æquum et salutare est, nos tibi gratias agere, Domine sancte, Pater omnipotens, aeterne Deus,* quia hodie Dominus noster Jesus Christus dignatus est visitare mundum. Processit de sacrario corporis virginalis, et descendit pietate de cœlis. Cecinerunt Angeli, *Gloria in excelsis,* cùm humanitas claruit Salvatoris. Omnis denique turba exultabat Angelorum : quia terra Regem suscepit æternum. Maria beata facta est templum pretiosum, portans Dominum dominorum. Genuit enim pro nostris delictis vitam præclaram, ut mors pelleretur amara. Illa enim viscera, quæ humana non noverant macula, Deum portare meruerunt. Natus est in mundo, qui semper vixit et vivit in cœlo, Jesus Christus, Filius tuus, Dominus noster. Per quem maiestatem tuam laudant Angeli.

\* M. 192

*(Post Sanctus.)* Gloria in excelsis Deo, et in terrâ pax hominibus bonæ voluntatis : quia appropinquavit redemptio nostra. Venit antiqua expectatio Gentium : adest promissa resurrectio mortuorum : jamque præfulget æterna expectatio beatorum, per Christum Dominum nostrum. Qui pridie.

cf. Deus, antiqua expectatio gentium.—Sac. Gall. p. 291a eodem die.

*(Post Secreta.)* Credimus, Domine, adventum tuum : recolimus passionem tuam. Corpus tuum in peccatorum nostrorum remissionem [h] confractum ; [i] Sanguis † sanctus tuus in pretium nostræ redemptionis effusus est : qui cum Patre et Spiritu Sancto vivis et regnas.

[h] The MS has *remissione*.
[i] These words, as Mabillon has well observed, seem to refer to the ancient formula of consecration, "*For this is My Body Which shall be broken for you ;*" as it certainly existed in the Ambrosian, and probably also in the Gallican Missals.

† T. 237

*(Ante Orationem Dominicam.)* Non nostro præsumentes, Pater sancte, merito, sed Domini nostri Jesu Christi Filii tui obedientes imperio, audemus dicere.

Non nostro merito, omnipotens Deus, sed Jesu Christi Filii tui obedientes præcepto audemus dicere: Pater.— M. Goth. p. 298 b see also p. 210. a.

*(Post Orationem Dominicam.)* Libera nos, omnipotens Deus, ab omni malo, ab omni periculo : et custodi nos in omni opere bono, perfècta veritas et vera libertas, Deus. Qui regnas in sæcula sæculorum.

*(Benedictio Populi.)* Deus, qui adventum See above p. 33.
tuæ majestatis per Angelum Gabrielem, priusquàm descenderes, nuntiare jussisti : qui dignanter intra humana viscera ingressus, et alvo Virginis hodie te mundus clarificatus *. . . . . Amen.

**\* M. 193**

Tu, Domine, benedic hanc familiam tuam, quam hodierna sollemnitas in adventu tuo fecit gaudere : Amen.

Da pacem populo tuo, quem pretiosâ nativitate vivificas; et passionis tolerantiâ à morte perpetuâ redemisti : Amen.

Tribue eis de thesauro tuo indeficientes divitias bonitatis : reple eos scientiâ, ut impollutis actibus et puro corde sequantur te ducem justitiæ, quem suum cognoscunt factorem : [j] Amen.

[j] Vezzosi proposes to read, *cognoscunt esse factorem.*

Et sicut in diebus illis advenientem te in mundo perfidia Herodis expavit, et periit rex impius à facie Regis magni : ita nunc præsenti tempore celebrata sollemnitas peccatorum nostrorum vincula dissolvat : Amen.

cf. cujus susceptæ in carne nativitatis infantiam sic *rex impius* ac profanus *expavit.* – M. Moz. p. 94. 100.

Ut cùm iterum ad judicandum veneris, nullus ex nobis ante tribunal tuum reus appareat : sed discussâ de pectoribus nostris caligine tenebrarum, placeamus conspectui tuo : et perveniamus ad illam terram, quam sancti tui in requiem possidebunt æternam : Amen.

*(Post Communionem.)* Cibo cœlesti saginati, et poculo æterni calicis recreati, fratres carissimi, Domino Deo nostro laudes et gratias indesinenter agamus, petentes : ut qui sacrosanctum corpus Domini nostri Jesu Christi spiritaliter sumpsimus, exuti à carnalibus vitiis, spiritales effici mereamur.    Per Dominum nostrum Jesum Filium suum.

cf. M. Goth. p. 294 b.  This collect does not seem of Gallican origin.

*(Collectio sequitur.)* Sit nobis, Domine, quæsumus, medicina mentis et corporis, quod de sancti altaris tui benedictione percipimus : ut nullis adversitatibus opprimamur, qui tanti remedii participatione munimur.    Per Dominum nostrum Jesum Christum Filium tuum.

Sit nobis, quæsumus, Domine, medicina mentes & corporibus; quod de sancti Altaris tui benedictione percipimus ; ut nullis adversitatibus perfruamur, qui tanti remedii participatione munimur.  Per. – S. Gelas. p. 184 b.

† V. Ordo Missæ in Natale sancti Stephani Protomartyris.[a]

**† T. 238**

[a] The repeated and direct references to the intercession of S. Stephen, and the whole language and tenor of this Missa, amply prove the far earlier origin of that for the same day in the Mozarabic Missal.

*(Præfatio.)* Venerabilem atque sublimem

beatissimi Protomartyris Stephani passionem hodie celebrantes, Deum martyrum, fratres carissimi, deprecemur: ut sicut illi contemplatione meritorum suorum coronam dare dignatus est ; nobis quoque plenissimam misericordiam, ipsius precibus flexus, in omnibus largiatur. Per Dominum nostrum Jesum Christum Filium suum.

\* M. 194

*(Collectio sequitur.)* Deus, qui S. Stephano martyri tuo et principatum in ministerio, et principem in martyrio [locum]ᵇ contulisti; dum nobis sancti diei hujus festivitatem pro ejus vel commemoratione, vel passione donasti: exaudi, quæsumus, supplices familiæ tuæ preces: nobis ejus peculiare præsidium tribue, cujus pro inimicis ac peccatoribus preces piissimus acceptasti: tribue etiam, ut pro nobis intercessor existat, qui pro suis persecutoribus supplicavit. Per Dominum nostrum Jesum Christum Filium tuum: qui tecum beatus vivit.

ᵇ *locum* is an addition of Mabillon's.

Tribue, quæsumus, ut pro nobis intercessor existat, qui pro suis etiam persecutoribus supplicavit. Per.—S. Leon. p. 79 in 4 Nonas Aug. Natale S. Steph. in cœm. Callisti in via Appia.

*(Collectio post nomina.)* Omnipotens sempiterne Deus, qui sanctorum virtute multiplici Ecclesiæ tuæ sacrum corpus exornans, primitias Martyrum gloriosi Levitæ tui Stephani sanguine dedicasti; da nobis diem natalis ejus honore præcipuo celebrare : quia non diffidimus eum fidelibus tuis posse suffragari, qui Dominicæ caritatis imitator, etiam pro suis persecutoribus supplicavit. Tribue, ᶜ quæsumus, per interventum ipsius, ut viventes salutem, defuncti requiem consequantur æternam. Præsta per Dominum nostrum Filium tuum.

Omnipotens sempiterne Deus, qui primitias Martyrum gloriosi Levitæ Stephani sanguine dedicasti: da nobis, diem Natalis ejus honore præcipuo celebrare: quia non diffidimus eum fidelibus tuis specialiter suffragari, qui dominicæ caritatis imitator, etiam pro persequutoribus supplicavit. Per.—S. Leon. p. 81—cf. p. 80 Missa II.

cf. M. Moz. p. 163. 70 Fiatque hoc cœnæ tuæ sacrificium defunctis ad requiem, et viventibus ad salutem. ᶜ Vezzosi proposes to read, *Tribue*que.

*(Collectio ad pacem.)* Deus caritatis indultor, Deus indulgentiæ munerator, qui sancto martyri tuo Stephano in passione largitus es, ui mbrem lapidum clementer exciperet, et pro lapidantibus supplicaret: pietatem tuam, Domine, subnixis precibus exoramus, ut dum martyris tui passionem recolimus, per intercessionem ipsius pacis securitatem cum peccatorum nostrorum veniâ consequi mereamur. Per Dominum nostrum Jesum Christum Filium tuum, qui tecum.

cf. M. Goth. p. 273a (& p. 285b) Deus caritatis indultor.
Deus pacis conditor, Deus indulgentiæ remunerator, qui sancto martyri tuo Stefano in passione largitus es, ut imbrem lapidum clementer exciperet, & pro lapidantibus se supplicaret: pietatem tuam Domine supplices deprecamur, ut peccatorum veniam consequamur. — S. Gal. p. 292a.

*(Contestatio Missæ.)* Dignum et justum est, æquum et justum est, te laudare, teque benedicere, tibi gratias agere, omnipotens sempiterne Deus. Qui gloriaris in conventu Sanctorum tuorum, quos ante mundi constitutionem præelectos spiritali in cœlestibus benedictione signasti: quosque Unigenito tuo per adsumptionem carnis, et crucis redemptionem soci-

asti : in quibus † Spiritum tuum Sanctum † T. 239
regnare fecisti, per quem ad felicis martyrii
gloriam pietatis tuæ favore venerunt. Dignè
igitur tibi, Domine virtutum, festa sollemnitas
agitur ; tibi hæc dies sacrata celebratur ; quâ [d] [d] The MS has *quam.*
beati Stephani primi martyris tui sanguis in
tuæ veritatis testimonio profusus, magnificum
nominis tui honorem signavit. Hic est enim
illius Nominis primus confessor, quod est
supra omne nomen; in quo unicum salutis
*nostræ præsidium, Pater æterne, posuisti. * M. 195
Hic in Ecclesiâ tuâ quàm splendidum ad cunctorum animos confirmandos unicæ laudis
præcessit exemplum! Hic post passionem
Domini nostri Jesu Christi, victoriæ palmam
primus invasit. Hic, ut levitico ministerio
per Spiritum Sanctum ab Apostolis consecratus
est, niveo candore confestim emicuit, martyrii
cruore purpureus. O benedictum Abrahæ
semen, apostolicæ doctrinæ et Dominicæ
crucis prior omnium factus imitator et testis!
Meritò cœlos apertos vidit, et Jesum stantem [e] [e] Ne lateat quod Christus agat : pro
ad dexteram Dei. Dignè igitur ac justè talem
sub tui nominis confessione laudamus, omnipotens Deus, quem ad tantam gloriam vocare
dignatus es. Suffragia ejus nobis pro tuâ
pietate concede. Talis pro hâc plebe pre-
cetur, qualem illum post trophæa venientem
exultans Christus excepit. Illi pro nobis
oculi sublimentur, qui adhuc in hoc mor- See Rom. 7. 24
tis corpore constituti, stantem ad dexteram
Patris Filium Dei in ipsâ passionis horâ viderunt. Ille pro nobis obtineat, qui pro persecutoribus suis, dum lapidaretur, orabat ad
te, sancte Deus, Pater omnipotens, per Dominum nostrum Jesum Christum Filium tuum,
qui pro peccatis nostris nasci carne per Virginem, et pati dignatus est mortem, ut
martyres suos suo pati doceret exemplo.
Cui meritò omnes Angeli atque Archangeli
sine cessatione proclamant, dicentes : Sanctus,
Sanctus, Sanctus.

(*Collectio post Sanctus.*) Verè sanctus,
verè benedictus Dominus noster Jesus Christus Unigenitus tuus : qui martyrem suum
Stephanum cœlestis aulæ collegio muneravit :
qui corporis nostri infirmitatem suscepit : [et]

Martyre surgit : Quem tunc *stare*
videt, confessio nostra *sedentem*
Cum soleat celebrare magis.—Ara-
tor: Act. vii.

Hic semper pro subjectis dum
rogat, obtineat, qui pro inimicis
dum lapidaretur, orabat.—M. Moz.
p. 43. 51.

priusquam pium sanguinem pro humanâ salute
funderet, mysterium sacræ sollemnitatis instituit. Ipse enim pridie quam pateretur.

*(Post Mysterium.)* Hoc ergo facimus, Domine, hæc præcepta servamus, hanc f sacri
corporis passionem sacris sollemnibus prædicamus. Quæsumus, omnipotens Deus : ut
sicut veritatem nunc Sacramenti cœlestis exequimur, ipsi veritati Dominici Corporis ac
Sanguinis hæreamus. Per Dominum nostrum
Jesum Christum Filium tuum.

*(Ante Orationem Dominicam.)* Gloriosi
Levitæ exemplis et beatissimi martyris Stephani magisteriis instituti, æterno Regi et
Patri Deo precem, fratres carissimi, cum
omni humilitate fundamus : ut dato nobis fidei
calore vel munere, ad martyrii nos desiderium

**\* M. 196** amoris sui igne\* succendat: ejusque imitatores
**T. 240** efficiat, qui non solùm pro sui gloriâ, verùm
etiam pro exemplis eruditionis nostræ passionem sustinuit. Et cui conferre dignatus est
in passione virtutem, intercedendi pro nobis
tribuat facultatem : et orationem, quam præcipere dignatus est, dicere sine cunctatione
permittat. Pater noster.

*(Post Orationem Dominicam.)* Libera nos à
malo, omnipotens Deus : et tribue nobis supplicibus tuis tam promptum pro Christo tuo
ad patiendum animum ; ut probemur, non nos
martyrio, sed nobis defuisse martyrium. Per.

*(Benedictio Populi.)* Deus, qui tuos Martyres ita vinxisti caritate, ut pro te etiam
mori cuperent, ne perirent : Amen.

Et beatum Stephanum in confessione ita
succendisti fide, ut imbrem lapidum non timeret : Amen.

Exaudi precem familiæ tuæ amatoris inter
festa plaudentem : Amen.

Accedat ad te vox illa intercedens pro
populo, pro inimicis quæ orabat in ipso martyrio : Amen.

Ut se obtinente, et te remunerante, perveniat illuc plebs adquisita per gratiam, ubi
te, cœlis apertis, ipse vidit in gloriâ : g Amen.
Quod ipse præstare digneris.

*(Collectio post Eucharistiam.)* Deus,
perennis salus, beatitudo inæstimabilis, da,

---

*Marginal notes:*

f The MS has *hæc.*

Veritas dominici corporis et sanguinis is here (according to the phraseology introduced by S. Augustine in
his later years) put for being a member of the invisible Church, or
rather, a living member of the visible
Church. *These* words have no reference to the doctrine of the Holy
Eucharist. We may compare with
this, a prayer in S. Leon. p. 5 M.
10 Sumentes pignus cœlestis arcani,
& in terris positi, jam superno pane
satiati, supplicamus, Domine, deprecantibus Sanctis tuis, ut quod in
nobis mystice geritur, veraciter impleatur. Per.

This sentence seems adopted from
the Roman Liturgy: cf. "quibus et
in confessione virtutem, et in passione
victoriam contulisti: Per."—S. Leon.
p. 7 M. 15 p. 8 M. 18 p. 9. M. 19 p. 13
M. 29 &c.

This expression was used of S.
Martin: Cum sciamus non Martinum
martyrio, sed martyrium defuisse
Martino:—Sac. Gall. 349a M. Moz.
402. 104.

Accedat ad te vox illa intercedens
pro populo, quæ orabat pro inimicis
in ipso martyrio.

Ut se obtinente, et te remunerante,
perveniat illuc plebs acquisita per
gratiam, ubi te cœlis apertis ipse
vidit in gloria: Amen.—Bened. S.
Theod. p. 626 eod. die.

g So we read on the authority of the
prayer in the margin. The MS has
*gloriam,* which has no doubt originated in the preceding *gratiam.*

quæsumus, omnibus tuis : ut qui sancta ac beata sumpserunt, et sancti jugiter et beati esse mereantur. Quod ipse præstare digneris.

*(Consummatio Missæ.)* Gratias agimus tibi, Domine, multiplicatis circa nos miserationibus tuis : qui et Filii tui nativitate nos salvas, et martyris Stephani deprecatione sustentas. Per Dominum nostrum Filium tuum.

## VI. MISSA IN NATALE APOSTOLORUM JACOBI ET JOHANNIS.[a]

[*Praefatio.*] Electionis Dominicæ præclarum testimonium, atque apostolicæ congregationis admirabile ornamentum, et evangelicæ veritatis cœleste præconium, sanctos Dei Apostolos et Martyres, Jacobum et Johannem, præsenti festivitate venerantes, fratres carissimi, Domino ac Deo nostro pariter supplicemus : ut qui eorum electionem vocatione suâ præsciit, nostram quoque* vocationem [b] munerum suâ electione confirmet ; donetque nobis timoris sui perseverantiam, qui illis Apostolatûs gratiam, vel Martyrii dedit coronam. Per Dominum nostrum Jesum Christum Filium suum.

† *(Collectio sequitur.)* Domine, qui beatissimis Apostolis tuis Jacobo et Johanni gloriam martyrii bibitione tui calicis prædixisti ; ut et confirmares responsionem,[c] quam fides pura protulerat ; et conferres virtutem, quam caritas devota præsumpserat : hanc eorum passionis memoriam Ecclesiam tuam sollemniter celebrantem placatus intende. Prosit, quæsumus, commemoratio Sanctorum beatissimorum ad obtinendum tuæ miserationis auditum. Prosit Apostolorum titulos recolere, ut majestatis tuæ aures oratio nostra valeat inclinare. Prosit supplicare patrociniis, ut digneris exaudire suffragiis, Salvator mundi. Qui cum æterno Patre, et Spiritu Sancto vivis et regnas.

*(Collectio post nomina.)* Domine, quem vocantem sancti Apostoli Jacobus et Johannes fide integrâ sunt secuti ; et quèm sequentes ex caritate integrâ sunt electi : ut mundi piscatores fierent, qui profundi retia reliquissent : auribus percipe, quæsumus, orationem

Gratias agimus, Domine, multiplicatis circa nos miserationibus tuis, qui et Filii tui nativitate nos salvas, et Martyrum beatorum deprecatione sustentas. Per.—S. Leon. p. 83.

[a] In the greater part of the Gallican Church, as elsewhere, and in the Mozarabic Missal, the 27th of December is the festival of S. John alone. But Mabillon quotes from a French Martyrology of the Ninth Century : VI. Kal. Januarii ordinatio episcopatus Jacobi Apostoli Fratris Domini, et assumptio sancti Johannis evangelistæ. And so in the Greek Martyrology, where the verses for the commemoration of S. James are Σὺ τίκτονος παῖς, ἀλλ' ἀδελφὸς Κυρίου τοῦ πάντα τεκτήναντος ἐν Λόγῳ μάκαρ. The confusion between S. James the son of Alphæus, and S. James the son of Zebedee is remarkable. In the Greek Menology, and in Mabillon's Martyrology * the former is clearly intended ; in the present office, manifestly the latter.

Electionis Dominicæ præclarum testimonium, atque apostolicæ congregationis mirabile ornamentum, et evangelicæ veritatis cœleste præconium sanctos Dei apostolos et martyres Jacobum et Johannem, Dominum deprecemur.: ut qui illis apostolatus gratiam vel martyrii dedit coronam, nobis quoque concedat veniam peccatorum.—Sac. Gall. p. 294a.

The Office for this day in Sac. Gall. is an abridgement of this of Miss. Goth., retaining even the order of the prayers, as will be seen by the margin.

The present prayer is remarkable as being one of the very few which show traces of the phraseology introduced by S. Augustine.

**\* M. 197**

[b] This is Mabillon's correction for *nostra quoque vocatione.*

**† T. 241**

*(Collectio.)* Deus qui beatissimis apostolis tuis Jacobo et Johanni gloriam martyrii, bibitionis tui calicis prædixisti, ut et confirmares responsionem, quam fides pura protulerat: prosit patrociniis, ut digneris exaudire suffragiis.—Sac. Gall. ib.

[c] Compare S. Matt. 20, 22. which is the Gospel for this day in the Sac. Gall. In the Lect. Luxov. the Gospel is from the corresponding passage in S. Mark.

*(Post nomina.)* Domine, quem vocantem sancti apostoli Jacobus et Johannes fide integra sunt secuti, et quem sequentes caritate integra sunt electi, ut mundi piscatores fierent, qui profundi retia reliquissent : auribus percipe quæsumus orationem nos-

tram, ut dum adsequi eorum facta non possumus, implere saltim monita pertendamus.—Sac. Gall. ib.

d The MS. like Sac. Gall. spells it *saltim;* see also above p. 31.

(*Collectio ad pacem.*) Domine æterne, cui ita in sanctis apostolis tuis Jacobo et Johanne placuit arcanum dispensationis implere, ut glorioso passionis exemplo Apostolorum, quorum ille præcederet, iste præmitteret.—Sac. Gall. ib.

e Some correction is needed here.

The beginning of this Immolatio is probably borrowed from a Roman source. cf. Vere dignum; Tuum est enim omne quod vivimus:—S. Leon. p. 102 and, vere dignum; Teque in omni factura tua laudare mirabilem.—ib. p. 99. cf. also; Vere dignum; Tibi enim serviunt omnes creaturæ tuæ; quia te solum auctorem et Dominum recognoscunt, et in omni factura eorum te conlaudant et benedicunt omnes sancti tui.—M. Goth. p. 288a.
1 Vezzosi suggests, *imaginis,* there being a reference to Rom. 8. 29 "prædestinavit conformes fieri imaginis Filii sui."

**\* M. 198**

cf. Qui magnum illud Unigeniti tui nomen, quod est super omne nomen, coram regibus de potestatibus sæculi hujus voce libera confitentes, de persecutoribus tuis et diabolo triumpharunt, et pretiosum tibi sanguinem gloriosa morte fuderunt.—M. Goth. p. 288b.

(*Contestatio.*) Vere dignum et justum est omnipotens Deus, ut apostolos tuos Jacobum et Johannem meritis suffragantibus preces nostras propitius exaudias, per Christum Dominum nostrum. Qui est sanctorum omnium virtus et gloria, victoria martyrum et corona, Pastor ovium et Hostia sacerdotum, redemtio gentium et propiciatio peccatorum, ipse Dominus ac redemtor noster, ante cujus sacratissimam sedem stant Angeli, ad . . .—Sac. Gall. p. 294b.

**† T. 242**

nostram; et tribue, ut dum apostolicos triumphos admiramur et colimus, si adsequi eorum facta non possumus, implere saltem[d] monita contendamus. Quod ipse præstare digneris, qui cum Patre et Spiritu.

(*Collectio ad pacem.*) Domine æterne, cui ita in sanctis Apostolis tuis Jacobo et Johanne placuit arcanum dispensationis im[plere,] ut glorioso passionis exemplo, Apostolorum chorum ille præcederet, iste præmitteret; atque ita inter utrumque grex consummaretur beatus, ut omnium devotionem ille præcederet, iste concluderet: miserere nostri, et exaudi nos, et præsta: ut possimus prædictorum Martyrum tuorum Apostolorumque, vel illius exemplo fidem tenere, quâ coronatur; vel istius magisterio caritatem discere, quam docetur.[e] Per Dominum nostrum Jesum Christum Filium tuum, qui tecum.

(*Immolatio Missæ.*) Dignum et justum est. Verè æquum et justum est, nos tibi gratias agere, vota persolvere, Domine sancte, Pater omnipotens, æterne Deus. Quoniam tibi vivimus omnia opera tua; et in facturâ eorum te conlaudant et benedicunt omnes sancti tui, quos prædestinasti conformes fieri imagini[f] Filii tui. In\* quo exaltatum est cornu salutis eorum, qui nomen ejus, quod est super omne nomen, coram Regibus et Potestatibus hujus sæculi voce liberâ confitentes, ipsius Domini Salvatoris exemplo per patibula pœnarum, de persecutoribus suis et diabolo triumpharunt: et corpora sua dantes hostiam Deo, pretiosâ tibi morte ceciderunt. Ex quibus exstant beatissimi Apostoli et Martyres tui Jacobus et Johannes, quorum natalem hodie celebramus; obsecrantes misericordiam tuam, piissime atque omnipotens Deus: ut eorum meritis suffragantibus, preces nostras propitius exaudias, per Dominum nostrum Jesum Christum Filium tuum: qui† est sanctorum omnium virtus et gloria, victoria martyrum et corona, Pastor ovium, et Hostia sacerdotum, redemptio Gentium, et propitiatio peccatorum. Ante cujus sacratissimam sedem stant Angeli atque Archangeli; et sine cessatione proclamant, dicentes: Sanctus, Sanctus, Sanctus.

*(Collectio post Sanctus.)* Hosanna in excelsis. Verè sanctus, verè benedictus Dominus noster Jesus Christus Filius tuus : qui Sanctus in sanctis, pro morte vitam, pro pœnâ gloriam, pro confessione victoriam præstare dignatus est. Ipse enim qui pridie.

cf. Deus, qui sanctæ martyræ tuæ Eulaliæ pro pœna gloriam, pro morte vitam, pro infirmitate virtutem, pro passione coronam tribuisti.—M. Goth. p. 223b.

*(Benedictio populi.)* Deus, qui tuos Apostolos pretiosa Gentium lumina præparasti ; dum Jacobum et Johannem ad inlustrandas animas inter vasa Ecclesiæ, candelabra fidei prætulisti : Amen.

Da plebi tuæ imitari, quod unus exorando, alius docendo formavit : Amen.

Fructificet in hoc populo, quod seminavit iste verbo, plantavit ille martyrio. Ut eorum interventu hæc turba illius reficiatur dulcedine, supra cujus pectus carus Johannes accubuit: Amen.

Quod ipse præstare digneris, qui in Trinitate perfectâ.

Deus qui tuos Apostolos pretiosa gentium lumina præparasti, qui Jacobum et Johannem ad illustrandas animas, inter vasa Ecclesiæ, candelabra fidei prætulisti : fac plebem tuam imitari, quod unus exorando formavit, alter evangelizando eructavit. Amen.
Fructificet in populo quod seminavit iste verbo, plantavit ille martyrio. Amen.
Ut eorum interventu, hæc turba illius reficiatur dulcedine, super cujus pectus carus Johannes accubuit præ amore. Amen.
Quod ipse præstare dignetur, &c.— Bened. S. Theod. p. 626.

*(Post Communionem.)* Repleti, Domine, Apostolorum celebritate tuorum, quæsumus : ut te semper in eorum commemoratione laudemus, et tuam misericordiam, iisdem semper deprecantibus, consequamur. Per Dominum.

*(Collectio sequitur.)* Apostolorum, quæsumus Domine, intercessione nos adjuva : pro quorum sollemnitate lætantes, sancta tua percepimus dona. Per Dominum.

Beatorum Apostolorum, Domine, quæsumus, intercessione nos adjuva, pro quorum solemnitate percepimus tua sancta lætantes. Per.—S. Leon. p. 42.

## VII. MISSA IN NATALE SANCTORUM INFANTUM.

[*Collectio.*] Deus, qui universam Ecclesiam tuam pretiosorum* Martyrum tuorum virtutibus, velut quibusdam floribus coronasti ; ut per triumphos tuorum testium, et sollemnitatum gloriam et devotionum exempla susciperes : sicut in hoc die, quo pro Domino nostro Jesu Christo Infantum innocentiam extollis usque ad merita passionum. Feliciter pro Christo mortui sunt ; sed feliciùs cum eodem in æternitate victuri : qui ad hoc tantùm per humanam infirmitatem nati sunt ad ærumnam, ut per Dei gratiam nascerentur martyres ad coronam. Præsta, omnipotens Deus, in hac sollemnitate diei

* M. 199

6*

hujus: ut sicut illis dedisti palmas victoriæ;
ita nobis quoque consortium tribuas sempiternum. Per Dominum nostrum Jesum Christum Filium tuum: qui tecum vivit.

*(Collectio sequitur.)* Deus omnipotentiæ
ac benignitatis, Deus misericordiæ atque pietatis, qui Bethleemiticæ plebi, ac Dominicæ
civitati pro temporalibus ærumnis gaudia†
æterna tribuisti: ut Rachel[a] sancta plorans
filios suos, quæ præferebat ex dolore luctum,
nollet ex consolatione solatium: quæ [b] licèt
videretur de præsenti infantum amissione
conterrita, erat tamen beata de martyrum
perpetuitate securâ. Da cunctis, Domine, in
hoc loco consistentibus, et universæ plebi
istius loci: ut sic habeant ex sanctæ vitæ
conversatione palmam, sicut habuerunt parvuli ex passione victoriam. Per Dominum
nostrum Jesum Christum Filium tuum: qui
tecum vivit.

*(Collectio post nomina.)* Deus, qui id
quod per infantiam videtur exiguum, magnum
facis esse per merita: qui primordia adventûs
tui triumphis glorificas parvulorum: priùs eos
passionis martyrio, quàm ætatis provehis
incremento. Felix mors eorum, et beatifican-
da conditio! per quam eis contigit ut sævitiam
crudelissimi Herodis devicerint triumphando;
et Christum mererentur in præmio. Da huic
populo, tuo nomini consecrato, per consimilis
gratiæ admirationem, [c] meritorum similium
dignitatem: ut qui hanc sanctorum infantum
festivitatem pro honore nominis tui celebrant;
ad ipsorum infantum beatitudinem profectu
fidei semper ascendant. Quod ipse præstare
digneris, qui.

*(Immolatio Missæ.)* Dignum et justum
est. Verè dignum et justum est, nos tibi
semper et ubique gratias agere, Domine
sancte, Pater omnipotens, æterne Deus, pro
his præcipuè, quorum hodierno die annuâ
festivitate recolentes memoriam passionis
celebramus: quos[d] Herodianus satelles lactan-
tum * matrum uberibus abstraxit. Qui jure
dicuntur[e] martyrum flores, qui in medio frigore
infidelitatis exorti, velut primas erumpentes
Ecclesiæ gemmas quædam persecutionis pruina
discussit, rutilante fonte in Bethlehem civitate.[f]

---

Deus omnipotentie ac benignitatis:
Deus misericordie ac pietatis; qui
bethleemitice ac dominice civitati
pro temporalibus erumnis gaudia
eterna tribuisti: ut Rachel sanctos
plorans filios suos; que proferebat
ex dolore luctum: nollet ex consolatione solatium: que licet videretur
de presenti infantium amissione conterrita: erat tamen beata: ac de
martyrum perpetuitate secura. Da
cunctis Domine in hoc loco consistentibus et universe plebi istius loci:
ut sic habeant ex sancte vite conversatione palmam: sicut habuerunt
parvuli ex passione victoriam, quo
eorum meritis: et salus viventium:
et defunctorum requies impetretur.—
Amen.—M. Moz. p. 49. 65 eod. die.

Deum omnipotentem oremus, qui
Bethlemiticæ plebi ac Dominicæ civitati pro temporalibus ærumnis gaudia æterna tribuit, ut Rachel sancta
plorans, quæ proferebat ex dolore
gemitum, nollet ex consolatione solatium: quæ licet videretur de præsente infantum amissione conterrita,
erat tamen de martyrii beata perpetuitate secura.—S. Gall. 293. eod. die.

The addition at the end of the
prayer in the Mozarabic Missal is
worthy of note as showing the inter-
polations which that Ritual has suffered by its continued use to later
times, and from which the Gallican
services have in some degree been
spared by being so early set aside.

a The MS has *Rachiel.* †T.243
b The Edd. have *quia,* but *quæ,* which
is supported by both authorities in the
margin seems the better reading. The
following word *licet* is Mabillon's
correction for *videlicet.*

cf. Da huic populo tuo nomini
consecrato per consimilis gratie admirationem meritorum similium dignitatem: ut ad hanc sanctorum infantium beatitudinem et profectum fidei
et pacis semper ascendat. Amen.—
M. Moz. p. 49. 90 eodem die ad pacem.
The first part of this Spanish Collect
is the same as one in S. Gal. p. 293b.
It will be observed that in the text
the *Collectio ad pacem* is awanting.
From the latter part of the *Coll. post
nomina* occurring in M. Mozar. as a
prayer *ad pacem*, it would seem as if
the copyist of the M. Goth. had fused
the two into one.

c The MS has *admiratione.* Mabillon's plausible correction is *adminis-
trationem*, but the text is supported
by M. Moz. as quoted in the margin,
while the correction derives counte-
nance from the following passage;
"ut plebi ... divinæ credulitatis infundatur affectus, ut ejus *administratione* firmentur, qui martyris meritis non junguntur:—M. Goth. p.
280b. If the text is to stand, it should
probably be rendered, "by a like ad-
mirable grace."

d Part of this Immolatio is taken, as
Vezzosi points out, from a sermon ascribed to S. Augustine (t. 5 app. serm.
220 § 1) "Quos Herodis impietas lac-
tentes matrum uberibus abstraxit, qui
jure dicuntur 'Martyrum flores,' quos
in medio frigore infidelitatis exortos,
velut primas erumpentes Ecclesiæ
gemmas, quædam persecutionis pruina decoxit."

* M. 200

e The reference is to the hymn of
Prudentius: -

Infantes enim quia[g] ætate loqui non poterant, laudem Domini cum gaudio[h] resonabant. Occisi prædicant, quod vivi non poterant. Loquuntur sanguine, quod linguâ nequiverunt. Contulit his martyrium laudem, quibus abnegaverat lingua sermonem. Præmittit infantes Infans Christus ad cœlos; transmittit nova exenia Patri; primitias exhibet Genitori parvulorum prima martyria, Herodis scelere perpetrata. Præstat hostis corpori, dum nocet: beneficium tribuit, dum occidit: moriendo vivitur, cadendo resurgitur, victoria per interitum comprobatur. Pro his ergo beneficiis et pro præsenti sollemnitate immensas pietati tuæ gratias referentes potiùs, quàm rependentes, cum sanctis Angelis et Archangelis, qui Unum te Deum dominantem, distinctum, nec divisum; Trinum, nec triplicem;[i] Solum, nec solitarium, consonâ laudamus voce, dicentes: Sanctus, Sanctus, Sanctus.

(*Benedictio Populi.*) Deus, qui tibi consecrasti primitias Martyrum ab innocentiâ parvulorum : Amen.

†Et priùs tibi coaptasti in confessione infantiam, quàm lingua solveretur in verba : Amen.

Concede plebem tuam innocentem per gratiam, etsi non sint tempore[j] sanguine fuso martyria : Amen.

Servetur hic populus purgatus baptismate, qui tibi placitam fecisti innocentiam per cruorem : Amen.

Ut illic suo interventu grex accedat per lavacrum, ubi felices parvuli perfusi rore sanguinis gloriantur : Amen.

Per Dominum nostrum Jesum Christum Filium tuum : qui tecum vivit et regnat.

## VIII. Ordo Missæ in Circumcisione Domini nostri Jesu Christi.[a]

[*Præfatio.*] Christo Domino nostro, qui pro nobis dignatus est carne nasci, lege circumcidi, flumine baptizari; in hac octavâ nativitatis ejus die, quâ in se circumcisionis sacramentum secundùm præcepti veteris formam agi voluit, fratres carissimi, humiliter deprecemur: ut intra Ecclesiæ uterum nos

---

Salvete flores Martyrum,
Quos lucis ipso in limine
Christi insecutor sustulit,
Ceu turbo nascentes rosas.
Cath. Hymn. xii. 125.

[f] Vezz. has *civitatem.*
Vere dignum et justum est omnipotens Deus, per Christum Dominum nostrum. Qui rutilante fonte in Betthelem civitate Infantes, qui ætate loqui non poterant, laudem Domini cum gaudio resonabant: occisi prædicabant quod vivi nequiverant loquentes: Infans Christus transmittit ad cœlos nova exenia Patri, primitias exhibet genitori, per Christum Dominum nostrum.— S. Gall. p. 293b eod. die.

[g] *qui* seems a better reading.

[h] Mabillon suggests *gladio.*

[i] If *Hincmar* of Rheims had been acquainted with this *Immolatio,* the work of his own Church, he might not have been so ready to accuse the expression Trina Deitas of heresy, or at least of grievous error in his work *De non Trina Deitate.* We may compare the following passage from the Mozarabic Missal: "Una divinitas. Trina majestas. Natura inseparabilis: persona individua. Deus unus: et non solus: unitas triplex: trinitas simplex: sapientia multiplex. Inconfusa conjunctio: et indivisa distinctio. Quem unum substantialiter confitemur: et trinum personaliter nunciamus: Patrem et Filium et Spiritum Sanctum. Qui in uno trinus appares: et in trino unus agnosceris.— p. 84. 94.

Concede, quæsumus, Domine, plebi tuæ innocentum gratiam, qui tib consecrasti primitias martyrum ab innocentia parvulorum. Amen.

Servetur hic populus purgatus baptismate, qui tibi placitam fecisti innocentiam in cruore. Amen.

Ut illuc suo interventu grex accedat post lavacrum. ubi felices parvuli perfusi rore sanguinis, gloriantur in perpetuum. Amen.

Quod ipse præstare, &c.—Bened. S. Theod. p. 626.

† T. 244

[j] Hence we may gather that this Missa is of later date than the Tenth Persecution.

[a] The title of this Missa shows that it is not of very early date. The 1st of January in all the old Calendars is called the Octave of the Lord; S. Ambrose, S. Augustine, S. Maximus, and others whose sermons for this festival are still extant, make no mention of the Circumcision; and the case is the same with Amalarius and Micrologus. It would seem that the present name and celebration had their origin in France, were thence adopted in Italy, and so passed into Germany and England. The earliest distinct reference to the Circumcision, is in the eighteenth Canon of the Council of Tours, A. D. 580. "Et hora octava in ipsis calendis circumcisionis Missa Deo propitio celebrata.'

viventes quotidie recreatione parturiat, quousque in nobis sua forma, in quâ perfectæ ætatis plenitudinem teneamus, appareat.   Cordis
**\* M. 201** nostri præputia, quæ gentilibus\* vitiis excre-
verunt, non ferro, sed spiritu circumcidat:
donec carnali incremento, facinoribus amputatis, hoc solum in naturâ nostrâ faciat vivere,
quod sibi et servire valeat et placere.   Quod
ipse præstare dignetur, qui cum Patre et
Spiritu Sancto vivit et regnat.

  *(Collectio sequitur.)*  Sancte, omnipotens,
æterne Deus, tu nos convertens vivifica: et
quos error Gentilitatis involvit, agnitionis
<sup>b Another singular reference to the</sup> tuæ munus absolvat, ut aculeo mortis extincto,[b]
<sup>Te Deum. see above p. 27</sup> æternis vivificemur oraculis: ut sicut per
infirmitatem carnis, servivimus injustitiæ et
iniquitati; ita nunc liberati à peccatis, servia-
<sup>c There is a reference to Rom. 6. 19</sup> mus justitiæ in sanctificatione.[c]  Per Dominum
<sup>Sicut enim exhibuistis membra ves-</sup> nostrum Jesum Christum Filium tuum.

° There is a reference to Rom. 6. 19
Sicut enim exhibuistis membra vestra servire immunditiæ et iniquitati
ad iniquitatem, ita nunc exhibete
membra vestra servire justitiæ in
sanctificationem; in accordance with
which we ought probably to read
*sanctificationem* in the accusative.

  *(Collectio post nomina.)*  Auditis nominibus offerentum, fratres dilectissimi, Christum
Dominum deprecemur: ut sicut pro ejus
Circumcisione carnali sollemnia celebramus;
ita spiritalium nequitiarum inlusione devictâ
lætemur: præstante pietate suâ, ut hæc sacri-
cf. ut acceptio benedicti corporis, ficia sic viventibus proficiant ad emendationem,
et sacri poculi prælibata communio ut defunctis opitulentur ad requiem.   Per
defunctis opituletur ad requiem, vi- Dominum nostrum Jesum Christum Filium
ventibus proficiat ad salutem.—M.
Gall. p. 365a suum, secum viventem, semperque regnantem
in unitate Spiritûs Sancti in sæcula sæculorum.

  *(Collectio ad pacem.)*  Deus qui magis
circumcisionem cordis quàm corporis diligis:
et non admittis inductam per literam præputii
circumcisionem, sed fidei, innexam cum bono
opere, caritatem.   Tu nostras aures deseca,
ne audiant sanguinem; corda, ne teneant
dolum; oculos, ne invadant alienum.   Tu in
**† T. 245** †manibus succide, quod polluit; in pedibus,
quod ad malum currit; in præputiis, quod
carnalia concupiscit.   Tu incide, quod laniat;
<sup>d Mabillon and Vezzosi read *abscinde.*</sup> præcide, quod vulnerat; abscide,[d] quod lace-
rat; excide, quod scandala incrementat: ut
amputato facinore, sola in nos valeat caritas
propagari. Per Dominum nostrum Jesum
Vere dignum et justum est, æquum Christum Filium tuum.
et salutare, nos tibi semper et ubique
gratias agere, Domine sancte, pater  *(Immolatio.)*  Dignum et justum est.  Verè
omnipotens, æterne Deus: Et te æquum et justum est, nos tibi gratias agere, teque bene-
omni tempore collaudare et bene- dicere in omni tempore, omnipotens, æterne Deus; quia
dicere, quia in te vivimus, et move- in te vivimus, movemur, et sumus: et nullum tempus.
mur, et sumus. Et nullum tempus,

nullumque momentum est, quo à beneficiis pietatis tuæ vacuum transigamus. ᵍ His autem diebus, quos variis sollemnitatum causis, salutarium nobis operum tuorum et munerum memoria signavit, vel innovante lætitiâ præteriti gaudii vel permanentis boni tempus agnoscimus. Et propterea exultamus uberiùs: quia sicut in recens gaudium, de venerabilis gratiæ recordatione reviviscimus. Unde hodiernum* diem à die salutiferi Natalis octavum, legitimâ Domini secundùm carnem geniti circumcisione signatum, ordinatâ commemoratione recolentes, sacrificium pacis in votis sollemnibus honoramus, et tantæ dignationis opus in Domini Altissimi piâ humilitate veneramur. Qui sicut mortalitatem nostram adsumpsit, ut mortem consumeret: ita et jugum legis in suâ carne suscepit, ut jugum diaboli à nostrâ cervice discuteret. Circumcisus est in carne corporis nostri; ut nos per verbum Spiritûs sui in corde purgati, sine carnis vulnere circumcideremur in spiritu: ut utrique sexui proficeret circumcisio spiritalis; quia pro universitate generis humani Salvator advenerat. Unde utrumque sexum sacramentum ᶠ Incarnationis amplexus est, suscipiens virum, natus ex feminâ. Quamobrem, Domine, sacrificium circumcisionis sollemnitate votivâ pro nostræ æternitatis gaudio suppliciter offerentes, placido dignare conspectu conspicere, et offerentium preces placatus exaudi, per Christum Dominum nostrum. Per quem majestatem tuam laudant Angeli.

*(Post Sanctus.)* Verè Sanctus, verè benedictus Dominus noster Jesus Christus Filius tuus: qui venit quærere et salvum facere quod perierat. Ipse enim pridiè quàm.

*(Post Secreta.)* Hæc nos, Domine, instituta et præcepta retinentes, suppliciter oramus, uti hoc sacrificium suscipere, et benedicere, et sanctificare digneris: ut fiat nobis eucharistia legitima ᵍ in tuo Filiique tui nomine et Spiritûs Sancti, in transformationem ʰ corporis ac† sanguinis Domini Dei nostri Jesu Christi Unigeniti tui. Per quem omnia creas, creata benedicis, benedicta sanctificas, et sanctificata largiris, Deus, qui in Trinitate perfectâ vivis et regnas in sæcula sæculorum.

*(Ante Orationem Dominicam.)* Omnipotentem sempiternum Dominum deprecemur: ut qui in

---

nullumque momentum est, quod a beneficiis pietatis tuæ vacuum transigamus Variis etenim solemnitatum causis, salutarium nobis operum tuorum et munerum memoria præsentis vitæ tempora exornat. Unde et nos vel innovante lætitia præteriti gaudii, vel permanentis boni tempus agnoscentes, indefessas Majestati tuæ grates exsolvimus. Per Christum Dominum nostrum. – S. Greg. p. 26 ; M. Ambros. t. 1. 318 in Dom. 3 post Epiph.
ᵉ MS. has *transagamus.*

Vere dignum et justum est omnipotens Deus, propterea exultemus uberius, quia scimus in hodiernum diem salutaris fieri natalis octavum legitimum Domini secundum carnem geniti circumcisione signatum: quia sicut mortalitatem nostram adsumpsit ut mortem consumeret, ita et jugum legis in sua carne suscepit ut nostra cervice discuteret, quia pro universitate humani generis Salvator advenerat. Quem laud.–S. Gall. p. 295b eod. die.

**✳ M. 202**

Domine Jesu Christe qui mortalitatis hominem sic assumpsisti: ut mortem nostram consumeres. Sic jugum legis in tua carne suscepisti: ut a nostra carne eum discuteres: sic circumcisus in carne corporis es: ut nos sine vulnere carnis in corde purgares: atque utroque sexui proficeret circumcisio spiritalis: cum ex virginitate genitricis ipse tanquam Sponsus procederes: et utrumque sexum in sacramentum incarnationis amplecteres: suscipiens scilicet virum natum ex femina . . . . Te quesumus ut sacrum circumcisionis sollemnitate votiva nobis prosequentibus: orationes supplicum placatus exaudias: et offerentium sacrificia sanctificanda suscipias: atque spiritus quiescentium quorum est facta commemoratio nominum in requiem electorum perducas. Amen.— M. Moz. p. 54. 49 eodem die.
ᶠ This seems meant for *sacramento,* as there is such constant confusion in these Liturgies between the accusative and ablative cases.

ᵍ On the word *legitima* see above M. Rich. p. 4.
ʰ Besides the passages referred to in the index under the word *transformatio,* see M. Moz. 69. 23; 267. 28; 281. 31; 348. 98.

**† T. 246**

cf. Hæc igitur præcepta servantes, ʰ sacrosancta munera nostræ salutis offerimus, obsecrantes: ut immittere digneris Spiritum tuum sanctum super hæc sollemnia ; ut fiat nobis legitima Eucharistia in tuo, Filiique tui nomine, et Spiritus-sancti, in transformatione corporis ac sanguinis Domini nostri Jesu Christi Unigeniti tui, edentibus nobis vitam æternam, regnumque perpetuum conlatura bibituris. Per ipsum Dominum.—M. Goth. 227b.

Omnipotens sempiterne Deus, quia

in Domini nostri Jesu Christi Filii tui Nativitate tribuisti totius religionis initium perfectionemque constare: da nobis, quæsumus, in ejus portione censeri, in quo totius salutis humanæ summa consistit. Per.— S. Leon. p. 150 S. Greg. p. 9. M. Ambros. t. i. p. 446. It should be observed that in all the Roman service-books this prayer is applied to the Nativity, to which alone it is suitable.

\* M. 203

i A plain reference to the superstition of the *evil eye*, so prevalent from the 6th to the 10th centuries in France.

† T. 247

j cf. Agamus omnipotenti Deo gratias, quia refecit nos pane cœlesti et poculo spiritali.—M. Goth. p. 300b. k cf. Eos quos sanguinis tui effusione redemisti.—M. Goth. p. 256b. Credimus in hac confractione corporis et effusione tui sanguinis nos esse redemptos.—ib. p. 297a. Purifica nos ea miseratione, qua dudum redemisti per sanguinis effusionem.—M. Moz. p. 88. 108.
l We should probably read *collocari.* Omnipotens sempiterne Deus, misericordiam tuam supplices exoramus, ut hoc tuum Sacramentum non sit nobis reatus ad pœnam, sed fiat intercessio salutaris ad veniam.—S. Leon. p. 103 cf. p. 67.
a This Benediction, according to Mabillon's conjecture belongs to a Missa *ad prohibendum ab idolis,* which was used according to the Roman Rite on the first of January, but judging from the *Lectionarium Luxoviense,* where there is no separate Missa with that title (some of the lessons relating to the Circumcision and others to abstaining from idolatry) it would rather seem to be for the Sunday after the Circumcision. Mabillon and Vezzosi in their editions imply that something is wanting here. But, as it does not appear that a leaf of the MS has been lost, or that any part has become illegible, we would rather suggest that this Benediction belongs to the last Missa, being added as a substitute at will, for the former one. Benedicat vos omnipotens Deus, ut per abundantiam misericordiæ suæ cor vestrum corroboret. Amen.

Domini nostri Jesu Christi circumcisione tribuit totius religionis initium perfectionemque constare; det nobis in ejus portione censeri, in quo totius salutis humanæ perfectio summa consistit: et orationem, quam nos Dominus noster edocuit, cum fiduciâ dicere permittat. Pater noster.

*(Post Orationem Dominicam.)* Libera nos à malo omnipotens \* Deus, et præsta, ut incisâ mole facinorum, sola in nos proficiant incrementa virtutum. Per Dominum nostrum Jesum Christum Filium tuum.

*(Benedictio Populi.)* Deus rerum omnium rector et conditor, qui omnia quæ à te facta sunt, majestate imples, scientiâ ordinas, pietate custodis : Amen.

Respicere dignare hos populos tuos, qui per nostri oris officium benedictionum tuarum dona desiderant : Amen.

Reple eos tuæ scientiâ voluntatis : ut in omnibus mandatorum imperio piæ venerationis famulentur officio. Amen.

Averte ab his inhonesta et turpia libidinum probra. Averte jocundas et noxias corporum voluptates. Averte invidiam,[i] tuis beneficiis et bonis omnibus inimicam : Amen.

Ut in omni patientiâ et longanimitate crescentes, à te vocati ad Patrem † æterni luminis, transeant in regnum hereditariæ claritatis. Amen.

Quod ipse præstare digneris, qui cum Patre et Spiritu Sancto vivis et regnas in sæcula sæculorum. Amen.

*(Collectio post Communionem.)* Refecti[j] spiritali cibo, et cœlesti poculo reparati, omnipotentem Deum, fratres carissimi, deprecemur : ut qui nos corporis sui participatione et sanguinis effusione[k] redemit; in requiem sempiternam jubeat conlocare.[l] Per Dominum nostrum Jesum Christum Filium suum.

*(Collectio sequitur.)* Misericordiam tuam, Domine supplices exoramus : ut hoc tuum sacramentum non sit nobis reatus ad pœnam; sed fiat intercessio salutaris ad veniam. Quod ipse præstare digneris.

*(Benedictio.)* . . . . . . . . . .
. . . . . . . . . . . . . .
Benedicat vos Dominus omnipotens ; et per abundantiam misericordiæ suæ cor vestrum conroboret : Amen.

Mentem sanctificet, vitam amplificet, castimoniam decoret, atque sensus vestros in bonis
operibus semper ædificet: Amen

Prospera tribuat, pacem concedat, salutem
conferat, quietem nutriat, caritatem muniat;
et ab omnibus diabolicis et humanis insidiis
suâ vos semper protectione et virtute defendat: Amen.

Et ita devotionem vestram placatus semper
suscipiat; ut quæcumque ab eo postulaveritis,
clementer concedat: Amen.

Auferat omnia mala, quæ* gessistis: et
tribuat gratiam, quam rogastis: Amen.

Per Dominum nostrum Jesum Christum
Filium suum.

IX. INCIPIUNT PRÆFATIONES CUM COLLEC-
TIONIBUS [a] IN VIGILIIS EPIPHANIÆ.[b]

*(Præfatio.)* Miraculorum primordia, quæ
Dominus noster Jesus Christus proferre in ad-
sumptæ carnis novitate dignatus est, fratres
carissimi, debitâ exultatione veneremur : quia
dum se Deum intra humana viscera proferebat,
jam de salutis nostræ absolutione tractabat.
Homo est utique invitatus ad nuptias; et quod
in nuptiis protulit, Deum probavit. Cujus præconia nec inter ipsa quidem virtutum possumus
rudimenta depromere : sed dum tantarum
rerum stupescimus gloriam, temeritatem [c] pro-
ferendæ laudis ingredimur. Humili ergo oratione poscamus, ut per ipsum ad vitam æternam
nobis tribuatur ingressus, cujus nativitatis
lumine orbis inlustratus est universus.† Quod
ipse præstare dignetur, qui in Trinitate perfectâ vivit et regnat in sæcula sæculorum.

*(Collectio sequitur.)* Omnipotens et misericors Deus, plebi tuæ suppliciter exoranti piâ
benignitate responde, quam cernis in hoc die
fideli devotione gaudere: quo Dominus ac
Deus noster, verâ humilitate susceptâ, sic
servilem formam misericorditer ostendit in
sæculo, ut divinam potentiam suam mirabiliter
monstraret in cœlo. Qui enim pro nobis puer
parvulus fuit, ipse ad se Magos officio stellæ
præeuntis adduxit. Obsecramus itaque, Domine, clementiam tuam, ut sicut illis dedisti

*Side notes (right margin):*

Mentem sanctificet, vitam amplificet, castimoniam decoret, atque
sensus vestros in bonis operibus semper ædificet: prospera tribuat; pacem concedat; salutem conferat;
quietem nutriat; caritatem uniat; et
ab omnibus diabolicis et humanis
insidiis sua semper vos protectione et
virtute defendat. Amen.

Et ita devotionem vestram placatus semper suscipiat; ut quæque
ab eo postulaveritis clementer concedat. Auferat mala omnia quæ gessistis; et tribuat gratiam quam semper rogatis. Amen.

Quod ipse præstare. — Bened. S.
Theod. p. 633 B. in Dom. 7 post
Pentec.

cf. Abstergat propitius mala omnia
quæ gessistis; et tribuat veniam
quam ab eo deposcitis: Amen.—M.
Moz. p. 82. 101.

Auferat a vobis omnia mala: que
gessistis: et tribuat gratiam; quam
ab eo deposcitis. Amen.—ib. p. 447.
59.

\* M. 204

a *prefatas cum collectiones.* MS.
b The Gallican service-books seem
invariably to read Ephiphania or
Ephyfania.

c a correction of Mabillon's for *temeritatis.*

† T. 248

Christum tuum verum Deum in verâ carne cognoscere : sic omnes fideles tuos, quos materno sinu sancta gestat Ecclesia, in præsenti tempore protegas invictæ virtutis auxilio, et in futuro facias regni cœlestis adipisci munere sempiterno. Per ipsum Dominum nostrum Jesum Christum Filium tuum : qui tecum beatus vivit.

(*Præfatio.*) Omnipotentem Dominum, fratres carissimi, et Jesum Christum Filium ejus et Salvatorem nostrum, qui tantis virtutibus se manifestavit in terris, et multa mirabilia demonstravit in populis, universi summis precibus deprecemur : ut qui infirmos curavit, et mortuos suscitavit : leprosos mundavit, cæcos inluminavit : et de quinque panibus, et duobus piscibus quinque millia hominum satiavit : ut qui hæc operatus est in terris, nobis quoque

\* M 205  propitius adesse \* dignetur in cunctis delictis, Salvator mundi, qui cum æterno Patre vivit et regnat.

(*Collectio sequitur.*) Omnipotens sempiterne Deus, mundi creator et rector, qui hunc superventuræ sollemnitatis diem electionis Gentium primitiis consecrasti : imple mundum gloriâ tuâ, et subditis tibi populis per luminis tui lumen [d] appare : ut salutare tuum novâ cœlorum claritate mirabile nostris semper innovandis cordibus oriatur. Per Dominum nostrum Jesum Christum Filium, qui tecum vivit et regnat.

(*Præfatio.*) Deum omnipotentem, qui nobis hujus noctis festivitatem indulsit, fratres carissimi, deprecemur, ut det nobis etiam munditiam cordis : ut sicut Magi, stellâ præeunte, Dominum Jesum Christum invenerunt, et optata consecuti sunt gaudia, atque apertis thesauris suis, obtulerunt ei munera, aurum, thus, et myrrham : ita et nos famuli sui, ejusdem Salvatoris nostri auxilio præmoniti, terram promissionis mereamur ingredi ; ut gaudeamus nos æterna regni cœlestis possessione ditari. Per Dominum nostrum Jesum Christum Filium suum, secum viventem semperque regnantem.

(*Collectio sequitur.*) Deus, qui Verbi tui incarnationem præclari testimonio sideris indicasti ; quod videntes Magi, oblatis majestatem tuam muneribus adorarunt : concede, ut semper in mentibus nostris tuæ appareat stellæ notitia,[e] ac noster in tuâ sit confessione thesaurus. Per Dominum nostrum Jesum Christum Filium tuum.

(*Præfatio.*) Omnipotentem sempiternum

---

Omnipotens sempiterne Deus, fidelium splendor animarum, qui hanc solemnitatem electionis Gentium primitiis consecrasti, imple mundum gloria tua, et subditis tibi populis per luminis tui appare claritatem. Per.—S. Greg. p. 16.

Concede nobis, omnipotens Deus, ut salutare tuum nova cœlorum luce mirabili, quod ad salutem mundi hodierna festivitate processit, nostris semper innovandis cordibus oriatur. Per.—S. Greg. a Pamelio vulg. t. 2. 197.

[d] "Luminis tui lumen" i.e. the Son of God, who is "Light of Light."

Omnipotens sempiterne Deus, qui Verbi tui incarnationem præclari testimonio sideris indicasti: quod videntes Magi oblatis majestatem tuam muneribus adorarunt: Concede, ut semper in mentibus nostris tuæ appareat stella justitiæ, et noster in tua sit confessione thesaurus. Per.—S. Gel. p. 11a.

[e] *notia* MS. The reading *stella notitiæ* would seem better.

Dominum, cujus non minor est misericordia, † T. 249
quàm potestas; qui licèt æstimatione operum
universorum operum suorum vicerit; [f] ipse
tamen suorum operum magnitudinem pietate
vicit, mittendo [g] nobis Jesum Christum Filium
suum Dominum nostrum, cujus et onus leve
est et jugum suave: [h] virginali utero procre-
atus ad hoc tradidit nobis salutis jugum, ut
omnes nos exaltaret in regnum : fratres
dilectissimi, supplici oratione precemur, ut
expellat de sensibus nostris pravæ cogitationis
obscuritatem: ut nullis deinceps peccatorum
fuscemur maculis, quibus jubar suæ splenduit
caritatis. [i] Per Dominum nostrum Jesum
Christum Filium suum: qui secum.

*(Collectio sequitur.)* Exaudi nos, salutaris
noster, et hanc annuam sollemnitatis nostræ
devotionem dignanter suscipe: ut sicut Magis
ad ostensionem salutaris viæ refulsit stella; * * M. 206
ita nostris mentibus per gratiam, tui muneris
lumen infundas: ut possimus in viam veritatis
confidenter, [j] te protegente, incedere. Per Dominum nostrum Jesum Christum Filium tuum.

*(Præfatio.)* Narrantes laudes Domini, et
potentias et mirabilia, quæ fecit, fratres carissimi, cùm ante conspectum populi sui mare
divideret, lumen prætenderet, ignem præferret,
cœli januas aperiret, panem angelicum mini-
straret; rogemus, uti quoque nobis similibus
virtutum suarum circumdet excubiis: ne vel
sæculi hujus fluctus obvolvat, vel incertum
vitæ cursum iter teneat, vel ignorantiæ nox
fidei inluminatione deficiat, vel cœli aditus
orationi non pateat, vel panis vivus vitam, se
negando, non præbeat: sed in redemptionem
adquisitionis, atque in laudem gloriæ suæ, [ll]
quod tribuit ænigmate, tribuat veritati. [m] Per
Dominum nostrum Jesum Christum Filium
suum, qui vivit et regnat.

*(Collectio sequitur.)* Operum tuorum,
Deus, quantum miranda potentia, tantum
magis est gratia diligenda. Tuo namque
imperio stella Magis ducatum præbuit, et
usque ad Christum certâ itineris directione
perduxit: cujus humanitas verâ sic fuit in
carne, ut vera majestas resplenderet in opere.
Infans enim astris famulantibus ostenditur:
et à Magis parvulus adoratur. Quæsumus

7*

[f] There is something wrong here, but the sense seems to be that although the greatness of God's works transcends the comprehension of His creatures, (*operum*) yet His mercy in sending Jesus Christ, surpasses even that.
[g] v. M. Moz. 329. 61
[h] Compare S. Matthew 11. 30.

[i] Perhaps rather *claritatis.*

[j] *confitentis* MS. *confitentes* Mab. *confidenter* is our correction.

cf. Psalm 78. 4 "Narrantes laudes Domini et virtutes ejus, et mirabilia ejus quæ fecit." The substitution of the word *potentias* for *virtutes* is from the Itala version : see S. Augustine *in loc.*

[ll] The reference is to Eph. 1. 14.

[m] Ought it not to be, *veritate?*

ergo, Domine, ut etiam nostros errores misericorditer corrigas; et ad veritatis tuæ salutiferam visionem, præcedente nos tuæ miserationis inluminatione, perducas. Per Dominum nostrum Jesum Christum Filium tuum.

Deum qui sanctificavit Jordanis fluenta, benedixit conjugia nuptialia, fratres carissimi, deprecemur, ut cujus miracula annuis recolimus vicibus, sola ejus gratia mereamur indulgentiam peccatorum.—S. Gal. p. 296b.

† T 250

This prayer is evidently corrupt.

(*Præfatio.*) Deum, qui sanctificavit Jordanis fluenta, benedixit conjugia nuptialium, fratres carissimi, deprecemur: ut cujus † miracula annuis recolimus vicibus; solâ ejus gratiâ mereamur indulgentiam peccatorum. Quod ipse præstare dignetur; qui cùm Patre et Spiritu Sancto vivit et regnat.

(*Collectio sequitur.*) Exaudi nos, Domine, in hujus sollemnitatis excubias, et quæsumus: ut plebis hujus corda in tuis mirabilibus sacratas tibi excubias celebrantibus, benignus adesse digneris: et qui Jordanis sanctificare dignatus es aquas; nos quoque tibi sanctos et immaculatos sistere facias. Qui cum Patre et Spiritu Sancto vivis et regnas.

* M. 207

## * X. MISSA IN VIGILIIS EPIPHANIÆ.[a]

[a] It is somewhat remarkable that in this Missa there is no trace of the ancient practice of baptizing Catechumens on the eve of the Epiphany, as well as on those of Easter and Whitsunday. The Mozarabic clearly alludes to it in the *Sacrificium* of the Eve; "Vos, qui transituri estis Jordanem, ædificate altare Domino ex lapidibus, quos ferrum non tetigit:" and in the *Officium* of the day; "Vos, qui in Christo baptizati estis: Christum induistis, alleluia. This was denounced as an abuse by Himerius of Tarragona to S. Damasus; and was abolished by the Council of Gerona. The case was the same in Africa, and in the north of Italy. It long lingered on in France, for we find it forbidden, except in case of necessity by the 24th Canon of the Council of Rouen, A.D. 1072.

(*Præfatio.*) Incorruptarum naturarum beneficiorum Dominum ac Deum nostrum, fratres carissimi, deprecemur: ut nos in Epiphaniæ, id est, manifestationis suæ diem, ad sacram excubiarum sollemnitatem collectos, tales faciat, qui inlustrationem incarnationis ejus, vel nativitatem ex Virgine, vel baptismum apud Jordanem, vel mirabile apud Cana signum pro nostrâ salute credimus factum, nostro in nobis opere demonstremus: ut beneficiorum immensitatem nostris confessionibus lucidemur. Per Dominum nostrum Jesum Christum Filium suum: qui secum vivit.

Deus, qui per unigenitum Jesum Christum filium tuum Dominum nostrum hodie sanctificationem salutis æternæ aquis regenerantibus præstitisti, et veniente super caput illius spiritali columba, per Spiritum sanctum ipse venisti : dona quæsumus, ut veniat super hanc omnem ecclesiam tuam illa benedictio, quæ cunctos jugiter protegat.—Sac. Gall. 296b.
[b] The MS has *aquas*, which we have corrected from the authority in the margin.

(*Collectio sequitur.*) Deus, qui per Unigenitum Jesum Christum Filium tuum Dominum nostrum, sanctificationem salutis æternæ aquis [b] regenerantibus præstitisti; et veniente super caput illius spiritali columbâ, per Spiritum Sanctum ipse venisti: dona, quæsumus, ut veniat super hanc omnem Ecclesiam tuam illa benedictio, quæ cunctos jugiter protegat, quæ diversos sine cessatione benedicat, quæ cursum te sequentium dirigat, quæ se expectationi omnium januam regni cœlestis aperiat. Per Dominum nostrum Jesum Christum Filium tuum : qui semper tecum vivit et.

*(Collectio post nomina.)* Præsta, omnipotens Deus, per ineffabilem misericordiæ tuæ caritatem : ut cujus virtus atque majestas in mirabilium tuorum diversitate claruit : in nostrarum quoque mentium purificatione clarescat. Præsentem itaque oblationem ita inlabere, ut medelam viventibus, defunctis refrigerium præstet : et [b] quorum texuit recitatio præmissa, sortem inter electos jubeas adgregare. Per Dominum nostrum Jesum Christum Filium tuum.

*(Collectio ad pacem.)* Deus inluminator omnium Gentium, da populis tuis perpetuâ pace gaudere : et illud lumen splendidum infunde cordibus nostris, quem trium Magorum † mentibus aspirasti. Per Dominum nostrum Jesum Christum Filium tuum, tecum vi.

*(Immolatio Missæ.)* Dignum et justum est. Verè dignum et justum est, nos te laudare, omnipotens sempiterne Deus, quia notam fecisti in populis virtutem tuam, et salutare tuum cunctis Gentibus declarasti, hodiernum declarans diem : in quâ ad adorandam veri Regis infantiam, excitatos de mundi partibus [c] viros clarior ceteris sideribus * stella perduceret ; et cœli ac terræ Dominum in salutem omnium corporaliter natum, radius tuæ lucis ostenderet. Propterea profusis gaudiis [c] totus per orbem terrarum mundus exultat : sed et supernæ concinunt Potestates hymnum gloriæ tuæ, sine fine dicentes, Sanctus, Sanctus, Sanctus.

*(Benedictio Populi.)* Deus, qui præsentem diem ita dignaris diligere, ut eum tot elegeris miraculis inlustrare : Amen.

Qui dignatus es pro formâ facturæ tuæ salutis nostræ, in Jordanis fontem Fons aquæ vivæ descendere : Amen.

In quo te adorandum stella Magos docuit, et aquæ pallor vina produxit : Amen.

Esto tuæ familiæ ipse lux itineris, qui stellâ indice clarificatus es Rex salutis : Amen.

Converte ad te quærendum stupidas mentes hominum, qui nuptiale convivio vertisti latices in falernum : Amen.

Ut juncta cum Angelis in excelsis, Deo tibi cantet gloriam plebs protecta : Amen.

Præsta Salvator mundi, qui cum Patre et Spiritu Sancto vivis.

[b] See below M. Goth. p. 209a. et quorum nomina texuit recitatio præmissa, eorum sortem inter electos adgregare. Mabillon here puts the comma after *sortem.*

† T. 251
* M. 208

[c] From the authorities in the mg. we should probably here add, *remotis.*

Deus illuminator omnium gentium, da populis tuis perpetua pace gaudere ; et illud lumen splendidum infunde cordibus nostris, quod trium Magorum mentibus aspersisti.—S. Gel. p. 11b.

Vere dignum et justum est, omnipotens Deus, quia notam fecisti in populis misericordiam tuam, et salutare tuum cunctis gentibus declarasti, hodiernum declarans diem, in quo adoranda veri Regis infantia excitatos de remotis partibus viros clarior ceteris sideribus stella perduceret, et cæli ac terræ Dominum corporaliter natum radio suæ lucis ostenderet. Propterea profusis gaudiis totus per orbem terrarum mundus exultat. Sed et supernæ concinunt potestates, hymnum gloriæ tuæ sine cessatione dicentes. Sanctus.—S. Gall. p. 296b.

Æterne Deus. Quia notam fecisti in populis misericordiam tuam, et salutare tuum cunctis gentibus declarasti : hodiernum eligens diem, in quo adorandam veri regis infantiam, excitatos de remotis partibus Magos, clarior cæteris sideribus stella perduceret : et cæli ac terræ Dominum corporaliter natum, radio suæ lucis ostenderet. Et ideo.—Præfat Antiquæ apud Pam. Liturg. t. 2 p. 553.

Deus qui præsentem diem ita dignatus es eligere, et ut eligeres tot miraculis demonstrare, in quo te ad adorandum stella nova magos perduxit, et Jordanis tuo baptismo sanctificari meruit : necnon et aquæ pallor in Cana Galileæ vina produxit : esto, quæsumus, tuæ familiæ ipse lux itineris, qui stella indice clarificatus es rex salutis. Amen.

Da plebi tuæ Redemtoris sui plenum cognoscere fulgorem, ut per ejus incrementa ad perpetuam claritatem perveniat. Amen.

Converte ad te quærendum corda fidelium, ut juncta cum Angelis in excelsis, tibi Deo cantet gloriam plebs devota. Amen.

Et qui dignatus es hodie a Jordanis fonte, fons aquæ vivæ, descendere, et tuo baptismate sanctificare, tribue populis tuis perpetua pace gaudere, et splendore gratiæ tuæ cor eorum semper accendere. Amen.

Quod ipse præstare, &c.—Ben. S. Theod. p.627. in Oct. Epiph.

Et qui dignatus es hodie ad Jordanis fontem, fons aquæ vivæ descendere. - Bened. apud Pamel. t. 2. 484.

### XI. MISSA IN DIEM SANCTUM EPIPHANIÆ.

[*Præfatio.*] Venerabilem ac primitivum in mirabilibus Epiphaniæ diem, in quo noster Redemptor et Dominus, virtutis suæ documenta prætendens, ab annis infantiæ paternam protulit potestatem ; obsequiorum nostrorum famulantibus votis, et celebri sollemnitate, fratres carissimi, veneremur, piâ obsecratione poscentes : ut qui tunc aquas in vina mutavit,[a] nunc in sanguinem suum oblationum nostrarum vina convertat : et qui aliis saturitatem meri potatione concessit ; nos potationis suæ libamine, et Paracliti Spiritûs infusione sanctificet. Per Dominum nostrum Jesum Christum Filium suum : qui secum vivit.

(*Collectio sequitur.*) Deus, qui mirificis virtutum tuarum signis salutis nostræ indicia declarasti ; qui Magis stellâ præfulgente degressis, adorare et promereri te Regem æternum, Dominumque perpetuum mysticis muneribus præstitisti : qui in corpore nostro mirabilis Baptismi sacramento regeneratos ex Spiritu nos abluis renascendo, et ineffabilis potentiæ dono† hodie aquas in vina mutando, discipulis tuis tuam manifestasti* divinitatem : exaudi nos supplices tuos ob diem sacratissimæ sollemnitatis, et præsta ; ut gloriâ tuâ inluminati, sæculo moriamur ; tibi Regi Christo vivamus, Salvator mundi, qui cum Patre et Spiritu Sancto vivis et regnas in sæcula.

(*Collectio post nomina.*) Auditis nominibus ac desideriis offerentum, fratres carissimi, Dei Patris omnipotentis clementiam deprecemur : ut qui hodie per Filium suum mirificè aquæ speciem vertit in vinum ; ita omnium simul oblationes et vota convertere dignetur in sacrificium divinum ; et accepto ferre, ut accepto tulit Abel justi sui munera, et Abrahæ Patriarchæ sui hostias. Et quorum nomina texuit recitatio præmissa, eorum sortem inter electos jubeat adgregare. [b] Per Dominum nostrum Jesum Christum Filium suum, secum viventem, semperque regnantem.

(*Collectio ad pacem.*) Domine Christe Jesu, qui majestate sublimis es, et potestate

---

[a] This apposition, made so much of by S. Cyril in his Catecheses, does not occur in the Mozarabic. There we read ; " Alto et admirabili sacramento docens . . . in vinum prudentiæ spiritalis saporis fidem veritatis esse mutandam," p. 62. 15, and again, in a Benediction based on that in S. Greg. " Det vobis spiritualem intelligentiam, qui aquarum naturam vini in suavitate fecit esse saporem." p. 63. 71.

† T. 252
* M. 209

[b] See above, p. 53.

subnixus, cùm in virtute Patris obsequeris jussionibus Matris, ut et Filium hominis ostenderes obsequiis, et Deum virtutibus adprobares : qui ad omnium Gentium lavationem, Jordanis alveum sanctificaturus intrasti, ut peccata nostra ablueres, conscientiasque purgares : visita Ecclesiam tuam, et perfice omnium vota ; pacem etiam non petentibus præsta : ut osculum quod in labiis datur, in cordibus non negetur. Quod ipse præstare digneris, qui cum Patre et Spiritu Sancto vivis et regnas.

cf. Sive quod aquas baptismate suo ad omnium gentium lavationem Jordanis alveum sanctificaturus intravit.—M. Moz. p. 62. 8 in die Epiph. 'Αγαλλιάσθω ἡ κλίσις, αἱ πατριαὶ τῶν ἐθνῶν ἀδίτωσαν! Ἰησοῦς ὁ βασιλεὺς πάσης γῆς, προσέρχεται ῥοαῖς Ἰορδάνου, τὴν ἡμῶν ποιῆσαι κάθαρσιν. —So the Menæa for Jan. 4 Ode 1 Tropar. 2.
cf. ut pax quæ profertur in labiis, etiam cordibus non negetur. — M. Goth. p. 217a.

(*Contestatio.*) Verè dignum et justum est, æquum et justum est, nos tibi semper et ubique gratias agere, Domine sancte, Pater omnipotens, æterne Deus. Qui nobis super Jordanis alveum de cœlis vocem in modum tonitrui præbuisti : ut Salvatorem sæculi demonstrares, et Patrem luminis æterni ostenderes ; cœlos aperuisti, aerem benedixisti, fontem purificasti, et tuum Unicum per columbam Sancti Spiritûs demonstrasti. Susceperunt fontes hodie benedictionem tuam, et tulerunt maledictionem nostram : ita ut credentibus purificationem omnium delictorum exhibeant, et Deo filios regenerando faciant ad vitam æternam, quos ad temporalem vitam carnalis nativitas fuderat. Nam quos mors per prævaricationem ceperat, hos vita æterna à morte recipiens, ad cælorum regna revocat. Unde debita exultatione voces nostras jungimus confessionibus Angelorum qui gloriam tuam mirabile sacramento hodiernâ sollemnitate venerantes,* pro apparitione Jesu Christi Domini nostri, et pro nostræ vocationis exordio sacrificium tibi laudis offerimus, per ipsum Dominum nostrum. Per quem majestatem tuam laudant Angeli.

Æterne Deus. Qui te nobis super Jordanis alveum de cælis in voce tonitrui præbuisti, ut salvatorem mundi demonstrares, et te patrem æterni luminis ostenderes, cælos aperuisti, aerem benedixisti, fontem purificasti, et tuum unicum filium per speciem columbæ sancto spiritu declarasti : susceperunt hodie fontes benedictionem tuam, et abstulerunt maledictionem nostram, ita ut credentibus purificationem omnium delictorum exhibeant, et Deo filios generando adoptiue faciant, ad vitam æternam. Nam quos ad temporalem vitam carnalis nativitas fuderat, quos mors per prævaricationem ceperat, hos vita æterna recipiens, ad regni cælorum gloriam revocavit. Per eundem.—M. Ambros. t. 1. 315 eod. die.

* M. 210

(*Collectio post Sanctus.*) Verè sanctus, verè benedictus Dominus noster Jesus Christus Filius tuus, qui ad puerperii cœlestis indicium hæc† hodie contulit mundo suæ miracula majestatis, ut adorandam Magis ostenderet stellam ; et transacto temporis intervallo, aquas in vino mutaret : suoque Baptismate sanctificaret fluenta Jordanis, Jesus Christus Dominus noster. Qui pridie quàm pateretur.

Per Christum Dominum nostrum. Qui a puerperio cælesti intulit mundo suæ miracula maiestatis, ut adorandam Magis ostenderet stellam : et transacto temporis intervallo, aquam mutaret in vinum : et suo quoque baptismate sanctificaret fluenta Jordanis, idem Jesus Christus Dominus noster. Quem una. - M. Ambros. t. 1. 314 in Vig. Epiph.

† T. 253

(*Post Mysterium.*) Sacrificiis præsentibus, Domine, quæsumus, intende placatus : quibus non jam aurum, thus, et myrrha profertur ; sed [quod] iisdem muneribus declaratur, offertur, immolatur, sumitur. Per Dominum nostrum Jesum Christum Filium tuum : qui tecum et cum Spiritu sancto vivit.

Ecclesiæ tuæ, quæsumus, Domine, doña propitius intuere, quibus non jam aurum, thus, et myrrha profertur, sed quod eisdem muneribus declaratur, immolatur, et sumitur, Jesus Christus Dominus noster.—S. Greg. p. 16 : M.. Moz. 62. 35. Compare the hymn:

Jus in auro regium,
Thure sacerdotium,
Myrrha munus tertium
Mortis in indicium.

and the Sequence:

Thure Deum prædicant; auro Regem magnum; Hominem mortalem myrrha.

See above, p. 36.

(*Ante Orationem Dominicam.*) Non nostro præsumentes, Domine, merito, sed Domini nostri Jesu Christi Filii tui, quem ut nos à tenebris et umbrâ mortis liberaret misisti, obedientes imperio : indigni quidem sumus nomine filiorum, sed jubemur dicere, Pater noster.

*(Post Orationem Dominicam.)* Libera nos à malo omnipotens æterne Deus, et dominare tu nostri, qui mortis à nobis dominia repulisti: ut tua semper, Domine, cogitemus cum alacritate mandata, cum timore judicia, cum exultatione promissa. Per eum, qui tecum vivit, dominatur, et regnat, Deus in unitate Spiritûs Sancti in sæcula sæculorum.

*(Benedictio Populi.)* Omnipotens Artifex, qui sæpe quamplurimis, hodie tamen insignibus te declarasti miraculis: Amen.

Qui recurrenti tempore multiplicasti Pastor vina priùs in hydriis, deinde cibos in cophanis: Amen.

·Descendat à sedibus tuis super capita famulorum et famularum tuarum Spiritus Sanctus tuus ille, qui in Jordane, baptizante Johanne,[d] in columbâ corporaliter visus est descendisse: Amen.

Reple animas eorum vino justitiæ, qui sermone tuo hodie ex a uarum sapore [e] mutasti: Amen.

Adesto tuæ plebi, devotione singulari te sacra per mysteria veneranti: Amen.

Porrige Pastor epulum, quo, victâ fame sæculi, cibis æternitatis animæ saginentur.

Infunde etiam super eos spiritalium dona virtutum: ut nihil in eis inimicus aut violentiâ subrepat aut fraude decipiat: Amen.

Sed per bonæ conversationis perseverantiam ii, qui adoptione vocati sunt filiorum, intrare in possessionem mereantur hæredum: Amen.

Ut cùm hinc transferri migrando præcipietur, illic admitti permittatur, unde te Deum adoravit Magis admiratum adstans sidus præsepio: Amen.

Quod ipse præstare digneris, qui in Trinitate perfectâ vivis, dominaris et regnas: Amen.

†*(Post Eucharistiam.)* Divinam misericordiam, fratres carissimi, concordi oratione poscamus: uti hæc salutifera sacramenta nostris recepta pectoribus, purificent animam, corpusque sanctificent; atque in spem cœlestium viscera pariter et corda confirment. Quod ipse præstare dignetur, qui vivit et regnat.

*(Collectio sequitur.)* Respice, Domine, propitius ad plebem tuam: et quam divinis tribuis proficere Sacramentis, ab omnibus absolve peccatis. Per Dominum nostrum Jesum Christum Filium tuum.

---

·This benedictio bears marks of Spanish influence, there being two distinct references to the miracle of feeding the five thousand, which in the Mozarabic Missal is added to the three great events which the rest of the Western Churches celebrate on this festival. Indeed the words of this second clause are taken from the *Inlatio* in the M. Moz. Insuper infudisti aquas *hydriis,* aquis *vinum* ..; ita in ora hominum *cibus* .... frustrorum plurima relata sunt *cophinis.* p. 62, 63. It will be observed that the two clauses which mention this fourth miracle, do not form part of the Roman benediction in the margin.

The hymn of S. Ambrose also commemorates the miracle of feeding the five thousand:

Sic quinque millibus virum
Dum quinque panes dividis,
Edentium sub dentibus
In ore crescebat cibus.

Descendat, Domine, a sedibus tuis super capita famulorum et famularum tuarum, Spiritus sanctitatis; ille, qui in Jordane, Johanne Dominum baptizante, in columba corporaliter visus est descendisse. Amen.

Reple animas eorum vino justitiæ, qui sermone tuo hodie aquarum saporem in vinum mutasti. Amen.

Qui omnium iniquitatum hujus plebis maculas purget, vitia mundet, corda sanctificet. Amen.

Infunde etiam super eos spiritalium dona virtutum, ut nihil in eis inimicus, aut violentia subripiat; sed per bonæ conversationis perseverantiam hi, qui in adoptionem vocati sunt filiorum, intrare in possessionem mereantur hæredum. Amen.

Quod ipse præstare dignetur &c.— S. Greg. apud Muratori 2. 365.
d Add *Dominum* from the margin.
e The marginal reading seems preferable.

† T. 254
cf. Divinam misericordiam concordi oratione poscamus; ut hæc salutifera Sacramenta nostris recepta visceribus, purificent animam, corpusque sanctificent: atque ad spem cælestium viscera pariter et corda confirment. Per.—M. Goth. p. 298b.

Respice Domine propitius ad plebem tuam: et quam divinis tribuis proficere Sacramentis, ab omnibus absolve peccatis. Per.—S. Gel. p. 19a.

## XII. MISSA IN ADSUMPTIONE [a] SANCTÆ MARIÆ MATRIS DOMINI NOSTRI.

[*Præfatio*.] Generosæ diei Dominicæ genitricis inexplicabile sacramentum, tanto magis præconabile, quantum est inter homines Assumptione Virginis singulare : apud quam [b] vitæ integritas obtinuit Filium, et mors non invenit par exemplum : nec minùs ingerens stuporem de transitu, quàm exultationem [c] ferens unico beata de partu. Non solùm mirabilis pignore, quod fide concepit; sed translatione prædicabilis, quâ migravit. Speciali tripudio affectu multimodo, fideli voto, fratres dilectissimi, corde deprecemur attento : ut ejus adjuti muniamur suffragio ; quæ fœcunda Virgo, beata de partu, clara de merito, felix prædicatur abscessu : obsecrantes misericordiam Redemptoris nostri : ut circumstantem plebem illuc dignetur introducere, quò beatam matrem Mariam, famulantibus Apostolis, transtulit ad honorem. Quod ipse præstare dignetur, qui cum Patre, et Spiritu Sancto * vivit et regnat Deus in sæcula sæculorum.

\* M. 212

(*Collectio sequitur.*) Deus, qui dum opus illud fabricæ mundialis, quod solâ imperii jussione creaveras, perire non pateris, domum tibi in alvum Virginis fabricasti ; et ne periret gens à te plasmata, revelasti sæculis inaudita mysteria : ut, quem cœlorum excelsa non capiunt, parvus puellulæ alvus includeret : precamur supplices, ut de quibus, et pro quibus suscepisti membra mortalia, intercedente beatâ Mariâ genitrice tuâ, capere facias, devictâ sæculi ambitione, victoriam, Salvator mundi, qui cum æterno Patre vivis et regnas Deus in unitate Spiritûs Sancti Deus in sæcula saculorum.

(*Collectio post nomina*.) Habitatorem virginalis hospitii, Sponsum beati thalami, Dominum tabernaculi,† Regem templi, qui eam innocentiam contulit Genitrici, quâ dignaretur incarnata Deitas generari : quæ, nihil sæculi conscia, tantùm precibus mens attenta, tenuit puritatem in moribus, quam perceperat Angeli bene lictione visceribus : nec per assumptionem de morte sensit inluviem, quæ

† T. 245

[a] The festival of the *Assumption* or *Dormition* or *Pausation* of the B.V.M. was formerly celebrated on the 18th of January. The ancient calendars of Corbie and Fleury so place it : and S. Gregory of Tours (de Gloria Mart. 1. 9) says *Hujus festivitas mediante undecimo mense* (March reckoning as the first) *celebratur*. The festival was celebrated in France and Spain as early as the seventh century : but the ancient Gotho-Hispanic Calendar, of which a fragment was edited by Pisa, does not mention it : the present, besides the Assumption on the usual day, Aug. 15, has a festival *S. Mariæ de Pace*, on Jan. 24 : in which *omnia dicuntur ut in Assumptione.*

Generosæ diei dominicæ Genetricis inexplicabile sacramentum, tanto magis præconabile sacramentum, quantum inter homines adsumptione Virginis singulare, apud quam vitæ integritas obtinuit filium, et mors non invenit par exemplum; nec minus ingerens stuporem de transitu, quam exultationem ferens unico beata de partu ; non solum mirabilis pignore quod fide concepit, fratres carissimi, deprecemur : ut ejus adjuti muniamur suffragio, quæ beata Maria de partu clara, de merito felix prædicatur post transitum.—S. Gall. p. 300b.

[b] The Edd. have *quem.*

[c] The MS has *exultatione.*

8

vitæ portavit Auctorem ; fratres carissimi, fusis precibus Dominum imploremus : ut ejus indulgentiâ illuc defuncti liberentur à tartaro, quò beatæ Virginis translatum corpus d est de sepulcro. Quod ipse præstare dignetur, qui in Trinitate perfectâ vivit.

(*Collectio ad pacem.*) Deus universalis machinæ propagator, qui in Sanctis spiritaliter, in Matre verò Virgine etiam corporaliter habitasti: quæ ditata tuæ plenitudinis ubertate, mansuetudine florens, caritate vigens, pace gaudens, pietate præcellens, ab Angelo gratiâ plena, ab Elisabeth benedicta, à Gentibus meritò prædicatur beata: cujus nobis fides mysterium, partus gaudium, vita provectum, discessus attulit hoc festivum : precamur supplices, ut pacem, quæ in adsumptione Matris tunc præbuisti Discipulis, sollemni nuper e largiaris in cunctis, Salvator mundi, qui cum Patre, et Spiritu Sancto vivis.

(*Contestatio.*) Dignum et justum est, omnipotens Deus, nos tibi magnas merito gratias agere, tempore celeberrimo, die præ ceteris honorando. Quo fidelis Israel egressus est de Ægypto : quo Virgo Dei Genitrix de mundo migravit ad Christum. Quæ nec de corruptione suscepit contagium,* nec resolutionem pertulit in sepulcro : pollutione libera, germine gloriosa, assumptione secura, Paradiso dote prælata ; nesciens damna de coitu, sumens vota de fructu ; non subdita dolori per partum, non labori per transitum, nec vita voluntate, nec funus solvitur vi naturæ. Speciosus thalamus, de quo dignus prodit Sponsus, lux gentium, spes fidelium, prædo dæmonum, confusio Judæorum, vasculum vitæ, tabernaculum gloriæ, templum cæleste : cujus juvenculæ melius prædicantur merita, cùm veteris Evæ conferuntur. exempla. Siquidem ista mundo vitam protulit ; illa legem mortis invexit : illa prævaricando nos perdidit, ista generando salvavit. Illa nos pomo arboris in ipsâ radice percussit : ex hujus virgâ flos f exiit, qui nos odore reficeret, fruge curaret. Illa maledictionem g in dolore generat ; ista benedictionem in salute confirmat. Illius perfidia serpenti consensit, conjugem decepit, prolem damnavit ; hujus obedientia Patrem conciliavit, Filium meruit, posteritatem absolvit. Illa amaritudinem pomi succo [h] propinat ; ista perennem dulcedinem [i] Nati fonte desudat. Illa acerbo gustu natorum dentes deterruit; hæc suavissimi panis blandienti [j] cibo formavit: cui nullus deperit, nisi qui de hoc pane saturari [k] fauce fastidit. Sed jam † veteres gemitus in gaudia nova vertamus. Ad te † ergo revertimur, Virgo fœta, Mater intacta, nesciens virum puerpera, honorata per Filium, non polluta. Felix, per quam nobis inspirata [l] gaudia successerunt. Cujus sicut gratulati sumus ortu, tripudiavimus partu; ita glorificamur in transitu. [m] Parum fortasse fuerat, si te Christus solo sanctificasset introitu; nisi etiam talem Matrem adornasset egressu. Recte ad ipso suscepta es in Assumptione feliciter, quem piè suscepisti conceptura per fidem: ut quæ terræ non eras conscia, non teneret rupes inclusa. Verè diversis infulis [n] anima redimita : cui Apostoli sacrum reddunt obsequium, Angeli cantum, Christus amplexum, nubes vehiculum, assumptio Paradisum, inter choros virginum gloria principatum, per Christum Dominum nostrum. Cui Angeli atque Archangeli non cessant.

*(Collectio post Sanctus.)* Verè sanctus, verè gloriosus Unigenitus tuus Dominus noster Jesus Christus, qui cùm de suo, Genitori esset æqualis ; de nostro [o] factus est minor ab Angelis : et ex Patre habens immortalitatem, ex Matre quod moreretur adsumpsit : ut in se liberaret genus humanum de tartaro, dum ipsum mors non tenuit in sepulcro.* Ipse * enim pridie quàm pateretur.

*(Post Mysterium.)* Descendat, Domine, in his sacrificiis tuæ benedictionis coæternus et cooperator Paraclitus Spiritus : ut oblationem, quam tibi de tuâ terrâ fructificante porregimus, cœlesti permuneratione,[p] te sanctificante, sumamus : ut translatâ fruge in corpore, calice in cruore, proficiat meritis, quod obtulimus pro delictis. Præsta omnipotens Deus, qui vivis et regnas in sæcula.

*(Ante Orationem Dominicam.)* Exaudi, omnipotens æterne Deus, supplicem plebem tuam ob honorem Mariæ beatissimæ genitricis; et ita preces nostras benignus intende, ut

8*

q The Edd. place the comma before *actu* instead of after it, which we have altered, as being certainly wrong, although supported by S. Leon. p. 17 M. 38. The present Collect is one of the many post-communion prayers for receiving consciously the comfort of God's grace; that we may experience in our feelings those Mysteries which we have performed by outward action. We may compare the following collects: "Sacris reparati mysteriis, suppliciter exoramus, ut intervenientibus sanctis tuis, apprehendamus rebus, quod actionibus celebramus." — S. Leon. p. 8. " Sit nobis, Domine, reparatio mentis et corporis cœleste mysterium, et cujus exsequimur actionem, sentiamus effectum." – S. Leon. p. 70 "Refecti participatione muneris sacri, quæsumus Domine Deus noster, ut cujus exsequimur cultum, sentiamus effectum." – S. Leon. p. 28. On the other hand, *actio* is used elsewhere in a different way; "Perfice, Domine, quæsumus, benignus in nobis, ut quæ sacris mysteriis profitemur, piis actionibus exsequamur."—S. Leon. p. 121.

Deus qui cum te non capiant cœli dignatus es in templo uteri virginalis includi, ut mater integra haberet et fructum de Spiritu, et incorruptionem de partu: da huic plebi Angelum custodem, qui filium Mariæ fide concipiente prædixit. Amen.

Sanctificet gregem tuum illa benedictio, quæ sine semine humano Redemtorem Virginis formavit in utero. Amen.

Ut te protegente exultet Ecclesia de congregato populo, sicut Maria meruit gloriam de fructu sacrato. Amen. . . Quod ipse præstare.—Ben. S. Theod. p. 639. in Nat. S. Mariæ.

**† T. 257**

Adesto, quæsumus, Domine, fidelibus tuis, ut quæ sumperunt fideliter, et mente sibi et corpore Beatæ Mariæ intercessione custodiant.—S. Gel. p. 150a.

Quæsumus, Domine Deus noster, ut intervenientibus Sanctis tuis, sacrosancta mysteria, quæ frequentamus actu, subsequamur et sensu. Per.—S. Leon. p. 41.

Deus, qui nos sacramentis tuis pascere non desistis, tribue, quæsumus, ut eorum nobis indulta refectio vitam conferat sempiternam.—S. Leon. p. 115.

cum fiduciâ dicere mereamur orationem, quam nos Dominus noster Jesus Christus Filius tuus orare sic docuit, dicens ; Pater.

*(Post Orationem Dominicam.)* Libera nos ab omni malo, ab omni delicto, auctor omnium bonorum et conditor Deus : et intercedente beatâ Mariâ genitrice tuâ, contra quotidiani hostis insidias quotidianâ nos protectione defende, Salvator mundi, qui cum Patre et Spiritu Sancto vivis et regnas.

*(Benedictio Populi.)* Deus, qui, cùm te non capiunt cœli, dignatus es in templo uteri Virginalis includi : Amen.

Ut mater integra haberet fructum de Spiritu, et incorruptionem de partu : Amen.

† Da plebi Angelum custodem, qui Filium Mariæ, fide concipiente, prædixit : Amen.

Sanctificet gregem tuum illa benedictio, quæ sine semine humano Redemptorem Virginis firmavit in utero : Amen.

Ut, te protegente, exultet Ecclesia de congregato populo ; sicut Maria meruit gloriari de fructu : Amen.

Quod ipse præstare digneris, qui cum Patre et Spiritu Sancto vivis et regnas Deus in sæcula sæculorum : Amen.

*(Post Eucharistiam.)* Adesto, quæsumus, Domine, fidelibus tuis : ut quæ sumpsit fideliter, et mente sibi et corpore, beatæ Mariæ intercessione custodiat. Quod ipsi præstare digneris ; qui cum æterno Patre vivis et regnas.

*(Collectio sequitur.)* Quæsumus, Domine Deus noster : ut, interveniente beatâ Mariâ, sacrosancta mysteria, quæ sumpsimus actu, q subsequamur et sensu ; et ejus nobis indulta refectio vitam conferat sempiternam. Per eum qui tecum et cum Spiritu Sancto vivit et regnat.

* M. 215 * XIII. Missa in Natale Agnes[a] Virginis
ET MARTYRIS.

a Agnetis, Agnes, Agnae, Agnis, are usual forms of the genitive case.

[*Præfatio.*] In beatæ martyris Agnes natalitia tripudiantes, fratres carissimi, devoto corde Domino adsistamus. Verè enim hujus est honorandus natalis, quæ sic nata est mundo, ut sit cœlo renata : sic sub morte legis procreata, ut contereret mortis auctorem : sic infirmo sexu condita, ut metuenda

viris fortibus despiceret tormenta ; sic fragili
conditione producta, ut puella virginibus [b] et
potestatibus triumpharet. O vera nobilitas
quæ sic terrenâ generatione processit, ut ad
divinitatis consortium perveniret. [c] Oremus
ergo, ut pro nobis interveniat precibus, quæ
digna adsistit divinis obtutibus. Quod ipse
præsta redignetur, qui cum Patre, et Spiritu
Sancto vivit et regnat.

*(Collectio sequitur.)* Deus, victricis Agnes
adjutor et præmium, exaudi nos illius interventu, cujus passionis natalem celebramus ;
cui tanti muneris gratiam contulisti, ut diabolum, qui per Evam humanum genus omne
subverterat, tenerâ ætate Agnes contereret,
et sexu imbecilli superaret, veritatis confessione prosterneret ! evidenter ostendens, quòd
non solùm perpetuæ virginitatis Martyra
esset et Virgo mansura ; sed Agni immaculati sponsa fieri mereretur integrè de nomine.
Adsume ergo hujus Sacrificii immolationem [d]
gratanter, qui coronasti gloriosam pro tantis
meritis Virginem. Per Dominum nostrum
Jesum Christum Filium tuum.

*(Collectio post nomina.)* Deus, qui virgi-
neum florem per Mariæ uterum renovas, reddens nobis in Matre Virgine, quod per incon-
tinentem perditum fuerat Matrem : quam
sequentes sanctæ Virgines cum palmâ martyrii
ad tuum usque thalamum † pervenerunt. † T. 258
Ex quibus est beata Agnes martyra, cujus
hodie passionis sollemnitas agitur ; quæ nos
ad lætitiam suæ devotionis excitavit. Verè
est enim honorandus hujus diei natalis : quæ
sic terrenâ generatione processit, ut ad divinitatis consortium per consecrationem virginitatis perveniret. Per Dominum.

*(Collectio ad pacem.)* Læta nos, Domine, quæsumus, beatæ martyris tuæ Agnes festivitas semper
excipiat : quæ et jocunditatem nobis suæ glorificationis, et pacis sinceritatem infundat : et tibi nos reddat
acceptos. Per Dominum.

*(Immolatio.)* Verè dignum et justum est.
Tibi enim, Domine, festa sollemnitas agitur,
tibi dies sacrata * celebratur : quam beatæ
Agnes virginis sanguis in veritatis tuæ testificatione profusus, magnifico nominis tui honore
signavit. Cui ad mirificandam gratiam tuam,
in tenero adhuc corpore, et necdum puellare

[b] Either there is some corruption, or the *double entendre* is unworthy of the Missa : triumphing over virgins in one sense, and over the heathen authorities in another. Perhaps we should read *virtutibus-*
[c] cf. below at the end of the Collectio post nomina.

[d] Mabillon's conjecture for *immolatione.*

Læta nos, Domine, quæsumus, sancti Laurentii Martyris tui festivitas semper excipiat ; quæ et jucunditatem nobis suæ glorificationis infundat, et tibi nos reddat acceptos. Per.—S. Leon. p. 90.
cf. Crescat, Domine, semper in nobis sanctæ jocunditatis affectus ; et Beatæ Agnæ Virginis atque Martyræ tuæ veneranda festivitas augeatur.—S. Gel. p. 129a.
* M. 216

flore maturo, hanc virtutem fidei et patientiæ fortitudinem contulisti ; ut sævitiæ persecutoris non cederet constantia virginalis ; quo gloriosior fieret corona martyrii : quia inter acerba supplicia nec sexui potuit eripere, nec ætati. Hujus igitur passionis diem hodierna devotione celebrantes, immolamus tibi, Domine Deus noster, victimam laudis. Quam cum Filio tuo Domino nostro et Sancto Spiritu, per claritatem regnantem, cum Angelis et Archangelis, Dominationes, Principatus, et Potestates, cœli cœlorumque Virtutes, ac beata Seraphin sociâ exultatione concelebrant, dicentes, Sanctus.

cf Per quem majestatem tuam conlaudant Angeli : adorant Dominationes : tremunt Potestates. Celi celorumque virtutes : ac beata Seraphin : socia exultatione concelebrant.—M. Moz. p. 276. 61.

## XIV  Missa in Natale Sanctæ Cæciliæ Virginis.

[*Præfatio.*] Venerabilem ac sublimem beatæ martyris Cæciliæ passionem, et sanctam sollemnitatem piâ devotione celebrantes, conservatorem omnium Deum, fratres carissimi, deprecemur : ut piis Ecclesiæ suæ precibus propitiatus adsistat : et sicut illi hodie coronam dedit ; nobis quoque misericordiam largiatur. Per Dominum nostrum Jesum Christum Filium suum, secum viventem.

cf. Venerabilem hunc diem passionis triumphatricis Cecilie : cum summa dedicemus dilectissimi fratres devotione.—M. Moz. p. 411. 13.

(*Collectio sequitur.*) Omnipotens sempiterne Deus, qui eligis infirma mundi, ut fortia quæque confundas ; da nobis in festivitate sanctæ Cæciliæ martyræ congruâ devotione gaudere : ut et potentiam tuam in ejus passione laudemus, et provisum nobis percipiamus auxilium. Per Dominum nostrum Jesum Christum Filium tuum.

cf. Et sicut illi coronam sancte perfectionis tribuisti : ita nobis ejus intercessione omnium delictorum veniam : et indulgentiam.—ib. p. 434. 52. and : et qui martyri tuo Vincentio victoriæ dedisti coronam ; nobis peccatoribus indulgentiam de tua larga pietate concedas :—ib. 293 4.
Omnipotens sempiterne Deus, qui eligis infirma mundi, ut fortia quæque confundas : da nobis in festivitate sanctæ Martyris Cæciliæ congrua devotione gaudere ; ut et potentiam tuam in ejus passione laudemus, et provisum nobis percipiamus auxilium.—S. Leon. p. 139.

(*Collectio post nomina.*) Respice, Domine, quæsumus, plebem tuam de sanctæ Cæciliæ martyris glorificatione gratulantem, et beneplacitum tribue sacratarum tibi mentium famulatum : ut qui in Sanctis tuis te honorare non desinunt, perpetuâ donorum tuorum largitate potiantur : et quod visibiliter exhibent, invisibiliter apprehendant : ut sicut illius grata sunt merita, sic nostræ servitutis accepta reddantur officia. Per Dominum nostrum Jesum Christum Filium tuum.

Respice, Domine, quæsumus, plebem tuam, de sanctæ Cæciliæ Martyris glorificatione gratulantem ; et beneplacitum fieri tribue sacratarum tibi mentium famulatum ; ut qui in Sanctis tuis te honorare non desinunt, perpetua donorum tuorum largitate potiantur, et quod visibiliter exsequuntur invisibiliter apprehendant.—S. Leon. p. 141.
Præsta, quæsumus, ut sicut illorum tibi grata sunt merita, sic nostræ servitutis accepta reddantur officia.—S. Leon. p. 145.
Sanctæ Martyræ tuæ Cæciliæ supplicationibus tribue nos foveri, ut cujus venerabilem solemnitatem prævenimus obsequio, ejus intercessionibus commendemur.—S. Gel. p. 153b.
ᵃ cf. above, p. 55

† (*Collectio ad pacem.*) Sanctæ martyræ tuæ Cæciliæ, Domine, supplicationibus tribue nos foveri : ut cujus venerabilem sollemnitatem prævenimus obsequio : ejus intercessionibus commendemur et meritis. Et præsta, quæsumus, Domine, * ut pax ᵃ quæ profertur in labiis, etiam cordibus non negetur. Per.

† T. 259
* M. 217

*(Immolatio Missæ.)* Dignum et justum est, æquum et salutare est, nos tibi semper gratias agere omnipotens sempiterne Deus : qui perficis in infirmitate virtutem. Quia beata gloriosaque Cæcilia, despecto mundi conjugio, ad consortia superna contendens, nec ætate mutabili præpedita est, nec inlecebris est revocata carnalibus, nec sexu fragilitatis deterrita : sed inter puellares annos, inter sæculi blandimenta, inter supplicium persequentium, multiplicem victoriam Virgo casta martyra implevit : et ad potiorem triumphum secum ad regna cœlestia Valerianum, cui fuerat nupta, perduxit. Et sic coronam pudicitiæ meruit, ut regium thalamum non solùm virgo, sed etiam martyra intraret, per Christum Dominum nostrum. Per quem majestatem tuam laudant Angeli, adorant Dominationes.

*(Benedictio Populi.)* Summe, optime, misericordissime Deus, benedic famulos et famulas tuas : Amen.

Tribue eis per interventum sanctæ Cæciliæ virginis, cor in tuo amore sollicitum, in tuo timore devotum, in tuo honore perfectum : Amen.

Da eis tranquillitatem temporum, salubritatem corporum, salutem animarum : Amen.

Mereantur te fide quærere, operibus invenire, gratia promereri : Amen.

Et illa studeant agere, te teste ; quæ digna fiant in remuneratione, te judice : Amen.

Quod ipse præstare digneris, qui in Trinitate perfectâ vivis, dominaris, et regnas.

Vere dignum. Qui perficis in infirmitate virtutem, qua beata gloriosaque Cæcilia, despecto mundi conjugio, ad consortia superna contendens, nec revocata carnis illecebra, nec sexus fragilitate deterrita. Sed inter puellares annos, inter sæculi blandimenta, inter supplicia persequentum, multiplicem victoriam Virgo casta, et Martyr explevit, et ad potiorem triumphum secum ad regna cælestia, cui fuerat nupta, perduxit.—S. Leon. p. 140.

Sicque virtute fidei et decore pudicitiæ polleret, ut cælestia regna virgo pariter et martyr intraret. Per. – S. Greg. apud Muratori p. 341

Benedicat vobis Dominus, cœlorum Rector et Conditor, et det vobis tranquillitatem temporum, salubritatem corporum, salutemque animarum. Amen. – Ben. S. Theod. p. 634 in Dom. 13 post Pent.

## XV. Missa in Natale Sancti Clementis Episcopi.

[*Præfatio.*] Diem hunc gloriosæ passionis sancti ac venerabilis Clementis Episcopi, per quem superstitiosa gentilitas conruit Judæorum, et fides catholica in corda hominum radiavit, fratres carissimi, revoluto anni circulo, debito veneremur obsequio, Domini misericordiam exorantes : ut qui eum lumen teterrimo gentilitatis errori præbuit ; nos suo lumine oriens ex alto clarificet : qui illum sacræ præposuit Ecclesiæ, nos sub mundialium fasce curarum gementes, ipso exorante, sublevare dignetur. Per Dominum nostrum JesumChristum Filium suum, secum viventem.

*(Collectio sequitur.)* Christe omnipotens Deus, qui beatum Clementem Antistitem propter nomen tuum in altitudine maris, paganorum tempestate * dimersum, ut in certamine probasti bellorum, ita post bellum patefactis arenis educis gloriosum : quæsumus pietatem tuam, ut nos à concupiscentiæ procellis erutos, Paternæ† gloriæ repræsentes innoxios, Salvator mundi. Qui cum æterno Patre vivis, et regnas, Deus in unitate Spiritûs.

*(Collectio post nomina.)* Nominum serie relatâ defunctorum, fratres carissimi, omnipotentis Dei misericordiam supplices exoremus : ut interventu sancti Clementis antistitis et martyris sui, defunctis absolutionem, viventibus tribuat salutem. Memores etiam simus fidelissimorum suorum Sisennii atque Theodoræ : ut quibus per beatum martyrem fidem se credendi inseruit, eis paradisi regna participet. Per Dominum nostrum Jesum Christum Filium suum, secum viventem.

*(Collectio ad pacem.)* Concordator discordiæ, et origo societatis æternæ, indivisa Trinitas, Deus, qui Sisennii [a] infidelitatem ab Ecclesiæ unitate disjunctam, per sanctum Clementem antistitem et subdis catholicæ fidei, et innectis perpetuæ caritati ; exaudi preces nostras, illamque nobis pacem tribue, quam quondam ætherem ascensurus,[b] Apostolis reliquisti : ut qui præsentium labiorum impressione inligati fuerint osculo ; tuâ custodiâ pacifici permaneant in futuro. Quod ipse præstare digneris, qui cum Patre.

*(Immolatio Missæ.)* Dignum et justum est. Verè dignum est, nos tibi gratias agere, Domine sancte, Pater omnipotens, æterne Deus, in sollemnitate sancti martyris tui Clementis. Qui cognationem reliquit et patriam ; et post odorem tui nominis, terras mariaque transmeans, abnegansque semetipsum, crucem peregrinationis adsumpsit, ut te per Apostolorum tuorum vestigia sequeretur. Cui tu, Domine, secundùm promissionem Filii tui, tam in præsenti sæculo, quàm in futuro centuplicata muneris præmia repensasti. Nam beatissimi Petri mox traditus disciplinis, parentes, quos in genitali solo perdiderat, in externâ regione restituis ; quos terrenæ generationis amiserat, divinæ reddis naturæ participes. Deinde Magistri sui Vicarium per ordinem subrogando, Romanæ urbis, cujus propter te despexerat dignitatem, tenere constituis principatum. Pro quo transitoriâ claritate, cœlesti facis

**Margin notes:**

* M. 218

† T. 260

[a] The Mozarabic Missal in like manner: "Cum Theodora conjuge prædicti Sisinii, prædicatione pontificali Christiana effecta."—p. 22. 3

[b] cf. et jejunantibus pacem proximi et tuam largiaris, quam ad Patrem ascendens, nobis reliquisti sectandam—M. Goth. p. 265; ut pacem, quam ascensurus ad celos : tuis charis noticia commendasti, dones &c.—M. Moz. p. 39. 74; pacem quam ad celos remeans discipulis suis tradidit—M. Moz. p. 253. 105.

Vere dignum. Sancti Clementis Martyris tui Natalitia celebrantes, qui cognationem reliquit et patriam ; et post odorem tui nominis terras mariaque transmittens, abnegansque semetipsum, crucem peregrinationis assumsit, ut te per Apostolorum tuorum vestigia sequeretur. Cui tu, Domine, secundum promissionem Filii tui, tam in præsenti sæculo, quam futuro, centupli muneris præmia repensasti. Nam beatissimi Petri mox tradito disciplinis, parentes, quos in genitali solo perdiderat, in externa regione restituis; quos terrenæ generationis amiserat, divinæ reddis naturæ participes. Deinde Magistri sui Vicarium per ordinem subrogando, Romanæ Urbis, cujus propter te despexerat dignitatem, tenere constituis principatum, proque transitoria

honore conspicuum. Postremo martyrii gloriâ* sublimatum, pro temporalibus gestis ad<sup>c</sup> æternam provehis coronam, per Christum Dominum nostrum. Per quem majestatem tuam laudant Angeli, atque Archangeli non cessant clamare, dicentes, Sanctus, Sanctus, Sanctus.

*(Benedictio populi.)* Custos sacerdotii, dicator martyrii,† palma triumphi, Deus, benedic famulos et famulas tuas : Amen.

Dona eis Martyris hujus obtentu<sup>d</sup> rectè vivere, sobriè agere, salubriter conversari : Amen.

Ut illa agant suo arbitrio, quæ digna habeantur tuo judicio ; et indigna inveniantur subjacere supplicio : Amen.

Quod ipse præstare digneris, qui in Trinitate perfectâ vivis et regnas,

claritate, cælesti facis honore conspicuum. Postremo martyrii gloria sublimatum, pro temporalibus gestis æternam provehis ad coronam.— S. Leon. p. 142.

**\* M. 219**

<sup>c</sup> Vezz. omits *ad.*

**† T. 261**

<sup>d</sup> This word is chiefly Spanish in its use, although instances of it may be found in Roman Services, see e. g. Mur. Lit. Rom. Vet. 2. 284, 296, 349, 372

## XVI. MISSA S. SATURNINI <sup>a</sup> EPISCOPI ET MARTYRIS.

*[Collectio.]* Deum, qui immortales gloriosorum martyrum palmas triumphali cruore perfudit, et beatam diei hujus sollomnitatem suis pro se vincentibus dedicavit, fratres carissimi, suppliciter oremus : ut qui dedit diei hujus sollemnitatem, det plenum sollemnitatis effectum. Qui dedit hoc quod cultus festivitatis amplectitur, det ut affectu devotionis imitemur. Et quicquid sancto viro ac beatissimo martyri suo Saturnino hodierno die profuit ad gloriam, nobis proficiat ad salutem. Per Dominum nostrum Jesum Christum Filium suum : qui secum, et cum Spiritu Sancto.

*(Collectio sequitur.)* Debitas, omnipotens sempiterne Deus, referimus gratias Jesu Christo Domino nostro, in cujus similitudinem beatissimus Saturninus, dum offerret victimam, ipse fit victima : dum sacerdotium electus agit, martyrium devotus implevit, ut per eminentiam justitiæ atque victoriæ, et testis fieret <sup>b</sup> et Antistes ; in quo proficiens fidei latitudo, dum cathedram suscipit sanctitatis, coronam rapuit passionis. Ita majestatem tuam, Domine, supplices exoramus, ut qui ei tantam pro nomine tuo præstitisti tolerantiam, per ejus intercessionem tribuas pro delictis plebi huic veniam. Per Dominum nostrum Jesum Christum Filium tuum.

<sup>a</sup> Two Saturnini are celebrated on the 29th of November. The one, a Martyr at Rome in the Via Salaria : the other,—here commemorated,— Bishop of Toulouse, (called below, *Roma Garonnæ*) who suffered, as the more probable opinion is, under Valerian. His acts may be seen in Ruinart, page 109 : S. Gregory of Tours mentions him in his Historia Francorum, 2. 30 : and Sidonius Apollinaris and Venantius Fortunatus in their respective poems.

Debitas tibi Domine eterne referimus gratias : et Jesu Christo filio tuo Domino nostro. In cujus similitudinem beatissimus Saturninus : dum offert victimam : ipse est victima. Dumque electus agit martyrium devotus implevit : ut per eminentiam justitiæ atque victoriæ et testis fieret et antistes. In quo proficiens fidei latitudo, dum cathedram suscepit sanctitatis, coronam rapuit passionis.— M. Moz. p. 24. 104. eodem die. cf. p. 382. 49. where the same prayer occurs on the festival of S. Cyprian except that it has *dum sacerdotium eligit* instead of *dumque* [sacerdotium] *electus agit* and that it stops at *implevit.*
<sup>b</sup> The MS has *fuerit*, but we have adopted Vezzosi's conjecture which is supported by the mg.

Magnum nobis semper festivum summi pontificis et martiris Saturnini: fratres charissimi depensis fideliter precibus excolamus. Qui Salvatoris nostri precepta custodiens: non solum sacerdotium ac vite beatitudinem meruit: sed etiam tanti honoris officium felici martyrio consecravit. – M. Moz. p. 24. 80 eodem die.

\* M. 220

(*Collectio post nomina.*) Magnum nobis est semperque festivum, fratres carissimi, summi pontificis et martyris Saturnini meritis, depensis fideliter precibus exorare; qui Salvatoris\* nostri præcepta custodiens, non solùm sacerdotium ac vitæ beatitudinem meruit; sed etiam tanti honoris officium felici martyrio consecravit. Per cujus meritis deprecemur omnipotentem Deum: ut illic defunctorum animas transferat à tartaro, quò illum causa amoris sui adsumere dignatus est post triumphum. Per Dominum nostrum Jesum Christum Filium suum, secum.

(*Collectio ad pacem.*) Deus, qui viscera misericordiæ atque uberi multiplici, sic sanctos tuos coronas pro meritis, ut discordantium animos eorum intercessione pacifices: quæsumus per interventum sancti Saturnini antistitis et martyris tui: ut pacificatam plebem, hujus festivitati collectam, sic ab omni simultate separes, ut perfectam tuo conspectui ha-

† T. 262 beret† digneris. Per Dominum nostrum Jesum Christum Filium tuum.

(*Contestatio.*) Dignum et justum est. Optimum sanè est, nobisque speciali devotione præcipuum, omnipotentiam tuam, Trinitas Deus, pro cunctorum triumphalibus pœnis servitio linguæ supplicantis extollere: sed præcipuè hoc tempore beatum Saturninum, tremendi nominis tui conclamantissimum testem, debito honore suscipere: quem turba gentilium cùm impulit è fano, intulit cœlo. Siquidem ipse Pontifex tuus ab Orientis partibus in urbem Tolosatium destinatus,

c In like manner Ausonius:
"Non unquam altricem nostri reticebo Tolosam,
Coctilibus muris quam circuit ambitus ingens
Perque latus pulchro prælabitur amne Garumna:"

Roma Garonnæ[c] in vicem Petri tui, tam cathedram, quàm martyrium consummavit. Unde benedicimus te, Domine, in operibus tuis, et supplices deprecamur: ut spiritalia Christiani populi desideria sollemniter impleantur: et misericordia à te petita, per sancti tui Saturnini suffragia celeriter impetretur. Ut cùm tuæ majestatis super nos apparuerit gloria, meritorum nostrorum tribuas indulgentiam, per Christum Dominum nostrum. Cui merito omnes Angeli, atque Archangeli, Cherubim quoque, et Seraphim sine intermissione proclamant, dicentes, Sanctus, Sanctus, Sanctus.

XVII. MISSA IN NATALE SANCTI ANDREÆ
      APOSTOLI.

*(Præfatio.)* Apostolicum et toti[a] almum
sæculo diem, quo retifex ille præclarus Andreas post inluminatam prædicatione Achaiam,
felici martyrio decoravit; vel proprii corporis
hostiam crucis insignia amplectendo gestavit;
fratres carissimi, intentis sensibus, et totis
visceribus excolamus, inclytam omnipotentis
Dei misericordiam deprecantes: uti hunc
populum Crucis suæ signaculo* præmunitum,[b]
illuc jubeat adire, adminiculante fide, quo
Martyr præcessit impleto certamine. Quod
ipse præstare dignetur qui cum Patre et
Spiritu Sancto vivit et regnat.

*(Collectio sequitur.)* Christe Domine,
Crucifer[c] gloriose, qui constantiam beati Andreæ Apostoli propter gloriam tui nominis
crucifixi ita confortasti in prælio, ut extolleres
in triumpho: exaudi hunc cœtum supplicem
ac præsentem: et præsta, ut qui hoc tempore
ejus sollemnitati debitum fœnus exsolvimus,
futuris temporibus modum vitæ castissimæ,
ipso opitulante, servemus. Per te, Christe,
Salvator mundi, qui cum æterno Patre vivis,
dominaris, et regnas Deus in unitate Spiritûs
Sancti in sæcula sæculorum.

†*(Collectio post nomina.)* Omnipotentem
Deum ac Dominum nostrum, fratres carissimi,
deprecemur, ut hodierna sollemnia, quæ pro
natale beatissimi Apostoli et martyris sui
Andreæ suscepimus, sibi ipse commendet: ac
sicut illi hodie ob prædicationem verbi sui
capto,[d] inter vincula carceris, flagella, et crucis
necem adfuit; et de triumpho nobili coronam
dedit; ita interventu ejus nobis in se credentibus, qui pressuris hujus mundi et insidiis
adversarii fatigamur; in omnibus tentationibus adesse, ac misericordiam largiri dignetur:
et offerentum ac pausantum, quæ recitata
sunt nomina, Apostoli sui intercessione sanctificet. Per Dominum nostrum, Jesum Christum Filium suum, secum viventem.

*(Collectio ad pacem.)* Omnipotens sempiterne Deus, qui tantâ tibi caritate beatum
Andream Apostolum vinxisti, ut tuo auxilio

9*

---

[a] The MS has *tot*.

* M. 221
[b] The very plausible correction suggested by a friend for *præmonitum*.

[c] This is not a very common epithet
of our Lord: but it occurs in the
hymn before food of Prudentius:
   "O Crucifer bone, lucisator
   Omnipotens, pie, verbigena."

† T. 263

[d] This seems a correction of Mabillon's for *captum*; as also the word
*necem* in the next line, where Vezz.
has *nece*.

mundi vinceret fluctus, carnis contereret motus, nitentisque gladii non paveret adsultus : quem crux elevata suscepit humilem, ut restitueret triumphantem : pacifica, quæsumus, hanc familiam ejus sollemnitati collectam : ut dum præbet oscula proximis, indulgens lædentibus, veniam obtineat pro delictis.　Per Dominum nostrum Jesum Christum Filium tuum : qui tecum.

*(Contestatio.)*　Dignum et justum est, æquum et justum est, pietati tuæ ineffabiles gratias referre, omnipotens, sempiterne Deus : et inæstimabili gaudio passionem tuorum prædicare Sanctorum, per Christum Dominum nostrum.　Qui beato Andreæ in primâ vocatione dedit fidem, et in passione donavit victoriam.　Acceperat hæc utraque beatus Andreas ; ideo habebat et in prædicatione constantiam, et in passione tolerantiam.　Qui

＊ M. 222

post iniqua verbera,* post carceris septa, alligatus suspendio se purum sacrificium tibi obtulit, Deo.　Extendit mitissimus brachia ad cœlos, amplectitur crucis vexillum,ᵉ defigit in osculis ora, Agni cognoscit arcana.　Denique dum ad patibulum duceretur ; in cruce suspenderetur ; carne patiebatur, et spiritu loquebatur.　Obliviscitur crucis tormenta, dum de cruce Christum præconat.　Quantum enim corpus ejus in ligno extendebatur, tantum in linguâ ejus Christus exaltabatur : quia pendens in ligno, sociari ᶠ se ei gratulabatur.　Absolvi ᵍ se non patitur à cruce, ne tepescat certamen in tempore.　Turba circumspicit, et lamentat ; demitti à vinculo cupit, quem reparatorem mentis intelligit.　Laxari postulat justum, ne pereat populus hoc delicto.　Interea fundit Martyr spiritum, possessurus sempiterni Judicis regnum.　Per cujus meritis concede nobis, omnipotens Deus,

† T. 264

ut à malis omnibus tuti † atque defensi, tibi, Domino nostro, Deo Martyrum et Principi Apostolorum, laudes semper et gratias referamus cum Angelis et Archangelis, qui gloriam tuam non cessant clamare, dicentes.

*(Collectio post Sanctus.)*　Hosanna in excelsis.　Verè sanctus, verè benedictus, verè gloriosus Dominus noster Jesus Christus Filius tuus, qui beatum Andream Apostolum

ᵉ Here we have an early instance in the French Church of the metaphor by which the term *standard* was applied to the Cross : as about the time in which this Missa was written, it was used by Venantius Fortunatus in the world-famous *Vexilla Regis prodeunt.*

ᶠ *sociare* Vezz. seemingly by an error of the press.
ᵍ This Contestatio is based upon the Acts of S. Andrew, which, though of more than doubtful authority, are quoted as genuine in the eighth century by the Abbot Beatus, in his work against Eiipandus.

primùm electione, exinde certamine consecravit. Ipse enim pridie quàm.

(*Collectio post Secreta.*) Recolimus te, Domine, passum pro mundi salute humilem, sed credimus subsistere semper in Genitore potentem : precamur, ut qui de altario tuo participamur, cùm beatis Apostolis in cœlestibus gloriemur. Præsta, Salvator mundi, qui cum æterno Patre et Spiritu Sancto vivis.

(*Collectio ante Orationem Dominicam.*) Deus, qui sanctos Apostolos tuos, exemptos ab hujus sæculi fluctibus, angelicis jussisti cœtibus adgregare :[h] quos etiam tuis præceptionibus inhærentes, qualiter te deprecarentur exhortator piissimus informasti : supplices quæsumus, ut qui illos hilari affatu salubriter imbuisti, nobis ipsam precem cum fiduciâ permittas clamare vel[i] dicere. Pater noster.

\* (*Collectio post Orationem Dominicam.*) Ab omni malo nos eripe, omnipotens Deus : et præsta, ut jubar apostolici luminis circumdati, omnem[j] nævum criminis cum pompis sæculi respuamus. Per Dominum nostrum Jesum Christum Filium tuum.

(*Benedictio Populi.*) Domine Deus omnipotens, qui gloriosus super sidera sedens, almum nobis sidus, beatos Apostolos reliquisti : quorum speciosam cohortem felici claritate pollentem, priùs præelegisti merito,[k] ut prædestinares in regno : Amen.

Concede propitius circumstantem plebem crucis tuæ muniri signaculo ; ut universum superet adversæ potestatis incursum : Amen.

Infunde sensibus ejus apostolica dogmata, quâ te contempletur mente serenâ : Amen.

Ut in illo tremendo discussionis tempore. eorum defensetur præsidio,[l] quorum est secuta præceptum ; Amen.

Quod ipse præstare digneris : qui cum Patre et Spiritu Sancto vivis et regnas Deus.

XVIII. MISSA IN NATALE SANCTÆ EULALIÆ[a] VIRGINIS.

[*Præfatio.*] Deum omnipotentem, fratres carissimi, qui tantum prudentem virginitatem fidei sociatam apice gloriæ† consecravit, ut per

---

[h] Probably *adgregari*.

[i] Probably *et*.

\* M. 223

[j] *circumdatione* MS.

[k] This expression, opposed as it is to the peculiar teaching of S. Augustine on the subject of grace, savours very much of the influence of the Council of Arles, held in 465, against the priest Lucian, a predestinarian. Infunde sensibus nostris apostolica retinere dogmata, quibus te contemplemur mente serena. Amen. Concede propitius circumstanti plebi, ut in illo tremendo discussionis tempore eorum defensetur præsidio, quorum est edocta præcepto. Amen. Quod ipse præstare, &c.—Ben. S. Theod. p. 638. Infunde sensibus nostris apostolica dogmata, quibus te contemplemur mente serena. Amen. Concede propitius circumstanti plebi, ut in illo tremendo discussionis tempore, eorum defensetur præsidio, quorum est secuta præceptum. Amen. Quod ipse præstare, &c.—Ib. p. 640.

[l] M S *præsidium*.

[a] This is S. Eulalia of Emerita, of whom Prudentius :– Perist. 3. 1
Germine nobilis Eulalia,
Mortis et indole nobilior,
Emeritam sacra virgo suam,
Cujus ab ubere progenita est,
Ossibus ornat, amore colit,
And again :
Lusitanorum caput oppidorum
Urbs, adoratæ cineres puellæ
Obviam Christo rapiens, ad aram
Porriget ipsam.—Ib. 4. 37
She suffered at Merida in the Tenth Persecution, under Calphurnianus, 10 Dec. A.D. 303.

Dignum et justum est Domine Deus: qui tam prudentem virginem fidei sociata apice glorie consecrasti: tibi

† T. 265

gratias agere. Ut per quem facta est mater Maria ; fieret martyr Eulalia : illa pariendi affectu felix : ista moriendi. Illa implens incarnationis officium ; ista rapiens passionis exemplum : Illa credidit angelo ; ista resistit inimico. Illa electa per quam Christus nasceretur : ista assumpta per quam diabolus vinceretur. – Moz. p. 31 49.

quem facta est mater Maria, fieret martyra Eulalia : illa pariendi effectu felix, ista moriendo : illa implens incarnationis officium, ista rapiens passionis exemplum : illa credidit Angelo, ista restitit inimico : illa electa, per quam nasceretur Christus, ista per quam vinceretur diabolus : supplici oratione poscamus, ut beatam Eulaliam pro nobis orantem exaudiat : et omnia quæ, peccatis adversantibus, impedimur ; ejus auxilio ab omni labe peccaminum eruamur.    Per Dominum nostrum Jesum Christum Filium suum, secum.

See above p. 43

(*Collectio sequitur.*)    Deus, qui sanctæ martyræ tuæ Eulaliæ pro pœnâ gloriam, pro morte vitam, pro infirmitate virtutem, pro passione coronam tribuisti ; præsta, ut sicut illa exultat in gloriâ, sic nos de tuâ misericordiâ gratulemur ; et in æternum veniam, te donante, consequi mereamur.    Per Dominum

\* M. 224    \*nostrum Jesum Christum Filium tuum, qui tecum.

(*Collectio post nomina.*)    Deum, qui sanctæ famulæ suæ Eulaliæ gloriosam et immarcescibilem coronam martyrii contulit, fratres carissimi, supplices deprecemur : ut præstante divinâ misericordiâ, ipsius precibus obtineamus veniam, qui gloriam non meremur.    Caris

b This is a curious example of the mixture of Gallican with Roman expressions, the word *caris*, as was remarked above p. 3, being distinctively Gallican, while *in somno pacis* is borrowed from the Roman. See below M. Gall. p. 333a "qui nos præcesserunt cum signo fidei et dormiunt in somno pacis ipsis et omnibus in Christo quiescentibus locum refrigerii, lucis et pacis ut indulgeas deprecamur."

etiam nostris, qui nos in somno pacis præcesserunt,[b] perennis ævi beatitudinem et perpetuæ lucis gratiam remunerare dignetur. Per Dominum nostrum Jesum Christum Filium suum, secum viventem.

c This seems Mabillon's correction for *alligari.*

(*Collectio ad pacem.*)    Deus, simultatum discussor, pacis quæsitor ; cujus ut pietatis est, disjuncta conjungere ; ita amoris est, casta pacificè alligare ;[c] tu nunc nos, Domine, Apostolorum tuorum dogmate obsequentes pace necte, caritate orna, castitate sanctifica :

d Apparently Mabillon's correction for *et*, which, however, may very well stand, if we consider how frequently these collects are composed of two or even three distinct prayers. See amongst many other examples, the *Collectio post nomina* of the following Missa.

ut[d] qui de beatæ virginis Eulaliæ passione meruimus habere exemplum ; mereamur, devictâ iracundiâ, obtinere triumphum.    Per Dominum nostrum Jesum Christum Filium tuum, qui tecum vivit.

(*Immolatio Missæ.*)    Dignum et justum est, æquum et salutare est, nos tibi semper et ubique gratias agere, Domine sancte, Pater omnipotens, æterne Deus ; teque laudare in omnibus operibus tuis.    Qui dono gratiæ tuæ famulam tuam Eulaliam nobiliore mentis stigmate decorasti ; ut inlæsam in se imaginis tuæ pulcritudinem custodiret. Digna verè comes Filii tui : quæ tenero sexu bellum fortis invaderet ; et ultra opinionem humanæ virtutis, ad tolerantiam pœnarum se, zelo tui amoris, obtulerit : quæ in speciem pretiosi Unigeniti sanguinem suum sub testimonio bonæ confessionis effunderet ;[e] et incorrupta flammis viscera in odorem suavissimi thymiamatis adoleret. Vadit ad tribunal cruenti Præsidis nec quæsita ; lucratura regnum, contemptura supplicium, inventura quæsitum, visura confessum ; non trepida de sententiâ, non ambigua de coronâ ; non defessa de eculeo ; non diffisa de præmio. Interrogatur ;[†] confitetur : ingentique miraculo majestas tua exhalatum[f] Virginis spiritum, quem adsumpsit per flammam,[g] suscepit per columbam : ut hoc prodigio in cœlis virgo et martyr ascenderet, quo in terris Filium tuum Pater ostenderas. Per quem majestatem tuam laudant * Angeli, atque Archangeli non cessant clamare dicentes.

e Mabillon's correction for *effunderit.*
Dignare Eulalia martyr et virgò placitura Domino suo : que Spiritu Sancto protegente tenero sexu bellum forte sudaverit : et ultra opinionem humane virtutis ad tollerantiam penarum zelo tui amoris se obtulerit : cum in specie preciosi Unigeniti sanguinem suum sub testimonio bone confessionis effuderit ; et incorrupta flammis viscera in odorem suavissimi thimiamatis adoleverit. Vadit ad tribunal cruenti presidis : non quesita. In qua tam solum fuit animus incontinens ad secretum : quam locus competens ad triumphum. Lucratura regnum : contemptura supplicium : inventura quesitum : visura confessum. Non trepida de pena : non ambigua de corona : non defessa de eculeo : non diffisa de premio. Interrogatur : confitetur : occiditur : coronatur. Ingentique miraculo majestas tua exalatum virginis spiritum : quem assumpsit per flammam : suscepit per columbam. Ut hoc prodigio in celis martyr ascenderet : quo in terris filium pater ostenderat.— M. Moz. 31. 58.
f So we correct from the mg. instead of *exaltatum.*

† T. 266

g In like manner Prudentius :
Flamma crepans volat in faciem,
Perque comas vegetata caput
Occupat, exsuperatque apicem :
Virgo, citum cupiens obitum,
Appetit et bibit ore rogum.
Emicat inde columba repens,
Martyris os nive candidior
Visa relinquere, et astra sequi :
Spiritus hic erat Eulaliæ
Lacteolus, celer, innocuus.
Colla fluunt abeunte anima, &c.
Perist. 3 156

## XIX. MISSA IN CONVERSIONE [a] SANCTI PAULI.

[*Collectio.*] Deus, qui beati Pauli Apostoli dignitatem ubique facis gloriosam ; præsta, quæsumus, ut et doctrinâ semper ipsius foveamur, et meritis. Per.

(*Collectio sequitur.*) Sanctorum decus, remunerator justorum, Deus, qui super omnes et per omnia et in omnibus nobis es : cui sacrificium est, cor contritum, et oratio, purum incensum : tribue nobis per intercessionem beatissimi Pauli Apostoli sanctificationem cordis, fervorem spiritûs, corporis puritatem : ut mortificatis terrenis vitiis, immaculati spiritu et corpore nostro, tibi semper laudis hostias referamus. Quod.

Deus, qui Apostolum tuum Paulum, insolentem contra Christiani nominis pietatem, cœlesti voce cum terrore perculsum, hodiernâ die vocationis ejus mentem cum nomine commutasti : et[b] quem priùs persecutorem metue-

* M. 225

a This Festival is not of a very early date ; it has no proper office in the Mozarabic Rite, and is unnoticed in the Codex Rhenaugiensis. Mabillon refers to it in the Martyrologium Gellonense, of the eighth century.
Deus, qui beati Petri Apostoli dignitatem ubique facis esse gloriosam : præsta, quæsumus, ut et doctrina semper ipsius foveamur et meritis. Per &c. S. Leon. p. 15.

This is evidently the Collectio post nomina.

b We might suggest *Ut.. lætaretur,* were it not for the peculiarity of these Gallican services noticed in the preceding Missa.

bat Ecclesia, nunc cœlestium mandatorum
lætatur se habere Doctorem : quemque ideo
foris cæcasti, ut introrsùs videntem faceres :
cuique post tenebras crudelitatis ablatas, ad
evocandas Gentes divinæ legis scientiam contulisti ; sed et tertio naufragantem pro fide
quam expugnaverat, jam devotum in elemento

c Mabillon's correction for *vita*.

liquido fecisti vitare [c] discrimen : sic nobis,
quæsumus, ejus et mutationem et fidem colen-
tibus, post cæcitatem peccatorum, fac te videre
in cœlis, qui inluminasti Paulum in terris : et
munera præsentia libens accipe, quæ Apostoli
tui precibus tibi fiant accepta.

A reference to 2. Cor. 3. 3.

*(Collectio ad Pacem.)* Deus, qui justitiæ
leges in cordibus credentium digito tuo scribis ;
quique in Paulum hodiernâ die vocationis ejus
de cœlis, non atramento, sed Spiritu tuo vivo,
caritatis tuæ fervorem ita scribis, ut proprium
quassandum corpus pro Ecclesiæ tuæ tradat
membris, qui ipsius Ecclesiæ olim contriverat
membra : sic nobis ipsius interventu Doctoris

d Mabillon's correction for *sincere*.

et fidelis Magistri, fraternæ caritatis sinceræ [d]
consortium dona ; et de tuæ dilectionis, quam
ille habuit, multiplici flammâ, vel unam scin-
tillam dignare largiri ; ut sequamur per dilectionem ferventem Magistrum, cujus flagrantia
in caritate frequentamus præcepta.

*(Immolatio Missæ.)* Dignum et justum est.

\* M. 226
† T. 267

Vere \* æquum † et justum est, nos tibi gratias
agere, Domine sancte, Pater omnipotens,
æterne Deus. Qui ut ostenderes te omnium,
cupere indulgere peccatis, persecutorem Ecclesiæ tuæ ad unum verbum tuæ vocationis
lucratus es ; et statim fecisti nobis ex persecu-
tore Doctorem. Nam qui alienas epistolas

e Mabillon's correction for *destric-tionem.*

ad destructionem [e] Ecclesiarum acceperat,
cœpit suas ad restaurationem earum scribere :
et ut seipsum Paulum factum ex Saulo
monstraret, repentè architectus sapiens funda-

See 1 Cor. 3. 10.

mentum posuit : ut sancta Ecclesia tua catho-

f This very remarkable expression deserves especial notice : particularly if we take into consideration the late date of this Missa. It seems strange that the work of the celebrated De Barios, on the two Heads that make only one,—i. e. in support of the doctrine that the authority of Rome is based on that of S. Paul as well as S. Peter, should have been declared heretical by Innocent X in 1647 : so much stronger an assertion forming a part of Gallican doctrine up to so late a period. Cf. also the expressions about S. Peter in the next Missa.

lica eo ædificante gauderet, à quo fuerat antè
vastata : et tantus ejus defensor exsisteret,
ut omnia supplicia corporis, et ipsam cædem
corporis non timeret. Nam factus est caput
Ecclesiæ, [f] qui membra Ecclesiæ conquas-
saverat : caput terreni corporis tradidit, ut
Christum caput in suis omnibus membris
acciperet : per quod etiam Vas electionis esse

meruit, qui eundem Dominum nostrum Jesum Christum Filium tuum in sui pectoris habitationem suscepit. Per quem majestatem tuam laudant.

## XX. Missa in Cathedra [a] Sancti Petri Apostoli.

[*Præfatio.*] Sollemnitatis prædicandæ diem præcipuè nobilem, in quo fidem præcellenti Filius excelsi Dei ori Petri monstratus est; et in coapostolos [b] interrogante de se Christo quis esset, verè confessus est, cùm beatus Bar-Jona voce Redemptoris, fide devotâ [c] prælatus est : ut per hanc Petri petram, bases Ecclesiæ fixus est; venerantes, fratres dilectissimi, deprecemur, ut tam gloriosâ laude fidem Petri qui prætulit; ipse beatitudinis auctor plebem conroboret. Per Dominum nostrum.

(*Collectio sequitur.*) Deus, qui hodiernâ die beatum Petrum post te dedisti caput Ecclesiæ, cùm te ille verè confessus sit, et ipse à te dignè prælatus sit; supplices exoramus, ut qui dedisti pastorem, ne quid de ovibus perderes; ut grex effugiat errores,[d] ejus intercessione quem præfecisti, salvifices. Quod ipse præst.

†(*Post nomina.*) Deum, qui beato Petro tantam potestatem discipulo contulit, ut si ipse ligaverit, non sit alter qui solverit; et quæ in terrâ solverit, item[e] cœlo soluta sint; precibus imploremus: ut eductis * à tartaro defunctorum spiritibus, non prævaleant sepultis inferni [f] portæ per crimina, quas per Apostoli fidem vinci credit Ecclesia. Per Dominum nostrum Jesum Christum.

(*Collectio ad Pacem.*) Clementissime Conditor, qui tantâ caritate succendisti Discipulum, ut se de nave jactato, ad te celer festinaret pede nudo per pelagus; et videns hanc dilectionem, claves ei dares [g] siderum; voces inspice suggerentium: ut quicumque ex præcepto junguntur ad osculum; livore pectoris excluso, illuc per gratiam ducantur, quo[h] cœli Petrus est janitor. Præsta, Salvator mundi.

(*Contestatio.*) Dignum et justum est : qui dives infinitæ clementiæ copioso munere plasmam tuæ creaturæ in tantum dignaris

10

[a] This Feast was early of great note in the Gallican Church; and it is alluded to by the second Council of Tours as early as the sixth century, where the heathen custom of offering meat to the dead is strictly forbidden. There is a learned discussion of its origin in Delpezzo, *La difesa de' libri Liturgici*; opp. t. 7. 410. We may observe that the Purification is not celebrated; an argument for the great age of this Collection. The feast of the *Lupercalia* was abrogated by S. Gelasius at the end of the fifth century : but it is not stated that he substituted this for it : and according to Cedrenus and Anastasius it had its origin at Constantinople in 527 or 541. It is clearly mentioned as one of the principal festivals by the Council of Mayence, in 813 : and we find S. Boniface putting down the "Spurcalia in February" in the Concil. Liptinense.

[b] Either we must omit *in* or must read *coapostolis*, so as to give the sense; "the question was asked of all, and Peter answered for all."

[c] Vezz. has *devote*.

(*Collectio.*) Deus qui hodierna die beatum Petrum post te dedisti caput Ecclesiæ, cum te ille vere confessus sit, et ipse a te digne prælatus sit, te supplices exoramus: ut qui dedisti Pastorem, ne quid de ovibus perderes; ut grex effugiat errores: ejus intercessione quem fecisti salvifices. S. Gall. p. 297b.

[d] We have altered the punctuation, placing the semicolon after *perderes* instead of *errores*.

† T. 268

(*Post nomina.*) Deum qui beato Petro tantam potestatem discipulo contulit, ut si ipse ligaverit, non sit alter qui solverit; et quæ in terra solverit, item cælo soluta sint, precibus imploremus: ut eductis a tartaro defunctorum spiritibus, non prævaleant sepultis inferni portæ per crimina, quas per Apostoli fidem vinci credit Ecclesia. S. Gall. p. 297b.

[e] MS *idem*.

* M. 227

[f] MS *infernæ*.

(*Ad Pacem.*) Clementissime conditor, qui tanta caritate succendisti discipulum, ut se de nave jactatum ad te celere festinaret pede nudo per pelagus; et videns hanc dilectionem, claves ei dares siderum, voces inspice suggerentum.—S. Gall. p. 298a.

[g] Mabillon's correction (supported by the margin) for *dans*. cf. quicumque junguntur ad osculum.—M. Rich. p. 6.

[h] MS *quæ*.

(*Contestatio.*) Vere dignum et justum est omnipotens Deus, qui dives infinitæ clementiæ copioso munere plasmam tuæ creaturæ in tantum digi MS *patiaris, homine* and in next line *committeris*.

naris erigere, ut vernaculo limi compatiens, homini de terrena compage claves cœli committeres, et ad judicandas tribus solium excelsæ sedis in sublimi conponeres. Testis est dies hodierna beati Petri cathedra Episcopatus exposita, in qua fidei merito revelationis mysterium fidei, Filium Dei confitendo, prælatus Apostolus ordinatur, in cujus confessione est fundamentum Ecclesiæ: nec adversus hanc Petram portæ in feri prævalent. Quid vero beato Petro diverso sub tempore accessit laudis et gloriæ. Hinc est quod mare tremulum fixo calcat vestigio, et inter undas liquidas pendula planta perambulat. Hic ad portam Speciosam contracti tendit vestigia, et tactus Petri digito claudus non indiget baculo. Hic carceratus dum dormitat, Christus pro ipso pervigilat, et retrusus ergastulo, foras procedit per Angelum. Hic paralyticum erexit decubantem in lecto: hic Tabitam mulierem revocavit de funere, et virtutem imperante, morti prædari non licuit, per.—S. Gall. p. 298a.

j Mabillon suggests, "revelationis mysterio Filium Dei confitendo prælatus Apostolis" or "Apostolus, ordinatur." The MS here has *Apostolos*, but we have changed it to *Apostolus* on the authority of the margin, especially as there is often a confusion between the vowels *u* and *o*. We see from this that the ancient Gallican Church held that S. Peter did not receive as a reward for his confession any privilege beyond the Apostolate; making him to differ from the others only in having received it before them; following in this the teaching of S. Cyprian.

k This expression deserves notice, as showing at that period the Gallican doctrine to have been that it was S. Peter's Confession and not himself, on which the Church is built:—and observe the repetition, "nec adversus HANC PETRAM." On the other hand, we read in the Mozarabic Missal, Qui Apostolum tuum Petrum firmissimam statuens petram, ædificare tibi in ea sanctam pronunciasti ecclesiam.

l *explicit* MS.

m This is Mabillon's correction for *tanta fidei dotem inter Apostolos petiit.* Perhaps, however, the original may stand, referring to the petition of the Apostles, and of course of S. Peter among them:—"Lord, increase our faith."

Hec igitur precepta servantes: sacrosancta munera nostre salutis offerimus: obsecrantes te clementissime omnipotens Deus: ut infundere digneris Spiritum tuum Sanctum super hec libamina: ut fiat nobis legitima Eucharistia: in te filiique tui nomine: et Spiritus Sancti benedicta: in transformatione ejusdem corporis Domini nostri Jesu Christi filii tui edentibus nobis in vitam eternam regnumque perpetuum.—M. Moz. p. 348. 98. See also above p. 47.

† T. 269  * M. 228

n A correction of Mabillon's for *immiscere.* In the next line Vezz. has *supra.*

Divino magisterio edocti: et salutaribus monitis instituti: audemus dicere: quia jubere dignatus es.—M. Moz. p. 276. 83.

---

erigere, ut vernaculo limi compatiens, homini i de terrenâ compage claves cœli committeres: et ad judicandas tribus solium excelsæ sedis in sublime componeres. Testis est dies hodierna beati Petri Cathedra Episcopatûs exposita: in quâ fidei merito revelationis mysterium,j Filium Dei confitendo, prælatus Apostolus ordinatur. In cujus confessione k est fundamentum Ecclesiæ: nec adversus hanc petram portæ Inferi prævalent; nec serpens vestigium exprimit; nec triumphum mors obtinet. Quid verò beato Petro diverso sub tempore accessit laudis et gloriæ, quæ vox, quæ lingua, quis explicet? l Hinc est quod mare tremulum fixo calcat vestigio; et inter undas liquidas pendulâ plantâ perambulat. Hic ad portam Speciosam, contracti tendit vestigia; et tactus Petri digito, claudus non indiget baculo. Hinc carceratus dum dormitat, Christus cum ipso pervigilat: et retrusus ergastulo, foras procedit per Angelum. Hinc paralyticum erexit decubantem in lectulo; ac debilitato, verbo dedit vestigium. Hinc Tabitham mulierem revocavit de funere; et virtute imperanti prædare non licuit. Hinc tantâ fidei dote m inter Apostolos præiit, ut curaret universos languores dum præterit; et cadavera viverent, umbra salubris quæ tetigit, per Christum Dominum nostrum. Cui mer.

†(*Post Sanctus.*) Suscipe, Domine, inter angelicæ vocis officium, nostræ quoque servitutis obsequium. Per Christum.

(*Post Mysterium.*) Hæc igitur præcepta servantes, sacrosancta munera nostræ salutis offerimus, obsecrantes; ut * immittere n digneris Spiritum tuum Sanctum super hæc sollemnia: ut fiat nobis legitima Eucharistia in tuo Filiique tui nomine et Spiritûs Sancti, in transformatione corporis ac sanguinis Domini nostri Jesu Christi Unigeniti tui, edentibus nobis vitam æternam, regnumque perpetuum conlatura bibituris. Per ipsum Dominum.

(*Ante Orationem Dominicam.*) Divino magisterio edocti, et divinâ institutione formati, audemus dicere. Pater noster.

(*Post Orationem Dominicam.*) Libera nos, æterna Pietas et vera Libertas: neque

sinas ab inimico capi, qui à te cupiunt possi-
deri, Omnipotens. Qui vivis.

(*Benedictio.*) Supra cœlorum agmina sedens, totum orbem ° terrarum pugillo concludens, votiva hæc hodierni diei sollemnia
celebraturos peraudi : Amen.

Ut qui sancti Patroni nostri Petri tuique
Apostoli festa colimus; per ejus intercessionem tibi placeamus : Amen.

Da Sacerdotum, Regum, cunctorumque populorum illa semper in mente : ut qui te Deum
verum confitentes, laudes dicentes, inlata P
nostrorum crimina salvantur; Amen

Et quemadmodum nos fecisti de sacro
fonte procedere puros; ita nos jubeas in
æterna repacula cum Sanctorum cœtibus sociari perpetuos. Quod ipse præstare digneris,
qui cum Patre.

### XXI. Ordo Missæ in Initium Quadra-ginsimæ.[a]

[*Collectio.*] Omnipotens, sempiterne Deus,
præsta, ut Quadraginsimale hoc jejunium
sollemne, et competentibus inchoemus † obsequiis, et tibi placitis effectibus celebremus.
Humani generis Conditor et Redemptor, largire propitius, ut[b] continentiam nostræ restau-
rationis in tuis deputatam,[c] sincerâ conversatione tractemus. Quod ipse præstare.

† T. 270

(*Collectio sequitur.*) Deus abstinentiæ,
Deus castimoniæ, qui libenter jejunantium
humilitate placaris, et humiliantium se precibus benignus inflecteris; exaudi preces nostras
in hac hodiernâ die, quo Quadraginsimale
inchoamus jejunium : et diversarum tentatio-
num, quibus gravamur,[d] tempestate discussâ
continentiam nobis à vitiis, tuâ benignitate
infunde, Salvator mundi.

(*Collectio post nomina.*) Offerentium
nominibus recensitis, qui devota altaribus
munera humiliati[e] jejunio mentis* et corporis
à Domino deprecantur, pro merito devotæ
sanctificationis obtineant. Per.

* M. 229

(*Collectio ad pacem.*)[f] Deus continentiæ,
Deus caritatis et pacis, qui precibus humiliantium se inflecteris; miserere nostri, exaudi
nos, et diversorum[g] turbinum tempestate re-

10*

tue serenitatis infunde : ut quam peccatorum nostrorum nimietate perdidimus : tue pietatis indulgentia consequamur. Amen.-M. Moz. p. 122. 100

Dignum et justum est (per Christum Dominum *a.—s. g.*+qui est filius tuus unigenitus, manens in gloria tua) in quo jejunantium fides alitur, spes provehitur, caritas roboratur. Ipse est enim panis vivus et verus (verus et vivus *a ; s. g.*+qui de cælo descendit et habitat semper in cælo) qui est (et +*m*) substantia æternitatis, et (et *om. a.*) esca virtutis. ·Verbum enim tuum (est+*m*) per quod facta sunt omnia, (quia+*m*) non solum humanarum mentium, sed (et+*s. g.*) ipsorum quoque panis est angelorum. Hujus panis alimento Moyses famulus tuus, quadraginta di bus ac (et *s. g.*) noctibus, legem suscipens, (accipiens *s.g.*) jejunavit: et a carnalibus cibis, ut tuæ suavitatis capacior esset, abstinuit, de verbo tuo vivens et valens, (et valens *om. s. g.*) cujus et dulcedinem bibebat (cujus dulcedine vivebat *s. g.*) in spiritu, et lucem accipiebat in vultu. (de verbo *ad* vultu *om. a.*) Unde (inde *m*) nec famem corporis (corporis *om. m.*) sensit, et terrenarum est oblitus escarum, (obl. esc. est *a*) quia illum et (et *om. a & s. g.*) gloriæ tuæ clarificabat (glorifica- bat *a mg m.*) aspectus, et influente Spiritu Dei (Sp. Sancto *m*) sermo pascebat (interius+*m*.) Hunc panem etiam (panem, Domine *s. g.*) nobis ministrare non desinas (desinis *a mg m*) quem ut (et ut eum *a mg* sed ut eum *m*) indesinenter (indeficienter *m*)esuriamus (sitiamus *s.g.*) hortaris, (*a*+Jesum Christum Dominum nostrum,) cujus carne (*s. g.*+a te ipso sanctificata) dum pascimur, roboramur: et sanguine, dum potamur, (potamus *m*) abluimur. Per (cui merito *m*) M. Ambros. 1. 327 M. Moz. 114 56 Sac. Gall. 303a
cf. S. Leon. p. 152. Da nobis, Domine, quæsumus, ipsius recensita nativitate vegetari, cujus cælesti mysterio pascimur et potamur. Per.
ᵍ MS omits *agere.*
ʰ The MS has *vivebat.*
ⁱ So the Moz:rabic Missal for Ash Wednesday (the service originally for the first Sunday in Lent.) "Nihil in his diebus nisi tantum verbo Dei pascebatur, quod ex ore Domini procedebat.
ʲ MS *Quadraginsimale.*
ᵏ Mabillon conj; ctures *esuriamus.*
ˡ MS potamus, abluemur.

## † T. 271

Dignum et justum est nos tibi gratias agere Domine sancte Pater eterne omnipotens Deus. Qui paras adiventiones tuas sapienter: et disponis omnia suaviter. Qui ascendisti super occasum: Dominus nomen est tibi. Tu panis es vivus et verus: qui descendisti de cælo: ut dares escam esurientibus: imo ut ipse esses esca viventium. Qui es nobis in pane: quo corda firmantur: ut in virtute panis hujus per hos dictos nomini tuo dies: sine impedimento carnis et sanguinis jejunare
ᵐ MS has *disponet.*

motâ, pacem nobis tuæ serenitatis impertias : quam si peccatorum nostrorum nimietate perdidimus, per indulgentiam tuæ misericordiæ consequamur. Per Dominum nostrum Jesum.

*(Immolatio Missœ.)* Verè dignum et justum est, æquum et salutare est, nos tibi gratias agere,ᵍ Domine sancte, Pater omnipotens, æterne Deus, per Christum Dominum nostrum. Qui est Filius tuus unigenitus, manens in gloriâ tuâ : in quo jejunantium fides alitur, spes provehitur, caritas roboratur. Ipse est enim panis vivus et verus, qui de cœlo descendit, et habitat semper in cœlo; qui est substantia æternitatis, et esca virtutis. Verbum enim tuum, per quod facta sunt omnia, non solùm humanarum mentium, sed ipsorum quoque panis est Angelorum. Hujus panis alimento Moyses tuus famulus quadraginta diebus et noctibus legem suscipiens, jejunavit; et à carnalibus cibis, ut tuæ suavitatis capacior esset, abstinuit, de verbo tuo vivens. Cujus et dulcedinem videbatʰ in spiritu ; et lucem accipiebat in vultu. Unde nec famem corporis sensit, et terrenarum est oblitus escarum : quia illum et gloriæ tuæ clarificabat aspectus ; et, influente Spiritu, Dei sermo pascebat. ⁱ Hunc panem† Domine nobis per hos quadraginta dies (in quibus hodie, Quadraginsimalis ʲ macerationem abstinentiæ inchoantes, ingredimur) ministrare digneris ; quem ut sitiamus ᵏ indesinenter, hortaris. Cujus carne à te ipso sanctificatâ dum pascimur, roboramur: et sanguine, dum hausto sitienter potamur, abluimur, ˡ per Christum Dominum nostrum. Per quem.

It is thus abridged in S. Greg.
Vere dignum et justum est. In quo jejunantium fides alitur, spes provehitur, caritas roboratur. Ipse enim est panis vivus et verus, qui substantia æternitatis, et esca virtutis est. Verbum enim tuum, per quod facta sunt omnia, non solum humanarum mentium, sed ipsorum panis est Angelorum. Hunc panem ministrare nobis non desinis : et, ut eum indesinenter esuriamus, hortaris. Cujus carne dum pascimur, roboramur: et sanguine dum potamur, abluimur. Per—S. Greg. p. 39.

*(Post Sanctus.)* Benedictus qui venit in nomine Domini, Deus scientiarum Dominus, qui præstat adinventiones suas, et disponit ᵐ omnia suaviter: qui ascendit super occasum Dominus nomen est illi. Hic Panis vivus et verus, qui de cœlo descendit, ut daret escas, esurientium ; immo et ipse esset esca viventium : fiat nobis in pane, quo corda firmantur : ut in virtute Panis hujus per hos quadraginta dies sine impedimento carnis et sanguinis,

jejunare valeamus, ipsum panem habentes, qui pauperes pascit panibus: qui Moysi et Heliæ per quadraginta dies jejunantibus,* Quadraginsimam [n] dedicavit: deinde etiam in suo ipse jejunio, eundem nobis numerum dierum jejunii sollemnitate signavit: ut quod ipse Dominus in nostri [o] corporis infirmitate, pro nobis jugiter in XL diebus explevit; id nos vel minutatim eodem numero dierum calculo distributâ observantiâ, vespertinis [p] refectionibus studeamus imitari. Per.

> The beginning of this prayer is little else than a *cento* of passages from Holy Scripture. Benedictus qui venit in nomine Dni. c. 21 Matt. v. 9 Deus scientiarum Dns. c. 2, 1 Reg. v. 3 et disponit omnia suaviter c. 8 Sap. v. 1 qui ascendit super occasum, Dns nomen illi Ps. 67 v. 4. hic est panis c. 6 Joan. v. 50 panis vivus qui de cœlo descendi ib. v. 51 panis cor hominis confirmet Ps. 103. 15 ambulavit in fortitudine cibi illius XL diebus et XL noctibus c. 19, 3 Reg. v. 8.

(*Post Mysterium.*) Accepta tibi sit, Domine, nostræ devotionis oblatio: quæ et jejunium nostrum, te operante sanctificet, et indulgentiam nobis tuæ consolationis obtineat. Per eum.

(*Ante Orationem Dominicam.*) Non agnoscentes, Domine, meritum sed præceptum, quia jubere dignatus es, audemus dicere.

(*Post Orationem Dominicam.*) Adesto, Domine, fidelibus tuis: et quos cœlestibus instituis [q] sacramentis, à terrenis conserva periculis, Salvator mundi.

(*Post Eucharistiam.*) Concede, Domine, quæsumus, morum nos correctione levari: qui cùm hæc dona contuleris, cuncta nobis utilia non negabis. Per Dominum nostrum Jesum Christum.

(*Consummatio Missæ.*[r]) Virtutum cœlestium Deus, qui plura præstas, quàm petimus aut meremur: tribue, quæsumus, ut tuâ nobis misericordiâ conferatur, quod nostrorum non habet fiducia meritorum. Per Dominum nostrum Jesum Christum.

† (*Benedictio populi in initium Quadraginsimæ.*) Ad custodiam gregis tui animarum Pastor, qui dormire nescis, invigila: Amen.

Et ne nocturnis terroribus fatigetur, invisibili eum adtactu sanctifica: Amen.

Fragilem solida, contritum eleva, invalidumque confirma, pietate alleva, caritate ædifica, castitate munda, sapientiâ inlumina, miseratione conserva: Amen.

Proficiat fidei vigilanti amoris tui perseverantia, morum temperantia, misericordiæ providentia, actuum disciplina. Amen.

Ut per concessa miserationis indulgentia, non abjicias eum à promissionis tuæ magnificentiâ: sed perducas ad veniam, quem hic tibi adoptasti per gratiam: Amen. Per Dominum.

valeamus: te ipsum panem habentes. Qui pauperes tuos celestibus saturas panibus: qui Moysi et Helie per quadraginta dies jejunia continuantibus: quadragenum numerum dedicasti. Deinde etiam ipse jejunans eundem nobis dierum numerum jejunii solennitate signasti. Ut quod ipse in nostri corporis infirmitate pro nobis jugiter in quadraginta diebus vel noctibus implesti; nos vel minutatim eundem dierum numerum adimplentes: calculi distributa observantia vespertinis semper orationibus terminemus: te nos adjuvante atque salvante. Cui merito.—M. Moz. p. 123. 1.

**\* M. 230**

[n] MS *quadraginsima*, and in the next line *numero*.
[o] MS *nostro*, Muratori *nostra*.
[p] Mabillon modestly observes, "Notissima Patrum nostrorum ad vesperam jejunia, sed tamen vel ad humilitatem nostram et pudorem notanda."

Accepta tibi sit Domine nostræ devotionis oblatio: quæ et jejunium nostrum, te operante, sanctificet, et indulgentiam nobis tuæ consolationis obtineat. Per.—S Gel. p. 18a.

cf. M. Moz. 437. 95. Non agnoscentes Domine meritum: sed preceptum: audemus dicere: te jubente e terris.

Adesto, Domine, fidelibus tuis, et quos cælestibus instituis sacramentis, et quibus substantiam tribuis corporalem, a terrenis conserva periculis. Per.—S. Leon. p. 108.

Concede, quæsumus, Domine, morum nos correctione relevari; quia quum hæc dona contuleris, cuncta nobis utilia non negabis. Per.—S. Leon. p. 106

Virtutum cælestium, Deus, qui plura præstas quam petimus, aut meremur, tribue, quæsumus, ut tua nobis misericordia conferatur, quod nostrorum non habet fiducia meritorum. Per.—S. Leon. p. 108.

[q] MS *instituis*, and in the next Collect *collectione*.
[r] The title Consummatio Missæ only occurs here, on the Feast of S. Stephen, and in the Sunday Missæ, as hereafter. The Benedictio, it will be observed, occupies an unusual position in this Missa.

**† T. 272**

Fragilem solida, contritum releva, invalidum robora, validumque confirma; pietate alleva, caritate ædifica, castitate munda, sapientia illumina, misericordia serva. Amen.

Proficiant huic præcepto fidei vigilantia, amoris tui perseverantia, morum temperantia, misericordiæ providentia, actuum disciplina: ut post concessam miserationis indulgentiam, non abjicias eos promissionis tuæ munificentia: sed perducas ad veniam, quos hic tibi adoptasti per gratiam. Amen.

Quod ipse præstare, &c.—Ben. S. Theod. p. 628 D: Several of these readings seem preferable to those in the text.

**\* M. 231**

a MS has *concede* before *peccatorum*.
Omnipotens sempiterne Deus, qui nobis in observatione jejunii et eleemosynarum semine, posuisti nostrorum remedia peccatorum: concede quæsumus (quæsumus *om. S. Gel.*) nos opere mentis et corporis semper tibi esse devotos.—S. Gall. p. 304a. S. Gel. p. 17b.

Deus humanæ salutis operator, da nobis exercere jejunia congruenter, quibus nostræ substantiæ sempiterna remedia providisti. Per.—S. Gel. p. 152b.

Vere dignum. Qui non tantum nos a carnalibus cibis, sed ab ipsius animi nòxiis delectationibus præcipis jejunare.—S. Leon. p. 104.

b See below p. 232a.
Concede nobis, omnipotens Deus, ut per annua quadragesimalis exercitia sacramenti, et ad intelligendum Christi proficiamus arcanum: et affectus ejus digna conversatione sectemur. Per.—S. Gel. p. 17b.

*Contestatio.*—Vere dignum et justum est, omnipotens Deus, tibi sanctificare jejunium, quod nobis (*s. gr.* nos) ab initio sæculi servare (*s. gr. om.* servare) docuisti. Magnam enim in hoc munere corporibus gratiam (*s. gr.* corp. salubritatem et sanitatem mentibus) contulisti: quod si illa humani generis mater interdictam sibi arborem (*s. gr.* ab interdicta sibi arbore) custodisset, (*s. gr.*+et) immortalitatem retinuisset et patriam. Sed peccatum matris antiquæ, quod inlicita ligni vetiti (*s. gr.* inl. vetustatis) usurpatione commisit in (*S. Gall.* et) nostris oramus absolve (*s. gr.* absolvi) jejuniis: ut qui (*s. gr.*+tunc) de paradiso non abstinendo cecidimus, eodem (*s. gr.* decidimus, ad eundem) nunc jejunando redeamus, per.—S. Gall. p. 304b. S. Greg. apud Gerbert. p. 41b.

c MS has *vetitus.*
Magnam enim in hoc munere corporibus salubritatem et sanitatem mentibus prebuisti: jamque ab initio seculi nobis jejunium venerabile dedicasti. Quod si illa generis humani mater Eva interdictam sibi arborem custodisset: et immortalitatem retinuisset: et patriam. Sed peccatum matris antique: quod inlicta ligni vetiti usurpatione commisit: in nostris ablue jejuniis. Ut qui de paradiso per inobedientiam Ade non abstinendo cecidimus: nunc autem per obedientiam Christi jejunando surgamus.— M. Moz. p. 92. 50.

ɔ.. ut ad paradisum, de quo non abstinendo decidimus, jejunando solemnius redeamus.—S Greg. p. 39.

e *ad* is an addition of Mabillon's.
Deus, qui profundo consilio, prospiciendo mortalibus, sancta instituisti jejunia, quibus corda languentium salubriter curarentur: Tu animam nostram, corpusque castifica, corporis animæque Salvator, æternæ felicitatis benigne largitor. Per.—S. Gel. p. 28b.

Deus, qui ob (ad *S. Gall.*) animarum medelam jejunii devotione castigare (castigari *S. Gall.*) corpora præcipisti, concede, (quæsumus + *S. Gall*) ut corda nostra ita pietatis tuæ valeant exercere mandata; quatenus ab omnibus possimus semper (semper possinus *S. Gall.*) abstinere peccatis. Per.—S. Gall. p. 27a. S. Gall. p. 304a.

**\* M. 232**

---

## \* XXII. ITEM MISSA JEJUNII.

*[Collectio.]* Omnipotens sempiterne Deus, qui nobis in observatione jejunii et eleemosynarum semine posuisti nostrorum remedia peccatorum; concede[a] quæsumus, nos opere mentis et corporis semper tibi esse devotos. Quod ipse præstare.

*(Collectio sequitur.)* Deus, humanæ salutis operator, da nobis exercere jejunia congruenter, quibus nostræ substantiæ sempiterna remedia providisti.

*(Collectio post nomina.)* Deus, qui non tantùm nos à carnalibus cibis, sed ab ipsius animæ noxiis delectationibus præcipis jejunare: sic nobis, quæsumus, indulgentiæ tuæ præbe subsidium, ut jejunando ab inlicitis contagiis, ad superna crescamus: et nomina[b] quæ recitata sunt, in cœlesti paginâ conscribi præcipias. Per.

*(Collectio ad Pacem.)* Concede nobis omnipotens Deus: ut̃ per annua Quadraginsimalis exercitia sacramenti, et ad intelligendum Christi proficiamus arcanum; et affectus ejus dignâ conversatione sectemur: ut sinceram nobis pacem tribuas. Per Dominum nostrum Jesum Christum.

*(Immolatio Missæ.)* Verè dignum et justum est, nos tibi semper et ubique gratias agere, Domine sancte, Pater omnipotens, æterne Deus, tibi sanctificare jejunium, quod nos ab initio sæculi servare docuisti. Magnam enim in hoc munere corporis gratiam contulisti. Quod si illa humani generis Mater interdictam sibi arborem custodisset; et immortalitatem retinuisset, et patriam. Sed peccatum Matris antiquæ, quod inlicitâ† ligni vetiti[c] usurpatione commisit, in nostris, oramus, absolve jejuniis: et qui de[d] Paradiso non abstinendo cecidimus, ad[e] eundem nunc, jejunando, redeamus, per Christum Dominum nostrum. Per quem.

Magnam in hoc munere salubritatem mentis ac corporis contulisti—
S. Greg. p. 39b.

**† T. 273**

d So the hymn:
     Quo paradiso redderes,
     Servata parsimonia,
     Quos inde gastrimargia
     Illecebrosa depulit.

## XXIII. ITEM ALIA MISSA JEJUNII.

*[Collectio]* Deus, qui profundo consilio prospiciendo mortalibus, sancta instituisti jejunia, quibus corda languentium salubriter curarentur: tu animam nostram, corpusque castifica, corporis animæque Salvator, et æternæ felicitatis benigne Largitor. Per coæter.

*(Collectio sequitur.)* Deus, qui ob animarum medelam, jejunii devotione castigare corpora præcepisti; concede quæsumus: ut corda nostra \* ita pietatis tuæ valeant exercere mandata, quatenus ab omnibus semper possimus abstinere peccatis. Per Dominum nostrum Jesum.

(*Collectio post nomina.*) Defensio tua, Domine, quæsumus, adsit humilibus; et jugiter protegat in tuâ misericordiâ confidentes, necessariis, in quibus indiget humana conditio, et immortalitatis dona præveniant; et offerentium nomina [a] recitata cœlesti chirographo in libro vitæ jubeas adscribi. Per.

(*Collectio ad pacem.*) Vide, quæsumus, Domine, infirmitatem nostram, et in jejunii [b] adflictione positis celeri nobis pietate succurre : ut ad superna crescamus, et sinceram nobis tribuas pacem. [c] Per.

(*Immolatio Missæ.*) Dignum et justum est, nos tibi hîc et ubique gratias agere, Domine sancte, Pater omnipotens, æterne Deus; et tibi sanctificare jejunium, quod nos ad animarum medelam et castigationem corporum servare docuisti : quia restrictis corporibus animæ saginantur; et in quo exterior homo noster adfligitur, dilatatur interior. [d] Memento, Domine, in hoc jejunio nostro miserationum tuarum, quas peccatoribus piè semper jejunantibus contulisti : ut non solùm à cibis, sed à peccatis [e] omnibus abstinentes, grato tibi jejunio placeamus, in quo non inveniantur voluntates nostræ à tuâ voluntate dissimiles, per Christum Dominum nostrum. Ante cujus.

## XXIV. ITEM MISSA JEJUNII.

[*Collectio.*] Omnipotens sempiterne Deus, qui sic hominem condidisti, ut meliorem, temporalibus beneficiis competenter instructum, ad cœlestia dona proveheres ; præsta quæsumus : ut sicut per inlicitos appetitus de indultâ beatitudinis regione decidimus : sic per alimonia [a] tuo munere distributa,† et transitoria sustentetur humanitas, et amissa reparetur æternitas. Per.

(*Collectio.*) Semper nos, Domine, quæsumus, continentia salutaris erudiat ; quæ et nos jejunio intentos efficiat puriores, et tua nobis dona conciliet. Per.

(*Collectio post nomina.*) Tua nos, Domine, gratia et sanctis exerceat veneranda jejuniis, et cœlestibus mysteriis efficiat aptiores : et recitata nomina cœlesti chirographo in libro vitæ jubeas adscribi. Per.

(*Collectio ad Pacem.*) Præsta nobis, omnipotens Deus : ut quia vitiis et litibus subjacet nostra mortalitas; tua, per præsentia jejunia, nos medicina* purificet per caritatem sinceram. Per Dominum.

(*Immolatio.*) Dignum et justum est, te auctorem et sanctificatorem jejunii conlaudare, per quod nos liberas à nostrorum debitis peccatorum. Ergo suscipe clemens jejunantium preces : atque ut nos à malis

---

Defensio tua, Domine, quæsumus, adsit humilibus, et jugiter protegat in tua misericordia confidentes ; ut necessariis, quibus indiget humana conditio, competenter adjuti, ad immortalitatis dona perveniant. Per.— S. Leon. p. 106. This seems a much more correct copy than that in the text.

[a] See the same prayer in the next Missa.

[b] *in jejunii* is Mabillon's correction for *jejunia*. We may remark that although we have not been able to find this collect in any other service-book, it can hardly be doubted that (with the exception of the concluding clauses, which do not suit well with what precedes) it is of Roman origin.

[c] The two preceding clauses occur in separate prayers (*post nomina* and *ad pacem*) in the last Missa.

Vere dignum. Tibi sanctificare jejunium, quod nos ad ædificationem animarum et castigationem corporum servare docuisti : quia strictis corporibus, animæ saginantur : in quo exterior homo noster affligitur, dilatatur interior. Memento Domine jejunii nostri et misericordiarum tuarum, quas peccatoribus pie semper jejunantibus contulisti ; ut non solum a cibis sed a peccatis omnibus abstinentes, devotionis tibi jejunio placeamus. Et ideo cum.—S. Gel. p. 103a. This is used in Miss. Gall. p. 378 as the Contestatio for one of the Rogation Days.

[d] An allusion to 2 Cor. 4. 16. which is thus translated by Ambrosiaster; "Et licet si exterior homo noster corrumpitur, sed interior renovatur de die in diem."

[e] So the hymn:
Sic corpus extra conteri
Dona per abstinentiam,
Jejunet ut mens sobria
A labe prorsus criminum.

Omnipotens sempiterne Deus, qui sic hominem condidisti, ut (*s. gr.+* meliorem) temporalibus beneficiis competenter instructum ad cælestia dona proveheres : præsta, quæsumus, ut sicut per illicitos appetitus, de indultæ beatitudinis regione decidimus, sic per alimoniam tuo munere distributam, et transitoria sustentetur humanitas, et amissa recuperetur æternitas. Per.– S. Leon. p. 107. S. Greg. apud Gerb. p. 57b.

[a] Another of the many examples of the use of wrong cases.

† T. 274

Tua nos, Domine quæsumus, gratia et sanctis exerceat veneranda jejuniis; cælestibus mysteriis efficiat aptiores. Per.—S. Gel. p. 34a.

* M. 233

Præsta nobis omnipotens Deus, ut quia vitiis subjacet nostra mortalitas : tua nos et medicina purificet, et potentia tueatur. Per Dominum.— S. Gel. p. 26a.

Vere dignum et justum est te auctorem et sanctificatorem jejunii conlaudare, per quod liberas a nostrorum debitis peccatorum. Ergo suscipe libens jejunantium preces,

adque nos a malis omnibus propiti- omnibus propitiatus eripias; iniquitates nos-
atus eripias; iniquitates nostras, qui- tras, quibus justè adfligimur, rogamus, ab-
bus juste adfligimur, rogamus absolve
per Christum Dominum.—S. Gall. p. solve. Per Christum Dominum nostrum.
307a.

a " This prayer, written in Lombard       *Oratio post Sanctus in Quat.* [a]
characters upon a separate and small
piece of parchment, has been inserted     Deus rerum omnium conditor atque creator, qui Unus
in the MS."
b MS *difficiens*     in Trinitate et Trinus in Unitate cognosceris; cujus mag-
    nitudinem deficiens [b] est lingua humana narrare; quem
    sine cessatione proclamant Angeli, Sanctus. Ideo nos
    minimi famuli tui, ore quidem indigno non tres Sanctos,
c MS *præconiæ vocis attollemus.*     sed ter Sanctus præconio [c] vocis attollimus; ut cum sono
d MS *repetitur.*     modulaminum proclametur ter repetita [d] laudatio. Ob
    hoc pietatem tuam, clementissime Domine, exoramus,
    optata tribuas, præsumta indulgeas: ut detersa nube pec-
    caminum, pura et libera conscientia, tuam mereamur
e MS *obolentia.*     omnipotentiam [e] conlaudare Salt.

### XXV. ITEM MISSA JEJUNII.

    [*Collectio.*]   Concede, quæsumus, Domine
Deus noster: ut quod nobis de alimoniis ob
macerationem carnis subtrahimus jejunando:
voluntate à te datâ, jocundè [a] conferamus pau-
a MS *jocunda.*     peribus largiendo: quia tunc jejunii obser-
vatio probabitur fructuosa, si et corporis
sensibus per continentiam castitatis mens
nostra sit purior; et conscientiam pietatis
fœcundet affectus.

    (*Collectio sequitur.*)   Da nobis, omnipotens
Deus: ut jejunando à corporalibus escis, spi-
† T. 275   ritu vegetati,† satiemur robore: [b] et abstinendo
b MS *rubore.*     ab alimoniis pariterque delictis, cunctis pro-
c MS *proficiamur.*     ficiamus [c] in virtute hostibus fortiores.

Præsta nobis, Domine quæsumus,    (*Collectio post nomina.*)   Præsta nobis, Dom-
auxilium gratiæ tuæ; ut jejuniis et
orationibus convenienter intenti, libe- ine quæsumus, tuæ auxilium gratiæ: ut jejuniis et
remur ab hostibus mentis et cor- orationibus convenienter et devotè intenti, mentis et
poris. Per.—S. Gel. p. 27b.
   Deus qui ad hoc nobis dignatus es corporis à vitiorum hostibus liberemur; quique ad hoc
donare jejunium, ut abstinentia et esse jejunium dare dignatus es,[d] ut abstinentiâ
castigatione carnali in fide invenia-
mur stabiles, in operibus efficaces; et castigatione macerati carnali, in fide inve-
jejunia nostra suscipieus da nobis, niamur firmi, et in operibus efficaces: suscipe
ut. . . .—S. Gall. p. 304b.
d Mabillon, apparently by an error jejunantium preces cum libatione præsenti,
of the press, has omitted the word defunctis refrigerium, superstitibus indulgen-·
*dignatus*, inserting *es* which, though
not in the MS, we have retained. tiam donans, per eam placatus: et nomina
quorum sunt distinctè vocata, figere in scrip-
tione sempiternâ digneris.

    (*Collectio ad Pacem.*)   Acceptum tibi sit, Dom-
Accepta tibi sint, Domine, quæsu- ine quæsumus, hoc sacrificium jejunii nostri, quod ex-
mus, nostri dona jejunii; quæ expian-
do nos tua gratia dignos efficiant, et piando nos caritatis dono tuæ faciat sinceritatis [e] capaces;
ad sempiterna promissa perducant. et per eam conjunctos ad promissa sempiterna perducat:
Per.—S. Gel. p. 31a.
e MS *donum* and *sinceritate.* cordibusque nostris jejunii adtenuatione inten-

tis, per fraterna oscula, puram tuæ * dilectionis, et proximi caritatem ⁿ benignus infunde; ut à terrenis jurgiis vel læsionibus cum abstinentiâ quiescentes, propensiùs cœlestia meditemur.

(*Immolatio Missæ.*) Dignum et justum est, nos tibi semper gratias agere, Domine sancte, Pater omnipotens, æterne Deus: ut modulum terrenæ fragilitatis aspiciens, non in irâ tuâ pro nostrâ pravitate nos arguas: sed immensâ clementiâ purifices, erudias, consoleris: quia cùm sine te nihil possimus facere, quod tibi sit placitum; tua nobis gratia sola præstabit, ut salubri conversatione vivamus. Per Christum Dominum nostrum; per quem majestatem.

### XXVI. Item Missa in Quadraginsima.ᵃ

[*Collectio.*] Domine Deus, qui populis tuis et justè irasceris, et clementer ignoscis; inclina aurem tuam supplicationibus nostris: ut qui te in jejuniorum nostrorum observationeᵇ totis sensibus confitemur, non judicium tuum, sed indulgentiam sentiamus. Per.

(*Collectio sequitur.*) Oblata munera superposita altario tuo, Domine, sanctificare dignare; et per ea placatus, peccata nostra, quæsumus, in die jejunii nostri, memor humanæ conditionis absolve; et quicquid eorum retributione meremur, averte. Per Dominum nostrum.

(*Post nomina.*) Deus, bonarum actionum et inspirator et doctor, qui voluptates per inediamᶜ jejunii corporalis restrictas, agnitionem tuam nostris cordibus tribuis:ᵈ da nobis fidei, spei, et caritatis augmentum:† ut per sanctificationem jejunii, tuum in nobis sit templum, quod præmio fiat æternum: et nomina quæ vocabulorum sunt pro ætatibus memorata, æternitatis titulo jubeas præsignari.

(*Ad Pacem.*) Omnipotens et misericors Deus, exaudi preces jejunantium supplices, et misericordiæ tuæ munus, omni cessante fraudulentiâ, propitius impende: ut per conjunctionem pacis, omne ᵉ simultate compressâ, securis tibi mentibus serviamus. Per.

I I

\* M. 234
ⁿ MS *pura tuæ dilectione, et prox puritatem.*

Vere dignum et justum est, æquum et salutare, nos tibi semper et ubique gratias agere, Domine sancte, Pater omnipotens, æterne Deus: et majestatem tuam cernua devotione exorare, ut modulum terrenæ fragilitatis aspiciens, non in ira tua pro nostra pravitate nos arguas, sed immensa clementia purifices, erudias, consoleris. Qui cum sine te nihil possimus facere, quod tibi sit placitum, tua nobis gratia sola præstabit, ut salubri conversatione vivamus. Per Christum. - S. Greg. p. 34 where Menardus remarks: "Et majestatem tuam cernua devotione exorare." Hæc verba desiderantur in codice Remensi. - note 202.
cf. Quia tibi sine te placere non possumus.—S. Gel. p. 170a

ᵃ Vezzosi says, " An Missa in Quadraginsima aliquid denotet discriminis a Missa Jejunii, et an eo titulo Missa Dominicæ Palmarum distinguatur ab aliis, me latet."
Domine Deus, qui populis tuis et juste irasceris, et clementer ignoscis; inclina aurem tuam supplicationibus nostris: ut qui te totis sensibus confitemur, non judicium tuum, sed indulgentiam consequamur.—S. Gall. p. 282b.
cf. Deus qui offensionibus servorum tuorum et juste irasceris et clementer ignoscis.—S. Gel. p. 184b.
cf. ut qui de meritorum qualitate diffidimus, non judicium tuum sed indulgentiam sentiamus. Per.—S. Gel. p. 185b.
ᵇ MS *obsecratione.*
cf. quidquid pro peccatis meremur, averte.- S. Leon. p. 44.
cf. Peccata nostra, Domine, propitiatus absolve, et quidquid pro peccatis meremur, miseratus averte. Per.- S. Leon. p. 123

ᶜ MS *inedia.*
ᵈ MS *tribues.*
† T. 276
cf. Da nobis fidei, spei et caritatis augmentum.—S. Leon. p. 72

Omnipotens et misericors Deus, exaudi preces jejunantium Christianorum, et misericordiæ tuæ munus, omni cessante fraudulentia, propicius impende: ut per conjunctionem pacis omnes a te comprehensam, securis tibi mentibus serviamus.—S. Gall. p. 307a.
ᵉ for *omni.*

Juste enim corrigis, et clementer ignoscis: in utroque verax, in utroque misericors. Qui nos ea lege disponis, ut coercendo in æternum perire non sinas, et parcendo spatium tribuas corrigendi.—S. Greg. p. 183 in Dom. xxii post Pent.

f MS *pascendo.*

*(Immolatio Missæ.)* Verè dignum et justum est, nos tibi et ubique gratias agere, omnipotens sempiterne Deus. Qui justè corrigis, et clementer ignoscis, in utrumque misericors: quia nos eâ lege disponis, ut coercendo perire non sinas in æternum, et parcendo[f] spatium tribuas corrigendi. Per Christum.

* M. 235

a We shall have occasion to dwell at greater length on this ancient and venerable rite in another Missa hereafter.

In geminas partes diem hunc excolendum complectitur, Domine, nostræ servitutis famulatio, vel die *(s. g.* de) jejunii cultu sacrato, vel die *(s. g.* de) insignibus tuis, quæ hodie fulserunt, mirabilibus, qua *(s. g.* quo) Lazarum reduxisti post tartara, cum ad vocem intonantem *(s. g.* vocem tuam, Domine, tonantem) exilivit; et quatriduani jam fœtentis funus vivificans animasti: vel etiam causa miraculi obstupefacta plaudens turba Bettania *(s. g.* Bethaniæ) occurrit cum palmis tibi obviam Regi: exaudi *(s. g.* om. exandi *ad* obsequio) nos in hoc geminato servitutis nostræ obsequio, et præsta propitiatus atque placatus *(s. g.* præsta Domine quæsumus) ut animæ nostræ, quæ tumulo sunt peccatorum conclusæ, et cicatricum morbidata corrup. *(s. g.* om. cicat. morb. *et sic concludit;* tabe corruptæ reviviscant ex tua interius visitatione, sicut Lazari viscera a tua voce fuerunt animata. Salvator mundi.)—Miss. Gall. p. 346b. S. Gall. p. 314a.

b MS *jejunio, culto ;.* and some lines after *Bethania.*

c MS *morbidata decorruptæ.*

Bone Redemptor noster Domine, qui mansueti animalis aselli terga insedens, ad passionem redemtionis nostræ spontaneus adpropinquans, cum tibi ramis arborum certatim sterniur via, et triumphatricibus palmis cum voce laudes occurrunt: præsta, quæsumus majestatem tuam, ut sicut illi in tua fuerunt obviam cum arboreis virgulis egressi, ita nos te redeunte in secundo adventu cum palmis victoriæ mereamur occurrere læti.—S. Gall. p. 314b.

d MS *jejunii.* This being supported by the prayer as given below from Martene, inclines us to believe that that form is the original from which that in the text has been (not very skilfully) altered; a passage of five lines in the middle of it, beginning with Ecce Jerusalem, being separated from the rest and placed in the Immolatio, modified in one clause to adapt it to its new situation. The S. Gall. continues the process of abridging.

Vere dignum. Domine sancte, Pater omnipotens, sempiterneque Redemptor, qui de cælis ad terras descendere, et ad Passionem redemptionis nostræ voluntate tua venire dignatus es, ut humanum genus tuo pretioso Sanguine liberares; adesto Ecclesiæ tuæ votis et supplicationibus nostris: tu enim mansuetus mansueti animalis tergo insidens ad Passionem

*XXVII. MISSA IN SYMBULI TRADITIONE.[a]

[*Collectio.*] In geminas partes diem hunc excolendum complectitur, Domine, nostræ servitutis famulatio, vel de jejunii cultu[b] sacrato, vel de insignibus tuis, quæ hodie fulserunt, mirabilibus: quo Lazarum reduxisti post tartara, cùm ad vocem tuam intonantem exsilivit; et quatriduani jam fœtentis funus vivificans animasti: vel etiam causâ miraculi obstupefacta, plaudens turba Bethaniæ occurrit cum palmis tibi obviam Regi. Exaudi nos in hoc geminato servitutis nostræ obsequio, et præsta propitius atque placatus: ut animæ nostræ quæ tumulo sunt peccatorum conclusæ, et cicatricum morbidâ tabe corruptæ,[c] reviviscant ex tuâ interiùs visitatione; sicut Lazari viscera à tuâ fuerunt animata voce, Salvator.

*(Collectio sequitur.)* Bone Redemptor noster Domine, qui mansuetus mansueti animalis aselli terga insedens, ad passionem redemptionis nostræ spontaneus adpropinquas, cùm tibi ramis arboreis certatim sternitur via; et triumphatricibus palmis cum voce laudis occurritur: quæsumus majestatem tuam divinam: ut oris nostri confessionem, atque corporis in jejuniis[d] humiliationem libens suscipias; et fructum nos viriditatis habere concedas; ut sicut illi in tuâ fuerunt obviâ cum arboreis virgis egressi; ita nos, te redeunte in secundo adventu, cum palmis victoriæ mereamur occurrere læti, Sal[vator] m[undi.]

redemptionis nostræ spontaneus advenisti, cum tibi ramis arboreis occurrentibus discipulorum turbis, certatim sterneretur via, et triumphantibus palmis cum voce laudis occurrerent populorum plurimæ catervæ, resultantes pariter et dicentes, Osanna Filio David, benedictus qui venit in nomine Domini. Tibi in Monte Oliveti olivarum ramis via constrata est. Tu quondam Noe super undas diluvii in arca gubernasti, et columbæ ministerio per olivæ ramum pacem terris redditam nunciari voluisti; sed et Jacob Patriarcha in mysterio gloriæ tuæ erigens lapidem, et ex hujus arboris ramis oleum benedictionis in cacumen tituli infudit, unde unxisti reges et prophetas tuos : Tu enim es Christus, Filius Dei; tibi competit fructus unctionis et pacis, in cujus ineffabilem laudem Psalmista cecinit dicens: Unxit te Deus Deus tuus oleo exultationis præ participibus tuis. Quapropter supplices te, Domine, deprecamur, ut bene+dicas hos arborum ramos, quos tui famuli suscipientes manibus, in occursum tuum properare teque benedicere et glorificare desiderant. Ecce Jerusalem sedens super asinam Rex mansuetus advenisti. Adveni ergo, rogamus, et nobis et in medio nostri consiste, ut te in nostris cordibus advenire sentiamus. Et qui tunc nos reparasti per crucem, iterum lapsos repara per eamdem beatissimam Passionem. Oris nostri confessionem, ac jejunii humiliationem libens suscipe, et fructum nos viriditatis habere concede; quatenus tuis imbribus irrigati, mereamur tibi suavium fructuum ubertate placere. Et sicut illi tibi processerunt obviam, cum arboreis frondibus egressi; ita nos te redeunte et in secundo adventu cum palmis victoriæ læti mereamur occurrere, Salvator mundi. Qui cum Patre et Spiritu sancto vivis et regnas Deus per omnia sæcula sæculorum.—Martene vol. 3. p. 70b.

*(Collectio post nomina.)* Ecce, Domine, de te Caiphæ Pontificis vaticinium, ignarum sibi ipsi, in populis est probatum, ut unus occumberes pro gente, ne cuncti pariter interirent : † et tu singulare granum in terrâ morereris, ut seges plurima nasceretur. Supplices tibi ipsi, qui pro mundi salute es Hostia cæsus, deprecamur: ut nobis de te ipso[e] veniam dones, qui te ipsum obtulisti pro nobis. Et hos, quos recitatio commemoravit ante sanctum altare, qui in pacem jam tuam ab his sunt vinculis corporeis translati, quæsumus, Domine, ut te habeant ereptorem, quem per Baptismum meruerunt Redemptorem habere. Sed et si qui inter hos adstantes, qui ad Baptismi salutaris sacramenta præparentur; quæsumus, Domine Deus noster, ut imbutos in fide, instructos in sensu, confirmatos in gratiâ, ad percipiendam plenitudinem gratiæ tuæ, Spiritûs * tui munere jubeas præparari :[f] ut sancti lavacri fonte desiderato mereantur renasci. Quod.

Ecce Domine de te Caiphæ pontificis vaticinium, ignarum sibi ipsi, in populis est prolatum, ut unus occumberes pro gente, ne cuncti pariter interirent. Et tu singulare granum in terra moreris, ut seges plurima nasceretur: supplices tibi ipsi qui pro mundi salute es hostia cæsus deprecamur, ut nobis de ipso veniam dones.—S. Gall. p. 314b.

† T. 277

[e] MS *ipsum.*

cf. de omnibus inimicis te habeant ereptorem – Ben. S. Theod. p. 637A.

* M. 236

[f] Vezz. *preparare.*

*(Collectio ad pacem.)* Universorum ipse Dominator qui Conditor, creaturæ tuæ præstanter amabilis et amator : cui Martha satagit, Maria pedes abluit, cum quo Lazarus redivivus accumbit, (tota nempe domus est in amore :) annue plebi tuæ ita se exercitare per dilectionem, ut in te possit unita manere per pacem. Ministra in nobis illas lacrymas quas Maria de multâ dilectione protulit: flagrare[g] orationem nostram facito; sicut unguentum pisticum, sacris plantis infusum, Mariæ flagravit; ut eam pacem consequamur per oscula nostra in alterutrum porrecta; quam consequuta est Maria, sui osculans Redemptoris vestigia, Salvator mundi.

Universorum ipse Dominator qui conditor, creaturæ tuæ præstabilis amator, cujus Maria pedes abluit cum quo redivivus Lazarus accubuit; ministra in nos illas lacrimas, quas Maria de multa dilectione protulit. Fragrare facito nostram orationem, sicut unguentum pisticum sacris plantis infusum Mariæ fragravit : ut eam pacem consequamur in pectore, quam assecuta est Maria sui osculans Redemptoris vestigia. – S. Gall. p. 314b

[g] Perhaps the marginal reading *fragravit* is preferable.

*(Immolatio Missæ.)* Verè dignum et justum est, tibi, Domine, ab omni sexu, ætate, et sensu dicere laudem in hac die jejunii et

Vere dignum et justum est, omnipotens Deus, ab omni sexu, ætate, et sensu dicere laudem in hac die jejunii et laudis tuæ triumphali præconio, quo ab Hierosolymis et Bethania occurrerunt tibi plurimæ populorum catervæ, una voce perstrepentes: Osanna filio David, benedictus qui venit in nomine Domini. Tibi enim cum lingua coma servivit arborea, cum arenosa itinera ramis viruerunt ,conposita. Plebis quoque indumentum tuis plantis prosternitur, nudatisque viris via vestitur: Victori novo populus præstat triumphum. Surgit totus clamor in laude, voces clamantium penetrant templum, dicentes: Benedictus qui venit in nomine Domini. Ecce, Hierusalem, qualiter tibi Rex tuus sedens super asinum mansuetus advenit. Adveni ergo, rogamus, et in medio nostri adsiste, et qui nos tunc reparasti per crucem, per istum immolatum panem et sanguinem iterum lapsos repara: ut te advenire in nostris cordibus sentientes, exeamus obviam tibi, et cum supernis illis virtutibus clamemus dicentes, Sanctus.—S. Gall. p. 315a.

h Notice the unusual manner in which the outward and inward parts of the Holy Eucharist are coupled: it is altered in the prayer quoted above p. 83 from Martene.

**† T. 278**

[*Post Secreta.*] Aspice sincero vultu pie miserator hæc munera, qui semper es propensus ad dona: ut ipsa contemplatione oblata sanctifices naturali Majestate, qui perpetue Sanctus es, et sancta largiris. Per Dominum nostrum Jesum Christum Filium tuum.—Miss. Gall. p. 346b.
i MS *Aspices … vultum tuum*, and in the next line *quæ* for *qui*.

**\* M. 237**

[*Collectio ante Orationem.*] Venerabilibus informati præceptis, incitati munere pietatis, qui Mariæ flentis lacrymas non spernis; Lazaro dignanter cognomentum fratris imponis; Ecclesiæ soboles appellas ore gratiæ cohæredes: tibi supplices clamamus et dicimus. Pater noster.—Miss. Gall. p. 346b.
j MS *informator*.
k MS *sobolis*.

[*Post Orationem Dominicam.*] Exerce liberator in nobis juris proprii facultatem, qui Lazarum virtute, Maria pietate, Martham labore remuneras; favorem plebis excipis; et pacis voce concina gloriaris. Per Dominum.—Miss. Gall. p. 346b.
l MS *Lazarum virtute Mariæ pietate Martha labore*.

laudis tuæ triumphali præconio : quo ab Hierosolymis et Bethaniâ occurrerunt tibi plurimæ populorum catervæ, unâ voce perstrepentes : Hosanna, Fili David, benedictus qui venit in nomine Domini. Tibi enim cum linguâ, coma servivit arborea, cùm arenosa itinera ramis viruerunt composita. Plebis quoque indumentum tuis plantis sternitur, nudatisque viris via vestitur. Victori novo populus præstat triumphum. Surgit totus clamor in laude ; voces clamantium penetrant Templum, dicentes : Benedictus qui venit in nomine Domini. Ecce, Hierusalem, qualiter tibi Rex tuus, sedens super asinum, mansuetus advenit. Adveni ergo, rogamus, et in medium nostri adsiste : et qui nos tunc reparasti per Crucem, per istum immolatum panem et sanguinem [h] iterum lapsos repara : ut te advenire in nostris cordibus sentientes, exeamus obviam tui ; et cum supernis illis Virtutibus clamemus dicentes, Sanctus.

(*Post Sanctus.*) Hæc est sine fine felicitas, hæc est beatitudo sine termino, sic Deo indesinenter hærere, ut ipse sit spes, ipse sit requies. In ipso vigilet negotium, in ipso otium conquiescat. Sic nobis cibum præbendum vel poculum ; ut quicquid præfiguravit in mysteriis, reddat in præmiis, per Christum Dominum nostrum. Qui pridie.

†(*Post Secreta.*) Aspice in cœlo vultu tuo,[i] pie miserator, hæc munera, qui semper es propensus ad dona : et ipsâ contemplatione oblata sanctifices naturali majestate, qui perpetuè sanctus es, et sancta largiris. Quod ipse præstare.

\*(*Ante Orationem Dominicam.*) Venerabilibus informati[j] præceptis, incitati munere pietatis, qui Mariæ flentis lacrymas non spernis, Lazaro dignanter cognomentum fratris imponis, Ecclesiæ soboles [k] appellas ore gratiæ cohæredes : tibi supplices clamamus et dicimus. Pater.

(*Post Orationem Dominicam.*) Exerce, Liberator, in nobis juris proprii facultatem : qui Lazari virtutem, Mariæ pietatem, Marthæ laborem[l] remuneras ; favorem plebis excitas ; et Patris voce concinâ gloriaris omnipotens Deus. Qui in T[rinitate.]

### XXVIII. MISSA IN CŒNA DOMINI.

[*Præfatio.*] Sacrosanctam, fratres dilectissimi, hodiernâ die[a] inchoandæ Paschæ sollemnitatem, ac salutiferam Dominicæ immolationis[b] effigiem in sacrificio spiritali, Christo offerente, transfusam, non jam in amaritudine azymi, neque in fermento veteris malitiæ celebrantes; sed in novâ et sincerâ conspersione,[c] immaculatas sacris altaribus hostias offerentes, omnipotentem Deum per unigenitum Filium suum Dominum nostrum Jesum Christum deprecemur; qui hæc in sacri corporis et sanguinis sui oblatione benedicere et sanctificare dignatus est; ita offerentium famulorum suorum munera oblata benedicat: ut per inlustrationem[d] Spiritûs Sancti, deferentibus nuntiis,[e] odor suavitatis ascendat. Per Dominum nostrum Jesum Christum Filium.

(*Collectio sequitur.*) Deus sanctificationum, et Dominus cœlestium virtutum, exaudi preces nostras: et benedictam hanc plebem, Domini nostri Jesu Christi redemptam sanguine, de sede sanctâ, inaccessibilis claritas, exaudi. Per cœt.

(*Post nomina.*) Diversis oblationibus sacris altaribus, unâ tamen fidei devotione conlatis, mutuæ invicem sollicitudinis vota promamus, à Domini pietate poscentes: ut corda omnium offerentum ad hostiam rationabilis et complacitæ sibi sanctificationis emundet, et quiescentium animas in sinu Abrahæ collocare dignetur, et in parte primæ resurrectionis admittat. Per Dominum nostrum.

(*Collectio ad Pacem.*) Deus, qui assumptum hominem evecturus † ad cœlos, inter præcipua mandatorum tuorum patribus nostris Apostolis pacem[f] reliquisti: tribue nobis famulis tuis sectatoribus eorundem, per exterioris hominis osculum, interioris hominis pacem. Quod ipse.

*(Immolatio Missæ.)* Dignum et justum est. Per Jesum Christum Filium tuum Dominum nostrum. Qui suorum pedes Discipulorum linteo præcinctus abluit; ut humilitatis

[a] So in the Mozarabic; "Occurrentes, Domine, cum cœtu totius populi, ut solemne Pascha celebremus, initium nos propitiatus attende;" and in S. Gel. p. 51b. "Da, quæsumus, plenius et perfectius omnia festi Paschalis introire mysteria."

[b] MS *immolationem* and a little after *amaritudinem*. The word *effigiem* probably refers to the passover which Christ, as on this day, changed into the spiritual sacrifice of bread and wine. cf. the well known passage of S. Chrysostom, H. 1 de prod. Judæ t. 2. 382

[c] MS *consparsionem*.

[d] MS *inlustratione*.

[e] A literal translation of ἀγγέλοις.

Deus qui assumptum hominem evecturus ad celos; inter precipua mandatorum tuorum mysteria concordissimam pacem tuis Sanctis reliquisti Apostolis.—M. Moz. p. 252. 24.

† T. 279

[f] *pacem* is an addition of Mabillon's.

* M. 238

g cf. the much fuller and more beautiful *immolatio* in the Mozarabic Missal p. 163.

h MS *nimirum* both here and two lines afterwards.

Et quid mirum si præcinxit se linteo, qui formam servi accipiens habitu inventus est ut homo? Quid mirum si misit aquam in pelvem unde lavaret pedes discipulorum, qui in terram sanguinem fudit, quo immunditiam dilueret peccatorum? Quid mirum, si linteo quo erat præcinctus, pedes quos laverat, tersit, qui carne qua erat indutus, Evangelistarum vestigia confirmavit?—S. Augustine Tr. 55 in Joan. § 7.

i MS *carnem.*

j MS *regem.*

k Perhaps an allusion to the hymn of Venantius Fortunatus—
Missus est ex arce cœli
Natus, orbis Conditor.

Agnus Dei, qui tollis peccatum mundi, respice in nos, et miserere nobis, factus ipse hostia, qui Sacerdos; ipse præmium, qui Redemptor: a malis omnibus, quos redemisti, custodi, Salvator mundi.—Miss. Gall. p. 369a.

v. M. Moz. 239. 81

l MS *mentis.*

exemplum transiturus eisdem de mundo reliquit. Magister quippe verissimus factis informat, quos monitis salutaribus frequenter instruxerat.g Sed quid mirumh si præcinxit se linteo, qui formam servi accipiens, habitu est inventus ut homo? aut quid mirum, si misit aquam in pelvem, ut lavaret pedes discipulorum; qui in terrâ sanguinem fudit, ut immunditiam dilueret peccatorum? Ille itaque linteo quo erat præcinctus, pedes quos laverat, tersit; qui carnei quâ erat indutus, Evangelistarum vestigia confirmavit. Lavit ergo pedes discipulorum Dominus: quorum autem pedes extrinsecùs abluebat, ipsorum animas indulgentiæ hyssopo intrinsecùs expiabat. O admirabile sacramentum, grande mysterium! Turbatur Petrus cernens exemplum tantæ humilitatis in Regej tantæ majestatis : tremiscit pavens humanitas, quia ad ejus vestigia sese inclinare dignatur Divinitas. Sed nisi Deus ad hominem humiliatus inclinaretur, ad Deum homo erectus nunquam levaretur. Ex tunc enim homo viventium terras cœpit adpetere, ex quo Deus, in regione mortalium, humanitatis est dignatus lumen ostendere. Ante cujus.

*(Post Sanctus.)* Verè sanctus et justus es, Domine, verè magnus et pius es : qui Filium tuum Dominum nostrum Jesum Christum nobis lumen ad terras ex summâ cœli arcek misisti captivorum corporum redemptorem. Ipse enim.

*(Post Secreta.)* Agnus Dei, qui tollis peccata mundi, respice in nos et miserere nobis, factus nobis ipse hostia, qui Sacerdos : ipse præmium, qui Redemptor : à malis omnibus quos redemisti, custodi, Salvator.

*(Ante Orationem Dominicam.)* Vivi Panis alimenta, et sacri Sanguinis dona sumpturi, Dominicâ prece mentesl et corda firmemus. Agnoscat Altissimus Filii sui vocem : et verba Christi ad aures Paternas concordis populi clamor adtollat, et dicat. Pater.

*(Post Orationem Dominicam.)* Libera, Domine, libera nos ab omni malo ; et à fortissimis adversariis diabolo et morte, eâ, quæ cunctis fortior est, virtutis et dexteræ tuæ protectione defende.

†*(Post Communionem.)* Concede nobis, omnipotens Deus : ut sicut temporali cœnâ tuæ Passionis reficimur ; ita satiari mereamur æternâ.

† T. 280

*XXIX. INCIPIUNT ORATIONES IN BIDUANA.[a]

[*Collectio.*] Da nobis, Domine, perpetuæ benedictionis munus accipere : pro quibus Unigenitus tuus, sputis inlitus, palmas accepit et colaphos. Qui tecum.

*(Oratio nunc ad Sextam.)* Respice, Domine, super hanc familiam tuam propitiûs, pro quâ Dominus noster Jesus Christus non dubitavit manibus tradi nocentium, et crucis subire tormentum. Per eum.

*(Oratio nunc ad Nonam.)* Deus, qui pro redemptione nostrâ accepisti sanguinem Jesu Christi ; solve operam diaboli, et omnes laqueos disrumpe peccati : ut creaturam regenerationis nulla polluant [b] contagia vetustatis. Per.

*(Oratio sequitur.)* Deus, à quo et Judas reatûs sui proditor pœnam, et confessionis suæ Latro præmium sumpsit ; concedê nobis piæ[c] petitionis effectum : ut sicut in passione suâ Dominus noster Jesus Christus diversa utrisque intulit stipendia[d] meritorum ; ita à nobis, ablato vetustatis errore, resurrectionis suæ gratiam largiatur Per Dominum nostrum Jesum.

*Item Orationes in Bid[uana] die Sabbati ad Se.[a]*

[*Præfatio.*] Deum omnipotentem, Patrem, et Filium, et Spiritum Sanctum, universitatis unum creatorem, in hac magnâ magni matutinâ Sabbati, Dominici scilicet corporis requiei, fratres carissimi, suppliciter deprecamur : ut qui Adam de profundis infernalis limi misericorditer eripuit : nos ejus Filius de luto fæcis hujus, cui inhæsimus, solâ misericordiâ tantùm clamantes eruat. Clamamus namque et oramus, ne urgeat super nos Inferni puteus os suum ;[b] eruti de luto peccati, ne infigamur. Per Dominum.

†*(Collectio sequitur.)* Domine Christe Jesu, Deus pie, exaudi nos ; et præsta, precamur, quæ corde rogamus : et hoc rogamus, ut tibi placeamus, tibi hæreamus sine fine : ut semper tibi gratias agamus, quia,* Domine, redemisti nos in æternam vitam de æternâ morte. Qui descendisti in lacum, ut ex

[a] The two days before Easter. So S. Hrabanus Maurus, cap. 26. Biduanum morem jejunii inde sumptum quod Apostoli jejunaverunt illo biduo, quo Dominus passus et sepultus est.

* M. 239

Da nobis, Domine, perpetuæ benedictionis munus accipere ; pro quibus Unigenitus tuus sputis inlitus, palmas accepit et colaphos. Per.– Miss. Gall. p. 352b.

Respice, Domine, quæsumus, super hanc familiam tuam, pro qua Dominus noster Jesus Christus non dubitavit manibus tradi nocentium, et crucis subire tormentum. Qui.—S. Gel. p. 55.

Deus, qui pro redemptione nostra accepisti Sanguinem Jesu Christi, solve opera Diaboli, et omnes laqueos disrumpe peccati : ut creaturam regenerationis nulla pulluant contagia vetustatis.—Miss. Gall. p. 352b. M. Ambros. p. 342

[b] MS *pulluant.*

Deus, a quo et Judas reatus sui pœnam, et confessionis suæ latro præmium sumpsit ;- concede nobis tuæ propitiationis effectum, ut sicut passione sua Christus Dominus noster diversa utrisque intulit stipendia meritorum ; ita nobis, ablato vetustatis errore, resurrectionis suæ gratiam largiatur. Qui.—S. Gel. p. 63a.

[c] MS *pie.*

[d] MS *suspendia.*

[a] Mabillon proposes to read *Sextam.* Perhaps *ad Sepulturam* or *ad Sepulchrum* might be suggested.

Deum omnipotentem Patrem et Filium et Spiritum Sanctum, universitatis unum Creatorem, in hac magna Matutina Sabbati, Dominici scilicet Corporis requie, Fratres carissimi, supplices deprecamur : ut qui Adam de profundis infernalis limi misericorditer eripuit ; nos ejus Filius de luto fæcis hujus, cui inhæsimus, sola misercordia tantum clamantes eruat. Clamamus namque et oramus : ne urgueat inferni puteus super nos os suum ; eruti de luto peccati, ne infigamur. Per.— Miss. Gall. p. 355a.

[b] Ps. 68. 16

† T. 281

Domine Christe Jesu, Deus pie, exaudi nos et præsta, precamur, quæ corde rogamus ; et hoc rogamus, ut tibi placeamus, tibi hæreamus sine fine ; ut semper tibi gratias agamus : quia tu Domine redemisti nos in æternam vitam de æterna morte. Qui descendisti in lacum, ut ex

* M. 240

inferis vinctos educeres ; descende
nunc quoque, precamur, visceribus
tuæ pietatis: ut ex vinculis peccatorum, quibus unusquisque constringitur, nos absolvas. Per.—Miss. Gall.
p. 355a.

inferis vinctos educeres ; descende nunc quoque, precamur, visceribus tuæ pietatis ; ut
ex vinculis peccatorum, quibus unusquisque
constringitur, nos absolvas, Salvator.

## XXX. PRÆFATIO IN VESPERA PASCHÆ.

Domini gratia per aquam et
Sanctum Spiritum renati, et per
multiplicem Paternæ dilectionis provisionem innumeris laqueis abstracti,
hujus divinæ dignationis Auctorem
Dominum, incenso vespertinæ precis
sacrificio, et in cælesti patina per
spiritum erecto, et igne illo quem
ipse in nobis accendi desiderat, solemniter assato, precariis affectibus,
Fratres carissimi, deprecemur: ut
totius vitæ crimina, et cotidiani
erroris maculas, et humanæ fragilitatis debita in annis septimanæ
dierum quadraginta, ac sepulti Corporis sui Sabbato nobis concedat:
nos quoque in numero veri Israhelis
Ægypto egredi faciat: et inimicis
percussis, in una Ecclesia Catholicæ
domus pascha Domini celebrantes,
Agni immaculati Sanguine corporum nostrorum postibus aspersis, in
istius noctis venerabilis sollemnitate
vastatura mundum morte defendat,
orantibus nobis. Per.—Miss. Gall. p.
a MS *gratiam.* We have here a reference to the Paschal Baptism.
b MS *incensu.*
c Mabillon would read *in fine.*
d MS has *pacis:* which Mabillon
does not correct.
e Vezz. *celebrantis.*
f MS *solemnitatem.*

[*Præfatio.*] Domini gratiâ [a] per aquam
et Spiritum renati, et per multiplicem Paternæ
dilectionis provisionem innumeris laqueis abstracti, hujus divinæ dignationis auctorem
Dominum incenso[b] vespertinæ precis sacrificio,
et in cœlesti patinâ per Spiritum erecto, et
igne illo quem ipse in nobis accendi desiderat,
sollemniter assato, precariis affectibus, fratres
carissimi, deprecemur : ut totius vitæ crimina,
et cotidiani erroris maculas, et humanæ fragilitatis debita, in anni [c] septimanæ dierum
quadraginta, ac sepulti corporis sui Sabbato
nobis concedat.    Nos quoque in numero veri
Israelis Ægypto egredi faciat : et inimicis
percussis, in unam Ecclesiam, catholicæ domum pascha [d] Domini celebrantes,[e] Agni
immaculati sanguine corporum nostrorum postibus aspersis, in istius noctis venerabilis
sollemnitate,[f] vastaturâ mundum morte defendat, orantibus nobis.    Per Dominum.

Christe Jesu, in vespera mundi
vespertino sacrificio per Crucem effectum, dignare nos nova Corpori tuo
fore sepulchra. Qui cum æterno
Patre vivis et regnas.—Miss. Gall. p.
356b.
g MS *vespertino sacrificio . . . effectu.*
h Id est, *esse,* stilo veterum.—Mab.

(*Collectio sequitur.*)    Christe Jesu, in
vesperâ mundi vespertinum sacrificium per
crucem effectus,[g] dignare nos nova corpori tuo
fore [h] sepulcra.    Salvator.

a MS *initio.*

## XXXI. PRÆFATIO AD INITIUM [a] NOCTIS
## SANCTÆ PASCHÆ.

Auctorem lucis, Principem luminis, inspectorem cordis, credentium
Redemptorem, Fratres dilectissimi,
cunctis confessionibus veneremur: ut
vergente die, vocis rugitus exaudiat:
et superveniente caligine noctis, nos
luminis sui splendore inlustret: ne
sit in nobis ulla tentandi, vexandique
occasio tenebrarum: sit noster defensor, qui est veræ lucis indultor: ut
semper simus in lumine ejus, qui
Christum Dominum gloriamur Auctorem. Per eum, qui tecum.—Miss.
Gall. p. 356b.
b We have altered the punctuation
here, as there seems to be a contrast
between the words *tenebrarum* and
*lucis.* The edd. point as the mg
does.

[*Præfatio.*] Auctorem lucis, principem
luminis, inspectorem cordis, credentium redemptorem, fratres dilectissimi, cunctis confessionibus veneremur : ut vergente die, vocis
rugitus exaudiat ; et supervenientem caliginem noctis, luminis sui splendore inlustret :
ne sit in nobis ulla tentandi vexandique occasio.    Tenebrarum sit [b] noster defensor, qui est
veræ lucis indultor : ut semper simus in lumine
ejus, qui Christum Dominum nostrum gloriamur auctorem.    Per.

*(Oratio sequitur.)* Rege nos, Domine, per alternas temporum vices, et conserva nos per dispares dierum ac noctium successiones : ut adjuti Sanctorum tuorum precibus, qui diem hunc per munus misericordiæ tuæ duximus, noctem quoque istam† placitâ tibi animarum et corporum puritate ᵈ * ducamus. Per resurgentem à mortuis Dominum nostrum Jesum Christum Filium tuum.

Rege nos Domine per alternas temporum vices, et conserva nos per dispares (M. G. 337 Dne, brachio tuo excelso, et conserva nos per alternas) dierum ac noctium (M. G. 337 et temporum) successiones: ut adjuti sanctorum precibus, qui diem hunc per munus misericordiæ tuæ duximus, noctem quoque istam placita (M. G. 337 placitam) tibi animarum et corporum puritate ducamus. Per.—Miss. Gall. p. 337a, 357a.

## XXXII. Benedictio Ceræ beati Augustiniᵃ Episcopi, quam adhuc Diaconus cum esset, edidit et cecinit.

[*Præfatio*] Exultet jam Angelica turba cœlorum, exultent divina mysteria; et pro tanti Regis victoriâ tuba intonet salutaris. Gaudeat se tantis illius ᵇ inradiata fulgoribus: et æterni Regis ᶜ splendore inlustrata, totius orbis se sentiat amisisse caliginem. Lætetur et mater Ecclesia, tanti luminis adornata fulgore: et magnis populorum vocibus hæc aula resultet. Quapropter adstantibus vobis, fratres carissimi, ad tam miram sancti hujus luminis claritatem, unâ mecum, quæso, Dei omnipotentis misericordiam invocate: ut qui me non meis meritis intra sacerdotum ᵈ numerum ᵉ dignatus est adgregare; luminis sui gratiâ infundente, cerei hujus laudem implere præcipiat. Per resurgentem Filium suum.

ᵇ This is the reading of the three Gallican service-books; perhaps the Roman reading *tellus* is preferable.
ᶜ MS *regni* sp. *lustrata* and in the next line *urbis* for *orbis.*
ᵈ Mabillon prefers the reading in other service-books, *levitarum,* since this benediction was sung by deacons, and professes to have been composed by S. Augustine while yet a deacon. Perhaps, however, the various reading in the text may indicate a difference of usage with regard to the celebrator in different Churches.
ᵉ MS *numero.*

*(Consecratio Ceræ.)* Dignum et justum est. Verè quia dignum et justum est, invisibilem Deum omnipotentem Patrem, Filiumque ejus unigenitum Dominum nostrum Jesum Christum, toto cordis ac mentis affectu et vocis ministerio personare. Qui pro nobis æterno Patri Adæ debitum solvit, et veteris piaculi † cautionem pio cruore detersit. Hæc sunt enim festa Paschalia,ᶠ in quibus verus ille Agnus occiditur; ejusque Sanguis postibus consecratur. In quâ primùm Patres nostros filios Israhel educens de Ægypto, Rubrum mare sicco vestigio transire fecisti. Hæc igitur nox est, quæ peccatorum tenebras columnæ inluminatione purgavit. Hæc nox est, quæ hodie per universum mundum in Christo credentes, à vitiis sæculi segregatos et caligine peccatorum, reddit gratiæ, sociat sanctitati.ᵍ

12

---

Deus, sanctorum gloria et copiosus misericordia, exaudi plebem tibi supplicem, per sanctorum te suffragia postulantem. Rege nos per alternas temporum vices, et per (B. M. cccxv om. per) dispares dierum ac noctium successiones pari protectione custodi; ut adjuti sanctorum tuorum Babilæ et trium puerorum martyrum (B.M. cccxv Simonis et Judæ App.) precibus, qui diem hunc per misericordiam tuam (B. M. cccxv om. tuam) prosperum duximus, noctem quoque hanc beneplacita tibi animarum et corporum puritate ducamus.—Brev. Moz. p. ccxvb cccxva.

† T. 282    * M. 241
ᵈ MS *placitam... puritatem.*
ᵃ This is the Benediction still used in the Roman Missal, with the omission of the part between *Apis cœteris* and *O vere beata nox,* which, however, is found in many MS service books of the Roman Liturgy. As to the alleged authorship of S. Augustine, "an verum esse possit" as Mabillon says, "alii viderint." At the same time it is worthy of him, and resembles him in its dogmatic teaching. It is found also in Miss. Gall. p. 357b and in Sac. Gall. p. 321a, b much abridged in the latter, according to its custom;—see also Muratori Lit. Rom. Vet. p. 143.

*Ad benedictionem cerei paschalis per Diaconum.* Exultet iam angelica turba cœlorum, exultent diuina mysteria, et pro tanti regis victoria, tuba intonet salutaris. Gaudeat et tellus tantis irradiata fulgoribus, et æterni regis splendore illustrata, totius orbis sentiat se amisisse caliginem. Lætetur et mater Ecclesia, tanti luminis adornata fulgore, et magnis populorum vocibus hæc aula resultet. Quapropter adstantibus vobis fratres charissimi, ad tam miram hujus sancti luminis claritatem, vna mecum, quæso, Dei omnipotentis misericordiam inuocate, vt qui me non meis meritis intra Leuitarum numerum dignatus est aggregare, luminis sui gratiam infundendo, cerei hujus laudem implere perficiat. Præstante Domino nostro Jesu Christo filio suo, secum viuente atque regnante Deo, in vnitate spiritus sancti, per omnia sæcula seculorum.—M. Amb. p. 344.

† T. 283
Vere quia dignum et justum est, invisibilem Deum, omnipotentem Patrem, Filiumque unigenitum Dominum nostrum Jesum Christum, toto cordis ac mentis affectu et vocis ministerio personare. Qui pro nobis æterno Patri Adæ debitum solvit, et veteris piaculi cautionem pio cruore detersit. Hæc sunt enim Festa Paschalia, in quibus verus ille Agnus occiditur, ejusque Sanguis postibus consecratur. In quo primum Patres nostros filios Israel eductos de Ægypto, rubrum mare sicco vestigio transire fecisti. Hæc igitur nox est, quæ peccatorum tenebras columnæ illuminatione purgavit. Hæc nox est, quæ hodie per universum Mundum in Christum credentes, a vitiis Sæculi segregatos et caligine peccatorum, reddit gratiæ, sociat sanctitate. ᶠ MS *paschalium.* ᵍ MS *sanctitate.*

ctitati. Hæc nox est, in qua destructis vinculis mortis, Christus ab inferis victor ascendit. Nihil enim nobis nasci profuit, nisi redimi potuisset. O mira circa nos tuæ pietatis dignatio! O inæstimabilis dilectio caritatis? Ut servum redimeres, Filium tradidisti. O certe necessarium Adæ peccatum, quod Christi morte deletum est? O felix culpa, quæ talem ac tantum meruit habere Redemtorem? O beata nox, quæ sola meruit scire tempus et horam, in qua Christus ab inferis resurrexit! Hæc nox est, de qua scriptum est: et nox illuminatio mea in deliciis meis. Hujus igitur sanctificatio noctis fugat scelera, culpas lavat, et reddit innocentiam lap;is, mœstis lætitiam. Fugat odia, concordiam parat, et curvat imperia.

In hujus igitur Noctis gratia suscipe, sancte Pater, sacrificium vespertinum, quod tibi in hac Cerei oblatione solemni per Ministrorum manus de operibus Apium sacrosancta reddit Ecclesia. Sed jam columnæ hujus præconia novimus, quam in honorem Dei rutilans ignis accendit. Qui licet divisus in partes, mutuati luminis detrimenta non novit. Alitur liquentibus ceris, quas in substantiam pretiosæ hujus lampadis, Apis mater eduxit. Apis ceteris, quæ subjecta sunt homini, animantibus antecellit. Cum sit minima corporis parvitate, ingentes animos augusto versat in pectore: viribus imbecillis, sed fortis ingenio. Hæc explorata temporum vice, cum canitiem pruinosa hiberna posuerint, et glaciali senio verni temporis moderata deterserint, statim prodeundi ad laborem cura succedit. Dispersæque per agros libratis paululum pinnis, cruribus suspensis insidunt; parte ore legere flosculos, oneratis victualibus suis, ad castra remeant: ibique aliæ inæstimabili arte cellulas tenaci glutino instruunt, aliæ liquantia mella stipant, aliæ vertunt flores in ceram, aliæ ore natos fingunt, aliæ collectis e foliis nectar includunt. O vere beata et mirabilis apis, cujus nec sexum masculi violant, fœtus non quassant, nec filii destruunt castitatem! sicut sancta concepit virgo Maria, virgo peperit, et virgo permansit. O vere beata Nox, quæ exspoliavit Ægyptios, ditavit Hebræos: nox, in qua terrenis cælestia junguntur. Oramus te, Domine, ut Cereus iste, in honorem nominis tui + consecratus, ad noctis hujus caliginem destruendam indeficiens perseveret, in odorem suavitatis acceptus, supernis luminaribus misceatur. Flammas ejus Lucifer matutinus inveniat. Ille, inquam Lucifer, qui nescit occasum. Ille, qui regressus ab inferis, humano generi serenus illuxit. Precamur ergo te, Domine, ut nos famulos tuos, omnem Clerum, et devotissimum Populum, una cum Patre nostro Papa, quiete temporum concessa in his Paschalibus gaudiis conservare digneris. Per.—S. Greg. apud Muratori p. 143

\* M. 242

h This is the reading of Miss. Gall. also, but seems a corruption of the Roman potuisset, caused by the word potuit in the last clause.
i cf. below p. 257b.

† T. 284   \* M. 243

---

Hæc nox est, in quâ destructis vinculis mortis, Christus ab inferis victor ascendit. Nihil enim nasci profuit, nisi redimi profuisset.[h] O [i] mira circa nos tuæ pietatis dignatio! O inæstimabilis dilectio caritatis; ut servum redimere, Filium tradidisti! O certè necessarium Adæ peccatum, quod Christi morte deletum \* est! O felix culpa, quæ talem ac tantum meruit habere Redemptorem! O[j] beata nox, quæ sola meruit scire tempus et horam, in quâ Christus ab inferis resurrexit! Hæc nox est, de quâ scriptum est: Et nox ut dies inluminabitur; et, Nox inluminatio mea in deliciis meis. Hujus igitur sanctificatio noctis fugat scelera, culpas lavat,[k] reddit innocentiam lapsis, et mæstis lætitiam: fugat odia, concordiam parat, et curvat imperia. In hujus igitur noctis gratiâ suscipe, sancte Pater, incensi hujus sacrificium vespertinum; quod tibi in hac Cerei oblatione sollemni per Ministrorum tuorum manus de operibus apum sacrosancta reddit Ecclesia. Sed jam columnæ hujus præconia novimus, quam in honore Dei rutilans ignis accendit. Qui licèt divisus in partes, mutuati luminis detrimenta non novit. Alitur liquantibus ceris, quam in substantiâ pretiosæ hujus lampadis apis mater eduxit. Apis cæteris quæ subjecta sunt homini, animantibus antecellit. Cùm sit minima corporis parvitate, ingentes animos angusto versat in pectore; viribus imbecilla, sed fortis ingenio. Hæc, exploratâ temporum vice, cùm canitiem proinosa[l] hyberna posuerint, et glaciale senium verni temporis moderata deterserint, statim prodeundi ad laborem cura succedit; dispersæque per agros, libratis [m] paululùm pinnibus, cruribus suspensis insedunt,[n] parte ore legere flosculos, oneratæ [o] victualibus suis, ad castra remeant: ibique aliæ inæstimabili arte cellulas tenaci glutino instruunt: aliæ liquentia mella stipant: aliæ vertunt flores in cerâ:[p] aliæ ore natos fingunt: aliæ collectis è foliis nectar includunt. O verè beata et mirabilis Apis, cujus nec sexum masculi violant, fœtus non quassant, nec filii destruunt castitatem! sicut sancta concepit Virgo Maria, Virgo peperit, et Virgo permansit.[q] O verè beata nox, quæ exspoliavit Ægyptios, ditavit Hebræos! Nox, in quâ terrenis † cœlestia junguntur! Oramus te, Domine, ut cereus iste in honore nominis tui consecratus, ad noctis hujus caliginem destruendam indeficiens perseveret; in odorem suavitatis acceptus, supernis luminaribus misceatur; flammas ejus Lucifer matutinus inveniat: ille, inquam, Lucifer, qui nescit occasum; ille qui regressus ab inferis, humano generi serenus inluxit. Precamur \* ergo Domine, ut nos famulos et famulas tuas, omnem Clerum, et devotissimum populum, unà cum Patre nostro beatissimo viro *ill.*, quiete temporum concessâ, in his Paschalibus gaudiis conservare digneris. Per resurgentem à mortuis Dominum nostrum Filium tuum.

j cf. below p. 250b.   k MS *levat.*
l i. e. *pruinosa;* in the next line MS has *glacialem senio* and *deterserit.*
m MS *libratim* and *cruoribus.*
n Mab. conjectures *insident:* instead of the next word, all the other service-books have *parte.*
o MS *oneratis,* supported by Muratori and Miss. Gall., but not by Menard in his notes on S. Greg. p. 344.
p for *ceram;* in the next line MS *natus.*
q See the same comparison in S. Aug. Serm. Suppl. 1 Caillau serm. 32 § 2.

*(Collectio post benedictionem Ceræ.)* Sancte Domine, omnipotens Deus, qui ad nostrarum[r] contemplationem tenebrarum hæc in mundi hujus obscuro luminaria emicare jussisti; præsta, ut dum ad illum æternitatis diem, et Unigeniti tui properamus occursum; ad hanc interim, quam tenebris præparasti, Lucernam, dum nox ista transcurritur, sine peccatorum offendiculo ambulemus. Per resurg.

*(Collectio post hymnum Ceræ.)* Deus templum ignis æterni, Deus veræ[s] lucis habitaculum, Deus sedes perpetuæ claritatis, vota tibi, Domine, sollemnia diei consummationis et noctis inchoationis celebrantes, ac luminibus altaris tui incensis, temporarium lumen offerentes; ut famulis et famulabus tuis verum ac perenne lumen largiaris, oramus. Per resurg.

*Nunc Collecta post benedictionem cerei incipit.* Sancte Domine, omnipotens Deus, qui ad nostrarum contemplationem tenebrarum, hæc in mundi hujus obscuro luminaria emicare jussisti: præsta ut dum ad illum æternitatis diem Unigeniti tui properamus occursum, ad hanc interim quam tenebris nostris præparasti lucernam, dum nox ista transcurritur, sine peccatorum offendiculo ambulemus. Per.—Apud Martene vol. 3 p. 152b. See also Gerbert Mon. Vet. I. 82 note and Miss. Gall. p. 359a,b.

[r] Edd. *nostram*, which we correct from the mg. but it occurs also in Gerbert, and Miss. Gall.

*Collecta post hymnum cerei.* Deus templum ignis æterni, Deus veræ lucis habitaculum, Deus sedes perpetuæ claritatis; vota tibi, Domine, solemnia diei consummationis et noctis inchoationis celebramus, ac luminibus altaris tui incensis, temporalium lumen offerentes, ut famulis tuis verum ac perenne lumen largiaris oramus. Per.—Ibid.

[s] MS *vere*.

---

### XXXIII. ORATIONES PASCHALES DUODECIM CUM TOTIDEM COLLECTIONIBUS.[a]

[a] "Aliæ orationes habentur, sed similes in Missali Gallicano inferius." Mab. See also Sac. Gall. p. 320 which more resembles those in the text.

*Oratio pro gratiarum actione.*

*(Præfatio.)* Expectatum, fratres carissimi, et desideratum nobis Paschæ diem adepti, gratias agamus omnipotenti Deo Patri, quòd nos in hanc eandem diem per Filium suum Dominum nostrum Jesum Christum (quem pro nobis hostiam dedit in salutem æternam) vocavit: ob hoc fideli gratiarum actione laudemus, benedicamus, honorificemus benedictum et beatum nomen Dei Patris in Filio, Filiique in Patre et Spiritu Sancto in sæcula sæculorum.

*(Oratio sequitur.)* Sancte Domine, omnipotens Pater, exaudi, tuere, ac sanctifica plebem tuam præmunitam[b] signo crucis, Baptismate purificatam, Chrismate delibutam; quos ad celebrandam præsentis sollemnitatis beatitudinem congregasti: universisque notitiam tui, participationem Sancti Spiritûs propitius infunde. Per.

[b] MS *præmonitam.*

*Oratio pro exulibus.*

*(Præfatio.)* Unianimes, et unius corporis in Spiritu † Dei Patris omnipotentis,* Domini misericordiam deprecemur pro fratribus et sororibus nostris captivitatibus elongatis, carceribus detentis, metallis deputatis:[c] ut

† T. 285
* M. 244

[c] A very remarkable proof of the extreme antiquity of this portion of the Missal.

12*

eis Dominus adjutor, protector, et consolator existat: neque deesse sibi reputet eos, qui fideli in se innocentiâ perseverant.

(*Oratio sequitur.*) Tribue, Domine, relegatis patriam, vinctis absolutionem, captivis libertatem : ut plebs tua et in hoc sæculo et in futuro misericordiæ tuæ munere liberetur. Per.

### Oratio pro Sacerdotibus.

(*Præfatio.*) In Sanctorum Sancta admissi, et altaris cœlestis Sacerdotii æterni participes effecti, Dei Patris omnipotentis misericordiam deprecemur: ut Sacerdotes suos ac ministros donis repleat spiritalium gratiarum.

*Deum ac Dominum nostrum Jesum Christum pro Sacerdotibus ac ministris Ecclesiæ suæ, fratres carissimi, supplices deprecemur: ut ingressi Sancta sanctorum, totiusque participes altaris, spiritalium gratiarum donis abundantiaque multimoda repleamur.—S. Gall. p. 320a.*

(*Oratio sequitur.*) Domine Deus virtutum, justifica et sanctifica Pastores et Præpositos ovium. tuarum : ut adversarius noster diabolus fide eorum et sanctitate superatus, contingere dominicum gregem ac violare non audeat. Per resurg.

### Oratio pro Virginibus.

(*Præfatio.*) Incorruptæ æternitatis Deum, et inviolabilis naturæ Dominum unianimiter deprecemur, orantes pro fratribus nostris, qui gloriosam virginitatem corpore ac mente voverunt : uti eos usque ad consummationem propositi sui, misericordiæ Spiritus prosequatur. Per.

*cf. inviolabilis naturæ Dominum suppliciter oremus.—Miss. Franc. p. 311b.*

(*Oratio sequitur.*) Respice, Domine, virgines sacras et spadones voluntarios, id est, pretiosas Ecclesiæ margaritas: ut corpora eorum ac spiritum inlæsâ castitatis conscientiâ, pari exæstimatione custodiant. Per resurg.

### Oratio pro eleemosynas facientibus.

(*Præfatio.*) Sanctum ac benedictum retributionis Deum unianimes,[d] fratres dilectissimi, oratione deprecemur, obsecrantes pro fratribus et sororibus nostris, quorum ministerio atque sumptu inopiam non sentiunt, qui in Ecclesiâ sunt indigentes : ut iisdem Dominus spiritales divitias communicet, qui fidelium animarum inopiæ, sæcularis substantiæ participant facultatem. Per resurg.

d MS *unianimis.*

(*Oratio sequitur.*) Piis servorum tuorum precibus annue, misericors Domine: ut quicumque præceptorum cœlestium memores, pauperibus tuis quæ sunt necessaria subministrant, incorruptibili et cœlesti gloriâ miserationis tuæ et misericordiæ coronentur. Per.

†*Oratio pro Peregrinantibus.*

(*Præfatio.*) Cœlestium et terrestrium *
et infernorum Dominum Deum Patrem omnipotentem, fratres dilectissimi, deprecemur,
obsecrantes : uti fratres nostros ac sorores,
quicumque peregrinationum necessitatibus
subjacent, omnipotens Deus auxilio suo comes
adjutor reducat ac protegat. Per.

(*Collectio sequitur.*) Restitue, Domine,
peregrinis desideratum patriæ solum : ut contemplatione[e] misericordiæ tuæ, dum ad præsens
agunt beneficiis tuis gratias ; cives esse Sanctorum, ac tui domestici concupiscant. Præsta
per resurg.

*Oratio pro Infirmis.*

(*Præfatio.*) Universæ salutis Deum, et
universæ virtutis Dominum deprecemur pro
fratribus et sororibus nostris, qui secundùm
carnem diversis ægritudinum generibus in-
sultantur : ut his Dominus cœleste medicinæ
suæ munus indulgeat. Per.

(*Oratio sequitur.*) Domine, cui vivificare
mortuos facile est ; restitue ægrotantibus
pristinam sanitatem :[f] ne terreni medicaminis
remedia desiderent, quicumque medelam cœlestis misericordiæ tuæ deprecantur. Per resurg.

*Oratio pro Pœnitentibus.*[g]

[*Præfatio.*] Confitentes bonitatis ac misericordiæ Deum, qui peccatorum mavult pœnitentiam quàm mortem, communicatis precibus
ac fletibus pro fratribus ac sororibus nostris
Domini misericordiam deprecemur : uti eos
peccati sui crimina confitentes, à bonitatis
suæ veniâ non repellat. Per.

(*Oratio sequitur.*) Rex gloriæ, qui non
vis mortem peccatoris, sed ut convertatur, et
vivat ; da nobis peccatorum labe pollutis
pœnitentiam : simul ut flere cum flentibus et
dolentibus, et cum gaudentibus gaudere possimus. Per resurg.

*Oratio pro Unitate.*

(*Præfatio.*) Unum Deum Patrem, ex quo
omnia sunt, et unum Dominum nostrum
Jesum Christum, per quem omnia, fratres
carissimi, deprecemur : ut unitatem Ecclesiæ
suæ concordi congregationis nostræ voluntate[h]
confirmet. Per resurgentem Filium suum.

† T. 286

Cælestium et terrestrium Deum Patrem supplices deprecemur : ut omnes fratres nostros, qui peregrinationum necessitatibus subjacent, potentia auxilii sui protegat atque defendat. – S. Gall. p. 320b.

* M. 245

• MS *contemplationem.*
cf. Jam non estis hospites et advenæ, sed estis cives sanctorum et domestici Dei. c. 2 ad Eph. v. 19.

Universæ salutis Dominum depre-cemur pro fratribus et sororibus nostris, qui secundum carnis infir-mitatem diversis ægritudinum vex-antur incommodis : ut is qui solus potest, pro sua pietate omnibus adesse dignetur.—S. Gall. p. 320b.

f MS *pristinæ sanitati.*

g Pænitentes quondam, alii volun-tarii, alii addicti erant. Ex primis erat vir magnificus ille Agricola Gallus, qui morbo ingruente, ut pæ-nitentem profiteretur, "pullis vesti-bus" indutus est, teste Ruricio Episcopo Lemovicensi in lib. 2 epis-tola 31. Lege Præfationem alteram tertii Sæculi Benedictini num. 193. Avitus in Homilia de Rogationibus, de nocte Paschæ hæc habet. "Ad-fuit ergo nox illa venerabilis, quæ ad spem publicæ absolutionis votivum sollemne patefecerat."
cf. Deus, qui non mortem sed pœ-nitentiam desideras peccatorum.—S. Gel. p. 187a. cf. Deum omnipoten-tem et misericordem, qui non vult mortem peccatorum, sed ut conver-tantur et vivant.—S. Gel. p. 229a.

cf. Nobis tamen unus Deus Pater ex quo omnia, et nos in illum, et unus Dns Jesus Christus, per quem omnia, et nos per ipsum. – 1 ad Cor. c. 8 v. 6.

h MS *voluntatem.*

† T. 287

* M. 246

cf. Qui omnes homines vult salvos fieri, et ad agnitionem veritatis venire.—1 ad Tim. c. 2 v. 4.

†*(Collectio sequitur.)* Omnipotens Domine, qui es * Deus bonitatis et totius consolationis, te supplices deprecamur : ut Hæreticos et Infideles à perpetuis gehennæ ignibus manifestatione tuæ veritatis eripias : quoniam vis omnes homines salvos fieri, et ad agnitionem veritatis venire. Per.

### Oratio pro Pace Regum.

*(Præfatio.)* Dominum dominantium, et Regem regnantium, fratres carissimi, oratione unianimes deprecemur, ut nobis populo suo pacem regum tribuere dignetur : ut mitigatis eorum mentibus, requies nobis congregationis istius perseveret. Per.

*(Collectio sequitur.)* Carnis spirituum totius sator, cunctorumque regnorum mundialium indultor, da regum culmini religionis prosperitatem et pacis : ut nobis regno tuo cœlesti in terris adhuc positis liberiùs liceat deservire. Per resurgentem.

### Oratio pro Spiritibus pausantium.

Deum judicem universitatis, Deum, cœlestium, et terrestrium et infernorum Dominum deprecemur pro spiritu cari nostri *illius;* uti eum Dominus in requiem collocare dignetur, et in parte primæ resurrectionis resuscitet. Per Dominum nostrum.—S. Gel. p. 217a.

f MS omits *dignetur*, which led Mabillon to change the preceding word into *collocet;* but the true reading is restored by the mg.

g MS *requiverunt*.

cf. . . . et si qui in corpore delictorum sunt lapsibus maculati, pietate solita eis indulgeas.—M. Moz. p. 465. 91.

*(Præfatio.)* Deum judicem universitatis, Deum cœlestium et terrestrium et infernorum, fratres dilectissimi, deprecemur pro spiritibus carorum nostrorum, qui nos in Dominicâ pace præcesserunt : ut eos Dominus in requiem collocare dignetur ; f et in parte primæ resurrectionis resuscitet. Per.

*(Oratio sequitur.)* Jesu Christe, vita et resurrectio nostra, dona consacerdotibus et caris nostris, qui in tuâ pace requieverunt, g exoptatæ mansionis refrigerium : et si qui ex his, dæmonum fraude decepti, errorum se multis maculis polluerunt, tu, Domine, qui solus potens es, peccata eorum concede : ut quos damnationis suæ participes diabolus gloriabatur effectos esse, per misericordiam tuam socios tuæ beatitudinis ingemiscat. Sal.

### Oratio pro Catechumenis.

Dei Patris misericordiam pro competentibus, fratres carissimi, supplices deprecemur, ut eos Dominus omnipotens ad fontem suæ regenerationis euntes omni cælestis misericordiæ auxilio prosequatur.—S. Gall. p. 321a.

h MS *omnis*. Perhaps the mg would furnish a better correction.

*(Præfatio.)* Precem spei fratrum nostrorum, carissimi, unianimes adjuvemus : uti Dominus omnipotens ad fontem eos beatæ regenerationis suæ euntes, omnes h misericordiæ suæ auxilio Spiritûs prosequatur.

*(Collectio sequitur.)* Creator omnium, Domine, et fons aquæ vivæ, qui per lavacrum baptismi peccata eorum deles, quibus jam donasti Resurrectionis fidem, ut mortem hujus sæculi non timeant : reple eos Spiritu Sancto,

ut formari in illis Christum ac vivere glorientur. Per.

* †XXXIV. AD CHRISTIANUM FACIENDUM.

[*Præfatio.*] Domine, dignare benedicere hujus infantiæ [a] famulo tuo *ill.* quoniam nec conditione quisquam, nec ætate depellitur, dicente dilectissimo Filio tuo Domino nostro: Nolite prohibere infantes venire ad me. Hi[b] enim, Domine, antequam bonum aut malum sciant, Crucis tuæ sigillo[c] signentur: et qui indigent dietatem[d] ad sacri[e] nominis tui Baptismum percipere mereantur. Per Dominum.

(*Item Collectio.*) Accipe signaculum Christi, suscipe verba divina, inluminare verbo[f] Domini: quia hodie confessus es à Christo. Per Dominum.

(*Item Collectio.*) Signo te in nomine Patris, et Filii, et Spiritûs Sancti, ut sis Christianus: oculos, ut videas claritatem Dei: aures, ut audias vocem Domini: nares, ut odores suavitatem Christi: linguam[g] conversus, ut confitearis Patrem, et Filium, et Spiritum Sanctum: cor, ut credas Trinitatem inseparabilem. Pax tecum. Per Jesum Christum Dominum nostrum: qui cum Patre, et Spiritu Sancto vivit.

XXXV. COLL. AD FONTES BENEDICENDOS.

[*Præfatio.*] Stantes,[a] fratres carissimi, super ripam vitrei fontis novos homines adducitis de terrâ, laturi mercatores sua commercia: singuli navigantes pulsent mare novum, non virgâ, sed cruce; non tactu, sed sensu; non baculo, sed Sacramento. Locus quidem parvus, sed gratiâ plenus,[b] benè gubernatus est Spiritu Sancto. Oremus ergo Dominum et Deum nostrum, ut sanctificet hunc fontem: ut omnes qui descenderint in hanc[c] fontem, faciat eis lavacrum beatissimæ[d] regenerationis in remissione omnium peccatorum. Per Dominum.

(*Collectio sequitur.*) Deus, qui Jordanin fontem pro animarum salute sanctificasti: descendat super aquas has Angelus benedic-

This preface cannot be of very high antiquity, as it refers to a state of things when adult baptisms had become so infrequent as not to occupy a place in the service books of the Church. Perhaps we are to refer to the same cause the omission in this Collection of the long expositions of the Creed, the Lord's Prayer and Four Gospels which are found in other Service-books.

* M. 247 † T. 288
[a] MS *infantia*, and in the next line *conditionem quicquam.*
cf. c. 19 Math. v. 14 Sinite parvulos, et nolite eos prohibere ad me venire.
[b] MS *hic.*
[c] MS *sigilla*, and *quæ* for *qui.*
[d] "an *pietate* vel *ætate* alii divinabunt."—Mab. We ought surely to read. "qui indigent ætate ad sacri nominis tui confessionem, baptismum &c."
[e] MS *sacris.*

[f] MS *verbum.*

Signo te in fronte+in nomine Domini nostri Jesu Christi, ut confidas in eo: benedico oculos+tuos: ut videas claritatem ejus: aures+ut audias verbum veritatis ejus: nares,+ut percipias odorem suavitatis ejus: pectus,+ut credas in eo: scapulas,+ut suscipias jugum servitutis ejus: os,+ut confitearis illi, qui cum Patre, et Spiritu-Sancto vivit et regnat in sæcula sæculorum. Amen—Martene vol. 1 p. 17a.
[g] MS omits *linguam.* Martene instead of adding this word, would read *os versus* for *conversus.*
[a] This passage is exceedingly corrupt in the MS where it runs as follows: Stantes, Fratres Karissimi, super ripam vitrigi fontes novos homines adhuc eis de terra litori mercatores sua commercia singuli navigantes pulsent mare novo non virga sed Cruce, non tactu sed sensu, non baculo sed Sacramentum. (Muratori has *adduc*, and a little after *locum.*)
Mabillon doubts whether *vitrigi* may not be the name of a place. But even so, we can elicit no sense. If our correction be the true one, we should give the meaning thus; "Standing, brethren, on the edge of this water, ye bring hither to us those who are to be made new men, *i. e.* Christians, like merchants who bring the goods with which they traffic."—in the sense of the text, "He that winneth souls is wise."
[b] So we read for the original, "Spiritus Sanctus."
[c] *Fons* here and thrice in the following page is used in the feminine gender, which the edd. change for the masculine; but wrongly; as there is sufficient authority for the other, which is especially used of the vessel, while *fons* in the masculine means the water. Perhaps we may find a reference to this distinction in the varied inflection of the demonstrative pronoun in this and the preceding line.
[a] MS *beatissimi.*

† 'Γ. 289

tionis tuæ : ut quibus perfusi famuli tui, accipiant remissionem peccatorum ; ac renati ex aquâ et Spiritu Sancto, devoti† tibi serviant in æternum.  Per Dominum.

*( Contestatio.)*  Dignum  et  justum  est : Domine  sancte,  Pater  omnipotens, ₄ æterne Deus, initiator Sanctorum, Chrismatum Pater,

* M. 248

e MS *indetor.*

f MS *diviciæ* Mab. *divicias.*

g MS *angelum.*

h MS *qui.*

i MS seems to omit *maculas.*

j MS *tui* and in the next line, *florescat.*

et * novi per unicum Filium tuum Dominum et Deum nostrum inditor e Sacramenti : qui portantibus aquis Spiritum tuum Sanctum ante divitias f mundi largires : qui Bethsaidas aquas, Angelo g medicante, procuras : qui Jordanis alveum, Christo Filio tuo dignante, sanctificas : respice, Domine, super has aquas, quæ h præparatæ sunt ad delenda hominum peccata.  Angelum  pietatis  tuæ  his  sacris fontibus adesse dignare : vitæ prioris maculas i abluat,  et  parvum  habitaculum  sanctificet tibi, j procurans, ut regenerandorum viscera æterna florescant ; et verè Baptismatis novitas reparetur.   Benedic,  Domine  Deus  noster, hanc  creaturam  aquæ,  et  descendat  super eam  virtus  tua : desuper  infunde  Spiritum tuum  sanctum  Paraclitum,  Angelum  veritatis. Sanctifica,  Domine,  hujus  laticis  undas,  sicut sanctificasti fluenta Jordanis : ut qui in hanc fontem  descenderint,  in  nomine  Patris  et Filii et Spiritûs Sancti, et peccatorum veniam et Sancti  Spiritûs  infusionem  consequi  mereantur.   Per Dominum nostrum Jesum Christum, qui est benedictus apud Patrem et Spiritum Sanctum per omnia sæcula sæculorum.

k So this word is often declined.
Exorcidio te creatura aquæ in nomine Dei Patris omnipotentis, et in nomine Domini nostri Jesu Christi filii ejus, et Spiritus-sancti, ut omnis virtus adversarii, omnes exercitus diaboli, omnes incursus, omne fantasma eradicare et effugare ab hac creatura aquæ, ut sit omnibus, qui in eam descensuri sunt, fons aquæ salutaris in vitam æternam : ut cum baptizatus in ea quisquis fuerit, fiat templum Dei vivi in remissione peccatorum in nomine Dei Patris omnipotentis, et Christi Jesu filii ejus et Spiritus-sancti, qui judicaturus est sæculum per ignem, per hoc signaculum quod permanet in sæcula sæculorum. – S. Gall. p. 323a
l MS *adversariæ.*
m MS *Spiritum Sanctum : ut omnis qui discenderint.*

*Deinde facis cruce de. Chrisma,* k *et dicis.* Exorcizo te, creatura aquæ : exorcizo te, omnis exercitus diaboli, omnis potestas adversaria, l omnis  umbra  dæmonum.   Exorcizo  te  in nomine Domini nostri Jesu Christi Nazarei, qui incarnatus  est  in  Mariâ  Virgine ; cui omnia subjecit Pater in cœlo et in terrâ.  Time et treme tu, et omnis malitia tua : da locum Spiritui Sancto : ut omnes qui descenderint m in hanc fontem, fiat eis lavacrum Baptismi regenerationis in remissione omnium peccatorum.   Per Dominum nostrum Jesum Christum : qui venturus est in sedem majestatis Patris sui cum sanctis Angelis suis judicare te, Inimice, et sæculum per ignem in sæcula sæculorum.

*Deinde insufflas aquam*[n] *per tres vices, et mittis Chrisma in modum crucis, et dicis.*

Infusio Chrismæ salutaris Domini nostri Jesu Christi : ut fiat fons aquæ salientis cunctis descendentibus in eâ, in vitam æternam. Amen.

† *Dum baptizas interrogas*[o] *ei, et dicis.*

Baptizo te *ill.*[p] in nomine Patris, et Filii, et Spiritûs Sancti in remissionem peccatorum; ut habeas vitam æternam. Amen.

*Dum chrisma eum tangis, dicis.*

Perungo te chrismâ sanctitatis, ... [q] tunicam immortalitatis, quâ Dominus noster Jesus Christus traditam à Patre primus accepit: ut eam integram et inlibatam perferas ante tribunal Christi; et vivas in sæcula sæculorum.

q There is no lacuna in the MS; but it is evident some such expression as *induo te* or *induere* is required. The conclusion of this benediction is alluded to in a sermon in the works of S. Augustine; " Ut stolam baptismi sine aliqua luxuriæ macula integram illibatamque servantes, ad æterni sponsi thalamum ... feliciter veniamus."—t. 5 *app.* serm. 163 § 3.

*Dum pedes ejus lavas,*[r] *dicis.*

Ego tibi lavo pedes. Sicut Dominus noster Jesus Christus fecit Discipulis suis, tu facias hospitibus et peregrinis; ut habeas vitam æternam.

*Dum vestimentum ei*[s] *imponis, dicis.*

Accipe vestem candidam : quam immaculatam perferas ante tribunal Domini nostri Jesu Christi.

(*Collectio.*) Oremus, fratres carissimi, Dominum et Deum nostrum pro neophytis[t] suis, qui modò baptizati sunt : ut cùm in majestate suâ Salvator advenerit, quos regeneravit ex aquâ et Spiritu Sancto, faciat eos ex æternitate vestire salutem. Per Dominum.

(*Item alia.*) Baptizatis et in Christo coronatis, quos Dominus noster à chrismâ petentibus regeneratione donare dignatus est, precamur omnipotens Deus : ut baptismum quod acceperunt, immaculatum ipsum perferant usque in finem. Per Dominum.

† T. 290

*Deinde in Fonte chrisma decurrente, signum+facis et dicis.* Infusio chrismæ salutaris Domini nostri Jesu Christi, ut fiat fons aquæ vivæ salientis cunctis venientibus in vitam æternam.—S. Gall. p. 324a.

o The interrogations here omitted may be found in the other Service-books.

p The indefinite form, where we should now use M or N. The latter expression came into use after A.D. 1000, and its occurrence in the Missa published by Illyricus has been used as an argument against the antiquity of that service.

\* M. 249

Laudes et gratias Domino referamus, fratres dilectissimi, quod augere dignatus est Ecclesiæ suæ congregationem per caros nostros, qui modo baptizati sunt. Petamus ergo de Domini misericordia, ut baptismum sanctum quod acceperunt, inlibatum inviolatum, et inmaculatum perferant ante tribunal Christi.—S. Gall. p. 325a. This prayer seems made up from the one in the text and the *Collectio* a little lower down.

r A Gallican and Milanese use, upon which see Mabillon's note on S. Gall. p. 325.

Ego tibi labo pedes, sicut dominus noster Jesus-Christus fecit discipulis suis, ita tu facias hospitibus et peregrinis.— S. Gall. p. 325a.

s Vezz. omits *ei*. It should be observed that in the S. Gall. these two rites are transposed.

Accipe vestem candidam, quam inmaculatam perferas ante tribunal Christi. — S. Gall. p. 325a.

t MS *aufetis suis quomodo* and in the next line *cujus* for *quos*. Vezz. observes, "In postremo tomo Bibliothecæ Patrum, ubi hujus Missalis fragmenta quædam adducuntur ex Officio tridui ante Pascha, hoc in loco legitur, *pro amphibiis suis,*" which is not altogether inapplicable; since amphibious animals have, so to speak, two lives, one earthly, the other in the water; and Christians likewise ; one "of the earth, earthy;" the other dependent on the water of Baptism.

XXXVI. MISSA IN VIGILIIS SANCTÆ PASCHÆ.

[*Præfatio.*] Sacrosanctæ noctis istius gratia, tenebris sæcularibus liberati, et ad justitiæ atque lucis cœlestis gratiam promissam electi, omnipotentis Dei Patris infatigabilem

13

ᵃ MS *defusam*.

† T. 291

bonitatem per Christum Filium ejus, fratres
dilectissimi, deprecemur : ut ecclesiam suam
sanctam catholicam diffusam ᵃ per orbem terrarum, quam sibi amantissimi† Filii sui passione
et gloriosissimo sanguine conquesivit, jugi
majestatis suæ protectione custodiat ; atque
contra omnes mundi insidias tutam defensam-
que concedat ; ac præstet ei tempora tranquilla
in perpetuum.    Per resurgentem.

(*Collectio.*)    Redemisti nos, Domine Deus,
per lavacrum regenerationis et sanguinem
crucis : ut illa caro quæ priùs in Adam mor-

ᵇ This is a curious use of the word
*majestas*, which is generally applied
to the Godhead.

talis fuerat effecta, per passionem majestatis ᵇ
tuæ rursum revocaretur in cœlum.    Salvator.

(*Post nomina.*)    Oremus pro his qui offe-

* M. 250

runt munera Domino Deo nostro sacrosancta *

ᶜ On the use of the word spiritual as
applied to the material gifts, see above
p. 21 and Sac. Gall. p. 375b.

spiritalia ᶜ pro se, et pro caris suis, et pro spiritibus carorum suorum, in commemoratione
sanctorum martyrum : ut Dominus Deus noster
preces illorum clementer exaudire dignetur.
Per resurgentem.

(*Ad Pacem.*)    Comple, Domine, vota supplicum, exaudi gemitus peccatorum ; osculetur

cf. c. 1 Cant. v. 1 Osculetur me osculo oris sui.
cf. ut in nobis hoc recipientibus
holocaustum, pacem quam in labiis
proferemus, in intimis teneamus visceribus.—Miss. Gall. p. 365a.
This immolatio is very much made
up of verses from Holy Scripture.
Ps. 85. 10.  Quoniam magnus es tu,
et faciens mirabilia: tu es Deus solus.
Ps. 135. 5 - 9.  Qui fecit cœlos in intellectu.  Qui firmavit terram super
aquas.  Qui fecit luminaria magna.
Solem in potestatem diei.  Lunam
et stellas in potestatem noctis.  Ps.
99. 3.  Ipse fecit nos, et non ipsi nos.
Ps. 137. 8.  Opera manuum tuarum ne
despicias; (but the reading *omittas*
seems to have been prevalent in
France to judge by the authorities
quoted in the preface to the Benedictine ed. of S. Augustine on the
Psalms) Ps. 73. 16.  Tuus est dies et
tua est nox.  Ps. 41. 8.  In die mandavit Dns misericordiam suam et
nocte canticulum ejus. (where S. Augustine reads, *et nocte declarabit.*)
Ps. 138. 11.  Et nox illuminatio mea
in deliciis meis.
These numerous quotations from
the Bible rather belong to the Spanish than to the Gallican services.
ᵈ Should we not read *firmasti*, from
the mg?
ᵉ MS *potestate*.

nos ab osculo oris sui pacis Magister et Conditor : ut in nobis hoc recipientibus holocaustum, pacem quam speramus, habeamus.    Per.

(*Immolatio.*)    Dignum et justum est,
æquum et justum est, nos tibi hîc et ubique
gratias agere, tibi laudes dicere, et hostias
immolare, et confiteri misericordias tuas, Domine sancte, Pater omnipotens, æterne Deus :
Quoniam magnus es tu, et faciens mirabilia :
tu es Deus solus.    Tu fecisti cœlos in intellectu : tu formasti ᵈ terram super aquas : tu
fecisti luminaria magna, solem in potestatem
diei, lunam et stellas in potestatem ᵉ noctis.
Tu fecisti nos, et non ipsi nos : opera manuum
tuarum non omittas.    Tuus est dies, et tua
est nox.    In die enim mandasti misericordiam
tuam, et in nocte declarasti : quam hodiernis
vigiliis in luminis hujus festivitate celebramus.
Hæc est enim nox, salutarium conscia sacramentorum.    Nox, in quâ veniam peccatoribus

ᶠ MS *effectis*.

præstas ; de veteribus hominibus, novos
efficis : de senibus effetis,ᶠ maturos reddis
infantes, quos in novam creaturam renatos
de sacro fonte producis.    Hac nocte in æternum diem renascentes populi procreantur,
regni cœlestis atria reserantur, et beatâ

lege commerciis divinis humana mutantur. Hæc est enim nox illa, quæ facta est in deliciis:[g] in quâ maximè delectasti nos, Domine, in facturâ tuâ. Nox, in quâ inferna patuerunt : nox, in quâ absolutus est Adam :[h] nox, in quâ inventa est dragma quæ perierat ; nox, in quâ boni Pastoris humeris reportata est ovis perdita : nox, in quâ diabolus occubuit, et Sol justitiæ, Christus, exortus est : et solutis inferni nexibus claustrisque perfractis, multa Sanctorum corpora, de sepulcris erumpentia, intraverunt in sanctam civitatem.[i] O verè beata nox, quæ sola meruit scire tempus et horam, quâ Christus resurrexit; de quâ jam in Psalmo fuerat prophetatum : Quia nox ut dies illuminabitur.[†] Nox, in quâ exorta est resurrectio in æternum : Te enim, omnipotens Deus, creaturarum cœlestium multitudo, et innumerabiles Angelorum chori sine cessatione proclamant, dicentes. Sanctus.

*(Post Sanctus.)* Tuo jussu, Domine, condita * sunt universa in cœlo et in terrâ, in mari et in omnibus abyssis. Tibi Patriarchæ, Prophetæ, Apostoli, Martyres, Confessores, atque omnes Sancti gratias agunt : quod et nos facientes, has hostias spiritales et sincera libamina, ut libens exaudias, deprecamur. Te oramus, uti[j] hoc sacrificium tuâ benedictione benedicas, et Spiritûs Sancti tui rore perfundas : ut sit omnibus legitima Eucharistia, per Christum Dominum nostrum. Qui pridie.

*(Collectio ad Panis fractionem.[k])* Respice ad hanc oblationem, omnipotens Deus, quam tibi offerimus in honorem nominis tui pro salute Regum, et exercitu eorum, et omnium circumadstantium, et præsta : ut qui ex eâ sumpserint, accipiant sanitatem mentis, integritatem corporis, tutelam salutis, intellectum sensûs Christi, securitatem spei, corroborationem fidei, æternitatem Spiritûs Sancti. Præsta per eum, qui tecum vivit et regnat.

XXXVII. MISSA PRIMA DIE SANCTO[a] PASCHÆ.

*(Collectio post Prophetia.)* Summe omnipotens Deus, qui cornu salutis nostræ in crucis tuæ mysterio extulisti, ut nos in domo David pueri tui regali fastigio sublimares :

13*

---

[g] cf. Ps. 138. 11. Nox illuminatio mea in deliciis meis; and Ps. 91. 5. Delectasti me, Domine, in factura tua.

[h] The Early Church seems to have held unanimously that Adam obtained favour with God, and was translated from hell to paradise when Christ after His crucifixion descended into hell. There are several references to this in the Mozarabic Missal. The next two sentences refer to the parables of the lost piece of silver and of the lost sheep as applied to man's redemption.

[i] cf. c. 27 Matth. v. 52, 53. Multa corpora sanctorum . . . exeuntes de monumentis post resurrectionem ejus, venerunt in sanctam civitatem.
cf. O beata nox, quæ sola meruit scire tempus et horam, in qua Christus ab inferis resurrexit! Hæc nox est, de qua scriptum est : Et nox ut dies iluminabitur ; – *supra* p. 89.

[†] T. 292

* M. 251
cf. Omnia quæcunque voluit, Dominus fecit in cœlo, in terra, in mari, et in omnibus abyssis. Ps. 134. 6.

[j] See above p. 15

[k] This seems the only example preserved in the Gallican Liturgies of a prayer during the breaking of the bread. In the Mozarabic it frequently occurs, being placed before the Lord's prayer, and consisting either of the Creed or of an anthem taken from Holy Scripture. The present collect more resembles those in the Eastern Liturgies.

[a] MS *sanctum*, and three lines after, *mysterium*.
With regard to this prayer and that which follows, see the remarks above p. 34. The allusions to the Benedictus should be observed.
Erexit cornu salutis nobis in domo David pueri sui. S. Luke 1. 69.

in quo etiam trifario titulo Trinitatis nobis
Unitas manifestata clarescens ostenditur:
Salvator nempe in homine, Sacerdos quippe
in chrismate, Rex scilicet secundùm carnem
ex genere: preces nostras tuæ supplices pro-
sternimus majestati: ut quos in tuo nomine
per lavacrum regenerationis consecrare digna-

cf. serviamus illi in sanctitate et
justitia S. Luke i. 74, 75.

tus es, præstes etiam in sanctitate et justitiâ
tibi Domino servientes, unanimitatem fidei
per infusionem Spiritûs tui Sancti inviolabiliter

cf. ad dirigendos pedes nostros in
viam pacis. ib. v. 79.

custodire; ac per viam pacis liberis gressibus
properantes, cœlestia regna conscendere. Per
resurgentem.

*(Post Precem.)* Deus, qui evulsis superstitionum spinis, in Ecclesiâ tuâ plantaria
fidei altâ radice posuisti; exaudi precem

cf. Ps. 79. 14 Respice de cælo, et
vide, et visita vineam istam.

familiæ tuæ: respice de cœlo, et vide et visita
vineam istam, et præsta: ut te inrigante,
fructum accipiat in ubertate, quæ, te plantante, incrementum accipit in germine. Per
resurgentem.

Such Apologies are not unfrequent
in the earlier Roman Liturgies in
France, though we have not met
with the one now before us.

† T. 293
* M. 252

b MS *maxime.*

*(Apologia Sacerdotis.)* Ante tuæ immen-
sitatis conspectum,† et ante tuæ ineffabilitatis
oculos, O Majestas mirabilis, scilicet ante tuos
sanctos vultus,* magne Deus, et maximæ[b]
pietatis et potestatis omnipotens Pater, quàm-
libet non sine debitâ reverentiâ, attamen
nullâ officii dignitate, vilis admodum precator

cf. Ante oculos tuos Domine, reus
adsisto: conscientiæ testis rogare non
audeo, quod impetrare non mereor.—
Martene i. 187b.

accedo, et reus conscientiæ testis adsisto.
Quidne rogabo quod non mereor? At ne piè
(non sine Dei pace dictum sit) quòd peccati
magis est accusator, qui pro peccatis debuit
esse interventor? Accuso ergo me tibi, et
non excuso: et coram testibus confiteor injustitiam meam tibi Domino Deo meo. Confiteor,

cf. Ps. 31. 5 Dixi, Confitebor adversum me injustitiam meam Domino: et tu remisisti impietatem
peccati mei.

inquam, confiteor sub testibus injustitiam
impietatis meæ, ut remittas impietatem peccati

See Sac. Gall. p. 375a. Habes Domine confitentes reos.

mei. Confiteor, quòd nisi remittas, rectè me
punias. Habes me confitentem reum, sed
(scio) nisi verbis non emendantem. Verbis
enim placo, operibus offendo. Culpam sentio,
emendationem differo. Subveni ergo, subveni,
pietas ineffabilis. Ignosce, ignosce mihi,
Trinitas mirabilis. Parce, parce, parce, sup-

cf. c. 15 Lucæ v. 18, 19 " Pater,
peccavi in cœlum et coram te; jam
non sum dignus vocari filius tuus:
fac me sicut unum de mercenariis
tuis;" and observe the substitution
of the ablative *cœlo* for the accusative.

plico, Deitas placabilis. Exaudi, exaudi, exaudi me, rogo, his verbis illius Filii tui
clamantem: Pater, æterne Deus, peccavi in
cœlo, et coram te: jam non sum dignus vocari

filius tuus; fac me ut unum de mercenariis tuis. Et nunc, Pater misericors, unicum [c] misericordiæ tuæ portum, Christo favente, peto : ut quod per me vilescit, per illum acceptum ferre digneris. ¡Qui in æternum tecum vivit et regnat.

[c] Compare this very strong expression with the equally strong phrases in later offices applied to the B. V. M. as the *mediatrix, salvatrix, porta cœli.* &c.

*(Præfatio Missæ.)* Expectatum, fratres carissimi, et desideratum nobis atque universo generi humano salutarem Paschæ diem adepti, concordi ac religiosâ prece omnipotenti Deo gratias agamus, poscentes ejus misericordiam in hac die [d] Resurrectionis Domini nostri Jesu Christi Filii sui, ut tribuat temporum quietem, Regum pacabilitatem,[e] Judicum mansuetudinem, hostium infirmitatem, corporum salubritatem, aeris temperiem, anni benignitatem, fructuum copiam, schismatum pœnitentiam, Gentium vocationem : et conventum Ecclesiasticum[f] pacificâ et purâ congregatione, Paracliti sui sanctificatione conlustret : devotum [g] ac dicatum sibi virginalem pudorem, et continentiæ propositum gloriosum atque beatum in omnibus custodiat : viduarum laboriosam continentiam suâ miseratione confoveat : orphanis opem pietatis paternæ impertiat. Per resurgentem à mortuis Dominum nostrum.

[d] *die* is an addition of Mabillon's.

[e] MS *pagabilitatem.*

[f] MS *ecclesiasticæ.*

[g] The conclusion of this prayer occurs above p. 20 in M. Richen.

*(Collectio sequitur.)* Deus omnipotens, exaudi populum tuum, hac die ad gloriam Resurrectionis Domini nostri Jesu Christi Filii tui in tuo nomine congregatum ; et majestatem * tuam suppliciter exorantem dirige ex præsenti festivitate in lætitiam sempiternam : atque ex hac hodiernæ sollemnitatis exultatione ad gaudia incorrupta transmitte. Per resurgentem.

\* M. 253

†*(Post nomina.)* Suscipe, quæsumus, Domine, hostiam placationis et laudis ;[h] et has oblationes famulorum famularumque tuarum, quas tibi offerimus hodie in Resurrectione Domini nostri Jesu Christi secundùm carnem, placatus adsume. Tribue etiam per intercessionem Sanctorum tuorum caris nostris, qui in Christo dormierunt, refrigerium in regione vivorum. Per.

† T. 294

[h] MS *laudes.*

*(Ad Pacem.)* Annue, quæsumus, Domine, supplicibus tuis : ut hæc nostræ servitutis oblatio in diem Resurrectionis Domini nostri Jesu Christi, et salutem nobis conferat et pacem. Per resurgentem.

This prayer and the first part of the preceding one seem to be Roman rather than Gallican.

cf. S. Leon. p. 65. Supplices et rogamus, Deus, ut munera, quæ deferimus, et devotionis gratiam nobis conferant et salutem. Per &c.

i cf. Ps. 89. 14 "Repleti sumus mane misericordia tua;" where S. Augustine mentions that " alii interpretes " have, "satiati sumus mane misericordia tua;" this we find in the Mozarabic psalter, with the accusative instead of the ablative, as in the text, which accordingly we retain, though Mabillon changes it.
j cf. Ps. 117. 27 Deus Dominus, et illuxit nobis.
k MS *temporum*.
l cf. Hos. 6. 3 "Vivificabit nos post duos dies ; in die tertia suscitabit nos ;" this prophecy is also referred to in M. Moz. p. 200. 46 where it is more accurately quoted.
m We ought surely to read *nox* from the mg.
n MS *Laudes*.
o A reference to S. Luke 19. 40 Dico vobis, si hi tacuerint, lapides clamabunt. The following words are made up from several texts ; Ps. 76. 16 Viderunt te, aquæ, Deus ; viderunt te aquæ et timuerunt. Ps. 103. 7 A voce tonitrui tui formidabunt. 1 Cor. 15. 54, 55 Absorpta est mors in victoria. Ubi est, mors, victoria tua ? ubi est, mors, stimulus tuus ?

* M. 254

p We have supplied these words on the authority of the Apostle and the M. Moz. The omission was easy owing to the repetition of the word *victoria*.
q cf. Ps. 149. 5 Exultabunt sancti in gloria ; lætabuntur in cubilibus suis.
*(Post Sanctus.)* Hec te nox Domine mixta luce comitatur: que cum in supernis Domini perennitatem exerceat: celebrationem tanti nominis invexit in terris: ut hujusmodi preconia si homines tacerent saxa clamarent. Viderunt te inferi: Deus Viderunt te, et tremuerunt a voce tonitrui tui: dicentes. Absorpta est mors in victoria. Ubi est mors victoria tua ? Ubi est mors aculeus tuus: Propter quod attonita paululum stetere supplicia miserorum. Nec habeant cruentum (*l.* habebant cruciatum) tormenta sic vicisse cernentia crucifixum: et judicem suum ipsa etiam pena contremuit. Quia natura horribilium tenebrarum presentia sui fulgoris : et vetata jam tunc timuit judicari. Exultaverunt Sancti in gloria letantes in cubilibus suis: quod auctorem promisse sibi lucis agnoscerent : quorum tu Domine stipatus agminibus: et tu tanto noti splendoris candore perfusus: sacrificia per te instituta sanctifica. Non invocantis merito : sed instituentis magisterio vel exemplo. Ut cunctis rite perfunctis: Salvatore nostro ab inferis jam regresso: et mors se

r MS *noti*, seemingly adopted from the mg. by a careless copyist, who altered the sentence but partially. This shows that the Mozarabic is the original source of those prayers which it has in common with the Gothic.
s MS has *invitantes* and in the same line *sanctificantes*. Perhaps the reading in the mg. *invocantis* is preferable.

† T. 295

*(Contestatio.)* Dignum et justum est, æquum et salutare est, nos tibi hîc et ubique semper gratias agere, Domine sancte, Pater omnipotens, æterne Deus. Sed in hac die Resurrectionis Domini nostri Jesu Christi Filii tui gratulatio major exultat in cordibus nostris. Hic est enim dies, in quo nobis exorta est perpetuæ causa lætitiæ. Hic est dies resurrectionis humanæ, et vitæ natalis æternæ. Hic est dies, in quo satiati sumus mane misericordiam tuam :[i] quo nobis ille Benedictuŝ, qui venit in nomine Domini, Deus noster· inluxit nobis.[j] Hic enim Dominus noster Jesus Christus Filius tuus adimplens prophetias temporibus[k] præstitutis, visitavit nos post biduum, die tertiâ resurrexit.[l] Hic est enim dies tanti muneris benedictione signatus, qui hodiernâ festivitate gaudentibus in toto orbe mortalibus frequentatur. Quia omnium mors perempta est in cruce Christi, et in Resurrectione ejus omnium vita surrexit. Et nunc, Domine sancte, Pater omnipotens, æterne Deus, supplices deprecamur : uti hanc oblationem benedicere et sanctificare digneris. Per Christum Dominum nostrum.

*(Post Sanctus.)* Hæc te vox,[m] Domine, mysticâ luce comitatur, quæ cùm in supernis Dominicæ perennitatem laudis[n] exerceat, celebrationem tanti nominis invexit et terris : ut hujusmodi Personas si homines tacerent, saxa clamarent.[o] Viderunt te inferi, Deus ; viderunt, et timuerunt à voce tonitrui tui, dicentes : Absorptâ est mors in victoriâ. [Ubi est, Mors, victoria][p] tuâ ? Ubi est, Mors, aculeus tuus ? Adtonita paululum miserorum stetere supplicia ; nec habuerunt tormenta cruciatum ; et Judicem suum * ipsa etiam pœna contremuit : quia natura terribilium tenebrarum, præsentiâ tui fulgoris habitâ, jam tunc timuit judicari. Exultaverunt[q] sancti in gloriâ, lætantes in cubilibus suis : quòd Auctorem promissæ sibi lucis agnoscerent. Quorum tu, Domine, stipatus agminibus, et tibi tantùm noto[r] splendore perfusus, sacrificia per te instituta sanctifica, non invitantis[s] merito sed sanctificantis exemplo : ut cunctis ritè perfectis, Salvatore † nostro ab inferis jam reverso, et mors se

intelligat victam, et vitam revocatam, per Christum Dominum nostrum. Qui pridie quàm pateretur.

lugeat victam: et vita tripudiet resti-
tutam. Per te Dominum ac redemptorem eternum. – M. Moz. p. 206. 75.

## XXXVIII. Missa Matutinalls per totum Pascha pro Parvulis qui renati sunt.[a]
### Secunda Feria.

[*Collectio.*] Deus, qui credentes in te populos gratiæ tuæ largitate multiplicas; respice propitius ad electionem tuam : ut qui sacro Baptismate sunt renati, regni cœlestis mereantur introitum. Per Dominum.

(*Collectio.*) Famuli tui, Domine, qui ad tuam sunt gratiam vocati, tuo indesinenter protegantur auxilio; ut qui divino sunt Baptismo regenerati, numquam à tui regni potentiâ possint evelli. Per.

(*Post nomina.*) Adesto, Domine, supplicationibus nostris : et oblationes famulorum ac famularum tuarum, quas tibi offerimus, placidus ac benignus adsume. Per

Adesto Domine supplicationibus nostris : et oblationes famulorum tuorum, quas tibi offerimus, diem octavarum suarum spiritalium celebrantes (quo die eos sacro Fonte Baptismatis renasci jussisti) placitus ac benignus adsume.—Miss. Gall. p. 372a.

(*Ad pacem.*) Concede, quæsumus, omnipotens Deus: ut festa Paschalia, quæ devotione colimus, moribus exsequamur. Per.

In the Sac. Gall. it occurs in what looks like the most genuine Gallican form, viz. with an addition at the end to adapt it to its place as the Collect *ad Pacem*, which makes it probable that what we have in the text is of Roman origin.

(*Immolatio.*) Verè dignum et justum est : quia verus ille Agnus, qui pro nobis est immolatus. Qui mortem nostram, moriendo, destruxit; et vitam nostram, resurgendo, reparavit, Jesus Christus Dominus noster. Cui merito omnes Angeli.

[a] In the Miss. Gall. this title is given to a Missa distinct from those assigned to the days within the Octave of Easter, and composed of the Roman prayers in the following service for Easter Monday, i. e. the first, third and fifth collects, q. v. p. 372 *infra*.

Deus, qui credentes in te populos gratiæ tuæ largitate multiplicas, respice propitius ad electionem tuam; ut qui Sacramento Baptismatis sunt renati, Regni cælestis mereantur introitum. Per.—S. Gel. p. 82a.

Famuli tui, Domine, qui ad tuam sunt gratiam vocati, tuo indesinenter protegantur auxilio : ut qui divino sunt Baptismo regenerati, nunquam a tui regni potentia possint evelli. Per D.—Miss. Gall. p. 370a
cf. Ut qui per te renati sumus ex aqua et Spiritu Sancto; non patiamur ab ethnicis et irregeneratis divelli a sancto proposito.—M. Moz. p. 22. 100

Propitiare Domine supplicationibus nostris; et has oblationes famulorum famularumque tuarum benignus adsume; ut quod singuli obtulerunt ad honorem nominis tui, cunctis proficiat ad salutem. Per.–S. Gel. p. 165b. Miss. Franc. p. 322b

Concede, quæsumus, omnipotens Deus: ut festa Paschalia, quæ devotione colimus, moribus exsequamur. Per.–Miss. Gall. p.-371a Sac. Gall. p. 332a.
cf. Perfice, Domine, quæsumus, benignus in nobis, ut quæ sacris mysteriis profitemur, piis actionibus exsequamur. Per &c.—S. Leon. p. 121.

Vere dignum . . . ipse enim verus est Agnus, qui abstulit peccata mundi : qui mortem nostram, moriendo, destruxit; et vitam resurgendo, reparavit. – S. Gel. p. 77b; see also p. 78b; Miss. Gall. p. 367b : Sac. Gall. p. 330b.

## XXXIX. Item Missa Paschalis.
### Tertia Feria.

[*Collectio.*] Deus, qui omnes in Christo renatos genus regium et sacerdotale esse fecisti, da nobis velle et posse quod præcipis : ut populo ad æternitatem vocato una sit fides mentium, et pietas actionum. Per.

(*Collectio.*) Omnipotens sempiterne Deus, per quem nobis redemptio præstatur et adoptio : respice in opera pietatis tuæ ; et quæ dignatus es conferre, conserva : ut in Christo renatis æterna tribuatur * hereditas et vera libertas. Per.

(*Post nomina.*) Suscipe, Domine, munera nomini[a] tuo oblata ; quæ in Filii tui resurrec-

Deus, qui omnes in Christo renatos genus regium et sacerdotale fecisti ; da nobis et velle et posse quod præcipis, ut populo ad æternitatem vocato una sit fides cordium et pietas actionum. Per.—S. Gel. p. 80a. cf. Miss. Gall. p. 367a.

Deus, per quem nobis et redemptio venit, et præstatur adoptio ; respice in opera misericordiæ tuæ, ut in Xpo renatis æterna tribuatur hæreditas et vera libertas, per eundem.—S. Gel. p. 84b. cf. Miss. Gall. p. 371a.

* M. 255
[a] MS *nomine* and in the next line *triumphantes*.
Suscipe Domine munera nomini tuo oblata: quæ in Filii tui Resurrec-

tione ;triumphantis in gloria, universalis ejus quæsita Sanguine, offert Ecclesia.—Miss. Gall. p. 368a.

Deus, qui per Unigenitum tuum devicta morte æternitatis nobis aditum reserasti! erige ad te tuorum corda credentium ut—S. Gel. p. 85a. See also below p. 258b.

cf. . . . ut qui sacramento baptismatis sunt renati, regni cœlestis mereantur introitum, per.—S. Gel. p. 82a quoted above p. 103.

† T. 296

Dignum et justur, est, Nos tibi gratias agere omnipotens sempiterne Deus, per Jesum Christum Filium tuum Dominum nostrum. Per quem humanum genus vivificans, Pascha etiam per Moysen et Aaron famulos tuos Agni immolatione jussisti celebrare : consequentibus temporibus usque ad adventum Domini nostri Jesu Christi, (qui sicut ad victimam ductus est) eamdem consuetudinem in memoria observare præcepisti. Ipse est Agnus immaculatus, qui prioris populi prima Pascha in Ægypto fuerat immolatus. Ipse est Aries, in vertice montis excelsi de vepre prolatus, sacrificio destinatus. Ipse est Vitulus saginatus, qui in tabernaculo patris nostri Habrahæ, propter hospites est victimatus. Cujus Passionem et Resurrectionem celebramus; cujus et adventum speramus : et ideo cum Angelis et Archangelis non cessant clamare dicentes. Sanctus, Sanctus, Sanctus. — Miss. Gall. p. 368b.

b MS prima.

tione triumphantis in gloriâ, universalis ejus adquisita sanguine offert Ecclesia.   Per.

*(Ad Pacem.)*   Omnipotens sempiterne Deus, qui per Unigenitum tuum æternitatis nobis aditum, devictâ morte, reserasti ; erige ad te corda credentium ; ut omnes in Christo renati ex aquâ et Spiritu † Sancto, regnum cœlorum ingredi mereantur.   Per.

*(Immolatio.)*   Dignum et justum est, nos tibi gratias agere, omnipotens sempiterne Deus, per Jesum Christum Filium tuum Dominum nostrum.   Per quem humanum genus vivificans, Pascha etiam per Moysen et Aaron famulos tuos Agni immolatione jussisti celebrari : consequentibus temporibus usque ad adventum Domini nostri Jesu Christi (qui sicut agnus ad victimam ductus est) eandem consuetudinem in memoriam observare præcepisti.   Ipse est Agnus immaculatus, qui prioris populi primum [b] Pascha in Ægypto fuerat immolatus.   Ipse est Aries in verticem montis excelsi de vepre prolatus, sacrificio destinatus.   Ipse est Vitulus saginatus, qui in tabernaculo patris nostri Abrahæ propter hospites est victimatus.   Cujus Passionem et Resurrectionem celebramus : cujus et adventum speramus.   Et ideo cum Angelis et Archangelis clamantes dicimus.

### XL. Item Missa Paschalis.
### Quarta Feria.

Omnipotens sempiterne Deus, qui populum tuum, quondam Jordane transiecto, terram fecisti promissionis intrare.—Miss. Ambr. p. 361

Deus, qui populum tuum sacro Jordane flumine transacto, terram tuæ fecisti promissionis intrare ; concede quæsumus : ut et nos quoque Majestatis tuæ revelato mysterio, divina semper beneficia sentiamus. Per Dominum.—Miss. Gall. p. 369a.

a MS relevato.

Annue nobis, quæsumus, Domine : ut quemadmodum mysteria Resurrectionis Domini nostri Jesu solemnia colimus; ita et in adventu ejus gaudere cum Sanctis omnibus mereamur. Per Dominum. —Miss. Gall. p. 369a.

*[Collectio.]*   Deus, qui populum tuum sacrum, Jordane flumine transacto, terram tuæ fecisti repromissionis intrare ; concede quæsumus : ut et nos quoque majestatis tuæ revelato [a] mysterio, divina semper beneficia sentiamus.   Per.

*(Collectio.)*   Annue nobis, quæsumus, Domine : ut quemadmodum mysteria Resurrectionis Domini nostri Jesu Christi sollemnia colimus ; ita et in adventu ejus gaudere cum Sanctis omnibus mereamur.   Per.

*(Post nomina.)*   Auditis nominibus offerentum, debitâ cum veneratione beatissimorum Apostolorum et Martyrum omniumque sanctorum commemoratione decursâ, et offerentum et pausantium commemoremus nomina : ut æternalibus indita paginis, Sanctorum cœtibus adgregentur.   Per.

\* M. 256

*(Ad Pacem.)* Deus, per cujus os prolatum est, quòd pacem omnibus dares,\* et pacis statuta relinqueres; infunde in cordibus nostris pacis studium et piæ voluntatis affectum: ut vitiorum omnium labe purgati, pacem,[b] quam labiis ore[c] prosequimur, immaculatis cordibus teneamus. Per.

*(Contestatio.)* Dignum et justum est, nos tibi semper laudes et gratias agere, omnipotens sempiterne Deus, per Jesum Christum Filium tuum Dominum nostrum. Qui[d] sicut ovis ad occisionem pro nobis ductus est, et ut agnus coram tondente se sine voce, sic non aperuit os suum. Hic enim est Agnus Dei, Unigenitus† Filius tuus, qui tollit peccatum mundi : qui se pro nobis offerendo non desinit, nosque apud te perpetuâ advocatione defendit; quia nunquam moritur immolatus, sed semper vivit occisus. Pascha enim nostrum immolatus est Christus : ut jam non in fermento veteri, neque in carnalium sanguine victimarum, sed in azymis sinceritatis, et corporis veritatis[e] immolemus. Per Christum Dominum nostrum.

### XLI. ITEM MISSA PASCHALIS, QUINTA FERIA.

*[Collectio.]* Deus, qui sollemnitate Paschali cœlestia mundo remedia benignus operaris ; annuæ[a] festivitatis hujus dona prosequere : ut per observantiam temporalem ad vitam nobis proficiat sempiternam. Per.

*(Collectio.)* Deus, qui et libertatis nostræ auctor es et salutis ; exaudi supplicantium voces : atque eos, quos sanguinis tui effusione[b] redemisti, præsta, ut per te vivere, et perpetuâ in te facias incolumitate gaudere. Salvator.

*(Post nomina.)* Auditis nominibus offerentium, æternitatis Dominum deprecemur : ut in nobis vel timor ejus, vel cordis puritas, vel caritas quæ casum non habet, immobilis perseveret. Quia hæc est salutaris oblatio, hæc vera, hæc pinguis hostia. Ista sunt pura libamina, quæ et pro nobis, et pro requie defunctorum, contritis et humiliatis cordibus offeruntur. Per.

*(Ad Pacem.)* Tribue Domine, ut ita apud universos redemptionis[c] tuæ famulos infractæ caritatis exundet affectus, ut nihil odiorum

14

[b] See the same prayer *infra* p. 289a 299b

[c] Should we not correct *oris?*

[d] This passage of Isaiah 53. 7 is here quoted as it occurs in Acts 8. 32 " Tanquam ovis ad occisionem ductus est: et sicut agnus coram tondente se, sine voce, sic non aperuit os suum." Of the sentences that follow, two are from Holy Scripture. S. John 1. 29 Ecce Agnus Dei, ecce qui tollit peccatum mundi. 1 Cor. 5, 7, 8 Pascha nostrum immolatus est Christus ... non in fermento veteri.

[e] *veritas* is here opposed to the figures under the Law. Compare a passage in M. Moz. p. 192. 14 " Ille verus agnus qui abstulit peccata mundi. Qui non in figura veteri : alio offerente mactatus est: sed in corpore veritatis adveniens: adimplevit figuras carnalium sacrificiorum."

Dignum et justum est, nos tibi semper laudes et gratias agere, omnipotens sempiterne Deus, per Jesum Christum Filium tuum Dominum nostrum. Qui sicut ovis ad occisionem pro nobis ductus est: et ut agnus coram tondente, sic non aperuit os suum. Hic enim est Agnus Dei, unigenitus Filius tuus, qui tollit peccatum mundi: qui se pro nobis offerendo non desinit, nosque aput te perpetua advocatione defendit: quia nunquam moritur immolatus, sed semper vivit occisus. Pascha enim nostrum immolatus est Christus : ut jam non in fermento veteri, neque in carnalium sanguine victimarum, sed in azymis sinceritatis et corporis veritatis immolemus. Per Christum Dominum nostrum. Per quem Majestatem tuam laudant.— Miss. Gall. p. 369a. The first part of it down to *occisus* occurs in Sac. Gall. p. 322b with other matter before it.

† T. 297

[a] MS *annue.*

Deus, qui solemnitate Paschali cœlestia mundo remedia benignus operaris ; annua festivitatis hujus dona prosequere, ut observantia temporalis ad vitam proficiat sempiternam. Per.—S. Gel. p. 79a.

Deus omnipotens, qui et vitæ nostræ auctor es et salutis, exaudi supplicum voces, atque eos quos sanguinis tui effusione redemisti, præsta, et per te vivere, et perpetua facias sensuum incolomitate gaudere.—S. Gall. p. 329a

[b] See above p. 48 note [k], as also M. Moz. 248. 65 Conserva Domine, in pace tua, quos redemisti effusi sanguinis unda.

[c] MS *redemptioni.*

d MS *per.*

**\* M. 257** interpellatio \* prævaleat adpetitus : sed testimonium osculi, quod pro [d] perfectione mansuræ pacis impenditur, nullâ deinceps simultatis fraude frustretur.   Salvator.

*(Immolatio.)*  Verè dignum et justum est, unianimes et concordes omnipotentem Deum profusiùs deprecari cum unico Filio ejus Domino Jesu Christo Salvatore nostro, qui Ecclesiam suam secundâ liberavit à morte, quando sanguis ipsius effusus est super cruce. Per ipsum te rogamus, omnipotens Deus : ut Ecclesiam tuam augeas in fide, custodias in spe, protegas in caritate : et sacrificia nostra libens suscipere digneris cum gloriâ et honore. Et ideo cum Angelis et Archangelis laudamus, dicentes.

## XLII. ITEM MISSA PASCHALIS, SEXTA FERIA.

Omnipotens sempiterne Deus, qui ad æternam vitam in Christi resurrectione nos reparas.—S. Gel. p. 78b.

[*Collectio.*]  Deus qui ad æternam vitam in Christi Resurrectione nos reparas : da nobis cœlestia sapere, et à terrenis cupiditatibus abstinere. Per.

**† T. 298**

The introduction to this prayer is taken from the Epistle to the Colossians.  In ipso complacuit omnem plenitudinem inhabitare. c. 1 v. 19 exspolians principatus et potestates, (where an old reading preserved by S. Ambrose 3. de Fide § 12 and Ambrosiaster in loc. has *exuens*) c. 2 v. 15 ; per eum reconciliare omnia. c. 1. v. 20 in ipso condita sunt universa. ib. v. 16.
a MS *paschalis.*
b MS *victoria.*

†*(Collectio.)*  Deus gloriæ, cui complacuit in Unigenito tuo omnem plenitudinem habitari, omnes principatus et potestates exuere, atque in eo reconciliare omnia, in quo condideras universa : aspice festivas subditæ congregationis excubias, accipe preces Paschalibus [a] supplicationibus votivas : et qui dedisti nobis Dominicæ Resurrectionis temporum revolutione victoriam,[b] da nobis ipsius festivitatis operum sanctificatione lætitiam.   Per.

Da misericors Deus, ut in Resurrectione Domini nostri Jesu Christi, inveniamus et nos veraciter portionem.  Per.—S. Gel. p. 85a. (" percipiamus veraciter."—S. Greg. p. 82 as in the text)

*(Post nomina.)*  Da, misericors Deus : ut in Resurrectione Domini nostri Jesu Christi percipiamus veraciter portionem.  Per.

Deus qui populum tui fecisti Redemptionis participem ; concede nobis, quæsumus ; ut et Resurrectionis Dominicæ in perpetuo gratuletur. Per.– Miss. Gall. p. 370a
c *die* is an addition of Mabillon's. The mg. will supply an easier correction.

*(Ad Pacem.)*  Deus, qui populum tuum tuæ fecisti redemptionis participem ; concede nobis, quæsumus : ut de [die][c] Resurrectionis Dominicæ in perpetuo gratulemur.  Per.

Dignum et justum est, nos tibi gratias agere, Sancte Pater omnipotens æterne Deus, per Jesum Christum Filium tuum Dominum nostrum ; quem pro nobis omnibus tradi hostiam voluisti. O mira circa nos pietatis tuæ dignatio ! O ineffabilis dilectio caritatis, ut servos redimeres, Filium tradidisti ! O certe necessarium Adæ peccatum, quod Christi morte deletum est ! O fidelem culpam, quæ talem ac tantum meruit habere Redemptorem.  Nunquam enim quanta

*(Immolatio.)*  Dignum et justum est, nos tibi gratias agere, Domine sancte, Pater omnipotens, æterne Deus, per Jesum Christum Filium tuum Dominum nostrum, quem pro nobis omnibus tradi hostiam voluisti.  O mira circa nos pietatis tuæ dignatio ! O ineffabilis dilectio caritatis ; ut servum Adæ redimeres, Filium tradidisti ! O certè necessarium Adæ peccatum, quod Christi morte deletum est ! O felix culpa, quæ talem ac tantum meruit habere Redemptorem ˙  Numquam  enim  quanta  circa

nos pietatis tuæ dilectio esset, cognosceremus, nisi ex morte unici et coæterni Filii tui Domini ac Dei nostri Jesu* Christi probaremus. Vicit malitiam diaboli pietatis tuæ dignatio : quia ubi abundavit peccatum, superabundavit et gratia.[d] Sed plus nobis tua misericordia reddidit, quàm invidus inimicus abstulerat. Ille Paradisum invidit : tu cœlos donasti. Ille mortem temporalem intulit; tu vitam perpetuam tribuisti. Propterea profusis gaudiis totus in orbe terrarum mundus exultat : sed et supernæ concinunt Potestates hymnum gloriæ tuæ, sine fine dicentes.

> cf. O mira circa nos tuæ pietatis dignatio ? O inæstimabilis dilectio caritatis; ut servum redimeres, Filium tradidisti. O certe necessarium Adæ peccatum, quod Christi morte deletum est! O felix culpa, quæ talem ac tantum meruit habere Redemtorem!—*supra* p. 89.

circa nos pietatis tuæ dilectio esset, agnosceremus, nisi ex morte unici et coæterni Filii tui Domini ac Dei nostri Jesu Christi probaremus. Vincit malitiam Diaboli pietas tuæ dignationis : quia ubi abundavit peccatum, superabundavit et gratia : sed plus nobis tua misericordia reddidit, quam invidus inimicus abstulerat : ille Paradisum invidit, Tu cœlos donasti : ille mortem temporalem intulit, Tu vitam perpetuam tribuisti. Propterea profusis gaudiis, totus in orbe terrarum mundus exultat ; sed et supernæ concinunt Potestates hymnum gloriæ tuæ sine fine dicentes.—Miss. Gall. p. 370a.

**\* M. 258**

[d] cf. ubi autem abundavit delictum, superabundavit gratia. c. 5 ad Rom. v. 20. The same text was quoted above p. 20 but in other words.

---

XLIII. MISSA IN DIE SABBATO OCTAVÆ[a] PASCHÆ.

*[Collectio.]* Conserva, Domine, familiam tuam, quos ex aquâ et Spiritu Sancto propitius redemisti · ut veterem hominem cum suis actibus exspoliantes, in ipsius conversatione vivamus, ad cujus substantiam, per hæc paschalia dierum octavarum tuæ Resurrectionis mysteria, transtulisti. Per.

*[Collectio.]* Fac, omnipotens et misericors Deus : ut quod octavarum dierum Resurrectionis tuæ paschalibus celebramus officiis, fructiferum nobis omni tempore sentiamus. Salvator.

†*(Post nomina.)* Deus misericordiæ sempiternæ,[b] qui in ipso Paschalis festi recursu fidem sacratæ tibi plebis accendis ; auge[c] gratiam, quam dedisti : ut dignâ omnes intelligentiâ comprehendant, quo lavacro abluti, quo Spiritu regenerati, quo Sanguine sunt redempti. Per.

*(Ad Pacem.)* Deus, qui[d] per Unigenitum tuum æternitatis nobis aditum, devictâ morte reserasti; deduc nos ad societatem cœlestium gaudiorum : ut Spiritu Sancto renatos, regnum tuum facias introire. Per resurgentem.

*(Contestatio.)* Dignum et justum est, necessarium et salutare est, ut te Dominum ac Deum, totis visceribus humana conditio veneretur, Rex mirabilis Christe. Cujus condemnatione, tartareis vinculis absoluta credentium turba, libertatis insignia gratulatur. Qui verè ut Leo de tribu Juda mundo ostensus,

14*

[a] MS *octava.*

Concede, quæsumus omnipotens Deus, vt veterem cum suis actibus hominem deponentes, illius conuersatione viuamus, ad cuius nos substantiam paschalibus remediis transtulisti. Per eundem Dominum nostrum—S. Greg. vet. p. 121.

Confirma Domine famulos tuos, quos ex aqua et Spiritu Sancto propitius redemisti; ut veterem hominem cum suis actionibus deponente, in ipsius conversatione vivamus; ad cujus substantiam per hæc Paschalia mysteria transtulisti. Per.— Miss. Gall. p. 371a.

Fac misericors Deus : ut quod Paschalibus celebramus officiis, fructiferum nobis omni tempore sentiamus. Per.—Miss. Gall. p. 370a.

Concede, quæsumus, misericors Deus, ut quod Paschalibus exequimur institutis, salutiferum nobis omni tempore sentiamus. Per Dominum nostrum. —S. Greg. p. 90.

**† T. 299**

[b] MS *sempiterne* which Vezz. thinks correct. In the same line it has *festæ recursum.*

[c] cf. S. Greg. p. 83 " ... auge super famulos tuos gratiam quam dedisti: ut . . ." This and the following prayer are evidently purely Roman. It will be observed that they are not even adapted to the positions they here occupy.

[d] See above, p. 104.

Dignum et justum est, necessarium et salutare est, ut te Dominum ac Deum totius visceribus humana conditio veneretur, Rex mirabilis Christe. Cujus condemnatione tartareis vinculis absoluta credentium turba, libertatis insignia gratulatur. Qui vere et Leo de Tribu Juda mundo ostensus, animarum devorationem extinctum leonem diabolum, omnis terra lætatur. Permittis te clavorum nexibus alligatum, ad stipitem Crucis tereri : ut non sit parva, quem impius quondam expavescat potentiam. Ad cujus vocem emittens spiritum, terra tremuit, cœlum expavit, dies fugit, sol obscuratus est, astra absconden-tia radios suos, simul omnia migra-verunt. Cujus descensu confractis portis, luget infernus : quo resur-gente, lætantur Angeli ; et exultat terra cum habitatoribus suis. In quo triumpho conspicitur conminatio illa Prophetico ore promissa: Ero mors tua, o inferne. Ubi est ergo victoria tua? nec enim ab alio poterat nisi a vita mors devorari. Qui descensu suo eos qui tenebantur a morte, superis reddidit resurgendo: ut ejus resurrectio vivorum vel mortuorum testimonio firmaretur. Unde sancte Pater, omnipotens æterne Deus per Jesum Christum Filium tuum Do-minum nostrum gloria tibi semper, qui in te et ex te et tecum semper. Quem te etiam laudant Angeli.—Miss. Gall. 373a.

e MS *permittes.*
f "Sic in Missali Gallicano; an te-neri ?"—Mab.          * M. 259

g Patois for *emittentis.*
h Perhaps the reading in the mg. is better.
i Edd. have *formaretur* which we correct from mg.
a " Eo nomine denotabant veteres Paschatis octavam qua solemnitas ipsa concludebatur. Vide S. Gel. p. 86." Vezz.
"Nihil hic de Pascha *annotino* quod Baptizatus quisque anniversa-rium, id est, ipso die, quo Baptismum suscepisset, quotannis rememorari debebat ex Herardo sæculi noni Episcopo Turonensi in Capitulo xciii." Mab.
b Rather *veri* as in mg.
Deum, qui pro ruina totius mundi unicum Filium suum, adsumpta ex carne Virginis veri hominis forma, mittere dignatus est, Fratres carissi-mi, suppliciter exoremus: ut sicut in hac Resurrectionis ejusdem nos a morte perpetua cum illo resuscitavit; ita pietatis suæ dono ab omnibus nos inimici tutans insidiis, inlæsos faciat in matris Ecclesiæ gremio residere; et conscientiæ integritate de regene ratione gaudentes æternæ primitio-rum Ecclesiæ, quemadmodum devo-tione ad præsens, ita remuneratione adsociet in æternum: et hæc munera plebi suæ benedicere dignetur. Per.—Miss. Gall. 374a.

† T. 300

c MS *quem.*
d cf. S. John. 3. 16 Sic enim Deús dilexit mundum, ut Filium suum unigenitum daret.
Deus totius claritatis conditor et moderator, quem cælestia mirantur, et terrena pavitant, inferna tremis-cunt; cui Angelorum turmæ, et Archangelorum exercitus militant, non uti mundum expugnes, quem ipse fecisti; sed ut subruas mundi peccata, quæ Diabolus adinvenit: quia ita dignatus es diligere hunc mundum, ut Unigenitum tuum tra-

animarum devoratorem extinctum leonem dia-bolum omnis terra lætatur. Permittis [e] te clavorum nexibus alligatum ad stipitem Crucis tereri : [f] ut non sit parva, quem impius quon-dam expavescat, potentia. Ad cujus vocem emittens [g] spiritum, terra tremuit, cœlum ex-pavit, dies fugit, sol obscuratus est, astra abscondentes radios suos, simul omnia migra-verunt.* Cujus descensu, confractis portis, luget infernum. Quo resurgente, lætantur Angeli ; exultat terra cum habitatoribus suis. In quo triumpho conspicitur comitatio [h] illa, prophetico ore promissa : Ero mors tua, O Inferne. Ubi est ergo victoria tua? Nec enim ab alio poterat, nisi à vità mors devo-rari. Qui descensu suo eos qui tenebantur à morte, superis reddidit resurgendo : ut ejus Resurrectio vivorum vel mortuorum testimonio firmaretur.[i] Unde sancte Pater, omnipotens, æterne Deus, per Jesum Christum Filium tuum Dominum nostrum gloria tibi semper : qui in te, et ex te, et tecum semper est. Per quem te laudant.

## XLIV. Missa Clausum Paschæ. [a]

[*Præfatio.*] Deum, qui pro ruinâ totius mundi unicum Filium suum, adsumptam ex carne Virginis viri [b] hominis formam, mittere dignatus est, fratres carissimi, suppliciter exoremus : ut sicut in hâc Resurrectione ejus-dem nos à morte perpetuâ cum illo resusci-tavit ; ita pietatis suæ dono ab omnibus nos inimici tutans insidiis, inlæsos faciat in matris Ecclesiæ gremio resedere : et conscientiæ in-tegritate de regeneratione † gaudentes, æternæ primitivorum Ecclesiæ, quemadmodum devo-tione ad præsens, ita et remuneratione adso-ciet in æternum ; et hæc munera plebis suæ benedicere dignetur. Salvator.

(*Collectio.*) Deus, totius claritatis condi-tor et moderator, quem cœlestia mirantur, et terrena pavitant, inferna tremiscunt : cui Angelorum turmæ et archangelorum exerci-tus militant : non uti mundum expugnes, quem ipse fecisti ; sed ut subruas mundi peccata, quæ [c] diabolus adinvenit : quia ita [d] dignatus es diligere hunc mundum, ut Unigenitum tuum traderes pro nostrâ salute: cujus cruce redempti sumus, morte vivificati, passione salvati, resurrectione glorificati. Per ipsum itaque te supplices invocamus : ut huic familiæ tuæ in omnibus adesse digneris, sicut adfuisti patribus nostris sperantibus in tuâ misericordiâ: sic et his omnibus adesse dignare, ut sit in sensibus eorum timor devotionis tuæ, in corde fides, in opere justitia, in actu pietas, in linguâ veritas, in moribus disciplina : ut dignè riteque [e] immortalitatis * sibi præmium consequi mereantur. Per.

(*Post nomina.*) Concede, quæsumus, omnipotens Deus : ut qui Resurrectionis Dominicæ sollemnia colimus, per innovationem tui Spiritûs, à morte animæ resurgamus. Per.

(*Ad Pacem.*) Exaudi nos, Domine, sancte Pater, omnipotens Deus; et his oblationibus precibusque susceptis, præsentiam tuæ virtutis [f] intersere : ut quod singuli ad majestatis tuæ obtulerunt honorem, cunctis proficiat ad salutem. Per resurgentem.

(*Immolatio.*) Dignum et justum est, necessarium et salutare est, nos tibi gratias agere, omnipotens Deus, licèt gloriæ tuæ mortalium membra non congruant, Redemptionis nostræ perferre præconia: dum hominum genus mancipatum morte, infernorum sedibus tenebrarum vincla restringerent, spiritale [g] Verbum, per quod in principio omnia fuerant constituta, descendit in Mariam ; quæ dum partum suum Virgo miratur, inclusum hominem edidit Deum. Quem [h] tamen tuum esse, summe omnipotens Deus, antequàm nasceretur, cognoverat : quippe quæ sciebat mundi esse Principium. Is [i] namque Crucem spontaneâ voluntate, propter redemptionem humani generis, de inimico tyranno triumphaturus, ascendit : et relicto paulisper corporis templo, inferorum claustra confringens, pristinæ, ut. antè fuerat, vitæ restituit. Nec suffecerat solum hominem emendasse peccatum : sed per ablutionem cœlestem renatus redivivo ac novo nativitatis genere, remeans ad originem suam nos ad cœlestia regna perduxit. O consilium divinæ providentiæ ! O inæstimandum reparationis auxilium ! Per Virginem nobis gloriosa vita restituitur,[j] quæ per ligni inobedientiam credebatur extincta:

deres pro nostra salute: cujus Cruce redempti sumus, Morte vivificati, Passione salvati, Resurrectione glorificati. Per ipsum te itaque supplices invocamus: ut huic familiæ tuæ in omnibus adesse digneris, sicut adfuisti Patribus nostris sperantibus in tua misericordia ; sic et his omnibus adesse dignare: ut sit in sensibus eorum timor devotionis tuæ, in corde fides: in opere justitia, in actu pietas, iu lingua veritas, in moribus disciplina : ut digne riteque immortalitatis sibi præmium consequi mereantur.— Miss. Gall. p. 374a. **\* M. 260**
[e] MS *recteque.*

Concede, quæsumus, omnipotens Deus : ut qui Resurrectionis Dominicæ solemnia colimus ; per innovationem tui Spiritus a morte animæ resurgamus. Per.—Miss. Gall. p. 373b.

Concede, quæsumus omnipotens Deus, ut qui resurrectionis dominicæ solemnia colimus, innovatione tui spiritus a morte animæ resurgamus per eundem. In unit. ejusd. Spiritus.—S. Greg. apud Gerb. p. 92b. See also S. Gel. p. 78a.

Propitiare Domine supplicationibus nostris, et has oblationes famulorum famularumque tuarum benignus adsume : ut quod singuli obtulerunt ad honorem nominis tui. cunctis proficiat ad salutem. Per Dominum —Miss. Franc. p. 322b.
[f] MS has *præsentiæ tuæ virtutis* which Mabillon changes to *præsentiæ tuæ virtutem,* but the prayers we refer to in mg. show that this is incorrect.

Respice quæsumus, Domine, preces nostras, et his muneribus præsentiam tuæ majestatis intersere ; ut quod nostro servitio geritur, te potius operante formetur. Per.—S. Leon. p. 68. cf. also ib. p. 122; Miss. Amb. p. 403 and M. Moz. p. 71. 26.

Dignum et justum est, necessarium et salutare est, nos tibi gratias agere, omnipotens (licet gloriæ tuæ mortalium membra non congruant) redemptionis nostræ præferre præconia : Dum hominum genus mancipatum morte, inferorum sedibus tenebrarum vincla restringerent ; spiritale Verbum (per quod in principio omnia fuerant constituta) descendit in Mariam : quæ dum partum suum Virgo miratur, inclausum hominem edidit Deum. Quæ tamen tuum esse, summe Omnipotens, antequam nasceretur, cognoverat : quippe quæ sciebat mundi esse Principium. Is namque Crucem spontanea devotione propter redemptionem humani generis, de inimico Tyranno triumphaturus, ascendit : et relicto paulisper corporis templo, inferorum claustra confringens, pristinæ (ut ante fuerat) vitæ restituit : nec suffecerat solum hominis emendasse peccatum; sed per ablutionem cælestem renatos, redivivo ac novo nativitatis genere remeans ad originem suæ, nos ad cælestia regna perduxit. O consilium, O divinæ providentiæ, O instimandum reparationis auxilium ! Per Virginem nobis gloriosa vita restituitur, quæ per ligni inobedientiani
[g] MS *spiritali.* [h] MS *quæ.*
[i] MS *his.*
[j] MS *restituetur.* One might almost suppose that two clauses had here been omitted, both in the text and in the mg., contrasting Eve the *mulier* with the B. V. M., and the tree of Calvary with that of Paradise.

† T. 301

* M. 261

per aquam mundi peccata diluuntur, per
quam ante senserat mundus ipse† naufragium.
Tibi ergo, summe Genitor, purâ devotione
immaculatum munus offerimus : et elevatione
manuum nostrarum, juxta Filii tui Jesu Christi
dispositionem, pium sacrificium k celebramus.
Per Christum Dominum nostrum.l

## XLV. MISSA IN INVENTIONE SANCTÆ CRUCIS.a

[Præfatio.] Gloriemur in Cruce Domini
nostri Jesu Christi, fratres carissimi, et totâ
mentis exultatione lætemur : et hujus diei
festivitatem cum grandi reverentiâ * et spiritali gaudio celebremus : in quâ Cruce ipse
Dominus noster et Salvator pro nostrâ salute
pependit, et diabolum triumphavit. Per hanc
ergo Crucem, malæ concupiscentiæ adpetitum,
quod dulcedo arboris inlexit, amaritudo fellis
coercuit : et gulæ desiderium, quod suavitas
pomi decepit, aceti asperitas refrenavit. Salvator.

(Collectio.) Dona nobis, omnipotens Pater,
per mysterium Crucis Unigeniti tui : ut venenum serpentis antiqui b (quod fidelibus nititur
propinare) per illud medicamentum, quod
Christi manavit latere, possit à fidelium
pectoribus expurgari : quosque transgressio
præcepti de Paradiso expulit, confessio nominis Christi in Paradiso reformet. Salvator.

(Post nomina.) Domine Jesu Christe, qui
in patibulo Crucis c suspensus, Patrem, ex
formâ servi quam susceperas, ut quid te de-
reliquerit, adclamasti : et d ut persecutoribus
veniam tribueret, postulasti : tuam supplices
imploramus clementiam : ut e quod tunc pro
susceptâ carnis humilitate à Patre expetere
videbaris ; nunc cum eodem, connexâ semper
Divinitatis potestate, consistens præstare digneris. Salvator.

(Ad pacem.) Deus, qui Ecclesiam tuam
catholicam, quam tuo sancto Sanguine redemisti, nunquam derelinquis ; nobisque indignis in eâdem concurrentibus, criminum indulgentiam placatus concedis : f et qui Latronis
tecum in cruce pendentis confessionem justifi-
care dignatus es ; quæsumus, ut omnium in te
credentium fidem augeas, multiplices ; et

solitâ pietate pacem, quam custodire jussisti, inlibatam in nos conservare digneris. Salvator.

(*Contestatio.*) Dignum et justum est, omnipotens Deus, tibi sacrificiorum vota persolvere, te in laudis præconio indesinenter adtollere, ac[g] utriusque Adæ,† illius scilicet habitatoris Paradisi et istius Redemptoris[h] humani generis, exempla proponere. Ille quidem prior, sed iste melior: ille terrenus, iste cœlestis: ille de limo factus, iste verbo conceptus. Tunc diabolo suadente, Eva decipitur; nunc Angelo nunciante, Maria clarificatur. Tunc per invidiam Serpentis homo qui fuerat creatus, perimitur; nunc per misericordiam Redimentis homo qui perierat, liberatur. Tunc homo mandatum non custodiendo, de Paradiso pellitur; nunc Latro Christum Dominum confitendo, Paradisum[i] meretur. Unde supplices rogamus, clementissime Pater, per inclytæ * Crucis innarrabile Sacramentum, et per Domini nostri Jesu Christi Filii tui admirabile regnum: ut hodiernum diem, in quo Crucis ejus festivitatem celebramus,[j] nos omnes cum lætitiâ spiritali et modestâ exultatione peragere, et inter cœlestium Virtutum laudes, humilitatis nostræ voces suscipias, multiplici confessione ita dicentes. Sanctus.

i MS *Paradyso,* and two lines after *innarrabili sacramento.*

j Mab. puts the words *ejus festiv. celebramus* before *hodiernum.* The mg. supplies the words *inventionis* and *concedas,* omitted in the text.

### XLVI. MISSA S. JOHANNIS APOSTOLI ET EVANGELISTÆ.[a]

[*Collectio.*] .Omnipotens sempiterne Deus, qui hujus diei festivitatem fecisti ad lætitiam beati Johannis Evangelistæ: da Ecclesiæ tuæ etiam[b] amare quod credidit, et prædicare quod docuit. Per Dominum nostrum Jesum Christum Filium tuum.

[*Collectio.*] Deus, qui per os beati Johannis Evangelistæ, Verbi tui arcana reserasti; præsta, quæsumus: ut quod ille nostris auribus excellenter infudit, intelligentiæ competenti eruditione capiamus. Per.

(*Post nomina.*) Præsta, omnipotens Deus, ut Verbum caro factum, quod beatus Johannes Evangelista prædicavit, per intercessionis suæ præsidium habitet semper in nobis. Per.

(*Ad pacem.*) Pacem tuam, Domine, de cœlo da nobis: et posside nos, ut non hæreat in visceribus nostris fraudulentus osculus[c] Proditoris: sed pax illa, quam tuis reliquisti

Dignum et justum est: equum vere et salutare est: nos tibi gratias agere Domine sancte Pater eterne omnipotens Deus: tibi sacrificiorum vota persolvere: te in laudis preconio indesinenter attollere: et in conspectu admirande clementie tue preteritorum temporum acta recolere. Ac de utriusque Ade: illius scilicet habitatoris paradisi: et istius redemptoris humani generis exempla proponere. Ille quidem prior: iste melior. Ille terrenus: iste celestis. Ille de limo fictus: iste de verbo conceptus. Tunc diabôlo suadente Eva decipitur: nunc Angelo nunciante: Maria clarificatur. Tunc per invidiam serpentis: homo qui creatus fuerat perimitur: nunc per misericordiam redimentis homo qui perierat liberatur. [Ille per transgressionem legis paradisum amisit: iste per passionem Crucis mundum adquisivit. Ille per indicte arboris gustum mortem incurrit: iste per gloriose Crucis triumphum mortem devicit. Ille post admissum peccatum sub arbore absconditur: iste propter delictum nostrum in Cruce levatur. Tunc post vetite arboris contagionem Sol meridie friguit: nunc in nostre Crucis manifestatione medio die Sol occidit.] Tunc homo mandatum non custodiendo de paradiso pellitur: nunc latro Christum confitendo in paradiso introducitur. Unde rogamus et supplices quesumus clementissime Pater: per inclite Crucis inenarrabile sacramentum: per Domini nostri Jesu Christi filii tui ammirabile regnum: in hodiernum diem in quo Crucis ejus festivitatem celebramus: nos cum leticia spiritali: et modesta exultatione peragere concedas: et inter celestium virtutum laudes humilitatis nostre voces suscipias: supplici confessione dicentes. Sanctus.—M. Moz. p. 323. 78. Observe the large addition which the Mozarabic has in the middle, which has been omitted by the compiler of the Gothic in transcribing it. We have distinguished it by brackets. In the fourth line of it, we ought, probably to read *interdictæ.*

g MS *ac de utriusque ad illius.* Mab. *ac utriusque, et illius.*

† T. 302 * M. 262

h MS *Redemptores.*

a "Ad portam Latinam appellamus." Mab.

Omnipotens sempiterne Deus, qui hujus diei venerandam, sanctamque lætitiam beati Apostoli tui Joannis Evangelistæ festivitate tribuisti. Da Ecclesiæ tuæ, quæsumus, et amare quod credidit, et prædicare quod docuit. Per.—S. Leon. p. 153.

b Thomasius would change *etiam* into *et.*

Deus, qui per os beati Apostoli tui Joannis Evangelistæ Verbi tui nobis arcana reserasti: præsta, quæsumus, ut quod ille nostris auribus excellenter infudit, intelligentiæ competentis eruditione capiamus. Per.—S. Leon. p. 153.

Præsta, quæsumus, omnipotens Deus, ut verbum caro factum, quod B. Joannes Evangelista prædicavit, per hoc sui mysterium habitet semper in nobis. Qui tecum.—M. Ambros. p. 308.

c Edd. *osculos.*

Discipulis, semper inlibata permaneat in cordibus nostris. Per.

(*Immolatio.*) Verè dignum et justum est, æquum et salutare est, nos tibi, omnipotens Deus, gratias agere, beati Johannis Apostoli tui et Evangelistæ natalitia ᵈ venerantes. Qui Domini nostri Jesu Christi Filii tui vocatione susceptâ, terrenum respuit patrem, ut posset invenire cœlestem. Retia sæculi quibus implicabatur, abjecit; ut æternitatis dona mente liberâ sectaretur. Natantem in fluctibus navem reliquit; ut† ecclesiasticæ gubernationis tranquillitate consisteret. A piscium captione cessavit, ut animas mundanis gurgitibus immersas, calamo doctrinæ salutaris abstraheret. Destitit pelagi profunda rimari; secretorum scrutator redditur divinorum; eo usque procedens, ut et in Cœnæ mysticæ sacrosancto ᵉ convivio, ipsius recumberet pectore Salvatoris: et eumᶠ in Cruce Dominus constitutus, vicarium sui Matrisᵍ Virginis Filiumʰ subrogaret: et in principio Verbum, quod Deus erat apud Deum, ipse præ * cæteris ostenderet prædicando, per Christum Dominum nostrum.

## XLVII.  MISSA PRIMA DIE IN ROGATIONIBUS.

[*Collectio.*] In jejunio ᵃ hoc, afflicti corpore et corde contriti frequentamus ad te preces, clementissime Deus, ut cum abstinentiâ corporali, abstinentia nobis vitiorum donetur: ut restricto corpore ab epulis, tu, qui es refectio vera, in nostris cordibus oriaris. Per.

[*Collectio.*] Gratias tibi agimus, Domine sancte, Pater omnipotens, æterne Deus; qui nos post transgressionem jejunii vetita contingendo, ad continentiam salutis reparasti per Christum: te in hoc jejunium supplices ac provoluti rogamus: ut dones nobis rectam à vitiis mentem et Spiritu principali (qui est mortificationis amator) nos conrobores: ut post actum jejunium ad æternæ refectionis nos pascua perducas. Per.

(*Post nomina.*) Tua sunt, Domine, alimonia, quibus in cotidiano victu ad sustentationem reficimur: tuaque jejunia, quibus carnem à lubricâ voluptate, te præcipiente, restringimus. Tu ad consolationem nostram vicissitudines temporum disposuisti: ut tempus edendi corpora nostra refectio sobria aleret; et jejunandi tempus ea in justitiam tibi placitam faceret macerata. Hanc hostiam ob jejuniumᵇ triduanæ macerationis à nobis oblatam sanctificans dignanter adsume, et præsta placatus: ut sopitâ delectatione corporeâ mens ab iniquitatibus pariter conquiescat. Per.

*(Ad Pacem.)* Refectio tua, Domine, restrictis corporibus, in spiritu contribulato gustatur: et ideo prostrati jejunii pænitentiâ, supplices exoramus, misericordiâ solâ petentes, quod opere non meremur: ut sentiamus in spiritu dilectionis tuæ pabulum suave; quod corda nostra ab epulis vacantia, ad proximi dilectionem succendat. Per.

† T. 304
* M. 264

†*(Immolatio.)* Verè dignum et justum est,* te in observatione jejunii quærere; qui es panis verus et vivus de cœlo descendens. Te itaque humiliatis jejunio corporibus, mente famulantes devotâ per hanc sacrificii immolationem[c] rogamus; ut humiliationem jejunii hujus, quam pro nostris reatibus in hac triduanâ observatione persolvimus, ita intuearis placatus: ut à delictis jejunantes absolvas, quos incontinentia vorarum in pravitatis transgressione immersit. Per Christum Dominum.

VD. æquum et salutare; nos te observatione ieiunii quærere, qui es panis verus et vivus de cœlo descendens. Te itaque humiliantes ieiunio corpora, menteque famulantes devota, per huius sacrificii immolationem rogamus, ut humiliationem ieiunii huius, quam pro nostris reatibus in hac triduana observatione persolvimus, intuearis placatus, et a delictis ieiunantes absolvens, quos incontinentia ciborum in pravitatis transgressionem immersit, eosdem continentia revocet ad salutem, quem laudant angeli. – S. Greg. apud Gerb. p. 117b.

● MS *hoc sac. immolatione.* In the last line we should on the same principle correct to *transgressionem.*

### XLVIII. ITEM MISSA SECUNDA DIE IN ROGATIONIBUS.

[*Collectio.*] Deus, cujus exemplo jejunium datum est post gustum prohibitionis, per inobedientiam ligni ingressum; tibi, Domine, corda nostra in jejunii maceratione subjecta, per inlustrationem tuæ inspirationis sanctifica: et de cœlestibus sedibus tuis nos in luto fæcis ac squalore jejunii substratos intuens, in virtutum successibus releva. Per.

*(Collectio.)* Omnipotens sempiterne Deus, mundentur, quæsumus, viscera nostra à cunctis carnis delictis, jejunii adtenuatione confecta: ut[a] in ipsius jejunii humilitate prostratis non valeat carnis infirmitas dominari: quia tu institutor sobrietatis, si vis potes nostri citiùs misereri: ut spiritalia cogitemus, et concupiscentias carnis, te adjuvante, vincamus. Per.

[a] MS *et*

*(Post nomina.)* Deus, qui mentis puritatem adprobas, non jejunium à cibis solummodo gloriam humanam captantem; dignare oculos cordis nostri in hoc jejunio ita inluminare introrsus; ut tibi in his, quæ homines nesciunt, in occulto à vitiis jejunio placeamus; quia doni tui est hoc ipsum, quod à cibis abstinemus; sit muneris[b] tui, ut à peccatis etiam cum jejunio emundemur: et desiderabile fonte ubertatis ita hæc munera imbre Sancti Spiritûs perfunde: ut à jejunantibus percepta, cuncta

[b] Vezz. *numeris* and two lines afterwards MS *ymbrem.*

15

vitia mundent, et virtutes inserant morum. Per.

*(Ad pacem.)* In jejunii humilitate substratis, omnipotens sempiterne Deus, absterge omnem labem peccati; ut mundata nostri cordis arcana, cum abstinentiâ ciborum, jurgiorum etiam inquietudines exclusas, dilectio tua et proximi,[c] nostris in cordibus pura succrescat. Per.

*(Contestatio.)* Verè dignum et justum est, te totâ cordis contritione in jejunio, omnipotens sempiterne Deus, per Christum Dominum nostrum. Qui nos mysteriorum tuorum secretis informans,* pacificum nemus [d] ore columbæ gestatum, Noe oculis ostendens, nobis† de virente arbore crucis gloriosum signum expressit: quem columbæ species in Christi decoravit honore, cunctis colendum Spiritûs sanctificatione demonstrans. Cujus animalis innocentiâ esse similes præoptantes, ab eoque sanctificari Spiritu, cujus ipse sumpsit[e] speciem, exorantes; in hoc jejunio triduanâ humiliatione instituto, invictum hoc signum [f] cùm plebium cuneis præferentes, atque majestatem tuam psallentiis[g] modulatione[h] laudantes, petimus, omnipotens Deus: ut accipias cuncta plebis vota, quæque quoquo ritu tibi reddit subjecta: et ita eos in hoc jejunio sanctifices, ut à cunctis mereantur exui peccatis. Per Christum Dominum.

*\* M. 265*

d Notice this remarkable use of the word *nemus,* not to be found in Ducange.

*† T. 305*

e MS adds *in.*
f Hinc probatur, quod in lib. 2 ex Gregorio Turonensi Episcopo diximus, crucem in his supplicationibus fuisse prælatum.—Mab.
g MS *psallencii.*
h Avitus in Sermone de Rogationibus ait, Mamertum cum Deo definiisse, quicquid hodie Psalmis ac precibus mundus inclamat.—Mab.

XLIX. Missa tertia die in Rogationibus.

[*Collectio.*] Deus, quem nullus mortalium sensus, usûs carnis inlecebrâ prægravatus, nisi à te jejunii expiatione fuerit inlustratus agnoscit; pelle de cordibus nostris cum abstinentiâ turbam[a] vitiorum de ingluviæ saturitate gignentium: ut pura tibi serviat etiam post exactum jejunium, quam tu propitius donaveris, devotio novitatis. Per.

*(Collectio.)* Jam in triduani jejunii fine conclusa, sinceritatem tuam, Domine, deprecamur in visceribus nostris, maceratione jejunii adflictis, advenire: et ut de atriâ tuâ sanctâ exaudias peccatores in squalore miseriarum jacentes rogamus: ut des nobis fontem

gratiarum tuarum ; et pandas iter quo, post jejunium escarum carnalium, itur ad refectionem pascuæ sempiternam. Per.

*(Post nomina.)* Jejunantium, Domine, quæsumus, supplicum vota propitius intuere ; et munera præsentia sanctificans, per perceptionem eorum[b] occulta cordis nostri remedia tuæ clarifica pietatis : ut opera carnalia, nec fluxa nos teneant, quos institutor jejunii Christus reparavit redemptor. Per.

*(Ad Pacem.)* Deus, qui intemperantiam saturitatis, tuæ abstinentiæ dedicatione superasti ; et puritatem castimoniæ, ut cognoscaris, dedisti ; serenus nos tuo vultu circumspice : et jejunantibus pacem proximi et tuam[c] largiaris ; quam ad Patrem ascendens,* nobis reliquisti sectandam. Per.

*(Immolatio.)* Verè dignum et justum est, satisque est dignum, te solum à jejunantibus quærere, qui es magister abstinentiæ et continentiæ remunerator æterne : quique à jejunantibus, fidele tantùm corde exposcant, abstergis omnem maculam, quam saturitas contrahit indecens. Hoc itaque sanctum jejunium †in Leviticis apicibus per famulum tuum Moysen evidentiùs declarasti : in quo jussisti ut humiliaremus animas nostras, ne exterminaremur ; sicut esu gulæ deditus populus, exterminatur. Quod etiam nobis Unigenitus tuus ita sanctificavit implendo : et ut regnum perditum per jejunium penderet, et peccatis veniam daret. Et ideo quæ instituisti, jejunia suscipe libens, per ea nos à reatibus cunctis absolvens, per Christum Dominum nostrum.

*Post* Sanctus *per totas tres Missas dicis.*

Hanc igitur oblationem familiæ tuæ tibi adstantis, quorum tibi fides cognita est, et nota devotio, quam tibi offerunt pro devotione animorum suorum, pro quorum tibi placitis desideriis supplicamus, memor esse dignare, Domine, sancte Pater, æterne Deus, in diebus jejuniorum ipsorum : ut à cunctis eos peccatis abstergas et residuum temporis, quo eis alimoniorum perceptio concedetur, ita eos conservare digneris ; ut sobriam vitam habentes, non involvantur peccatorum laqueis ab epulis excitatis, per Christum Dominum nostrum. Quam oblationem tu, Deus, in omnibus, quæsumus, benedictam, ascriptam. *Et reliqua.*

Ieiunantium, Dne quæsumus, supplicum vota propitius intuere, et munera præsentia sanctificans, perceptionem eorum occulta cordis nostri remedia tua effice pietate, ut opera carnalia et fluxa non teneant, quos institutor ieiunii Christus reparavit redemptor, qui tecum vivit.—S. Greg. apud Gerb. p. 117b. The same Collect occurs in another edition of this Sacramentary with considerable diversity of reading ; . . . "perceptione eorum occulta cordis nostri remedio tuæ clarifica pietatis, ut nec opera carnalia, nec fluxa nos teneant, quos institutor Jejunnii Christus Dominus reparavit. Qui tecum.—S. Greg. vet. p. 124.
[b] MS *earum*, and two lines afterwards *non* for *nos.*
[c] MS *tua.*

* M. 266

† M. 306

The three Missæ on the Rogations are of considerable interest on the following account. We learn from S. Avitus of Vienne that S. Mamertus not only instituted the Rogations (in A.D. 468 as is generally believed) but composed or set in order the office for them. It is not impossible then that these Missa may be of that date. They seem to have a certain internal resemblance (*e. g.* the use of the word *squalor*, which is not often found elsewhere) and the very corrupt Latin in which they are written, seems to point to a later date than should be assigned to others of this Collection.

15*

L. COLLECTIONES IN ROGATIONIBUS PER
DIVERSA LOCA SANCTORUM.

*In sancto Petro nunc.*[a]

[*Collectio.*] Deus, refugium pauperum, spes
humilium, salusque miserorum, interveniente
pro nobis beatissimo fundatore Ecclesiæ tuæ
Petro, supplicationes supplicum tuorum in
die triduani hujus jejunii clementer exaudi;
et tranquillitatem à vitiis pariter et hostibus,
nostris concede temporibus : ut quos justitia
flagellorum tuorum justè facere potest esse
adflictos, abundantia misericordiæ tuæ, ipso
beato Petro obtinente, faciat consolatos. Per.

Deus, qui Apostolo tuo Petro colla-
tis clavibus regni cælestis ligandi
atque solvendi pontificium tradidisti:
concede, ut intercessionis eius auxilio,
a peccatorum nostrorum nexibus
liberemur, per – S. Greg. apud Gerb.
p. 145a.

**\* M. 267**

b This word (animas) is generally
omitted in the Roman editions of the
Collect.

(*Collectio.*)  Omnipotens sempiterne Deus, qui
beato Petro Apostolo, conlatis clavibus Regni cœlestis,
animas [b] ligandi atque solvendi \* pontificium tradidisti ;
exaudi propitius preces nostras in die jejunii hujus, et
intercessione ejus, quæsumus, ut à peccatorum nostrorum nexibus liberemur. Per.

*Collectio in sancto Paulo.*

Vide, Domine, quæsumus, infirmitatem nostram : et in diebus jejuniorum istorum, quos
trina consecratio trino numero facit extensos,
interveniente beato Apostolo tuo Paulo, celere
nobis pietate succurre : ut quos justitia corripis, misericordiâ consoleris.  Per.

**† T. 307**

c MS *trinitate.*

† (*Item Collectio.*)  Exaudi, Domine, quæsumus, gemitum nostrum in diebus jejuniorum trino numero Trinitati [c] sacratorum : et
intercedente beato Paulo Magistro nostro
atque Doctore, quæsumus ; ne apud te plus
valeat offensio delinquentium, quàm miseratio
tua semper indulta fletibus supplicantium.
Per.

*Oratio in sancto Stephano.*

*Oratio in S. Stephano.* Præsta,
quæsumus, omnipotens et misericors
Deus: ut fragilitati nostræ adflictæ
in diebus istorum jejuniorum, magnificus Levita B. Stephanus auxilium
interventionis exhibeat; qui imitator
Dominicæ Passionis et Pietatis, primus in cruore Martyrii enituit; et
semper sit perfectus suffragator;
atque, te concedente, promtus adjutor.  Per Dominum.—Miss. Gall. p.
376b.
d MS *suffratur.*

Præsta, quæsumus, omnipotens et misericors Deus : ut fragilitati nostræ adflictæ in
diebus istorum jejuniorum magnificus Levita
ac beatus Stephanus auxilium interventionis
exhibeat : qui imitator Dominicæ passionis et
pietatis, primus in cruore martyrii enituit :
et semper sit perfectus suffragator,[d] atque, te
concedente, promptus adjutor.  Per.

(*Item Collectio.*)  Preces nostras in hoc
jejunio protentas, quæsumus, Domine, beati
Levitæ et martyris tui Stephani prosequatur

oratio : et ut adsit nobis adflictis misericordia tua, ejus precibus adjuvemur.  Per,

*Oratio in sancto Martino.*

Porrige dexteram tuam, quæsumus, Domine, plebi tuæ, in die jejuniorum suorum misericordiam postulanti : et ᵉ intercedente beato Martino, terrores imminentes declinemus, et solatia vitæ immortalitatis accipiamus, et sempiterna gaudia comprehendamus.  Per.

*(Item alia.)*  Deus auctor jejunii, institutor abstinentiæ, qui jejunii formam ᶠ complectens, submovisti ingluviem saturitatis, ut in nobis castimoniæ sobrietas regnaret : respice, Domine, propitius super hos supplices tuos, jejunio triduanæ abstinentiæ vacantes : et intercedente summo viro beato Martino, gratiam tuam benedictionis tuæ nobis omnibus, ab eo exoratus infunde : ut sicut hoc jejunium ad cultûs tui timorem constitutum, vincit ingluviem gulæ : ita inluminatio tua in sensibus nostris superet omnem nostrorum fomitem vitiorum.  Per.

*Oratio in sancto Gregorio.*

Omnipotens sempiterne Deus,* jejuni, de tuis etiam donis satiati, vel quâlibet maceratione confecti, majestatem tuam supplices exoramus : ut expulsis de cordibus nostris peccatorum tenebris, in die hac jejunii, intercedente summo Antistite nostro et divinorum mysteriorum capace Gregorio, ad veram lucem, quæ Christus est, nos facias pervenire.

*(Collectio.)*  Omnipotens sempiterne Deus, cujus jussu caro à voluptatibus jejunii maceratione restringitur ; et Satorem suum caro nostra, per sobrietatem restricta, cognoscit ; per intercessionem summi Apostolici Patris nostri Gregorii,† in hoc jejunio tribue cunctis immaculatum in te credentibus exercere cultum : ut etiam si jejunantibus vitia succedunt, et deserunt virtutes ; tua erga eos, Pater omnipotens, custodia perseveret.  Per.

LI. MISSA IN ASCENSIONE DOMINI. ᵃ

[*Collectio.*]  Deus, qui Ecclesiam tuam evangelicæ exhortatione doctrinæ, quæ sursum sunt jubes sapere ; et ad eam se altitudinem, ad quam Salvator mundi con-

---

*Item Oratio in Sancto Martino.* Porrige dexteram tuam, quæsumus, Domine plebi tuæ in die jejuniorum suorum tuam misericordiam postulanti : et intercedente Beato Martino, terrores imminentes declinemus, et solatia vitæ immortalis accipiamus, et sempiterna gaudia comprehendamus. Per Dominum.— Miss. Gall. p. 376b.

ᵉ Mab. has *ut* for *et.*

ᶠ MS *forma.*

\* M. 268

*Oratio in Sancta Gregorio.* Omnipotens sempiterne Deus, jejunii de tuis etiam donis satiati, vel qualibet maceratione confecti, Majestatem tuam supplices exoramus : ut expulsis de cordibus nostris peccatorum tenebris in die jejunii, intercedente summo Antistite nostro et divinorum mysteriorum capace Gregorio, ad veram lucem, quæ Christus est, nos facias pervenire.  Per Dominum nostrum.—Miss. Gall. p. 377a.

† T. 308

ᵃ It is very remarkable that the original offices for two such great festivals as the Ascension and Whitsuntide should have been so completely supplanted by others of foreign origin.

Deus, qui Ecclesiam tuam, euangelicæ doctrinæ exhortatione, quæ sursum sunt, iubes sapere, et ad eandem se altitudinem, ad quam mundi Saluator ascendit, erigere : da populis tuis intellectu capere, quod multi viderunt conspectu, ut in secundo mediatoris aduentu ditentur donis, qui promissis crediderunt. Per eundem.—Miss. Ambros. p. 374.

Adesto, Domine, supplicationibus nostris; ut sicut humani generis Salvatorem consedere tecum in tua majestate confidimus, ita usque ad consummationem sæculi manere nobiscum, quemadmodum es pollicitus, sentiamus. Per Dominum.—S. Leon. p. 19.

Sacrificium, Domine, pro Filii tui, supplices, venerabili nunc Ascensione deferimus; præsta quæsumus, ut et nos per ipsum his commerciis sacrosanctis ad cælestia consurgamus. Per.—S. Gel. p. 89a.

b MS *dudum*, and in the next line *Dietatis*.

Deus qui dum sublimia deitatis ascendis: observare nos pacem auctoritate Evangelica precipis: da nobis placidus pacem tuam: ut discordie prona fugiamus: et per pacis bonum celorum ardua conscendamus. Amen. M. Moz. p. 329 40. in Dom. pro adventu Sancti Johannis.

VD. Per Christum Dominum nostrum. Qui ascendens super omnes cælos, sedensque ad dexteram tuam, promissum Spiritum Sanctum in filios adoptionis effudit. Vnde lætantes inter Altaria tua, Domine virtutum, Hostias tibi laudis offerimus per Christum Dominum. Quem laudant.—S. Gel. p. 97b.

* M. 269

scendit, erigere; da supplicibus tuis subsequi intellectu, quod multi viderunt conspectu; ut in secundo Mediatoris adventu ditentur donis, qui tuis crediderunt promissis. Per.

[*Collectio sequitur.*] Præsta nobis, omnipotens et misericors Deus, ut sicut humani generis Salvatorem consedere tecum in tuâ majestate confidimus: ita usque ad consummationem sæculi manere nobiscum, quemadmodum est pollicitus, sentiamus. Per.

(*Post nomina.*) Sacrificium, Domine, pro Filii tui in cœlis hodie Ascensione deferimus, præsta quæsumus; ut ad tuam gloriam per ipsum his commerciis venerandis surgamus. Per.

(*Ad Pacem.*) Deus, qui dum[b] subsellia Deitatis ascendis, observare nos pacem evangelicâ auctoritate non desinis docere; da nobis placidus pacem tuam: ut dum discordiæ prona refugimus, cœli ardua consequamur. Per.

(*Immolatio.*) Verè dignum et justum est, per Christum Dominum nostrum. Qui mortuus est propter peccata nostra, et resurrexit propter justificationem nostram. Ascendit super omnes cœlos; et exaltatus throno gloriæ tuæ, sedetque ad dexteram tuam, promissum Sanctum Spiritum in filios adoptionis effudit. Unde lætantes inter altaria tua, Domine * virtutum, hostias tibi laudis offerimus cum Angelis et Archangelis, per Christum Dominum.

## LII. Missa in die sancto Pentecosten.

Præsta nobis, ineffabilis et misericors Deus, ut adoptio, quam in idipsum Sanctus Spiritus advocavit, nihil in dilectione terrenum, nihil habeat in confessione diversum. Per.—S. Leon. p. 23.

a MS *dicere*.

† T. 309

b MS *procedet*.

Mentes nostras, Domine, Spiritus Paraclitus, qui a te procedit, inluminet; et inducat in omnem, sicut tuus promisit Filius, veritatem. Per.—S. Gel. p. 100a.

Munera nostra Domine sancti spiritus sacrentur aduentu, per quem a peccatis omnibus absoluti, adoptionis tuæ filij renascantur. Per Dominum in unitate eiusdem.-Miss. Ambros. p. 380.

c We add the word *absoluti* from the mg.

d MS *adoptiones tui*.

Deus, cujus Spiritu totum corpus Ecclesiæ multiplicatur et regitur, conserva in nova familiæ tuæ progenie sanctificationis gratiam, quam dedisti: ut corpore et mente renovati, in unitate fidei ferventes tibi, Domine, servire mereantur. Per.—S. Gel. p. 97b.

[*Collectio.*] Deus, inluminatio et vita credentium, cujus munerum ineffabilis magnitudo hodiernæ festivitatis testimonio celebratur; da populis tuis capere intellectu, quod didicere[a] miraculo: ut adoptio, quam in eos Spiritus Sanctus advocavit, nihil in dilectione tepidum, nihil habeat in confessione diversum. Per.

†(*Collectio.*) Mentes nostras, quæsumus, Domine, Paraclitus Spiritus, qui de te procedit,[b] inluminet: et ad omne opus bonum perducat; sicut nobis promisit Filius veritatis. Per.

(*Post nomina.*) Munera nostra, quæsumus, Domine, Sancti Spiritûs tui dignatione sacrentur; per quæ à peccatis omnibus absoluti[c] adoptionis tuæ[d] filii renascamur. Per.

(*Ad Pacem.*) Domine sancte, Pater omnipotens, æterne Deus, cujus Spiritu totum corpus Ecclesiæ multiplicatur et regitur; conserva in novam familiæ tuæ progeniem sanctificationis gratiam, quam dedisti; ut corpore et mente renovati, puram tibi animam cum securitate pacis, et purum pectus semper exhibeant. Per.

*(Immolatio.)* Verè dignum et justum est, nos tibi semper hîc et ubique gratias agere, et gloriari in operibus tuis, Domine sancte, Pater omnipotens, æterne Deus, in hoc præcipuè die; in quo sacratissimum Pascha quinquaginta dierum mysteriis tegitur; et per sua vestigia, recursantibus dierum spatiis, colleguntur: et dispersio linguarum, quæ in confusione facta fuerat, per Spiritum Sanctum adunatur. Hodie enim de cœlis repentè sonum audientes Apostoli, unius Fidei Symbolum exceperunt: et linguis variis Evangelii tui gloriam Gentibus tradiderunt, per Christum Dominum nostrum.

Aequum et salutare: nos in hac præcipua festiuitate gaudere, quia sacratissimum Pascha quinquaginta dierum mysterijs tegitur, et mysticus numerus adimpletur, et dispersio linguarum quæ dudum per superbiam in confusione facta fuerat, nunc per spiritum sanctum adunatur. Hodie enim de cælis repente sonum audientes Apostoli, vnius fidei symbolum exceperunt, et linguis varijs euangelij tui gloriam cunctis gentibus tradiderunt. Per Christum Dominum nostrum.    Per quem.—Miss. Ambros. p. 382.

## LIII. Missa Sanctorum Ferreoli et Ferrucionis.[a]

a MS *Ferruci.*

**[*Præfatio.*]** Dominum Deum nostrum, fratres carissimi, supplices exoremus, qui sanctis martyribus suis, Ferreolo et Ferrucioni,[b] quædam tribuit futurorum præmia gaudiorum in ipsâ præsentium conditione certaminum* (dum per inextinguibilem[c] sui amoris ardorem intelligunt suavitatem vitæ damnis adquirere, et mortem moriendo calcare: quibus dum prætervolans hic dies per urgentium pœnarum acerbitatem[d] concluditur, aditus æternæ lucis aperitur) det nobis famulis suis: ut sicut illos nulla tormentorum genera, corpore licèt deserente, fregerunt; ita nos nullæ mundi hujus inlecebræ à suæ proposito servitutis perniciosâ securitate deflectant: ut virtutem fidei nostræ divinus ignis[e] suæ caritatis accendat, et omnia in nobis corporalium vitiorum fundamenta consumat. Per.

*(Collectio.)* Deus, cujus amorem[f] piissimi Confessores et Martyres[g] tui, Ferreolus et Ferrucio, cruore adserunt et morte confirmant: qui dum tibi tam libenter sumptum à te vitæ munus impendunt, neminem non pro Vitâ mori † testantur: concede ut fidem, quam cordibus nostris proprio inscriptam sanguine reliquerunt, vitæ meritis excolamus: et quod in eis admiramur, imitemur; quod colimus, diligamus; quod laude prosequimur, conversatione sectemur. Per.

*(Post nomina.)* Recensitis nominibus fratrum carorumque nostrorum, oremus Dominicam misericordiam: ut in medio Hierusalem in congregatione Sanctorum hæc nomina sibi faciat ab Angelo sanctificationis in beatitudi-

b MS *Ferruccione* Mab. *Ferruccioni.*

**\* M. 270**

c MS *dum perire extinguibilem.*

d MS *acerbitate.*

e MS *ille* instead of *ignis;* Mur. *illæ.*

f MS *amore.*

g MS *martyris tui Ferreoli et Ferrucionis.*

**† T. 310**

nem æterni gaudii recenseri : Sacrificiumque
hoc nostrum sicut in præformationem Melchisedech, in virtute sanctificet : preces quoque
offerentium hanc oblationem h propitiatus exaudiat in commemorationem beatissimorum
martyrum, Ferreoli et Ferrucionis, omniumque
Sanctorum : ut eorum precibus adjuti, non
solùm viventibus præsidia, verùm etiam defunctis caris nostris requiem obtinere mereantur. Per.

*(Collectio ad Pacem.)*   Mirabilis in Sanctis tuis, Domine virtutum, et peccatoribus
nobis beatissimorum martyrum tuorum, Ferreoli et Ferrucionis, patrocinio largire.i   Illi
coronas insignesj gemmibus, lapidibus pretiosis
martyrii virtute meruerunt : nos eorum suffragiis, te donante, delictorum veniam consequamur ; et concede nobis, ut conjunctio labiorum,
copula efficiatur animarum : et ministerium
osculi perpetuæ proficiat caritati.   Per.

*(Contestatio.)*   Dignum et justum est.
Verè dignum et justum est : quotienscumque

pugnas Sanctorum recolimus,k te laudamus : et
in quo martyres tuos, Ferreolum et Ferrucio-

\* M. 271

nem, proferimus, tuis virtutibus\* adscribamur :
quia illorum corona, tua est gloria : qui per
unicum Filium tuum Jesum Christum Dominum ac Salvatorem nostrum mortalia corpora
docuisti pretiosi palmam portare martyrii.
Justè autem tuis meritis exhibemus, quo for-
tissimorum Martyrum facta veneramur ; qui
humanas mentes ad certamen cœlestis gloriæ
amore tuæ pietatis accendis.   Tuæ namque
virtutis est præmium, pœna Sanctorum.   Nam
in quâ subjacuerunt sævi membra carnificis,
tibi servit Martyrum effusus sanguis ; tibi
triumphum reportat manus cruenta lictoris :
quique gladio voluntaria colla subposuit, tibi
vicit : quique ungulis flammisque subjacuit,
tui palmam nominis reportavit.   Habes ergo,
Domine, in quo exultes, quotienscumque tantæ virtutis memoriam recolimus : nec inmeritol

singulis quibusque cœlestia dona disponis,
qui tantum per Sanctos tuos undique amorem

adquiris.m   Quis non post tantam pietatis tuæ
magnificentiam, animum ad martyrii vota
componat ? aut quis non provoceturn ad pug-

nam, cùm videat magno laboris fructu remu-

# PREFACE.

THE publisher now submits to the Church the second part of
the Ancient Gallican Liturgies, containing the conclusion of
the Gothic Missal, and the beginning of one which is less
generally known to divines, having escaped even Mr Palmer's
notice in the earlier editions of his *Origines Liturgicæ*.

As Mr Neale's contributions to the sheets of the present
part consist but of two notes (the first upon the service for S.
Symphorianus p. 129 and the first upon that for S. Maurice
p. 131.) the publisher did not think that it would be fair to
retain that gentleman's name upon the temporary title-page,
as it might lead purchasers to expect more than they will
find in it. Having, however, been thus thrown entirely upon
his own resources, the remaining editor has entered more
minutely into questions about various readings than he did at
first, so that his notes will be found rather fuller than in the
earlier sheets.

In the course of his study of the Western Liturgies, he has
accumulated a considerable body of additional observations
upon the earlier pages, and also has detected several mistakes
into which he has fallen. He proposes to print these in the
shape of an appendix, and would feel greatly obliged if any
of his readers would communicate to him any remarks which
may have occurred to them. He feels persuaded that not a
little might be done to illustrate the texts and to remove much
of the obscurity and difficulty which they still present, by a
comparison with other ancient service-books of the Western
Church.

neratam Martyrum fuisse victoriam ? Rogamus ergo, Domine, ut in commemorationem
sanctorum tuorum, Ferreoli et Ferrucionis,
illorum pretiosæ virtutis memoriam recolentes,
† partem remunerationis admittas; ac° præstes,
ut familia tua perseverare cursum cœpti laboris expediat: quatenus qui in te credunt et
tibi serviunt, etsi non in primâ, vel in secundâ
remunerationis sorte, locum apud te mereantur obtinere justitiæ.    Et ideo cum Angelis
atque Archangelis clamant dicentes.

† T. 311
° MS *hæc.*

## LIV. Missa in Nativitate Sancti Johannis Baptistæ.

[*Collectio.*]  Deus, qui beatum Johannem
Baptistam veritatis testimonio ª decorasti ; da
nobis, quæsumus, humilitatis ejus exemplum
audire, ut desideremus intelligere quod exer-
cuit ; et adsequi toto amore quod meruit.
Per Jesum Christum.

ª MS *testimonium.*

(*Collectio sequitur.*)  Omnipotens sempiterne Deus, qui beatissimum Præcursorem
tuum Johannem Baptistam ad præparandas
Unigeniti tui vias nasci jussisti ; præsta quæsumus, ut intercessionis ejus auxilium tribuas,
et ᵇ ad implenda mandata præpares voluntates.
Per Dominum nostrum.

(*Post nomina.*)  ᵇᵇ Omnipotens sempiterne Deus,
qui hunc diem honorabilem nobis in beati Johannis
Baptistæ nativitate fecisti insignem, quæsumus : ut
tuus Præcursor (quo ᶜ * inter natos mulierum
omnibus major non surrexit) nostram fragilitatem tuæ pietati commendet : et caris nostris,
quorum sunt nomina recitata, ita refrigerium
pietatis impetret ; ut ibi recipiantur vel
ultimi, ubi summus præminet ᵈ in regno cœlorum Baptista.   Quod ipse.

(*Collectio ad Pacem.*)  Deus, qui præsentem
diem honorabilem nobis in beati Johannis nativitate
fecisti : ᵉ da populis tuis spiritualium gratiam gaudiorum, et
omnium fidelium mentes dirige in viam salutis et pacis.
Per.

(*Immolatio Missæ.*)  Verè dignum est, nos tibi
semper hîc et ubique gratias agere, Domine sancte, Pater
omnipotens, æterne Deus.   Qui in omnium Sanctorum
tuorum es splendore mirabilis : qui præsentem diem
honorabilem nobis in beati Johannis nativitate fecisti ;
ut, gratiæ tuæ operante virtute, ille (quo inter natos

16

ᵇ MS omits *et.*
ᵇᵇ This prayer is repeated below in
the Collect *ad Pacem* and also in the
*Immolatio.*  The Gallican addition
at the end to adapt it to its use here,
will be observed.
ᶜ Mabillon's correction for the reading of the MS *qui ;* but the mg supplies a more probable emendation.
 Omnipotens sempiterne Deus, qui
hunc nobis honorabilem diem in
beati Johannis Baptistæ nativitate
fecisti insignem, quæsumus ut tuus
Præcursor, qui inter natos mulierum
omnibus major surrexit, nostram
fragilitatem tuæ pietati commendet.
—S. Gall. p. 341a.

* M. 272

cf. quæ fragilitatem nostram tueantur.—S. Leon. p. 29.
ᵈ MS *præmanet.*  With the phrase
*recipiantur vel ultimi* compare that
below p. 287b "vel ultimos in remuneratione constituas."
ᵉ MS omits *fecisti* and in the same
line has *gratia.*
 Deus, qui præsentem diem honorabilem nobis in beati Johannis nativitate fecisti : da populis tuis spiritalium gratiam gaudiorum, et omnium fidelium mentes dirige in viam
salutis et pacis.  Per.—S. Leon. p. 31.
 This prayer seems to have been
borrowed from the Roman through
the Mozarabic, where it thus occurs;—
Omnipotens Deus, te supplices petimus et rogamus; ut in hac festivitate
præcursoris et Baptistæ tui Joannis
nativitate populo tuo tribuas eradi-
tionem spiritualium gaudiorum, et
omnium fidelium mentes dirige in
viam salutis et pacis: ut, quem manifestavit absolutio nuntii, impleat præsentia nunciati.— Brev. Moz. p. cceli b.

Omnipotens sempiterne Deus, qui tuis fidelibus contulisti, ut ille, quo inter natos mulierum nullus est major, oriretur, et Unigeniti tui gloriosus Præcursor existeret: providentiæ tuæ munus exsequere, ut quæ manifestavit testificatio Nuntii impleat præsentia Nuntiati. Per.—S. Leon. p. 31.

f This is supported by the Mozarabic; but the Roman *quæ* is evidently preferable.

g MS *nuntianti.*

† T. 312

h "Tres cruces hic denotant trinam populi benedictionem." Mab.

i MS *natalitio.*

j MS *interventu,* and in the same line omits *et.* The next line is corrupt.

k MS *illi* and a little after *qui Zacharie.* This is a good example of the imperfect use which Vezzosi has made of Mabillon's emendations. He mentions his correction for *Zacharie,* but not that for *qui.*

l These words (evidently meant for *illius*) are omitted by Mab. who inserts in their stead the word *illius* in the same line which is not in the MS.

mulierum nullus major) oriretur : da populis tuis eruditionem spiritalium gaudiorum, et omnium fidelium mentes dirige in viam salutis et pacis : ut quem f manifestavit testificatio nuntii, impleat præsentia nuntiati. g Per Christum Dominum nostrum. Per quem majestatem tuam.

†*(Benedictio Populi.*h*)* Deus, qui per Zachariæ loquelam manifestasti nativitatem sancti Johannis, + præsta, quæsumus : ut qui natalitia i ejus devotissimè colimus, intercessione illius gaudeamus. + Ut populus tuus, qui ad nativitatem ejus convenerunt, salventur meritis per interventum j omnium Sanctorum, et deprecationem illius meritis adjuventur. + Da, Domine, ut illis k Angelus Gabriel (quo Zacharias loquente obmutuit) intercessor adsistat ; et meritis illius adjuventur et moribus. Illi vos.l

## LV. Missa sanctorum Petri et Pauli.

Deus, qui hunc diem beatorum Apostolorum Petri et Paulli martyrio consecrasti, da Ecclesiæ tuæ, toto terrarum orbe diffusæ, eorum semper magisterio gubernari, per quos sumsit Religionis exordium. Per.—S. Leon. p. 35. S. Gall. p. 343 a.

\* M. 273

Exaudi, Domine, populum tuum cum sancti Apostoli tui Andreæ patrocinio supplicantem : ut tuo semper auxilio secura tibi possit devotione servire. Per.—S. Greg. apud Gerb. p. 202a. ap. Mur. p. 133. cf. S. Leon. p. 3 & 8.

Largiente te, Domine, Beati Petri et Paulli Natalitium nobis lumen effulsit. Concede, quæsumus, ut hodierna gloria passionis, sicut illis magnificentiam tribuit sempiternam, ita nobis perpetuum munimen operetur. Per.—S. Leon. p. 46. The final clause is the Gallican adaptation of the Roman prayer: the conclusion, however, of the collect itself is different in the Roman Liturgy (the S. Leon., the S. Gel. and the S. Greg. agreeing here) from the Gallican version. Largiente te Domine, natalicio Petri et Pauli lumen effulsit: concede quæsumus, ut hodierna gloria passionis sicut illis magnificentiam tribuit sempiternam, ita nobis veniam largiatur optatam.—S. Gall. p. 343b.

a MS *honona.* Edd. *honora,* which we correct from the mg.

b See the word *recitata* twice used above p. 79 and on the words *libro vitæ* see p. 32.

c This prayer occurs also below p. 285b. and the conclusion of it will be found above p. 38.

d MS *intercessione.*

Æquum et salutare. Nos tibi semper hic et ubique in honore Apostolorum Petri et Pauli gratias agere:

[*Collectio.*] Omnipotens sempiterne Deus, qui hunc diem beatissimorum Apostolorum Petri et Pauli martyrio consecrasti : da Ecclesiæ tuæ toto terrarum orbe diffusæ, eorum semper magisterio gubernari, per quos sumpsit Religionis exordium. Per Dominum nostrum Jesum Christum Filium tuum.

*(Collectio sequitur.)* Exaudi, quæsumus, Domine, populum tuum cum sanctorum Apostolorum tuorum Petri et Pauli patrocinio supplicantem : * ut tuo auxilio servati, securâ tibi possit devotione servire. Per Jesum.

*(Collectio post nomina.)* Apostolorum tuorum, Domine, beatorum Petri et Pauli desiderata sollemnia recensemus, præsta quæsumus : ut hodierna a gloria passionis sicut illis magnificentiam tribuit sempiternam : ita nobis veniam largiatur optatam : et nomina eorum quæ recitata b sunt, in libro vitæ censeas deputari. Per eum, qui tecum vivit.

*(Collectio ad pacem.)* Deus c pacis conditor, Deus caritatis indultor, da nobis placidus pacem tuam, et præsta ; ut dum sanctorum tuorum Apostolorum Petri et Pauli festa celebramus, per eorum intercessionem d pacis securitatem cum peccatorum veniâ consequi mereamur. Per Dominum nostrum Jesum.

*(Immolatio Missæ.)* Verè dignum et justum est, nos tibi semper et ubique gratias agere, Domine sancte, Pater omnipotens, æterne Deus : præcipuè hodie in honorem beatissimorum Apostolorum et martyrum

tuorum Petri et Pauli : quos ita electio tua tibi [e] consecrare dignata est, ut beati Petri sæcularem piscandi
artem in divinum dogma converteret, quatenus humanum genus de profundo istius mundi, præceptorum
tuorum retibus liberares. Nam Coapostolo ejus Paulo [f]
†mentem cum nomine commutasti : et quem priùs persecutorem metuebat Ecclesia ; nunc cœlestium mandatorum lætatur se habere Doctorem. Paulus cæcatus est,
ut videret : Petrus negavit, ut crederet. Huic claves
cœlestis imperii tradidisti · illi [g] ad evocandas Gentes
divinæ legis scientiam contulisti. Nam ille intro ducit ;
hic aperit. Ambo igitur virtutis æternæ præmia sunt
adepti. Hunc dextera tua gradientem in elemento
liquido, ne mergeretur, erexit : illum autem tertio naufragantem, profunda pelagi fecit vitare discrimina. Hic
portas inferni, ille mortis vicit aculeum. Paulus capite
plectitur, quia Gentibus caput fidei comprobatur : Petrus
autem præmissis in cruce vestigiis, Caput omnium nostrûm secutus est Christum. Cui merito omnes.

*Benedictio Populi in Natale Apostolorum*
*Petri et Pauli.*

Deus, qui membris Ecclesiæ, velut gemel-
lum lumen, quo caveantur tenebræ, fecisti
Petri lacrymas, Pauli litteras coruscare.
Amen.

Hanc plebem placitus [h] inspice : qui cœlos
facis aperire Petro in clave, Paulo in dogmate. Amen.

* Ut præviantibus [i] ducibus illic grex possit
accedere ; quò pervenerunt pariter tam ille
Pastor suspendio, quàm iste Doctor per gladium in congresso. Per Dominum nostrum.

16*

LVI. MISSA IN NATALE UNIUS APOSTOLI ET
MARTYRIS.

[*Collectio.*] Domine Deus, omnium Sanctorum
splendor mirabilis, qui hunc diem beati Apostoli tui *ill.*
martyrio consecrasti ; da Ecclesiæ tuæ dignè de tanto
gaudere Apostolo : ut aput misericordiam tuam, et
exemplo [a] ejus juvemur et meritis. Per Dominum nostrum Filium tuum.

(*Collectio sequitur.*) Majestatem tuam, Domine, suppliciter exoramus : ut sicut Ecclesiæ tuæ beatus
*ill.* Apostolus prædicator et doctor exstitit ; ita sit pro
nobis perpetuus suffragator. Per Dominum nostrum
Jesum.

(*Collectio post nomina.*) Lætificet nos, quæsumus, Domine, munus oblatum : ut sicut in Apostolo tuo
te mirabilem prædicamus ; sic per illum præsumamus [b]
indulgentiæ largitatem.

quos ita electione tua consecrare dignatus es, ut B. Petri secularem piscandi artem, in divinum dogma con-
verteres, quatenus humanum genus
de profundo inferni præceptorum
tuorum retibus liberaret, et coapos-
toli ejus Pauli mentem cum nomine
mutares. Et quem prius persecutorem
metuebat Ecclesia, nunc cœlestium
mandatorum lætatur se habere doctorem. Paulus cæcatus est, ut videret :
Petrus negavit, ut crederet. Huic
claves cælestis imperij, illi ad evocandas gentes divinæ legis scientiam
contulisti. Nam ille introducit, hic
aperit. Ambo igitur virtutis æternæ
præmia sunt adepti. Hunc enim
dextera tua gradientem in elemento
liquido, dum mergeretur, erexit :
illum autem tertio naufragantem,
profunda pelagi fecit vitare discrimina. Hic portas inferni, ille mortis
vicit aculeum. Et Paulus capite
plectitur, quia gentium caput fidei
probatur. Petrus autem in cruce
sursum versis vestigiis, caput omnium nostrum secutus est Christum :
Quem.—M. Ambr. p. 396.

[e] MS *sibi*

[f] MS *nam cum Apostolum ejus Paulum.*

† T. 313      [g] MS *illum.*

Deus qui in membris Ecclesiæ
velut geminatum lumen, quo caveantur tenebræ, fecisti Petri lacrymas,
Pauli litteras coruscare ; concede
huic familiæ tuæ felicia dona suis in-
defessis petitionibus obtinere Amen,
Atque eam de supernis sedibus
placatus inspice, qui cælos fecisti
aperire Petro in clave, Paulo in
dogmate. Amen. Et præviantibus
ducibus illuc grex possit accedere
quo pervenerunt ipsi pariter, tam ille
Pastor per suspendium, quam iste
Doctor per gladium. Amen. Quod
ipse præstare, &c.—Ben. S. Theod. p.
638.           * M. 274

[h] Is not the marginal reading *placatus* better?      [i] MS *præviantur.*

Mabillon observes, " Deest hæc
Missa communis in lectionario nostro, in quo nullum est Commune
Apostolorum." It is evidently a Roman festival borrowed from the
custom in that liturgy of celebrat-
ing the memory of all the Apostles
jointly by a single festival within the
octave of that of S. Peter and Paul.

Deus, qui es omnium Sanctorum
tuorum splendor mirabilis, quique
hunc diem beati Apli tui ill. martyrio
consecrasti : da ecclesiæ tuæ de natalitia tanti Pontificis tui festivitate
lætari ; ut apud misericordiam tuam
et exemplis ejus adjuvemur et meritis. Per.—S. Greg. apud Gerb. p.
213a et p. 110b. cf. M. Goth. p. 277a.
[a] MS *exemplum.*

Majestatem tuam Domine, suppliciter exoramus, ut sicut Ecclesiæ tuæ
sanctus Andreas Apostolus exstitit
prædicator et rector, ita sit perpetuus suffragator. Per.—S. Leon.
p. 147.

Lætificet nos, Domine, munus oblatum, ut sicut in Apostolo tuo Petro
te mirabilem prædicamus ; sic per
illum tuæ sumamus indulgentiæ largitatem. Per.—S. Gel. p. 140a.
[b] Evidently a mistake for the *tuæ
sumamus* of the mg.

c This is so obviously the *Collectio ad Pacem*, that we have separated it from the preceding collect.

Præveniant nobis, Domine quæsumus, Apostoli tui desiderata commercia: ut quorum perpetuam dignitatem sacro mysterio frequentamus in terris, et præsentia nobis subsidia postulent et æterna. Per.—S. Gel. p. 141a.

† T. 314

Vere dignum et justum est, æquum et salutare, nos tibi semper et ubique gratias agere, Domine sancte, Pater omnipotens, æterne Deus: et gloriosi ill. martyris pia certamina præcurrendo, cujus honorabilis annua recursione solemnitas, et perpetua semper et nova est: quia et in conspectu tuæ majestatis permanet mors tuorum pretiosa justorum, et restaurantur incrementa lætitiæ, cum felicitatis æternæ recoluntur exordia. Per. Christum.—S. Greg. p. 156.

d This conclusion of the *Contestatio*, looks as if it had been adopted from a Benediction.

e See the same expression used in the *præfatio* of the following *Missa*, and in a prayer below p. 286a.

---

Præsta c nobis ejus desiderata commercia: ut cujus perpetuam dignitatem sacrosancto mysterio frequentamus in terris, et præsentia nobis subsidia postulet et æterna. Per Dominum nostrum.

*(Contestatio.)* Verè dignum et justum est, te laudare, omnipotens Deus, præcipuè in beati Apostoli tui *ill.* festivitate: in quâ gloriosus ejus sanguis pro Christo effusus† est. Cujus venerabilis annuæ recursionis sollemnitas et perpetua semper et nova est; quia et in conspectu tuæ majestatis permanet mors tuorum pretiosa Justorum; et restaurantur incrementa lætitiæ, cùm felicitatis æternæ recoluntur exordia. Supplices d te rogamus, omnipotens Deus: ut nobis donare digneris Apostolum tuum *ill.* pro peccatis nostris intercessorem, necessitatibus patronum: ut qui pro veritate sacrum sanguinem fudit: e ipse ante conspectum majestatis tuæ vota nostra suscipiat. Et ita ei obsequiorum nostrorum officiositate placeamus: ut dum nos ei supplicamus in terris, ille nos commendare dignetur in cœlis Domino Jesu Christo. Cui merito omnes Angeli.

---

* M. 275

It is rather curious that in the middle of this part of the Gothic Missal, which has been so completely Romanized, we should find this festival of S. John preserving its Gotho-Hispanic character, which seems to be the case (though in a smaller degree) with the office for his nativity also. The service for this day in the Sac. Gall. is purely Mozarabic. These facts would seem to show that this festival had a greater hold upon the minds of the people than some others. It is one of the few festivals in the *Lect. Luxov.*

In honorem beatissimi martyris tui Mathie Apostoli: cujus hodie natalem glorie celebramus: his majestati tue omnipotens Deus laudibus servientes: solennia festa concinimus: supplices te deprecantes: ut cujus meritis obsequimur: ejus te propicio ac donante: apud clementiam tuam semper precibus adjuvemur. Amen.—M. Moz. p. 316. 35. and 422. 15.

a MS *concinemus*.

---

*LVII. MISSA IN DIEM PASSIONIS S. JOHANNIS BAPTISTÆ ET MARTYRIS.

*[Præfatio.]* Deum Patrem, et Filium, et Spiritum Sanctum humili confessione et supplici devotione, fratres carissimi, unianimes obsecremus: ut nos hodie vaticinatæ Vocis, Verbi Præcursoris, legum Limitis, Lucernæ lucentis, sancti martyris Baptistæ Johannis passionem celebrantibus, ejusdem intercessione inluminet, defendat, et sanctificet: ut qui pro veritate sacrum sanguinem fudit, pro nobis ad Deum preces fundere dignetur. Per Dominum nostrum.

*(Collectio sequitur.)* In honorem beatissimi martyris tui Baptistæ Johannis, cujus hodie passionem celebramus, his majestati tuæ omnipotens Deus, laudibus servientes, sollemnia festa concinimus,a suppliciter deprecantes: ut cujus meritis obsequimur, ejus, te donante, aput clementiam tuam precibus adjuvemur. Per.

*(Post nomina.)* Munera populi tui, omnipotens Deus, quæ tibi in hac beatissimi Martyris

tui Baptistæ Johannis festivitate deferimus, quæsumus, propitiatus intende : ut perfecti hujus Sacrificii sanctificatione purgati, nostrorum à te mereamur consequi veniam delictorum. Per.

*(Collectio ad Pacem.)* Suscipe, quæsumus, Domine, preces nostras : et intercessione martyris tui Baptistæ Johannis, quem in tuo honore veneramur, Ecclesiæ tuæ vota confirma : qui etiam dignus est habitus, ut ei [b] te baptizandum, mundi Salvator, offerres. Dignum est enim hoc mereri, ut omnes nos baptismatis tui gratiâ consecutos, meritorum suorum intercessione conciliet, Salvator mundi.

*(Immolatio Missæ.)* Dignum et justum est, æquum et salutare† est, nos tibi semper agere gratias, omnipotens et misericors Deus, inter has Sacramentorum epulas, Martyris tui caput cum evangelicâ recordatione misceri : et velut in disco metalli radiantis, ita super mensam tuæ propitiationis offerri.[c] Sit ergo nobis, Domine, jocunda laudatio, sit in honorem Martyris recordatio cantici triumphalis. Et cum his cœlestibus supernisque Virtutibus, fidelis populi symphonia[d] misceatur : quæ à dextris tuis consonâ voce sub trinâ repetitione cantant[e] dicentes. Sanctus, Sanctus, Sanctus.

**\* LVIII. MISSA IN NATALE S. SIXTI PAPÆ URBIS ROMÆ.**

[*Collectio.*] Domine Deus, fidelium insuperabilis fortitudo, qui inter mundanæ [a] conversationis adversa, Sanctorum nos maximè glorificatione solaris, . . . [b] tui indesinenter accendis : excita, Domine, in Ecclesiâ tuâ Spiritum, cui ille servivit : ut studeamus diligere quod amavit, et opere [c] exercere quod docuit. Per Dominum nostrum Jesum Filium tuum.

*(Collectio sequitur.)* Præsta [d] nobis, omnipotens et misericors Deus : ut beati Sixti martyris tui repetita sollemnitas, et liberationem nobis perfectam tribuat et salutem. Per Dominum nostrum.

*(Collectio post nomina.)* Adesto, Domine, supplicationibus nostris, et intercessione Martyris tui Sixti perpetuam nobis misericordiam benignus impende : et nomina, quæ recitata sunt, nostrorum carorum in cœlesti paginâ jubeas intimari. Per Dominum nostrum.

b .MS omits *ci.*

† T. 315

c MS *offerre.*
d MS *sinphonia.*
e MS *estan.* If this correction of the former Editors be right, the word *quæ* two lines above, must be altered.

\* M. 276

a MS *mundana.*
b There is no lacuna in the MS, but the mg. enables us to supply the omission.
c MS *opera.*
d This prayer, which occurs also in the Missa of S. Hippolytus below p. 127, might seem to have been carelessly adopted from the Roman prayer for some octave. cf. Sancti Laurentii nos, Domine, solemnitas repetita tueatur et misericordiæ tuæ intercessio beata conciliet. Per.—S. Leon. p. 92. were it not that this word *repetita* (which occurs also in a collect below p. 289b) is sometimes used of the annual recurrence of a festival. see S. Greg. apud Gerb. p. 24b.
Vere dignum. Quoniam tu es omnium Sanctorum insuperabilis fortitudo, qui inter mundanæ conversationis adversa, præcipua nos beatorum Martyrum glorificatione solaris, et ad sublimia exempla patientiæ, triumpho nos sancti Laurentii, quem hodie celebramus, accendis. Per.—S. Leon. p. 88.
Excita, Domine, in Ecclesia tua Spiritum, cui sanctus Laurentius Levita servivit ; ut, eodem nos replente, studeamus amare quod amavit, et opere exercere quod docuit. Per— S. Leon. p. 89.
Da nobis omnipotens Deus, ut beati Matthæi Apostoli tui et Evangelistæ, quam præuenimus, veneranda solemnitas, et deuotionem nobis augeat, et salutem. Per Dominum nostrum.- S. Greg. Vet. p. 148F.
Adesto, Domine, supplicationibus nostris, et intercessione sancti Laurentii Martyris tui, perpetuam nobis misericordiam benignus impende. Per.-S. Leon. p. 89.

Accipe, quæsumus, Domine, munera dignanter oblata; et beati Laurentii suffragantibus meritis, ad nostræ salutis auxilium provenire concede. Per.—S. Leon. p. 89.
e MS *illa.*
... et illam, quæ in eo flagravit, fortis dilectio, in nobis aspira benignus, per. S. Greg. apud Gerb. p. 24b. cf. below p. 136.

f "Observetur locus ad adstruendum Romani Pontificis Primatum idoneus, quem expendit Mabill. Præfat. ad Liturg. Gallic. num. xi. Sacerdotum nomine Episcopi sæpe designantur in hisce Missalibus, quod et in Gelasii Sacramentario observavimus." Vezz. Our controversy with Rome is not concerning the primacy, but the supremacy.

† T. 316

g MS *sæculares.*
cf. Vere dignum. Qui sancto martyri tuo Xysto, ac præcipuo sacerdoti, non solum propriæ passionis triumphum, sed ut etiam subjectis sibi ministris Ecclesiæ proficeret, contulisti. Gloriosum denique virum nec inferior beatitudo discipuli, nec tardior est sequuta victoria. Per.— S. Leon. p. 85.
h MS *quod d. pœna.*

* M. 277

a We have here an instance of the carelessness of the compiler, who has neglected to change this into the singular.
Omnipotens et misericors Deus, fidelium lumen animarum, adesto votis solemnitatis hodiernæ, et Ecclesiæ tuæ gaudiis de Beatorum Martyrum ill. gloria conceptis benignus aspira: ut et corda nostra passione ipsorum igniantur, et apud misericordiam tuam eorum juvemur meritis, quorum gaudemus exemplis. Per Dominum nostrum.– S. Greg. p. 160.
Deus, qui mundi creator et rector es: et qui hunc diem in Levitæ tui Laurenti Martyrio consecrasti; concede propitius, ut omnes qui Martyrii ejus merita veneramur, ut intercessionibus ejus ab æternis gehennæ incendiis liberemur. Per.—S. Gel. p. 145a.
Concede nobis, Domine, gratiam tuam in beati Laurentii Martyris celebritate multiplicem; ut de tanti agone certaminis discat populus Christianus et firma solidari patientia, et pia exsultare victoria. Per.— S. Leon. p. 88.
b MS *firmam solidare patientiam,* a reading which is supported by M. Amb. apud Gerb. p. 107b, where this collect occurs with considerable variety of reading.
Sancti Laurentii nos, Domine, precatio justa tueatur; et quod nostra conscientia non præsumit, ejus nobis

*(Collectio ad Pacem.)* Accipe, quæsumus, Domine, munera dignanter oblata: et beati Sixti Episcopi et martyris suffragantibus meritis, ad nostræ salutis augmentum provenire concede: et illam,e quæ in eo flagravit fortis dilectio, in nobis adspira benignus. Per eum q.

*(Immolatio Missæ.)* Verè dignum et justum est, æquum et salutare est, tibi assiduas laudes canere, Domine sancte, Pater omnipotens, æterne Deus, per Christum Dominum nostrum. Qui per adventum suum credentes in se homines ad cœlestia regna transire permisit: quoniam hii qui se tuæ testes offerunt veritatis, inimicum, dum occiduntur, occidunt. Ex quibus est sanctus ac venerabilis Sixtus martyr; cujus hodie sollemnitas celebratur: qui dum apostolicæ Sedis excepisset insignia, et se primum† esse conspiceret Sacerdotum,f occasionem salutaris passionis excipiens, non tantùm sæcularis g exuit sordes contagii, verùm etiam exemplum fuit cæteris. Nam mox suus quoque minister eximius venerabilis Laurentius, victoriæ palmam imitatus, accepit ornamentum, quo debuit pœnam h subire; ut gloriam mereretur æternam consequere. Per Christum.

## LIX. MISSA IN NATALE SANCTI LAURENTI MARTYRIS.

[*Collectio.*] Deus, fidelium tuorum salvator et rector, omnipotens sempiterne Deus, adesto votis sollemnitatis hodiernæ; et* Ecclesiæ gaudiis de gloriosâ martyris tui passione beati Laurenti conceptis benignus adspira: augeatur omnium fides tantæ virtutis ortu, et corda lætantium supplicio Martyrum a igniantur: ut apud misericordiam tuam illius juvemur merito, cujus exultamus exemplo. Per Dominum nostrum.

*(Collectio sequitur.)* Deus, mundi creator et rector, qui hunc diem in Levitæ tui Laurenti martyrio consecrasti; exaudi propitius supplices tuos, et concede; ut omnes qui martyrii ejus merita veneramur, intercessionibus ejus ab æternis gehennæ incendiis liberemur. Per Dominum.

*(Collectio post nomina.)* Concede nobis, Domine, gratiam tuam in beati Laurenti martyris celebritate multiplicem: ut de tanti agone certaminis discat populus Christianus, et firmâ solidari patientiâ,b et piâ exultare victoriâ.

*(Collectio ad Pacem.)* Sancti Laurenti nos, Domine, quæsumus, precatio justa tueatur: et quod nostra conscientia non præsumit, ejus nobis, qui tibi

placuit, oratione donetur. Per Dominum nostrum Filium tuum.

*(Immolatio Missæ.)* Verè dignum et justum est, omnipotens sempiterne Deus, tibi in tanti martyris Laurenti . . .[c] laudis hostias immolare : qui hostiam viventem hodie in ipsius Levitæ tui beati Laurenti martyris ministerio per florem casti corporis accepisti. Cujus vocem per hymnidicum modolamini[d] Psalmi audivimus, canentis atque dicentis : Probasti cor meum, Deus, et visitasti nocte,[e] id est, in tenebris sæculi : igne me examinasti ; et non est inventa in me iniquitas. O gloriosa certaminis virtus ! O inconcussa constantia confitentis ! Stridunt membra viventia super craticulam[f] imposita : et prunis sævientibus, anhelantes, incensum suum in modum thymiamatis divinis naribus exhibent odorem. Dicit enim Martyr ipse cum Paulo : Christi bonus † odor sumus Deo. Non enim cogitabat quomodo in terrâ positus, à passionis periculo liberaretur ; sed quomodo inter Martyres in cœlis coronaretur. Per Christum Dominum nostrum. Per quem.

*(sidenote)* qui tibi placuit, oratione donetur. Per. – S. Leon. p. 90.

c There seems to be no lacuna in the MS, but some such word as *festivitate* has evidently been omitted.

d "Lege *modulum* vel *modulati.* Hic ergo versiculus tunc in festo S. Laurentii, uti nunc, canebatur in ordine, Gallicano." Mab. cf. Ps. 16. 3. Probasti cor meum, et visitasti nocte : igne me examinasti, et non est inventa in me iniquitas ; and a little after, 1 ad Cor. c. 2. 15. Christi bonus odor sumus Deo.

O gloriosi certaminis virtus, o inconcussa constantia mentis. Stridunt membra viuentis super craticulam imposita, et prunis seuientibus anhelantis, ut et tibi hostia fieret, et ad triumphum martyrii intrepidus perueniret. – M. Amb. p. 413.

e MS *noctem.*

cf. Vere dignum. In die solemnitatis hodiernæ, qua beati Laurentii hostiam tibi placitam casti corporis glorioso certamine suscepisti. Prunis namque superposita stridebant membra viventia ; nec tamen erat pœna patientis, sed piæ confessionis incensum. Neque terreno liberari cruciatu Martyr optabat, sed coronari deprecabatur, in cœlis. Per. – S. Leon. p. 91.

f MS *graticulam.*

† T. 317

<hr>

*LX. MISSA S. YPPOLITI MARTYRIS.

* M. 278

[*Collectio.*] Da nobis, omnipotens et misericors Deus : ut beati Yppoliti Martyris tui veneranda sollemnitas, et devotionem nobis augeat et salutem. Per Dominum nostrum Filium tuum.

*(Collectio sequitur.)* Præsta nobis, omnipotens et misericors Deus : ut beati Yppoliti Martyris tui repetita sollemnitas, et liberationem nobis perfectam tribuat et salutem. Per Dominum nostrum.

*(Collectio post nomina.)* Deus, tuorum gloria, martyri tuo Yppolito, quæsumus, ut pro nobis supplicantem[a] . . . omnia nobis prospera concede. Per Dominum nostrum Filium tuum.

*(Collectio ad pacem.)* Ut nobis tua, Domine, remedia dent salutem, beatus Yppolitus Martyr, quæsumus, pro nobis supplicans copiosus audiatur. Per Dominum nostrum.

*(Immolatio Missæ.)* Verè dignum et justum est, omnipotens æterne Deus. Qui beatum Yppolitum, tyrannicis adhuc obsequiis occupatum, subitò fecisti Laurenti socium. Qui spirituali ardore succensus, dum unigenitum Filium tuum Dominum nostrum coram potestatibus veraciter confitetur, pœnis subjicitur,

*(sidenote)* Da nobis, omnipotens Deus, ut beati Laurentii Martyris tui veneranda solemnitas et devotionem nobis augeat et salutem. Per.—S. Leon. p. 92.

See above p. 125.

cf. Deus, tuorum gloria justorum, præsta quæsumus : . . . – S. Greg. p. 155.

a There is no lacuna here in the MS

Ut nobis, Dne, tua sacrificia dent salutem, beatus Confessor tuus Augustinus, quæsumus, precator accedat, per. – S. Greg. apud Gerb. p. 17ob, & 194b.

Sit, Domine, beatus Matthæus Evangelista nostræ fragilitatis adjutor : ut pro nobis tibi supplicans, copiosius audiatur. Per.—S. Greg. p. 131

vinculis inligatur, cardis configitur, equorum ferocitate disjungitur: et adeptâ palmâ martyrii, vitâ perpetuâ cum lucratore et magistro Laurentio coronatur. Per Christum Dominum nostrum.

LXI. MISSA IN NATALE SANCTORUM MARTYRUM CORNILI ET CYPRIANI.

[*Collectio.*] Sancte Domine omnipotens, quem [a] Cornilius et Cyprianus, triumphali sanguine confitendo, venerabiles extiterunt: præsta, quæsumus, ut uterque nobis jugiter suffragentur. Per.

(*Collectio sequitur.*) Sanctus Cornilius et Cyprianus suffragia nobis,[b] Domine, consueta dependant: et pari semper intercessione nos foveant. Per Dominum.

†(*Collectio post nomina.*) Beatorum Martyrum pariterque Pontificum Cornili et Cypriani nos, quæsumus, festa tueantur; eorum nos tibi, Domine, commendet oratio: ut caris nostris qui in Christo dormiunt, refrigeria æterna concedas. Per.

(*Collectio ad Pacem.*) Prætende nobis misericordiam * tuam, et esto populi tui defensor et custos: ut [c] sanctorum tuorum Cornili et Cypriani veneranda sollemnia securo possint [d] frequentare conventu. Per.

(*Immolatio Missæ.*) Dignum et justum est, semper et ubique tibi gratias agere, omnipotens, æterne Deus: teque in sanctorum Martyrum prædicare virtute: quos discretis terrarum partibus greges sacros pascentes, unâ eademque fide, de [e] diversis licet temporibus, consonante, parique nominis tui confessione coronasti, per Dominum nostrum. Per quem.

LXII. MISSA IN NATALE SANCTORUM GERMANORUM JOHANNIS ET PAULI.

[*Collectio.*] Quæsumus, omnipotens et misericors Deus: ut nos geminata lætitia hodiernæ festivitatis excipiat, quæ de beatorum Martyrum tuorum Johannis et Pauli glorificatione procedit: quos eadem fides et passio fecit esse germanos. Per.

(*Collectio sequitur.*) Omnipotens sempiterne Deus, ne aput justitiam tuam peccata nostra nos adgravent, germanorum Martyrum suffragiis adjuvemur: quos et partus una, et par Martyrii palma conjunxit. Per.

(*Collectio post nomina.*) Suscipe, Domine propitius, preces nostras, et tuorum deprecatione justo-

"Tam celebre quondam erat his in partibus S. Cypriani festum, ut ab eo sequentes in Adventum Dominicæ, prima, secunda, et sic deinceps numerarentur." Mab. The present service, however, seems rather to belong to the Roman festival than to the Gallican one, both from the character of the collects, and also from S. Cornelius being not only joined with S. Cyprian, but even named throughout the first; which the usage referred to by Mabillon shows not to have been the case in the uncorrupt Gallican Offices.

a Mabillon's correction for the MS *que*. The expression *triumphalis sanguis* occurs in S. Greg. apud Gerb. p. 199b 213a but we have not been able to find either this or the following Collect, though they are both plainly of Roman character.

b MS *nos*

Beatorum Martyrum, pariterque pontificum Cornelii et Cypriani nos, Domine, quæsumus, festa tueantur, et eorum commendet oratio veneranda atque lætificet. Per.—S. Leon. p. 97.

† T. 318    * M. 279

Pretende, Domine, misericordiam tuam et esto populi tui defensor et custos; ut Sanctorum tuorum veneranda solemnia securo possit frequentare conventu. Per.—S. Leon. p. 86.

c MS *et*    d MS *possunt*.

Vere dignum. Tuamque in sanctis Martyribus Cornelio, simul etiam Cypriano prædicare virtutem, quos discretis terrarum partibus greges sacros divino pane pascentes, una fide, eademque die, diversis licet temporibus, consonante, parique nominis tui confessione coronasti. Per. S. Leon. p. 97.

e The reading *fide eademque die* seems the true one.

Quæsumus, omnipotens Deus, ut nos geminata lætitia hodiernæ festivitatis excipiat, quæ de beatorum Joannis et Paulli glorificatione procedit, quos eadem fides et passio fecit esse germanos. Per.—S. Leon. p. 33.

Quæsumus, Domine Deus noster, ne apud justitiam tuam peccata nostra nos aggravent, ...—S. Leon. p. 19

Suscipe, Domine, propitius, oblationes nostras, et tuorum depreca-

rum Johannis et Pauli, pietati tuæ perfice benignus acceptas: et quos sanguinis[a] propinquitas conjunxit et fides, patrocinium nobis deferant solaminis. Per.

*(Collectio ad pacem.)* Intende, Domine, munera, quæsumus, altaribus tuis pro beatorum martyrum tuorum Johannis et Pauli commemoratione proposita :[b] ut sicut per hæc beata mysteria illis gloriam contulisti, nobis indulgentiam largiaris. Per Dominum.

*(Immolatio Missæ.)* Verè satis est dignum atque justum, in horum martyrum Johannis et Pauli,[c] germanitate pariter et beatitudine [d] consortes, tibi, omnipotens Deus, dicere laudes : quos et fratres sorte † nascendi, et magnificâ præstitisti passione germanos : ut simul essent venerandæ gloria genitricis, et florentissima proles [e] Ecclesiæ. In quorum memoriâ passionis oblatum sacrificium accipe libens, Domine, et per eum [f] nos cum ipsorum Martyrum intercessione emunda:[g] ut liberis vocibus, et consonis mentibus tibi hymnum dicere laudis mereamur, cum Angelis et * Archangelis clamantes. Sanctus.

tione Sanctorum, pietati tuæ perfice benignus acceptas. Per. – S. Leon. p. 48. cf. infra p. 286b.
[a] MS *sanguis.*

Intende munera, Domine, quæsumus, altaribus tuis pro sanctæ Felicitatis Martyris tuæ commemoratione proposita ; ut sicut per hæc beata mysteria illi gloriam contulisti, nobis indulgentiam largiaris. Per. – S. Leon. p. 144.
[b] MS *præposita.*
[c] A word seems awanting here.
[d] MS *beatitudo.*

† T. 319
Vere dignum. Quia licet in omnium Sanctorum tuorum tu sis, Domine, provectione mirabilis : in his tamen speciale tuum munus agnoscimus, quos et fratres sorte nascendi, et magnifica præstitisti passione germanos ; ut simul esset et veneranda gloria genitricis et florentissima proles Ecclesiæ. Per.—S. Leon. p. 50. It occurs also in S. Greg. apud Gerb. p. 137 and M. Amb. p. 390 with *florentissima* in the genitive case.
[e] MS *prolis.*
[f] *eum* for *id*, referring to *sacrificium.*
[g] MS *emundans.*

* M. 280

---

LXIII. Missa in natale beatissimi Sinfuriani martyris.

S. Symphorianus' Day is fixed in the old English office-books at the beginning of Autumn :—Ver fugat Urbanus: æstatem Symphorianus.

[*Præfatio.*] Sacratam mysteriis cœlestibus diem ad officium devotionis nòstræ sollemnitatis ingressi, fratres dilectissimi, laudemus Dominum in sanctis suis : eumque[a] in beatissimi Sinfuriani martyris honore veneremur, agentes ei gratias pro triumphis ejus et gloriâ ; quem[b] adversùs corporis infirmitatem pœnarumque sævitiam, Spiritûs fortitudine demicantem,[c] spei viribus roboravit, muro credulitatis inclusit, successuque victoriæ ad præmia immortalitatis invexit. Oremus quoque, ut nos[d] in hoc sæculo, etsi non pari agone certantibus, similis fortitudo non desinat : et sicut illum exhortatio piæ matris extulit ad peragendam certaminis hujus victoriam ; ita nos Catholicæ fides Ecclesiæ inreprehensibiliter custodita, perducat ad veniam, provehat ad coronam. Per Dominum nostrum Jesum Christum.

cf. Ps. 150 v. 1 Laudate Dominum in sanctis ejus.
[a] MS *cumque.*

[b] MS *quam.*

[c] MS *fortitudinem demigantem.*
cf. in the service for baptism, "ut credulitatis possint muris includi."— Miss. Gall. p. 344a.

[d] *nos* is probably right, grammatical construction being neglected.

*(Collectio sequitur.)* Sanctorum omnium gloriosa protectio, Deus, qui beato martyri

See above p. 77 "perducas ad veniam."

17

cf. M. Amb. p. 367 "per diversa martyrii ludibria."

e So we correct for *similes*.

A proof that this Missa is of a later date than the persecutions. See above p. 45 a similar allusion to them as past.
f MS *scupolosum*.

g There is no lacuna in the MS.

h MS *Coll. Sequitur*.

i MS *junsuntur*.

j This use of the word *laxare* may suggest a plausible correction for the phrase tartara lavare above p. 33.

k MS *niveis*.

† T. 320

l This word 'peculiarem' may seem to give a clue to the Church to which the present Collection belonged, as it seems to have been the city where S. Sinfurianus was martyred.

\* M. 128

m MS *laudem*.
cf. "tibique laudum hostias immolamus."—M. Mos. 372. 33.

n " Faustus, Symphoriani pater, genere illustris, ex actis et ex hoc loco." Mab.
o MS *fausto*, which need hardly have been altered.

tuo Sinfuriano auxilium non negasti, et per iniqua mortis ludibria ad hanc gloriam vocare dignatus es, præsta ; ut similis e nos fides martyrio copulet, quos tempus passionis in stadio non reliquit : ac sicut illum iter durum et scopulosum f per ærumnas passionum paradiso conlocavit ; ita nos præsentium voluptatum contemptus. . . . g Per Dominum nostrum.

*(Collectio post nomina.*h*)* Recitatis nominibus offerentum, fratres carissimi, omnipotentis Dei misericordiam deprecemur : ut plebi, quæ in honore beati Sinfuriani martyris vota reddit altaribus, divinæ credulitatis infundatur affectus : ut ejus administratione firmentur, qui Martyris meritis non junguntur : i ac sicut ille post carceris septa, post pœnarum ligamina, postque famis inediam, æternitatis gaudia infinita perfruitur ; ita defunctorum animæ, laxatis j inferni pressuris, Abrahæ patris gremio conlocentur. Quod ipse præstare dignetur q.

*(Collectio ad pacem.)* Largitor bonorum omnium, Deus, qui inter illas Martyrum splendentium niveâ k fide catervas, toto orbe terrarum gratiâ coruscante diffusas, pretiosum † peculiaremque l nobis beatum Sinfurianum martyrem indulsisti ; largire cotidianis supplicum \* tuorum votis : ut in cujus festa devoto exultamus trepudio, ejus in posterum consortio conjungamur ; hominum osculis corporalibus, spiritalibus alligari mereamur affectibus. Per.

*(Immolatio Missæ.)* Dignum et justum est, æquum et salutare est, nos tibi in honore beati Martyris tui Sinfuriani laudum m hostias immolare, Domine Deus æterne. In cujus nos sollemnitate confortat vel ratio manifesta rerum, vel eruditio perfecta virtutum : qui splendere meruit non solùm terrenorum claritate natalium, verùm etiam sublimitate cœlestium virtutum : et Fausti n fulgidus genere, fausti o martyrii levatur in culmine. Qui beatos pàtres Andochium Benignumque secutus, per martyrii flagrantiam electus pervenit ad palmam : qui dum adflictionem sequitur præsentium, instructionem effecit posterorum. Et materno conloquio pietate transfertur ad præmium : cùm ei insinuatur non debere mortem

meteure ; quia Martyribus vita non tollitur, sed mutatur. O admiranda gratiarum fides ! quæ [p] de beato filio vitam glorioso exultat affectu; et quæ lugere credebatur, gaudere cognoscitur : secura de regni tui præmiis, filium exhortatur cum ingenti lætitiâ, scientes morientes in Christo, vivere ; et amissam vitam, eo restaurante, recipere. Dignè ergo hic honoratur in nomine tuo, qui te honoravit in sanguine suo : qui pro te afflictus est in supplicio, per te glorificatus est in sepulcro : qui te honoravit in gladio, tecum regnat in cœlo : qui per angustiam præsentium tribulationum pervenire meruit ad amplitudinem cœlestium gaudiorum, per Christum Dominum nostrum. Per q.

cf. "non timemus lucis huius sustinere iacturam. Quoniam beneficio gratiæ tuæ fidelibus vita non tollitur sed mutatur.– Præf. Ant. apud Pam. t. 2. 6o8.
[p] MS *qui*.

cf. Quatenus per angustum gradientes justicie callem : regionis eterne mereamur latitudinem introire—M. Moz. p. 297. 43.

LXIV. MISSA SANCTI AC BEATISSIMI MAURICII CUM SOCIIS SUIS.

See in Martene *Ant. Eccl. Rit.* 3. 213. an account of the especial honour which of old was paid in France to these Martyrs. The Cathedrals of Tours and Vienne are dedicated to S. Maurice. There is a special *Missa* in the Ambrosian, but not in the Mozarabic rite.

[*Præfatio.*] Omnipotentis Domini misericordiam in hujus diei sex[a] millium sexcentorum Martyrum sollemnitate, fratres carissimi, deprecemur : ut qui tantæ plebi suæ gloriam[b] martyrii contulit ; ita nobis diei[c] inmensâ peccaminum misericordiæ suæ largitate lætificet.[d] Per Dominum nostrum Jesum.

[a] This number of 6600 is made much of in hymns on the passion of the Theban legion.
[b] MS *gloria.*
[c] This seems to make no sense. Perhaps we might read *de immensa pecc. mole.*
[d] MS *lætefecit.*

(*Collectio sequitur.*) Deus, qui Sanctis tuis Acauninsebus pro tuitione Christiani nominis persecutionis audaciam sustulisti ; eorumque animum ad adipiscendam[e] dignitatis tuæ martyrio præfulgentem gratiam[f] incitasti ; exaudi supplices tuos, et præsta : ut sicut illi tuo * munere meruerunt beatificè coronari ; ita eorum suffragiis ab omni conluvione peccati,[g] te auxiliante, reddamur innoxii. Per Dominum.

[e] MS *adepiscendam* without *ad.*
[f] MS *martyria perfulgentem gratia.*

* M. 282

[g] cf. M. Moz. p. 339. 82 "a conluvionibus peccatorum."

(*Collectio post nomina.*) Auditis nominibus carorum nostrorum,† omnipotentem Dominum deprecemur : ut plebis suæ ministrorumque vota suscipiens, oblationes nostras, quas in commemorationem sanctorum Acauninsium, ac pro spiritibus carorum nostrorum offerimus, in odorem bonæ suavitatis accipiat. Unde supplices simus, ut beatissimorum Patriarcharum, Prophetarum, Apostolorum, et Martyrum, omniumque Sanctorum piis precibus adjuvemur. Per.

† T. 321

17*

Deus: cui acceptissima ac jocundissima sanctorum Martyrum tuorum N. et N. fides est : atque devotio : adesto familie tue supplici per sanctorum tuorum te suffragia postulantium : offerentium vota amplifica : defunctis requiem dona : et da : ut qui te peccatorum suorum errore leserunt: placere tibi tuorum mereantur intercessione sanctorum. Amen. M. Moz. p. 427. 56.
[h] MS *esse.*
[i] MS *intercessione.* The mg. would rather lead us to throw out the *per* in the preceding line.

[j] MS *gratiam.*

[k] "An *cunctantes.* Mendosa etiam quæ sequuntur." Mab.
[l] MS *persecutione sonus.* Mabillon's first correction seems to have been, *persecutionis sonum.* Perhaps we might correct the next word to *exciperent,* and in the next line read *inclinarent.*

[m] MS *proteges.*

[n] MS *nec infesione.*

[o] MS *conf. decum miletonum.*
cf. "in commilitonum numero fidelis promissor adjunge." M. Moz p. 399. 6.
[p] MS *mano.* Ought we not to read, *manu carnificis lacerari?*
[q] MS *tante.*
[r] cf. M. Amb. apud Gerb. p. 182 "Sed hi tanto caritatis ardore fervebant ut. . . ."
[s] MS *se.*
[t] MS *invenirit.*
[u] MS *occiderit.*

\* M. 283

[v] MS *peririt.*

[w] MS *quam sanguis.*

[x] MS *vocibus.*
[y] MS *agemus.*

*(Collectio ad Pacem.)* Deus, cui acceptissimum ac jucundissimum sacrificium est[h] sanctorum tuorum fides atque devotio ; adesto familiæ tuæ tibi supplici, misericordiam tuam per sanctorum tuorum Acauninsium suffragia postulanti : et da, ut qui te peccatorum suorum errore læserunt, placere tibi per sanctorum tuorum intercessionem[i] mereantur. Per.

*(Immolatio Missæ.)* Dignum et justum est. Verè æquum et justum est, nos tibi gratias agere, Domine sancte, Pater omnipotens, æterne Deus. Tu enim, Domine, Thebæorum exercitum, ad populi tui supplicium destinatum, ita subitâ jussionis tuæ gratiâ[j] revocasti ; ut, plus eligerent sedulâ devotione interfici, quàm de Christianorum sanguine satiari : nec cum tantis[k] ut, te auxiliante, persecutionis onus[l] excepere, cervices suas persequentibus inclinare. Et cùm rabies inimici decerneret, ut Dei populus denumerationis instantiâ deperiret ; ille raptus est decimus, qui anticipatione martyrii fieret primitivus. Clamor in castris oritur ; virtus dimicandi contemnitur ; de adsumatione martyrii contentio ardua commovetur : Dei populus ferro confoditur, sanguis innocentum effunditur, fides inlibata servatur. Sic, Domine, milites protegis[m] tuos, ut nec defuerit in passione patientia, nec in confessione[n] constantia. Inter beatorum bella et beata certamina, plus metuit gloriosa confessio de commilitonum[o] consortio dividi ; quàm manus[p] carnificis gloriari. Totus namque Dei populus tantâ[q] ardoris fidei alacritate flagrabat : [r] ut si[s] tardaretur persecutio corporis, præcederet devotio passionis. Tanta enim fuit constantia populi, et . . . . inimici : ut nec furor invenerit[t] postmodum quod occideret ; [u] nec gloriosum remanserit,\* quod periret.[v] Factus est sacer ille Agauninsium locus per suffragia Martyrum salus præsentium, præsidium futurorum : quem sanguinis[w] unda perfudit, pretiosorum corporum societas consecravit. Unde meritò tibi, Domine, inter choros Martyrum et voces[x] Angelorum laudes tibi debitas agimus cum[y] exultatione dicentes. Sanctus.

*(Collectio post Sanctus.)* Oremus, fratres dilectissimi, ut Dominus ac Deus noster spe-

ciem [z] istam, suo [a] ministerio consecrandam, cœlestis † gratiæ inspiratione sanctificet: et humanam benedictionem plenitudine divini favoris adcumulet. Per Dominum nostrum Jesum.

[z] The word *species* here means the *substance* of bread and wine, according to its general use in the writings of those who lived before the time of Paschasius.

[a] Should we not read *nostro?*

† T. 322.

## LXV. Missa sancti Leudegarii Martyris.

[*Collectio.*] Summe, omnipotens, æterne Deus, qui vitam beati Antistitis tui Leudegarii [a] martyris per istius sæculi ærumnas transire jussisti, cujus annua festa devotâ mente celebramus; quæsumus, ut per ejus intercessionem plebem [b] tuæ clementiæ famulantem, ita in præsenti foveas, ut ad cœlestia regna perducas. Per Dominum.

(*Collectio sequitur.*) Deus, qui beatum Martyrem tuum Leudegarium in agone probasti, et probatum in dolore sustentasti; quem hodiernâ die in cœlestibus gaudiis recipere dignatus es : præsta nobis famulis tuis, ut qui gloriam non meremur, indulgentiam peccatorum, ipso interveniente, adepisci mereamur. Per.

(*Collectio post nomina.*) Auditis nominibus offerentum, fratres carissimi, Domini majestatem deprecemur; ut qui vitam summi Antistitis sui Leudegarii martyris transtulit ad coronam ; per interventum [c] sanctorum Patriarcharum, Prophetarum, Apostolorum, et Martyrum, Anachoritarum, et Virginum omniumque Sanctorum concedere dignetur : ut sacræ præsentis oblatio quæ offertur, viventibus emendationem, et defunctis remissionem obtineat [d] peccatorum : et quorum nomina hîc recitatione patefacta sunt, in cœlestibus paginis conscribantur. Quod ipse præst.

(*Collectio ad pacem.*) Pacem tuam, Domine, nostris inlabere pectoribus : et cùm [e] beatum martyrem tuum Leudegarium, in hoc sæculo commorantem, per pacis studium hodie cœlestis aula suscepit : nobis quoque peccatoribus pacis vinculum et caritatis studium, ejus meritis [*] suffragantibus, largiri jubeas in ævum. Per Dominum.

(*Immolatio Missæ.*) Dignum et justum est. Verè æquum et pulcrum est, nos tibi hîc et

Although the first two Collects for this festival occur (as will be seen) in a Gregorian Office also, we have not printed them in small type as it seems reasonable to suppose, that the service for a Gallican Saint was composed in Gaul.

"Vel ex hoc loco patet, Missale hoc fuisse Ordinis Gallicani: atque hinc colligitur codicis ætas, cum Leudegarius exstinctus sit anno 678." Mab.

Omnipotens sempiterne Deus, qui vitam beati Leudegarii Martyris tui atque Pontificis per istius sæculi ærumnas transire iussisti, cuius annua devotione festa celebramus: quæsumus, ut per eius intercessionem plebi tuæ clementiam famulantem ita in præsenti foveas, ut ad cælestia regna perducas. Per.—S. Greg. apud Gerb. p. 184a.

[a] MS *Laudegarii* and so repeatedly.

[b] MS *plebi.*

Deus, qui beatum Leudegarium Martyrem tuum in agone probasti, et probatum in dolore sustentasti, quem hodierna die in cælestibus gaudiis recipere dignatus es; ut qui gloriam non meremur, indulgentiam, ipso interveniente, peccatorum adipisci mereamur. Per.—S. Greg. apud Gerb. p. 184a.

[c] MS *interventu.*

[d] MS *obtineant.*

[e] MS *qui* for *et cum.*

cf. above p. 39;—"Qui martyrem suum Stephanum cœlestis aulæ collegio muneravit."

[*] M. 284

ubique semper laudes et gratias agere, laudesque adtollere, Domine sancte, Pater omnipotens, æterne Deus, per Jesum Christum, Filium
tuum Dominum nostrum, ab initio sæculi

procreatum, Verbum editum Patris, principia[f]
sæculi istius conlocatum per totum orbem
terrarum contulisti : ubi beatus martyr tuus
Leudegarius Episcopus de altitudine sæculi

hujus per alternas mutilationes[g] discerptus,
pompas sæculi fragilitatisque calcavit. Cui[h]
tu, Domine, auxilium ferre dignatus es : ut
præsentis sæculi amorem despiceret, et cœlestia adepiscere promereret. Verumtamen cru-

cem suam tollens,† te Pastorem sequens, ut
paradisi delitias possideret, præsentia omnia
dereliquit. O beatum virum Leudegarium
Antistitem ! qui per nefandorum consilia cor-

† T. 323

pus[i] nexibus absolutum, os[j] labiis minuatum,
oculisque orbatum, exilium perpetratum, lu-
bricitatis sæculi postpositum, diversis tormentis passum, exemplum reliquit Episcoporum
per suam passionem vel patientiam :[k] et ad
extremum vitæ perpetuæ restitutus, cœlestia
regna penetravit ; Angelorum choro sociatur ;
coronæ[l] immarciscibilibus floribus remunera-
tur : unde pòst multæ reliquiæ floruerunt in
Galleis. Precamur ergo te, Domine, ut nos
famulos tuos omnemque plebem reminiscentes
talem Pastorem, ejus meritis suffragantibus,
veniam mereamur obtinere peccaminum, per
Christum Dominum nostrum. Cui omnes
Angeli.

(*Post Sanctus.*) Hosanna[m] excelsis. Benedictus qui venit in nomine Domini. O verè
beata vox, quam Angelorum et Archangelorum concinunt Virtutes ! quæ nos hodie in
passione beati Martyris tui Leudegarii vox
una prorumpit in laude. Ut tu Deus Pater

omnium, qui[n] nobis veniam tribuas de peccatis,
quæsumus, da oblivionem[o] præteritorum facinorum, qui dedisti Martyribus post triumphum
coronam.[p] Per Dominum nostrum. Qui prid.

(*Post Secreta.*) Hæc facimus, Domine,
Passionem tuam commemorantes :[q] hæc facimus, Pater Jesu Christe :[r] qui nobis de lege
veteri novam tradidisti. Concede nobis, in-

\* M. 285

tercedente\* beato Antistite tuo Leudegario
martyre, cujus hodie annuam commemoratio-

nem<sup>a</sup> celebramus : ut descendat hîc benedictio tua super hunc panem et calicem, in transformatione Spiritûs tui Sancti : uti hæc benedicendo benedicas, sanctificando sanctifices : ut quicumque ex utraque<sup>t</sup> benedictione sumpserimus, æternitatis præmium et vitam consequi mereamur æternam. Per.

ᵃ MS *annuæ commemoratione.*
cf. Super has, quæsumus, hostias, Domine, benedictio copiosa descendat. – S. Leon. p. 140.

ᵗ A proof that communion was then given in both kinds. See below p. 296b, the word *benedictio* used in the same sense.

### LXVI. MISSA UNIUS MARTYRIS.

[*Collectio.*] Sancti martyris tui *ill.*, quæsumus Domine, nos oratio sancta conciliet : quæ sacris virtutibus veneranda refulget. Per.

(*Collectio sequitur.*) Beatus *ill.* martyr, quæsumus Domine, pia nos intercessione commendet : et tibi placito fulti suffragio, quam non meremur indulgentiam consequamur. Per Dominum nostrum.

(*Collectio post nomina.*) Adesto, Domine, supplicationibus nostris : et intercessione beatissimi martyris† tui *ill.* perpetuam nobis misericordiam benignus impende, et munera superimposita dignanter adsume : ut defunctis ad refrigerium, viventibus proficiat ad salutem. Por.

(*Collectio ad pacem.*) Deus pacis conditor, Deus caritatis indultor, da nobis placidus pacem tuam : et præsta, ut dum sancti martyris tui *ill.* passionem celebramus, per ejus intercessionem pacis securitatem cum peccatorum veniâ ᵃ consequi mereamur. Per.

(*Immolatio Missæ.*) Dignum et justum est. Verè dignum et justum est, nos tibi agere gratias, Domine sancte, Pater omnipotens, æterne Deus. Tibi enim festa sollemnitas agitur, qui dies sacrata celebratur : quam beatissimi martyris tui *ill.* sanguis in veritatis tuæ testificatione profusus, magnifico nominis tui honore signavit, per Christum Dominum nostrum. Per quem.

### LXVII. ITEM MISSA UNIUS MARTYRIS.

[*Collectio*]. Sancti martyris tui, Domine, nos, quæsumus, interventio gloriosa commendet : ut quod nostris actibus non valemus,ᵃ ejus precibus consequamur. Per.

(*Collectio sequitur.*) Tuus sanctus martyr *ill.* nos, quæsumus Domine, ubique lætificet : ut ejus dum merita in præsenti festivitate recolimus, patrocinia in augmentum virtutum* sentiamus. Per.

(*Collectio post nomina.*) Interveniat pro nobis, Domine, petimus, sanctus tuus martyr

Sancti *Ill.* Martyris tui, Domine, nos oratio sancta conciliet, quæ sacris virtutibus veneranda refulget. Per Dominum nostrum.—S. Greg. p. 157.

Beatus Sacerdos et Confessor tuus ill. quæsumus Dne, sua nos intercessione apud te commendet : ut tibi placito fulti suffragio, quam precarum indulgentiam peccatorum consequi mereamur. Per. – S. Greg. ap. Gerb. p. 222a.

See above p. 125.

† T. 324

See above p. 38 and 122.

ᵃ MS *veniam.*

Vere dignum, tibi etenim, Domine, sacra festivitas agitur, tibi dies sacrata celebratur, quam beatorum Martyrum tuorum sanguis, in veritatis tuæ testificatione profusus, magnifico nominis tui honore signavit. Per. – S. Leon. p. 17. This preface also occurs in Sac. Gall. p. 345b, and (with another Roman one) is incorporated in the *contestatio* of S. Stephen, supra p. 39 where the passage from *Digne* line 3 to the eleventh line ought to have been printed as Roman. (See also the resemblance between the Collects *ad pacem* in that *Missa* and in the present one) The same remark applies to the *contestatio* for S. Agnes, above p. 61.

Martyrum tuorum Babilæ et trium parvulorum nos quæsumus Dne interventio gloriosa commendet, ut quod nostris actibus non meremur, eorum precibus consequamur, Per.—S. Greg. ap. Gerb. p. 24a & b.

ᵃ MS *vale.* . . .

Tuus sanctus martyr Georgius, quæsumus Dne, nos ubique lætificet, ut dum eius merita in præsenti festivitate recolimus, patrocinia in augmento virtutum sentiamus. Per. S. Greg. ap. Gerb. p. 107a, 108a.

* M. 286

*ill.* qui sanguinem suum pro tuo nomine gloriosum fudit : et ipso interveniente, nomina quæ recitata sunt nostrorum carorum, in cœlesti paginâ jubeas intimare. Per.

*(Collectio ad Pacem.)* Sancti martyris tui, Domine, *ill.* nos, quæsumus, precatio sancta tueatur : et quod nostra conscientia non præsumit, ejus nobis, qui tibi placuit, oratione donetur : et præsentia munera ita serenâ pietate intuere, ut Sancti Spiritûs perfundantur benedictione : et in nostris cordibus eam dilectionem validam infundant, per quam sanctus martyr *ill.* omnia corporis tormenta devicit. Per.

*(Immolatio Missæ.)* Dignum et justum est. Verè dignum et justum est, omnipotens et misericors Deus, te semper in laude martyrum honorare, et in præsenti festivitate sancti martyris tui te confitentis [b] gratias agere. Cui dedisti cœlestis palmam triumphi ; nobis quoque, eo suffragante, emundationem ac veniam concede peccati : [c] ut in te etiam exultemus in misericordiâ, in quo ille lætatur in gloriâ. Per.

### † LXVIII. ITEM MISSA UNIUS MARTYRIS.

[*Collectio.*] Da, quæsumus, Domine : ut sancti martyris tui *ill.* annuâ sollemnitate lætemur, et [a] tantæ fidei proficiamus exemplo. Per.

*(Collectio sequitur.)* Exaudi, Domine, preces nostras, quæsumus : et interveniente sancto Martyre tuo *ill.* eas ante conspectum majestatis tuæ placatus admitte. Per.

*(Collectio post nomina.[b])* Impetret, Domine, quæsumus, fidelibus tuis auxilium oratio justa sancti martyris *ill.*, ut in cujus sumus celebritate devoti, simus ejus sorte participes : proficiant hæc quæ offerimus pro incolumitate viventium, et pro requie defunctorum. Per.

*(Collectio ad Pacem.)* Suscipe, Domine, propitius orationem nostram cum oblationibus hostiarum superimpositis ; et martyris tui *ill.* deprecatione pietati tuæ perfice benignus acceptas : et illam [c] quæ in eo flagravit fortis dilectio, in nobis adspira benignus.

*(Immolatio Missæ.)* Verè dignum et justum est, omnipotens æterne Deus, te in omnium martyrum triumphis laudare : quoniam tuis donis atque muneribus beati Martyris* tui *ill.* passionem hodiernâ sollemnitate veneramur. Qui pro confessione Jesu Christi Filii tui diversa supplicia sustinuit ; et ea devincens, meruit coronam perpetuitatis, per Christum Dominum nostrum. Cui merito omnes.

---

### Margin notes

[b] MS *confitenti*, but see the mg.
[c] MS *peccatis.* Vezz. suggests also *peccantibus* or *peccatoribus*, but the mg. is conclusive.
See above p. 126.
　Præsentia munera, quæsumus, Domine, ita serena pietate intuere, ut sancti Spiritus perfundantur benedictione, et in nostris cordibus eam dilectionem validius infundant, per quam Sanctus Martyr *Ill.* omnia corporis tormenta devicit. Per.— S. Greg. p. 156. See below p. 287b. This prayer is found (as was to be expected) altered so as to destroy the invocation (See S. Greg. ap. Gerb. p. 195b.) but very awkwardly.
　Vere dignum et justum est, æquum et salutare, nos tibi semper et ubique gratias agere, Domine sancte, Pater omnipotens, æterne Deus : et in præsenti festivitate Sancti Martyris tui *ill.* tibi confitendo laudis Hostias immolare : tuamque immensam pietatem implorare, ut sicut illi dedisti cœlestis palmam triumphi, sic, eo suffragante, nobis emendationem ac veniam concedas peccati : ut in te exultemus in misericordia, in quo ille lætatur in gloria. Per Christum. S. Greg. p. 157.

**† T. 325**

Da, quæsumus, omnipotens Deus, ut sanctæ Cæciliæ Martyris et annua solemnitate lætemur, et tantæ fidei proficiamus exemplo. Per. S. Leon. p. 140.
[a] MS *ut.*
　Exaudi, Domine, preces nostras, et intervenientibus Sanctis tuis, preces nostras placatus admitte. Per.— S. Leon. p. 48.

[b] MS *Collectio sequitur.*
　Impetret, quæsumus, Domine, fidelibus tuis auxilium oratio justa sanctorum ; et in quorum sunt celebritate devoti, fiant in eorum perpetua sorte participes. Per.— S. Leon. p. 5.
　Proficiant hæc quæ offerimus pro incolumitate viventium, et pro requie defunctorum.— Sac. Gall. p. 348a.
　Suscipe Dne propitius orationem nostram cum oblationibus hostiarum superimpositis, et martyris tui Præiecti deprecatione pietati tuæ perfice benignus acceptas, et illam, quæ in eo flagravit fortis dilectio, in nobis aspira benignus. Per.— S. Greg. apud Gerb. p. 24b. See above p. 128.
[c] MS *illa.*

**＊ M. 287**

Vere Dignum æterne Deus : et te in omnium martyrum triumphis laudare ! quoniam tuis donis atque muneribus, [cunctis victoriæ palma provenit, de quorum numerositate] beati martyris Georgii passionem hodierna solemnitate veneramur ; qui pro confessione Ihu Xρi filii tui diversa supplicia sustinuit, et ea devincens coronam perpetuitatis promeruit, per eundem Xpm Dominum. S. Greg. apud Gerb. 107b.
　The addition in the mg. seems needed, but the prayer occurs in S. Greg. Vet. p. 161 as in the text.

## LXIX. MISSA DE PLURIS MARTYRIS.[a]

[*Collectio.*] Deus, qui sanctam nobis hujus diei sollemnitatem pro commemoratione beatissimorum Martyrum tuorum *ill.* et *ill.* passione fecisti; adesto familiæ tuæ precibus : et da, ut quorum hodie festa celebramus, eorum meritis et intercessionibus adjuvemur. Per Dominum.

(*Collectio sequitur.*) Annue nobis, quæsumus, Domine, sanctorum martyrum tuorum *ill.* et *ill.*, ut opem nobis tuæ deprecationis impendant : et iram tuam, quam nostris pravitatibus meremur, eis intervenientibus evadamus. Per.

(*Post nomina.*) Munera quæ deferimus, Domine, benignus adsume : et quia de nostris impediuntur offensis, sanctorum tuorum martyrum *ill.* precibus adjuvemur.

(*Collectio ad Pacem.*) Propitiare, Domine, supplicationibus nostris : et his populi tui oblationibus, † intercedentes martyres tuos *ill.* et *ill.* præsentiam[b] tuæ virtutis injlustra ; et celebrantibus tuorum memoriam, eam dilectionem infunde, per quam illi cuncta inlata corporis tormenta devicerunt. Per eum.

(*Immolatio Missæ.*) Dignum et justum est, omnipotens sempiterne Deus, te victorem mortis et triumphatorem martyrum conlaudare, et in festivitate præsenti, in quâ martyrum tuorum *ill.* et *ill.* memoriam frequentamus : quorum nos delectat et certaminis recòrdari[c] constantiam, et victoriæ contemplari præmia. Et ideo te petimus, ut beatis istis martyribus *ill.* et *ill.* fieri nos imitatores concedas : ut vel ultimos in remuneratione, eorum participando, constituas, qui illis pro certaminis constantiâ beatitudinem tribuisti sempiternam, per Christum Dominum nostrum. Cui merito omnes.

## LXX. ITEM MISSA MARTYRUM.

[*Collectio.*] Adesto, Domine, precibus nostris, quas in sanctorum tuorum martyrum *ill.* et *ill.* commemoratione deferimus : ut qui nostræ justitiæ fiduciam non habemus, eorum qui tibi placuerunt, meritis adjuvemur. Per Dominum nostrum Filium tuum.

*(*Collectio sequitur.*) Propitiare, Domine, supplicationibus nostris, et exemplo sanctorum martyrum tuorum *ill.* et *ill.* flammam in nobis tuæ caritatis accende : ut quorum nos feceris imitatores, jubeas esse consortes. Per.

18

---

**Marginal notes:**

[a] A curious example of the modern French use of *de* as the sign of the genitive case. See below p. 140.

Deus, qui sanctam nobis huius diei solemnitatem, pro commemoratione beati Martyris tui ill. vel passione fecisti : adesto familiæ tuæ precibus, et da, ut cuius hodie festa celebramus, eius meritis et intercessionibus adiuvemur. Per.—S. Greg. apud Gerb. p. 215a, and 216b. adopted with a few changes of expression, into M. Moz. p. 421. 26.

Annue, quæsumus, Domine, sacris martyribus tuis, ut opem nobis suæ deprecationis impendant, et iram tuam, quam nostris pravitatibus meruimus, evadamus. Per.—S. Leon. p. 16. These readings seem without exception preferable to those in the text.

Munera, quæ deferimus, Domine, benignus assume, et quia nostris impediuntur offensis, Apostolorum tuorum precibus adjuventur. Per.—S. Leon. p. 40. See also Sac. Gall. p. 343b.

Oblata munera, quæsumus Domine, tua benedictione sanctifica, quæ, te donante, nos illa flamma tuæ dilectionis accendat, per quam sanctus Apostolus Barnabas, tormenta sui corporis vniuersa deuicit. Per Dominum.—M. Amb. p. 386.

† T. 326

[b] Mab. has *præsentia*.

[c] MS *recordare*.

See above p. 121[d].

Adesto Domine, precibus nostris, quas in sanctorum tuorum commemoratione deferimus, ut qui nostræ justitiæ fiduciam non habemus, eorum, qui tibi placuerunt, meritis adjuvemur. Per.— S. Leon. p. 8.

* M. 288

Propitiare Domine supplicationibus nostris, et flammam in nobis' tuæ caritatis accende : ut sanctæ tuæ virginis ill. vel martyris, quæ sexum cum sæculo vicit, cujus nos fecisti esse' imitatores, jubeas esse consortes.—Sac. Gall. p. 350b.

(*Collectio post nomina.*) Sanctorum martyrum tuorum *ill.* et *ill.* quæsumus, Domine, precibus adjuvemur : ut quod nostra possibilitas non obtinet, eorum qui ante te justi inventi sunt, nobis oratione donetur : et quorum nomina ante altare sanctum sunt recitata, eos quies æterna suscipiat. Per Dominum nostrum.

(*Collectio ad Pacem.*) Omnipotens sempiterne Deus, qui in sanctorum cordibus flammam tuæ dilectionis accendis : da mentibus eandem fidem [a] caritatisque virtutem : ut quorum gaudemus triumphis, proficiamus [b] exemplis. Per.

(*Immolatio Missæ.*) Verè dignum et justum est, nos tibi gratias agere, omnipotens æterne Deus, per Christum Dominum nostrum. Qui [c] glorificaris in concilio sanctorum tuorum martyrum, magnus et terribilis super omnes qui in circuitu tuo sunt. Tibi enim serviunt omnes creaturæ tuæ : quia te solum Auctorem et Dominum recognoscunt : et [d] in omni facturâ eorum te conlaudant et benedicunt omnes sancti tui; qui magnum illud Unigeniti tui nomen, [e] quod est super omne nomen, coram Regibus et Potestatibus sæculi hujus voce liberâ confitentes, de persecutoribus tuis [f] et diabolo triumpharunt, et pretiosum tibi sanguinem gloriosâ morte fuderunt. † Unde [g] benedicimus te, Domine, in operibus tuis : teque in sanctorum tuorum martyrum *ill.* et *ill.* commemoratione laudamus cum Angelis et Archangelis, Thronis et Dominationibus, Cherubin quoque et Seraphin : qui gloriam tuam non cessant clamare, dicentes. Sanctus, Sanctus, Sanctus.

LXXI. ITEM MISSA MARTYRUM.

[Collectio.] Deus, qui nos sanctorum martyrum tuorum temporali tribuis [a] commemoratione gaudere; præsta quæsumus, ut in eâ numeremur sorte salvati, in quâ illi sunt confessione tui nominis gloriosi. Per,

(*Collectio sequitur.*) Deus, in cujus conspectu mors est pretiosa sanctorum : tribue, ut nobis fidelibus [b] vita conferat, quicquid illis mors devota concessit.

(*Collectio post nomina.*) Exaudi, Domine, offerentium * preces, vota suscipe, peccata dimitte. Tribue quoque tuorum intercessione sanctorum martyrum, caris nostris qui in

---

Sanctorum Martyrum tuorum, quæsumus Dne, precibus adjuvemur; ut quod nostra possibilitas non obtinet, eorum nobis qui ante te justi inventi sunt, oratione donetur. Per. — S. Greg. apud Gerb. p. 218a, see also S. Leon. p. 9.

The expression "quies eterna" is not infrequent in M. Moz. See p. 81. 92, 255. 80, 293. 75, 317. 105, 383. 88, 386. 27.

Omnipotens sempiterne Deus, qui in sanctorum tuorum cordibus flammam tuæ dilectionis accendis : da mentibus nostris eandem fidei caritatisque virtutem, ut quorum gaudemus triumphis, proficiamus exemplis. Per.—S. Greg. apud Gerb. p. 217b. adopted with slight changes of expression into two Mozarabic services pp. 317. I, 425. 90.
a More probably, *fidei* as in the mg.
b MS *proficiamur.*
c cf. Ps. 88. 8. "Deus, qui glorificatur in consilio sanctorum, magnus et terribilis super omnes, qui in circuitu ejus sunt."
d See above p. 42.

Vere Dignum, æterne Deus: quia te benedicunt omnes sancti tui, teque collaudant, qui (*l.* quos) magnum illud Unigeniti tui nomen, quod est super omne nomen, coram principibus et potestatibus voce libera confitentes, pretiosum tibi sanguinem gloriosa morte fundere fecisti.—M. Amb. apud Gerb. p. 219b. cf. M. Amb. p. 438. See above p. 42, where part of the *immolatio* ought to have been printed as Roman. See also below p. 322a.
e cf. c. 2 ad Phil. v. 9; "donavit illi nomen, quod est super omne nomen."
f This is probably a mistake for *suis*, though there might be an allusion to the doctrine (so much dwelt upon by S. Augustine) contained in the expression, "Saul, Saul, why persecutest thou ME."
g This is repeated in the next service.

† T. 327

It is curious that the Collects of the following service have not been found in any other Collection, since they seem to bear such plain marks of Roman origin, the prayers *post nomina* and *ad pacem* having as in so many other instances, Gallican terminations.
a MS *tribues.*
cf. "temporali gratulamur officio." M. Amb. p. 403. S. Greg. apud Mur. p. 128. "temporali solemnitate congaudet." ib. p. 404.
cf. Ps. 115. 15. "Pretiosa in conspectu Domini mors sanctorum ejus," which is also referred to in S. Leon. p. 80. S. Gel. p. 145a.
b Perhaps we should read *fidelis.*

This prayer occurs below, p. 297b, in one of the Sunday services.

* M. 289

Christo dormiunt, refrigerium in regione vivorum. Per Dominum nostrum.

*(Collectio ad pacem.)* Omnipotens sempiterne Deus, tribue nobis famulis tuis : ut sicut martyres tui ad bravium[c] supernæ vocationis tetenderunt; ita nos, superato hoste, victoriam consequamur : et[d] pacem quam in labiis oris exsequimur, immaculatis cordibus teneamus. Per Dominum.

*(Immolatio Missæ.)* Dignum et justum est, omnipotens sempiterne Deus. Quoniam à te constantiam fides, à te virtutem sumit infirmitas : et quicquid in persecutionibus sævum, quicquid in morte terribile est, nominis tui facis confessione superare. Unde benedicimus te, Domine, in operibus tuis : teque in sanctorum martyrum tuorum *ill.* et *ill.* glorificatione laudamus, obsecrantes, ut intervenire pro se excolentibus jubeas, quos perpetuâ remuneratione exaltas, per Christum Dominum nostrum. Per quem.

The following service is extremely interesting, inasmuch as it presents in a more genuine form than we can find anywhere else, the opinion which was intermediate between that held by the early Church, and that which prevails among modern Romanists, on the subject of praying for the souls of the saints. At first, all were prayed for, even the B. V. M. herself, and this is still observed by the Oriental Church and the great eastern heresies; but S. Augustine laid it down that martyrs were not to be prayed for, a *dictum* which was generally received in the West. But those who were Confessors still received this succour, even after special days were set aside in their honour, and collects drawn up, asking God to hear the prayers which it was not doubted they were offering for the Militant portion of the Church. By degrees, however, this union of the ancient practice with the (then) recent innovation was given up, as the doctrines of purgatory and of the admission of the saints to the beatific vision gained ground. Besides the collects in the present office, the great example of this stage in the development of doctrine is a collect in the office for S. Leo's day, where (in several Roman Collections of Offices, but altered in others) we read, "Annue nobis, Domine, ut animæ famuli tui Leonis hæc prosit oblatio, quam immolando totius mundi tribuisti relaxari delicta." Per.– S. Greg. vet. 135D. It may be observed that more than one of the collects in the present office occur in one service for the same festival. We may add that Mabillon (Sac. Gall. p. 344 note) quotes from S.

## LXXII. MISSA UNIUS CONFESSORIS.

*[Collectio]* Deus, fidelium remunerator animarum, præsta : ut celebritate præsenti sancti confessoris tui et episcopi *ill.* sit nobis veneranda sollemnitas, et placitorum tibi precibus indulgentiam consequamur. Per Dominum nostrum.

*(Collectio sequitur.)* Exaudi, Domine, preces nostras, quas in sancti confessoris tui *ill.* commemoratione[a] deferimus : ut in conspectu tuo et qui tibi dignè meruit famulari, clarus semper existat, et supplicatio nos adjuvet tibi grata justorum. Per.

†*(Collectio post nomina.)* Lætificet nos, quæsumus, Domine, sancti confessoris tui et episcopi *ill.* annuâ devotione repetita sollemnitas : ut per hæc piæ[b] oblationis

18*

[c] A reference to Phil. 3, 14 "ad destinatum persequor, ad bravium supernæ vocationis Dei in Xpo Jhu," a text which is incorporated into M. Moz. 321. 26. The MS here has *bradium.*

[d] This Gallican addition occurs above p. 105 and below p. 299b.

Vere Dignum, æterne Deus! quoniam a te constantiam fides, a te virtutem sumit infirmitas, et quicquid in persecutionibus sævum est, quicquid in morte terribile, nominis tui facis confessione superari ; unde benedicimus te, Dne, in operibus tuis, teque in sanctorum tuorum Nerei, Achillei et Pancratii provectione laudamus. Per.—S. Greg. apud Gerb. p. 115a. It occurs also in M. Franc. p. 319b, which gives reason to believe that a larger portion of this *Immolatio* is Roman than what we have printed as such. It is found also in M. Moz. p. 71. 54 in a service which has already (above p. 109) been referred to as containing a Collect of Roman origin.

Gregory of Tours concerning S. Sigismund, "quem in consortium Sanctorum adscitum, ipsa res quæ geritur manifestat. Nam si qui nunc frigoritici in ejus honore missas devote celebrent, *ejusque pro requie Deo offerant oblationem,* statim . . . pristinæ sanitati restituuntur." (1 de gloria mart. c. 75.) So in the Mozarabic Missal, the sacrifice is offered, "pro spiritibus pausantium, Hilarii, Athanasii, Martini, &c."

Deus fidelium remunerator animarum, præsta ; ut beati Marcelli confessoris tui atque pontificis, cuius venerandam celebramus festivitatem, precibus indulgentiam consequamur. Per.–S. Gel. p. 128b. S. Greg. apud Gerb. p. 105a.

Exaudi Domine preces nostras, quas in sancti confessoris tui atque pontificis Marcelli solemnitate deferimus, ut qui tibi digne meruit famulari, eius intercedentibus meritis, ab omnibus nos absolve peccatis. Per– S. Gel. p. 128a. cf. S. Greg. apud Pam. p. 314. M. Franc. p. 318a.

Exaudi Domine preces nostras, quas in sancti confessoris et sacerdotis episcopi tui Martini commemoratione deferimus, et præsta: ut sicut ille in conspectu tuo qui tibi digne meruit famulari clarus semper extitit, ita ejus nos supplicatio in bonis actibus adjuvet. Per.—Sac. Gall. p. 349b. It will at once be evident from the awkwardness of these collects in the mg, that they are corrupt versions of that in the text.

† T. 328 [a] MS *commoratione.*
[b] The edd. have *pie.*

Sancti Marcelli Confessoris tui atque Pontificis, quæsumus Deus, annua solemnitas pietati tuæ nos reddat acceptos; per hæc piæ Oblationis officia et illum beata retributio comitetur, et nobis gratiæ tuæ dona conciliet. Per Dominum. – S. Gel. p. 128. M. Franc. p. 318b.

officia, et illum retributio beata comitetur, et nobis sacræ tribuatur sufficientia servitutis. Per.

*(Collectio ad pacem.)* Per studium caritatis non fictæ, et intercessione beatissimi confessoris tui et episcopi *ill.* tuere, quæsumus, Domine, familiam tuam ; et per dilectionis vinculum spiritalibus instrue disciplinis. Per.

\* M. 290

VD. æterne Deus : qui glorificaris in confessioni beati Sacerdotis et Confessoris tui ill. et non solum excellentioribus præmiis merita gloriosa prosequeris, sed sacrum ministerium competentibus servitiis exsequentem, gaudium Dni sui tribuis benignus intrare : ut qui in modico vitæ præsentis excursu fidelis apparuit, supra multa bona in mansura beatitudine disponatur, per Xpm.—M. Amb. ap. Gerb. p. 222b. This preface, with the exception of the last sentence, occurs in S. Greg. p. 19E.
c MS *tribues.*

*(Immolatio Missæ.)* Verè dignum et justum est, nos tibi semper et ubique gratias agere, Domine sancte, Pater omnipotens, æterne Deus. Qui glorificaris in confessione sanctorum : et non solùm excellentioribus præmiis martyrum tuorum merita gloriosa prosequeris, sed etiam sacrum ministerium competentibus servitiis exsequentes, gaudium Domini sui tribuis[c] benignus intrare : ut qui in modico, hoc est, in parvo vitæ præsentis excursu, fidelis apparuit, supra multa bona, utique in sempiternum mansurâ beatitudine disponatur. Per Christum Dominum nostrum.

## LXXIII. MISSA DE PLURES CONFESSORES.

Protege nos, Domine, tuorum deprecatione justorum (Sanctorum ;) ut, quorum circumdamur suffragio, foveamur auxiliis. Per.—S. Leon. p. 13.
Adsit nobis, Domine quæsumus, sancta precatio Beati Pontificis et Martyris tui Fabiani ; quæ nos et a terrenis affectibus incessanter expediat, et cœlestia desideria perficiat. Per Dominum. – S. Gel. p. 129a.
a MS *effectibus.*
Sacrificium tibi, Domine, laudis offerimus in venerabilium commemoratione Sanctorum, da, quæsumus, ut quod illis contulit gloriam, nobis proficiat ad salutem. Per.—S. Leon. p. 13.
Oblationes populi tui, Domine, quæsumus, Apostolorum tuorum passio beata conciliet ; et quæ nostris (minus) non aptæ sunt meritis, fiant tibi placitæ tuorum deprecatione justorum. Per.—S. Leon. p. 36. On which the Ballerini remark, "Vox *minus* est varians lectio, quæ deest in Sacram. Gelasii, ubi hæc oratio legitur. Mox codex habet *apta* et *placitæ.* In Gelasio cohærentius *apta* et *placita.* Sed placuit corrigere *aptæ,* et retinere *placitæ* : nam ad *oblationes* hæc adjectiva referuntur."
Vere dignum. Qui non solum Martyrum, sed etiam Confessorum tuorum es virtute mirabilis. Licet enim illi passione sint clari, qui manifestis acerba supplicia sustinuere tormentis ; etiam isti tamen occultæ proposito castigationis afflicti et cruciati, spiritalis observantiæ disciplinis illorum sunt vestigia subsequuti. Per.—S. Leon. p. 4.
b MS *acerva,* and in the next line omits *et,* and places the colon after *etiam.*
c MS *spiritali.*

† T. 329    \* M. 291
cf. "... quatenus quorum solemnia agimus, etiam actus imitemur." S. Greg. apud Gerb. p. 19a. "... ut qui commemorationis ejus festa percolimus, vitæ quoque imitemur exempla." S. Greg. apud Mur. pp. 25, 100, 129.

[*Collectio.*] Protege nos, quæsumus, Domine, tuorum deprecatione justorum : ut quorum circumdamur suffragio, foveamur auxilio. Per.

*(Collectio.)* Adsit nobis, Domine, quæsumus, precatio sancta justorum : quæ nos à terrenis affectibus[a] incessabiliter expeditos, cœlestia desiderare perficiat. Per.

*(Post nomina.)* Sacrificium tibi, Domine, laudis offerimus in venerabilium commemoratione sanctorum tuorum : da, quæsumus, Domine, ut quod illis contulit ad gloriam, nobis proficiat ad salutem. Per.

*(Ad Pacem.)* Oblationes familiæ tuæ, Domine, quæsumus, beatissimorum sanctorum tuorum confessio beata conciliet : et quæ nostris minus apta sunt meritis, fiant tibi placitæ tuorum deprecatione justorum. Per.

*(Immolatio.)* Dignum et justum est. Verè dignum et justum est. Qui non solùm martyrum, sed etiam confessorum tuorum es virtute mirabilis. Licèt enim illi passione sint clari, qui manifestè acerba[b] supplicia sustinuerunt et tormenta : etiam† isti tamen occultè proposito castigationis afflicti, cruciati, spiritalis[c] observantiæ disciplinis, illorum sunt vestigia subsecuti. Per Christum Dominum.

"Mirum est nullum hic esse Commune Virginum, nec item in Legendario Gallicano." Mab.

## LXXIV. MISSA SANCTI MARTINI EPISCOPI.

[*Collectio.*] Summi sacerdotis tui patris nostri Martini episcopi hodie depositionem celebrantibus tribue nobis, Domine : ut sicut commemorationem ejus devotissimè colimus ; ita et opus \* fideliter imitemur. Per.

*(Collectio.)* Deus, qui sanctam nobis diei hujus

sollemnitatem prædicandi ac venerabilis sacerdotis tui depositione Martini episcopi præstare dignatus es, tribue, quæsumus: ut quod nostris obtinere precibus non possumus, ipsius mereamur obtinere suffragiis. Per.

(*Post nomina.*) .Auditis nominibus offerentum, fratres carissimi, omnipotentis Dei ininnarrabilem misericordiam supplices postulemus: ut nomina nostra,[a] qui in hunc celeberrimum diem in honorem sancti antistitis sui Martini offerimus, benedicere et sanctificare, ipso suffragante, dignetur: et [b] quod illi hodie conlatum est ad gloriam, nobis quoque proficiat ad salutem. Per.

(*Ad Pacem.*) Inclina, Domine, aurem tuam ad preces familiæ tuæ, et da pacem, quam permanere jugiter præcepisti: illud etiam specialiter præstare digneris; ut parem caritatem teneamus; quam Pontifex tuus Martinus in hoc sæculo, te opitulante, meruit obtinere. Per.

(*Immolatio.*) Dignum et justum est, nos te, Domine Deus noster, in laudibus sancti Martini honorare: qui Sancti Spiritûs tui dono succensus, ita in ipso tyrocinio fidei perfectus,[c] ut Christum texisset in paupere; et vestem, quam egenus acceperat, mundi Dominus induisset. O felix largitas, quâ Divinitas operitur! O chlamidis gloriosa divisio, quæ militem texit et Regem! Inæstimabile donum est, quod vestire Deum meruit Deitatis. Dignè huic confessionis tuæ præmium commisisti. Dignè Arrianorum non subjacuit feritati. Dignè tanto amore Martinus persecutoris tormenta non timuit, securus quia tanta erat gloriatio passionis: ut per quantitatem [d] vestis exiguæ et vestire Deum meruit et videre. O animi imitanda benignitas! O virtutum veneranda potentia! Sic egit suscepti Pontificatûs officium, ut per formam probabilis vitæ, observantiam exigeret disciplinæ. Sic Apostolicâ virtute sperantibus contulit medicinam, ut alios supplicationibus, alios visu salvaret. Hæc tua, Domine, veneranda potentia: cui cùm lingua non supplet † meritis exorare, operibus sancti Martini, te opitulante, mereamur imitari. Per Christum Dominum nostrum.

\* LXXV. MISSA DOMINICALIS.

[*Collectio.*] Deus, qui nobis omnipotentiam tuam parcendo maximè et miserando manifestas; multiplica super nos gratiam tuam: ut ad tua promissa currentes, cœlestium bonorum facias esse consortes. Per.

(*Collectio.*)[a] Omnipotens sempiterne Deus, cui potestas est sine fine miserendi; respice propitius ad humilitatis nostræ supplicem servitutem: ut tibi subditâ mente perpetuum defensionis tuæ servet auxilium. Per.

(*Post nomina.*) Istis et omnibus in Christo quiescentibus, Domine, locum refrigerii, lucis,

The beginning of this prayer is the same as the first *Collectio* on p. 137.
[a] There seems some mistake here.
[b] See the Collect *post nomina* on p. 140.
[c] We must here add the words *inventus est*, which are contained in all the marginal authorities.
[d] MS *quantitate*.

Vere Dignum, æquum et salutare: Nos te, omnipotens Dne, in beati Sacerdotis et Confessoris tui Martini laudibus honorare; qui Sci Spiritus tui dono repletus, ita in ipso tyrocinio fidei perfectus inventus est, ut Xpm texisset in paupere, et vestem, quam egenus acceperat, mundi Dnum induisset. O felix largitas, qua divinitas operitur! O chlamidis gloriosa divisio, quæ militem texit et regem! Inæstimabile donum est, quod vestire meruit deitatem. Digne huic confessionis tuæ præmia contulisti: digne ei Arianorum subiacuit feritas; digne tanto amore martyrii persecutoris tormenta non timuit securus. Quanta putamus erit glorificatio passionis, [quando pars chlamidis sic extitit pretiosa? Et quid erit pro oblatione integri corporis recepturus,] qui pro quantitate vestis exiguæ et vestire Deum meruit, et videre? O animi imitanda benignitas! O virtutum veneranda potentia! Sic egit suscepti pontificatus officium, ut per formam probabilis vitæ, observantiam exigeret disciplinæ; sic apostolica virtute sperantibus contulit medicinam, ut alios supplicationibus, allos visu salvaret. Hæc tua est, Dne, virtus et gloria, per Xpm Dnm nrm.—M. Amb. p. 429. This occurs, a little abridged, in S. Greg. apud Gerb. p. 193a, but in several instances agreeing more closely with the readings of the text, such as "succensus," "mundi Dominus," and "Hæc tua est, Domine, veneranda potestas, *ut* cum lingua non *suppetit*, (a good correction) meritis exoreris." The passage in the mg, which we have bracketed, seems a needful addition. It occurs in S. Greg. also, but not in Sac. Gall. p. 349b, the readings of which agree very closely with the text, with the exception of the final clause.

† T. 330 \* M. 292

"Hæc et sequentes quinque Missæ Dominicales assignatæ sunt pro Dominicis post Pentecosten, non de Adventu, de quo Missæ erant initio Missalis præmissæ erant, sed avulsæ." Mab.

Deus, qui omnipotentiam tuam parcendo maxime et miserando manifestas, multiplica super nos gratiam tuam; ut ad tua promissa currentes, cælestium bonorum facias esse sortes. Per.–S.Gel. p.167b. M.Franc. p. 314a.
[a] The absence of the word *sequitur* will be observed in the titles of the second collects of these Sunday *Missæ*.
Omnipotens sempeterne Deus, cui potestas est sine fine miserendi, respice propitius ad humilitatis nostræ supplicem servitutem, quam ante te per precem subjectam prætendimus, et præsta ut tibi subditas mentes perpetuum defensionis servet auxilium.—Sac. Gall. 381a. cf. S. Greg. apud Gerb. p. 117a. The reading "subditas mentes," seems preferable.

et pacis, ut indulgeas deprecamur; ac si qui
peccatorum meritis inferni [b] tenebris ac suppliciis detinentur, misericordiæ tuæ, oramus,
indulge clementiâ, eosque ad requiem transire
præcipias; et [c] primâ Anastasi cum sanctis et
electis tuis jubeas sociari; ut portio tua sint
in terrâ viventium. Per.

*(Ad Pacem.)* Deus, cujus [d] summum sacrificium est concordans anima; cui holocaustum
pinguissimum est placata et pura conscientia;
concede nobis, quæsumus: ut conjunctio labiorum copula efficiatur animarum, et ministerium osculi perpetuæ proficiat caritati. Per.

*(Immolatio.)* Dignum et justum est, nos
tibi gratias agere, Domine sancte, Pater omnipotens, æterne Deus: tibi debitas laudes pio
honore deferre; et mirabilium tuorum inenarrabilia præconia devotæ mentis veneratione
celebrare. Te igitur ineffabilem rerum omnium Conditorem laudamus, benedicimus, adoramus, per Christum Dominum nostrum.

*(Post Sanctus.)* Verè sanctus, verè benedictus, Dominus noster Jesus Christus Filius
tuus: qui venit de cœlis, ut conversaretur in
terris: homo factus, ut habitaret in nobis:
hostia effectus, ut nos faceret Sacerdotes.
Ipse enim qui pridie.

*(Post Secreta.)* Ostende, omnipotens Deus,
gratiam: † agnosce doctrinam. Tu es mysterium pro salute, tu pretium: doce [e] perseverantiam * cùm docueris disciplinam: ut in hac
oblatione nos liberes, qui pro occidentibus et
moreris. Per.

*(Ante Orationem Dominicam.)* Non suffi-
cimus tibi gratias agere, Domine sancte,
Pater omnipotens, æterne Deus, pro tantis
misericordiæ tuæ donis, quibus nos vivificas,
sanctificas, æternitates præparas: et institutis
Unigeniti tui Jesu Christi Domini ac Salvatoris nostri indulgentiam [f] pietatis tuæ cùm
immerita poscendi orare concedis. [g] Cujus
præcepta recolentes, dicimus: Pater.

*(Post Orationem Dominicam.)* Libera
nos ab omni malo, omnipotens Deus: et quia
tibi soli est præstandi potestas, tribue, ut
sollemne hoc sacrificium sanctificet corda
nostra, dum creditur; deleat peccata, dum
sumitur. Per.

---

[b] "In superioribus Missis xii, xvi et xx et in sequenti lxxx fit mentio de *tartaro*. Similes loquendi modi in Missis nostris pro defunctis." Mab.

[c] Thomasius suggests *et in*.

[d] Thomasius corrects to *cui*.

See above p. 120.

Vere sanctus: vere benedictus Dominus noster Jesus Christus filius tuus qui venit e celis: ut conversaretur in terris: caro factus est ut habitaret in nobis Christus Dominus ac Redemptor eternus.—M. Moz. p. 40. 50.

† T. 331

[e] Is this a mistake for *dona*, caused by the following verb?

* M. 293

[f] MS *indulgentiæ*.
[g] MS *concedes* and in the next line, *dicemus*.

See the same prayer below in M. Gall. p. 335b, and with slight alterations in M. Richen. above p. 20.

*(Post Communionem.)* Cibati pane vitæ, et salutari poculo propinati, fratres carissimi, agamus gratias omnipotenti Deo Patri, obsecrantes misericordiam ejus: uti hoc sanctum benedictionis suæ donum, quod in nominis sui honore percepimus, inlæsum atque inviolatum in nobis semper servare dignetur. Per.

*(Consummatio Missæ.*[h]*)* Refecti corporis, et sanguinis Domini nostri Jesu Christi in æternum restituti, hilares Domini misericordiam[i] deprecemur. Per.

cf. M. Moz. p. 300. 20. "spiritum, quem inter adversa mundi servaret inlesum pariter et invictum."
[h] Vezz. omits the word *Missæ*. We alter the punctuation, placing the comma after *corporis* instead of after *Christi*.
[i] MS *misericordiæ*.

## LXXVI. Item Missa Dominicalis.

[*Collectio.*] Omnipotens Deus, dirige nos in viam justitiæ: ut hæc geramus et illa cogitemus, quæ tibi in diem judicii excusare possimus. Per.

*(Collectio.)* Inmensam tremendamque pietatis tuæ clementiam, omnipotens Deus, supplices exoramus· ut auxilio tuo universa à nobis terrenorum vitiorum, sæculariumque discriminum tentamenta discedant: atque in Ecclesiâ tuâ catholicâ religionis semper maneat inlibata devotio. Per.

*(Post nomina.)* Auditis nominibus recensitis, dilectissimi fratres, Deum pietatis et misericordiæ deprecemur: ut hæc quæ oblata sunt benignus adsumat: nullum umquam ex his, pro quibus holocausta franguntur, muneris sui exterum esse patiatur: tam viventium quàm defunctorum, vel ad merita vel ad peccata respiciens, alios jubeat ad gratiam, alios ad veniam pertinere. Per.

cf. "benignus assumat."—S. Greg. apud Gerb. p. 31a.

*(\*Ad Pacem.)* Inlabere in animas nostras omnipotens æterne Deus, et templa, quæ Lapis ille angularis tuus[a] exstruxit, ingredere: † ut[b] majestati hostias præparatas per ipsum tibi possimus offerre; qui sanctam constituit, et pacem nobis propitiatus indulsit. Per.

\* M. 294

[a] *tuus* seems an addition (scarcely necessary) of Mabillon's. The MS gives *struxit* for the next word.

† T. 332

[b] MS *et*.

*(Immolatio.)* Dignum et justum est, majestati tuæ, sancte Pater, omnipotens, æterne Deus, laudes pio honore deferre, et mirabilium tuorum inenarrabilia præconia devotæ mentis veneratione celebrare. Te namque incomprehensibilem atque ineffabilem. Dominum, et Creatorem omnium semper tremendum, per

c See above p. 85e.

Jesum Christum Filium tuum Deum ac Dominum Salvatoremque nostrum sentimus, credimus, sequimur, et oramus. Tibique purum hoc sacrificium offerimus gloriæ tuæ cum Angelis, et Archangelis, et innumerâ multitudine nunciorum c nostris laudibus prosequentes : qui in conspectu majestatis tuæ sine cessatione proclamant, dicentes.

*(Pôst Sanctus.)* Verè sanctus, verè in excelsis Dominus Deus noster Filius tuus Rex Israhel. Qui pridie.

*(Post Secreta.)* Per hunc te, Deus Pater omnipotens, deprecamur : ut sicut sacri mysterii obeditionem retinemus ; ita ad tutelam nostram cœlestis virtus operetur. Per.

*(Ante Orationem Dominicam.)* Concede, Domine, famulis tuis : ut orantes cum fiduciâ dicamus, sicut ipse jubere dignatus es dicere : Pater.

See above p. 33.

*(Post Orationem Dominicam.)* Libera nos à malo, omnipotens Deus, et custodi in bono. Qui vivis et regnas.

See above M. Rich. p. 20 and M. Goth. p. 37 and S. Leon. p. 90, Repleti gustu gratiæ tuæ, et cælestis mensæ dulcedine vegetati, gratias tibi referimus. – Per.

See below p. 300b.

*(Post Communionem.)* Accepto cœlesti corporis sacramento, et salutis æternæ calice recreati, Deo Patri omnipotenti gratias agamus laudesque dicamus. Per.

*(Consummatio Missæ.)* Deus, gratias tibi agimus, per quem mysteria sancta celebramus : à te sanctitatis et misericordiæ dona deposcimus. Per Dominum.

## LXXVII. Item Missa Dominicalis.

[*Præfatio.*] Sempiternam Dei majestatem, fratres carissimi, deprecemur : ut sanctam per totius orbis spatia tueatur Ecclesiam ; conversationem sacerdotibus concedat honestam ; vitam populis tribuat sempiternam ; virginibus, viduis, orphanis, ac pœnitentibus, vel in quibuscumque necessitatibus constitutis, oportuna præsidia tribuat ; et * sibi placita vota concedat : in peregrinationibus præmia, in doloribus † medicamenta, in laboribus præstet auxilium.

* M. 295

† T. 333

*(Collectio.)* Deus, qui dives es ad ignoscendum ; et propterea voluisti carnis humilitatem adsumere, ut nobis humilitatis exempla

relinqueres, et in quibuscumque passionibus nos faceres esse constantes: præsta, ut semper bona, quæ à te percipimus, teneamus; et quotiens in peccatis labimur, per pœnitentiam relevemur. Per.

*(Post nomina.)* Recensitis offerentum nominibus, divinam misericordiam exoremus: ut offerentes sibi placitos esse faciat: et quæ offerunt in odorem[a] incensi benè flagrantis adsumat; defunctis pro quibus hæc offeruntur, æternam beatitudinem, viventibus gratiam suæ pietatis concedat: et quia gratis non merentibus quæ sunt oportuna præstare non desinit; et illis pro quibus oblatio non offertur, remuneratio beatitudinis non negetur. Per.

[a] "in odorem. *leg.* in odorem in odorem." Thomasius.

*(Ad Pacem.)* Deus Pater omnipotens, tuæ pietatis, ac si[b] indigni, misericordiam deprecamur: ut universos pacificos esse facias, quos in sanctâ Ecclesiâ ut te deprecentur, invitas: concordia in se alimenta nutriant; et jurgiorum incrementa succidant: vel qui se affectant osculis, puro[c] semper corde complectant; atque etiam illi studeant esse pacifici, qui se non videntur labiis osculari. Per.

[b] *ac si* seems used for *etsi.*

[c] MS *purum.*

*(Immolatio.)* Dignum et justum est. Verè æquum et justum est, ineffabilis, incomprehensibilis, sempiterne Deus, nos tibi semper gratias agere, quos immensâ non desinis miseratione fovere. Nam quis tuam possit dignè laudare potentiam, cujus nec divinitas mortali aspectu cernitur, nec inmensitas sermonibus explicatur? Sufficit ergo quòd te Patrem diligimus, Dominum veneramur, Creatorem suscipimus, amplectimur Redemptorem. Præsta, clementissime Dominator: ut angusti callis, quam præcipis, semitam possimus ascendere, per quam ad æternam valeamus beatitudinem pervenire: nec ullis impediti obstaculis teneamur; sed sit nobis cursus ipsius itineris æternitas salutaris. Per Christum Dominum nostrum.

cf. M. Moz. 12. 16. Sed quis dignas valeat dignationi tue rependere laudes? Cujus opera: nec mirabilia numerare possumus nec virtutes. Quantus tamen ipse vel qualis sis: nullus credo audeat dicere: quoniam quantitatem tui vel qualitatem humane sapientie non est datum scire. Sed cujus immensitatem humani sensus capacitas non valeat terminare: unum solummodo est: ut Trinitate Deitatis atque omnipotentie tue simpliciter credamus: et veraciter predicemus.

*(Post Sanctus.)* Verè sanctus, verè benedictus in excelsis, Dominus Deus noster Jesus Christus Filius tuus, Rex Israhel. Qui sicut ovis ad occisionem[d] ductus, et sicut agnus coram tondente se, sine voce,* sic non aperuit os suum. Ipse enim qui pridie.

*(Post Mysterium.)* Magnum hoc munus

[d] *Vezz. occasionem.* cf. c. 8. Act. v. 32. "Tanquam ovis ad occisionem ductus est, et sicut agnus coram tondente se sine voce, sic non aperuit os suum."

\* M. 296

† T. 334

cf. Precamur omnipotens Pater:
ut has hostias sancto altario tuo
superpositas intendas propitius.– M.
Moz. 77. 27.  Precamur: ut has hostias
... sancto altario tuo impositas: intendas propicius sanctifices: et benedicas.—ib. 464. 70.
e "Legendum *obumbret*, vel *Spiritu*
infra." Mab.  Perhaps rather, a Greek
use of the Genitive, produced by being
translated from an older prayer of
invocation.
f See above p. 135 t.

misericordiæ† est : qui nobis docuit redemptionis nostræ sacrificia celebrare, sicut obtulit
Dominus noster Jesus Christus in terris.  Per
quem te, Pater omnipotens, deprecamur ; ut
supraposita altario tuo munera lætus aspicias :
atque hæc omnia obumbres e Sancti Filii tui
Spiritûs : ut quod ex hac tuâ benedictione f
acceperimus, æternitatis gloria consequamur.
Per.

*(Ante Orationem Dominicam.)* Memores
præceptorum tuorum, Domine, oramus et dicimus.

Libera nos a malis omnibus, Autor
bonorum Deus : ab omni temtatione,
ab omni scandalo, ab omni opere tenebrarum ; et constitue nos in omni
bono.  Et da pacem in diebus nostris
Autor pacis et caritatis.  Per Dominum nostrum Jesum Christum.– M.
Gall. p. 331b, cf. above M. Richen. p. 1.

*(Post Orationem Dominicam.)* Libera
nos à malis, auctor bonorum omnium, Deus :
libera nos ab omni tentatione, ab omni scandalo, ab omni hæresi, ab omni opere tenebrarum ; et constitue nos in omni opere bono : et
da pacem in diebus nostris, auctor pacis et
veritas, Deus.  Per.

*(Post Communionem.)* Spiritalibus pasti
epulis, oremus Patrem, et Filium, et Spiritum
Sanctum : ut mortificatis desideriis carnis, in
omnibus sit nostra conversatio spiritalis.  Per.

*(Consummatio Missæ.)* Custodi intra nos,
Domine, gloriæ tuæ munus : ut contra omnia
præsentis sæculi macula Eucharistiæ viribus,
quam percipimus, muniamur.  Quod ipse
præstare.

LXXVIII.  ITEM MISSA DOMINICALIS.

cf. "Petitiones nostræ ascendant ad
aures clementiæ tuæ, et descendat.
..." S. Greg. apud Gerb. p. 285b.

[*Collectio.*]  Ad aures clementiæ tuæ, Deus,
vox nostræ supplicationis ascendat ; et tua nos
misericordia consequatur.  Per.

This prayer seems a Roman one.
cf. Accepta tibi sit Domine nostræ
devotionis oblatio : quæ et ... – S.
Gel. p. 18a, 158b. per quam et nostris
reatibus possimus absolvi, et. ... – S.
Leon. p. 12.  Da, misericors Deus, ut
hæc salutaris oblatio et a propriis
nos reatibus indesinenter expediat, et
ab omnibus tueatur adversis.  Per.—
S. Greg. p. 185.
cf. "... quam tibi offerimus pro pace
Ecclesiæ tuæ, pro sacerdotum tuorum ministrorum omnium puritate,
pro ... ac pro requie defunctorum." –
M. Gall. p. 335a.  See a prayer not
unlike this, used in a very different
way in M. Moz. p. 412. 20.
a Perhaps for *nomini*.

*(Collectio.)* Accepta tibi sit, Domine,
nostræ servitutis oblatio ; quæ nos et à reatibus nostris absolvat, et ab imminentibus
malis eripiat.  Per.

*(Post nomina.)* Offerunt tibi, Domine,
virtutum, munera et vota credentes.  Suscipe
nomine a tuo debita honoris obsequia, pro pace
Ecclesiæ tuæ, pro commemoratione omnium
sanctorum, pro sacerdotum et ministrorum
puritate, pro regum pacabilitate, pro suffici-
entiâ rerum, et temporum tranquillitate, pro
perseverantiâ virginum, et continentiâ viduarum, pro orphanorum tuitione, et pænitentium

sublevatione, pro salute omnium viventium et pro requie defunctorum. Per.

*(Ad Pacem.)* A cunctis iniquitatibus nostris exue nos, omnipotens Deus; * et in tuâ nos fac pace gaudere. Per.

**\* M. 297**

† *(Contestatio.)* Dignum et justum est, invisibilis, inæstimabilis, immense Deus, et Pater Domini nostri Jesu Christi. Qui formam sacrificii perennis instituens, hostiam se tibi primum obtulit, et primus docuit offerri. Te enim, omnipotens Deus, omnes Angeli.

**† T. 335**

Qui formam sacrificii salutis perennis instituens, hostiam se primus obtulit, et primus docuit offerri.—M. Amb. 340. cf. Qui sacrificandam novam legem Sacerdos Dei verus instituit: hostiam se tibi placitam et ipse obtulit: et a nobis jussit offerri: Christus Dominus ac redemptor eternus.—M. Moz. p. 69. 6.

*(Post Sanctus.)* Sanctus in sanctis, benedictus in terris, Dominus noster Jesus Christus. Qui pridie.

*(Post Secreta.)* Credimus, Domine, credimus, in hac confractione corporis et effusione[b] tui sanguinis nos esse redemptos:[c] confidimus etiam quod spe hîc interim jam tenemus, in æternum perfrui mereamur. Per.

b See above p. 48 k.
c The ascribing to the Eucharist gifts which properly belong to its Arche-type, was natural, and occurs often in M. Moz.

*(Ante Orationem Dominicam).* Divino magisterio docti, et salutaribus monitis instituti, audemus dicere: Pater.

Divino magisterio edocti, et salutaribus monitis instituti audemus dicere: Pater noster, qui es in cœlis.—M. Amb. apud Gerb. p. 93b. So M. Moz. p. 276. 83. and *supra* p. 74. See above p. 33.

*(Post Orationem Dominicam.)* Libera nos, omnipotens Deus, à malis, et constitue nos in bonis: evacua nos à vitiis, et reple virtutibus tuis. Per.

*(Post Communionem.)* Corpus tuum, Domine, quod accepimus,[d] et calicem tuum quem potavimus, hæreat in visceribus nostris; præsta, Deus omnipotens: ut non remaneat macula, ubi pura et sancta intraverunt sacramenta. Per.

"Hanc fere orationem recitant Sacerdotes ad ablutionem; et quæ sequitur item exstat in Missali Romano."—Mab. The first occurs in M. Moz. pp. 165. 40, 193. 35, 267. 69. "Corpus Domini nostri Jesu Christi quod accepimus: et sanctus sanguis ejus quem potavimus: adhereat in visceribus nostris eterne omnipotens Deus: ut non veniat nobis ad judicium nec ad condennationem: sed proficiat ad salutem et ad remedium animarum nostrarum in vitam eternam."
d MS *accipimus.*
e Compare the first prayer on p. 143 above.

*(Consummatio Missæ.)* Exaudi[e] preces familiæ tuæ, omnipotens Deus, et præsta: ut sancta hæc, quæ te donante sumpsimus, incorrupta in nobis, te donante, servemus. Per.

## LXXIX. ITEM MISSA DOMINICALIS.

[*Collectio.*] Deus, qui nos regendo conservas, parcendo justificas: et à temporali tribulatione nos eripe, et gaudia nobis æterna largire. Per.

*(Collectio.)* Deus, in te sperantium misericors eruditor, ab omni nos consortio pravitatis absolve; nec ullis nos iniquitatum vinculis patiaris adstringi: ut unde† nobis est tota pietas, inde sit tuta libertas. Per Dominum.

**† T 336**

This prayer occurred above p. 138. Perhaps the beginning (which we there mentioned to be apparently Roman) may paralleled with one in S. Greg. apud Gerb. p. 282b. "Ut ei, Domine, impleas petitionis affectum, preces ejus exaudias, desideria compleas, vota suscipias, et propitius peccata dimittas."

*(Post nomina.)* Exaudi, Domine, offerentum preces, vota suscipe, peccata dimitte. Tribue tuorum intercessione sanctorum caris

19*

quoque nostris, qui in Christo dormierunt,
refrigerium in regione vivorum.　Per Do-
minum.ᵃ

**\* M. 298**

ᵇ MS *voluntate,* and in the next line
*indulgentiæ.*

cf. "Ut qui sunt generatione terreni, fiant regeneratione cælestes."–
S. Gel. p. 32a.

cf. ". . . sintque hæc munera acceptabilia . . . pro Martyrum laude, et
pro defunctorum requie."– Sac. Gall.
p. 286a.
cf. "per quem omnia creas, creata
benedicis, benedicta sanctificas, et
sanctificata largiris, Deus." *supra* p.
47. "Uti hæc benedicendo benedicas, sanctificando sanctifices." *supra*
p. 135. "quæ... propitius et benignus
aspicias, benedicendo benedicas, et
nobis sanctificata custodias." Sac.
Gall. p. 304a. "Agentes itaque pietati tuæ maximas gratias omnipotens
Deus: petimus et rogamus: ut conlata
suscipias; suscepta benedicas: benedicta sanctifices : sanctificata distribuas: et nobis famulis tuis misericordiam largiaris." M. Moz. 276. 76. "Rogamus: ut de tuis celestibus thronis
benignus inspicias placabiles : pius
suscipias. Sanctus sanctifices : benedictus benedicenda respicias: sanctificataque nobis famulis tuis attribuas."—M. Moz. p. 430. 13.
ᶜ A combination of the Roman
prayer of oblation with an Ephesine
prayer of invocation (See above p.
74.) modified apparently to suit the
later Roman view, by the omission
of any words to show that it was on
the bread and wine that the Holy
Ghost was to descend, but so awkwardly that nothing has been left to
agree with *conlatura.*
ᵈ See above p. 36.

ᵉ See above p. 56. Vezz. here has
*communione,* Mur. *commun.*

**† T. 337**

*(Ad Pacem.)*　Omnipotens sempiterne
Deus, largitor pacis et generis humani for-
mator : da servis tuis veram voluntatemᵇ con-
cordiæ, et indulgentiam tuæ pietatis infunde.
Per.

*(Immolatio.)*　Dignum　et　justum　est,
æquum et justum est, nos tibi hîc et ubique
semper gratias agere, Domine sancte, Pater
omnipotens, æterne Deus.　Qui nobis pietate
Pater es, cùm Dominus potestate permaneas :
quoniam quos origo fecerat servos, adoptare
dignatus es in filios : et quos generatio terrena
demerserat in mortem, regeneratio cœlestis
erexit ad vitam.　Te enim, omnipotens Deus,
omnes Angeli.

*(Post Sanctus.)*　Verè sanctus, verè in
excelsis benedictus, Dominus Deus noster.
Per quem te supplices deprecamur : uti hanc
oblationem, quam tibi offerimus pro Ecclesiæ
tuæ Catholicæ fide, stabilitate, concordiâ, pro
emundatione vitiorum et remissione peccatorum, pro gloriâ martyrum et requie defunctorum, propitiatus aspicias, aspiciendo sanctifices, sanctificando benedicas, per sanctum
et benedictum Jesum Christum Filium tuum
Dominum nostrum.　Qui pridie.

*(Post Secreta.)*　Memoresᶜ gloriosissimi Domini
passionis et ab inferis resurrectionis, offerimus tibi,
Domine, hanc immaculatam hostiam, rationalem hostiam,
incruentam hostiam, hunc panem sanctum, et calicem
salutarem, obsecrantes : ut infundere digneris
Spiritum　tuum　Sanctum,　edentibus　nobis
vitam æternam, regnumque perpetuum conlatura potantibus : Per.

*(Ante Orationem Dominicam.)*　Nonᵈ nos-
tro merito, omnipotens Deus, sed Jesu Christi
Filii tui obedientes præcepto, audemus dicere :
Pater.

*(Post　Orationem　Dominicam.)*　Libera
nos à malis præsentibus et futuris, omnipotens
Deus : libera nos à periculis, ab infirmitatibus,
ab scandalis : et præpara nos ad omne bonum
per bonum et benedictum Dominum nostrum.

*(Post Communionem.ᵉ)*　Divinam misericordiam concordi oratione poscamus : ut hæc
salutifera† sacramenta nostris recepta visce-

ribus, purificent animam corpusque sanctificent : atque ad spem cœlestium viscera pariter et corda confirment. Per.

(*Item Collectio.*) Deus justitiæ, Deus misericordiæ, Deus immortalitatis et vitæ, Deus splendoris et gloriæ,* quæsumus te et oramus : ut divinis muneribus recreati, in illam beatitudinem servemur à te tibi. Per.

\* M. 299

## LXXX. Item Missa Dominicalis.

[*Præfatio.*] Multiplicibus innixi vinculis delictorum, fratres carissimi, ad singulare[a] confugiamus absolutionis divinæ remedium: et humiliati in sacrificium Dominum deprecemur, (quem cotidie pravis inamaricamus operibus) qualiter nos suâ protegente dexterâ ob omni contagione ereptos, regnorum cœlestium heredes efficiat. Per.

[a] MS *singularem.*

(*Collectio.*) Inclina aurem tuam, omnipotens Deus : et esto nobis præsentis vitæ rector, ut sis remunerator futuræ. Per.

(*Post nomina.*) Offerentum nominibus recensitis, fratres carissimi, Dominum deprecemur : ut eorum oblationem[b] inter sanctorum dona suscipiat, quorum à nobis facienda commemoratio est; ut et nostri memores esse dignentur. Petamus et pro his, qui nos in Dominicâ pace præcesserunt: ut tartareo horrore segregatos, in sinu Abrahæ conlocatos, resuscitare Omnipotens dignetur in primâ suâ resurrectione, quam facturus est. Per.

Auditis nominibus offerentium, fratres karissimi! rogemus Deum patrem omnipotentem, ut oblationem famuli tui ill. inter sanctorum tuorum dona constituas, per quorum suffragia pia devotione postulamus. Per. S. Greg. apud Gerb. p. 282b.
[b] MS *oblatione.*

(*Ad Pacem.*) Deus, per cujus os prolatum est, quòd pacem omnibus dares et pacis statuta relinqueres; infunde in nostris sensibus pacis studium et piæ voluntatis: ut vitiorum omnium labe purgati, pacem, quam labiis oris prosequimur, immaculatis cordibus teneamus. Per.

See above p. 139.

(*Immolatio.*) Dignum et justum est, æquum et justum est, nos tibi hîc et ubique semper gratias agere, Domine sancte, Pater omnipotens, æterne Deus. Qui nos à morte perpetuâ atque ab ultimis inferni sedibus liberasti. Venerat quidem mors per mulierem;[c] sed venit vita per Virginem : interitus per lignum; sed in ligno salus. In Jesu Christo facta est finis moriendi, qui perennitatem vitæ suæ corpori restituit. Cui omnes

[c] Observe the use of *mulier* for a married woman, often referred to by S. Augustine.

d MS *gloria tua.*

e MS *explente.*

† T. 338

\* M. 300

f " Sextus casus pro casu accusandi, ut passim in his aliisque vetustis libris." Mab. On the other hand, in the next line the MS has *calicem.*
g A clause referring to the bread as Christ's Body has evidently been omitted by the Copyist. cf. M. Moz. 249. 15 "Hoc est corpus illud: quod pependit in cruce. Hic etiam sanguis: qui sacro profluxit ex latere."
Agnosce Domine verba, quæ præcepisti, ignosce præsumptioni, quam imperasti: ignorantia est non nosse merito: contumacia est non servare mandatum, qui dicere iubere. Pater. Per Dominum nostrum.—M. Gall. p. 331b.

h See above p. 48. So also "Repleti alimonia cælesti, et spiritali poculo recreati, quæsumus . . ." S. Greg. ap. Gerb. p. 175b.
i MS *introibit.*
j See above p. 144.
k "Id est ex Ordine Romano seu Gregoriano." Mab. "Exstat eadem hæc Missa, 'Romensis Cottidiana' dicta, et in Sacram. Cod. Bobiensis, licet ab eadem oratione sive præfatione non incipiat. Ex eo Codice liquet, ad Gallicanum ritum accommodatam fuisse hanc Missam, quamvis Mabillonii opinione ex Ordine Romano desumpta illa sit. Sunt enim in ea Collectiones post nomina, ad pacem, et illa omnia, quæ veterem Gallicanam Missæ rationem constituunt."—Vezz.
Vezzosi has not observed that this though not the first prayer in the Bobio Service, is the *second.*
We may conclude that this was the last service of this Collection, used on ordinary occasions and supplying the parts not given in the *Missæ* for particular days. The reason of its being called *Romensis* was evidently the adoption of the Roman Canon.
Deus qui culpa offenderis, pænitentia placaris, afflictorum gemitus respice, et mala quæ juste inrogas, misericorditer averte.—S. Gall. p. 279a. It seems made up of two Roman Collects. Deus qui culpa offenderis, pœnitentia placaris; preces populi supplicantis propitius respice, et flagella tuæ iracundiæ, quæ pro peccatis nostris meremur averte, per.—S. Greg. apud Gerb. p. 120a. Deus, qui nos conspicis in tot perturbationibus non posse subsistere, afflictorum gemitum propitius respice, et mala omnia quæ meremur averte, per.—ibid.

cœlorum cum multiplici virtute militiæ hymnum debitum et gloriam tuam[d] sine cessatione proclamant, dicentes.

*(Post Sanctus.)* Hosanna in excelsis. Benedictus, qui venit de cœlis, ut conversaretur in terris, caro factus, ut per passionem suam vitam credentibus daret. Ipse enim qui pridie.

† *(Post Secreta.)* Explentes[e] sacrosancta cærimoniorum sollemnia, ritu \* Melchisedech summi sacerdotis oblata, precamur mente devotâ te, Majestas æterna : ut, operante virtute, panem mutatum in carne,[f] poculum versum in sanguine,[g] illum sumamus in calice qui de te fluxit in cruce ex latere, Salvator.

*(Ante Orationem Dominicam.)* Agnosce, Domine, verba quæ præcepisti : ignosce præsumtioni quam imperasti. Ignorantia est enim non nosse meritum : contumacia non servare præceptum, quibus jubemur dicere.

*(Post Orationem Dominicam.)* Libera nos à malo, Domine Christe Jesu. Corpus tuum pro nobis crucifixum edimus, et sanguinem sanctum tuum pro nobis effusum bibimus : fiat nobis corpus sanctum tuum ad salutem, et sanguis sanctus tuus in remissione peccatorum, hîc et in æterna sæcula sæculorum.

*(Post Communionem.)* Agamus[h] omnipotenti Deo gratias, quia refecit nos pane cœlesti et poculo spiritali, sperantes ab ejus benignâ clementiâ : ut per effusionem Spiritûs Sancti sui, in quibus cibi cœlestis virtus introivit[i] sinceritatis gratia perseveret. Per.

*(Consummatio Missæ.)* Tibi[j] gratias agimus, per quem mysteria sancta celebramus : à te quoque sanctitatis et sanitatis . . . . . tui gratia dona deposcimus. Per Dominum.


LXXXI.    MISSA COTIDIANA ROMENSIS.[k]

[*Collectio.*] Deus, qui culpâ offenderis, pænitentiâ placaris ; afflictorum gemitus respice : et mala quæ justè inrogas, misericorditer averte. Per.
*Cœtera desunt.*

# * VETUS
# MISSALE GALLICANUM.

### I. Missa S. Germani Episcopi.[a]

*(Præfatio.)* Venerabilem diem atque sublimem, fratres carissimi, promptâ devotione celebremus, misericordiam Domini nostri suppliciter orantes :[b] ut beatissimi Germani antistitis et confessoris sui, cujus exempla[c] miramur, etsi æquari factis ejus non possumus ; saltem vestigia sequi, et fidem nobis contingat imitari. Per Dominum.

*(Collectio.)* Gratias tibi agimus, omnipotens Deus, pro virtutibus beatissimi Germani antistitis tui : quas[d] ei, Pater omnipotens, non immeritò tribuisti ; quia te apostolicâ confessione rebus omnibus plus amavit. Discussit à se divitias, ut paupertate spiritûs cœlorum regna conscenderet. Mansuetudinem tenuit, ut terram sui corporis spiritaliter possideret. Lugere delectatus est in sæculo, ut cœlestem consolationem ex muneris tui largitate perciperet. Justitiam esurivit adque sitivit, ut tuis saturaretur eloquiis. Eleemosynam jugiter fecit, ut indesinenter non tantùm sibi, sed et ceteris pietatis tuæ misericordiam obtineret. Puritatem cordis habuit, ut te videret. Fidem[e] servavit, ut filiis tuis fraternâ se participatione conjungeret. Per cujus interventum precamur, qui illum hono[f] * * plis. Per Dominum.

*(Collectio post nomina.[g])* Auditis nominibus offerentum, indeficientem divinam clementiam deprecemur : ut has oblationes plebis, quas in honore beatissimi Germani antistitis et confessoris offerimus, * * signatum diem hodiernæ sollemnitatis celebremus cum incon-

[a] "Autissiodorensis, qui obiit anno renovatæ per Christum legis 448." Vezz.

Preciosissimam martyris Bartholomei Apostoli solennitatem fratres charissimi : promptissima celebremus devotione: suppliciter orantes Dei nostri misericordiam. Ut qui beatissimam prefati Apostoli : et martyris sui annua festivitate: in hunc diem memoriam excolimus : etsi equari factis ejus non possumus: saltim ipso patrocinante imitari fidem ejus per omnia valeamus. Amen.—M. Moz. p. 365. 91.

[b] Mabillon corrects to *exorantes*, unnecessarily as it seems.

[c] MS *exemplo*.
See above p. 42. "si adsequi eorum facta non possumus, implere saltem monita contendamus."

[d] This prayer is identical with the beginning of the *Contestatio*, and the references to the beatitudes will be observed.

[e] *Pacem*, the reading in the Contestatio, is much preferable.

[f] Vezz. *bono*.

[g] MS *Coll.*
Auditis nominibus offerentium: pietatis Dominum deprecemur: ut ... M. Moz. p. 420. 7. see also p. 345. 9. 391. 103, 450. 41, 462. 98.

cussâ fidei libertate, quam ille constanti mente
defendit : precantes, ut robur patientiæ[h] ejus *

Oremus etiam et pro spiritibus carorum
nostrorum, (quorum idem omnipotens Deus et
numerum novit et nomina) ut omnium memoriam faciat, omnium peccata dimittat.    Per
Dominum nostrum.

* [*Collectio ad Pacem.*]    Deus, pro cujus
sacro nomine[i] beatus Germanus antistes tuus
desideravit pati persecutionem propter justitiam,† ut etsi martyrium non perferret, fide
tamen pertenderet : nec timeret odiis hominum et maledictionibus subjacere, dummodo
mercedem copiosam consequeretur in cœlo : et
ad illas beatitudines evangelicas perveniret :[j]
te per hujus interventum[k] precamur, ut pacem
quam, te jubente, dilexit in sæculo, perpetu-
aliter Ecclesiæ possidendam tribuas in futuro.
Per Dominum nostrum.

(*Contestatio.*[1])    Dignum et justum est.
Verè æquum et justum est, nos tibi gratias
agere : et[m] pietati tuæ in honore summi sacerdotis tui Germani episcopi et confessoris
gratias agere, laudes canere, vota persolvere ;
ejusque enarrare virtutes, quas ei, Domine
Pater omnipotens, non immeritò tribuisti :
quia te apostolicâ confessione rebus omnibus
plus amavit.    Discussit à se divitias, ut paupertate spiritûs cœlorum regna consequeretur.
Mansuetudinem tenuit, ut terrena sui corporis
spiritaliter possideret.    Lugere delectatus est
in[n] sæculo, ut cœlestem consolationem ex muneris tui largitudine[o] perciperet.    Justitiam
esurivit atque sitivit, ut tuis saturaretur
eloquiis.    Eleemosynam jugiter fecit, ut indesinenter non tantùm sibi,[p] sed et cæteris pietatis
tuæ misericordiam obtineret.    Puritatem cordis habuit, ut te videret.    Pacem servavit, ut
filiis tuis fraternâ se participatione[q] conjungeret.    Desideravit pati persecutionem propter justitiam, ut si martyrium non perferebat,
fide tamen pertenderet ad coronam ; nec
timuit omnium modis maledictionem subjacere,
dummodo mercedem copiosam consequeretur
in cœlo.    Dilexit te, Domine, ex toto corde et
ex totâ mente, et[r] ex totâ animâ suâ, et proximum suum[s] tamquam seipsum : ut secundùm
quod in his duobus mandatis universa Lex
et Prophetæ pendebant.[t] ad eas quas diximus

---

[h] MS *patientia*.

cf. quorum numerum et nomina tu
solus Dominus et cognoscis." S. Greg.
apud Gerb. p. 267a.
cf. "ut preces omnium clementer
accipias : et omnibus peccata dimittas."— M. Moz. 422. 27.

* M. 330

[i] MS *sacrum nomen*.  In the next
line, *pati* is an addition of Mabillon's.

† T. 370

[j] MS *pervenerit*, Mur. *perveneret*.
[k] MS *interventu*.

[l] Mur. *contestata*.

[m] *et* is an addition of Mabillon's.

[n] MS omits *in*.
[o] MS *cœlestis consolatione ex munere
tuo largitudinemque*.

[p] MS *sui*, and in the same line omits
*et*.

[q] MS *participationem*, omitting *se*.

[r] MS omits *et*.
[s] MS *proximo suo*.
[t] MS *pendebat* which probably is
right, if we merely transpose the
word as in S. Matt. 22. 40. "lex pendebat et prophetæ." and in the same
line, MS has *delixemus* for *diximus*.

evangelicas beatitudines perveniret. Et quia
tu, Domine Jesu Christe, Apostolis tuis dixeras,
ut euntes per universum mundum, universæ
creaturæ Evangelium prædicarent, et virtutes
efficerent : hic tuus <sup>u</sup> devotissimus Germanus
Episcopus Auturicorum vestigiis subsecutus,
per totas † Gallias, Roma, inectalia,<sup>v</sup> in Bret-
tania annis triginta, corpore adflictus jejuniis,<sup>w</sup>
jugiter in tuo nomine prædicavit : hæreses
abstulit : adduxit populum ad plenam et integram * fidem : ejecit dæmones : mortuos suscitavit : ægris reddidit pristinam sanitatem :
implevitque omnia signa, virtutes utique ad-
eptus. Sic cœpit, ut cresceret ; sic pugnavit,
ut vinceret : sic consummavit, ut mortis tenebras præteriret ; martyriis <sup>x</sup> se conjungeret,
stolam cum centesimo fructu perciperet, et
vitâ hac peractâ<sup>y</sup> regnum inhabitaret æternum.
Quod credentes, Deus Pater omnipotens, supplices exoramus : ut in ejus apud te patrociniis
et intercessionibus pietati tuæ commendati,
nos in omnibus tuam misericordiam <sup>z</sup> consequamur, angelicâ te exultatione laudantes et
dicentes, Sanctus, Sanctus, Sanctus.

*(Collectio post Sanctus.)* Benedictus
planè, qui venit in nomine Domini : benedictus
Deus Rex Israel: pax in terrâ, gloria in excelsis, per<sup>a</sup> Dominum nostrum Jesum Christum
Filium tuum. Qui pridie quàm pateretur.

*(Post Secreta.)* Descendat, precamur,
omnipotens Deus, super<sup>b</sup> hæc, quæ tibi offerimus, Verbum tuum sanctum; descendat inæs-
timabilis<sup>c</sup> gloriæ tuæ Spiritus: descendat antiquæ indulgentiæ tuæ donum : ut fiat oblatio
nostra hostia spiritalis in<sup>d</sup> odorem suavitatis
accepta: etiam nos famulos tuos per sanguinem
Christi tua manus dextera invicta custodiat.
Per Dominum.

*(Collectio ante Orationem Dominicam.)*
Agnosce, Domine, verba quæ præcepisti, ignosce præsumptioni quam imperasti: ignorantia
est non nosse meritum ; contumacia est non
servare mandatum, quo dicere jubemur, Pater
noster.<sup>e</sup>

*(Collectio post Orationem.)* Libera nos à
malis omnibus, auctor bonorum Deus, ab omni
temtatione, ab omni scandalo, ab omni opere
tenebrarum ; et constitue nos in omni bono :

20

cf. c. 16 Marci v. 15. Euntes in
mundum universum prædicate Evangelium omni creaturæ . . . signa autem
eos qui crediderint hæc sequentur.
<sup>u</sup> MS *mundum, et univ. cre. evangelio
prædicare, vir. effecirunt: hæc tuos.*
The sentence which follows is given
according to the very clever correction of *D. le Bœuf.* The MS has
*Tartarum corum* instead of *Auturicorum.* " Civitas quæ gallice vocatur
*Auxerre,* antiquitus dicebatur *Auturi-
cum,* deinde compendii causa *Autri-
cum.*" Vezz.

† T. 371
<sup>v</sup> Evidently meant for *in Italia,* or,
*Etalia.*
<sup>w</sup> *Le Bœuf's* correction for *Januis*
which Mabillon thought might be
intended for *Genoa.*

* M. 331
<sup>x</sup> for *martyribus.*

<sup>y</sup> *peracta* is an addition of Mabil-
lon's.

<sup>z</sup> MS *tua misericordia.*

<sup>a</sup> *per* is added by Mabillon.

See the same prayer below, p. 157.
<sup>b</sup> MS *supplices* for *super.*

<sup>c</sup> MS *instimabilis.*

<sup>d</sup> MS omits *in.*

See the same prayer above, p 150.

<sup>e</sup> MS *qui. d. jubere, P. per dominum
nostrum.*

See the same prayer above, p. 146.

et da pacem in diebus nostris, Auctor pacis
et caritatis.　Per Dominum nostrum Jesum
Christum.

*(Collectio post Eucharistia.)*　Sumsimus [e]
ex sacris altaribus Christi Domini ac Dei

f "Credentes. *leg.* non credentes.
Sed liquido constat mendum esse
librarii ex sequenti oratione, aliisque
post communionem Collectionibus
ipsiusmet Missalis hujus." Thom.

nostri corpus et sanguinem * * * * [f] credentes
unitatem beatæ †Trinitatis oremus : ut semper
nobis fide plenis, esurire detur ac sitire justitiam : sicque [g] opus ejus, confortati salutaris

escæ gratiâ, faciamus : ut non in judicium, sed

g MS *sicqui.*

h MS *non judicio sed in remedio.* In
the next line, *nostrum* is an addition
of Mabillon's.

in remedium [h] sacramentum quod accepimus
habeamus.　Per Dominum nostrum Jesum
Christum.

*(Collectio.)*　Aspice,[i] Domine, qui et tuo
vesci corpore, et tuum corpus effici vis fideles :
fac nobis in remissionem peccatorum esse quod
sumpsimus : adque ita se animæ nostræ divinâ

alimonia * per benedictionem tuam facta per-
misceat ; ut caro spiritui subdita, et in con-
sensum pacificum subjugata obtemperet, non
repugnet ; per Spiritum Sanctum, qui in unitate
Patris et Filii coæternus vivit et regnat in
sæcula sæculorum.　Amen.

## II. PRÆFATIO AD VIRGINEM BENEDICENDUM.

[*Præfatio.*]　Faventes, dilectissimi fratres,
his virtutibus, quas præstare paucorum est,
Deum semper pudicitiæ castitatisque custodem acceptis eidem precibus oremus : ut hanc
famulam suam, omnibus sæculi inlecebris libe-
ram carnalibus, ac spiritu integram, Regis

æterni thalamo [a] reservandam, additâ cœlestis
propositi virtute corroboret ; et ad sexagesi-

mum fructum, quæ propriâ devotione [b] præsumit, addat [c] suâ libertate centesimum.　Per
Dominum.

*(Collectio ejusdem.)*　Omnium quidem laudum atque virtutum, sed præcipuè castitatis

adsertor, custos, auxiliator, effector, dicatæ [d]
tibi in sanctis corporibus pariter ac mentibus
puritatis : qui virginitatem ideo plus intues
et diligis, quia tibi origo Virginitas : quique
in hunc mundum natus ex Virgine, id in aliis
probas, quod in matre elegisti : adque ideo

aptissimè tibi sponso Vir [e] sponsam virginem
dedicamus,—tu, Domine, tribue hanc puellæ

jam tuæ semper optabilem magno proposito perseverantiam, et contra multiformis inimici instantiam semper agitantis [f] insidias indeflexam, inexpugnabilemque constantiam : ut tibi debeat felicem consummationem,[g] quæ jam ante habuit bonam voluntatem. Per Dominum.

### III. PRÆFATIO VIDUALIS.

[*Præfatio.*] Deus rerúm omnium, Deus noster, qui inter cætera documenta virtutum salutem nostram castitatis vigore [a] reparasti, ut Sancti Spiritûs domicilium fieret pro viduitatis [b] conservatione, atque ut isto figuretur exemplo, majestatis Verbum parituram fœcundatam, præsta,[c] ut hæc† famula tua, quæ conscientiam suæ puritatis spondet, te custode adque rectore, conservata et inviolata permaneat : quia nostrorum nihil magnum est voluisse,[d] quod te non fuerit custodiente perfectum. Per Dominum.

(*Benedictio vidualis.*) Deus, qui Annam filiam Fanuelis.[e] . . . .

a MS *nostre cas. vigorem.*

b MS *viduitatem,* and in the next line *exemplum.*

c MS *pretiosa* for *præsta.* Mabillon prefixes an * as a mark of hopeless corruption.

† T. 373

d MS *voluissis.*

e Integra in M. Franc. p. 313b.

*\* Desunt hic folia.*

\* M. 333

(*Collectio.*) Deus, qui creaturæ tuæ misereri potiùs eligis, quàm irasci ; cordis nostri infirma considera, et tuæ nos gratiâ pietatis inlustra. Per Dominum.

Deus, qui creaturæ tuæ misereri potius eligis quam irasci, cordis nostri infirma considera, et tuæ nos gratia pietatis illustra. Per. M. Amb. apud Gerb. p. 240b.

### IV. INCIPIT MISSA DE ADVENTU DOMINI NOSTRI JESU CHRISTI.

[*Collectio.*] Excita potentiam tuam, Domine, et veni : et quod Ecclesiæ tuæ usque in finem sæculi promisisti, clementer operare. Per.

(*Collectio sequitur.*) Excita, quæsumus Domine, corda nostra ad præparandas Unigeniti tui vias : ut per ejus adventum purificatis tibi servire mentibus mereamur. Per.

(*Post nomina.*) Placare, Domine, quæsumus, humilitatis nostræ precibus et hostiis : et ubi nulla suppetunt suffragia meritorum, tuæ nobis indulgentiæ succurre præsidiis : et eorum nomina, qui nos præcesserunt cum signo fidei, et dormiunt in sommo pacis, ipsis et omnibus in Christo quiescentibus locum refrigerii, lucis et pacis ut indulgeas, deprecamur. Per.

(*Collectio ad Pacem.*) Grata tibi sint, Do-

Excita Domine potentiam tuam, et veni ; et quod Ecclesiæ tuæ usque in finem sæculi promisisti, clementer operare. Per.—S. Gel. p. 159b. S. Gall. p. 284a.

Excita Domine, quæsumus, corda nostra ad præparandas Vnigeniti tui vias ; ut per ejus adventum purificatis tibi servire mentibus mereamur. Per.—S. Gell. p. 160a. S. Gall. p. 284a.

Placare Domine, quæsumus, humilitatis nostræ precibus et hostiis ; et ubi nulla suppetunt suffragia meritorum, tuæ nobis indulgentiæ succurre præsidiis. Per.– S. Gel. p. 159b.

Grata tibi sint, Domine, munera

quibus mysteria celebrantur nostræ libertatis et vitæ. Per.—S. Gel. p. 160b.

cf. mente devota; exultatione religiosa : fide integra : spe pura.—M. Moz. p. 310. 39.

ᵃ "Ex eo loco aliquid excidisse opinatur Mabillonius." Vezz.

Vere dignum. Deus, Cui proprium est ac singulare, quod bonus es, et nulla unquam a te es commutatione diversus ; propitiare supplicationibus nostris, et Ecclesiæ tuæ misericordiam tuam, quam confitentur, ostende ; manifestans plebi tuæ Vnigeniti tui mirabile Sacramentum : ut in universitate nationum perficiatur, quod per verbi tui Euangelium promisisti : et habeat plenitudo adoptionis, quod pertulit testificatio veritatis. Per Christum Dominum.—S. Gel. p. 159b.   S. Gall. p. 284b.

ᵇ MS et.

Da, quæsumus, omnipotens Deus cunctæ familiæ tuæ hanc voluntatem in Christo Filio tuo Domino nostro venienti in operibus justis aptos occurrere ; et ejus dexteræ sociati, regnum mereantur possidere cæleste. Per.—S. Gel. p. 161b.

† T. 374

Animæ nostræ, quæsumus omnipotens Deus, hoc potiantur desiderio, ut a tuo Spiritu inflammentur ; ut sicut lampadas divino munere satiati, ante conspectum venientis Christi Filii tui velut clara lumina fulgeamus. Per.—S. Gel. p. 161a.

ᶜ MS potientur.

* M. 334

Repleti cibo spiritali alimoniæ, supplices te deprecamur, omnipotens Deus ; ut hujus participatione mysterii doceas nos terrena despicere, et amare cælestia : atque omni nexu mortiferæ cupiditatis exutos, regno perpetuæ libertatis consortes efficias. Per Dominum.—S Gel. p. 160a.

---

mine, munera, quibus mysteria celebrantur nostræ libertatis et vitæ: et qui unitate lætaris, tribue nobis fidem integram, pacem perpetuam, caritatem puram. Per.

*(Contestatio.)*. Verè dignum et justum est . . . ᵃ Deus : cui proprium est ac singulare, quod bonus es, et nullâ unquam à te es commutatione diversus. Propitiare supplicationibus nostris ; et Ecclesiæ tuæ misericordiam tuam quam confitentur, ostende, manifestans plebi tuæ Unigeniti tui mirabile sacramentum : ut ᵇ universitate nationum perficiatur, quod per verbi tui Evangelium promisisti : et habeat plenitudo adoptionis, quod prætulit testificatio veritatis. Per.

*Post hæc,* Hanc igitur oblationem.

*(Benedictio Populi.)* Da, quæsumus, omnipotens Deus, cunctæ familiæ tuæ hanc voluntatem in Christo Filio tuo, Domino nostro † venienti in operibus justis aptos occurrere : ut ejus dexteræ sociati, regnum mereantur possidere cœleste. Quod ipse præst.

*(Collectio post Communionem.)* Animæ nostræ, quæsumus, omnipotens Deus, hoc potiantur ᶜ desiderio, ut à tuo Spiritu inflammentur : ut sicut lampades* divino munere satiati, ante conspectum venientis Christi Filii tui velut clara lumina fulgeamus. Per.

*(Collectio sequitur.)* Repleti cibo spiritalis alimoniæ, supplices te deprecamur, omnipotens Deus : ut hujus participatione mysterii doceas nos terrena despicere, et amare cœlestia : adque omni nexu mortiferæ cupiditatis exutos, regno perpetuæ libertatis consortes efficias. Per Dominum nostrum.

## V. ITEM MISSA DE ADVENTU DOMINI NOSTRI JESU CHRISTI.

See this prayer in the last *Missa.*

Conscientias nostras, quæsumus, omnipotens Deus cotidie visitando purifica : ut, veniente Domino Filio tuo, paratam sibi in nobis inveniat mansionem. Per.—S. Gel. p. 160a.   S. Gall. p. 284b.

Fac nos, quæsumus Domine Deus noster pervigiles atque solicitos adventum expectare Christi Filii tui Domini nostri ; ut dum venerit pulsans, non dormientes peccatis, sed vigilantes et in suis inveniat laudibus exultantes. Per.—S. Gel. p. 160a.   S. Gall. p. 284b.

cf. quorum nomina ante altare sanctum sunt recitata.—supra p. 138.

Sacrificium tibi Domine celebrandum placatus intende ; quod et nos a vitiis nostræ conditionis emundet, et tuo nomini reddat acceptos. Per.—S. Gel. p. 160b.   S. Gall. p. 288a.

---

*[Collectio.]* Excita, quæsumus, Domine, corda nostra ad præparandas Unigeniti tui vias : ut per ejus adventum purificatis tibi servire mentibus mereamur.

*(Collectio.)* Conscientias nostras, quæsumus omnipotens Deus, cotidie visitando purifica : ut veniente Domino Filio tuo, paratam sibi in nobis inveniat mansionem. Per.

*(Collectio post nomina.)* Fac nos, quæsumus, Domine Deus noster, pervigiles adque sollicitos adventum expectare Christi Filii tui Domini nostri : ut dum venerit pulsans, non dormientes peccatis, sed vigilantes, et in suis inveniat laudibus exultantes : carisque nostris, quorum nomina recitata sunt, placita requies, secura expectatio, resurrectio desiderata contingat.

*(Ad Pacem.)* Sacrificium tibi, Domine, celebrandum placatus intende : quod et nos à vitiis nostræ conditionis emundet, et tuo nomini reddat acceptos :

et communicatio præsentis osculi perpetuæ proficiat caritati. Per Dominum.

*(Immolatio nunc.)* Verè dignum et justum est, nos tibi hic et ubique semper gratias agere, Domine sancte, Pater omnipotens, æterne Deus: cui proprium est veniam delictis impendere, quàm pœnaliter inminire. Qui fabricam tui operis per eundem rursus Lapidem es dignatus erigere; ne imago, quæ ad similitudinem tui facta fuerat vivens, dissimilis haberetur ex morte: munus venialis indulgentiæ præstitisti; ut unde mortem peccato contraxerat, inde vitam pietas repararet inmensa. Hæc postquam Prophetica sæpius vox prædixit, et Gabrihel Angelus Mariæ jam præsentia nunciavit: mox Puellæ credentis in utero fidelis Verbi mansit† aspirata conceptio: et illa proles nascendi sub lege latuit, quæ cuncta suo nasci nutu concessit. Tumebatur Virginis sinus: et fœcunditate suorum viscerum * corpus mirabatur intactum. Grande mundo spondebatur auxilium, fœminæ partus sine viro mysterium; quando nullius maculæ nebula fuscata tenso nutriebat ventre præcordia, mox futura sui Genitrix Genitoris. Per quem omnes Angeli.

*(Collectio post Sanctus.)* Verè sanctus, verè benedictus, Domine Deus Pater omnipotens, salus credentium, et omnium Redemptor in Christo. Per quem te deprecamur et quæsumus: ut[a] hanc oblationem gratam adque acceptabilem suscipere, benedicere ac sanctificare digneris: quam tibi offerimus pro pace Ecclesiæ tuæ, pro sacerdotum tuorum et ministrorum omnium puritate, pro statu loci hujus adque omnium habitantium in eo, pro votis adstantium et omnium commemoratione sanctorum, ac pro requie defunctorum, per ipsum Dominum nostrum. Qui pridie quàm pro nostrâ et omnium salute pati dignaretur.

*(Collectio post Secreta.)* Descendat, precamur, omnipotens Deus, super hæc, quæ tibi offerimus,[b] Verbum tuum sanctum; descendat inæstimabilis gloriæ tuæ Spiritus; descendat antiquæ indulgentiæ tuæ donum: ut fiat oblatio hæc Hostia spiritalis in odorem suavitatis accepta: etiam nos famulos tuos per sanguinem Christi tua manus invicta custodiat. Per Dominum.

*(Collectio ante Orationem Dominicam.)* Conscientiarum nostrarum errore suspecti, vel peccatorum recordatione confusi, omnipotens Deus, indignos nos ad invocationem tui nominis judicamus, ut orationem, quam præcepisti, dicere audeamus: sed quia permittis, et dicimus: Pater noster.

cf. tribue quæsumus, ut communicatio præsentis osculi perpetuæ proficiat caritati. S. Gall. p. 291a.

Æterne Deus. Cui proprium est veniam* delictis impendere, quam pœnaliter imminere. Qui fabricam tui operis pereuntem rursus lapide es dignatus erigere, ne imago quæ ad similitudinem tui facta fuerat vivens, dissimilis haberetur ex morte, munus venialis indulgentie præstitisti: ut unde mortem peccatum contraxerat, inde vitam pietas repararet immensa. Hæc postquam prophetica sæpius vox prædixit, et Gabriel Angelus Mariæ iam præsentia nuntiavit, mox puellæ credentis in utero fidelis verbi mansit aspirata conceptio. Et illa proles nascendi sub lege latuit, quæ cuncta suo nasci nutu concessit. Tendebatur Virginis sinus, et fœcunditatem suorum viscerum corpus mirabatur intactum. Grande mundo spondebatur auxilium, feminæ partus sine viro mysterium, quando nullius nebulæ fuscata tenso nutriebat ventre præcordia, mox futura sui genitrix genitoris. Quem. S. Greg. ap. Gerb. p. 204a.

† T. 375
* M. 335

[a] MS *uti.*

See above p. 146.

cf. "Pro civitate hac, et conservatione ejus, omnibusque habitantibus in ea, precamur te Dne, miserere."— S. Greg. apud Gerb. p. 44a.

cf. Descendat super hæc quæ tibi offerimus verbum tuum sanctum, descendat inæstimabilis gloriæ tuæ spiritus: descendat antiquæ indulgentiæ tuæ donum, ut fiat oblatio hæc hostia spiritalis in odorem suavitatis; et nos famulos tuos per sacratissimum corpus et sanguinem tuum tua manus invicta custodiat. Qui vivis. – Mart. Ant. Eccl. Rit. I. p. 188b, 194b. See above p. 153.
[b] MS *offeremus,* and in the next line *instimabilis,* as above p. 153.

See above p. 142.

*(Collectio post Orationem Dominicam.)*
Libera nos ab omni malo, omnipotens æterne
Deus : et quia tibi soli est præstandi potestas,
tribue, ut hoc sollemne sacrificium sanctificet
corda nostra, dum creditur ; deleat peccata,

c MS *sumetur.*

dum sumitur.c   Per Dominum.

*(Collectio post Communionem.)*   Gratiâ
tuâ, Domine, quæsumus, populum supplicem
benignus inlustra ; et donorum tuorum largitate prosequere : ut à malis omnibus, te
protegente, defensos, ad ineffabile mysterium
spiritaliter celebrandum et mente præparetur
et corpore.   Per.

Sumptis muneribus, Domine, quæsumus, ut cum frequentatione mysterii crescat nostræ salutis effectus.
Per.— S. Gel. p. 160b.

*(Collectio.)*   Sumptis muneribus, Domine, quæsumus : ut cum frequentatione mysterii crescat nostræ
salutis affectus.   Per.

Gregem tuum, Pastor bone, placatus
intende, et oves, quas pretioso sanguine redemisti, diabolica non sinas
incursione lacerari. Per.  S. Leon. p.
63.

† (*Benedictio Populi.*)   Gregem tuum, Pastor
bone, placatus intende : et oves, quas * pretioso sanguine
Filii tui redemisti, diabolicâ non sinas incursione lacerari.   Per.

† T. 376     * M. 336

Preces populi tui, quæsumus, Domine clementer exaudi ; ut qui de
adventu Vnigeniti tui secundum
carnem, lætantur, in secundo cum
venerit in majestate sua, præmium
æternæ vitæ percipiant. Per.—S. Gel.
p. 162a.

*(Item alia Benedictio.)*   Preces populi tui,
quæsumus, Domine, clementer exaudi : ut qui de adventu Unigeniti tui secundùm carnem lætantur : in
secundo, cùm venerit in majestate suâ, præmium æternæ
vitæ percipiant.   Quod ipse præstare dignetur, qui vi.

## VI.   PRÆFATIO AD VESPERUM NATALIS DOMINI.

[*Præfatio.*]   Deus, qui omnium mirabilium
et virtutum pius es effector ; qui omnia
auxilia contra audaciam inimici ipse credentibus præstas ; qui Sarram sterilem, Annam
de successione tristantem, adque Helisabeth
senectute provectam sanctorum hereditate

a Used with the construction of
*donasti*, which five lines below is used
like *dedisti.*

dedisti,a singulis præmium partûs in successione restituens : ut Isaac admoveretur holocaustum ;   Samuhel clamaretur in templo ;
Johannes prophetaret ex utero,—Deus, qui
excellentem gloriam novitatis ostendens, supra
hanc magnitudinem quam donasti omnibus

b Vezz. has *pretiosus.* The next word
is a form of the *infima Latinitas* for
*præstitisti.*

terrenis, et quod erat pretiosius b præstasti,
ut per Spiritum Sanctum servi sponsa conciperet ; et paritura Dominum suum Virgo
Maria portaret : et per eam Lumen sæculi
natum, Angelo nunciante Pastoribus, sollicitudo cognoscit ; offerendum eum in Jerusalem

c The ablative for the accusative
plural.

Mater adducit ; Symeon quoque in manu suâ c
eum suscepit adque benedixit ; et prolata in
jejuniis Anna conlaudat ; per cœlestis exer-

citûs [d] præconium clamoris extollit, dicens : *Gloria in excelsis Deo, et in terrâ pax hominibus bonæ voluntatis.* Et Magis stella novi fulgoris innotuit mirum in nativitate mysterium : creaturæ Dominus adoratur : in munere aurum offertur : [e] uno denique momento Regnum, Sacrificium, Sepultura, adque omnia tempore suo ratione complentur : diverso apice litterarum in titulum dignitatis[f] Pilatus obsequitur : et ipse pro nobis Hostia viva, ut nos salvaret[g] offertur : per Joseph sepultura sancti corporis impetratur. Implentur ergo omnia : ac nos de plenitudine ejus impleti sumus ; et accipimus gratiam pro gratiâ. Implentur ergo omnia ; laudibus[h] cœlum, et terra signis et prodigiis ; et ipse inferni terroribus descendit. Per ipsum inimicus occiditur, resurrectio in carne monstratur, liber vitæ perennis aperitur. Veniamus ergo ad eum omnes, qui onerati sumus peccatis : quia jugum ejus sanctum, suave ; adque onus ejus leve est. Nemo formidet vel dubitet. Non taurorum aut hircorum sanguis expetitur : sed in simplicitate * cordis sacrificium laudis postulatur. Hæc ergo Deus in nobis, ad nationes nationum celebratissimam noctem, id est, nativitatem Filii sui, propitiatus nobis indulgeat : sanctificet Ecclesiam ; ædificet sacerdotes ; [i] exaltet seniores ; [†] inlustret levitas ; benedicat populum suum : extinguat omnia peccata nostra ; vitam æternam consequamur. Per.

*(Collectio nunc sequitur.)* Sublimem ineffabilis clementiæ Rectorem annuis supplicationibus in hac vespertinâ prece, fratres dilectissimi, unitis animis deprecemur : ut nobis transacti temporis hactenus debita donet ; superventuræ noctis sollemnitatem natalis Filii sui prosperam præstet ; assiduam futuri anni [j] custodiam reddat ; ad æternæ vitæ gaudia spiritali defensione nos perducat orantes.[k] Per Dominum.

*(Collectio sequitur.)* Rege nos, Domine, brachio tuo excelso, et conserva nos per alternas dierum et temporum successiones : ut adjuti sanctorum precibus, qui diem hunc per munus misericordiæ tuæ duximus, noctem quoque istam placitam tibi animarum et corporum puritate ducamus. Per Dominum.

[d] Perhaps this word is in the nominative, and the word *per* in the preceding line, a corrupt reading.

[e] A clause seems to have dropped out, referring to the third gift of the Wise Men, the myrrh.

[f] *dignitatis* appears to be governed by *obsequitur.*

[g] Mur. *salutaret.*

c. i. Joann. 16. Et de plenitudine ejus nos omnes accepimus, et gratiam pro gratia.

[h] We have altered the pointing ; the Edd. join *laudibus* with *implentur.* The expression seems to refer to the songs of the heavenly hosts when they appeared to the shepherds.

c. ii. Matt. v. 28, 30. Venite ad me, omnes qui laboratis et onerati estis ... Jugum enim meum suave est et onus meum leve.
cf. Per quem tibi Deus Pater omnipotens famulantes offerimus sacrificium laudis : et simplicem devotionem nostri cordis. Non enim hic horrido mugitu pecudum : tristis hostia taurus occiditur : aut hircus de gregibus immolatur : sed hostia quam verus Dominus et sacerdos instituit omnipotens. Christus Dominus ac redemptor eternus.—M. Moz. p. 239. 87.

\* M. 337

[i] "Sacerdotes, id est episcopos ; seniores, id est presbyteros. Supra in Missali Francorum num. viii, ubi de ordinatione presbyteri, 'probet se esse seniorem.'" Mab. cf. "Ecclesiam ab impugnatione defendant. Instituant Sacerdotes ad laudem : Levitas ad officium : Reges ad pietatem : populos ad quietem."—M. Moz. p. 310. 63.

† T. 377

cf. "superventuræ noctis solemnitati." *supra* p. 32.

[j] "Nimirum quia novus annus a die sequente, scil. a Natali Domini, tunc incipiebat." Mab.
[k] MS *orantibus.*

See this prayer above p. 89.

VII.    INCIPIUNT ORATIONES AD INITIUM
NOCTIS NATALIS DOMINI.

ISTA AD DUODECIMA.[a]

[*Oratio.*] Dei Patris omnipotentis vivum
Verbum te, Domine Jesu Christe, deprecamur
æternum : uti nos in fide tui nominis robores
per spei perseverantiam, et caritatis excellentiam ; renovans nostra[b] in melius desideria:
ut semper in bono perseverantes, te pio sensu
intelligere, et mundo corde videre possimus :
qui ex utero ante luciferum paterno natus
ineffabiliter, Deus de Deo, unus de uno, lumen
de lumine, de sempiterno Patre coæternus
Filius. Cum quo semper et Spiritu Sancto in
splendoribus sanctorum sine principio et sine
fine regnas et permanes[c] in sæcula.

(*Collectio sequitur.*) Mirabili iterum sacramento "nobiscum Deus" ab Angelis Emma-
nuel nominatus, Filius hominis, hoc est, Mariæ
Virginis, Jesus nasceris in salutem populi
tui : in cujus numero nos esse, pie Domine,
concedas, Christe : cujus natalis salutare mysterium celebrantes, in noctis hujus magnæ
initio primitias precum ac si[d] offerentes, rogamus tui nominis vim nascendo nobis quoque
à * te donari, Salvator[e] mundi. Qui vivis.

VIII. ITEM ORATIO IN MEDIA NOCTE NATALIS
DOMINI.

[*Oratio.*] Te oramus, Domine sancte, Pater
omnipotens, æterne Deus, in hac nocte natalis
Filii tui, noctisque mediæ tempore tibi adsistentes, quæsumus : ut sicut separasti lucem
à tenebris. . . . . .

*Et hic desunt folia.*

---

[a] This expression occurs again below p. 356b, and as Thomasius points out, was a Gallican one ; the 18th Canon of the 2nd Council of Tours A. D. 567 directing that twelve Psalms be sung "ad duodecimam."

[b] MS *nostram.*

cf. Ps 109. 3. Ex utero ante luciferum genui te.

cf. Ps 109. 3. Tecum principium .. in splendoribus sanctorum.
[c] MS *regnans et permanens.*

[d] The sense would be clearer if these two words were away.

\* M. 338

[e] MS *donare. Salvatur.*

## † IX. AD FACIENDUM CATECHUMENUM.[a]

..... da illi misericordiam tuam et pietatem, per lavacri regenerationem, perduc eum ad gratiam spiritalem : ut nobiscum pariter tibi Domino Deo Patri omnipotenti laudes et gratias referat; induc[b] eum in viâ veritatis, doce eum justificationes tuas. Per Dominum.

## X. INCIPIT EXORCISMUS.

Adgredior te, immundissime damnate[a] spiritus, qui es inveterator malitiæ, materies criminum, origo peccati : qui fraudibus, sacrilegiis, stupris, cædibus gaudes. Te, invocato Domini nostri Jesu Christi nomine, in o .. mus et adjuramus per ejusdem majestatem adque virtutem, passionem ac resurrectionem, adventum adque judicium : ut in quacumque parto membrorum latitas, propriâ te confessione manifestes : exagitatusque spiritalibus flagris invisibilibusque tormentis, vas quod occupasse æstimas, fugias : expiatumque post habitationem tuam Domino derelinquas. Sufficiat quod prioribus sæculis per hominum corda pœne toto orbe dominatus es. Jam in dies singulos destruitur[b] tuum regnum : tuaque cotidie usque in finem tela deficiant. Jam pridem præfigurata sunt ista, quæ pateris. Jam tu vastatus Ægyptiorum plagis, tu in Pharaone demersus, in Hierico destructus, in septem Chananæis gentibus stratus, per Samsonem in Allophylis subjugatus, truncatus in Goliâ per David, per Mardoceum in Aman suspensus, per Danihel in Bel dejectus, in Dracone punitus, per Judith in Holopherne transfossus, per Dominum humanis imperiis subjugatus, per Paulum cæcatus in Mago, ustus in viperâ, per Petrum in Simone disruptus, per omnes Sanctos fugaris, torqueris, elideris, æternis ignibus et infernis tenebris deputatus. Unde hominem Dominus* noster Jesus Christus in Adam secundo dum de te triumphat, eximit. Abscede, abscede, quocumque es : et corpora Deo dicata ne repetas. Interdicta sint tibi ista in perpetuo, in nomine Patris et Filii et

21

[a] Mabillonius illic ait, ' ad faciendum scrutinium.' Ad quem locum annotatione adjuncta subjungit : ' scrutinii tertia pars est, quod fiebat olim quarta feria tertiæ hebdomadæ Quadragesimæ. Vide Ordinem Romanum.' At aliis distentus decipitur vir ceteroquin doctissimus, dum in Thomasiano exemplo, e quo editionem suam adornasse constat, unum pro altero legit, et 'scrutinium' pro 'catechumenum' accipit.—Vezz.

In Martene I de Eccl. Rit. c. I. art. 12. this service is printed, but very incorrectly.

cf. Perduc eum ad novæ regenerationis lavacrum, ut cum fidelibus tuis promissionum tuarum æterna præmia consequi mereatur.– S. Gel. p. 39a.

[b] MS *indue.*

On the preparation for baptism, see Martene I de Eccl. Rit. c. I. art. 11.

[a] MS *damnator,* and in the next line *materiis.*

[b] MS *destruetur.* Should we not read *deficiunt* in the next line ?

* M. 339

Spiritûs Sancti, et in gloriâ Dominicæ Passionis ; cujus cruore salvantur, cujus adventum
expectant, judicium confitentur.  Per Dominum.

XI.   INCIPIT ᵃ EXPOSITIO VEL TRADITIO
SYMBOLI.

Sermo et sacramentum totius Symboli,
fratres dilectissimi, fides est Christiani hominis et vita ; fides in præsenti,† vita in futuro :
fides in viâ, vita in patriâ : fides in spe, vita in
re : fides in prœlio, vita in regno : fides in
opere, vita in retributione.   Ac sic qui fidem
cum operibus habuerit in hoc sæculo, vitam
æternam recipiet ᵇ in futuro : et ideo statim in
principio Symboli habet, *Credo in Deum :* et
postea in conclusione Symboli, *Vitam æternam.*  Sic ergo est Symbolum, dilectissimi,
quasi pulcherrimum ædificium bene cœptum :
cujus et firmissimum est fundamentum, et
inmortale fastigium : cùm in principio habeat
Deum, et in fine vitam æternam.   Deus est
fundamentum, et vita æterna fastigium.   Fides, fratres carissimi, vitæ ostium, viæ principium, salutis est fundamentum.   Qui divina
mysteria intelligendo se magis capere æstimat
quàm credendo, sic facit, quomodo si aliquis,
relictâ viâ, petat devium ; vel sine fundamento
construat ædificium ; vel per objectum pari-
etem requirat ingressum.   Adhibendum est
itaque credulitatis salubre compendium ; ubi
imbecilla mens capere non potest cœleste
secretum.   Totum ergo credulitatis pectoris
sinum ad vitalis carminis expandamus oraculum : quod ita incipit.

Credo in Deum Patrem ᶜ omnipotentem, Creatorem cœli et terræ.

Credo et in Jesum Christum, Filium ejus unigenitum sempiternum.

Qui conceptus est de Spiritu Sancto, natus
est de Mariâ Virgine.

Passus est sub Pontio Pilato ; crucifixus,
mortuus, et sepultus.

Descendit ad inferna.

Tertiâ die resurrexit à mortuis ; ascendit ad
cœlos.

ᵃ "In ordine Romano alia oratio, et
præcedit hanc expositionem expositio
Evangeliorum, quæ hic sequitur."
Mab.  It should, however, be observed
that there is another exposition of
the Creed in this Liturgy, which follows not only the exposition of the
Gospels (as in the Roman rite) but
also that of the Lord's Prayer.

† T. 379

ᵇ MS *recipiat.*

ᶜ MS omits *Patrem.*

Sedit ad dexteram Dei Patris omnipotentis.
Inde venturus judicare vivos et mortuos.
Credo in Sanctum Spiritum; sanctam Ecclesiam Catholicam:
\* Sanctorum communionem; remissionem peccatorum:
Carnis resurrectionem:
Vitam æternam. Amen.
Symbolum, fratres carissimi, non in tabulis scribitur: sed in corde[d] susceptum memoriter retinetur. Et ideo juvat iterare, quod nunquam convenit oblivisci.

\* M. 340

[d] MS *cordis.*

### Credo in Deum Patrem omnipotentem.

Sicut optimè novit caritas vestra, carissimi, fides omnium Christianorum in Trinitate consistit: et ideo etiam tertiùm vobis textum Symboli repetimus: ut ipse numerus repetitionis, in signo conveniat Trinitatis.

Tertio quoque textum Symboli recenseamus: ut quia fidem divine Trinitatis Symbolum in se continet: ipse numerus repeticionis cum sacramento conveniat Trinitatis. Credo in Deum patrem omnipotentem.—M. Moz. p. 151. 91.

### Credo in Deum Patrem omnipotentem.

Symbolum, fratres carissimi, quod audistis totum vos in auris auditum convertite: ut semen verbi paratos sulcos inveniat, quibus salubriter insidens, et radices fortiter figere, et tempore retributionis uberes justitiæ fructus possit afferre. Sic ergo habet exordium Symboli.

### Credo in Deum Patrem omnipotentem.

*Deum* cùm audis, substantiam intellige sine initio, sine fine. *Patrem* cùm audis, Filii intellige Patrem.† Hoc ergo ipso nomine quod Deus Pater, appellatur, cum Patre pariter subsistere etiam Filius demonstratur.

Quomodo sanè Deus Pater genuerit Filium, nolo discutias. Credendus est ergo Deus esse Pater unici Filii sui Domini nostri; non discutiendus. Neque enim fas est servo de natalibus Domini disputare. Contestatus est Pater de cœlis dicens: Hic est Filius meus dilectus, in quo mihi bene complacuit: ipsum audite. Pater ipsum esse dicit Filium suum; et ipsum audire jubet: quis est qui neget

† T. 380

Deum cum audis, substantiam intellige sine initio, sine fine, simplicem sine ulla admixtione, invisibilem, incorpoream, ineffabilem, inæstimabilem, in qua nihil adjunctum, nihil creatum sit. Sine auctore enim est ille, qui auctor est omnium. Patrem cum audis, filii intellige patrem, qui filius supradictæ sit imago substantiæ. Sicut enim nemo dicitur dominus, nisi habeat vel possessionem, vel servum cui dominetur, et sicut nemo magister dicitur, nisi discipulum habeat; ita et pater nullo pacto quis dici potest nisi filium habens. Hoc ergo ipso nomine quo Deus ipse pater appellatur, cum patre pariter subsistere etiam filius demonstratur. Quomodo autem (*al.* sane) Deus pater genuerit filium, nolo discutias, nec te curiosius ingeras in profundi hujus arcanum. *et post multa de divina generatione*—Credendus est ergo Deus, pater esse unici filii sui Domini nostri, non discutiendus; neque enim fas est servo de natalibus Domini disputare. Contestatus est pater de cœlis, dicens; Hic est filius meus dilectus, in quo mihi bene complacui, ipsum audite. Pater ipsum dicit esse filium suum, et ipsum audire jubet. Filius dicit; Qui me videt, videt et

21\*

Patrem. Et; Ego et pater unum sumus. Et; Ego a Deo exivi, et veni in hunc mundum. Quis est qui inter has Patris et Filii voces medium se discussorem interserat, et Deitatem dividat, affectum separet, et substantiam rumpat, spiritum secet, neget esse verum quod veritas dicit? *et post multa.* Sequitur post hæc; 'Et in Christum Jesum unicum Filium ejus Dominum nostrum.' Jesus Hebræi vocabuli nomen est, quod apud nos Salvator dicitur. Christus a chrismate, id est, ab unctione appellatur.... 'Et in unicum filium ejus (inquit) Dominum nostrum.' Per hoc docet nos, quia Jesus iste de quo diximus, et Christus de quo exposuimus, unicus filius sit Dei, et noster Dominus. Ne forte putes quod humana ista vocabula terrenum te aliquid doceant, ideo subjungit unicum hunc esse filium Dei Dominum nostrum. Unus enim de uno nascitur, quia et splendor unus est lucis, et unum est verbum cordis. Nec in numerum pluralem defluit incorporea generatio, nec in divisionem cadit; ubi qui nascitur, nequaquam a generante separatur. Unicus est, ut menti sensus, ut sapientia sapienti, ut cordi verbum, ut forti virtus. Nam sicut solus sapiens pater ab Apostolo dicitur, ita et solus filius sapientia nominatur. ... 'Qui natus est de Spiritu Sancto ex Maria Virgine.' Hæc jam inter homines dispensationis nativitas est, illa divinæ substantiæ; hæc dignationis est, illa naturæ. De Spiritu sancto ex virgine nascitur. Et jam, hoc loco mundior auditus requiritur, et purior sensus. Hunc enim quem dudum de patre natum ineffabiliter didicisti, nunc a Sancto Spiritu templum fabricatum intra secreta uteri virginalis intellige. Et sicut in sancti Spiritus sanctificatione nulla sentienda est fragilitas: ita et in partu virginis nulla est intelligenda corruptio. Novus enim huic sæculo datus est hic partus, nec immerito: qui enim in cœlis unicus filius est, consequenter et in terra unicus filius est, quia et unice nascitur. ... Igitur Spiritus sanctus refertur Dominicæ carnis et templi ejus creator. Incipe hinc jam intelligere etiam sancti Spiritus majestatem. Contestatur enim et evangelicus sermo de ipso, quod cum loquenti Angelo ad virginem et dicenti: Quia paries filium, et vocabis nomen ejus Jesum; hic enim salvum faciet populum suum a peccatis suis: illa respondisset: Quomodo fiet istud, quoniam virum non cognosco? Dixerit ei angelus Dei: Spiritus sanctus veniet super te, et virtus altissimi obumbrabit tibi. Et ideo quod nascetur ex te sanctum vocabitur filius Dei. Vide ergo cooperantem sibi invicem Trinitatem. Spiritus sanctus venire dicitur super virginem, et virtus altissimi obumbrare ei. Quæ est autem virtus altissimi, nisi ipse Christus, qui est Domini virtus et Domini sapientia? Cujus autem hæc virtus? Altissimi, inquit. Adest ergo altissimus, adest virtus altissimi, adest Spiritus sanctus. Hæc est trinitas ubique latens, ubique apparens, vocabulis personisque discreta, inseparabilis vero substantia deitatis. Quamvis solus filius nascatur ex virgine, adest et Altissimus, adest et Spiritus sanctus, ut et

esse verum, quod Veritas dicit? Sequitur, *Credo et in Jesum Christum Filium ejus unigenitum sempiternum.* *Jesus* hebraici[e] vocabuli nomen est, quod aput nos Salvator dicitur. *Christus* à chrismate, id est, ab unctione appellatur. *Unigenitum,* inquit. Unicus[f] est namque Patri Christus: ut splendor igni, ut forti virtus, ut sapientia sapienti.

e MS *hebraice.*
f Observe here the carelessness with which this exposition has been adopted, without being altered to agree with the version of the creed used in this Liturgy, which has *unigenitus,* not *unicus* like that of Ruffinus.

*Conceptus,* inquit, *de Spiritu Sancto.*

Spiritus ergo Sanctus refertur Dominicæ carnis et templi creator. Incipe jam hinc intelligere etiam Sancti Spiritûs majestatem. Sic enim ait Evangelium: Spiritus Sanctus superveniet in te; et Virtus Altissimi obumbrabit tibi. Videte ergo cooperantem sibi invicem Trinitatem. Spiritus Sanctus venire dicitur super Virginem, et [Virtus Altissimi obumbrare ei. Quæ est autem]g Virtus Altissimi, nisi ipse * Christus, qui est Dei Virtus et Dei Sapientia?

* M. 341

g We have added some words from the mg.

Jam jam[h] si jubetis, hæc quæ dicta sunt caritati vestræ sufficiant : et die crastinâ secundùm sanctam consuetudinem vestram per ministerium fratrum nostrorum ea quæ restant, maturiùs audietis. Quod ipsi.

*Natus,* inquit, *de Mariâ Virgine; conceptus est de Spiritu Sancto : passus sub Pontio Pilato.* Requiramus, dilectissimi, cur Symboli conditores necessarium judicarunt, ut ipsius etiam Pilati nomen[i] insererent. Ideo utique, quia Antichristi multi futuri erant : ut nulla hæresis Christum alium esse diceret, cùm unum utique esse constaret, quem sub Pilato passum Symbolum tradidisset.

*Crucifixus, mortuus, et sepultus, tertiâ die resurrexit.* De manifestâ et re probatâ[j] à multis Domini resurrectione licèt evidentissimè Evangelia testata sint : tamen etiam Apostolus prædicavit dicens, resurrexisse ab inferis Salvatorem die tertiâ; (Si eâ die quâ mortuus est, vel nocte quæ secuta est, statim resurrexisset; vix eum aliqui crederent verè fuisse defunctum. Vides, quia confirmatio mortis est dilatio resurrectionis : et è contrario mortis veritas rationis auctoritas est. Nisi enim quemquam priùs ostenderis inclinatum, non convincis erectum : et è contra facilè probabis in somno fuisse resolutum,[k] cùm docueris suscitatum.) et quia visus est Cefæ, et post hæc illis undecim : deinde visus est plusquam quingentis fratribus simul. O miram Domini et inæstimabilem pietatem ! Parum ad confirmandum Ecclesiæ fidem existimavit, quòd[l] eum post resurrectionem omnes Apostoli viderant; nisi videndum se † etiam turbis adstantibus præbuisset. Sequitur autem in Symbolo :

*Ascendit ad cœlos; sedit ad dexteram Dei Patris omnipotentis.*

Non corporaliter hîc Dei dextera ostenditur, dilectissimi; quia divina Majestas non secundùm humanam speciem designatur sedere. Ideo ad dexteram Patris Filius dicitur; quia in eo nulla sinisteritas invenitur. Cùm enim in Scripturis sacris semper quod dexterum est, ad meliora; sinistrum, quod[m] ad deteriora pertineat : idcirco in Deo dextera, id est, bona sunt : ubi sinistra, id est, mala possumus suspicare.

conceptus virginis sanctificetur et partus.—Ruffinus in Symb. Apost.
[h] "Jam jam. *leg.* jam." Thomas.

This exposition of the second portion of the Creed differs altogether from that given by Ruffinus, from which the former sermon was abridged. It has, however, evidently been taken from some other author, and bears the same marks of carelessness in its adaptation as we noticed above, there being here no commentary on the article, "He descended into hell." The passage from Eusebius Emesenus bears all the marks of having been interpolated in the middle of the text by an after-thought.
[i] MS *nomine.*
[j] "Mabill. *et reprobata,* quod sane significatum reddit ab illo veteris chartæ longe diversum." Vezz.
cf. 1 ad Cor. c. 15. v. 3—5. "Resurrexit tertio die secundum Scripturas; et quia visus est Cephæ, et post hoc undecim; deinde visus est plusquam quingentis fratribus simul." The words *post hæc* in the text are probably a mistake. *Illis* was in the Itala version, being found in S. Aug. and Ambrosiaster.
'Tertia die resurrexit.' Si ea die qua mortuus est, vel nocte quæ consecuta est, statim resurrexisset, vix eum aliqui vere defunctum crederent Vides quia confirmatio mortis est dilatio resurrectionis : et e contrario, mortis veritas, resurrectionis auctoritas est. Nisi enim quemquam prius ostenderis inclinatum, non convincis erectum. Et e contra facile probabis in somno fuisse solutum, cum docueris cito suscitatum.—Euseb. Emes. H. 2 de Symbolo. Bib. Pat. 6. 630F
[k] MS *revolutum.*

[l] MS *quo.*

† T. 381

[m] Mab. changes the order, reading *quod sinistrum.*

Inde, inquit, *venturus judicare vivos et mortuos. Credo in Sanctum Spiritum.*

Ad excludenda[n] hæreticorum omnium calamitosa commenta, eodem verbo Credulitatis, quo in principio sui Symbolum[o] Patrem honoravit et Filium, in conclusione textûs sui nunc honorat Spiritum Sanctum, cùm ait: *Credo in Sanctum Spiritum.* Ne inferioris ergo fortasse contumeliam * pateretur, jure eum sibi æqualiter vindicare et Deitatis ostendit plenitudinem, et Patris ac Filii dignitatem: quia in Trinitate divinâ non est quod majus minusve credendus sit: siquidem[p] ubi unus major dicitur, deesse minor aliquid[q] indicatur. In hac ergo ipsâ Divinitate, si aliud majus quis, aliud minus adserat; ei ipse majestati contumeliam facit, quam majorem putat: quia cùm æqualis potestas ac dignitas Trinitatis sit; quidquid uni detrahitur, cunctæ proculdubio Deitati æqualiter derogatur.

*Credo,* inquit, *sanctam Ecclesiam catholicam. Sanctorum communionem. Carnis resurrectionem. Vitam æternam. Amen.* Æternam vitam benè in conclusione Symboli coaptavit: quia ipsius Symboli fides præmium est æternitatis, ac per hoc ordo Symboli salutis ascensio est: quia si fideliter quisque ad summitatem illius venerit; certissimè salutis æternæ cardinem possidebit, regnante Domino nostro Jesu Christo: cujus est honor et imperium per omnia sæcula sæculorum.

*(Collectio.)* Exaudi, Domine, supplicationem familiæ tuæ, qui fidelium tuorum consortio desiderant sociari: ut in die sanctæ sollemnitatis, clementiâ tuâ[r] donum baptismatis percipere mereantur. Per Dominum nostrum Jesum Christum.

XII. EXPOSITIO EVANGELIORUM IN AURIUM APERTIONE[a] AD ELECTOS.

Aperturi vobis, filii carissimi, Evangelia, id est, gaudia[b] divina, prius ordine insinuare debemus, quid Evangelium: et unde descendat; et cujus in eo verba ponantur: et quare quatuor sint qui hæc gesta scripserunt: vel qui sunt ipsi hii quatuor, qui divino† Spiritu, adnunciante Prophetâ, ante signati sunt: ne forte sine hac ordinis ratione vel causa stuporem[c] vobiscum in mentibus relinquamus. Et quia ad hoc venistis, ut aures

---

**Marginal notes (left column):**

[n] MS *excludendam.*

[o] Vezz. proposes *symboli,* unnecessarily.

* M. 342

[p] MS *si quid.*

[q] Mab. reads *aliquis,* which Martene (as usual) adopts, but substituting also *esse* for *deesse* a little before.

[r] MS *clementiæ tuæ.*

[a] "apertione. *leg.* apertiones." Thomasius.
[b] Evidently a mistake for *gesta* as in the mg; but it occurs also in Sac. Gall. In the same line for *quid,* MS *quod.*
[c] MS *stupore.* The next word ought to be *vobis.*

† T. 382

INCIPIT EXPOSITIO EVANGELIORUM IN AURIUM APERTIONEM AD ELECTOS.
Aperturi vobis, Filii charissimi, Euangelia, idest gesta divina, prius ordinem insinuare debemus; quid est Euangelium, et unde descendat, et cujus in eo verba ponantur; et quare quatuor sint, qui hæc gesta scripserunt; vel qui sunt ipsi quatuor, qui, divino Spiritu adnuntiante Propheta signati sunt. Ne forte sine hac ordinis ratione vel causa, stuporem vobis in mentibus relinquamus. Et quia ad hoc venistis, ut aures vobis

vobis aperiantur; ne incipiat sensus vester obtundi, Evangelium dicitur proprie Bona adnunciatio, quæ utique adnunciatio est Jesu Christi Domini Dei nostri. Descendit autem Evangelium ab eo quod adnunciet et ostendat: quod is qui per[d] Prophetas suos loquebatur, venit in carne, sicut scriptum est: Qui loquebar, ecce adsum. Explicantes[e] ergo breviter quid sit Evangelium, vel qui sunt hii quatuor, qui per Prophetam ante monstrati sunt; nunc figuras adque nomina singulis adsignemus indiciis. Ait enim Propheta Hezechiel; Et similitudo vultûs eorum ut facies Hominis, ut facies Leonis * à dextris illius; et facies Vituli, et facies Aquilæ à sinistris illius. Hii quatuor has figuras habentes, Evangelistas esse non dubium est: sed nomina eorum, qui Evangelia scripserunt, hæc sunt, Matthæus, Marcus, Lucas, Johannes.

*Post hæc legit Diaconus initium Evangelii secundùm Matthæum. Et post quàm legerit, tractat Presbyter his verbis.*

Filii carissimi, ne diutiùs ergo vos teneamus, exponamus vobis quam rationem, et quam figuram unusquisque in se contineat: et quare Matthæus in se figuram hominis habeat: quia initio suo nihil aliud agit, nisi nativitatem Salvatoris pleno ordine generationis enarrat. Sic enim cœpit: *Liber generationis Jesu Christi Filii David, Filii Abraham.* Videtis, quia non immerito huic Hominis adsignata persona est: quando ab hominis nativitate initium comprehendit, nec immerito (ut diximus) huic mysterio adsignata est Matthæi persona. *Explicit secundùm Matth.*

*Incipit secundùm Marcum.*
*Legit Diaconus initium Evangelii secundùm Marcum. Exponit Presbyter.*

Marcus Evangelista, Leonis gerens figuram, à solitudine incipit dicere: *Vox clamantis in deserto, Parate viam Domini:* sive[f] quia regnat invictus. Hujus Leonis multifaria invenimus exempla, ut non vacet dictum illut: Juda filius meus, catulus leonis, de germine mihi ascendisti: recubans dormisti ut leo, et sicut catulus leonis: quis excitabit eum?

f Mab. reads *scilicet;* but *sive* is supported by the original in the mg, as well as by the Sac. Gall., and seems correct; for two reasons are here given why S. Mark is compared to a lion—1. "Mark is signified by a lion; for as a lion sends forth his dreadful voice in the wilderness, so Mark begins with the voice in the wilderness." (Remigius cited by S. Thomas Præf. to S. Mark in the Cat. Aurea) 2. "Because he has begun by expressing the divine power." S. Ambr. Prol. in Luc. § 8.

*Incipit secundùm Lucam.*
*Legit Diaconus initium Evangelii secundùm Lucam. Tractat Presbyter.*

Lucas Evangelista speciem Vituli gestat: ad cujus instar Salvator noster est immolatus. Hic enim Christi Evangelium locuturus, sic cœpit de Zacchariâ et Helisabet, de quibus Johannes Baptista in summâ natus est senec-

---

aperiantur; nec incipiat sensus vester obtundi: Euangelium dicitur proprie Bona Adnuntiatio, quæ utique Adnuntiatio est Jesu Christi Domini nostri. Descendit autem Euangelium ab eo, quod adnuntiet et ostendat: quod is qui per Prophetas loquebatur, venit in carnem, sicut scriptum est. Qui loquebar, ecce adsum. Explicantes autem breviter quid sit Euangelium, vel sint hi quatuor, qui per Prophetam ante monstrati sunt: nunc sua quæque nomina singulis adsignemus indiciis. Ait enim Propheta Hezechiel: Et similitudo vultus eorum ut facies Hominis, et facies Leonis a dexteris illius: et facies Vituli, et facies Aquilæ a sinistris illius. Hos quatuor has figuras habentes, Euangelistas esse non dubium est. Sed nomina eorum, qui Euangelia scripserunt, hæc sunt: Matthæus, Marcus, Lucas, Joannes.
d *per* is addition of Mabillon's.
e MS *explicates.*     * M. 343

Et adnuntiat Diaconus, dicens. State cum silentio, audientes intente. Et incipiens legit. Initium Euangelii secundum Mattheum. *usque.* Ipse enim salvum faciet populum suum a peccatis eorum.
Post quam legerit tractat Presbyter his verbis.

Filii charissimi, ne diutius ergo vos teneamus, exponamus vobis, quam rationem, et quam figuram, unusquisque in se contineat; et quare Matthæus in se figuram hominis habeat: quia in initio suo nihil aliud agit, nisi nativitatem Salvatoris pleno ordine generationis enarrat. Sic enim cœpit: Liber generationis Jesu Christi filii David, Abraham. Videtis, quia non immerito huic hominis adsignata persona est; quando ab hominis nativitate initium comprehendit: nec immerito, ut diximus, huic mysterio adsignata est Matthæi persona.
Item adnunt. Diacon. ut supra.
State cum silentio, audientes intente. Et legit: initium Euangelii secundum Marcum. *usque.* Ego baptizo vos aqua; ille vero baptizabit vos Spiritu Sancto.
Et sequitur Presbyter his verbis.
Marcus Euangelista leonis gerens figuram, a solitudine incipit dicens: Vox clamantis in deserto: Parate viam Domini. Sive quia regnat invictus. Hujus Leonis multifaria invenimus exempla, ut non vacet dictum illud: Juda filius meus, catulus Leonis: de germine mihi ascendisti: recubans dormivit, ut Leo, et sicut catulus Leonis; quis excitabit eum?

Item adnuntiat Diacon. ut supra.
Et legit: Initium Euangelii secundum Lucam. *usque.* Parare Domino plebem perfectam.
Et prosequitur Presbyter his verbis.
Lucas Euangelista vituli speciem gestat, ad cujus instar Salvator noster est immolatus. Hic enim Christi Euangelium loquuturus, sic cœpit de Zacharia et Elisabeth, de quibus Joannes Baptista summa natus est senec-

tute. Et ideo Lucas vitulo comparatur; quia duo cornua, duo Testamenta; et quatuor pedum ungulas, quatuor Euangelia, quasi tenera firmitate nascentia, in se plenissima continebat.

g Vezz. omits *pedum ungulas et quatuor.* Should we not read in the next line *tenera in firmitate?*

Item adnuntiatur a Diacono ut supra.

Et legit: Initium Euangelii secundum Johannem. *usque.* Plenum gratiæ et veritatis.

Iterum prosequitur Presbyter his verbis.

Johannes habet similitudinem aquilæ, eo quod nimis alta petierit; ait enim: In principio erat Verbum: et Verbum erat apud Deum: et Deus erat Verbum. Hoc erat in principio apud Deum.

Et David dicit de persona Christi: Renovabitur sicut Aquilæ juventus tua: idest Jesu Christi Domini nostri, qui resurgens a mortuis, ascendit in cælos. Vnde jam vobis concepti, prægnans gloriatur Ecclesia, omnem festivitatem votorum ad nova tendere Christianæ legis exordia: ut adveniente die venerabilis Paschæ, lavacro Baptismatis renascentes, sicut sancti omnes mereamini fidele munus infantiæ a Christo Domino nostro percipere. Qui vivit et regnat in sæcula sæculorum.— S. Gel. p. 41.

† T. 383　　* M. 344

h MS *exordium,* and in the next line *baptismate.*

---

tute : et ideo Lucas Vitulo comparatur, quia duo cornua, duo Testamenta et quatuor g pedum ungulas, et quatuor Evangelia quasi tenerâ infirmitate nascentia, in se plenissimè continebat.

*Item legit Diaconus initium Evangelii secundùm Johannem. Tractat Presbyter his verbis.*

Johannes habet similitudinem Aquilæ, quod nimis alta petierit. Ait enim: *In principio erat Verbum; et Verbum erat aput Deum, et Deus erat Verbum. Hoc erat in principio apud Deum.*† Et David ex personâ Christi dicit: Renovabitur sicut aquilæ juventus tua, id est, Jesu Christi Domini nostri qui resurgens à mortuis, ascendit in cœlos: unde jam vobis conceptis regnans gloriatur Ecclesia,* omni festivitate votorum ad nova tendere Christianæ legis exordia;h ut adveniente die venerabilis Paschæ, lavacro Baptismatis renascentes, sicut sancti omnes mereamur fidele munus infantiæ à Christo Jesu Domino nostro percipere. Qui vivit, et regnat Deus.

## XIII. PRÆMISSIONES AD SCRUTAMEN.

Te, Domine, deprecamur et poscimus, ut hos famulos tuos firmiter stabilire digneris. Aperi eis totos a aditus fidei, ut credulitatis possint muris includi: et viam veritatis eis pleniùs revelare dignare, ut nesciant per semitas falsitatis errare. Agnoscant quæ sunt salutaria, ut possint vitare mortifera: et thesauros b intelligant vitæ, ut noverint mortis foveam evitare: et residuum quod cum caligine c habent, deponant, ut inlustrationem totius luminis sumant: nihil intra illos restet sæcularium macularum, ut digni sanctificatione baptismatis præparentur. Per Dominum nostrum.

*(Collectio sequitur.)* Christe Jesu, qui cunctis portas aperis, et viam salutis ostendis: venientes famulos tuos ad notitiam nominis tui libenter amplectere: ut hii divinæ Legis d initiis auspicati, te desiderent sensibus sequi quem cœperunt sermonibus confiteri: et ab his plasmatibus tuis repelle diaboli incursantes insidias: ut ab omni loco, ab omni fraude dejectus, nec animæ unquam possit nocere, nec corpori: ut inimicus divinæ inscriptionis character agnoscens, quod esse jam cœpit

a MS *totus,* and in the next line *muros,* for which Mur. has *muro.*

b MS *thesauro* and in the next line *fovea.*

c MS *caliginis.*

d MS adds *et.*

tuum, à se fateatur alienum per signum crucis : quod nunquam delebit impressum in sæcula sæculorum. Amen.

## XIV. Incipit Præfatio Orationis Dominicæ.

Dominus et Salvator noster Discipulis suis petentibus quemadmodum orare deberent, non solùm formam orationis concessit, verùm etiam quâ mente et puritate precarentur ostendit, ut in præsenti sacra hæc lectio demonstravit : Tu autem cùm orabis, intra in cubiculum tuum : et clauso ostio, ora Patrem tuum. Cubiculum quod nominat, non occultam domum ostendit, sed cordis nostri secretum : id est, ut malæ cogitationi [b] pectus nostrum mysticâ fidei clave claudamus ; ac labiis clausis, incorruptâ mente Deo loquamur. Deus enim noster fidei non vocis auditor est. Ergo unde [c] sermo est, id est sapientia, Christus Dominus noster hanc orationem nos docuit, ut ita oremus.

"Quia Deus non vocis, sed cordis auditor est." Cypr. de Or. Dom. p. 140.

[b] "malæ cogitationi. *leg.* a mala cogitatione." Thomas.

[c] This is a curious variation from the original in the mg. but is capable of being defended. We have no other copy of the Gallican recension of this exposition to compare it with, as it is not contained in the Sac. Gall.

\* *Pater noster, qui es in cœlis.*

Hæc libertatis vox est, et plena fiduciâ.† Ergo his moribus est vivendum, ut et filii Dei et fratres Christi esse possimus. Nam Patrem suum Deum quâ temeritate dicere præsumit, qui ab ejus voluntate degenerat ? unde vos dignos exhibete adoptione divinâ, quoniam scriptum est : Quotquot crediderunt in eum, dedit eis potestatem filios Dei fieri.

*Sanctificetur nomen tuum.*

Non quod Deus nostris sanctificetur orationibus, qui semper est sanctus ; sed petimus ut nomen ejus sanctificetur in nobis : ut qui in baptismate ejus sanctificamur, in id [d] quod esse cœpimus, perseveremus.

[d] Observe the confusion of the accusative and ablative cases.

"Non quod optemus Deo, ut sanctificetur orationibus nostris; sed quod petamus ab eo, ut nomen ejus sanctificetur in nobis... Rogamus, ut qui in baptismo sanctificati sumus, in eo quod esse cœpimus perseveremus." Cypr. ubi supra.

*Adveniat regnum tuum.*

Deus namque noster quando non regnat, maximè cujus

22

[a] Apud Hittorp. legitur, "ut in præsenti sacra hæc lectio demonstrabit." Et quidem melius et adposite magis ad vetustiores Ecclesiæ mores ; Augustinus enim serm. lix de re præsenti ad Catechumenos ait ; "Oratio autem, quam accepistis tenendam, et ad octo dies reddendam, sicut audistis cum Euangelium legeretur, ab ipso Domino dicta est discipulis suis." Unde liquet ritum hunc tradendi Orationem Dominicam incipi consuevisse cantando sive legendo eam Euangelii partem, in qua Oratio ipsa Dominica continetur. Verum hac de re altum invenio in Rom. Ordinibus .silentium.—Vezz. The reading in the text will be seen to agree with that given by Hittorpius.

ITEM PRÆFATIO ORATIONIS DOMINICÆ.

Et admonentur a Diacono, ut supra.

Dominus et Salvator noster Jesus Christus, inter cætera salutaria præcepta, discipulis suis petentibus quemadmodum orare deberent ; eam formam eis Orationis concessit ; quam etiam [a] lectione præsenti et vos plenius cognovistis. Audiat nunc dilectio vestra, quemadmodum doceat discipulos suos orare Deum Patrem omnipotentem : Tu autem cum orabis, intra in cubiculum tuum : et, clauso ostio, ora Patrem tuum. Cubiculum quod nominat, non occultam domum ostendit ; sed cordis nostri secreta illi soli patere commemorat. Et clauso ostio, Deum adorare debere : idest, ut a mala cogitatione pectus nostrum mysticâ clave claudamus ; ac labiis clausis, incorrupta mente Deo loquamur. Deus autem noster, fidei et non vocis auditor est. Claudatur ergo clave fidei pectus nostrum contra insidias Adversarii : et soli Deo pateat, cujus templum esse cognoscitur : ut cum habitat in cordibus nostris ; ipse sit Advocatus in precibus nostris. Ergo Dei sermo et Dei Sapientia Christus Dominus noster hanc Orationem nos docuit, ut ita oremus.

\* M. 345    † T. 384

Post hoc intras, et dicis.

Pater noster, qui es in cælis.

Hæc libertatis vox est, et plena fiducia. Ergo his vobis moribus est vivendum, ut et Filii Dei, et Fratres Christi esse possitis. Nam Patrem suum Deum, qua temeritate dicere præsumit, qui ab ejus voluntate degenerat ? Vnde vos, dilectissimi, dignos exhibete adoptione divina, quoniam scriptum est : Quotquot crediderunt in eum, dedit eis potestatem, Filios Dei fieri.

Sanctificetur Nomen tuum.

Idest, non quod Deus nostris sanctificationibus, qui semper est Sanctus ; sed petimus, ut Nomen ejus sanctificetur in nobis : ut qui in baptisma ejus sanctificamur ; in eo quod esse incœpimus, perseveremus.

Adveniat Regnum tuum.

Deus namque noster quando non

regnat maxime, cujus regnum est immortale? Sed cum dicimus: Veniat regnum tuum: nostrum regnum petimus advenire a Deo nobis promissum, Christi sanguine et passione quæsitum.

**Fiat Voluntas tua, sicut in cælo et in terra.**

Idest, in eo fiat Voluntas tua: ut quod tu vis in cælo. hoc nos in terra positi inreprehensibiliter faciamus.

**Panem nostrum cotidianum da nobis hodie.**

Hic spiritalem cibum intelligere debemus. Christus enim panis est noster, qui dixit: Ego. sum panis vivus, qui de cælo descendi. Quem cotidianum dicimus: quod ita nos semper immunitatem petere debemus peccati, ut digni simus cælestibus alimentis.

**Et dimitte nobis debita nostra: sicut et nos demittimus debitoribus nostris.**

Hoc præcepto significans, non nos aliter peccatorum posse veniam promereri: nisi prius nos in nos delinquentibus aliis relaxemus: sicut in Euangelio Dominus dicit: Nisi demiseritis peccata hominibus, nec vobis Pater vester dimittet peccata vestra.

f Here we have the ablative for the accusative; in the next line, *veniam* is superfluous; perhaps it is meant for *venia* in the ablative.

g MS *dimittit.*

**Et ne nos inducas in tentationem.**

Idest, ne nos patiaris induci ab eo qui tentat, pravitatis auctore. Nam dicit Scriptura: Deus enim intentator malorum est. Diabolus vero est tentator: ad quem evincendum Dominus dicit: Vigilate et orate ne intretis in tentationem.

**Sed libera nos a Malo.**

Hoc ideo ait, quia dixit Apostolus: Nescitis quid vos oporteat orare. Vnus Deus omnipotens ita a nobis orandus: ut quicquid humana fragilitas cavere et vitare non prævalet: hoc ille ut possimus, propitius nobis conferre dignetur Jesus Christus Dominus noster. Qui vivit et regnat Deus in unitate Spiritus Sancti, per omnia sæcula sæculorum.

Item adnuntiat Diaconus, ut supra.

State cum disciplina et cum silentio, audientes intente.

Audistis dilectissimi Dominicæ Orationis sancta mysteria: nunc euntes ea vestris cordibus innovate: ut ad exorandam ac percipiendam Dei misericordiam, perfecti in Christo esse possitis. Potens est Dominus Deus noster: et vos, qui ad fidem curretis, ad lavacrum aquæ regenerationis perducat: et nos, qui vobis mysterium fidei Catholicæ una tradidimus, vobiscum ad cælestia regna faciat pervenire. Qui vivit et regnat cum Deo Patre in unitate Spiritus Sancti, per omnia sæcula sæculorum.—S. Gel. p. 47

\* M. 346   † T. 385

i MS *autem nunc.*

---

regnum est immortale? Sed cùm dicimus, *Veniat regnum tuum:* nostrum regnum petimus advenire, à Deo nobis promissum, Christi sanguine et passione quæsitum.

"Nam Deus quando non regnat? aut apud eum quando incipit, quod et semper fuit, et esse non desinit? Nostrum regnum petimus advenire a Deo nobis repromissum, Christi sanguine et passione quæsitum." Cypr. ubi supra.

*Fiat voluntas tua, sicut in cœlo et in terrá.*

Id est, in eo fiat voluntas tua: ut quod tu vis in cœlo, hoc nos in terrá positi inreprehensibiliter faciamus.

*Panem nostrum quotidianum da nobis hodie.*

Hîc spiritalem cibum intelligere debemus. Christus enim panis est noster, qui dixit; Ego sum panis vivus, qui de cœlo descendi: quem *cotidianum* dicens, ita nos semper immunes præcepit esse peccati, ut digni simus cœlestibus alimentis.

*Et dimitte nobis debita nostra, sicut et nos dimittimus debitoribus nostris.*

Hoc pactum e est, significans, non nos aliter peccatorum posse veniam promereri, nisi priùs nos in nobis f delinquentibus aliis veniam relaxemus, sicut in Evangelio Dominus noster dicit: Nisi dimiseritis peccata hominibus, nec vobis Pater vester dimittet g peccata.

e The reading *pactum* seems preferable to that in the mg. The sense is that God makes a covenant or agreement with us that if we forgive others &c. It is supported by an expression of S. Peter Chrysologus in a sermon on the Lord's Prayer; "Deum taliter invitat ad pactum." serm. 68 p. 107b.

*Et ne nos inducas in tentationem.*

Id est, ne nos patiaris induci ab eo qui tentat, pravitatis auctore. Nam dicit Scriptura: Deus enim intentator est malorum. Diabolus vero tentator est. Ad quem evincendum Dominus dixit: Vigilate et orate, ne intretis in tentationem.

"'Ne nos inducas in temptationem,' id est, ne nos patiaris induci, ab eo utique qui tentat." Tertul. de Orat. c. 8.

*Sed libera nos à malo.*

Hoc ideo ait, quia dixit Apostolus: Nescitis quid vobis h oporteat orare. Unde Deus omnipotens ita à nobis orandus est, ut quidquid humana fragilitas cavere et vitare non prævalet; hoc ille propitius nobis conferre dignetur Jesus Christus Dominus noster: qui vivit et regnat cum Deo Patre omnipotente et Spiritu Sancto per omnia sæcula sæculorum.

h Martene has *vos* here, probably from the Vulgate.

\* Patefactum vobis, dilectissimi nobis, orationem et Symbolum catholicæ Fidei cognovistis: nunc autem i habetis magistros *illum* Primicerium, et Secundum ejus *illum,* qui vos edoceant nullo mutato sermone; sed ut †audistis in præsenti. Potens est Dominus noster,j et vos qui ad fidem curritis, ad lavacrum aquæ regenerationis perducat; et nos qui vobis mysterium fidei catholicæ unà tradimus, vobiscum ad cœlestia regna faciat pervenire, præstante Domino nostro Jesu Christo: cui est honor et imperium in sæcula sæculorum. Amen.

j "Dominus. *leg.* Dominus Deus." Thomas. In the same line Mab. has *ut* for *et,* but the latter is supported by the mg. and need not be altered.

## XV. MISSA IN SYMBOLI TRADITIONE.

*In geminas partes diem hunc excolendum complecti-
tur, Domine, nostræ servitutis famulatio, vel die jejunii
cultu sacrato, vel de* [a] *insignibus tuis quæ hodie fulserunt mirabilibus : quâ Lazarum reduxisti post tartara,
cùm ad vocem intonantem exsilivit ; et quatriduani
jam fœtentis funus vivificans animasti : vel etiam
causâ miraculi obstupefacta plaudens turba Bettania
occurrit cum palmis tibi obviam Regi. Exaudi nos
in hoc geminato servitutis nostræ obsequio, et præsta
propitiatus atque placatus ; ut animæ nostræ, quæ
tumulo sunt peccatorum conclusæ ; et cicatricum morbidata corrup.....*

### Desunt hic multa.

Pater ex alto clarificat;[b] ad commune gaudium
concutitur plebs hominum ; movetur et cœlum.
Ante cujus conspectum adstant Angeli, et
Archangeli non cessant clamare dicentes,
Sanctus.

*(Post Secreta.) Aspice sincero vultu, pie miserator,
hæc munera, qui semper es propensus ad dona : ut
ipsâ contemplatione oblata sanctifices naturali majestate, qui perpetuè sanctus es, et sancta largiris. Per
Dominum nostrum Jesum Christum Filium tuum.*

*(Collectio ante Orationem.) Venerabilibus infor-
mati præceptis, incitati munere pietatis, qui Mariæ
flentis lacrymas non spernis ; Lazaro dignanter cognomentum fratris imponis ; Ecclesiæ soboles appellas
ore gratiæ coheredes : tibi supplices clamamus et dicimus. Pater noster.*

*(Post Orationem Dominicam.) Exerce, liberator, in
nobis juris proprii facultatem, qui Lazarum virtute,
Mariam*[c] *pietate, Martham labore remuneras ; favorem
plebis excipis, et pacis voce concinâ gloriaris. Per
Dnm nostrum.*

*(Benedictio Populi.)* Perseveret in his, Domine, cœleste signaculum, quod in eis[d] conferre
dignatus es : + ut protecti Spiritu Sancto,† incrementum fidei, tutelam mentium, sanitatem
corporum consequi mereantur. +
Concede in his immaculatæ vitæ divitias,
fidem rectam, pacem sinceram, patientiam
sanctam, humilitatem religiosam, et conscientiam puram. + Prosperet eis [e] sanitatis lætitia,
plena incolumitatis gaudia, et inluminatione
æterna : + ut sanctè viventes, de [f] hac humili
terrenâque prosapiâ heredes cœlestes in illo

22*

beatæ gloriæ regno cum electis Angelis te
hymnoᵍ confessionis sine fine conlaudent. Per
Dominum nostrum.ʰ

*(Præfatio post Eucharistiam.)* Acceptis,
fratres carissimi, spiritalibus cibis, et Christi
cruore gustato, petamus : ut possideat pectora,
qui nostra ora dignatus est sanctificare per
munera : ipse corporis nostri purget hospitium ; totoque intrinsecùs homine deterso,
sanctificatis membris innovet spiritum sanctiorem.

*(Collectio.)* Panis vitæ nostræ aspice,
Deus : sis custodia corporum, sis salvificator
animarum : ut pectora nostra tanto poculo
ciboque firmata, inimica subdoli serpentis
blandimenta non quatiant. Per Dominum
nostrum Jesum Christum Filium.

XVI.†   ᵃIɴᴄɪᴘɪᴛ ᴇxᴘᴏsɪᴛɪᴏ Sʏᴍʙᴏʟɪ.

Quæso vos, fratres carissimi, ut
nobis reserantibus expositionem
Symboli adtentius audiatis. Quæ
doctrina Symboli virtus est sacramenti, illuminatio animæ, plenitudo
credentium ; in eo quod docetur aut
discitur et unitas Trinitatis, et Trinitas distincta personis, et opulentia
Creatoris, et redemtio passionis. Hoc
nexus infidelitatis absolvitur, hoc
vitæ janua panditur, hoc gloria confessionis ostenditur.   Symbolum,
dilectissimis, breve est verbis, sed
magnum est sacramentis; parvum
ostendens imminutione latitudinis,
sed totum continens compendio brevitatis.  Exiguum est, ut memoriam
non obruat; sed diffusum, ut intelligentiam supercedat: confirmans omnes perfectione credendi, desiderio
confitendi, fiducia resurgendi. Digne
ergo ad adtentiores et frequentiores,
et pro ratione temporis ipsius puriores ad audiendum Symbolum con-
venistis.  Quicquid præfiguratum est
in Patriarchis, quidquid nuntiatum
est in Scripturis, quidquid prædictum
est in Prophetis vel de Deo ingenito,
vel ex Deo Dei unigenito, vel de
Spiritu sancto, quamvis latenter ostensum sit, vel de suscipiendi hominis
sacramento, vel de morte Domini
resurrectionisque mysterio ; totum
hoc breviter, juxta oraculum Pro-
pheticum, Symbolum in se continet
confitendum.  Tenendo ergo, Fratres
carissimi, collationem fidei et gratiam

Fratres dilectissimi, virtus est Sacramenti
inluminatio animæ : plenitudo est credendi in
eo,ᵇ qui docetur ac discitur : et Unitas est
Trinitatis, et Trinitas distincta Personis, et
opulentia Creatoris, et redemptio Passionis.
Hoc nexus infidelitatis absolvitur : hoc vitæ
janua panditur : hoc gloria confessionis ostenditur.  Symbolus, dilectissimi, brevis est verbis ; sed magnus est sacramentis : parum
ostendens imminutione latitudinis ; sed totum
continens compendio brevitatis : exiguus, ut
memoriam non obruat ; diffusus, ut intelligentiam supercedat ; confirmans omnesᶜ perfectione credendi, desiderio confitendi, fiduciâ
resurgendi.   Dignè ergo adtentiores et fre-
quentioresᵈ pro ratione temporis ipsius, puriores ad audiendum Symbolum convenitis.
Quicquid enim præformatum est in patriarchis,
quicquid denunciatum est in Scripturis, quicquid prædicatum est in prophetis, vel de Deo
ingenito, vel ex Deo in Deum nato,ᵉ vel de
Spiritu Sancto (quamvis latenter ostensum sit)
vel de suscipiendi hominis sacramento, vel de
morte Domini resurrectionisque \* mysterio ;
totum hoc breve tantùm juxta oraculum
Propheticumᶠ Symbolus in se continet, conti-
nendo et salutem nostram, conlationem fidei

et gratiam, professionem mysterii memoriæ instruens commendandam.[g] Sed jam ad istius Sacramenti † plenitudinem textumque veniamus, quod in hoc modo incipit.

[g] MS *gratia professione, m. memoriam instrueris commendandum.* We give Mabillon's text, though not a very readable one.

professionis mysterium memoriæ commendatum, jam ad istius Symboli professionis sacramentum textumque veniamus, quod in hunc modum incipit.

† T. 387

Credo in Deum Patrem omnipotentem, Creatorem cœli et terræ. Et in Jesum Christum, Filium ejus unicum, Dominum nostrum. Qui conceptus est de Spiritu Sancto: natus ex Mariâ Virgine: passus sub Pontio Pilato: crucifixus, mortuus, et sepultus: tertiâ die resurrexit à mortuis: ascendit victor ad cœlos: sedit ad dexteram Dei Patris omnipotentis: Inde venturus judicare vivos et mortuos. Credo in Sancto Spiritu; sanctâ Ecclesiâ Catholicâ, Sanctorum communionem, ac remissionem[h] peccatorum, carnis resurrectionem, vitam æternam.

Symbolum istud, dilectissimi, non atramento depingitur, sed humanis cordibus insertum memoriâ retinetur. *R.* Credo.

Iteratò vobis repetimus, quò faciliùs eum tenere possitis. *R.* Credo.

*Credo in Deum Patrem.* Et quia lex nostræ fidei in Trinitate consistit, tertiò repetimus; ut ipse numerus repetitionis cum signo veniat Trinitatis.

*Credo in Deum Patrem.* Ergo in primo habet *Credo.* Vides quòd[i] Deus noster non vos jubet discutere judicia divina, sed credere; nec rationem[j] requirere, sed fidem simpliciter et immobiliter adhibere. *In Deum Patrem.* Advertite quòd dum Dei Patris nomen in confessione conjungit, ostendit quòd non ante Deus esse cœperit, et postea Pater; sed sine ullo initio et Deus semper et Pater. Quia ergo semper fuit Pater, semper habuit Filium cujus Pater est. *Omnipotentem* verò ideo dixit, quia omnia potest: cuique nihil impossibile est: quia cœlum, terram, mare, homines, adque omnia animalia, non aliquo operis actu aut artificio, sed solo creavit imperio. Et ideo non veniat[k] in cogitatione, quomodo hoc aut illud potuerit fieri, qui Omnipotentem præcipimur confiteri. *Creatorem cœli et terræ.*

[h] MS *ab remissione* for *ac remissionem.*
[i] MS *quid* here, and also four lines lower down.
[j] MS *ratione.*

'Credo in Deum Patrem omnipotentem, creatorem cæli et terræ: et in Jesum Christum Filium ejus unicum, Dominum nostrum: qui conceptus est de Spiritu-sancto, natus ex Maria Virgine, passus sub Pontio Pilato, crucifixus, mortuus, et sepultus. Descendit ad inferna, tertia die resurrexit a mortuis. Ascendit ad cælos, sedet ad dexteram Dei Patris omnipotentis: inde venturus judicare vivos et mortuos. Credo in Spiritum-sanctum, sanctam Ecclesiam catholicam, Sanctorum communionem, remissionem peccatorum, hujus carnis resurrectionem, vitam æternam. Amen.' Repetendus est nobis, Dilectissimi, sermo Symboli hujus, qualiter ea quæ dicimus, vestris sensibus melius inseramus. 'Credo in Deum Patrem omnipotentem, creatorem cæli et terræ.' Tertia igitur vice repetitur; ut ad reliqua capienda fideli cursu pervenire possimus. Et quia lex fidei nostræ in Trinitate consistit; ut ipse numerus repetitionis cum signo veniat Trinitatis, tertia vice ordo Symboli recensendus est. In primis, Dilectissimi, qualis sermo sit, in capite Symboli diligenter advertite, et quali principio inchoetur, sollicitius pertractate. Ergo in primo habet, 'Credo.' Vide quod Dominus noster non nos jubet discutere divina judicia, sed credere: nec rationem requirere, sed fidem simpliciter et immobiliter exhibere. 'In Deum Patrem.' Advertite, quod cum Dei Patris nomen in confessione conjungit, ostendit quod non ante Deus esse cœperit, et postea pater; sed sine ullo initio et Deus semper et pater est. Quia ergo semper fuit pater, semper habuit filium cui pater est. 'Omnipotentem' vero ideo dicit, quia omnipotens est, eique nihil impossibile est qui cælum, terram, mare, homines, atque omnia animalia et reptilia non aliquo operis actu, sed solo verbi creavit imperio. Et ideo non nobis veniat in cogitationem quomodo hoc aut illud potuit fieri, qui omnipotentem præcipimur confiteri. 'Creatorem cæli et terræ.' Hoc ait

[k] So we correct from the mg. for *venit;* in the next line MS *illut* and *precimur,* which Mab. changes into *precamur.*

1 Mab. changes this into *Filium.* quod superius dixi, quia omnia sola verbi potestate perfecit.

'Credo et in Jesum Christum Filium ejus.' Advertite, quod quomodo in Patrem, sic et in Filium credendum sit. Et quia cum Patre æqualis est (We supply the conclusion of this exposition from the authority quoted in the mg.) majestate, tantum ipsi quantum et Patri honoris nos debere novimus, et servitutis obsequium. 'Jesum Christum.' Jesus Salvator interpretatur, Christus vero a Chrismate dicitur : quia sicut antiqui reges a sacerdotibus oleo sacro perfundebantur, sic Dominus noster Jesus Christus Spiritus-sancti infusione repletus est. 'Qui conceptus est de Spiritu-sancto.' Non poterat aliunde quam de Deo concipere, quæ Deum meruit procreare. 'Natus ex Maria virgine.' Non potuit non talem habere conceptum, quæ virgo erat permansura post partum. 'Passus est sub Pontio Pilato.' Iste Pilatus judex erat in illo tempore, ab imperatore positus in Judæa, sub quo Dominus passus est : cujus mentio ad temporis significationem, non ad personæ illius pertinet dignitatem. 'Crucifixus et sepultus.' Crucem illam in qua ille crucifixus est in corpore, nos gestamus in fronte. 'Sepultus est.' Sicut in veritate natus, ita in veritate mortuus et sepultus. 'Tertia die resurrexit.' Triduana sepulturæ mora evidenter ostendit, quod dum corpus in sepulcro jacuit, anima illa de infernis triumphavit. 'Ascendit ad

Hoc ait, quod superiùs dixit : quia omnia solâ verbi potestate perficit.

*Credo in Filio* [1] *ejus.* Advertite quomodo in Patrem, sic et in Filium sit credendum : et qui cum Patre......

*Desunt etiam hic folia.*

cælos:' id est, conditionem naturæ nostræ, quam de homine matre natus assumsit, super cælos in dexteram Dei Patris collocavit. 'Inde venturus judicare vivos et mortuos.' In ipso corpore venturus est ad judicium, in quo ascendit ad cælum. Christianos judicat et Paganos, justos et peccatores, fideles et impios.

'Credo et in Spiritum-sanctum.' Advertite, quod sicut in Patrem, ita et in Filium et in Spiritum-sanctum sit credendum. Nam qui vel in unam de Trinitate personam non crediderit, in duabus illi credidisse non proderit. 'Sanctam Ecclesiam catholicam.' Sciendum est, quod Ecclesiam credere, non tamen in Ecclesiam credere debeamus: quia, Ecclesia non est Deus; sed domus Dei est. 'Catholicam' dicit toto orbe diffusam; quia diversorum hæreticorum ecclesiæ ideo catholicæ non dicuntur, quia per loca atque per suas quasque provincias continentur: hæc vero a solis ortu usque ad occasum unius fidei splendore diffunditur 'Sanctorum communionem:' id est, cum illis Sanctis qui in hac quam suscepimus fide defuncti sunt, societate et spei communione teneamur. 'Remissionem peccatorum.' Oportet enim, ut post remissionem quæ nobis præstatur munere Redemtoris in baptismo, plenæ credulitatis teneamus affectum. 'Carnis hujus resurrectionem.' Carnem quam in hac vita sub mortali conditione portamus, resurrecturam esse immortalem, ac rationem reddituram pro animæ consortio credamus. 'Vitam æternam.' Absque ulla dubitatione fatemur, nos vitam æternam consecuturos, si hæc quæ vobis exponimus sacramenta fideliter teneatis, ac bonis actibus conservetis.

Hunc brevem Sermonem de universo Symbolo vobis debitum reddidi, &c.– apud August. t. 5. App. p. 397.

---

\* M. 349  \*XVII. [FERIA V. IN COENA DOMINI.]

This fragment of a preface evidently belongs to the *Missa Chrismalis* or *Benedictio Chrismatis principalis,* the service for the consecration of oil, which occurs in Roman and Ambrosian Missals on this day. The prayer in the text much resembles one in the Roman rite, but does not seem to be found exactly anywhere. The other Gallican Collections do not give anything similar on this day, nor does the Mozarabic.
a MS *hanc.*
b MS *ore exaudi.*
c MS *offerimus.*
d MS *ac cumolis ;* Vezz. *ac cumules.*

e MS *dignitati bi.* The word *plenus* in the preceding line seems also corrupt.

† T. 388

f " His *leg.* hii." Thomas. In the next line MS has *Filio tuo,* but some further correction is needed.

gratiam utilitatis indulsit; et plenitudinem tuæ benedictionis adjecit. Per hunc [a] ergo te, Domine, per quem omnes, licèt indignorum attamen credentium, preces placabili aure exaudis,[b] suppliciter oramus : ut huic, quod offerimus,[c] unguento, ex aromatibus horti tui et paradisi tui flore perpetuo, odorem suavitatis injicias : accumules [d] insuper eam gratiam eamque virtutem, quâ quondam Reges, Sacerdotes, Prophetas, cornu à dilectione tuâ exundante perfusos, plenus officiorum suorum dignitatibus[e] induisti : † ut cùm exinde novam tibi familiam unxerimus; superveniens in eos, cooperatione Spiritûs tui Sancti, aura gratiæ cœlestis adspiret; ut his[f] quoque verè Christi tui et Filii tui, Sancti Spiritûs inlapsâ virtute, efficiantur hujus semper nominis coheredes. Per Dominum nostrum Jesum.

*Post* Sanctus, Te igitur.

Communicantes, et diem sacratissimum celebrantes,

quo traditus est Dominus noster Jesus Christus : sed et memoriam venerantes.

Hanc igitur oblationem, quam tibi offerimus [g] ob diem jejunii Cœnæ Dominicæ : in quâ Dominus noster Jesus Christus Filius tuus in novo Testamento sacrificandi ritum instituit, dum panem ac vinum (quod [h] Melchisedech in præfiguratione futuri mysterii sacerdos obtulerat) in sacramento [i] sui corporis et sanguinis transformavit : quæsumus Domine, ut placatus accipias : diesque nostros.

Qui pridie quàm pro omnium salute pateretur, hodiernâ die stans in medio discipulorum suorum, accepit panem. *Et rel.*

*(Coll. ante Orationem Dominicam.)* Precamur nunc, Domine Deus ; ut quemadmodum Filius tuus Dominus noster in illâ gratiarum actione mortem nostram suscepturus, auditus est ; ita nunc et nos qui ipsum et vitam ejus quærimus, audiri mereamur in oratione, quam nos paterno alloquio orare docuit, dicens. Pater.

*(Post Orationem.)* Domine Deus omnipotens, libera nos à malo, et in tempore accepto salva nos : ut sicut in condemnatione tui, perfidorum piaculum salus omnium fuit ; sic pro misericordiâ communis gratiæ sit cultus iste credentibus. Quia tibi est gloria aput æternum Patrem, cum quo beatus vivis.

*(Benedictio ad Populum.)* Benedic, Domine, hanc familiam tuam, quam plasmare dignatus es ex cœno, et deinceps [j] * vivificare per lavacrum : præsta, ut quos perdidit vita [k] per gustum, mors reddidit per patibulum, merita glorificent per adventum. + Ut non in eis inveniat dolosus [l] hostis per eos quod capiat : divina pietas quod repellat, ultrix flamma quod sæviat. + Sed cùm terribile [m] illud judicii tempus advenerit, tubâ evocentur ad cœlum, meritis ducantur ad præmium, palmam accipiant post triumphum. Quod præst.

*(Post Communionem.)* Acceptis, carissimi, spiritalibus cibis, et Christi cruore gustato, petamus : ut possideat pectora, qui nostra† ora dignatus est : [n] ipse corporis nostri purget ostium : totoque intrinsecùs homine deterso, sanctificatis membris innovet spiritum sanctiorem.[o] Per.

*(Collectio sequitur.)* Panis vitæ nostræ aspice, Deus : sis custodia corporum, sis salvificator animarum : ut pectora nostra tanto poculo ciboque firmata, inimica subdoli serpentis blandimenta non quatiant. Per Dominum.

---

Hanc igitur oblationem, quam tibi offerimus ob diem ieiunii cœnæ dominicæ, in qua Dns nr Ihs Xps filius tuus, in novo testamento sacrificandi ritum instituit, dum panem ac vinum, quod Melchisedech in præfiguratione futuri mysterii sacerdos obtulerat, in sacramentum sui corporis et sanguinis transformavit celebrandam, quæsumus Dne, placatus intende, ut per multa curricula annorum salvi et incolomes munera nostra tibi Dno mereamur offerre, diesque nostros.— M. Amb. ap. Gerb. p. 73b.

[g] MS *offeremus.*

[h] MS *quo.* Mab. *quæ,* but we prefer the reading of the mg.

[i] This is of course meant for *sacramentum.*

cf. 2 ad Cor. c. 6. 2. "tempore accepto."

[j] MS *inceps.*

* M. 350

[k] This word seems to refer to the spiritual life which Adam had when he ate the forbidden fruit.

[l] MS *dolosi.* The words *per eos* in this line seem superfluous.

[m] MS *terribili.* Vezz. suggests also *terribilis.*

This and the following prayer occurred above p. 171, 2.

[n] We must here add *sanctificare per munera,* and in the next line read *hospitium.* See above.

† T. 389

[o] "Per. *leg.* Per. D. N." Thomas.

### XLI. INCIPIT ORDO DE FERIA VI. PASSIONE DOMINI.

a MS *psallet.*

b This word *proditor* does not seem to occur in any Roman Collection, but is contained in the M. Goth. where this prayer has been given *above* p. 87. The word *in* before *passione* is in several Roman recensions. *Jesus* in the same line is found in S. Greg. ap. Mur.

Deus, a quo et Judas reatus sui poenam, et confessionis suae latro praemium sumpsit; concede nobis tuae propitiationis effectum, ut sicut passione sua Christus Dominus noster diversa utrisque intulit stipendia meritorum; ita nobis, ablato vetustatis errore, resurrectionis suae gratiam largiatur. Qui tecum vivit.

Oremus, dilectissimi nobis, in primis pro Ecclesia sancta Dei; ut eam Deus et Dominus noster pacificare, adunare, et custodire dignetur per universum orbem terrarum, subjiciens ei principatus et potestates: detque nobis tranquillam et quietem vitam degentibus glorificare Deum Patrem omnipotentem.

c This reading occurs in S. Greg. ap. Mur.

Oremus. Adnuntiat Diaconus, flectamus genua. Iterum dicit, Levate.

Omnipotens sempiterne Deus, qui gloriam tuam in omnibus in Christo gentibus revelasti; custodi opera misericordiae tuae; ut Ecclesia tua toto orbe diffusa, stabili fide in confessione tui nominis perseveret. Per.

**\* M. 351**

Oremus et pro famulo Dei Papa nostro Sedis Apostolicae *ill* et pro Antistite nostro *ill*; ut Deus omnipotens, qui elegit eos in ordine Episcopatus, salvos et incolumes custodiat Ecclesiae suae sanctae, ad regendum populum sanctum Dei.

h MS *inditio.*

#### Oremus.

Item adnuntiat Diaconus ut supra.

Omnipotens sempiterne Deus, cujus aeterno judicio universa fundantur, respice propitius ad preces nostras: et electos a te nobis Antistites tua pietate conserva; ut Christiana plebs, quae talibus gubernatur Auctoribus, sub tantos Pontifices credulitatis suae meritis augeatur. Per.

Oremus et pro omnibus Episcopis, Presbyteris, Diaconibus, Subdiaconibus, Acolythis, Exorcistis, Lectoribus, Ostiariis, Confessoribus, Virginibus, Viduis, et pro omni populo sancto Dei.

---

### XVIII. INCIPIT ORATIO IN VI FERIA.

*Eadem vero die non salutat, non psallit.*a　Legitur Lectio Osee. Resp. Domine audivi. Item alia: Mensis iste principium. Cantat.

Deus à quo et Judas reatûs sui proditor b poenam, et confessionis suae Latro praemium sumpsit; concede nobis piae petitionis effectum: ut sicut in passione suâ Jesus Christus Dominus noster diversa utrisque intulit stipendia meritorum: ita, à nobis ablato vetustatis errore, et resurrectionis suae gratiam largiatur. Per.

*Item post lectionem Evangelii Orationes sollemnes.*

Oremus, dilectissimi nobis, in primis pro Ecclesiâ sanctâ Dei: ut eam Deus et Dominus noster pacificare, multiplicare et custodire dignetur toto orbe terrarum:c subjiciens ei principatus et potestates: detque nobis tranquillam et quietam d vitam degentibus glorificare Deum Patrem omnipotentem. Per.

d Mab. has *quietem,* but *quietam* occurs in several Roman recensions.

#### Oremus.

Omnipotens sempiterne Deus, qui gloriam tuam e omnibus in Christo gentibus revelasti: custodi opera misericordiae tuae: ut Ecclesia toto orbe diffusa, stabili fide in confessionem f tui nominis perseveret. Per Dominum nostrum.

e The mg. adds *in,* but several Roman service books agree with the text.

f For *confessione.*

\* Oremus et pro beatissimo Papâ g nostro; ut Deus omnipotens, qui elegit eum in ordine Episcopatûs, salvum et incolumem custodiat Ecclesiae sanctae ad regendum populum sanctum Dei.

g *Papa i. e.* the Bishop of the Diocese. The reading here agrees with that in S. Greg. ap. Mur. which rightly has *ordinem* in the line following.

#### Oremus.

Omnipotens sempiterne Deus, cujus aeterno judicio h universa fundantur; respice propitius ad preces nostras: et electum nobis Antistitem tuâ pietate conserva; ut Christiana plebs, quae tali gubernatur auctore, sub tanto Pontifice credulitatis suae meritis augeatur. Per.

Oremus et pro omnibus Episcopis, Presbyteris, Diaconibus, Acolytis, Exorcistis, Lectoribus, Ostiariis, Confessoribus,i Virginibus, Viduis, et pro omni Populo sancto Dei.

i "Confessores clarissimi Menardi judicio not. 246. ad Sacram. Greg. illic sunt Cantores et Psalmistae, in inferiori Clericorum gradu constituti: quos eonomine donatos olim fuisse colligunt sacrorum Canonum interpretes ex can. ii. Conc. iv. Carthag. et ex Conc. Toletano 1., cujus in can. ix. legitur: 'nulla professa vel vidua, absente Episcopo vel presbytero, in domo sua Antiphonas cum Confessore, vel servo suo faciat.' Et can. vi. ejusdem Concilii dicitur: 'Itemque puella Dei nec familiaritatem habeat cum Confessore.' Denominationis autem hujusce rationem si quaeras: facile tibi erit animadvertere in sacris Scripturis et in Psalmis praesertim vocem confiteri idem denotare ac Dei laudes dicere vel decantare: unde non sine caussa Cantores divinarum Laudum Confessores dicebantur. Inficiari tamen non possumus eo tempore quo vel compositi fuerunt, vel descripti nostri Sacramentorum libri vocem Confessor et diversa significatione ab ea quam mox exposuimus, usurpari consuevisse. Neminem latet Confessores et eos dictos fuisse, qui coram iniquo Judice et Fidei catholicæ hoste, quibuslibet pœnis affecti Christum confessi erant, licet tormentorum visuperata tranquillam naturalemque deinde mortem obiissent: unde habemus illud a S. Cypriano perbelle dictum lib. de Simplic. Prælat. "Confessio exordium gloriæ est, non meritum coronæ." Confessores etiam vocabantur quemadmodum et hodie contingit in libris Ecclesiæ liturgicis, quicumque sanctam ac laudabilem vitam exegissent: qua de re apud Egbertum Archiep. Eboracens. Excerp. cap. xxviii. habemus: "sancti Patres, quos Confessores nuncupavimus, idest Episcopi, presbyteri, qua in castitate servierunt Deo." At licet hæc ita se habeant, firmissima porro est ratio, quæ virum doctum permovit, ut in præsenti Oratione sub Confessorum nomine, potius Cantores et Clericos inferioris Ordinis acciperet, quam alios quoscumque, quod in ea solum mentio fiat de personis divino cultui mancipatis, quas inter locum solum habent illi Confessores, ita vocati, quod Dei laudes cantarent. Unde intelliges, et nominibus Virginum atque Viduarum, quæ in eadem Oratione occurrunt, accipiendas esse eas Virgines easque Viduas, quæ virginitatem aut viduitatem suam sollemni ritu Deo devoverant. Consule Du Cangium ad voces Confessor."—Vezz. not. ad S. Gel. Sacr. p. 64.

### Oremus.

j Omnipotens sempiterne Deus, cujus Spiritu totum corpus Ecclesiæ sanctificatur et regitur ; exaudi† nos pro universis Ordinibus supplicantes: ut gratiæ tuæ munere ab omnibus tibi Gradibusk fideliter serviatur. Per Dominum.

j MS here adds the word *oremus*: but Thomas gives the following correction, "Oremus. Omnipotens. *leg.* Omnipotens."

k These words *tibi gradibus* occur in S. Greg. ap. Mur.

Oremus et pro Christianissimis Regibus : ut Deus et Dominus noster subditas illis faciat omnes barbaras nationes ad nostram perpetuam pacem. Per.

### Oremus.

Omnipotens sempiterne Deus, in cujus manu sunt omnium temporum potestates, et omnia jura Regnorum ; respice propitius ad Romanum benignus Imperium : ut Gentes, quæ in suâ feritate confidunt, potentiæ tuæ dexterâ compremantur.

Oremus et pro Catechumenis nostris : ut Deus et Dominus noster 1 adaperiat aures præcordiorum ipsorum januamque misericordiæ : ut per lavacrum Regenerationis acceptâ remissione omnium peccatorum, et ipsi inveniantur in Christo Jesu Domino nostro.

1 The words *et Dominus noster* instead of the *omnipotens* of the mg, are found in many Roman authorities, as is the case with almost all the subsequent variations in this bidding prayer.

### Oremus.

Omnipotens sempiterne Deus, qui Ecclesiam tuam novâ semper prole fœcundas ; auge fidem et intellectum Catechumenis nostris : ut renati fonte Baptismatis, adoptionis tuæ filiis adgregentur. Per Dominum.

Oremus, dilectissimi nobis, Deum Patrem omnipotentem : ut cunctis mundum purget erroribus: morbos auferat, famen depellat, aperiat carceres, vincla dissolvat ; peregrinantibus reditum, infirmantibus sanitatem, navigantibus portum salutis indulgeat.

### Oremus.

Omnipotens et misericors Deus, mæstorum consolatio, laborantium fortitudo, perveniant ad te preces de qua-

### Oremus.

Item adnuntiat Diaconus ut supra.

Omnipotens sempiterne Deus, cujus spiritu totum corpus Ecclesiæ sanctificatur et regitur, exaudi nos pro universis Ordinibus supplicantes; ut gratiæ tuæ munere ab omnibus fideliter serviatur. Per.

† T. 390

Oremus et pro christianissimo Imperatore, *vel* Rege nostro *ill:* ut Deus omnipotens subditas illis faciat omnes barbaras nationes ad nostram perpetuam pacem.

### Oremus.

Item adnuntiat Diaconus ut supra.

Omnipotens sempiterne Deus, qui Regnis omnibus æterna potestate dominaris ; respice propitius ad Romanum, *sive* Francorum benignus Imperium ; ut gentes, quæ in sua feritate confidunt, dexteræ tuæ potentia comprimantur. Per.

Oremus et pro Catechumenis nostris, ut Deus et Dominus noster adaperiat aures præcordiorum ipsorum, januamque misericordiæ; ut per lavacrum regenerationis, accepta remissione omnium peccatorum, digni inveniantur in Christo Jesu Domino nostro.

### Oremus.

Adnuntiat Diaconus ut supra.

Omnipotens sempiterne Deus, qui Ecclesiam tuam nova semper prole fœcundas, auge fidem et intellectum Catechumenis nostris, ut renati fonte Baptismatis, adoptionis tuæ filiis adgregentur. Per.

Oremus, dilectissimi nobis, Deum Patrem omnipotentem, ut cunctis mundum purget erroribus ; morbos auferat; famem depellat; aperiat carceres: vincula dissolvat; peregrinantibus reditum, infirmantibus sanitatem, navigantibus portum salutis indulgeat.

### Oremus.

Adnuntiat Diaconus ut supra.

Omnipotens sempiterne Deus, mœstorum consolatio, laborantium for-

23

titudo, perveniant ad te preces de quacunque tribulatione clamantium; ut omnes sibi in necessitatibus suis misericordiam tuam gaudeant adfuisse. Per Dominum.

cumque tribulatione clamantium : ut omnes sibi in necessitatibus suis misericordiam tuam gaudeant adfuisse. Per Dominum.

\* M. 352

Oremus et pro Hæreticis, et Schismaticis, ut Deus et Dominus noster eruat eos ab erroribus universis: et ad sanctam matrem Ecclesiam Catholicam atque Apostolicam revocare dignetur. Per.

\* Oremus pro hæreticis et schismaticis ; ut Deus ac Dominus noster eruat eos ab erroribus universis ; et [m] ad sanctam matrem Ecclesiam catholicam atque apostolicam revocare dignetur. Per Dominum.

m "Ad sanctam. *leg.* et ad sanctam." Thomas.

Oremus.

Adnuntiat Diaconus ut supra.

Omnipotens sempiterne Deus, qui omnes salvas, et neminem vis perire, respice ad animas diabolica fraude deceptas ; ut omni hæretica perversitate depulsa, errantium corda resipiscant ; et ad veritatis tuæ redeant firmitatem. Per Dominum.

Omnipotens sempiterne Deus, qui salvas omnes, et neminem vis perire ; respice ad animas diabolicâ fraude deceptas : ut omni hæreticâ pravitate depositâ resipiscant, et ad veritatis tuæ redeant firmitatem. Per.

Oremus et pro perfidis Judæis, ut Deus et Dominus noster auferat velamen de cordibus eorum; ut et ipsi cognoscant Christum Jesum Dominum nostrum.

Oremus et pro perfidis Judæis : ut Deus et Dominus noster auferat velamen de cordibus eorum : ut et ipsi cognoscant Jesum Christum Dominum nostrum. Qui vivit et reg.

Oremus.

Adnuntiat Diaconus ut supra.

Omnipotens sempiterne Deus, qui etiam Judaicam perfidiam a tua misericordia non repellis, exaudi preces nostras, quas tibi pro illius populi obcæcatione deferimus ; ut agnita veritatis tuæ luce, quæ Christus est, a suis tenebris eruantur. Per Dominum.

Omnipotens sempiterne Deus, qui etiam Judaicam perfidiam tuâ misericordiâ non repellis ; exaudi preces nostras, quas pro illius populi obcæcatione deferimus : ut agnitâ veritatis tuæ† luce, quæ Christus est, à suis tenebris eruantur. Per.

† T. 391

Oremus et pro Paganis, ut Deus omnipotens auferat iniquitatem a cordibus eorum; et relictis idolis suis convertantur ad Deum verum, et unicum Filium ejus Jesum Christum Dominum nostrum. Cum quo vivit et regnat Deus in unitate Spiritus Sancti.

Oremus et pro Paganis : ut Deus omnipotens auferat iniqua[n] de cordibus eorum : et relictis idolis suis, convertantur ad Deum verum, et unicum Filium ejus Jesum Christum : cum quo vivit et regnat cum Spiritu Sancto in sæcula sæculorum.

n This is probably a mistake for *iniquitatem*, which seems to occur in all the Roman books.

Oremus.

Adnuntiat Diaconus ut supra.

Omnipotens sempiterne Deus, qui non mortem peccatorum, sed vitam semper inquiris, suscipe propitius orationem nostram: et libera eos ab idolorum cultura, et adgrega Ecclesiæ tuæ sanctæ ad laudem et gloriam nominis tui. Per.—S. Gel. p. 63a.

Omnipotens sempiterne Deus, qui non mortem peccatorum, sed vitam semper inquiris ; suscipe propitius orationem nostram : et libera eos ab idolorum culturâ ; et adgrega Ecclesiæ tuæ sanctæ ad laudem et gloriam nominis tui. Per Dominum nostrum Jesum Christum Filium tuum, qui vivit et regnat in sæcula sæculorum.

## XIX. ITEM ORATIONES IN CŒNA DOMINI, SIVE IN BIDUANA.

above p. 87.

*Da nobis, Domine, perpetuæ benedictionis munus accipere : pro quibus Unigenitus tuus sputis inlitus, palmas accepit et colaphos. Per.*

above p. 87.

*(Collectio sequitur.)* Respice, Domine, propitius super hanc familiam tuam : pro quâ Dominus noster Jesus Christus non dubitavit, manibus tradi nocentum et crucis subire tormentum. Per.

above p. 87.

*(Item alia.)* Deus, qui pro redemptione nostrâ accepisti sanguinem Jesu Christi : solve opera diaboli, et omnes laqueos disrumpe peccati : ut creaturam regenerationis nulla polluant [a] contagia vetustatis.

a MS *pulluant.*

### Oratio ad Secunda incipit.

Commemorantes, carissimi, Dominicæ tra- ditionis horam : quâ sicut ovis ad occisionem ductus, et sicut agnus tonsus, mansuetudine os suum non aperiens, ad crucem quam pro nobis ascendit, voluntarius ducebatur : et ob- latus est, quia ipse voluit : animas nostras Christo Domino Deo pio commendemus, nostra peccata Agno immaculato (quodammodo figu- ralis tangentes hostiæ caput) illo favente (quod sui pace dictum sit) imponamus : ut nostras iniquitates, quas ille non habuit, portet et perdat. Qui cum Patre vivit, dominatur et regnat.[a]

cf. c. 53 Isai. v. 7. Sicut ovis ad occi- sionem ducetur, et quasi agnus coram tondente se obmutescet, et non aperiet os suum.

ibid. Oblatus est quia ipse voluit.

[a] MS *vivis Dominator et regnas.*

### Item Oratio ad Tertia.

O pia Dei vivi sapientia, O tu vivum æterni Patris Dei sempiternum Verbum sempiterna- que Virtus : quia et sempiterna nativitas : qui sempiterni† Patris sempiternus Filius Dei es et Deus : extra quem nihil ; et per quem omne : in quo, quod est constat : qui es Deus super nos, et homo propter nos ; pro nobis enim quod nos esse voluisti : da nobis quod promisisti, da nobis indignis licèt, quod omnibus communiter obtulisti, passionem scilicet tuam, nostram esse libertatem ; et tuam mortem, nostram esse vitam : et tuam crucem, nostram esse redemp- tionem ; et tuum vulnus, nostram esse sani- tatem : ut tecum crucifixi, tuo dono sursum exaltemur ad Patrem tuum. Cum quo beatus vivis et regnas in.

† T. 392

### Oratio ad Sexta.

Christe Deus, Adonae magne, nos tecum quasi huic mundo crucifige ; ut vita tua in nobis sit : nostraque peccata super te pone, ut ea crucifigas : nos quoque ad te ipsum trahe, cùm pro nobis exaltatus es à terrâ, ut nos eripias ab adultero tyranno : quia licèt carne et vitiis diabolo noxii sumus ; tibi tamen, non illi optamus servire : et sub tuo jure vivere desideramus, et à te gubernari rogamus : qui nos mortales et à morte invasos, per mortem crucis liberare voluisti. Pro quo singulari beneficio hodierna tibi nostra famulatur de-

Possibly an allusion to 2 Cor. 4. 10; "ut et vita Jesu manifestetur in cor- poribus nostris."

cf. c. 12 Joan. v. 32. "Ego si exalta- tus fuero a terra, omnia traham ad meipsum."

23\*

votio : teque nunc hodie supplices adoramus,
imploramus, invocamus ; ut ad nos properes,
virtus æterna, Deus : quòd nobis proficiat tua
crux, triumphans scilicet de mundo in nobis
per crucis virtutem : atque tua pietas nobis
illud antiquum restituat beneficium, virtutem

scilicet et gratiam.ᵇ Qui per potentiam futura,
præterita ; per præsentiam facis similiter
præterita, præsentia : redde, ut nobis tua

\* M. 354  Passio \* sic salutaris sit, quasi præsens et
hodierna : et sic nobis hodie illa gutta sancti
sanguinis tui super terram olim de cruce
stillantis sit salus ; ut omnia terræ nostræ delicta lavans, et corporis nostri humo quodammodo immixta, nos de terrâ tuos efficiat ; nos
quoque tibi quasi corpus idem reconciliati
Capiti. Qui regnas cum Patre semper et Spiritu
Sancto ; nunc nobis regnare incipe, Homo
Deus, Christe Jesu, Rex in sæcula sæculorum.

*Oratio ad Nona.*

O salutaris hora Passionis ! O magna
maximarum gratiarum nona hodierna, maxima horarum hora ! Hac nunc tu, noster
dilecte sponse, osculare de cruce licet, post
crucis trophæum. Osculare, precamur : salutare tuum impertire nobis, triumphator mirabilis, auriga supreme, Deus pie, gloriosissime
propugnator. Avete, valete, invalescite et
viriliter agite, confortamini, dicito, loquere
cordibus nostris, inspector Christe. An qui
olim hæc fecisti, nunc eadem non potes facere?
Potes utique, potes : quia omnipotens es ;
potes, amantissime, potes facere, quod nos non
possumus cogitare : quia nihil tibi impossibile
est, Deus omnipotens. Jesu osculare, quæso,
dilectissime ; qui triumphans regressus es ad
Patrem, cum quo semper eras et permanes

cf. c. 1 Cant. Cant. v. 1–3. "Osculetur me osculo oris sui, quia meliora
sunt ubera tua vino, fragrantia ungu-
entis optimis. Oleum effusum nomen
tuum, ideo adolescentulæ dilexerunt
te. Trahe me : post te . . . Recti diligunt te."
ᶜ MS *quam.*

unus ; quia osculum tuum dulce est, et ubera
tua vino dulciora, fragrantia optimis un-
guentis ; et nomen tuum super oleum : quem ᶜ
adolescentulæ dilexerunt : quem recti† diligunt,
quos trahis post te : cujus ˙lectus floridus ;

† T. 393  cujus trophæum, crux. Qui hac horâ rubeus
de Edom, de cruce, tinctis vestibus de Bosrâ,
solus quasi calcator magni illius torcularis ad
cœlos ascendisti : cui occurrunt Angeli, Arch-

angeli dicentes : Quis est iste, qui ascendit
tinctis vestibus de Bosrâ ? Quibus te interro-

gantibus, Quare ergo rubrum est vestimentum tuum ? respondisti : Torcular calcavi solus, et vir de Gentibus non fuit mecum. Verè, Salvator, verè rubrum est tuum propter nos corpus : rubrum est sanguine uvæ. Lavasti enim in vino stolam tuam, et pallium tuum in sanguine uvæ : qui es Deus solus ; crucifixus pro nobis, quos antiqua prævaricatio morti tradidit ; cujus vulnere omnium innumera peccatorum vulnera sanata sunt. Et nos, pie crucifixe Christe, cum tuis redime ; salva, pia bonitas, Deus. Qui regnas cum Patre et Spiritu Sancto, unus in æternum et in sæcula sæculorum.

Bosra. . . . Quare ergo rubrum est indumentum tuum, et vestimenta tua. . . . Torcular calcavi solus, et de Gentibus non est vir mecum."

cf. c. 49 Gen. v. 11. "Lavabit in vino stolam suam, et in sanguine uvæ pallium suum."

## * XXI.

### Orat. post lectiones Sabbati.[a]

*Deum omnipotentem, Patrem et Filium et Spiritum-sanctum, universitatis unum creatorem, in hac magná Matutiná Sabbati, Dominici scilicet corporis requie, Fratres carissimi, supplices deprecemur : ut qui Adam de profundis infernalis limi misericorditer eripuit ; nos ejus Filius de luto fœcis hujus, cui inhæsimus, solá misericordiá tantùm clamantes eruat. Clamamus namque et oramus, ne urgueat[b] inferni puteus super nos os suum ; eruti de luto peccati, ne infigamur,[c] per.*

*(Collectio sequitur.) Domine Christe Jesu, Deus pie, exaudi nos et præsta, precamur, quæ corde rogamus, et hoc rogamus, ut tibi placeamus, tibi hæreamus sine fine ; ut semper tibi gratias agamus : quia tu Domine, redemisti nos in æternam vitam de æterná morte. Qui descendisti in lacum, ut ex inferis vinctos educeres ; descende nunc quoque, precamur, visceribus tuæ pietatis : ut ex vinculis peccatorum, quibus unusquisque constringitur, nos absolvas. Per.*

## * M. 355

[a] In the former editions, this title is printed in capitals, but we have put it in italic, because it seems to relate merely to the preface and collect which immediately follow it, in the same way as the three subsequent ones.

above p. 87.

[b] MS *urguat*.

[c] We substitute a comma for a full stop after this word, as this is not a prayer, but merely contains a declaration of doctrine, 'Being delivered through Christ from the mire.' &c.

above p. 87.

### Item Oratio in Sabbato requiei Dominici corporis.

Succumbente[d] Agno nostrâ pro salute, Agno figurato diu, demum eodem vincente letum, illo et Leone Juda veriore, antea tempus captivatæ reditûs fideliter Adamæ, fratres carissimi, expectemus prædæ : ut compilatis inferi spoliis, cujus mortem commemoravimus ; eodem pietatis cultu illius cum suis regressum ex mortuis celebrare, illo favente, tempore possimus redeunte.

[d] MS *succumbentem*.

*Collectio sequitur.*

Christe Jesu, cœlorum conditor, Deus, pro
tuâ crucifixe creaturâ, ineffabili pietatis sacramento nos quoque tuis redime, precamur,
justis : [e] Salvator, custodi nos, parvulorum,
Domine, custos tuorum : quò tibi semper
placentes, tuo et per te Patri ac unâ † Sancto
Spiritui gratias agere perseveremus. Qui
tecum vivit et regnat.

*Item Oratio ad Sexta die Sabbato.*

Hac horâ auspicatur obrui ferrugine Titan
senante [f] profunda nonatenus parente tuito
stipitis in summo Hebræis nequaquam sus-
pendi flammivovam sui hiare olim non ferens
rimam, conspectansque nefas : quo versâ vice
orbi medetur [g] per eum, qui Patri convivit
regnatque ante mundi ortum et in sæcula
sæculorum.[h]

*Oratio in Sabbato hora Nona.*

O Domine, Pater omnipotens, qui Adam
novum ex personâ veteris Adam clamantem,
quasi ex* inferis et abyssis, profundisque laci,
liberum tamen solum inter mortuos, pro suâ
exaudisti reverentiâ ; exaudi nos, precamur,
per ipsum : ut quasi consepulti cum Jesu Filio
tuo, suâ vitâ resuscitati, in hac suæ superveniente sanctæ Resurrectionis nocte, magnæ
sollemnitatis gratia, suo dono, tuo quoque
bono, et Spiritûs Sancti consilio et mysterio
mereamur absolvi. Per eum, qui tecum.

*Collectio sequitur.*

Christe, fave desideriis et precibus nostris,
et præsta prosperam hanc supervenientem
sanctæ Paschæ noctem : in quâ tecum resur-
gentes de morte, transire mereamur ad vitam,
Salvator mundi. Qui vivis.

### XXII. Incipit Oratio in Vespera Paschæ.

*Domini gratiâ per aquam et Sanctum Spiritum
renati, et per multiplicem paternæ dilectionis provisionem innumeris laqueis abstracti, hujus divinæ
dignationis auctorem Dominum, incenso vespertinæ
precis sacrificio, et in cœlesti patinâ per spiritum
erecto, et igne illo quem ipse in nobis accendi desiderat,
sollemniter assato, precariis affectibus, fratres carissimi, deprecemur : ut totius vitæ crimina, et cotidiani
erroris maculas, et humanæ fragilitatis debita, in*

---

*Side notes:*

• Mab. has *jussis*, but it is probably a typographical mistake.

† T. *394*

f Mab. puts a * here as a mark of hopeless corruption in the text. MS has *ferugine Titansenante.*

g MS *meditur.*

h The Collect for Sexts and the Pre-face for Nones seem to have been omitted by the transcriber.

\* M. *356*

cf. Ps. 87. 6. "Inter mortuos liber;" c. 5 ad Heb. v. 7. "Exauditus est pro sua reverentia :" c. 6 ad Rom. v. 4. "Consepulti sumus cum illo."

This and the three following prayers oc-curred above pp. 88, 89.

*annis* <sup>a</sup> *septimanæ dierum quadraginta, ac sepulti corporis sui Sabbato nobis concedat: nos quoque in numero veri Israhelis Ægypto egredi faciat: et inimicis percussis, in unâ Ecclesiæ catholicæ domus, Pascha* <sup>b</sup> *Domini celebrantes, Agni immaculati sanguine corporum nostrorum postibus aspersis, in istius noctis venerabilis sollemnitate, vastatura mundum morte defendat, orantibus nobis. Per.*

*(Collectio sequitur.) Christe Jesu, in vesperâ mundi vespertinum sacrificium* <sup>c</sup> *per crucem effectum, dignare nos nova corpori tuo † fore sepulchra. Qui cum æterno Patre vivis et regnas.*

### Oratio ad Duodecima.<sup>d</sup>

*Auctorem lucis, principem luminis, inspectorem cordis, credentium redemptorem, fratres dilectissimi, cunctis confessionibus veneremur: ut vergente die, vocis rugitus exaudiat; et superveniente caligine noctis, nos luminis sui splendore inlustret: ne sit in nobis ulla tentandi vexandique occasio: tenebrarum sit noster defensor, qui est veræ lucis indultor: ut semper simus in lumine ejus, qui Christum Dominum gloriamur auctorem. Per eum, qui secum.* <sup>e</sup>

*\*(Collectio sequitur.) Rege nos, Domine, per alternas temporum vices, et conserva nos per dispares* <sup>f</sup> *dierum ac noctium successiones: ut adjuti Sanctorum tuorum precibus, qui diem hunc per munus misericordiæ tuæ duximus; noctem quoque istam placitâ* <sup>g</sup> *tibi animarum et corporum puritate ducamus. Per.*

### Præfatio Ceræ incipit.

Omnipotentem Deum, fratres dilectissimi, suppliciter deprecemur: ut vinculis peccatorum nostrorum in noctis istius sollemnitate disruptis, procedamus in voce exultationis et confessionis, sonus epulantis. Accensis luminaribus ad inluminationem nostram, et candoris fidei fulgore rutilantes, alter alterius quoque animam inluminet, sicut discipuli Domini nostri Jesu Christi: quia ipse in hac nocte vita et resurrectio infernum inluminavit, et portas æreas penetravit, et vectes ferreos confregit; et mors devicta est in victoriâ: et antiqua sententia damnavit eam, ut nos de perpetuâ morte liberaret. Per.

### Collectio sequitur.

Non est similis tibi in diis, Domine, et non est secundùm opera tua: qui per magnam misericordiam tuam salvasti nos à descendentibus in lacum. Rex gloriæ, introitu tuo inferni fauces inluminasti, stupentibus inferis: quia solus inter mortuos liber, à recurso <sup>h</sup> tuo per eamdem noctem Protoplasto ut spolia revocasti;

<sup>a</sup> " Annis. *leg.* anni." Thomas.

<sup>b</sup> MS *ecclesia cath. domu pacis.*

<sup>c</sup> MS *vespertino sacrificio,* as above p. 88.

† T. 395

<sup>d</sup> The title in the Gothic Missal is ' Præfatio ad initio noctis sanctæ Paschæ.'

<sup>e</sup> MS *tecum.*

\* M. 357

<sup>f</sup> MS *despares.*

<sup>g</sup> MS *placitam.*

cf. Ps. 41. 5. " In voce exultationis et confessionis, sonus epulantis."

cf. Ps. 106. 16. " Quia contrivit portas æreas: et vectes ferreos confregit." 1 ad Cor. c. 15. 54. " Absorpta est mors in victoria." Perhaps the word *devicta* in the text, is a corruption of the reading Tertullian had (see c. 51 de Res. Carn.) and S. Ambrose (Epist. 44 § 7.) *devorata.* Or possibly Ambrosiaster may have a trace of our reading; " Victoria enim *devictæ* mortis," though his printed text is the same as the Vulgate.
ˑcf. Ps. 85. 8. " Non est similis tui in diis, Domine: et non est secundum opera tua." Ps. 29. 4. " Salvasti me a descendentibus in lacum."

<sup>h</sup> MS *mor. liberare curso.* cf. Ps. 87. 6. " Inter mortuos liber."

¹ Is this patois for 'for which thing' or 'cause?'

per quem ¹ tibi nunc, Domine, omnes sancti gratias agunt, et in perpetuo exaltant nomen tuum.  Qui cum æt.

Above p. 89, 90.

### XXIII. Incipit Benedictio Ceræ beati Augustini Episcopi, quam adhuc Diaconus cum esset, edidit et cecinit feliciter.

ₐ MS *intonat*.

Exultet jam angelica turba cœlorum : exultent divina mysteria, et pro tanti Regis victoriâ tuba intonet ᵃ salutaris. Gaudeat se tantis illius inradiata fulgoribus : et æterni Regis splendore illustrata, totius orbis se sentiat amisisse caliginem.   Lætetur et mater Ecclesia, tanti luminis adornata fulgore : et magnis populorum vocibus hæc aula resultet.   Quapropter adstantibus† vobis, fratres carissimi, ad tam miram sancti hujus luminis claritatem, unâ mecum, quæso, Dei omnipotentis misericordiam invocate : ut qui me non meis meritis intra Levitarum numerum dignatus est adgregare ; ut luminis sui gratia infundente, Cerei hujus laudem implere præcipiat.
Sursum corda. Gra.

† T. 396

*(Contestatio nunc.)* Dignum et justum est. Verè quia dignum et justum est, invisibilem Deum omnipotentem Patrem, Filiumque unigenitum * Dominum nostrum Jesum Christum toto cordis ac mentis affectu, et vocis mysterio ᵇ personare. Qui pro nobis æterno Patri Adæ debitum solvit ; et veteris piaculi cautionem pio cruore detersit.   Hæc sunt enim festa Paschalium, in quibus verus ille Agnus occiditur, ejusque sanguis postibus consecratur : in quâ primùm patres nostros filios Israhel educens de Ægypto, rubrum mare sicco vestigio transire fecisti.   Hæc igitur nox est, in quâ peccatorum tenebras Columnæ inluminatione purgavit. Hæc nox est, quæ hodie per universum mundum in Christo credentes, à vitiis sæculi segregatos et caligine peccatorum, reddit ᶜ gratiæ, sociat sanctitati.   Hæc nox est, in quâ destructis vinculis mortis, Christus ab inferis victor ascendit.   Nihil enim nobis nasci profuit, nisi redimi profuisset.   O mira circa nos tuæ pietatis dignatio !  O inæstimabilis dilectio caritatis !  Ut servum redimeres, Filium tradidisti !  O certè necessarium Adæ peccatum nostrum, quod Christi morte deletum est !  O felix culpa, quæ talem ac tantum meruit habere Redemptorem !  O beata nox, quæ sola meruit scire tempus et horam, in quâ Christus ab inferis resurrexit ! Hæc nox est, de quâ scriptum est : Et nox ut dies inluminabitur : et, Nox inluminatio in deliciis meis.   Hujus igitur sanctificatio noctis fugat scelera, culpas lavat, et reddit innocentiam lapsis, mæstis lætitiam : fugat odia, concordiam parat, et curvat imperia.   In hujus igitur noctis gratiâ suscipe, sancte ᵈ Pater, incensi hujus sacrificium vespertinum ; quod tibi in hac Cerei oblatione sollemni per Ministrorum tuorum manus de operibus apum sacrosancta reddit Ecclesia.   Sed jam Columnæ

* M. 358

ᵇ Seemingly a mistake for *ministerio*.

ᵒ MS *reddidit*.

ᵈ MS *sanctæ*.

hujus præconia novimus, quam in honore[e] Dei rutilans ignis accendit: qui licèt divisus in partes, mutuati luminis detrimenta non novit. Alitur liquantibus ceris quam [f] in substantiâ pretiosæ hujus lampadis apis mater eduxit. Apis ceteris quæ subjecta sunt homini, animantibus antecellit: cùm sit nimiâ corporis[g] parvitate, ingentes animos angusto versat in pectore: viribus imbecilla, sed fortis ingenio. Hæc, exploratâ[h] temporum vice, cùm canitiem pruinosa hyberna posuerint, et glaciale senium[i] verni temporis moderata deterserint; statim prodeundi ad laborem cura[j] succedit: dispersæque † per agros, libratis paululum pinnibus, cruribus suspensis insedunt: parte ore legere floscolos, oneratis[k] victualibus suis, ad castra remeant: ibique aliæ inæstimabili* arte cellulas tenaci glutino instruunt: aliæ liquantia[l] mella stipant: aliæ vertunt flores in ceram; aliæ ore natos fingunt: aliæ collectis è foliis nectar includunt. O verè beata et mirabilis apis! cujus nec sexum masculi violant, fœtus non quassant, nec filii destruunt castitatem: sicut sancta concepit Virgo Maria, virgo peperit, et virgo permansit. O verè beata nox, quæ exspoliavit Ægyptios, ditavit Hebræos! nox in quâ terrenis cœlestia junguntur. Oramus te, Domine, ut Cereus iste in honore[m] nominis tui consecratus, ad noctis hujus caliginem destruendam indeficiens perseveret: in odorem suavitatis acceptus, supernis luminaribus misceatur. Flammas ejus Lucifer matutinus invaniat. Ille, inquam, Lucifer, qui nescit occasum: ille qui, regressus ab inferis, humano generi serenus inluxit. Precamur ergo te, Domine, ut nos famulos tuos, omnem clerum et devotissimum populum, quiete temporum concessâ, in his paschalibus[n] conservare digneris. Per.

*Collectio sequitur.*

*Sancte Domine, omnipotens Deus, qui ad nostram contemplationem tenebrarum hæc in mundi hujus obscuro luminaria micare jussisti; præsta: ut dum ad illum æternitatis diem et Unigeniti tui properamus occursum; ad hanc interim, quam tenebris nostris præparasti, Lucernam, dum nox ista transcurritur, sine peccatorum offendiculo ambulemus. Per Dominum nostrum.*

*Collectio post Hymnum Cerei.*

*Deus templum ignis æterni, Deus veræ lucis habitaculum, Deus sedes perpetuæ caritatis, vota tibi, Domine, sollemnia diei consummationis et noctis inchoationis celebramus: ac, luminibus altaris tui incensis, corporalium lumen offerentes, ut famulis tuis verum ac perenne lumen largiaris, oramus. Per.*

## XXIV. Incipiunt Orat. in Vigilia Paschæ pro Sollemnitate Sancta.

Inter prima celebrandæ sanctæ paschæ sollemnia votorum contestatio ex [a] gratiarum actione sumat exordium: ut passum et

24

[e] The ablative for the accusative, as also in the word *substantia*, three lines below. In the next line, MS *mutuatim*, and in the line following *liquentibus*.
[f] This, though supported by the Gothic Missal, seems a mistake for *quas*. In this line MS omits *apis*.
[g] MS *corpore*. The other Collections have *minima* instead of the preceding word *nimia*.
[h] MS *implorata*.
[i] "Senium *leg.* senio." Thomas. which would require *glaciali*. and in the next line, "Deterserint. *leg.* deterserit."
[j] MS *curam*, and in the same line *dispersique*, and in the next *libratim*, as in both the other Gallican Collections.

† T. 397

[k] Mab. gives *oneratæ*, but the change seems needless, as the reading of the MS is supported not only by the two other Gallican Collections in which this benediction occurs, but even by some Roman Collections, *e. g.* that in Muratori. The next word MS gives *victualis*, and in the following line *instimabili*, as usual.

* M. 359

[l] MS *liquentia*, as above note [e].
[m] for *honorem*.

[n] Add *gaudiis* from M. Goth. and S. Greg. apud Mur.

above p. 91.

above p. 91.

[a] In the next line MS has *sumamus*, which led Mab. to give *contestatione et* here. We follow the mg.
Inter prima celebrandæ Paschæ sollemnia, votorum consecratio ex gratiarum actione sumat exordium: ut passum et immolatum pro nobis

Christum credentes, et sacri ministerii principem confitentes, consono
ore prosequamur.— S. Gall. p. 320a.

We have here a Gallican recension
of the intercessory Collects for Holy
Week, of which the Roman counter-
part occurred above p. 176, a curious
example of the carelessness of the
compiler of this Collection of services,
and similar to that which we observed on the double Exposition of
the Creed which it contains. By the
tenour of the prayer for kings, it
would seem that this series was compiled while the country was governed
by several Christian kings who were
at war with heathen adversaries. If
we could suppose that some transcriber had carelessly adapted one of
the prayers for the Roman Christian
Emperors to the circumstances of his
own times by the mere substitution
of the title of *rex* for *imperator*, we
would get a very good sense; and
this would further explain the expression that God had given them
"orbis regimen et rerum habenas,"
which would not be so suitable to the
Merovingian dynasty. If this reason-
ing be sound, part at least of this
section will belong to the fifth or
sixth centuries. A higher antiquity
cannot be ascribed to it, not only
from the circumstance of there being
no allusion (as in the Gothic Missal)
to the kings being opposed to the
Church, but also from the absence
of the prayer which occurs both in
that service and in the Sac. Gall.
in a very prominent position, for
those who were suffering for Christ's
name. The prayer for prisoners here
occupies a much more subordinate
place, and has no reference to Confessors.

b *concinnentibus.*

c "inque. *leg.* in quem." Thomas.

d MS *manentes . . . gloriæ*, which is
perhaps meant for a genitive absolute.

e MS *concelebrant.*

cf. Ps. 66. 2. "Illuminet vultum
suum super nos.

\* M. 360
† T. 398

f We must read *dominationum*, or
else put a comma after the word,
considering the use of *Dominum* to
be similar to that which occurs
below in the Prefaces to the prayers
for widows and orphans and those
who give alms.

g Vezz. omits *vel fugatis.*

h MS *regiminum . . . advenas.*

This prayer should end "per eundem Dominum."

immolatum pro nobis Christum credentes,
sacris mysteriis fidem concinentibus [b] exultationis plausibus præferamus: ac per ipsum,
inque [c] ipsum nostræ sit deprecationis ascensio,
manente in eo et cum eodem divinitatis gloriâ.[d]
Per.

### Collectio sequitur.

Respice, Domine, Ecclesiam tuam, quæ admirabile nomen tuum toto terrarum orbe con-
celebrat,[e] et super populum * tuum vultum
tuæ pietatis inlumina. Per.

### † Pro Ecclesiæ unitate.

Deum Patrem, carissimi fratres, uno spiritu
deprecemur, ut omnes fidei catholicæ vinculis
inligati, unum sentiamus in Christo.

### Collectio sequitur.

Deus, qui unus et verus es, te supplices
deprecemur: ut in omnibus placita tibi semper
fides catholica perseveret. Per Dominum
nostrum.

### Pro Sacerdotibus et omni Clero.

Deum nostrum, carissimi fratres, supplices
deprecemur: ut sacerdotes suos, quos cere-
moniæ religione devinxit, sacri mysterii com-
potes præstet, omnemque clerum citra culpam
alicujus maculæ jubeat permanere. Per Dominum.

### Collectio sequitur.

Supplicantibus domûs tuæ sacerdotibus ac
ministris, Deus omnium dignitatum perpetìm
gratiam benignus infunde. Præst. Sal.

### Pro Regibus et pace.

Apicem omnium potestatum et superemi-
nentem dominationem [f] Dominum deprecemur:
ut regum nostrorum exercitum ita suâ virtute
conroboret: ut per eosdem Gentibus subditis
vel fugatis,[g] Deo vivo jugiter serviamus. Per
Dominum nostrum.

### Collectio sequitur.

Respice famulos tuos, Domine, quibus orbis
regimen et rerum habenas [h] dedisti: et præsta,
ut tuâ virtute muniti, populum tuum summâ
felicitate defendant: ut pace nobis ubique
concessâ, tibi diebus ac noctibus serviamus.

### Pro Virginibus.

Unum Virginis Filium deprecemur: ut omnibus castitatis amore flagrantibus perseverantiæ palmas impertiat. Per Dominum.

*Collectio sequitur.*

Sancte, omnipotens Deus, eam virginitatis cultoribus gloriam tribue, quam Virgo Mater obtinuit. Qui cum Patre.

*Pro Viduis et Orphanis.*

Deum, necessitatum omnium consideratorem, Dominum postulemus : ut viduis, orphanisque clementiæ suæ more subveniat. Per.

*Collectio sequitur.*

Religiosâ viduitate potientes,[i] adque orbati parvuli, nullo se præsidio destitutos, te, Domine, adjuvante, nunc sentiant.

[i] MS *poscentes.*

*Pro Ægrotantibus.*

Medicinæ cœlestis auctorem Dominum, fratres carissimi, eâ quâ competit † supplicatione rogemus : ut actus animorum nostrorum corporumque languores virtutis suæ verbo sanare dignetur. Per.

† T. 399

*\* Collectio sequitur.*

Infirmâ ægritudine laborantibus, omnipotens, æterne Deus, paternâ miseratione succurre. Per.

\* M. 361

*Pro Captivis vel qui in carceribus detinentur.*

Deum, qui mæstas[j] clades dissolvit, unianimiter deprecemur : ut omnes captivitatis jugo depressos et in carcerum septa detrusos, pius semper misericordiæ largitor absolvat. Per.

[j] MS *mœsta.*

*Collectio.*

Deus, omnium laborantium insigne præsidium, libera carcere clausos adque captivos, eos præsertim, qui opem tuæ pietatis implorant.

*Pro Peregrinantibus.*

Habitatorem cœli, inspectoremque omnium regionum, Dominum pro peregrinantibus unianimiter deprecemur : ut eis pro suæ pietatis clementiâ maturum reditum largiatur. Per.

*Collectio.*

Salvatorem omnium, qui es via et veritas et vita, itinerantibus Angelorum[k] ducem, quæsumus, pius Pater, adtribue. Per.

cf. c. 14 Joan. v. 6. "Ego sum via et veritas et vita."
[k] Probably for *angelum.*

*Pro Eleemosynis largitore.*

Auctorem boni operis et fidelissimum retributorem, Dominum deprecemur : ut omnes qui plenas indigentibus manus aperiunt, et hîc multiplicatum sui operis fructum capiant, et in futurum gloriam consequantur æternam. Per.

1 MS *respiee* which Mab. retains; but Thomasius' conjecture makes a far better sense. In the next line Mab. gives *pauperum*, but no change is needed, as the reference is to feeding Christ in the poor.

See above p. 93. The quotation is from c. 33 Ezek. v. 11 "Nolo mortem impii, sed ut convertatur impius a via sua, et vivat." The Itala version as preserved by S. Cyprian (de Laps. in fin.) and S. Augustine (serm. 71 § 37 tom. 5) has "quantum ut revertatur;" no authority has been found for the reading "dummodo renascantur" in the text. The word "Dominum" in the next line is redundant.

m Mabillon rightly observes that a word has been omitted here. Probably (as Vezz. suggests) *peccatorum* or *criminum*.

## Collectio.

Refice,[1] Domine, eorum viscera benedictione cœlesti, qui te pauperem pastu reficiunt. Per.

### Pro Pœnitentibus.

Summæ pietatis Dominum, qui non vult mortem morientium, dummodo renascantur et vivant, pro pœnitentibus Dominum deprecemur: ut indulta suorum . . .,[m] remissionis suæ plenitudinem largiatur. Per.

### Collectio sequitur.

Tribue, Domine, munere fontis exutis: ut fidelis pœnitentiæ præmiis iterum glorientur. Per.

### Pro Neophytis.

Pro negligentibus tardisque Domini nostri cultoribus, id est, neophytis, Dominum deprecemur: ut eis desiderium beatæ et perpetuæ regenerationis infundat.

† T. 400

### † Collectio.

n A prayer based on the fact recorded in the Gospels; "These last have wrought but one hour, and thou hast made them equal unto us which have borne the burden and heat of the day."

Deus, qui semper bona facis invenire quærentes; præsta,[n] ut eorum rudimenta tyronum mercedem consummati operis consequantur. Per Dominum.

### Pro Competentibus.

Dominum majestatis oremus: ut cervi more fonte jam proximo sitientes, mox ad cœlestis palmæ lauream consequantur. Per.

### Collectio.

* M. 362

Sitiunt ad te Deum vivum * tuorum, Domine, corda famulorum; suscipe cupientes sæculo mori, ut tibi, Domine, renascantur; da præsentem petentibus gratiam, vitam credulis daturus æternam. Per.

a Mab. corrects to *baptizandum*.
b Ita passim infra, *exorcidio* &c. Mab.
c We have altered the punctuation, placing here the semicolon which the former edd. place after *gratiam* in the line above. In the next line there seems to be some error in the word *animas*, as all the context, both before and after, refers directly to the water.
cf. Ps. 73. 13+. Contribulasti capita draconum in aquis. Tu confregisti capita draconis; a passage often applied to baptism. *Super aquas* instead of *in aquis* is a reading of the Itala, preserved in the Roman Ambrosian and Mozarabic Psalters, and in that of S. Germanus; as also by Cassiodorus and Origen H. 2 in Cant. § 11. S. Augustine seems from his commentary to have had it likewise, though the printed ed. gives *in aqua* in the text. The next lines contain an allusion to Col. 2. 14. "Delens quod adversum nos erat chirographum decreti," Eph. 2. 15. "Legem mandatorum decretis evacuans." and to Rom. 6. 4. "Consepulti enim sumus cum illo per baptismum." The word *debitoribus* is awkward and probably corrupt.

## XXV.   Opus ad Baptizando.[a]

### Præfatio antequam exorcidietur.[b]

Auctorem ac reparatorem nostrum omnipotentem, fratres carissimi, qui ornamenta naturæ, amissa per culpam, dignatus est reparare per gratiam sub reverendo mysterii præsentis officio;[c] suppliciter exoremus, ut aquis his virtutem transfundat, in animas benedictiones infundat, et ad peragendum sacratissimæ regenerationis effectum præsentia trinæ Majestatis adsistat; confringat et conterat super has aquas capud Draconis:

ut sub undis fecibus transactione secretâ chirographum pristinum evacuetur, et debitoribus cum Christo per baptismum consepultis, ita hîc agatur [d] mortis imitatio, ut salvatis perditis sola se sentiat in terris perditione. Per D.

### Collectio sequitur.

Omnipotens sempiterne Deus, adesto magnæ pietatis tuæ mysteriis, adesto sacramentis : et ad creandos novos populos, quos tibi fons baptismatis parturit, spiritum adoptionis emitte : ut quod nostræ humilitatis gerendum est ministerio, tuæ virtutis compleatur effectu. Per Dominum.

### Exorcismus aquæ Fontis.

Exorcidio te, fons aquæ perennis, per Deum [e] sanctum, et Deum verum, qui te in principio ab aridâ separavit ; et in quatuor fluminibus terram rigare præcepit. Sis aqua sancta, aqua benedicta, abluens sordes, et dimittens peccata ; in illius te nomine [f] exorcidio, qui dedit discipulis suis novum Sacramentum dicens ; Ite in Gentibus, baptizantes eos in nomine Patris et Filii et Spiritûs Sancti. Fiat nunc, Domine, aqua sancta exorcidiata ad expiandos filios Dei. Per Patrem et Filium ejus Jesum Christum Dominum nostrum, qui venturus est cum Spiritu Sancto judicare mundum per ignem.

### Præfatio ad benedicendum Fontes.

Dominum [g] immortalium munerum et † salutarium gratiarum, fratres dilectissimi, concordi mente et humili oratione poscamus : ut [h] per Verbum, Sapientiam, et Virtutem suam, Dominum nostrum Jesum Christum Filium suum, concurrenti ad baptismum salutarem plebi suæ gratiam novæ regenerationis indulgeat : atque accessus hinc penitùs malignæ contagionis avertens, * infundat vitali lavacro Spiritum suum Sanctum : ut dum sitiens fidem populus aquas salutaris ingreditur : verè (ut scriptum est) per aquam et Spiritum Sanctum renascatur : et consepultus in lavacro Re-

[d] MS *agitur*, and in the same line *salvati perdetis*. The construction of the following line is rather puzzling in its present state, but the general sense is evident ;—that through the imitation of death which takes place in baptismal immersion, God would grant death itself to be experienced only on earth in the death of the body, and not in the second death at the Last Day.

(*Benedictio fontis*.) Omnipotens sempiterne Deus, adesto magnæ pietatis tuæ mysteriis ; adesto Sacramentis : et ad creandos novos populos, quos tibi fons Baptismatis parturit, spiritum adoptionis emitte : et quod humilitatis nostræ gerendum est ministerio, tuæ virtutis compleatur effectu. Per. - S. Gel. p. 73.

[e] "Per Deum. *leg.* Per Dominum." Thomas. [f] MS *nomen*.

Unde bene+dico [*M.* Amb. Adjuro] te creatura aquæ per De+um vivum, per De+um sanctum, per Deum, [*some copies omit*, per Deum] qui te in principio verbo separavit ab arida, [*some copies add*, cujus Spiritus super te ferebatur, qui te de paradiso manare,] et in quatuor fluminibus totam terram rigare præcepit.

Qui te in deserto amaram, suavitate indita, fecit esse potabilem ; et sitienti populo de petra produxit.

Bene+dico te et per Jesum Christum Filium ejus unicum Dominum nostrum. Qui te in Chana Galilææ signo admirabili sua potentia convertit in vinum. Qui pedibus super te ambulavit ; et a Johanne in Jordane in te baptizatus est.

Qui te una cum sanguine de latere suo produxit ; et discipulis suis jussit, ut credentes baptizarentur in te, dicens, Ite, docete omnes gentes, baptizantes eos in nomine Patris, et Filii et Spiritus Sancti. [*M. Amb. here adds*, Efficere ergo aqua exorcizata, ad effugandam omnem diaboli infestationem omnemque phantasma inimici! et ipsum inimicum eradicare et effugare atque supplantare a servis Dei, qui in te hodie baptizandi sunt! accepturi etiam remissionem peccatorum suorum, in nomine Dei Patris omnipotentis, et in nomine Jesu Xpi filii Dei vivi, qui venturus est in Spiritu Sancto judicare sæculum per ignem.] – S. Gel. p. 74b. S. Greg. apud Gerb. p. 86a. M. Amb. apud Gerb. p. 88a. The Mozarabic rite also has a collect based upon this Roman one, but commencing like that in the text with the word *Exorcizo*. – M. Moz. p. 188. 67.

cf. Deum immensum, majestatis æternæ, suppliciter exoremus, ut per verbum et virtutem et sapientiam suam Dnm nrm Ihm Xpm, in hoc lavacro salutari peccatorum omnium admissa concedat, detque sanctificationem suam aquis, ut quicunque easdem ingressi fuerint, remissionem criminum et benedictionem consequantur, per eundem. – M. Amb. apud Gerb. p. 88a. cf. Qui in te manens, innovas omnia, et cuncta disponens per Verbum, Virtutem, Sapientiamque tuam, Jesum Christum, Filium tuum Dominum nostrum. – S. Leon. p. 112.

[g] MS *Dum*. Thomasius reads *Deum*. [h] MS *et*.

† T. 401       * M. 363

demptori suo in similitudinem sacri divinique mysterii, cui conmoritur per baptismum, eidem conresurgat in regno. Per.

### Benedictio Fontis.

Benedic, Domine, hanc aquam salutaris, et sanctifica eam, omnipotens Trinitas ; qui humanum genus formare, creareque jussisti : quique etiam dedisti nobis per tui Baptismatis mysterium [i] gratiam renascendi, respice propitius super istius aquæ creaturam religionis mysterio[j] procuratam; spiritalem tuam benedictionem perfunde, ut sit eis, qui in eâ baptizandi sunt, fons aquæ salutaris in remissione veterum criminum (te, Domine, largiente) in vitam æternam. Per D.

### Contestatio Fontis.

Dignum et justum est. Verè æquum et justum est, nos tibi gratias agere, Domine Deus æterne. Qui solus habes inmortalitatem; eamque ne solus possideas, nobis quoque renovatâ ætate tribuisti: qui humano generi post[k] amissam per transgressionem pristinæ originis dignitatem, reformare in melius tam pretioso, quàm felici Baptismatis munere voluisti. Adsiste, quæsumus, ad invocationem nominis tui : sanctifica fontem hunc, sanctificator generis humani : fiat locus iste dignus, in quem Spiritus Sanctus influat : sepeliatur hîc ille [l] Adam vetus, resurgat novus : moriatur omne quod carnis est, resurgat omne quod spiritûs : exuantur sordentes vitiis, et, disscissis criminibus,[m] amictus ut splendoris et immortalitatis indumenta sumantur. Quicumque in Christo baptizabuntur, induant Christum. Quicumque hîc renunciaverint diabolo, da eis triumphare de mundo. Qui te in hoc loco invocaverit, tu eum cognoscas in regno. Sic in hoc Fonte extinguantur crimina, ne resurgant: sic invalescat aquæ istius beneficium, ut æterni ignis restinguat incendium. Mittant fontes [n] altaribus tuis, quos altaria regnis tuis mittant. Totus hîc horror mortis intereat. Quicumque hîc tuus esse cœperit, tuus esse non desinat. Quicumque hîc se sibi negaverit, te lucrifaciat : et per ministerium nostrum et mysterium tuum consecratus tibi populus, æternis ad te [o] præmiis consecretur. Per Dominum nostrum Jesum Christum.

---

[i] MS *mysteriis*.

[j] MS *mysterium*.

cf. ut sit omnibus, qui in eam descensuri sunt, fons aquæ salutaris in vitam æternam.—S. Gall. p. 323a.

[k] We here add *post* from the mg. without which the following words must be considered an accusative absolute.

[l] The former edd. have *illic*, which we correct from the mg. It will be observed that this sentence and those which follow are the groundwork of the sentences in the English Office for baptism. Mr Palmer in his *Origines* quotes the prayer in the text; but the English Reformers cannot have derived it from this service which was not published for a century after their time.

[m] MS *discessis criminis*. In the same line Mab. omits *ut*, which, however, is supported by the mg. and makes a very good sense.

Deus qui solus habes immortalitatem: eamque ne solus possideres: nobis quoque renovata per Jesum nativitate tribuisti: cum humano generi post admissam transgressionem: pristine originis dignitatem reformare in melius: per baptismatis tinctionem voluisti. Adsiste quesumus ad invocationem nominis tui. *R̃.* Amen. Sancti+fica fontem hunc sancti+ficator generis humani. *R̃.* Amen. Fiat locus iste dignus: in quem Spiritus Sanctus influat. *R̃.* Amen. Sepeliatur hic ille Adam vetus: resurgat novus. *R̃.* Amen. Moriatur hic omne quod carnis est: resurgat omne quod est spiritus. *R̃.* Amen. Exuatur sordidissimis vitiis et disciscis criminibus amictus: ut splendoris et immortalitatis tue indumenta sumantur. *R̃.* Amen. Quicumque in Christo baptizantur: induant Christum. *R̃.* Amen. Quicumque hic renunciant diabolo: da eis triumphare de mundo. *R̃.* Amen. Quicumque in hoc loco confessus fuerit: tu eum recognoscas in regno. R. Amen. Sic in hunc fontem extinguantur crimina: ne resurgant. *R̃.* Amen. Sic invalescant aque istius beneficia: ut eterni ignis extinguantur incendia. R. Amen. Mittant fontes altaribus tuis: quos altaria regnis tuis emittant. R. Amen. Totus hic horror mortis intercidat. R. Amen. Quicumque hic se sibi negaverit: te lucrifaciat. R. Amen. Quicumque hic tuus esse ceperit: tuus esse non desinat. R. Amen. Ut per ministerium nostrum tibi consecratus: eternis ad te virtutibus ; eternis premiis consecretur. R. Amen. Per misericordiam ipsius Dei nostri qui est benedictus: et vivit et omnia regit in sæculorum. R. Amen.—M. Moz. p. 188. 86.

[n] The former edd. have *mitte fontis*, to which Mab. adds a * as a mark of corruption. The mg. supplies the correction.

[o] Add from the mg. *virtutibus, æternis.*

† T. 402    * M. 364

*Postea facis tres cruces super aquam de chrismâ, et dicis.*

Deus, ad quem sitientes animæ bibendique immortalitatis amore festinant: da eis famulis tuis supplicantibus † invenire munus,* quod cupiunt; adipisci gratiam, quam ᴾ merentur: ingrediantur fontem regenerationis auctorem, in quo letiferam illam primi Parentis offensam, mutatâ in novum hominem caducæ carnis fragilitate, deponant. Per Dominum.

*Interrogatio:* Quis dicitur? ᑫ *R.* Illi.

Abrenuncias ʳ Satanæ, pompis sæculi, et voluptatibus ejus? *R.* Abrenuncio.

Credis Patrem et Filium et Spiritum Sanctum unius esse virtutis? *R.* Credo.

*Dicis.* Credis Patrem et Filium et Spiritum Sanctum ejusdem esse potestatis? *R.*ˢ Credo.

Credis Patrem et Filium et Spiritum Sanctum trinæ Veritatis, unâ manente ᵗ Substantiâ, Deum esse perfectum? *R.* Credo.

The interrogations before baptism, though substantially the same, differ in words both from the Roman and the Ambrosian rites, showing that what is called the Apostles Creed, which was really merely the baptismal creed of the Churches which used the Liturgy of S. Peter, did not originally extend to the Gallican Church.
Credis in Deum Patrem omnipotentem? R. Credo.
Credis et in Jesum Christum Filium ejus unicum Dominum nostrum natum et passum? R. Credo.
Credis et in Spiritum Sanctum, sanctam ecclesiam catholicam, remissionem peccatorum, carnis resurrectionem? R. Credo.—S. Greg. apud Gerb. p. 87a.
*Interrogatio symboli.* Creditis in Deum Patrem omnipotentem, creatorem cæli et terræ? R. Credimus. *Interrog.* Et in Ihm Xpm filium eius unicum Dnm nrm natum et passum? R. Credimus. *Interrog.* Creditis et in Spiritum scm, scam ecclesiam catholicam, remissionem peccatorum, carnis resurrectionem, et vitam æternam? R. Credimus.— M. Amb. apud Gerb. p. 89a.
ˢ MS *Rr.*
ᵗ Mabillon seemingly by a typographical mistake (in which even Martene does not follow him) has *nente* instead of *una manente,* and suggests *Unitatis* for *Veritatis.*

*Dicis.* Baptizo te? *R.* Bap.

Baptizo te credentem in nomine Patris, et Filii, et Spiritûs Sancti; ut habeas vitam æternam in sæcula sæculorum.

*(Infusio Chrismæ.)*

Deus Pater Domini nostri Jesu Christi, qui te regeneravit ex aquâ et Spiritu Sancto: quique tibi dedit remissionem peccatorum; ipse te lenit ᵘ chrismate suo sancto, ut habeas vitam æternam in sæcula sæculorum.

*Ad pedes lavando.*ᵛ

Dominus et Salvator noster Jesus Christus Apostolis ꞓuis pedes lavit: ego tibi pedes lavo, ut et tu facias hospitibus et peregrinis, qui ad te venerint. Hoc si feceris, habebis vitam æternam in sæcula sæculorum. Amen.

ᴾ MS *quod.* The next word is curious, and if genuine, might seem to betoken at least a semi-Pelagian origin; for none others would then have used this term of receiving the first justification; although the verb does seem occasionally to have been used in a wider sense than the corresponding noun, as; "Nos, qui *nullis* præcedentibus *meritis* de inferni carcere et de tenebris æternæ noctis *meruimus* liberari, studeamus &c."—Serm. 163 § 3 in App. tom. 5 August. See also above p. 69k. We may also observe, that in the first line of the prayer there is something wrong about the word *bibendique,* which seems meant to agree with "animæ." We erase a, between them.
ᑫ Vezzosi remarks on this, that anciently children received their names before baptism, the imparting of that sacrament being often postponed for some time, especially when the ordinary administration of it was confined to Easter and Whitsuntide. He refers to Menard N. 321 in S. Greg. Sacram. where there is much curious information as to the time of naming children. also to Mabillon Comm. in Ord. Rom. pp. 77, 106. See on the other hand, Martene Ant. Ecc. Rit. lib. 1. c. 1. art. 10. § 3 who, however, chiefly relies on Acts of the Saints, which even if genuine in the main, may have been modified to suit the customs of later times.
ʳ The rite of renunciation, used from the beginning throughout the whole Church, varied in form in different places. Several of these may be found in Martene lib. 1. c. 1. art. 13. § 5. In the Roman Church, the renunciation was triple, in that of Milan double, and in that of France single; although none of the Gallican writers who allude to it give exactly the same as that in the text. S. Hildephonsus has; "Abrenuntias diabolo et omnibus operibus ejus, et omnibus pompis ejus?" S. Cæsarius of Arles; "Abrenuntias diabolo, pompis et operibus ejus?" Salvian; "Abrenuntio, inquis, diabolo, pompis, spectaculis et operibus ejus." The Sac. Gall. "Abrenuncias Satanæ, pompis ejus, luxuriis suis, sæculo huic?" which by an approximation to the Roman rite, is to be said thrice.
cf. Baptizo te in nomine Patris et Filii et Spiritus-sancti, unam habentem substantiam, ut habeas vitam æternam, partem cum sanctis.—S. Gall. p. 324b.
Deus, omnipotens Pater Domini nostri Jesu Christi, qui te regeneravit ex aqua et Spiritu Sancto; quique dedit tibi remissionem omnium peccatorum; ipse te linit Chrisma salutis in Christo Jesu Domino nostro in vitam æternam. R. Amen.—S. Gel. p. 76a.
ᵘ MS *lenet.* Martene *linit.*
ᵛ for *lavandum,* as in the heading, 'opus ad baptizando.' Mab. has *lavandos.* On this rite, see above p. 97 where the words which accompany it are the same in substance with those in the text.
Ego tibi lavo pedes. Sicut Dominus noster Jesus Christus fecit Discipulis suis, tu facias hospitibus et peregrinis; ut habeas vitam æternam.— M. Goth. p. 97.

## *Post Baptismum.*

Deus, ad quem, scubias [w] veteris hominis in fonte depositas, novellæ sobolis propago ascendit, dum in novam æternamque substantiam salutaribus aquis eluimur [x] et nascimur; conserva in nos tui laticis purum liquorem: ut nequas [y] superinduere maculas non valeat inimicus: nec auferatur Pater à filiis; nec Patri subtrahatur hæreditas.

x MS *exuimur*, which hardly requires correction.
y Mab. *nequam;* but it may be meant to agree with *maculas.*
The remainder of this Missal is almost entirely Roman. Even the Gallican names of the prayers here often give place to the Roman ones; and where they are retained, the collects are not suitable to them.

## XXVI. MISSA IN VIGILIA PASCHÆ.

*(Præfatio.)* Omnipotens sempiterne Deus, qui hanc sacratissimam noctem per universa mundi spatia gloriâ Dominicæ resurrectionis inlustras; conserva in novâ familiæ tuæ progenie sanctificationis Spiritum, quem dedisti: ut corpore et mente renovati, puram tibi animam et purum pectus semper exhibeant. Per Dominum.

† *(Collectio.)* Deus, qui hanc sacratissimam noctem gloriosæ Dominicæ Resurrectionis inlustras: concede populo tuo, originalis delicti * errore mundato, post sacratissimum fontem terram tuæ promissionis intrare: ut dulcia sacramentorum tuorum alimenta percipiant.

*(Collectio post nomina.)* Auditis nominibus offerentum, fratres dilectissimi, omnipotentem Deum supplicemus: ut super hanc oblationem cœlestem gratiam suam divini illius odoris infundat, quam in commemoratione Dominicæ Resurrectionis offerimus; [a] ut acceptio [b] benedicti corporis et sacri poculi prælibata communio defunctis opituletur ad requiem, viventibus proficiat ad salutem.

*(Collectio ad Pacem.)* Suscipe, Domine, preces populi tui cum oblationibus hostiarum: ut Paschalibus initiata [c] mysteriis, ad æternitatis nobis medelam, te operante, proficiant: ut in [d] nobis hoc recipientibus holocaustum, pacem quam in labiis proferimus,[e] in intimis teneamus visceribus. Per Dominum.

*(Contestatio nunc.)* Verè dignum et justum est, te quidem omni tempore, sed in hac potissimùm nocte gloriosiùs prædicare, cùm Pascha nostrum immolatus est Christus. Ipse enim verus est Agnus, qui abstulit peccata mundi; qui mortem nostram moriendo destruxit, et vitam [f] resurgendo reparavit. Propterea profusis Paschalibus gaudiis, totus in orbe terrarum mundus exultat: sed et supernæ Virtutes adque angelicæ concinunt Potestates, hymnum gloriæ tuæ sine fine dicentes. Sanctus, Sanctus, Sanctus, Dominus.

f "Et vitam. *leg.* et vitam nostram." Thomas.

(*Benedictio Populi.*) Benedic, Domine, populo isti, quem liberavit effusio sanguinis, ne damnaret conditio servitutis. Quibus mortis tuæ vita redditur, nunquam inimici hostis decipulis [g] includantur: et quos dignatus es redimere per justitiam, nequaquam prædo perfidus obtineat per ruinam. Permaneat in eis secundæ prærogativa naturæ per Baptismum; quam perdiderat primi hominis præsumptio per delictum. Fulgere semper faciat vivi fontis unda, quos abluit: protegat cœlestis gratia, quos redimit. Et sicut in diebus Dominicis mysterium divinum excolitur; ita in omnium pectoribus [h] splendor tui luminis conservetur. Quod præstare dignetur, qui cum æterno.

(*Collectio post Communionem*). Impleatur in nobis, quæsumus, Domine, sacramenti Paschalis sancta libatio, nosque de terrenis affectibus ad cœleste transferat institutum. Per.

† (*Collectio sequitur.*) Exuberet, quæsumus, Domine, mentibus nostris Paschalis gratia sacramenti: ut donis suis ipsa nos dignos efficiat.

\* XXVII. INCIPIT MISSA IN DIE SANCTO [a] PASCHÆ.

(*Præfatio.*[b]) Deus, qui per Unigenitum tuum æternitatis nobis aditum, devictâ morte, reserasti: da nobis, quæsumus, ut qui resurrectionis Dominicæ sollemnia colimus; per innovationem tui Spiritûs à morte animæ resurgamus. Per.

(*Collectio sequitur.*) Deus, qui nos resurrectionis Dominicæ annuâ sollemnitate lætificas: concede propitius, ut per temporalia festa, quæ agimus, pervenire ad gaudia æterna mereamur. Per Dominum.

(*Collectio post nomina.*) Quæsumus, Domine, jam non teneamur obnoxii damnationis humanæ sententiæ, cujus nos vinculis hæc hostia Paschalis absolvit.

(*Collectio ad Pacem.*) Omnipotens sempiterne Deus, qui resurgens à mortuis, passione cassatâ, potentiorem te tuis discipulis reddidisti; concede propitius: ut nos quoque majestati tuæ hoc paschale sacrificium in bonis operibus efficiat promptiores, et gratiam tuæ pietatis adquirat.

(*Contestatio nunc.*) Verè dignum et justum est, te quidem omni tempore sed in hoc præcipue die, quo tua resurrectio celebratur, omni festivitate laudare, benedicere et prædicare; quod Pascha nostrum immolatus est Christus. Per quem potestas diabolica cecidit: tartarea inferni sunt vincula resoluta; chirographum est

g MS *discipulis*, which led Thomasius to propose to change the next word to *inludantur*, which is found in the Ben. S. Theod. p. 629D. "ut nullis inimicorum antiquorum hostium insidiis corpora nostra patiaris *illudi*."

h MS *peccatoribus*.
Impleatur in nobis, quæsumus Domine, Sacramenti Paschalis sancta libatio; nosque de terrenis affectibus ad cœleste transferat institutum. Per.—S. Gel. p. 79a.
Exuberet, quæsumus Domine, mentibus nostris Paschalis gratia Sacramenti; ut donis suis ipsi nos efficiat. Per.—S. Gel. p. 81b. The reading "ipsa nos dignos" is found in S. Gel. apud Gerb. p. 100b.

† T. 404 \* M. 366

a MS *sanctum*.
b This use of the word *præfatio* for what is simply a direct Collect, which we find in this Collection throughout the Easter octave, should be observed, as being a mark of the gradual way in which the Roman service superseded the Gallican. In the latter Liturgy, before the *Collectio sequitur* there was an address to the people called a preface; and here we find the name retained though the thing itself is entirely changed: just as subsequent Collects bear the Gallican names *post nomina* and *ad pacem*, though they have no longer any reference to these rites, which had probably been altered to accord with the Roman practice.
Deus, qui per Vnigenitum tuum æternitatis nobis aditum, devicta morte, reserasti; da nobis, quæsumus, ut qui Resurrectionis Dominicæ solemnia colimus, per innovationem tui Spiritus a morte animæ resurgamus. Per.—S. Gel. p. 78a. The same prayer occurs below p. 198.
Deus, qui nos Resurrectionis Dominicæ annua solemnitate lætificas, concede propitius; ut per temporalia festa quæ agimus, pervenire ad gaudia æterna mereamur. Per Dominum.—S. Gel. p. 78a.
Quæsumus, omnipotens Deus; jam non teneamur obnoxii sententiæ damnationis humanæ; cujus nos vinculis hæc Redemptio (*M. Amb.* hostia) Paschalis absolvit. Per Dominum.—S. Gel. p. 84b. M. Amb. p. 355.
Omnipotens sempiterne Deus, qui resurgens a mortuis passione cassata potentiorem te tuis discipulis reddidisti! concede propitius, ut nos quoque majestatis tuæ mysteria celebrantes, præsentiæ divinæ beneficia consequamur, qui vivis.—M. Amb. p. 359. ead. apud Gerb. p. 96b.
VD. æquum et salutare; Nos te quidem Dne omni tempore benedicere, sed in hoc præcipue die, quo Dni nri Ihu Xpi resurrectio celebratur, omni devotione laudare: hoc itaque die, quo Xpus a mortuis resurrexit, potestas diaboli cecidit, tartarea sunt inferni vincula resoluta, chiro-

25

graphum est antiquæ prævaricationis extinctum, et aculeus mortis obtritus; nos quoque de servitutis iugo dominationis Ægyptiæ per spiritales aquas educens, triumphans resurrexit in gloriam. Propterea profusis gaudiis totus in orbe.—M. Amb. p. 357. ead. apud Gerb. p. 95b. cf. S. Gel. p. 78a.
[b] The Sac. Gall. which contains this Contestatio, has *libertatem nobis*, p. 329b.

antiquæ prævaricationis extinctum ; aculeus mortis obtritus ; nos quoque de servitutis jugo dominationis Ægyptiæ per spiritales aquas educens, triumphans resurrexit in gloriam : et libertati 'nos,[b] misericordiæ tuæ munere, donavit. Per quem majestatem tuam.

*(Benedictio Populi.)* Deus, qui chirographum, quo tenebamur obnoxii, pretiosi sanguinis effusione delesti ; omnium in te sperantium precibus annue, cunctorum necessitatibus propitiatus adsiste : ut præsidio tuæ pietatis adjuti, et præsentia possint vitare discrimina, et ad æternam pervenire coronam. Quod præstare dignetur.`

Concede, quæsumus. omnipotens Deus, ut Paschalis perceptio Sacramenti continuata in nostris mentibus perseveret. Per.—S. Gel. p. 78a.

*(Post Communionem.)* Concede, quæsumus, omnipotens Deus : ut Paschalis perfectio sacramenti mentibus nostris continua perseveret. Per Dominum.

† T. 405

Digne nos tuo nomini, quæsumus Domine, famulari salutaris cibus et sacer potus instituat ; ut renovationem conditionis humanæ, quam mysterio continet, in nostris jugiter sensibus operentur.—S. Gel. p. 79b. S. Greg. apud Gerb. p. p. 90b, 93a.
[c] MS *digni*.
[d] MS *renovationibus*.

† *(Collectio sequitur.)* Dignè[c] nos tui nominis, quæsumus Domine, famulos tuos salutaris cibus et sacer potus instituat : et renovationem [d] conditionis humanæ, quam mysterio continet,* in nostris jugiter sensibus operetur. Per Dominum.

* M. 367

Deus, qui Paschalia nobis remedia contulisti, populum tuum cælesti dono prosequere ; ut inde post in perpetuum gaudeat, unde nunc temporaliter exultat. Per.—S. Gel. p. 79a.
Deus, qui omnes in Christo renatos genus regium et sacerdotale fecisti : da nobis et velle et posse quod præcipis, ut populo ad æternitatem vocato una sit fides cordium et pietas actionum. Per.—S. Gel. p. 80a. See above p. 103.
Sacrificia, Domine, Paschalibus gaudiis immolamus, quibus Ecclesia tua mirabiliter renascitur et nutritur.—S. Gel. p. 79a.
Paschales Hostias recensentes quæsumus, Domine, ut quod frequentamus actu, comprehendamus effectu. Per.—S. Gel. p. 81a.
VD. Te quidem omni tempore, sed in hoc præcipue die laudare, benedicere, et prædicare, quod Pascha nostrum immolatus est Christus. Per quem in æternam vitam filii lucis oriuntur : fidelibus regni cælestis atria reserantur ; et beati lege commercii divinis humana mutantur. Quia nostrorum omnium mors Cruce Christi redempta est ; et in Resurrectione ejus omnium vita resurrexit. Quem in susceptione mortalitatis Deum majestatis agnoscimus ; et in divinitatis gloria Deum et Hominem confitemur. Qui mortem nostram, moriendo, destruxit ; et vitam, resurgendo, restituit Jesus Christus Dominus noster. Et ideo cum Angelis.—S. Gel. p. 78a.
[a] MS *beatæ legi*, which led Mab. to correct *beatæ legis commercio*, but the mg. supplies a reading unquestionably superior, and supported by Sac. Gall. p. 330b.

XXVIII. Missa Paschalis.

*(Præfatio.)* Deus, qui Paschalium nobis remedia contulisti : populum tuum cœlesti dono prosequere : ut inde post in perpetuum gaudeat, unde nunc temporaliter exultat. Per Dominum.

*(Collectio sequitur.)* Deus, qui omnes in Christo renatos genus regium et sacerdotale fecisti ; da nobis, et velle et posse quod præcipis : ut populo tuo ad æternitatem vocato una sit fides cordium, et pietas actionum. Per Dominum.

*(Collectio post nomina.)* Sacrificia, Domine, Paschalibus gaudiis immolamus : quibus Ecclesia tua mirabiliter et renascitur et nutritur. Per Dominum.

*(Collectio ad Pacem.)* Paschales hostias immolantes, quæsumus, Domine : ut quod frequentamus actu, comprehendamus affectu. Per Dominum.

*(Contestatio.)* Verè dignum et justum est, te quidem omni tempore, sed in hoc præcipuè, Domine, die laudare, benedicere, et prædicare, quod pascha nostrum immolatus est Christus. Per quem in æternam vitam filii lucis oriuntur, fidelibus regni cœlestis atria reserantur, et beati lege commercii[a] divinis humana mutantur : quia nostrorum omnium vita resurrexit. Quem in susceptione mortalitatis Deum majestatis agnoscimus, et in divinitatis gloriâ Deum et hominem confitemur. Qui mortem nostram moriendo destruxit, et vitam resurgendo restituit Jesus Christus. Per Dominum nostrum.

*(Benedictio Populi.)* Præsta, Domine, quæsumus, famulis tuis tales fieri tuæ gratiæ largitate, ut bona tua et fiducialiter implorent,

et sine difficultate sumant. Da eis, Domine, regnum tuum justitiamque semper inquirere : ut quibus indigere eos [b] perspicis, clementer facias abundare. Tribue, quæsumus ; ut piis, sectando quæ tua sunt, universa illis salutaria condonentur. Quod ipse.

cf. c. 6 Matt. v. 33. Quærite primum regnum Dei et justitiam ejus, et hæc omnia adjicientur vobis.
[b] MS *eis.*

*(Post Communionem.)* Adesto, Domine, quæsumus, nostræ redemptionis effectibus : [c] ut quos sacramentis æternitatis instituis, iisdem protegas dignanter aptandos. Per Dominum.

Adesto Domine quæsumus nostræ redemptionis affectibus; ut quos Sacramentis æternitatis instituis, iisdem protegas dignanter aptandos.— S. Gel. p. 29b, 79b.
[c] MS *nostris red. affectibus.* The last word is supported by the mg.'

†*(Collectio sequitur.)* Purifica, Domine, quæsumus, mentes nostras benignus, et renova cœlestibus sacramentis : ut consequenter et corporum præsens pariter et futurum capiamus auxilium. Per.

Purificato, Domine quæsumus, mentes nostras, benignus, et renova cælestibus Sacramentis, ut consequenter et corporum præsens pariter et futurum capiamus auxilium. Per.— S. Gel. p. 80b.

† T. 406

\* XXIX. ITEM MISSA III. FERIA PASCHALIS.

\* M. 368

*(Præfatio.)* Deus, qui multiplicas Ecclesiam tuam sobole renascentium; facias eam [a] gaudere propitius de suorum profectibus filiorum. Per Dominum.

Deus, qui multiplicas ecclesiam tuam in sobole renascentium, fac eam gaudere propitius de suorum profectibus filiorum, per.—S. Greg. apud Gerb. p. 97a.
[a] MS *eos.*

*(Item alia.)* Deus, qui nostram lætitiam in tuo . . . [b]præsta timorem : ut in tuis vigilantes mandatis, placere tibi possimus. Per Dominum.

[b] Mab. rightly supposes that a word has been omitted here.
cf. "ut tibi placere possimus." M. Franc. p. 323a.

*(Collectio nunc.)* Præsta, quæsumus, omnipotens Deus : ut quos aqua suscepit ad abluendos, et regenerandos muniat et renatos.

There seems to be some wrong reading here. cf. M. Amb. apud Gerb. p. 96a. in the Benediction of the Font. "Et redemptos se noverint et renatos;" and S. Gel. p. 35a. "Et regenerandos munias et renatos."

*(Collectio super munera.)* Suscipe, Domine, munera nomini tuo oblata ; quæ in Filii tui resurrectione triumphantis in gloriâ, universalis, ejus quæsita sanguine, offert Ecclesia.

above p. 103.

*(Immolatio.)* Dignum et justum est, nos tibi gratias agere, omnipotens sempiterne Deus, per Jesum Christum Filium tuum, Dominum nostrum. Per quem humanum genus vivificans, Pascha etiam per Moysen et Aaron famulos tuos agni immolatione jussisti celebrare : consequentibus temporibus usque ad adventum Domini nostri Jesu Christi, (qui sicut [c] ad victimam ductus est) eandem consuetudinem in memoriâ observare præcepisti. Ipse est Agnus immaculatus, qui prioris populi primâ [d] Paschâ in Ægypto fuerat immolatus. Ipse est aries, in vertice montis excelsi de vepre prolatus, sacrificio destinatus. Ipse est Vitulus saginatus qui in tabernaculo patris nostri Abrahæ propter hospites est victimatus. Cujus passionem et resurrectionem celebramus ; cujus et adventum speramus. Et ideo cum Angelis et Archangelis non cessamus [e] clamare dicentes. Sanctus, Sanctus, Sanctus.

above p. 104.

[c] The word *agnus* has evidently been omitted.

[d] The same reading occurs in M. Goth. where Mab. changes it into *primum.*

[e] MS *cessant.*

*(Benedictio Populi.)* Benedic, omnipotens sempiterne Deus, hanc familiam tuam bene-

dictione perpetuâ, qui vitam humani generis, pro nobis Filio tuo moriente, salvasti ; præsta : ut in hac populi tui devotione, fructus proveniat gaudiorum. Quod.

Immortalitatis alimoniam consecuti, quæsumus Domine, ut quod ore percipimus, mente sectemur. Per Dominum.—S. Gel. p. 81a.

(*Collectio post Communionem.*) Immortalitatis alimoniam consecuti, quæsumus, Domine : ut quod ore † percepimus, mente sectemur. Per Dominum.

† T. 407

Repleamur, Domine, gratia muneris sacri; et quæ gustu corporeo dulci veneratione contigimus, dulciora mentibus sentiamus. Per. &c.—S. Leon. p. 58.

f "dulcia venerati. *leg.* dulce veneratione." Thomas. The following word ought to be in the perfect tense, as in the mg.

(*Collectio sequitur.*) Repleamur, Domine, gratiâ muneris sacri : ut quæ gustu corporeo dulcia venerati f contingimus, dulciora mentibus sentiamus. Per eum.

## * XXX. MISSA PASCHALIS IV. FERIA.

* M. 369

above p. 104.

The whole of this prayer seems Roman. See above p. 193. an Ambrosian prayer, which much resembles the conclusion of it.

[*Collectio.*] Deus, qui populum tuum sacro Jordane flumine transacto, terram tuæ fecisti promissionis intrare; *concede quæsumus : ut et nos quoque majestatis tuæ revelato mysterio, divina semper beneficia sentiamus. Per Dominum.*

cf. Concede quæsumus, omnipotens Deus, ut qui resurrectionis Dominicæ solemnia colimus.—S. Greg. p. 75. This prayer occurred above p. 104, where the first part ought to have been printed as Roman.

A Roman Collect for Easter-tide where Christ's resurrection is connected with ours, and consequently with His second coming, will be found S. Gel. p. 84b.

above p. 86.

(*Oratio sequens.*) Annue nobis, quæsumus, Domine : ut quemadmodum mysteria Resurrectionis Domini nostri Jesu sollemnia colimus; ita et in adventu ejus gaudere cum sanctis omnibus mereamur. Per Dominum.

(*Collectio nunc.*) Agnus Dei, qui tollis peccatum mundi, respice in nos et miserere nobis, factus ipse hostia, qui sacerdos ; ipse præmium, qui Redemptor : à malis omnibus quos redemisti, custodi, Salvator mundi.

Subjectum tibi populum, quæsumus, Domine, propitiatio cœlestis amplificet, et tuis semper faciat servire mandatis. Per Dominum nostrum.—S. Greg. p. 93.

a MS *fruere.*

above p. 105.

(*Item alia.*) Subjectum tibi populum, Domine, propitiatio cœlestis amplificet ; et tuis semper faciat servire a mandatis. Per Dominum.

(*Immolatio nunc Missæ.*) Dignum et justum est, nos tibi semper laudes et gratias agere, omnipotens sempiterne Deus, per Jesum Christum Filium tuum Dominum nostrum. Qui sicut ovis ad occisionem pro nobis ductus est ; et ut agnus coram tondente, sic non aperuit os suum. Hic enim est Agnus Dei, unigenitus Filius tuus, qui tollit peccatum mundi; qui se pro nobis offerendo non desinit, nosque aput te perpetuâ advocatione defendit ; quia nunquam moritur immolatus, sed semper vivit occisus. Pascha enim nostrum immolatus est Christus ; ut jam non in fermento veteri, neque in carnalium sanguine victimarum, sed in azymis sinceritatis et corporis b veritatis immolemus. Per Christum Dominum nostrum. Per quem Majestatem tuam laudant.

b The word *corporis* which is found also in M. Goth. is a curious interpolation into the Apostle's text.

In former edd. this Benediction was otherwise pointed, there being no stops after the words *cœlorum, vos, sanctitatis,* but a period after *sanitatis.* As altered, it consists of three parts, the first relating to spiritual blessings, the next to external earthly things, and the third to those of social life. In the Ben. S. Theod. which we have so often found to agree with the Benedictions in these Ephesine Collections, there is a sentence somewhat similar, but more closely borrowed from Isaac's blessing; "ut tribuas ei de rore cœli, et de pinguedine terræ abundantiam frumenti et vini et olei, et omnium frugum opulentiam, ex largitate divini muneris." p. 645D.

(*Benedictio Populi.*) Faciat vos Deus veros esse filios Ecclesiæ; multiplicet vos in timore suo, et abundare faciat ab ubertate cœlorum. In omni abundantiâ sanitatis repleat vos ; omnibus bonis terrarum vestrarum, copia, frumento, vino repleat, et oleo sanctitatis. Lætificet vos† in filiis, exhilaret in familiis, et abundare faciat in amicis. Per Dominum.

† T. 408

*(Post Communionem.)* Spiritum nobis, Domine, tuæ caritatis infunde; ut quos uno cœlesti pane satiasti, unâ facias pietate concordes. Per Dominnm.

Spiritum in nobis, Dne, tuæ caritatis infunde; ut quos uno cœlesti pane satiasti, una facias pietate concordes. Per.—S. Greg. apud Gerb. p. 203a.

## * XXXI. ITEM MISSA V. FERIA.
### * M. 370

*(Præfatio.)* Fac, misericors Deus: ut quod Paschalibus celebramus officiis, fructiferum[a] nobis omni tempore sentiamus. Per Dominum.

above p. 107.

a This word which occurs also in M. Goth. is found in the same Collect apud Gerb. p. 97b.

*(Item Collectio.)* Benedictionem tuam, quæsumus, Domine, sacræ plebi copiosâ pietate largire, quæ per tuam tibi gratiam semper reddatur accepta.

*(Item alia Collectio.)* *Deus, qui populum tuæ[b] fecisti redemptionis participem; concede nobis, quæsumus : ut et resurrectionis Dominicæ in perpetuo gratuletur. Per Dominum.*

above p. 106.

b MS *tui.*

*(Collectio sequitur.)* *Famuli tui, Domine, qui ad tuam sunt gratiam vocati, tuo indesinenter protegantur auxilio : ut qui divino sunt Baptismo regenerati, nunquam à tui regni potentiâ possint evelli. Per Dominum.*

above p. 103.

*(Immolatio nunc.)* *Dignum et justum est, nos tibi gratias agere, sancte Pater, omnipotens, æterne Deus, per Jesum Christum Filium tuum Dominum nostrum ; quem pro nobis omnibus tradi hostiam voluisti.* O mira circa nos pietatis tuæ dignatio! O ineffabilis dilectio caritatis! ut servos redimeres, Filium tradidisti! O certè necessarium Adæ peccatum, quod Christe morte deletum est! O fidelem [c] culpam, quæ talem ac tantum meruit habere Redemptorem! *Nunquam enim quanta circa nos pietatis tuæ dilectio esset, agnosceremus, nisi ex morte unici et cœterni Filii tui Domini ac Dei nostri Jesu Christi probaremus. Vincit malitiam diaboli pietas tuæ dignationis : quia ubi abundavit peccatum, superabundavit et gratia. Sed plus nobis tua misericordia reddidit, quàm invidus inimicus abstulerat. Ille Paradisum invidit ; tu cœlos donasti : ille mortem temporalem intulit ; tu vitam perpetuam tribuisti.* Propterea profusis gaudiis, totus in orbe terrarum mundus exultat. Sed et supernæ concinunt Potestates hymnum gloriæ tuæ sine fine dicentes.

above p. 106.

c Both Mab. and Vezz. suggest *felicem.*

above p. 192.

*(Benedictio Populi.)* Benedic, Domine, hos populos tuos, respectui tuo se supplici oratione curvantes. Fac ante conspectum tuum cum justitiâ vivere; si secùs egerint, cum misericordiâ judicari.[d] Tribue eis, Domine, in fide credulitatem, in labore virtutem, in affectu

d Instead of *cum misericordia judicari* the former edd. have merely *judicare.* We correct from the mg. whose patent error as to the preceding words (which occurs also in the Bened. S. Ethelwold. p. 92.) is curious.

Benedic, Dne, hos populos tuos, respectui tuo se supplici oratione curvantes.—Bened. S. Ethelwold Archæol. p. 95.

Fac eos ante conspectum tuum cum justitia vivere, et cum misericordia, si se custodierint, judicari. Tribue eis in fide credulitatem, in labore virtutem, in affectu devotionem, in actu prosperitatem, in victu abundantiam, in pace lætitiam, in conversatione gratiam, in luctatione victoriam. Amen.–Bened. S. Theod. p. 635C.

† T. 409

* M. 371

above p. 193.

ª MS *nos*.
See above p. 103.

above p. 107.

above p. 103.

ᵇ After *nobis* Mab. inserts *per*. We prefer reading *mittens* for *mitte*.
cf. c. 4. ad Rom. v. 25. "Qui traditus est propter delicta nostra, et resurrexit propter justificationem nostram," where Ambrosiaster has *peccata* instead of *delicta*, and S. Augustine in several passages preserves the reading *mortuus;* see tom. 5, 759D. and 3. 2. 354F. as also S. Gregory the Great, prœm. in 5. Ps. Pœn. t. 3. 2. p. 510D.
ᶜ MS *cessant* as above.
Benedicat vobis Dominus, et custodiat vos. Amen. Illuminet faciem suam super vos, et misereatur vestri. Amen. Convertat vultum suum ad vos, et donet vobis pacem. Amen. Quod ipse præstare dignetur, &c.— S. Greg. p. 169b. M. Moz. 276. 89. This Benediction, which occurs in almost every one of the Collections, is taken from Num. 6. 24–27 "Benedicat tibi Dominus, et custodiat te; ostendat Dominus faciem suam tibi, et misereatur tui: convertat Dominus vultum suum ad te, et det tibi pacem." The words *illuminet* and *super* are from the Itala translation of the LXX.
Præsta, nobis omnipotens Deus; ut vivificationis tuæ gratiam consequentes, in tuo semper munere gloriemur. Per Dominum nostrum.—S. Gel. p. 86b.
Sacramenta quæ sumpsimus, quæsumus Dne, et spiritalibus nos expient alimentis, et corporalibus tueantur auxiliis, per Dnm.—S. Greg. apud Gerb. p. 106b.
ᵈ MS *excipient*.

† T. 410

devotionem, in actu prosperitatem, in victu abundantiam, in pace † lætitiam, in conversatione gratiam, in luctatione victoriam. Per Dominum.

* XXXII. ITEM MISSA PASCHALIS VI. FERIA.

*(Præfatio.)* Deus, qui per Unigenitum tuum æternitatis nobis aditum, devictâ morte, reserasti ; da nobis, quæsumus : ut qui Resurrectionis Dominicæ sollemnia colimus, per invocationem tui Spiritûs à morte animæ resurgamus. Per Dominum.

*(Item Collectio.)* Deus per quem nobisª redemptio præstatur et adoptio ; erige ad te tuorum corda credentium : ut omnes regenerati sacro Baptismate, adprehendant mente, quod mysteriis susceperunt. Per.

*(Collectio.)* Confirma, Domine, famulos tuos, quos ex aquâ et Spiritu Sancto propitius redemisti : ut veterem hominem cum suis actionibus deponentes, in ipsius conversatione vivamus, ad cujus substantiam per hæc Paschalia mysteria transtulisti. Per.

*(Item alia Collectio.)* Concede, quæsumus, omnipotens Deus ; ut festa Paschalia, quæ devotione colimus, moribus exsequamur. Per.

*(Immolatio.)* Dignum et justum est. Verè dignum et justum est, nos tibi gratias agere, sancte Pater, omnipotens, æterne Deus, Rex omnium, sanctificator et conditor generis humani. Qui Filio tecum æternâ claritate regnante, cùm de nullis exstantibus cuncta protulisses, hominem limosi pulveris initiis inchoatum, ad speciem tui decoris animasti ; eumque credulâ persuasione deceptum, reparare voluisti, spiritalis gratiæ æterna suffragia mittens ᵇ nobis, Jesum Christum Filium tuum Dominum nostrum, qui mortuus est propter peccata nostra, et resurrexit propter justificationem nostram. Propterea cum Angelis et Archangelis non cessamus ᶜ clamare.

*(Benedictio Populi.)* Benedicat vos Dominus, et custodiat semper. Ostendat Dominus faciem suam super vos, et misereatur vestri. Convertat Dominus vultum suum ad vos, et det vobis pacem. Per Dominum.

*(Post Communionem.)* Præsta nobis, omnipotens Deus ; ut vivificationis tuæ gratiam consequentes, in tuo semper munere gloriemur. Per.

*(Collectio.)* Sacramenta, quæ sumpsimus, Domine, et spiritalibus nos expient ᵈ alimentis,† et corporalibus tueantur auxiliis. Per Dominum.

## *XXXIII. MISSA MATUTINALIS PER TOTAM [a] * M. 372
PASCHAM PRO PARVULIS QUI RENATI SUNT,
MATURE DICENDA.

[a] See above in the Gothic Missal p. 103. In the Church for which our present Missal was compiled, there seems to have been throughout Easter week a special early celebration for the newly-baptized, in addition to the regular one. This was a Milanese use. See Gerbert Vet. Lit. Al. p. 971. At these services the baptized would be present in their white garments. These were laid aside on the evening of the Saturday after Easter, the octave of their baptism; which day seems, therefore, to have been called in the Gallican Church *Octava Paschæ*, as in the Gothic Missal p. 107 where Mabillon's correction which we adopted, seems to be wrong. It would seem that at this special service there was only a proper collect, except upon the last day when there was also a prayer *super munera* (the neophytes, probably, making a special offering upon that day) and an *immolatio*. The whole service, except of course the Benediction, is purely Roman, so that the practice of having this special service was in all probability not indigenous to the Gallican Church.

[*Collectio.*] Deus, qui credentes in te populos gratiæ tuæ largitate multiplicas; respice propitius ad electionem tuam: ut qui sacro Baptismate sunt renati, regni cœlestis mereantur introitum. Per Dominum nostrum.

above p. 103.

*Oratio super munera in die Sabbati exita* [b] *Pascha.*

Adesto, Domine, supplicationibus nostris; et oblationes famulorum tuorum, quas tibi offerimus, diem octavarum suarum spiritalium celebrantes (quo die eos sacro fonte Baptismatis renasci jussisti) placitus ac benignus adsume.

[b] "Id est, exeunte Pascha, scilicet Sabbato, quæ dies octava erat Baptismi." Mab.

above p. 103.

*Immolatio die Sabbati.*

Veiè dignum et justum est: quia verus ille Agnus, qui pro nobis est immolatus: qui mortem nostram moriendo destruxit, et vitam nostram resurgendo reparavit, Jesus Christus Dominus noster. Cui omnes Angeli atque Archangeli incessabili voce proclamant, dicentes. Sanctus.

above p. 103.

*(Benedictio Populi.)* Benedicat vos Deus Pater omnipotens, qui in principio cuncta creavit. Benedicat vos Filius, qui de supernâ sede pro nobis salvandis descendit. Benedicat vos Spiritus Sanctus, qui in columbâ Jordanis fluvium in Christo requievit. Ipse vos in Trinitate ac Unitate sanctificet, quem omnes Gentes expectant venturum Judicem ad judicandum. Quod ipse præstare dignetur.

Benedicat te Deus Pater, qui in principio cuncta creavit, amen. Benedicat te Dei Filius, qui de supernis sedibus (*al.* qui a superna sede) pro nobis Salvator (*al.* sedibus ad terras pro nostra salute) descendit, amen. Benedicat te Spiritus sanctus, qui in similitudine (*al.* specie) columbæ in Jordanis flumine requievit in Christo, amen. Ipseque te in Trinitate (*al.* addit deifica Unitateque individua) sanctificet, quem omnes gentes venturum expectant ad judicium(*al.*exp.judicem)qui cum Deo.— Martene de Ant. Ecc. Rit. t. 1 lib. 1 cap. 7 art. 4 ord. 7 and 11. Bened. S. Theod. p. 636A.

*(Collectio post Communionem.)* Præsta, quæsumus, Domine; ut sancta nos tua expient, dignosque semper suâ perceptione perficiant. Per Dominum.

cf. S. Greg. apud Gerb. p. 128b. Purificet nos, Dne quæsumus, muneris præsentis oblatio, et dignos sacra participatione perficiat, per Dnm.

*(Collectio sequitur.)* Adesto, Domine Deus noster: ut per hæc quæ fideliter sumpsimus, et purgemur à vitiis et à periculis omnibus exuamur. Per Dominum.

Adesto, Domine Deus noster, ut per hæc, quæ fideliter sumpsimus, et purgemur a vitiis, et a periculis omnibus exuamur. Per Dominum nostrum.— S. Gel. p. 87b.

## XXXIV. MISSA IN PASCHA DIE SABBATI.

[*Collectio.*] Deus, qui nos Resurrectionis Dominicæ sollemnitate lætificas; concede propitius: ut per temporalia festa quæ agimus, pervenire ad gaudia æterna mereamur.

Deus, qui nos resurrectionis Dominicæ annua solemnitate lætificas! concede propitius, ut per temporalia festa, quæ agimus, pervenire ad gaudia æterna mereamur, per eundem.—S. Greg. apud Gerb. p. 96a.

† T. 411     * M. 373

Præsta, quæsumus omnipotens
Deus, ut huius paschalis festivitatis
mirabile sacramentum et temporalem nobis tranquillitatem tribuat, et
vitam conferat sempiternam, per.—
S. Greg. apud Gerb. p. 94b. S. Gal.
p. 332a.

Respice quæsumus Domine, et peccatorum nostrorum tenebras averte:
ut quos exercet devotio sollemnitatis
paschalis, inlustrent gaudia piæ cognitionis; et nomina quæ recitata sunt,
in cœlesti pagina conscribi præcipias.—Sac. Gal. p. 322a.

There can be little doubt that this
Collect is of Roman origin, the mg.
adding at the conclusion a Gallican
clause, as we have so often seen to
be done.

Deus, qui solemnitate paschali
mundo remedia contulisti! populum
tuum, quæsumus, cœlesti dono prosequere, ut et perfectam libertatem
consequi mereatur, et ad vitam proficiat sempiternam, per.—S. Greg.
apud Gerb. p. 93b.

above p. 107.

a MS *totius*.
b MS *et*.
c MS *devorationem*. The meaning
of this sentence is quite plain, though
the grammatical construction is impossible. Might we propose to read
*extincturus?*
d MS *quem*.

e The M. Goth. here reads *potentia*
which seems right; but I think there
must be something wrong about the
word *non* in this clause, although it
is the same in the Gothic.
f MS *fugiit*.

† (*Collectio.*) Præsta, quæsumus, omnipotens Deus:
ut hujus Paschalis * festivitatis mirabile sacramentum, et
temporalem nobis tranquillitatem tribuat, et vitam conferat sempiternam.   Per Dominum.

(*Item alia Collectio.*)  Respice, quæsumus
Domine, et peccatorum nostrorum tenebras
averte : ut quos exercet devotio sollemnitatis,
inlustret sollemnitas piæ cognitionis.   Per
Dominum.

(*Item Collectio.*)  Deus, qui in sollemnitate
Paschali mundo remedia contulisti; populum tuum, quæsumus, cœlesti dono prosequere : ut et perfectam libertatem consequi mereatur, et ad vitam proficiat sempiternam.

(*Immolatio in die Sabbati.*)  *Dignum et justum est,
necessarium et salutare est, ut te Dominum ac Deum
totis* a *visceribus humana conditio veneretur, Rex mirabilis Christe.   Cujus condemnatione tartareis vinculis
absoluta credentium turba, libertatis insignia gratulatur.   Qui verè ut* b *Leo de Tribu Juda mundo
ostensus, animarum devoratorem* c *extinctum leonem
diabolum, omnis terra lœtatur.   Permittis te clavorum
nexibus alligatum, ad stipitem Crucis tereri : ut non
sit parva, quam* d *impius quondam expavescat potentiam.* e  *Ad cujus vocem emittens spiritum, terra
tremuit, cœlum expavit, dies fugit,* f *sol obscuratus est,
astra abscondentia radios suos, simul omnia migra-
verunt.   Cujus descensu confractis portis, luget infernus :
quo resurgente, lœtantur Angeli ; et exultat terra cum
habitatoribus suis.   In quo triumpho conspicitur conminatio illa Prophetico ore promissa : Ero mors tua,
O inferne.   Ubi est ergo victoria tua ? nec enim ab
alio poterat nisi à Vitá mors devorari.   Qui descensu
suo eos qui tenebantur à morte, superis reddidit resurgendo : ut ejus resurrectio vivorum vel mortuorum
testimonio firmaretur.   Unde sancte Pater, omnipotens, æterne Deus, per Jesum Christum Filium tuum
Dominum nostrum gloria tibi semper, qui in te, et ex
te, et tecum semper.   Quem te etiam laudant Angeli.*

XXXV.   INCIPIT MISSA CLAUSÆ PASCHA.

above p. 109.

above p. 108.

               * M. 374

a MS omits *post*. Mab. has *Missam*
for *Missa*.

† T. 412

[*Collectio.*]  Concede, quæsumus, omnipotens Deus ;
ut qui resurrectionis Dominicæ sollemnia colimus ; per
innovationem tui Spiritûs à morte animæ resurgamus.
Per Dominum.

*(Post* a *Precem ad Missa.)  Deus, totius claritatis
conditor et moderator, quem cœlestia mirantur et
terrena pavitant, inferna tremiscunt ; cui Angelorum
turmæ et Archangelorum exercitus militant, non uti
mundum expugnes, quem ipse fecisti ; sed ut subruas
mundi peccata, quæ diabolus adinvenit : quia ita
dignatus* † *es diligere hunc mundum, ut Unigenitum*

*tuum traderes pro nostrâ salute : cujus cruce redempti
sumus, morte vivificati, passione salvati, resurrectione
glorificati. Per ipsum te itaque supplices invocamus,
ut huic familiæ tuæ in omnibus adesse digneris. Sicut
adfuisti Patribus nostris sperantibus in tuâ misericordiâ, sic et his omnibus adesse dignare : ut sit in
sensibus eorum timor devotionis tuæ, in corde fides,
in opere justitia, in actu pietas, in linguâ veritas, in
moribus disciplina : ut dignè ritèque immortalitatis
sibi proemium consequi mereantur. Per Dominum.*

*(Collectio post nomina ) Deum, qui pro ruinâ
totius mundi unicum Filium suum, adsumptâ ex
carne Virginis veri hominis formâ, mittere dignatus
est, fratres carissimi, suppliciter exoremus : ut sicut in
hac die* [b] *resurrectionis ejusdem nos à morte perpetuâ
cum illo resuscitavit ; ita pietatis suæ dono ab omnibus
nos inimici tutans insidiis, inloesos faciat in matris
Ecclesiæ gremio residere ; et conscientiæ integritate
de regeneratione gaudentes, æternæ primitivorum* [c]
*Ecclesiæ, quemadmodum devotione ad proesens, ita
remuneratione adsociet in æternum : et hæc munera
plebis* [d] *suæ benedicere dignetur per Dominum.*

*(Immolatio Clausum Paschæ.) Dignum et justum
est, necessarium et salutare est, nos tibi gratias agere,
omnipotens, licèt gloriæ tuæ mortalium membra non
congruant, redemptionis nostræ proeferre proeconia.
Dum hominum genus mancipatum morte, inferorum
sedibus tenebrarum vincla restringerent : spiritale
Verbum (per quod in principio omnia fuerant constituta) descendit in Mariam : quæ dum partum suum
Virgo miratur, inclausum hominem edidit Deum.
Quæ tamen tuum esse, summe, omnipotens, antequam
nasceretur, cognoverat ; quippe quæ sciebat mundi esse
principium. Is namque crucem spontaneâ devotione
propter redemptionem humani generis, de inimico
tyranno triumphaturus ascendit : et relicto paulisper
corporis templo, inferorum* * claustra confringens,
pristinæ (ut antè fuerat) vitæ restituit. Nec suffecerat solùm hominis emendásse peccatum ; sed per
ablutionem coelestem renatos, redivivo ac novo nativitatis genere remeans ad originem suæ,* [e] nos ad coelestia
regna perduxit. O consilium, O divinæ providentiæ,
O inæstimandum* [f] reparationis auxilium ! Per Virginem nobis gloriosa vita restituitur, quæ per ligni
inobedientiam credebatur extincta. Per aquam mundi
peccata diluuntur : per quam ante senserat mundus
ipse naufragium. Tibi ergo, summe Genitor, purâ
devotione immaculatum munus offerimus : et elevatione
manuum nostrarum juxta Filii tui Jesu Christi
dispositionem, pium Sacrificium celebramus. Per
quem te laudant Angeli et Archangeli, dicentes.*

above p. 108.

This is not a Collect but a **Preface**
to the people, as it is rightly named
in M. Goth. where it is placed before
the preceding Collect.

[b] MS omits *die*, as does M. Goth.

[c] MS *primitiorum.* There is a reference here to Heb. 12. 23. "Accessistis
ad ... ecclesiam primitivorum."

[d] MS *plebi.*

above p. 109.

* M. 375

[e] "Originem suæ *leg.* originem suam."
Thomas.

[f] MS *instimandum.*

26

† T. 413 † INCIPIT MISSA DOMINICALIS POST PASCHA.

**ᵃ MS** *Præfatio.*
Deus, qui in Filii tui humilitate jacentem mundum erexisti, lætitiam concede fidelibus tuis; ut quos perpetuæ mortis eripuisti casibus, gaudiis facias sempiternis perfrui. Per.–S. Gel. p. 86a. apud Gerb. p. 103b.

Deus, in cujus præcipuis mirabilibus est humana reparatio, solve opera Diaboli, et mortifera peccati vincula disrumpe; ut destructa malignitate, quæ nocuit; vincat misericordia, quæ redemit. Per.–S. Gel. p. 86a.

Benedictionem, Domine, nobis conferat salutarem sacra semper oblatio; ut quod agit mysterio, virtute perficiat. Per.–S. Gel. p. 86a.

Deus, qui nos per hujus sacrificii veneranda commercia unius summæ Divinitatis participes efficisti: præsta quæsumus, ut sicut tuam cognovimus veritatem, sic eam dignis moribus adsequamur. Per.–S. Gel. p. 87a.

VD. per Christum Dominum nostrum. Qui humanis miseratus erroribus, per Virginem nasci dignatus est: et per passionem mortis a perpetua nos morte liberavit: ac Resurrectione sua æternam nobis contulit vitam. Quem laudant Angeli.–S. Gel. p. 87a.

[*Collectio.*ᵃ] Deus, qui in Filii tui humilitate jacentem mundum erexisti; lætitiam concede fidelibus tuis; ut quos perpetuæ mortis eripuisti casibus, gaudiis facias sempiternis perfrui. Per.

(*Collectio sequitur.*) Deus, in cujus præcipuis mirabilibus est humana reparatio; solve opera diaboli, et mortifera peccati vincula disrumpe: ut destructâ malignitate quæ nocuit, vincat misericordia quæ redemit. Per Dominum.

(*Collectio post nomina.*) Benedictionem, Domine, nobis conferat salutarem sacra semper oblatio: ut quod agit mysterio, virtute perficiat.

(*Collectio sequitur.*) Deus, qui nos per hujus sacrificii veneranda commercia, unius summæ divinitatis participes effecisti; præsta quæsumus: ut sicut tuam cognoscimus veritatem; sic eam dignis moribus adsequamur. Per.

(*Contestatio nunc.*) Verè dignum et justum est . . . per Christum Dominum nostrum. Qui humanis miseratus erroribus, per Virginem nasci dignatus est; et per passionem mortis à perpetuâ nos morte liberavit: ac resurrectione suâ æternam nobis contulit vitam. Quem laudant Angeli.

***\* M.** 376*

**ᵃ MS** *tribues.*
**ᵇ MS** *affectum.*
Deus, qui hoc nobis confers gratia, ut justi ex impiis, et beati efficiamur ex miseris; adesto operibus tuis, adesto muneribus, ut quibus inest fidei justificatio, non desit perseverantiæ fortitudo, per Dnm.–M. Amb. p. 372.

Deus, qui es mirabilis in operibus, justus in iudiciis, largus in donis, multiplica super nos misericordiam tuam, et quia tu nobis es bonorum causa meritorum, custodi quod tribuis, ut invenias, quos corones, per Dnm. –S. Greg. apud Gerb. p. 119b.

Præsta, Domine quæsumus, ut illius salutis capiamus effectum, cujus per hæc mysteria pignus accepimus. Per Dominum.–S. Gel. p. 87b. This prayer does not seem to occur in the Gregorian Sacramentary. *Veritati* is probably meant for a genitive.

Respice, Dne propitius, ad munera, quæ sacramus, ut et tibi grata sint, et nobis salutaria semper existant, per Dnm.–S. Greg. p. 50.

† T. 414

VD. De tuo munere postulantes, ut tempora quibus post Resurrectionem Dominus noster Jesus Christus cum Discipulis corporaliter habitavit, pia devotione tractemus. Per Dominum. – S. Gel. p. 87b. The substitution of the word *devoto* is observable, as it bases the petition on the gift offered. The Gregorian as published by Muratori, Pamelius, Gerbert and Menard has *et tui muneris misericordiam postu.* but the latter remarks that in a MS at Rheims he had found the same reading as occurs in S. Gel.

\* XXXVII. ITEM MISSA POST PASCHA ANTE ASCENSA DOMINI.

[*Collectio.*] Deus, qui hoc nobis confers gratiâ tuâ, ut justi ex impiis, et beati efficiamur ex miseris; adesto tuis operibus, tuis adesto muneribus: ut quibus inest fidei justificatio, non desit perseverantiæ fortitudo. Per.

(*Collectio.*) Deus, qui es misericors in operibus, justus in judiciis, largus in donis; multiplica super nos misericordiam tuam: et quia tu nobis es bonorum causa meritorum; custodi quod tribuis,ᵃ ut invenias quod corones. Per.

(*Collectio post nomina.*) Præsta, Domine, quæsumus, veritati: ut illius salutis capiamus effectum,ᵇ cujus per hæc mysteria pignus accipimus. Per.

(*Collectio.*) Respice, Domine, propitius ad munera, quæ sacramus: ut et tibi grata sint, et salutaria semper existant. Per Dominum.

(*Contestatio nunc.*) Verè dignum et justum est, devoto † munere postulantes: ut tempora, quibus post Resurrectionem Dominus noster Jesus Christus cum discipulis suis corporaliter habitavit, piâ devotione tractemus. Quem l.

XXXVIII. INCIPIUNT COLLECTIONES IN ROGATIONIBUS PER DIVERSA LOCA SANCTORUM NUNC.

ᵃ **MS** *Pietro.*
" Eædem fere stationes, eædemque orationes in Missali Gothico. Unde colligere licet, has orationes fuisse communes, non loci alicujus peculiaris, ad quem hæc Missalia pertinuerint." Mab.

*(In S. Petro.*ᵃ*)* Omnipotens sempiterne Deus, above p. 116. qui beato Petro Apostolo, conlatis clavibus regni cœlestis, animas ligandi adque solvendi pontificium tradidisti : exaudi propitius preces nostras in die jejunii hujus : et intercessione ejus, quæsumus, ut à peccatorum nostrorum nexibus liberemur, Salvator mundi.

*(Oratio in S. Stephano.)* *Præsta, quæsumus,* above p. 116. *omnipotens et misericors Deus : ut fragilitati nostræ adflictæ in diebus istorum jejuniorum, magnificus Levita beatus Stephanus auxilium interventionis exhibeat, qui imitator Dominicæ passionis et pietatis, primus in cruore martyrii enituit : et semper sit perfectus suffragator, atque, te concedente, promptus adjutor. Per Dominum.*

*(Item Oratio in sancto Martino.)* *Porrige dexte-* above p. 117. *ram tuam, quæsumus, Domine, plebi tuæ in die jejuniorum suorum tuam misericordiam postulanti : ut*ᵇ *intercedente beato Martino, terrores imminentes declinemus; et solatia vitæ immortalis accipiamus, et\* sempiterna gaudia comprehendamus. Per Dominum.*

ᵇ **MS** *et.*

\* M. 377

*(Oratio in sancto Gregorio.)* Omnipotens sempi- above p. 117. terne Deus, jejuni ᶜ de tuis etiam donis satiati, vel qualibet maceratione confecti, majestatem tuam supplices exoramus : ut expulsis de cordibus nostris peccatorum tenebris, in die jejunii, intercedente summo Antistite nostro et divinorum mysteriorum capace Gregorio, ad veram lucem, quæ Christus est, nos facias pervenire. Per Dominum nostrum.

ᶜ MS *jejunii.*

*Item Collectiones in quo loco volueris.*

Quæsumus, Domine Deus noster, vitia carnis spiritûs virtute constringe : ut interveniente *ill.* in hoc jejunio nostra in virtutibus reficiatur infirmitas.ᵈ

ᵈ "infirmitas. *leg.* infirmitas. Per." Thom.

*(Collectio sequitur.)* Propitiare, Domine, supplicationibus : et nos in jejunii cultu vacantes, obtinente beato *ill.* pervigili protectione custodi : ut nullius animam ᵉ diabolus perfidiæ telo vulneret: nullius mentem veneno falsitatis occidat.

ᵉ Vezz. *animum.*

† XXXIX. INCIPIT MISSA IN ROGATIONIBUS.

† T. 415

ᵃ MS *metamur.* The edd. give *quid* for the preceding word which we change from the mg.

*[Præfatio.]* Memores cœlestium præceptorum, peccata nostra coram Domino defleamus, serentes in lacrymis quod metamusᵃ in

Memores delictorum nostrorum fratres charissimi : peccata nostra coram Domino defleamus: seminantes in lachrimis: quod metamus in gaudiis.

26\*

Simus in oratione assidui: jejuniis prompti: in elemosynis liberales: ut promisse retributionis gloriam: devota fide et fructuosa devotione mereamur percipere. R. Amen.—M. Moz. p. 144. 104.

b "Ita etiam jejunium in Gothico, supra in hoc triduo. Vide sermones tres Cæsarii Episcopi Arelatensis in Appendice nova tomi quinti novæ editionis S. Augustini a Sermone 173. qui primus est de Letania, ubi jejunia dicuntur necessaria 'tribus his diebus, quos regulariter in toto mundo celebrat Ecclesia.' Hoc in sermone item Cæsarius reprehendit eos qui ad Ecclesiæ conventus istis diebus 'tarde veniunt; et prius quam mysteria compleantur abscedunt: et in ipsa ecclesia otiosis fabulis vacantes, nec ipsi psallunt, nec alios psallere, vel orare permittunt.' Et in sermone sequenti hortatur Fideles, ut ne se 'de Ecclesiæ conventu subtrahant in sex Horis' canonicis." Mab.
c *salutem*. The word *solita* is of frequent occurrence in M. Mozarab.
d MS *ac cincti*.

above p. 79.

gaudiis : simus in oratione solliciti, jejuniis prompti, in eleemosynis liberales : ut promissæ retributionis gloriam devotâ fide et fructuosâ operatione mereamur per Dominum.

(*Collectio sequitur.*) Deus, qui Ninivitis pro peccatis suis jejunantibus pepercisti; te supplices deprecamur : ut et nobis in hoc jejunio[b] nostrorum indulgentiam per solitam[c] misericordiam largiaris. Per.

(*Collectio post nomina.*) Recensitis offerentum nominibus, accincti[d] abstinentiæ cibis, et devoto pasti jejunio, petamus à Domino Salvatore nostro : uti hæc adoranda sacrificia, quæ pro spiritibus pausantium, et nostris nostrorumque peccatis curâ pietatis offerimus, sicut munus Abel justi sui . . . benedicat, et in no. . . . ficata custodiat. Per.

(*Collectio sequitur.*) Suscipe preces populi tui, clementissime Pater : et directas in Spiritu tuo oblationes, quasi odorem incensi flagrantis, adsume. Per Dominum.

(*Contestatio nunc.*) Dignum et justum est, tibi sanctificare jejunium, quod nos ad animarum medelam et castigationem corporum servare docuisti : quia restrictis corporibus, animæ saginantur : et in quo homo noster exterior adteritur, dilatatur interior. Memento itaque, Domine, in hoc jejunio miseration.

*Reliqua desunt.*

## SEU

## SACRAMENTARIUM GALLICANUM.

*Lectio libri Danihel prophetœ in cottidianâ legenda.*[b]

In tempore autem illo consurgit[c] Michahel princeps magnus, qui stat pro filiis populi tui, et veniet tempus, quale non fuit ab eo[d] quo gentes esse cœperunt, usque ad tempus illud. Et in tempore illo salvabitur populus tuus omnis, qui inventus fuerit in libro scriptus; et multi de his qui dormiunt in terræ pulvere, evigilabunt, alii in vitam æternam, et alii in opprobrium, ut videant semper. Qui autem docti fuerint, fulgebunt quasi splendor firmamenti: et qui ad justitiam erudiunt plurimos, quasi stellæ[e] in perpetuas æternitates, ait Dominus Deus.

*Epistola Pauli apostoli ad Corinthios.*[f]

Fratres, qui gloriatur, in Domino glorietur. Non enim qui seipsum commendat, ille probatus est, sed quem Dominus commendaverit. Utinam sustineretis modicum quid insipientiæ mei. Æmulor vos Dei æmulatione in Christo Jesu.

*Lectio sancti Evangelii secundum Lucam.*[g]

In tempore illo dixit Dominus[h] Jesus discipulis suis, Adtendite vos,[i] ne fortè graventur corda vestra in crapulâ[j] et ebrietate et curis hujus vitæ; et superveniat in vos repentina dies illa, tanquam fur.[k] Laqueus enim superveniet in omnes qui sedent super faciem orbis[l] terræ. Vigilate itaque omni tempore, orantes,

a We have ventured to change the title of this Sacramentary, to prevent confusion with the last one. The MS though found by Mabillon in the Monastery of Bobio is evidently not drawn up for a Monastic community. It had probably been carried from Luxeuil by S. Columbanus, and from the mention of S. Sigismund of Burgundy, we have called it after Besançon.

b Cap. 12. v. 1–3.

"Nempe ad Missam, in qua tres quondam lectiones recitari mos erat, ut alias diximus. Erant ergo etiam tunc Missæ quotidianæ, quales iterum habes inferius sub finem hujus libri. Missarum hujusmodi quotidianarum usum tempore Augustini in Africa obtinuisse colligimus ex Sermone lviii ad populum, novæ editionis, num. 12. 'In ecclesia ad altare Dei quotidie dicitur ista Dominica oratio, et audiunt illam Fideles. Non ergo timemus, ne minus diligenter eam teneatis: quia etsi quis vestrum non poterit tenere perfecte, audiendo quotidie tenebit.' Post Prophetiam Collectio: post Epistolam responsorius Psalmus: cujus singulos versus præcineute Lectore, chorus repetebat, ut recte probat amicus noster pius ac doctus Josephus M. Carus seu Thomasius in erudita Præfatione sua ad Responsorialia et Antiphonalia, quæ Romanis typis anno superiore prodierunt." Mab.

c Vulg. *consurget.*

d Vulg. + *ex.*

e "In codice 'stillæ,' et constans ubique scriptura, ubi occurrit 'stilæ,' non 'stella.' Passim obviæ sunt in codice nostro ejusmodi commutationes litterarum." Mab.

f 2 ad Cor. c. 10. v. 17–c. 11. v. 2.

g Cap. 21. v. 34–38.

h "Sic passim legendo Evangelio quondam dicebatur *Dominus Jesus,* non simpliciter JESUS, quod de Ambrosiano ritu observavimus in Musei tomo i. p. 105." Mab.

i Vulg. *vobis.*

j MS *crapola.*

k Vulg. omits *fur.* It is probably a various reading for the following word.

l Vulg. *omnis,* and two lines below *fugere.*

m for *magnificabat Deum* Vulg. has *manicabat ad eum.* * M. 279

a "In fine Missalis Gothico-Gallicani pari modo habetur 'Missa cotidiana Romensis,' sed mutila; incipitque a Collecta, quæ hic secundo loco refertur, 'Deus qui culpa offenderis, &c.' Etsi vero hæc Missa plurimum desumta est ex Ordine Romano; tamen Gallicano accommodata est, ut patet ex collectionibus 'post nomina,' 'ad Pacem' &c." Mab. It will be ob-

ut digni habeamini fugire ista omnia quæ futura sunt, et stare ante Filium Hominis. Erat autem diebus docens in templo, noctibus verò exiens morabatur in monte, qui vocatur Oliveti, et omnis populus magnificabat Deum.[m] served that the daily Office from which was taken the Canon for the other *Missæ*, occurs at the beginning of this Collection, while it formed the conclusion of the M. Goth.

above p. 116.

b From a comparison with the version of this prayer quoted above p. 116. mg., we see that this is meant for *intercessionis auxilio.*

## * MISSA ROMENSIS COTTIDIANA.[a]

Deus, qui beato Petro apostolo tuo conlatis clavibus regni cœlestis, animas ligandi atque solvendi pontificium tradidisti : suscipe propitius preces nostras, et intercessione ejus, quæsumus, Domine, auxilium,[b] ut à peccatorum nostrorum nexibus liberemur.

above p. 150.

Oblata Dne munera sanctifica, nosque a peccatorum nostrorum maculis emunda, per.—S. Greg. p. 7.
Grata sit tibi, Domine, hæc oblatio famuli tui ill. quam tibi offerimus in honore beati Martyris tui, ill. quæsumus, eidem proficiat ad salutem. Per.—S. Greg. apud Gerb. p. 286a.
INCIPIT CANON ACTIONIS.
Svrsum corda. R. Habemus ad Dominum.
Gratias agamus Domino Deo nostro. R. Dignum et justum est.
VD. et justum est, æquum et salutare, nos tibi semper et ubique gratias agere, Domine sancte Pater omnipotens æterne Deus per Christum Dominum nostrum. Per quem Majestatem tuam laudant Angeli, adorant Dominationes, tremunt Potestates; Cæli, cælorumque Virtutes, ac Beata Syrafin socia exultatione concelebrant. Cum quibus et nostras voces ut admitti jubeas, deprecamur, supplici confessione dicentes : Sanctus, Sanctus, Sanctus Dominus Deus Sabaoth. Pleni sunt cæli et terra gloria tua. Osanna in excelsis. Benedictus qui venit in nomine Domini. Osanna in Excelsis.
Te igitur, clementissime Pater, per Jesum Christum Filium tuum Dominum nostrum supplices rogamus et petimus ; uti accepta habeas et † benedicas † dona, hæc † munera, hæc † sancta Sacrificia † inlibata. In primis quæ tibi offerimus pro Ecclesia tua Sancta Catholica, quam pacificare, custodire, adunare, et regere digneris toto orbe terrarum una cum famulo tuo Papa nostro *Illo,* et Antistite nostro *Illo* Episcopo. Memento

*(Collectio.)* Deus, qui culpâ offenderis, pœnitentiâ placaris, afflictorum gemitus respice, et mala quæ justè inrogas, misericorditer averte.

*(Post nomina.)* Oblata, Domine, munera sanctifica, nosque à peccatorum nostrorum maculis [c] emunda.

*(Ad Pacem.)* Grata sit tibi, Domine, hæc oblatio plebis tuæ, quam tibi offerimus in honore nominis tui,[d] cunctis proficiat ad salutem.

*(Contestatio.)* Verè dignum et justum est, æquum et salutare, nos tibi semper et ubique gratias agere, Domine sancte, Pater omnipotens, æterne Deus, per Christum Dominum nostrum. Per quem majestatem tuam laudant Angeli, adorant Dominationes, tremunt Potestates, cœli cœlorumque Virtutes ac beata Seraphin sociâ exultatione concelebrant. Cum quibus et nostras voces ut admitti jubeas deprecamur, supplice confessione dicentes, Sanctus.

Te [e] igitur, clementissime Pater, per Jesum Christum Filium tuum Dominum nostrum, supplices rogamus et petimus, uti acceptum [f] habeas et benedicas † hæc dona, hæc munera, hæc sancta sacrificia illibata.

In primis quæ tibi offerimus pro ecclesiâ tuâ sanctâ catholicâ, quam pacificare, custodire, adunare, et regere digneris totum orbem [g] terrarum, unà cum devotissimo [h] famulo[i] tuo *ill.* Papa nostro sedis apostolicæ, et Antistite nostro,[j] et omnibus orthodoxis adque Catholicæ fidei cultoribus.

i MS *famolo* and in the same line *Antestite.* The Gallican Liturgy did not originally contain any prayer for the Bishop of Rome. The fourth canon of the second Council of Vaison A.D. 529 enjoins it as a new thing. "Nobis justum visum est, ut nomen Domini Papæ, quicunque Apostolicæ sedi præfuerit, in nostris Ecclesiis recitetur." We gather from this that the practice began (in that province at least) before the Ephesine Canon was abandoned; for when the Roman rite was adopted, this clause would naturally (as in our text) come in with the rest. The words *sedis apostolicæ* (not found in other copies) show either the early date or the distant province of this Collection; its compiler evidently did not think the epithet of *Papa* a sufficient designation by itself of the Bishop of Rome.

c MS *macolis.*
d Mab. adds *ut,* but this is shown by the mg. to be unnecessary.
e "Cum hic Canon (ut vocamus) non repetatur in subsequentibus Missis, id argumento est, eos, qui hoc codice utebantur, non alium Canonem habuisse quam Romanum." Mab. The many readings common to this Collection and the M. Franc. show that they both belong to a peculiar recension of the Roman Canon prevalent in Gaul.
f Probably a mistake of the scribe's for *accepta,* which occurs in all other copies of the Roman Canon.
g The accusative for the ablative, as in so many places.
h In general this adjective does not occur. Muratori has *beatissimo* in its stead.
j The prayer for the Bishop shows that this MS was written for a Church served by a priest, not for one where a bishop officiated. The MSS of the Gregorian rite often add here the words "pro rege nostro." The following clause is omitted in many MSS of the Roman rite, e. g. that in the mg. Some say that this was done because it was thought to be rendered unnecessary by the first words of the follow-

ing paragraph, but others answer that that was meant to apply only to those who had made an offering, whereas this refers to all the living, present or absent. Considering, however, that the living laity have already been prayed for under the words "ecclesia catholica toto orbe terrarum," one would rather be inclined (if as is probable the prayer

Memento, Domine, famulorum famularumque tuarum [k] et omnium circumadstantium,[l] quorum tibi fides cognita est et nota devotio,[m] qui tibi offerunt hoc sacrificium laudis, pro se suisque omnibus, pro redemptione animarum suarum, pro spe salutis et incolumitatis [n] suæ, tibi [o] reddunt vota sua æterno Deo vivo et vero.

[k] Here were recited the names of those who had made any special offering.
[l] This is the reading of the old MSS generally of the Gregorian rite, but the Roman Missal now has *circumstantium*.
[m] The present Roman Missal here adds the words, "*pro quibus tibi offerimus*," which are found also in a large number of MSS written after the eleventh century, but seldom or never in those prior to that date. The reason of their insertion seems to have been a wish to provide a clause suitable to the circumstances of the large number of persons who as love grew cold and discipline lax, were present at the service without taking any part as offerers and communicants. The addition, however, is very awkward, and coheres badly both with what goes before and with what follows; for the faith and devotion of the bystanders is manifested by their making the offering for the material sacrifice of praise for themselves &c.
[o] This last clause seems tautological. A few Roman MSS add the copulative conjunction *que*. One would almost be tempted to join it to the following paragraph where the two participles seem to require a verb in the indicative: "To Thee, the eternal living and true God, they pay their vows, communicating &c."

Communicantes et diem sacratissimum celebrantes, *(dicitur in Nativitate Domini)* in quo incontaminata virginitas huic mundo edidit Salvatorem Jesum Christum Dominum nostrum. *(dicitur in sancto Paschâ)* et diem sacratissimum celebrantes resurrectionis Domini nostri Jesu Christi Filii tui. Sed et memoriam venerantes in primis gloriosæ semper virginis Mariæ, genetricis Dei et Domini nostri Jesu Christi : sed et beatissimorum apostolorum ac martyrum tuorum Petri, Pauli, Andreæ, Jacobi, Johannis, Thomæ, Jacobi, Philippi, Bartholomæi, \* Matthæi, Simonis, et Thadæi, Lini, Cliti, Clementis, Sixti, Cornili, Cypriani, Laurenti, Chrysogoni, Johannis et Pauli, Cosmæ et Damiani, Hilarii, Martini, Ambrosii, Augustini, Gregorii, Hieronymi, Benedicti, et omnium sanctorum tuorum, qui [p] per universum mundum passi sunt propter nomen tuum, Domine, seu confessoribus tuis, quorum meritis precibusque concedas, ut in omnibus protectionis tuæ muniamur auxilio, per Christum Dominum nostrum.

Hanc igitur oblationem servitutis nostræ, sed [q] et cunctæ familiæ tuæ, quam tibi offerimus in honorem nominis tui, Deus, quæsumus, Domine, ut placatus accipias, diesque [r] nostros in tuâ pace disponas, adque ab æternâ damnatione nos eripi, et in electorum tuorum jubeas grege numerari, per Christum Dominum nostrum.

[q] "Hæc verba, 'sed et cunctæ familiæ ' tuæ usque ad ' nominis tui Deus,' cancellata sunt in veteri codice, item infra pro 'accipias,' correctum 'suscipias.'" Mab. Perhaps it was by mistake that the cancelling line was extended to the words "sed et cunctæ familiæ tuæ," which are found in all the Roman books (and indeed seem required to mark the union of the whole Church in offering each oblation of the Eucharist) ; whereas the following clause does not appear in any, though similar expressions occur in many of the separate *Missæ* of the S. Gel., to the exclusion of the addition made by S. Gregory. Possibly, then, the words in the M. Vesont. are a relic of greater

for the king did not originally belong to this place) to consider this clause as a special prayer for the whole Episcopate, the word *orthodoxis* being equivalent to the Eastern form, "rightly dividing the word of truth."

Domine famulorum famularumque tuarum et omnium circumadstantium. Quorum tibi fides cognita est, et nota devotio ; qui tibi offerunt hoc sacrificium laudis pro se, suisque omnibus, pro redemptione animarum suarum, pro spe salutis et incolumitatis suæ ; tibi reddunt vota sua æterno Deo vivo et vero.

[n] MS *incolomitatis.*

\* M. 280

[p] This clause down to the words *confessoribus tuis* does not seem to be found in any Roman book.

It is a strong mark of the antiquity of the present Collection, that in the present paragraph it only provides special clauses for the festivals of Christmas and Easter. Might we take this fact in connection with the disappearance of the old Gallican services for the Ascension and Whitsunday (as remarked above p. 117) in the Gothic Missal, as an indication that they were not looked upon of old in the Church of France as being of equal importance with some other parts of the Christian year?

The Gelasian Sacramentary has nearly the same as the text, viz.

Communicantes et diem sacratissimum celebrantes, in quo incontaminata virginitas huic mundo edidit Salvatorem J. C. D. N. Sed et memoriam.

Communicantes, et noctem sacratissimam celebrantes resurrectionis D. N. J. C. secundum carnem. Sed et memoriam.

Communicantes et memoriam venerantes in primis gloriosæ semper Virginis Mariæ Genitricis Dei et Domini nostri Jesu Christi, sed et Beatorum Apostolorum ac Martyrum tuorum Petri, Pauli, Andreæ, Jacobi, Johannis, Thomæ ... (*linea abrasa*) Jacobi, Philippi, Bartholomæi, Matthæi, Simonis, et Taddei, Lini, Cleti, Clementis, Xysti, Corneli, Cypriani, Laurenti, Chrisogoni, Johannis, et Pauli, Cosmæ, et Damiani ... et Eleutherii [z] ... et omnium Sanctorum tuorum : quorum meritis precibusque concedas, ut in omnibus protectionis tuæ muniamur auxilio. Per Christum Dominum nostrum.

Hanc igitur oblationem Servitutis nostræ, sed et cunctæ familiæ tuæ, quæsumus Domine, ut placatus accipias [z] disque nostros in tua pace disponas ; atque ab æterna damnatione nos eripi, et in Electorum tuorum jubeas grege numerari. Per Christum Dominum nostrum.

[z] The presence of the name of Eleutherius is supposed to be a mark of the MS of the Gelasian Sacramentary having been submitted to Gallican influence; as the Roman rite contains here the names of martyrs only. In the text we find the names of no less than seven Confessors, several of whom are mentioned in some MSS of the Roman rite, as for example in that published by Menard.
[r] Joannes Diaconus, Anastasius and Bede H. E. 2. 1., tell us that it was S. Gregory the Great who added the words from *diesque* to the end of the

paragraph; which shows that the Service-book we give in the text had adopted his alterations, as is the case with the M. Gall. above p. 175.

[g] "Ita primaria manu, secundaria 'ut.'" Mab. *Ut* is the Roman reading; *quæ* occurs in M. Franc.

Quam oblationem tu Deus in omnibus, quæsumus, benedictam, ascriptam, ratam, rationabilem, acceptabilemque facere digneris; ut nobis Corpus et Sanguis fiat dilectissimi Filii tui Domini Dei nostri Jesu Christi. Qui pridie quam pateretur, accepit panem in sanctas ac venerabiles manus suas: elevatis oculis in cælum ad te Deum Patrem suum omnipotentem, tibi gratias agens, benedixit, fregit, dedit Discipulis suis dicens; Accipite, et manducate ex hoc omnes: Hoc est enim Corpus meum. Simili modo postea quam cœnatum est, accipens et hunc præclarum Calicem in sanctas ac venerabiles manus suas, item tibi gratias agens, benedixit, dedit Discipulis suis dicens: Accipite, et bibite ex eo omnes: Hic est enim Calix Sanguinis mei, novi et æterni testamenti, Mysterium Fidei, qui pro vobis et pro multis effundetur in remissione peccatorum. Hæc quotiescumque feceritis, in Mei memoriam facietis.

Vnde et memores sumus, Domine, nos tui servi, sed et plebs tua sancta Christi Filii tui Domini Dei nostri tam beatæ Passionis. nec non et ab inferis Resurrectionis, sed et in cœlos gloriosæ Ascensionis: offerimus præclaræ Majestati tuæ de tuis donis ac datis Hostiam puram, Hostiam sanctam, Hostiam immaculatam, Panem sanctum vitæ æternæ, et Calicem salutis perpetuæ. Supra quæ propitio ac sereno vultu respicere digneris, et accepta habere, sicuti accepta habere dignatus es munera pueri tui justi Abel, et sacrificium Patriarchæ nostri Abrahæ, et quod tibi obtulit Summus Sacerdos tuus Melchisedech, sanctum sacrificium, immaculatam hostiam. Supplices te rogamus, omnipotens Deus, jube hæc perferri per manus Angeli tui in sublime Altare tuum in conspectu divinæ Majestatis tuæ; ut quotquot ex hac Altaris participatione sacrosanctum Filii tui Corpus et sanguinem sumpserimus, omni benedictione cœlesti et gratia repleamur. Per Christum Dominum nostrum.[c]

**✱ M. 181**

[t] "Quæ majusculis hic litteris edita sunt, minio depicta exstant in vetere exemplari." Mab.

[u] Mab. adds *et* from the present Roman Missal but it is omitted in the mg., and in most ancient MSS of the Gregorian rite, as Menard remarks, Note 52. The same remark applies to the omission of the copulative conjunction *que* after *dedit* two lines below, and after the same word when used of the cup, five lines further on.

[v] for *simili*, as in many other places in this Service-book we have *e* for *i* in the ablative.

[w] Another point of agreement between our present Collection and the Miss. Franc. the Roman copies having *accipiens*.

[x] MS *discipolis*.

[y] "Additum erat 'sancti,' sed postea tribus obelis expunctum." Mab.

latitude of expression allowed in this prayer before his time, and practised in some places for some time after. The M. Franc. here adds a clause beginning, "quam tibi offerimus in honore Domni beati Martyris tui *ill.* &c." the variation between which and the text is curiously parallel to that between the versions in the text and the mg of the prayer *ad Pacem* above. *Suscipias* is in Miss. Franc.

† Quam oblationem tu, Deus, in omnibus, quæsumus, benedictam,† adscriptam,† ratam, rationabilem acceptabilemque facere digneris, quæ [g] nobis† corpus† et sanguis fiat dilectissimi Filii tui Domini Dei nostri Jesu Christi. Qui pridie quàm pateretur, ACCEPIT [t] PANEM IN SANCTAS ac venerabiles manus suas,[u] elevatis oculis in cœlum, ad te Deum Patrem suum omnipotentem, gratias agens, benedixit,† FREGIT, DEDIT DISCIPULIS suis dicens, Accipite et manducate ex hoc omnes; hoc est enim corpus meum. Simile [v] modo posteaquam cœnatum est, accepit [w] et hunc præclarum calicem in sanctas ac venerabiles manus suas; item tibi gratias agens benedixit,† DEDIT DISCIPULIS [x] SUIS, dicens, Accipite et bibite ex eo omnes; hic est enim calix [y] sanguinis mei, novi et æterni testamenti, mysterium fidei, qui pro vobis et pro multis effunditur in remissione [z] peccatorum. Hæc quotiescunque feceritis, in mei memoriam facietis.

UNDE ET MEMORES SUMUS, Domine, nos servi tui sed et plebs tua sancta Christi Filii tui Domini nostri tam beatæ passionis, necnon et ab inferis resurrectionis, sed et in cœlos gloriosæ ascensionis, offerimus præclaræ majestati tuæ de tuis donis ac datis† HOSTIAM puram, HOSTIAM sanctam,† HOSTIAM immaculatam,† panem sanctum vitæ æternæ, et calicem salutis perpetuæ. Supra quæ propicio ac sereno vultu aspicere dignare,[a] et acceptum habere, sicut acceptum habere dignatus es munera pueri tui justi Abel et sacrificium patriarchæ nostri Abrahæ, et quod tibi obtulit summus sacerdos tuus Melchisedech, sanctum sacrificium, immaculatam hostiam.

Supplices te rogamus, omnipotens Deus, jube hæc perferri per manus sancti Angeli tui in sublimi altario tuo [b] in conspectu divinæ majestatis tuæ: ut quotquot ex hac altaris participatione sacrosanctum Filii tui corpus et sanguinem sumpserimus, omni benedictione cœlesti et gratiâ repleamur,✱ per Christum Dominum nostrum.

[z] For the accusative. *Effunditur* in the present is found in several Itala copies of the Gospels.

[a] "Correxit nonnemo antiqua manu, ut alia, 'respicere digneris.'" Mab. This correction is the Roman reading. That in the text occurs also in Miss. Franc. *Acceptum* seems a mere mistake; see p. 206f.

[b] for the accusative, as usual. So also in the Miss. Franc.

[c] "Defunctorum commemoratio desideratur, quam se nec invenisse narrat hoc loco claris. Menard. in Cod. S. Eligii. An id suffragari ullo modo possit statuentibus mortuorum memoriam post Consecrationem in Missæ Sacrificio, omnium primum fieri præcepisse Pelagium II. aliorum potius quam meum volo esse judicium. Illud est omnibus comperto, vetustissimorum Patrum testimoniis constare, longe ante Gelasii Pontificis tempora Ecclesiam consuevisse in sancto Sacrificio defunctorum memoriam habere. Ea testimonia collegerunt plurimi, et præcipue Menardus, not. 70, Card. Bona cap. prælaudato, et Dionysius a S. Martha animadversione sua ad adlegatam mox Menardi notam. Illud præterea notum est, non omnibus Ecclesiis, Mozarabæ potissimum atque Gallicanæ, commune fuisse mortuorum commemorationem in Diptychis una simul facere ante Consecrationem, imo et ante ipsum Canonem. An aliquid Gallicani ritus præsens hicce locus indicet, vel minime, adserere, quamdiu firmæ deerunt rationes, non audeo. In Missa Illyrici et vivorum et mortuorum post

Consecrationem fit commemoratio." **Vezz.** Gerbert mentions several other ancient MSS of the Gregorian Sacramentary in which this prayer is wanting. On the other hand, the Missale Vesontionense has been so much Romanized, that it has the prayers for the dead here, after consecration, while a great number of its Collects *post nomina* have been replaced by purely Roman prayers *super oblata.* As our present edition of the Gelasian Sacramentary is defective here, we subjoin for the purpose of comparison, the same prayer from the Sac. Greg.

MEMENTO ETIAM, DOMINE, et eorum nomina, qui nos præcesserunt cum signo fidei et dormiunt in somno pacis. *Commemoratio defunctorum.*[d] Ipsis et omnibus in Christo quiescentibus locum refrigerii, lucis, et pacis, ut indulgeas deprecamur, per Christum Dominum nostrum.

NOBIS quoque peccatoribus famulis[e] tuis de multitudine miserationum tuarum sperantibus, partem aliquam societatis donare digneris cum tuis sanctis Apostolis et martyribus, cum Johanne, Stephano, Matthiam, Barnaban, Ignatio, Alexandro, Marcellino, Petro,[f] Perpetuâ,[g] Agne, Cæciliâ, Felicitate, Anastasiâ, Agathe, Luciâ, Eogeniâ, et cum omnibus sanctis tuis, intra quorum nos consortium non stimator[h] meriti, sed veniæ, quæsumus, largitor admitte, per Christum Dominum nostrum.

PER QUEM HÆC OMNIA, Domine, semper bona creas,† sanctificas,† vivificas,† benedicis, et præstas nobis. Per ipsum, et cum ipso, et in ipso est tibi Deo Patri omnipotenti in unitate Spiritûs Sancti OMNIS honor et gloria, per omnia sæcula sæculorum.

Divino[i] magisterio edocti et divinâ institutione audemus dicere: Pater.

*(Post* Pater noster.*)* Libera nos, Domine, ab omni malo, præterito, præsenti, et futuro, et intercedente pro nobis beatâ et gloriosâ semperque virgine[j] Mariâ et beatis apostolis Petro et Paulo, da propitius pacem tuam in diebus nostris: ut ope misericordiæ tuæ adjuti, et à peccato simus semper liberi, et ab omni perturbatione securi.

*(Post communionem.)* Quos cœlesti, Domine, dono satiasti, præsta, quæsumus, ut à nostris mundemur occultis, et ab hostium liberemur insidiis.

*(Consummatio Missæ.)* Gratias tibi agimus, Domine sancte, Pater omnipotens, æterne Deus, qui nos corporis et sanguinis Christi Filii tui communione satiasti, tuamque misericordiam humiliter postulamus;[k] ut hoc tuum, Domine, sacramentum non sit nobis reatus ad pœnam, sed sit intercessio salutaris ad veniam; sit ablutio scelerum, sit fortitudo fragilium, sit contra mundi pericula[l] firmamentum. Hæc nos, Domine, communio purget à crimine, et cœlestis gaudii tribuat esse participes. Per.

[e] MS *famolis.*
[f] "Altera manu, "Petro, Felicitate, Perpetua, Agathe, Agne, &c.'"—Mab. To bring it nearer the Roman order.
[g] "Nomina virginum, Agathæ, Luciæ, Agnetis, Cæciliæ, Anastasiæ, Actioni Canonis addidisse Greg. Mag. scribit S. Aldelmus Episcop. Schirburnensis cap. xxv. lib. de Virginitate." Vezz.
[h] See above p. 153[b] 158[d] 201[f] for instances of this mode of spelling the word.
[k] MS *postolamus.*
[l] MS *pericola.*

27

[d] Here the names were recited from the Diptychs.
Memento etiam, Domine, famulorum famularumque tuarum [*illorum et illarum*] qui nos præcesserunt cum signo fidei et dormiunt in somno pacis. Ipsis, et omnibus in Christo quiescentibus locum refrigerii, lucis, et pacis, ut indulgeas, deprecamur. Per Christum.—S. Greg. ap. Mur. p. 4. The S. Greg. apud Gerb. p. 236 has the word *nomina*, as in the text, which otherwise might be considered a mistake. What follows is again from S. Gel.
Nobis quoque peccatoribus famulis tuis de multitudine miserationum tuarum sperantibus, partem aliquam societatis donare digneris cum tuis Sanctis Apostolis et martyribus, cum Johanne, Stephano, Matthia, Barnaban, Ignatio, Alexandro, Marcellino, Petro, Felicitate, Perpetua, Agatha,[g] Lucia, Agnem. Cæciliæ, Anastasia, et cum omnibus Sanctis tuis: intra quorum nos consortia non æstimator meriti, sed veniæ quæsumus, largitor admitte. Per Christum Dominum nostrum.
Per quem hæc omnia Domine semper bona creas, sanctificas, vivificas, benedicis, et præstas nobis. Per ipsum, et cum ipso, et in ipso est tibi Deo Patri omnipotenti in unitate Spiritus Sancti omnis honor et gloria per omnia sæcula sæculorum. Amen. —S. Gel. p. 172.
[i] "Emendatum, 'Oremus præceptis salutaribus moniti, et divina institutione formati audemus dicere.' Alia formula est Ordinis Gallicani." Mab.
The form in the text occurred above p. 74, from which we see that the word *formati* should be added after *institutione.* That in the margin (there should be a full stop after *oremus* ) is exactly that of the Roman Liturgy.
Libera nos, quæsumus, Domine ab omnibus malis præteritis, præsentibus, et futuris; et intercedente pro nobis Beata et gloriosa semperque Virgine Dei Genitrice Maria, et sanctis Apostolis tuis Petro, et Paulo, atque Andrea, da propitius pacem in diebus nostris; ut ope misericordiæ tuæ adjuti, et a peccatis simus liberi semper, et ab omni perturbatione securi. Per.—S. Gel. p. 176a.
[j] "Additum secunda manu, 'Dei genitrice.'" Mab.
Quos cælesti Domine donæ satiasti, præsta quæsumus, ut a nostris mundemur occultis, ab hostium libere-mur insidiis. Per Dominum.—S. Gel. p. 165b.
Gratias tibi agimus, Dne sancte Pater omnipotens æterne Deus, qui nos corporis et sanguinis Dni nri Ihu Xpi communione satiasti: tuamque misericordiam imploramus, ut hoc tuum, Dne, sacramentum non sit nobis reatus ad pœnam, sed sit intercessio salutaris ad veniam, sit ablutio scelerum, sit fortitudo fragilium, sit contra mundi pericula firmamentum. Hæc uos communio mundet a crimine, et cœlestis gaudii tribuat esse participes. Per eundem.—M. Amb. apud Gerb. p. 240a. See above p. 48. In S. Leon. pp. 67. 103. two Collects are found which together make up the one in the text.

As the last prayer is the conclusion of the service, we put a space between it and the next, though none exists in Mabillon's edition. The prayers which follow belong to an earlier part of the service, in fact, to the *Missa Catechumenorum*. Mabillon remarks upon the following Lessons for Advent; "Ab hoc maxime loco incipit Missale Gallicanum; nam quæ præcedunt, fere ex Ordine Romano desumpta sunt," but this would seem to apply far better to the present place, for most of the following prayers have a strong Ephesine character. It is true that Krazer supposes the occurrence of the *Gloria in excelsis* to be a mark of Roman influence, because there is no allusion to it in the Gothic, Gallican or Frankish Missals, nor in S. Germanus' Exposition, and because Gregory Turonensis de 2 Mirac. S. Mart. c. 25 seems to imply that this hymn was only sung on special occasions of thanksgiving. But as it has for many centuries formed part of the Mozarabic rite, (being mentioned by Etherius and Beatus in their book against Elipandus) we may fairly suppose that it has passed into our present Collection from thence, especially as the prayers that follow it, much resemble the Mozarabic Collects in the same place.

a " Fortasse, 'id est Sanctus,' quod esset glossema vocabuli ἅγιος." Mab.
b There seems a mistake here.

**\* M. 282**

The versions of the *Gloria in excelsis* which are now found in the Mozarabic ritual are with one or two trifling exceptions identical with that in the Roman Liturgy and in our text.
Gloria in excelsis Deo, et in terra pax hominibus bonæ voluntatis. Laudamus te, benedicimus te, adoramus te, glorificamus te, (*Brev. Moz.*+hymnum dicimus tibi,) gratias agimus tibi propter magnam gloriam tuam, Domine Deus, rex cælestis, Deus Pater omnipotens.
Domine, Fili unigenite, Jesu Christe, (*Brev. Moz.*+altissime,) Domine Deus, Agnus Dei, Filius Patris; Qui tollis peccata mundi, miserere nobis; qui tollis peccata mundi, suscipe deprecationem nostram; qui sedes ad dexteram Patris, miserere nobis.
Quoniam tu solus sanctus, tu solus Dominus, tu solus altissimus, Jesu Christe, cum Sancto Spiritu in gloria Dei Patris. Amen.—Brev. Moz. p. xc. M. Moz. p. 221.
c "Nulla hic mentio de Symbolo CP. quod fortasse tum in Missa Gallicana haud recitaretur. In Africa tempore Augustini Symbolum ad Missam non recitabatur, ut Oratio Dominica, ex Sermone lviii ad populum num. 12 & 13." Mab.
d MS *malibolis* and in the same line *homenibus*.
e " Hic, uti et in superiori Cantico, 'voluntatis.' Qui scribendi modus ubique retinetur in nostro codice. Apposite Hildemarus in caput septimum Regulæ sancti Benedicti, ubi de secundo gradu humilitatis; 'Sunt multi qui distinguunt voluntatem per n adtinere ad Deum; et voluntatem per m ad hominem; voluptatem vero per p ad diabolum.' Tamen ubi etiam agitur de Deo, voluntas per m scribitur in nostro exemplari." Mab.
f MS *ampotes*.
g cf. M. Moz. p. 57. 12. "Reliquum excursum hujus anni in tua servitute *transigere mereamur.*"
h MS *famolato*.

### *Dicitur post* Aios.

Tu summe Deus, aios, ipse [a] sanctus, omnipotens Sabaoth, qui venisti ab excelsis pati pro nobis, miserere nobis, tu trinæ potentiæ Pater inclyte, qui mœnia excellentissima Hierusalem divinis ornas lapidibus, et ejus agmina [b] sanctorum sanguine pingis; libera nos tuo valido brachio, et salva nos per auxiliatricem dexteram tuam, et defende in nobis pretium pretiosi sanguinis tui, quos redemisti. Per.

### Gloria *ad Missam decantanda.*

Gloria in excelsis Deo, et in terrâ pax hominibus bonæ voluntatis.\* Laudamus te, benedicimus te, adoramus te, glorificamus te. Gratias agimus tibi propter magnam gloriam tuam, Domine Deus, rex cœlestis, Deus Pater omnipotens. Domine Fili unigenite Jesu Christe, Domine Deus, agnus Dei, Filius Patris, qui tollis peccata mundi, miserere nobis, qui tollis peccata mundi, suscipe deprecationem nostram; qui sedes ad dexteram Patris, miserere nobis. Quoniam tu solus sanctus, tu solus Dominus, tu solus altissimus, Jesu Christe, cum Sancto Spiritu in gloriam Dei Patris. Amen.[c]

Deus cui meritò et in excelsis et in terrâ, utriusque loci incolis gloria decantatur: qui pacem tuam, non in malevolis,[d] sed in hominibus bonæ voluntatis [e] esse testaris; te orantes laudamus, tibique agentes gratias supplicamus: ut qui in te suscipiens mundi peccata, purgata delêsti, suscipias ex dono tuo tibi placita, et amputes [f] prava desideria nostra; simulque præsta, ut præsentem diem te protegente sine peccato transigere mereamur.[g]

### *Item alia.*

Deus, cui meritò et Angeli in cœlis et homines in terrâ debito famulatu [h] conlaudant;

cujus sanctum nomen super omne nomen exaltatum fidele [i] exultatione concelebrant : praesta nobis famulis [j] tuis, effectu tibi bonorum operum propinquare, teque vitâ simul et voce [k] laudare, tuamque misericordiam rectis actibus impetrare : ut universus hic populus, qui angelos tuos aequiperare confitendo, sectari quoque studeat imitando.

*i for fideli.*

*j MS famolis.*

*k An alliteration similar to that in our General Thanksgiving, "not only with our lips but in our lives."*

### Oratio post Precem.[l]

Miserere, Domine Deus omnipotens, qui discipulis [m] tuis Spiritum Sanctum dedisti, vel per Evangelistarum tuorum omnes [n] docuisti, etiam omnibus nobis per baptismum indulgentiam tribuisti, et omnes credentium nomen sanctum tuum de inferna redemisti. Per.

*l "In Missali Gothico p. 190. et 251. habentur itidem 'Collectiones post Precem.' Id de cantico trium Puerorum interpretati sumus. At de hymno Angelorum 'Gloria in excelsis,' qui hic proxime antecedit, interpretandum esse patet ex sequenti notatione.' Mab.*

*m MS discipolis.*

*n There is plainly some mistake here, and also in the same word two lines after.*

### Item post Precem.

Domine, preces populi tui placatus exaudi, universis quae postulant tribue, et singulis quae sunt oportuna concede. Crescat in eorum sensibus devotio tibi in omnibus placita, qualiter à te beneficia obtineant oportuna. Per.

### Item alia.

*Domino Deus, qui populis tuis et justè irusceris et clementer ignoscis ; inclina aurem tuam supplicationibus nostris ; ut qui te totis sensibus confitemur, non judicium tuum sed indulgentiam consequamur.*

above p. 81.

### Collectio post Aios.

Judicia tua, Deus, comprehendere non valemus, reprehendere non audemus : nimis profundae factae sunt cogitationes tuae, quis investigaverit eas ? Concede nobis, piissime Pater,* ut te [o] timeamus quia bonus es, sperantes in misericordiâ tuâ. Tu enim dixisti, Nolo mortem peccatorum. Tantùm adjutor esto revertentibus, ut vivamus.

* M. 283

*o MS omits te.*

### Oratio post benedictionem.[p]

Deus, qui tribus pueris in camino ignis mitigasti flammas incendii ; concede, quaesumus, ut nos famulos tuos non urat flamma vitiorum. Per.

*p "Id est post canticum trium Puerorum: quod ex sequenti Collectione intelligitur." Mab.*

*POST BENEDIC.*

*Deus, qui tribus pueris mitigasti flammas ignium, concede, quaesumus, ut nos famulos tuos non exurat flamma vitiorum Per.—S. Gel. p. 164a.*

### INCIPIUNT LECTIONES DE ADVENTU DOMINI.

### Lectio Malachiae Prophetae.[a]

Haec dicit Dominus : Ecce ego mittam Angelum meum, et praeparavit [b] viam ante faciem meam : et statim veniet ad tempus [c] suum Dominator, quem vos quaeritis, et Ange-

*a cap. 3. v. 1—6.*

*b for praeparabit. This confusion between b and v is a mark of Spanish influence.*

*c for templum.*

27*

lus testamenti, quem vos vultis.  Ecce venit,
dicit Dominus exercituum : et quis poterit
cogitare diem adventûs ejus ? et quis stabit
ad videndum eum ?ᵈ  Et erunt Domino offerentes sacrificia in justitiâ ; et placebit Deo sacrificium Juda et Hierusalem, sicut dies sæculi et
sicut anni antiqui.   Et accedam ad vos in
judicio, et ero testis velut ᵉ maleficis et adul-
teris et perjuris et qui calumniantur mercedem
mercenariis, viduam ᶠ et pupillos, et oppremunt
peregrinum, nec timuerunt me, dicit Dominus
exercituum ; ego Dominus Deus vester et non
mutor, ait Dominus Deus.

*Lectio Epistolæ Jacobi apostoli ad gentes.*ᵍ
Fratres, patientes estote usque ad adventum
Domini.   Ecce agricola expectat pretiosum
fructum terræ, patienter ferens donec accipiat
temporivum ʰ et serotinum.   Patientes estote
et confirmate corda vestra : quoniam adventus
Domini adpropinquavit.  Fratres, nolite in-
gemiscere in alterutrum, ut non judicemini.
Ecce judex ante januam adsistit.   Exemplum
accipite, fratres,ⁱ laboris et patientiæ prophetas, qui locuti sunt in nomine Domini.   Ecce
beatificamus qui sustinuerunt sufferentiam : ʲ
misericors est Dominus et miserator.   Ante
omnia, fratres mei, nolite jurare, neque per
cœlum, neque per terram, neque aliud quodcunque juramentum.   Sit autem vestrum ᵏ Est,
est, Non, non, ut non in judicio decidatis.
Fratres mei, si quis ex vobis erraverit à veritate, et convertit ˡ quis eum, scire debet, quoniam qui * converti fecerit peccatorem ab
errore viæ suæ, salvat animam ejus à morte
et operit ᵐ multitudinem peccatorum.

*Lectio sancti Evangelii secundum Mat-
thæum.*ⁿ
In diebus illis, Johannes cùm audîsset in
vinculis ᵒ opera Christi, mittens duos de
discipulis suis, ait illi ; Tu es qui venturus es,
an alium expectamus ?   Et respondens ᵖ ait
illis ; Euntes renunciate Johanni quæ audîstis
et videtis.�q  Cæci vident, claudi ambulant,
leprosi mundantur, surdi audiunt, mortui resurgunt, pauperes evangelizantur : et beatus
est qui non fuerit scandalizatus in me.   ·Illis
autem abeuntibus, cœpit Jesus dicere ad
turbas de Johanne ; Quid exîstis in deserto ʳ

---

ᵈ A clause has been omitted here.

ᵉ for *velox.*

ᶠ Vulg. *mercenarii viduas* and a little
after *opprimunt.*

ᵍ cap. 5. v. 7 – 12, 19, 20.  "Sic passim
in hoc Lectionario laudatur Jacobi
epistola *ad Gentes.* qui titulus Petri
epistolæ primæ tribuitur in Lectionario Gallicano." Mab.

ʰ Vulg. *temporaneum.*

ⁱ The Vulgate has a gloss here, *exitus
mali,* to which some copies add *et
longanimitatis;* this is a mixing up of
two different versions of the Greek ;
our text is therefore free from this
interpolation of the authorized Vulgate.
ʲ A line has been omitted here, probably from the recurrence of the
termination *am ;* "Job audistis, et
finem Domini vidistis, quoniam.
ᵏ Vulg. *sermo vester.*

ˡ Vulg. *converterit.*

* M 284

ᵐ Vulg. *salvabit . . . operiet.*

ⁿ cap. 11. v. 2—15.

ᵒ MS *vincolis.*

ᵖ Vulg. +*Jesus.*

q Vulg. *vidistis.*

ʳ for *desertum.*

videre? arundinem vento agitatam? sed quid exîstis videre? hominem mollibus vestitum? Ecce qui mollibus vestiuntur, in domibus regum sunt. Sed quid exîstis videre? Prophetam? etiam dico vobis et plusquam prophetam. Hic enim est [s] de quo scriptum est; Ecce [t] mitto angelum meum ante faciem tuam, qui præparavit [u] viam tuam ante te. Amen dico vobis, non surrexit inter natos mulierum major Johanne Baptistâ.[v] Usque nunc regnum cœlorum vim patitur, et violenti rapiunt illud. Omnes enim lex et prophetæ usque ad Johannem prophetaverunt: et si vultis recipere, ipse est Helias qui venturus est. Qui habet aures audiendi audiat.

[s] Vulg. *est enim.*

[t] Vulg.+*ego.*

[u] for *præparabit.*

[v] The words, "qui autem minor est in regno cœlorum, major est illo. A diebus autem Johannis Baptistæ," have dropped out from the recurrence of the name of the Baptist.

## I. MISSA [a] IN ADVENTUM DOMINI.

[a] "Quippe Missa proprie incipit post lectiones sacras."—Mab.

Excita, Domine, potentiam tuam et veni: et quod Ecclesiæ tuæ usque in finem sæculi promisisti clementer operare.

above p. 155.

Excita, Domine, potentiam tuam, et magnâ nobis virtute succurre: ut per auxilium gloriæ tuæ, quod nostra peccata præpediunt, indulgentia tuæ propitiationis acceleret.

Excita Domine, potentiam tuam, et magna nobis virtute succurre: ut per auxilium gloriæ tuæ, quod nostra peccata præpediunt, indulgentia tuæ propitiationis acceleret. Per.–S. Gel. p. 159b.

(*Collectio.*) Excita, Domine, quæsumus, corda nostra ad præparandas Unigeniti tui vias, ut per ejus adventum purificati, tibi servire mereamur.

above p. 155, 156.

[b] MS *desiderati.*

Præveniat nos, quæsumus, omnipotens Deus, tua gratia semper et subsequatur: ut cum adventu Unigeniti tui, quem summo cordis desiderio [b] sustinemus, et præsentis vitæ subsidia et futuræ etiam consequamur.

Præveniat nos, quæsumus omnipotens Deus, tua gratia semper et subsequatur; ut cum (*al.* per) adventum Vnigeniti tui, quem summo cordis desiderio sustinemus, et præsentis vitæ subsidia et futuræ etiam consequamur. Per.—S. Gel. p. 160a.

(*Post nomina.*) Conscientias nostras, quæsumus, Omnipotens, cottidie visitando purifica, ut veniente Domino Filio tuo, paratam sibi in nobis inveniat mansionem.

above p. 156.

Corpora mentesque nostras, omnipotens Deus, dignanter emunda: ut tuâ benedictione firmati, ab Unigenito tuo Domino nostro, quem expectamus, veniente, semper inluminemur et protegamur.

There can be little doubt that this Collect also is of Roman origin, though it does not seem to occur in any of the printed Sacramentaries.

(*ad Pacem.*) Fac nos, quæsumus, Deus noster, pervigiles atque sollicitos adventum Christi Filii tui Domini nostri expectare; ut dum venerit pulsans, non dormientes peccatis sed vigilantes et in suis inveniat laudibus exultantes.

above p. 156.

(*Contestatio.*) Verè dignum et justum est,[c] omnipotens Deus per Christum Dominum nostrum. Cui proprium est ac [*] singulare quod bonus est et nullâ unquam à te est commutatione divisus.[d] Propitiare supplicationibus nostris, et Ecclesiæ tuæ misericordiam tuam, quam confitentur, ostende, manifestans plebi tuæ Unigeniti tui adventum Domini nostri Jesu Christi mirabile sacramen-

above p. 156.

[c] "Supplendum hic et in consequentibus vulgata formula, 'æquum et salutare &c.'"—Mab.

[*] M. 285

[d] probably a mistake for *diversus,* which occurs in the other copies.

e The words *adventum D. N. J. C.* seem to be a gloss upon the expression *Unigeniti tui mirabile sacra entum,* which has crept into the text from the mg. of some previous copy.
f *quod* is omitted in the MS.
g In the copies above p. 156 we find *prœtulit* and *pertulit.*

tum ; e ut in universitate nationum perficiatur, quod f per Verbi tui evangelium promisisti : ut habeat plenitudo adoptionis, quod protulit g testificatio veritatis, per Christum Dominum nostrum.

[ITEM DE ADVENTU DOMINI.]

a cap. 8. v. 3 – 6. These Lessons belong to the second *Misas* for Advent, which immediately follows them. The absence of the Prophecy in this and the great majority of the Services in this Collection will be observed as one of the marks of Roman influence.
b Vulg. *similitudinem,* but S. Hilary and others have the reading of our text, which is conformable to the Greek.
c Vulg. *pecc. in carne.*
d MS *ambolamus.*
e Vulg.+*sunt,* but Hilary the deacon leaves it out.

*Epistola Pauli Apostoli ad Romanos.* a

Fratres, Deus Filium suum mittens in similitudine b carnis peccati, et de peccato damnavit in carne peccatum, c ut justificatio legis impleretur in nobis qui non secundùm carnem ambulamus, d sed secundùm spiritum. Qui enim secundùm carnem sunt, quæ carnis sunt sapiunt : qui verò secundùm spiritum, e quæ sunt spiritûs sentiunt. Nam prudentia carnis mors est, prudentia autem spiritûs vita et pax in Christo Jesu Domino nostro.

*Lectio sancti Evangelii secundum Matthœum.* f

f cap. 3. v. 1—12.

In diebus illis venit Johannes Baptista prædicans in deserto Judæ, et dicens ; Pœnitentiam agite, adpropinquavit enim regnum cœlorum. Hic est enim qui dictus est per Isaiam prophetam dicentem ; Vox clamantis in deserto, Parate viam Domini, rectas facite semitas ejus. Ipse autem Johannes habebat vestimentum de pilis camelorum et zonam pelliciam circa lumbos suos : esca autem ejus erat locustæ et

g Vulg. *exibat.*

h MS *Hierusolyma.* The words "et omnis Judæa" have been omitted here.
i Vulg. *ab eo in Jord.*

mel silvestre. Tunc exiebant g ad eum Hierosolyma, h et omnis regio circa Jordanem, et baptizabantur in Jordane ab eo, i confitentes peccata sua. Videns autem multos Pharisæorum et Saducæorum venientes ad baptismum suum, dixit eis : Progenies viperarum, quis demonstravit vobis fugere à futurâ j irâ ? facite

j Vulg. *ventura.*

k Vulg. *velitis.*

l Vulg. *de,* and in the next line *radicem.*

ergo fructum dignum pœnitentiæ. Et ne velletis k dicere intra vos ; Patrem habemus Abraham. Dico enim vobis, quoniam potens est Deus ex l lapidibus istis suscitare filios Abrahæ. Jam enim securis ad radices arborum posita est. Omnis ergo arbor, quæ non facit fructum bonum, excidetur et in ignem mittetur. Ego quidem baptizo m in aquâ in pœnitentiam : qui autem post me venturus est, fortior me est : cujus non sum dignus calciamenta portare ; ipse vos baptizavit n in Spiritu Sancto et igni ; cujus ventilabrum in

m Vulg.+*vos.*

n "Ita passim *baptizavit* pro *baptizabit:* et infra *congregavit,* &c. vulgati ac facili permutatione litterarum." Mab. This remark might have been made above p. 211 b. and 213 n.

manu suâ,[o] et congregavit triticum in horreum suum : [p] paleas autem comburit [q] igni inextinguibili. Multa [r] quidem et alia exhortans evangelizabat populo.

[o] The words, "et permundabit aream suam," are left out here.
[p] This word *suum* comes after *triticum* in the Vulgate, but is placed as in the text by many Latin authorities.
[q] for *comburet*.
[r] c. 3. Lucæ v. 18.

## II. Item Missa in adventum Domini.

(*Oratio post Prophetiam.*) Opifex lucis almæ, plebis visitator immeritæ, qui illa prophetalium vaticiniorum oracula, quæ sæculis fuerunt nunciata, beati Johannis ore exples, opere perficis, professione peragis, concede plebi supplici tibi sine formidine famulari : [a] * ut per viscera misericordiæ repleti scientiâ, veritate dirigi mereamur.

(*Præfatio.*[b]) Adventum Domini nostri Jesu Christi, fratres carissimi, votis omnibus præstolantes, Dei Patris omnipotentiam imploremus, ut corda nostra purificet et corpora immaculata [c] conservet. Expectemus conscientiâ securâ venturum, quem super omnem principatum et potestates credimus exaltatum. Simus ergo per singula momenta solliciti, ut mereamur habere propitium, quem credimus et fatemur ad judicandos vivos et mortuos in gloriâ esse venturum.

(*Collectio.*) Purifica, Domine Deus, Pater omnipotens, pectorum arcana nostrorum, cunctasque propitius maculas [d] ablue peccatorum: ac præsta, Domine, ut benedictione pietatis tuæ à nostris criminibus mundati, metuendum terribilemque adventum Domini nostri Jesu Christi expectemus interriti.

(*Post nomina.*) Exaudi, Domine, preces populi tui, ut jubeas [e] suscipere qui jussit offerri; sintque hæc munera acceptabilia in ejus conspectu pro omnium animarum emendatione et corporum sanitate, pro martyrum laude et pro defunctorum requie.

(*Collectio ad Pacem.*) Pacem tuam nostris pectoribus, bone Jesu, inlabere, in quâ est plenitudo dilectionis. Præsta, Domine, ut pacem, quam nunc ore proferimus, semper spiritali sensu conservare mereamur.

(*Contestatio.*) Verè dignum et justum est, omnipotens Deus, per Christum Dominum nostrum. Quem Johannes, fidelis amicus,

[a] MS *famolari.*
* M. 286
[b] MS *Collectio.*
[c] MS *immacolata.*

Adventum Domini nostri Jesu Christi fratres dilectissimi votis omnibus prestolantes: Dei patris omnipotentiam imploremus: ut corda nostra purificet: et corpora immaculata conservet. [Det abilitatem fidelium mentibus fideliter querere: quod saluti possit prodesse.] Expectemus conscientia secura venturum: quem super omnem principatum et potestates credimus exaltatum. Simus etiam per singula momenta solliciti: ut mereamur habere propicium quem credimus et fatemur ad judicandos nos vivos et mortuos in gloria esse venturum. R. Amen.– M. Moz. 3. 61. A clause will be observed which does not occur in the text. From a comparison of other *Missæ* we see that probably it ought to be inserted, as the compiler of this Collection has so often abridged the prayers.

Purifica Domine Deus Pater omnipotens pectorum archana nostrorum: cunctasque propicius maculas ablue peccatorum: ac presta Domine: ut beneficio pietatis tue nostris criminibus emundati: metuendum: terribilemque adventum Domini nostri Jesu Christi filii tui expectemus interriti. – M. Moz. 3. 91.
[d] MS *macolas.*

[e] "Forte legendum, 'ut jubeat suscipi qui jussit offeri.'" Mab.

cf. above p. 148.

Pacem tuam nostris temporibus, bone Jesu, inlabere, in qua est plenitudo dilectionis tuæ, et præsta, ut pacem, quam nunc ore proferimus, semper spiritali sensu conservare mereamur.—M. Ves. p. 373b.

Dignum et justum est. Nos tibi gratias agere; Domine sancte Pater eterne omnipotens Deus: per Jesum Christum filium tuum Dominum nostrum. Quem Johannes fidelis amicus precessit nascendo: precessit in desertis heremi predicando: precessit baptizando. Viam quoque preparans judicii ac redemptoris: convocavit peccatores ad penitentiam: et populum salvatori adquirens baptizavit in Jordane peccata propria confitentes. Non homines innovando plenam conferens gratiam: sed piissimi Salvatoris ammonens expectare presentiam. Non remittens ipse peccata ad se venientibus: sed remissionem peccatorum ad futurum pollicens esse credentibus. Ut descendentibus in aqua penitentie: ab illo speraretur remedium indulgentie: quem venturum audiebant plenum dono veritatis et gratie.—M. Moz. 5. 1.

præcessit nascendo, præcessit in desertis eremi prædicando, præcessit baptizando. Viam quoque præparans Judici ac Redemptori, convocavit peccatores ad pœnitentiam; et populum Salvatori adquirens, baptizavit in Jordane peccata propria confitentes ; non hominis innovandi plenam conferens gratiam, sed piissimi Salvatoris admonens expectare præsentiam : non remittens ipse peccata ad se venientibus, sed remissionem peccatorum ad futurum pollicens esse credentibus; ut descendentibus in aquam pœnitentiæ, ab illo sperarent remedium indulgentiæ, quem venturum audiebant plenum dono veritatis et gratiæ, Dominum nostrum Jesum. Quem laudant Angeli.

[ITEM DE ADVENTU DOMINI.]

a cap. 15. v. 8-13.

*Epistola Pauli Apostoli ad Romanos.*[a]
Fratres, dico enim Christum Jesum ministrum fuisse circumcisionis propter veritatem Dei, ad confirmandas promissiones patrum. Gentes autem super misericordiâ honorare Deum, sicut scriptum est; Propter hoc [b] confitebor tibi in gentibus, et nomini tuo cantabo. Et iterum dicit, Lætamini, gentes, cum plebe ejus. Et iterum ; Laudate, omnes gentes, Deum, et magnificate eum, omnes populi. Et rursus Isaias ait ; Erit radix Jesse, et qui exsurgit [c] regere gentes, in eum gentes sperabunt. Deus autem spei repleat vos omni gaudio et pace in credendo, ut abundetis[d] spe in virtute Spiritûs Sancti.

b Vulg. *propterea.* Hilary the deacon agrees with the text.

c for *exsurget.* Hilary the deacon according to the Ed. Ben. has *surgit.*

d Vulg. + *in,* but many Latin authorities omit it; for *in* the Vulg. has *et,* but *in* agrees with the Greek.

*Lectio sancti Evangelii secundum Matthœum.*[e]
In diebus illis, interrogatus à discipulis[f] suis Dominus Jesus, quando venerit regnum Dei, dixit eis; Sicut fulgur exit ab Oriente, et paret * usque in Occidente,[g] ita erit adventus Filii Hominis. Ubicumque fuerit corpus, illuc congregabuntur[h] aquilæ. Statim autem post tribulationem dierum illorum sol obscurabitur et luna non dabit lumen suum ; et stellæ cadent de cœlo et virtutes cœlorum commovebuntur. Et tunc parebit signum Filii hominis in cœlo, et tunc plangent omnes

e cap. 24. v. 27-44.

f MS *discipolis.*

* M. 287

g for the accusative.

h Vulg + *et,* but S. Hilary and several other Latins omit it.

tribus terræ. Et videbunt Filium Hominis venientem in nubibus cœli cum virtute multâ et majestate. Et mittet Angelos suos cum tubâ et voce magnâ ; et congregabunt electos ejus à quatuor ventis, à summis cœlorum usque ad terminos eorum. Ab arbore autem fici discite parabolam. Cùm jam ramus ejus tener fuerit et folia nata, scitis quia prope est æstas.[i] Ita et vos, cùm videritis hæc omnia, scitote quia prope est in januis. Amen dico vobis, quia non præteribit hæc generatio,[j] donec omnia fiant. Cœlum et terra transibunt : verba autem mea non præteribunt. De die autem illâ et horâ nemo scit, neque Angeli cœlorum, nisi Pater solus.[k] Sicut autem in diebus Noe, ita erit et adventus Filii Hominis. Sicut enim erant in diebus ante diluvium, comedentes et bibentes,[l] usque ad eum diem, quo intravit in arcâ Noe,[m] et non cognoverunt donec venit diluvium et tulit omnes : ita erit et adventus Filii Hominis. Tunc duo erunt in agro, unus adsumitur[n] et unus relinquitur. Duæ molentes ad molam,[o] una adsumitur et altera relinquetur. Vigilate ergo, quia nescitis, quâ horâ Dominus[p] venturus sit. Illud autem scitote, quoniam si sciret paterfamilias, quâ horâ fur venturus esset, vigilaret utique et non sineret perfodi domum suam. Ideo et vos estote parati, quia nescitis quâ[q] horâ Filius Hominis venturus est.

### III.[a] ITEM MISSA IN ADVENTUM DOMINI.

[*Collectio post Prophetiam.*] Concede, quæsumus, Domine, hanc gratiam plebi tuæ, adventum Unigeniti tui cum summâ vigilantiâ expectare ; ut sicut ipse[b] auctor nostræ salutis [docuit], velut fulgentes lampadas in ejus occursu[c] nostras animas præparemus.

Præcinge,[d] quæsumus, Domine Deus noster, lumbos mentis nostræ divinâ tuâ virtute potenter, ut veniente Domino nostro Jesu Christo Filio tuo, digni inveniamur æternæ vitæ convivio, et vota cœlestium dignitatum ab ipso percipere mereamur.

(*Collectio sequitur.*) Festina, quæsumus, Domine, ne tardaveris, et præsidium nobis tuæ pietatis impende : ut opportunis consolationibus subleventur, qui in tuâ miseratione confidunt.

[*Ad Pacem.*] Omnipotens sempiterne Deus, qui nos omni tempore tuis deditos vis

28

i "Nescio an operæ pretium sit adnotare in exemplari legi, 'stas.' Sic infra, 'stote' pro 'estote.' Sic supra 'stimator' pro 'æstimator.'"–Mab.

j Vulg. *generatio hæc*, and after *omnia* adds *hæc*, which, however, is omitted in the text of Stephens' Ed. of the Vulgate in 1546.

k Vulg. *solus Pater*, but the translator of Origen has the same order as in the text, and the cod. San Gallensis, and the edition of the Vulgate printed at Lyons 1512, to which I shall frequently refer.

l The words "nubentes et nuptui tradentes" have been left out here.

m Vulg. *Noe in arcam.*

n Vulg. *adsumetur . . . relinquetur . . . adsumetur.*

o Vulg. *in mola;* but *ad molam* occurs in the translation of Origen. In the same line Vulg. has *una* instead of *altera*, but this last occurs in the mg. of 1512.

p Vulg. +*vester.*

q Vulg. *qua nescitis*, but the reading of the text is found in S. Hilary, S. Ambrose and several Itala MSS and ed. 1512.

a "In codice nota numerica deest ac deinceps ; itemque titulus ansulis inclusus, quem ex superiori Missa supplevimus." Mab.

b Mab.+*est*, but the mg. supplies a better correction in *docuit.*

c MS. *occurso.*

d In the edd. this Collect forms one with the preceding one ; but the mg. suggests their division. It is one of the many instances in these Advent services of the duplication of the prayers.

Concede, quæsumus, omnipotens Deus hanc gratiam plebi tuæ, adventum Vnigeniti tui cum summa vigilantia expectare ; ut, sicut ipse auctor nostræ salutis, velut fulgentes lampadas in ejus occursum nostras animas præparemus. Per.–S. Gel. p. 161a.

Præcinge, quæsumus, Domine Deus noster lumbos mentis nostræ divina tua virtute potentium; (*al.* potenter) ut veniente Domino nostro Jesu Christo Filio tuo, digni inveniamur æternæ vitæ convivio, et vota cælestium dignitatum ab ipso percipere mereamur. Per. (*al.* Qui tecum.)— S. Gel. p. 160b.

Festina, quæsumus, ne tardaveris Domine, et præsidium nobis tuæ pietatis impende : ut opportunis consolationibus subleventur, qui in tua miseratione confidunt. Per.–S. Gel. p. 161a.

esse mandatis : concede propitius, ut ad adventum Domini possimus esse devoti, quibus illud est mysterium celebrandum, cui servit omnis excusatio e mandatorum.

**\* M. 288**

above p. 156.

above p. 157.

(*Post nomina.*) Concede nobis, Domine, quæsumus, ut magnæ festivitatis ventura sollemnitas prospero celebratur effectu, pariterque reddamur et intenti cœlestibus disciplinis, et peccatorum f indulgentiam consequamur.

\* (*ad Pacem.*) Devotionis nostræ tibi, Domine, quæsumus, hostia jugiter immoletur, quæ et sacri peragat instituta mysterii, et salutare tuum nobis mirabiliter operetur.

Sacrificium tibi, Domine, celebrandum placatus intende, quod et nos à vitiis nostræ conditionis emundet et tuo nomini reddat acceptos.

(*Contestatio.*) Verè dignum et justum est, omnipotens Deus. Cui proprium est veniam delictis impendere, quàm pœnaliter inminere.g Qui fabricam tui operis per eundem rursus Lapidem es dignatus erigere : ne imago, quæ ad similitudinem tui facta fuerat vivens, dissimilis haberetur ex morte, munus venialis indulgentiæ præstitisti: ut unde mortem peccatum contraxerat, inde vitam pietas repararet, immensa. Hæc postquam prophetica sæpius vox prædixit, et Gabrihel angelus Mariæ jam præsentia nunciat, mox puellâ credente in utero fidelis Verbi mansit aspirata conceptio per h Christum Dominum nostrum. Per quem majestatem tuam laudant Angeli.

### *Item Contestatio de Adventu.*i

Verè dignum et justum est. Tu clementissime Deus veræ credulitatis in sensibus nostris incrementa multiplica, et imaginis ac similitudinis tuæ formam in nobis j magisque restaura: ut te quem dudum venisse credimus pro remedio captivorum, in secundo adventu tuo te cum majestate venturum sustinentes videre mereamur cum k indulgentiâ peccatorum.

Præsta, unita l et indivisa Trinitas, Deus, quem cœlorum multiplex et ineffabilis numerus, quem omnium Angelorum et Archangelorum millia,m cum Senioribus et Virtutibus, cum Thronis et Dominationibus laudare non cessant, dicentes, Sanctus.

[LECTIONES IN VIGILIA NATALIS DNI.]

*Epistola Pauli Apostoli ad Philippenses.*a

Fratres, gaudete in Domino semper ; iterum dico, gaudete. Modestia vestra nota sit omnibus hominibus, Dominus enim b prope est.

Nihil solliciti sitis: sed in omni, oratione[c] cum    [c] Vulg. here adds *et obsecratione*.
gratiarum actione petitiones vestræ innotes-
cant apud Deum. Et pax Dei, quæ superat[d]    [d] Vulg. *exsuperat*.
omnem sensum, custodiat corda vestra et intel-
ligentias vestras in Christo Jesu.

   *Lectio sancti Evangelii secundum Mat-*
*thæum.*[e]                                  [e] cap. 12. *Lucæ* v. 35—37.

Sint lumbi vestri præcincti et lucernæ
ardentes :[f] et vos similes hominibus expec-    [f] "Addit Vulgata, 'in manibus ves-
tantibus dominum suum, quando revertatur à    tris,' quæ verba desunt in codice nos-
                                         tro, textuque græco, et apud Augusti-
nuptiis, ut cùm venerit et pulsaverit, confestim    num, non tamen apud Gregorium
aperiant ei. Beati sunt[g] servi illi, quos cùm    M."—Mab. 1546 mg. and Lucas Brug.
                                      mention several ancient MSS of the
venerit dominus, invenerit * vigilantes. Amen    Vulg. which also omit them.
                                    [g] Vulg. omits *sunt*.
dico vobis, quòd præcingit se, et facit[h] illos    \* M. 289
discumbere, et transiens ministrabit illis.    [h] Vulg. *præcinget...faciet*.

## MISSA IN VIGILIA NATALIS DOMINI.

[*Collectio.*] Misericors ac piissime Deus,
cujus voluntate ac munere Dominus noster
Jesus Christus ad hoc se humiliavit, ut totum
genus exaltaret humanum, et ideo ad ima de-
scenderit, ut humilia sublimaret: ac propterea
Deus homo nascitur per virginem, ut in homine
perditam cœlestem reformaret imaginem: da
ut plebs hæc tibi adhæreat, ut quam redemisti
tuo munere, tibi semper devotâ placeat servitute.

(*Collectio.*) Emmanuhel, Nobiscum Deus,
Christe, Filius Dei, qui cùm ex virgine te
nasciturum pronuncias,[a] quia Mariam matrem    [a] A verb seems wanting here to agree
creasti ut Dominus, de quâ natus es filius : da    with the nominative *qui* in the line
                                      before. Something is needed, too, to
nobis, ut qui cum illâ à te vel[b] per te creati    correspond with the following word
sumus ex nihilo, simili ut ea credulitatis    *quia.*
                                      [b] *vel* seems used for *et*, and the sen-
remuneremur ex præmio.                       tence seems to express the two views
                                      given us of the mystery of the Holy
(*Post nomina.*) Omnipotens sempiterne    Trinity, in that we are created *by* God
Deus, qui nasciturum ex utero virginali Jesum    the Son and also *through* Him *by* the
Christum Filium tuum agnosci ab omnibus    Father.
sancto Archangelo nunciante voluisti : da ut
cujus nativitatem accepimus,[c] ejus præsentiâ    [c] Perhaps some such word as *cele-*
gaudeamus.                                   *brandum* has been omitted here.

(*Ad Pacem.*) Deus, cujus nativitate Filii    [d] "Nota hic de sancta Eugenia vir-
tui Domini nostri gloriosa festivitas et Mariæ    gine et martyre Romana, quæ passa
partum et Eogeniæ[d] triumphum . . . . Hodie    est die xxv. Decembris, fieri menti-
                                      onem, non de sancta Anastasia, de
quippe Maria Christum genuit; hodie Eogenia    qua Rcmanus Ordo hac die com-
ad Christum vadit : hodie illa generat, ad    memorationem habet. Ejusdem Eu-
                                      geniæ memoria in Canone Missæ
quem ista festinat : hodie Christus in mundo[e]    supra."—Mab.
                                      [e] for the accusative.

28*

venit; hodie virginem in cœlo Christus suscipit : hodie nascendo virginem matrem fecit,
qui hodie perficiendo martyrem coronavit.

*(Contestatio.)* Verè dignum et justum est,
omnipotens Deus, per Christum Dominum
nostrum. Qui à summo cœlo thronisque
regalibus ad ima descendens, Patris imperio
sacræ Mariæ utero inviolatè susceptus est, ut
miscetor [f] Deus elementi, suscepit membra
mortalia, sumpsit carnis injuria liberandi hominis vota. Jacebat in pannis, fulgebat in
stellis. Caro est quod involvitur, divinitas,
cui ab Angelis ministratur. Erat positus in
præsepio, sed virtus ejus operabatur in cœlis.
In cunabulis jacebat, et regnum cœleste dona-
bat. Natus est nobis Christus, illuminatus
est mundus. Innupta peperit, sed virgo concepit: de viro pura, de Filio gloriosa. Accepit
nomen matris, sed non habuit thorum uxoris.
*Per cujus nativitatem indulgentia criminum con-
ceditur, et resurrectio non negatur. Per ipsum quem
laudant Angeli.*

[f] "Pro 'mistor,' ut quidem veri simile est."—Mab.

above p. 33.

---

[a] cap. 9. v. 6, 7.

### Lectio Isaiæ Prophetæ [a]
#### LEGENDA IN NATALE DOMINI.

Parvulus enim natus est nobis,[b] Filius natus[c]
est nobis : et factus est principatus ejus [d]
super humerum ejus, et vocabitur nomen ejus
Admirabilis, Consiliarius, Deus, fortis, Pater
futuri sæculi, Princeps pacis. Multiplicabitur
ejus imperium, et regni * ejus [e] non erit finis.
Super solium David et super regnum ejus [f]
ut confirmet illud et corroboret in judicio et
justitiâ. Amodo et usque in sempiternum
zelus Domini exercituum faciet hoc.

### Epistola Pauli Apostoli ad Hebræos.[g]
Fratres, multifariè [h] multisque modis olim
Deus loquens Patribus in Prophetis ; novissimè
autem [i] diebus istis locutus est nobis in Filio
suo,[j] quem constituit hæredem universorum,
per quem fecit et sæcula. Qui cùm sit
splendor gloriæ et figura substantiæ ejus,
portansque omnia verbo virtutis suæ, purga-
tionem peccatorum faciens, sedit [k] ad dexteram
majestatis in excelsis, tanto melior Angelis
effectus, quantum differentior[l] præ illis nomen
hæreditavit. Cui enim dixit aliquando Ange-

[b] Vulg.+*et* but 1512 mg. and Fulgentius omit it.
[c] for *datus.*
[d] Vulg. omits *ejus.*

\* M. 290

[e] Vulg. has *pacis* for *regni ejus.*
[f] Mab. here adds *sedebit* which now
occurs in the Vulg. but 1512 mg.
and several MSS cited in 1546 mg.
omit it.

[g] cap. 1. v. 1—5.

[h] Vulg. *multifariam,* but 1512, 1546
text and Fulgent. agree with the text.

[i] Vulg. omits *autem.*

[j] Vulg. omits *suo.*

[k] Vulg.*sedet,*but 1546 mg. cites several
MSS which agree with the text.

[l] Vulg. *quanto differentius.*

lorum ; Filius meus es tu, ego hodie genui te?
et rursum; Ego ero illi in patrem et ipse
erit mihi in filium ?

*Lectio sancti Evangelii secundum Matthœum.*[m]

Liber generationis Jesu Christi, Filii David,
Filii Abraham. Abraham genuit Isaac, Isaac[a]
autem genuit Jacob, Jacob autem genuit
Judam et fratres ejus. Et[n] alius Judas
genuit Joseph[o] virum Mariæ, de quâ natus
est[p] Christus. Christi autem generatio sic
erat. Cùm esset desponsata mater ejus Maria
Joseph, antequam convenirent inventa est in
utero habens de Spiritu Sancto. Joseph autem
vir ejus, cùm esset justus, et nollet eam traducere, voluit occultè dimittere eam. Hæc
autem eo cogitante, ecce Angelus Domini in
somnis apparuit[q] ei dicens, Joseph, fili David,
noli timere accipere Mariam conjugem tuam :
quod enim in eâ natum est, de Spiritu Sancto
est. Pariet autem filium, et vocabis nomen
ejus JESUM ; ipse enim salvum faciet populum
suum à peccatis eorum. Hoc autem totum
factum est, ut adimpleretur quod dictum est[r]
per Prophetam dicentem ; Ecce virgo in utero
concipiet,[s] et pariet filium, et vocabitur nomen
ejus Emmanuhel, quod est interpretatum,
Nobiscum Deus. Exsurgens autem Joseph
à somno fecit sicut præceperat[t] ei Angelus
Domini, et accepit Mariam conjugem suam,
et non cognovit[u] eam, donec peperit Filium
suum primogenitum, et vocavit nomen ejus
JESUM.

*Lectio sancti Evangelii secundum Matthœum.*[v]

Cùm natus esset Dominus Jesus in Bethlehem[w] Judæ in diebus Herodis regis, ecce
Magi ab oriente venerunt Hierusolyma, dicentes ; Ubi est qui natus est Rex Judæorum?
vidimus enim stellam ejus in Oriente, et
venimus adorare eum. Audiens autem Herodes rex, turbatus est, et omnis Hierusolyma
cum illo ; et congregans omnes principes
sacerdotum et scribas populi, sciscitabatur ab
eis, ubi Christus nasceretur. At illi dixerunt;[x]
In Bethlehem Judæ ; sic enim scriptum est
per Prophetam ; Et tu Bethlehem terrâ
Juda . . . . ex te enim exiet dux, qui regat
populum meum Israel.

m cap. I. v. I, 2, 16, 18 – 25.

n " Sic Evangelium de genealogia
Domini breviatur in veteri codice, et
in aliis nonnullis antiquis Missalibus." – Mab. *Judas* in this line seems
a mistake for *Jacob.*
o MS *Josep.*
p Vulg. +*Jesus qui vocatur.*

q Vulg. now has *app. in somnis,* but
the other order of these words is conformable to the Greek and is found
in many Latin authorities *e. g.* the
Sarum Missal.

r Vulg.+*a domino ;* S. Irenæus is
wrongly quoted by Scholz as also
leaving it out.
s Vulg. *habebit,* and in the same line
*vocabunt ;* but *concipiet* is all but
universal among the Fathers and
Itala Gospels, and *vocabitur* is found
in several of the Fathers, and in 1512,
1546 text, and the Sixtine ed. 1590.
t Vulg. *præcepit.* The Cod. San-Gall.
agrees with the text. In the next line
*Mariam* is supported only by the
Coptic and Sahidic versions according to Scholz.
u Vulg. *cognoscebat.* The Cod. San-Gall. agrees with the text.

v cap. 2. v. I—6. " Notanda hæc
secunda lectio Evangelii pro vigilia
Natalis Domini, forsan ad libitum
varianda." – Mab.
w MS here and twice further on
*Betthelem.*

x Vulg. +*ei.*

## MISSA IN NATALE DOMINI.

* M. 291

[*Præfatio.*] Nativitatis Dominicæ splendidum diem, in quo salutis nostræ * institutor et redemptor mortis legem calcavit,ᵃ humani generis membra suscepit, debitâ, fratres dilectissimi, solemnitate veneremur, rogantes, ut qui ad redemptionem nostrorum criminum ᵇ natus est, ipse sit custos perpetuus ad salutem.

(*Collectio.*) Spes unica vitæ nostræ et fidei remunerator, æterne Deus, Pater omnipotens, qui per unicum Filium tuum salvare dignatus es mundum :ᶜ naturæ carnis adsumptione miscetur, ut qui Deus erat ex Deo Patre, homo quoque esset ex matre, ex te sine tempore, ex illâ sine semine; respice nos et adesto precibus nostris, et præsta ut qui adventum Filii tui humilem cum gaudio colimus in gloriâ venientem cum lætitiâ mereamur aspicere.

(*Post nomina.*) Christe Domine, qui te exinanisti,ᵈ ut nos adimpleres ; qui humiliasti te, ut nos exaltares : ut qui eras ante Virginem esses ex Virgine : ex Deo Patre natus Deus ante sæcula, hodie homo nascereris ob sæcula; te oramus et petimus, ut preces nostras placatus exaudias.

(*Ad Pacem.*) Deus, antiqua expectatio gentium,ᵉ qui oracula ᶠ Prophetarum in luce Evangelii posuisti, quiᵍ languores nostros curaturus cœlestis medicus advenisti. Nam quis te possit agnoscere, nisi ipse voluisses agnosci ? tribue, quæsumus, ut communicatio præsentis osculi perpetuæ proficiat caritati.

(*Contestatio.*) Verè dignum et justum est, omnipotens Deus, per Christum Dominum nostrum. Cujus Incarnationis natalemʰ hodie celebramus, per quem annuâ festivitate lucem gentium genuisse testaris: quem Prophetæ cecinerunt nasciturum Emmanuhel, Nobiscum Deus : quem Angelus nuntiavit Creatorem carnis in carnem venturum : quem natum pro salute universorum multitudo cœlestis exercitûs divinis laudibus honoravit : quem credentium pia fides agnovit et tenuit. Te ergo quæsumus, Domine Deus noster, exaudi, tuere, sanctifica plebem tuam, quam ad celebrandam præsentis solemnitatis beatitudinem congregasti, universisque notitiæ tuæ gratiam [i] participatione Sancti Spiritûs propitiatus infunde, per illam expectatam sanctis tuis adventûs tui gloriam, per Christum Dominum nostrum. Per quem.

[i] *gratiam* is an addition of Mabillon's.

## LEGENDA IN SANCTI STEPHANI MISSA.[a]

[a] "Hic titulus secunda manu, sed antiqua adjectus est, at necessarius." Mab.

*Lectio Pauli Apostoli ad Romanos.*[b]

[b] cap. 1. v. 13–17.

Fratres, nolo vos ignorare, quia sæpe proposui venire ad vos, et prohibitus sum usque adhuc, ut aliquem fructum habeam[c] in vobis sicut[d] in cæteris gentibus. Græcis ac barbaris, sapientibus et insensatis,[e] debitor sum, et in vobis[f] evangelizare. Non enim erubesco super[g] Evangelium. Virtus enim Dei est in salutem omni credenti, Judæo primùm, et Græco. Justitia enim Dei in eo revelabitur[h] ex fide in fidem, sicut scriptum est: Justus autem ex fide vivit in Christo Jesu.

[c] Vulg. + *et*, but Estius observes that some MSS omit it, as do 1512 and 1546 text.
[d] Vulg. + *et*.
[e] Vulg. *insipientibus*.
[f] for *et in vobis*, Vulg. has "ita (quod in me) promptum est et vobis, qui Romæ estis."
[g] Vulg. omits *super*.
[h] Vulg. *revelatur*.

*Lectio sancti Evangelii secundum Matthæum.*[i]

[i] cap. 17. v. 23—26.

Cùm venisset Dominus Jesus Capharnaum, accesserunt qui dracma[j] accipiebant et dixerunt Petro; * Magister vester non solvit didracma? Ait; Etiam. Et cùm intrâsset[k] domum, prævenit eum Jesus dicens; Quid tibi videtur, Simon? Reges terræ, à quibus accipiunt tributum vel censum, à filiis suis, an ab alienis?[l] Ab alienis. Dixit illi Jesus; Ergo liberi sunt filii. Ut autem non scandalizemus eos, vade ad mare, et mitte hamum, et eum piscem qui primus ascenderit tolle, et aperto ore ejus inveniens[m] staterem, illum sumens da eis pro me et te.

[j] Vulg. *didrachma acc. ad Petrum, et dix. ei.*

\* M. 292

[k] Vulg. + *in*.

[l] Vulg. + *et ille dixit.*

[m] Vulg. *invenies.*

## MISSA SANCTI STEPHANI.

*(Collectio.)* Deus omnipotens, qui Ecclesiæ tuæ sanctum Stephanum martyrem primum messis tuæ manipulum dedisti,[a] et primitivam oblationem novellæ confessionis ostendisti præconem, quod fructus maturescentes exhibuit: præsta universo cœtui, intercessione[b] Martyris meriti, ut Ecclesiam tuam juvet suffragio, quam ornavit ministerio.

[a] The comma after *dedisti* should be placed after *oblationem*, unless the ord *præconem* is to be erased, which it probably ought to be, that *quod* may agree with *manipulum*.

[b] These words *intercessione martyris meriti* seem inconsistent with the following clause. They ought probably to be omitted.

d The former edd. put a comma here and a colon after *caperet* in the following line, which I have reversed.

above p. 38.

e *Munerator*, the reading of the M. Goth. is preferable.

f The M. Goth. has an addition here, which probably belongs to the original form of the Collect.

g "Forte, 'arma dedit contra astutiam.'"—Mab. Might we not read, 'armavit astutia,' '*so* armed His soldier with the prudence' (an allusion to S. Matt. 10. 16. 'wise as serpents;') 'of faith, that he did not shrink from open resisting unto death for Him.' That is, S. Stephen's Christian prudence (the 'wisdom' spoken of Act. 6. 10.) did not interfere with his Christian courage.

h *Culmen* is an addition of Mabillon's, but it may be questioned whether one who was only a Deacon would have been thus spoken of.

i cf. M. Moz. 34. 43. "Utique cum illi lapides mitterent super eum: ille pro eis preces fundebat ad Deum. Domine Jesu: ne hoc illis statuas ad peccatum."

*(Collectio.)* Domine, qui ambulante de e virtute in virtutem sancto Stephano martyri tuo aperuisti cœlos ad gloriam contemplationis, quos ei aperueras ad meritum sanctitatis; d ut confessionis suæ fructum caperet, ostende nobis suffragio ejus misericordiam tuam.

*(Post nomina.)* Domine Jesu, à quo suum spiritum suscipi martyr Stephanus postulavit: tu præsentis hujus sollemnitatis placatus oblatione, et viventibus veniam et quiescentibus concede requiem sempiternam.

*(Collectio ad Pacem.)* Deus pacis conditor, Deus indulgentiæ remunerator,e qui sancto martyri tuo Stefano, in passione largitus es, ut imbrem lapidum clementer exciperet, et pro lapidantibus se supplicaret : pietatem tuam, Domine, supplices deprecamur, ut f peccatorum veniam consequamur.

*(Contestatio.)* Verè dignum et justum est per Christum Dominum nostrum. Qui ita militi suo fidei armata astutia,g ut pro illo certare non differat. Hic est beatus ille Stephanus, coronâ nominis et divinæ gratiæ consecratus. Hic est præsens passionis Domini et Salvatoris nostri consors, apostolicæ dignitatis culmen h attigit, mox prædicationis Dominicæ et testis veritatis esse non distulit. Dum ab impiis Judæis sævissimis ictibus cæderetur,i ille precem pro eis fundebat ad Dominum. Rogo, inquit, Domine, ne statuas illis hoc peccatum. Dum terrena tamen terris membra commendat, cœlestem spiritum angelicis manibus evexit ad cœlum. Per quem majestatem.

a cap. 4. v. 1. and cap. 6. v. 9.—11.

*Lectio Apocalypsis sancti Johannis* a
LEGENDA IN MISSA INFANTUM.

b Vulg.+*non*, but S. Cyprian, Bede and several MSS in 1546 mg. omit it.
c Vulg. *iis*, but not 1512, S. Cypr. nor Fulg.
d Vulg.+*illis*, but not Fulg. who has *singulis.*
e Vulg. *adhuc tempus.* Bede agrees with the text.
f Vulg. *compleantur*, but 1512 in the text and Fulg. agree with our text.—S. Cypr. has *impleatur.*

Ego Johannes vidi in spiritu quæ oportet fieri cito. Vidi subtus altare animas interfectorum propter verbum Dei et propter testimonium quod habebant; et clamabant voce magnâ dicentes; Usquequo, Domine sanctus et verus, non judicas et b vindicas sanguinem nostrum de his c qui habitant in terrâ? Et datæ sunt d singulæ stolæ albæ, et dictum est illis ut requiescerent tempus adhuc e modicum, donec impleantur f conservi eorum et fratres eorum, qui interficiendi sunt sicut et illi.

\* *Lectio sancti Evangelii secundum Matthæum.*[g]

\* M. 293
[g] cap. 2. v. 13—23.

Diebus illis apparuit Angelus Domini[h] in somnis Joseph dicens; Surge, et accipe puerum et matrem ejus, et fuge in Ægyptum, et esto ibi usque dum dicam tibi. Futurum est enim ut Herodes quærat puerum ad perdendum eum. Qui consurgens accepit puerum et mátrem ejus nocte, et recessit[i] in Ægyptum, et erat ibi usque ad obitum Herodis; ut adimpleretur quod dictum est à Domino per Prophetam dicentem: Ex Ægypto vocavi Filium meum,[j] quoniam Nazaræus vocabitur.

[h] Vulg. *Ang. Dni. app.*

[i] Vulg. *secessit.* The M. Moz. however, agrees with the text.

[j] Nearly eight verses are omitted here.

## MISSA IN [FESTO] SANCTORUM INFANTUM.

Deus, cujus hodiernâ die præconium Innocentes martyres non loquendo, sed moriendo confessi sunt, omnia in nobis vitiorum mala mortifica, et gaudia æterna nobis largiri concede.

(*Collectio.*) Deus, lactentium fides, spes infantium, caritas puerorum, qui per Innocentium laudem cunctos provocas ad salutem; infunde in nobis puritatem lactentis infantiæ, concede doctrinam.[a]

(*Post nomina.*) *Deum omnipotentem oremus, qui Bethlemiticæ plebi ac Dominicæ civitati pro temporalibus ærumnis gaudia æterna tribuit, ut Rachel sancta plorans,*[b] *quæ proferebat ex dolore gemitum, nollet ex consolatione solatium : quæ licet videretur de præsente infantum amissione conterrita, erat tamen de martyrii beatá perpetuitate secura.*

(*Ad Pacem.*) Deus, qui martyrio et innocentiâ parvulorum triumphalem hunc diem esse fecisti : exempla ad augendam fidem Ecclesiarum tuarum proficientibus exaudire digneris.

(*Contestatio.*) *Verè dignum et justum est, omnipotens Deus, per Christum Dominum nostrum. Qui rutilante fonte in Betthelem civitate infantes, qui ætate loqui non poterant, laudem Domini cum gaudio resonabant : occisi prædicabant*[c] *quod vivi nequiverant loquentes : Infans Christus transmittit ad cœlos nova exsenia Patri, primitias exhibet Genitori, per Christum Dominum nostrum.*[d]

Deus, cuius hodierna die præconium Innocentes Martyres non loquendo, sed moriendo confessi sunt! omnia in nobis vitiorum mala mortifica, ut fidem tuam, quam lingua nostra loquitur, etiam moribus vita fateatur, per Dnm. – S. Greg. apud Gerb. p. 11a.

[a] It is difficult to see any connection between these last two words and the rest of the Collect.

above p. 44.

[b] add *filios suos* from the other copies.

Deus qui martyrio innocentium parvulorum triumphalem hunc diem esse fecisti : et exempla ad augendam ecclesie tue fidem proficientibus tribuere dignatus es : dum beatissimi infantes illi etiam passionem hodie prompte vicerunt, Da, ut &c.—M. Moz. p. 49. 84. This shows the Collect in the text to be imperfect. See above p. 44. mg. As it here stands with *exaudire* in place of *tribuere*, it may be construed, 'Vouchsafe to listen to the intercessions of those whom Thou hast given as examples, &c.'

above p. 45.

[c] Seemingly a mistake for *prædicant*, which is the reading not only of M. Goth. but of the sermon from which this Contestatio has been taken : see Addenda to p. 45. a comparison of which supplies another conclusive proof that the present Collection is an abridgment from others where the Collects &c. were much longer

[d] This termination, "per Christum" does not accord very well with the preceding clause, "infans Christus &c."

*Lectio Actuum Apostolorum.*[b]

In diebus illis misit Herodes rex[c] ut affligeret quosdam de ecclesiâ. Occidit autem Jacobum fratrem Johannis gladio : videns autem quia placeret Judæis, apposuit adprehendere et Petrum.

*Lectio sancti Evangelii secundum Matthæum.*[d]

Diebus illis accedens[e] ad Dominum Jesum mater filiorum Zebedæi cum filiis suis, adorans et petens aliquid ab eo, qui dixit ei ; Quid vis ? Ait illi ; Dic ut sedeant hi duo filii mei, unus ad dexteram tuam et unus ad sinistram in regno tuo. Respondens autem Dominus Jesus dixit ei ;[f] Nescitis quid petatis. Potestis calicem bibere[g] quem ego bibiturus sum ? Dicunt ei ; Possumus. Ait illis ; Calicem quidem meum bibetis ; * sedere autem ad dexteram meam et[h] sinistram, non est meum dare vobis, sed quibus paratum est à Patre meo.

## MISSA JACOBI ET JOHANNIS.<sup>a</sup>

[*Præfatio.*] *Electionis Dominicæ præclarum testimonium, atque apostolicæ congregationis mirabile ornamentum, et Evangelicæ veritatis cœleste præconium, sanctos Dei Apostolos et martyres Jacobum et Johannem,*[b] *Dominum deprecemur : ut qui illis apostolatûs gratiam vel martyrii dedit coronam, nobis quoque concedat veniam peccatorum.*

(*Collectio.*) *Deus qui beatissimis Apostolis tuis Jacobo et Johanni gloriam martyrii, bibitionis*[c] *tui calicis prædixisti, ut et confirmares responsionem, quam fides pura protulerat : prosit*[d] *patrociniis, ut digneris exaudire suffragiis.*

(*Post nomina.*) *Domine, quem vocantem sancti Apostoli Jacobus et Johannes fide integrá sunt secuti, et quem sequentes caritate integrá sunt electi, ut mundi piscatores fierent, qui profundi retia reliquissent : auribus percipe quæsumus orationem nostram, ut dum adsequi eorum facta non possumus, implere saltim monita pertendamus.*

(*Collectio ad Pacem.*) *Domine œterne, cui ita in sanctis Apostolis tuis Jacobo et Johanne placuit*

---

*Notes (left margin):*

a "Hunc titulum, qui in codice deest, item supplevimus."–Mab.

b cap. 12. v. 1–3. "Epistola non videtur integre descripta, ut aliquoties infra."—Mab.
c Vulg.+*manus.*

d cap. 20. v. 20–23.

e Vulg. *accessit.*

f Vulg. omits *ei.*

g Vulg. *bibere calicem.*

**\* M. 294**
h Vulg. *vel* for *et.* but the latter occurs in several MSS in 1546. mg., and in several according to Burgensis, the translation of Origen, the cod. San-Gall. Bede's Homily.
a Ordine præpostero post Missam Innocentum ponitur hæc Missa, quæ eadem est atque hic usque ad Contestationem in Missali Gothico, sed prolixior, inscripta, 'Missa in natale apostolorum Iacobi et Iohannis.'— Mab.

above p. 41.

b From the M. Goth. we see that the words 'præsenti festivitate venerantes' have been wrongly omitted by the compiler of the present Collection in his anxiety to abridge the prayers.

above p. 41.
c The same use of the genitive for the ablative was noticed above p. 146 e.

d Add, *supplicare.*

above p. 41.

above p. 42.

*arcanum dispensationis implere, ut glorioso passionis exemplo Apostolorum, quorum* [e] *ille praecederet, iste praemitteret.* [f]

(*Contestatio.*) *Verè dignum et justum est omnipotens Deus, ut Apostolos tuos Jacobum et Johannem* [g] *meritis suffragantibus preces nostras propitius exaudias, per Christum Dominum nostrum. Qui est sanctorum omnium virtus et gloria, victoria martyrum et corona, pastor ovium et hostia sacerdotum, redemtio gentium et propiciatio peccatorum, ipse Dominus ac redemptor noster, ante cujus sacratissimam sedem stant Angeli ad* [h] *. . .*

[LECTIONES IN CIRCUMCISIONE DOMINI.ᵃ]

*Epistola Pauli Apostoli ad Philippenses.* [b]
Fratres, videte circumcisionem.[c]  Nos enim sumus circumcisio, qui Spiritu [d] Dei servimus et gloriamur in Christo Jesu, et non in carne fiduciam habentes.  Quamquam ego habeam confidentiam [e] in carne.  Si quis alius videtur confidere in carne, ego magis ; circumcisus octava [f] die, ex genere Israel, de tribu Benjamin, Hebræus ex Hebræis, secundùm legem Pharisæus, secundùm æmulationem persequens Ecclesiam Dei.

*Lectio sancti Evangelii secundum Lucam.* [g]
Diebus illis postquam consummati sunt dies octo ut circumcideretur,[h] vocatum est nomen * ejus Jesus, quod vocatum est ab Angelo, priùsquam in utero conciperetur.  Et postquam impleti sunt dies purgationis ejus secundùm legem Moysi, tulerunt illum in Hierusalem, ut sisterent eum Domino, sicut scriptum est in lege Domini, quia omne masculinum aderiens vulvam, sanctum Domino vocabitur.

MISSA DIE CIRCUMCISIONIS DOMINI.

[*Præfatio.*]  Dominum  nostrum  Jesum Christum, fratres carissimi, humiliter deprecemur, qui infinitâ ejus misericordiâ in salutare suo nos visitavit,ᵃ in passione redemit, vitiaque nostra à nobis circumcisit, et omnia idola destruxit, malaque discussit.

(*Collectio.*)  Exaudi nos, Domine, sempiterna Trinitas,ᵇ Deus, qui propter hominum

29*

---

e Mabillon in his errata corrects this word into *chorum*, but this emendation is probably taken from the parallel passage in the M. Goth.
f This Collect has no petition at all.

above p. 42.

g As this *Contestatio* now stands, these accusatives ought to be genitives ; probably they were heedlessly retained by the Compiler, when leaving out some clauses intervening between them and the following words.

h *ad* is the first syllable of *adque*, the old spelling of *atque.*

a "Et hic titulus deest in veteri exemplari, sed necessario supplendus Idem observa de aliis titulis, quos ansulis inclusos habes." – Mab.
b cap. 3. v. 2–6.
c Vulg. *concisionem.* Ambrosiaster according to the ed. 1540. agrees with the text.
d "Legebat Augustinus 'Spiritui Dei' in Sermone CLXIX ad populum num. I. ubi subdit : 'Scio plerosque codices habere 'Qui Spiritu Deo servimus.'" – Mab.  Vulg. now has *spiritu servimus Deo.*  S. Fulg. agrees with S. Aug.'s reading.
e Vulg. +*et*, which 1512 and 1546 text put before *ego*, and 1546 mg. omits altogether, as does Remig.
f Vulg. *octavo.* – Primas. has the feminine, and Ambrosiaster (ed. Ben.) Remig.

g cap. 2. v. 21–23.

h Vulg. +*puer*, but 1512 mg. omits it, and some ancient MSS mentioned by Burgensis.

* M. 295

a cf. p. 35. "ortu corporis visitavit." It will be observed that the following clauses are not in order, the mention of the passion coming before the two subjects of commemoration for the day.
b We have here a striking example of the carelessness of the compiler of this Collection, in inserting this word in a prayer relating solely to God the Son.

c *Per* or some similar preposition must be added here.

(*Post nomina.*) Deus qui omnium nomina: temporumque mensuras: pia semper largitate dispensas: Sanctorum tuorum non quesumus recitatis nominibus purifica precibus: absolve a criminibus . . . ut . . . tibi nostri cordis offeramus holocaustum. Hanc itaque fidelium tuorum oblationem: propicius ac sereno vultu Domine dignare respicere: ut . . . hec nos oblatio et a preteritis delictorum sordibus abluat: et &c.—M. Moz. p. 140. 75. cf. 76. 75. This is obviously the original from which the text has been abridged, but very awkwardly; the mention of reciting the names of the saints departed (a rite which had now been postponed till a later part of the service; see above p. 193b, 209c.) is changed into an epithet of God as the God of all the saints. There is also another instance of carelessness, in this beginning as a Preface and ending as a Collect. "Oblationes famulorum ac famularum" is a Roman formula. See S. Greg. ap. Gerb. 148b. M. Franc. 322b. and above p. 101, 103.

above p. 47.

d This clause with a similar one in the Preface just before, shows that the Church for which this service was drawn up, had adopted the Roman custom of keeping the first of January in opposition to the heathen celebrations upon that day, as well as with reference to our Lord's circumcision. The mis-spelling of the word *idololatriæ* is a common error in MSS.
e MS *Josep.*
f MS *herimo.* This clause probably refers to some legendary story in some Apocryphal Gospel.
g Not improbably this may be really the punctuation intended by the compiler; but the sense would be improved by a colon or full stop here.
h Add *a* from the two authorities given above p. 47. It may be observed that the readings in M. Goth. are superior to those in the text.
a cap. 2. v. 11—13.

b Vulg. *Dei* for *Domini.*

c "Eodem modo Evangelium hoc die in Lectionario Luxoviensi contextum est ex tribus Evangelistis Matthæo, Lucæ, et Johanne."—Mab.
d c. 3. *Matthæi* v. 13—17.

e Vulg. +*Jesus*, but three MSS in 1546 mg. omit it; Burgensis also refers to some that leave it out.

peccata carnem adsumere dignatus est. Dies enim octava est à tuâ nativitate, quo c circumcisionem Dominum nostrum Jesum Christum Filium tuum posuisti pro nobis, et regnum idolatriæ destruxisti,d viam veritatis docuisti, legem implêsti, Joseph e et Mariam in eremo f satiâsti: te obsecramus, Domine, ut à peccatis hujus sæculi nos liberare digneris.

(*Post nomina.*) Sanctorum omnium Deum Patrem omnipotentem deprecemur, ut oblationes famulorum ac famularum suarum placido ac sereno vultu respicere digneris.

(*ad Pacem.*) Christum Dominum deprecemur, quem adorant Magi,g prophetarum vaticinia complentur, veniunt ex Oriente legati, fides gentium declaratur; circumciditur octavâ die circumcisionis inventor; ad templum ducitur offerendus qui est adorandus in templo.

(*Contestatio*) *Vere dignum et justum est, omnipotens Deus, propterea exultemus uberius, quia scimus in hodiernum diem salutaris fieri natalis octavum legitimum Domini secundum carnem geniti circumcisione signatum: quia sicut mortalitatem nostram adsumsit ut mortem consumeret, ita et jugum legis in suâ carne suscepit ut h nostrâ cervice discuteret, quia pro universitate humani generis Salvator advenerat, quem laud.*

[LECTIONES IN EPIPHANIA.]

*Epistola Pauli Apostoli ad Titum.*a

Fratres, apparuit gratia Dei Salvatoris nostri omnibus hominibus, erudiens nos, ut abnegantes impietatem et sæcularia desideria, sobriè et justè et piè vivamus in hoc sæculo, expectantes beatam spem et adventum gloriæ magni Domini b et Salvatoris nostri Jesu Christi.

*Lectio sancti Evangelii secundum Johannem.*c

d Diebus illis venit Dominus Jesus in Jordanem ad Johannem ut baptizaretur ab eo. Johannes autem prohibebat eum, dicens; Ego à te debeo baptizari, et tu venis ad me? Respondens autem Dominus Jesus dixit ei; Sine modò; sic enim decet nos implere omnem justitiam. Tunc dimisit eum. Baptizatus autem,e confestim ascendit de aquâ, et ecce aperti sunt ei cœli, et vidit Spiritum Dei descendentem sicut columbam \* f venientem super se, et g vox de cœlis dicens; Hic est Filius meus dilectus, in quo mihi complacui. h Et ipse Jesus erat incipiens quasi annorum xxx, ut putabatur filius Joseph.i j Et die tertio k nuptiæ factæ sunt in Canâ Galileæ, et erat mater Jesu ibi. Vocatus est autem l Dominus Jesus et discipuli ejus ad nuptias. Et deficiente vino, dicit mater Jesu ad eum; Vinum non habent. Et dicit ei Dominus Jesus; Quid mihi et tibi est mulier? nondum venit hora mea. Dicit mater ejus ministris; Quodcunque dixerit vobis facite. Erant autem ibi lapideæ hydriæ sex positæ secundum purificationem Judæorum, capientes singulæ metretas binas vel ternas. Dicit eis Dominus; m Implete hydrias aquâ; et impleverunt eas usque ad summum. Et dicit eis Jesus; Haurite nunc, et ferte architriclino; et tulerunt. Ut autem gustavit architriclinus aquam vinum factum,n et non sciebat unde esset; ministri autem sciebant qui hauriebanto aquam; vocat sponsum architriclinus et dicit ei; Omnis homo primùm bonum vinum ponit, et cùm inebriati fuerint, tunc id quod deterius est; tu autem servâsti bonum vinum usque adhuc. Hoc fecit initium signorum Dominus Jesus in Canâ Galileæ, et manifestavit gloriam suam, et crediderunt in eum discipuli ejus.

## MISSA IN EPHYFANIA.a

[Præfatio.] Deum,b qui sanctam huic Ephyfaniæ festivitatem nomen de mirabilibus dedit, fratres carissimi, per misericordiam Domini Dei nostri Jesu Christi suppliciter deprecemur, ut sicut hodierna solemnitas et Apparitio et Illuminatio et Declaratio, ex miraculo aquæ in vinum versæ, ita in populo suo est, ut claritas majestatis suæ sine cessatione fulgeat et sanctitatis lumen semper appareat, ut plebs ista suo nomine consecrata permaneat.

(Collectio.) Deum qui sanctificavit Jordanis fluenta, benedixit conjugia nuptialia, fratres carissimi deprecemur, ut cujus miracula annuis recolimus vicibus, solâ ejus gratiâ mereamur indulgentiam peccatorum.

\* M. 296
f Vulg. + et.
g Vulg. + ecce. In the same line Mur. has cœlo.
h c. 3. Lucæ v. 23.
i MS Josep.
j c. 2. Johannis v. I - II.
k Vulg. tertia.
l Vulg. et. The Sarum Missal omits it, and the ed. 1512.

m Vulg. + Jesus.
n Vulg. factam, but factum is in the Sarum Missal, and in 1512.
o Vulg. hauserant. The cod. SanGall. agrees with the text.
a "'Ephiphania' etiam scribitur tum in Lectionario Luxoviensi, tum in Missali Gothico." –Mab.
b Sanctam festivitatem is meant for the dative, and the three epithets apparitio, illuminatio and declaratio, are intended to express the three miracles which the Church commemorates on this day; the special clauses relating to the first two having dropped out in the process of abridging. Two of these epithets are found in a Post Sanctus of M. Moz. which curiously enough joins to them Christ's receiving of His name and so would seem to date from a period anterior to the institution of the festival of the Circumcision. "Qui observationem diei hujus: atque reverentiam toto orbe venerabilem tripliciter et acceptionis et luminationis et declarationis honore donasti. Appare in his solemnitatibus: et accepta oratione plebis tue: qui solennitatem hanc ipso acceptionis nomine consecrasti." M. Moz. p. 63. 23. In the text, est may stand for sit; unless it and the following word are to be . erased in accordance with the mg. and the expression in the last line may be compared with one in M. Moz. p. 49. 90. (quoted above p. 44.) 'tuo nomini consecrato.'

Deus sanctificator diei hodiernæ, qui sanctæ hujus festivitatis nomen de mirabilibus indidisti; da Ecclesiæ tuæ, ut sicut Epiphania, id est hodierna solemnitas, et declaratio et apparitio nuncupatur: ita in populo tuo claritas Majestatis tuæ fulgescat, et sanctitatis lumen appareat, ut plebs hæc, in tuo nomine consecrata, hoc habeat jugiter in conversatione, quod hæc festivitas appellatur ex nomine. Amen. – Brev. Moz. p. 88b. Libell. Orat. apud Pinium Lit. Ant. Hisp. t. 2. p. 50.

above p. 52.

This is not a Collect but a Preface, and is rightly so designated in the M. Goth.

cf. "Deus, qui dives est in miseri-cordia." c. 2. Eph. v. 4.

cf. "Prædicare captivis remissio-nem et cæcis visum." c. 4. Lucæ v. 19.
c This is Mabillon's correction in the errata for *indulges,* which he has in the text and which is probably the reading of the MS.

**above p. 52.**

**above p. 53.**

d Read, *ad adorandam . . . infan-tiam,* as in M. Goth. and S. Greg. apud Gerb. p. 16b.

* **M. 297**

*(Post nomina.)* Deus, qui dives es in omnibus misericordiâ, Pater gloriæ, qui posu-isti Filium tuum, lumen in nationibus, præ-dicare captivis redemptionem, cæcis visum; remissionem peccatorum et sortem inter sanc-tos per fidem, qui es in Christo largus mise-rator, indulge.[c]

*(Ad Pacem.)    Deus, qui per unigenitum Jesum Christum Filium tuum Dominum nostrum hodie sanctificationem salutis æternæ aquis regenerantibus præstitisti, et veniente super caput illius spiritali columbâ, per Spiritum Sanctum ipse venisti: dona quæsumus, ut veniat super hanc omnem ecclesiam tuam illa benedictio, quæ cunctos jugiter protegat.*

*(Contestatio.)*    Verè dignum et justum est, omni-potens Deus, quia notam fecisti in populis misericordiam tuam, et salutare tuum cunctis gentibus declarâsti, hodiernum declarans diem, in quo adoranda[d] veri Regis infantia excitatos de remotis partibus viros clarior ceteris sideribus stella perduceret, et cœli ac terræ Dominum corporaliter natum, radio suæ lucis ostenderet. Prop-terea profusis gaudiis* totus per orbem terrarum mundus exultat. Sed et supernæ concinunt potestates, hymnum gloriæ tuæ sine cessatione dicentes, Sanctus.

---

a "Nihil hic de sancta Genovefa, sic vero in Lectionario Luxoviensi. Illud observatione dignum, quod Cathedra sancti Petri hoc loco præcedit fes-tum Assumtionis beatissimæ Virgi-nis, quod die XVIII. Januarii olim celebrari mos erat.  Ergo etiam Cathedra in Januario, ut validis ar-gumentis probatum in notis ad Lec-tionarium Luxoviense quod vel ex solo hoc loco conficitur."—Mab.
b 1 Pet. c. 1. v. 2—4.
c Vulg. *mis. suam magnam,* but S. Fulg. has the same order as in the text, as also Bede and M. Moz. and the Greek text.
d Vulg. *vivam.*  Several Latin autho-rities including the Lect. Luxov. agree with the text; while others as S. Aug. and the M. Moz. have *vitæ æternæ.*
e c. 16. v. 13—19.

f Vulg. *interrogabat.*  M. Moz. agrees with the text.
g Vulg. omits *me,* but several MSS in 1546 mg. have it and some edd. and MSS mentioned by Burgensis as well as S. Iren. Tert. S. Aug. S. Fulg. cod. San-Gall.
h Vulg. has *at illi* for *qui.*
i Vulg. + *autem.*
j Vulg. *dicit* and omits *autem.*
k Vulg. *autem* for *vero.*
l Vulg. omits *ei.*

[LECTIONES IN CATHEDRA SANCTI PETRI.[a]]

*Epistola Petri Apostoli ad Gentes.*[b]
Fratres, benedictus Deus et Pater Domini nostri Jesu Christi, qui secundùm magnam misericordiam suam[c] regeneravit nos in spem vitæ,[d] per resurrectionem Jesu Christi ex mortuis, in hæreditatem incorruptibilem et incontaminatam et immarcessibilem, conser-vatam in cœlis.

*Lectio sancti Evangelii secundum Mat-thæum.*[e]
Tempore illo venit Dominus Jesus in partes Cæsareæ Philippi, et interrogavit[f] discipulos suos, dicens; Quem me[g] dicunt homines esse Filium Hominis? Qui[h] dixerunt; Alii Johan-nem Baptistam, alii[i] Eliam, alii verò Jeremiam aut unum ex prophetis.  Dixit[j] autem illis Dominus Jesus; Vos verò[k] quem me esse dicitis?  Respondens Simon Petrus dixit ei;[l] Tu es Christus Filius Dei vivi.  Respondens autem Dominus Jesus dixit ei; Beatus es, Simon Barjona; quia caro et sanguis non

revelavit tibi, sed Pater meus qui in cœlis est.
Et ego dico tibi, quia tu es Petrus, et super
hanc petram ædificabo Ecclesiam meam, et
portæ inferi non prævalebunt adversus eam.
Et tibi dabo claves regni cœlorum; et quodcunque ligaveris super terram, erit ligatum ᵐ
in cœlis; et quodcunque solveris super terram,
erit solutum et in cœlis.

ᵐ Vulg.+*et*, but several MSS in 1546
mg. omit it, and "multa et insignia
MSS" according to Brugensis.

## Missa in Cathedra Sancti Petri.

[*Præfatio.*] Beatissimi Petri Apostoli so-
lemnissimum diem, in quo omne jus Gentium
Judæorumque sortitus est, quem diem ipsa
Divinitas consecravit delegando cœlorum claves, vel ᵃ pontificalis cathedræ contulit dignitatem, fratres carissimi, exultantes in Domino
celebremus,ᵇ deprecantes ejus misericordiam,
ut sicut beato Petro principalia munera contulit; ita et nobis peccatorum commissa concedat.

ᵃ *Vel* in the sense of 'and' or 'that
is.'

ᵇ *celebremus* seems to be an addition
of Mabillon's.

(*Collectio.*) *Deus qui hodiernâ die beatum Petrum
post te dedisti caput Ecclesiæ, cùm te ille verè confessus
sit, et ipse à te dignè prælatus sit, te supplices
exoramus: ut qui dedisti Pastorem, ne quid de ovibus
perderes; ut grex effugiat errores, ejus intercessione
quem fecisti salvifices.*

above p. 73.

(*Post nomina.*) *Deum qui beato Petro tantam
potestatem discipulo contulit, ut si ipse ligaverit, non
sit alter qui solverit; et quæ in terrâ solverit, item
cœlo soluta sint, precibus imploremus: ut eductis ᶜ à
tartaro defunctorum spiritibus, non prævaleant sepultis
inferni portæ per crimina, quas \* per Apostoli fidem
vinci credit Ecclesia.*

above p. 73.

ᶜ This is a reference to our Lord at
His descent having freed the souls
of the holy persons who had previously died from Hades, or Tartarus
as it was sometimes called as in the
sermon *de Paschate* in the appendix
to S. Ambrose t. 2. p. 437. and with
regard to those who die since the
resurrection it expresses the view so
common in the Latin Church, that it
is only the souls of the wicked that
now go to Hades, while those of the
righteous are admitted to Paradise.

(*Ad Pacem.*) *Clementissime conditor, qui tantâ
caritate succendisti discipulum, ut se de nave jactatum
ad te celere festinaret pede nudo per pelagus; et videns
hanc dilectionem, claves ei dares siderum, voces inspice
suggerentum.*

above p. 73.
\* M. 298

(*Contestatio.*) *Verè dignum et justum est, omnipotens Deus, qui dives infinitæ clementiæ copioso
munere plasmam tuæ creaturæ in tantum dignaris erigere, ut vernaculo limi compatiens, homini de terrenâ compage claves cœli committeres, et ad judicandas
tribus solium excelsæ sedis in sublimi conponeres. Testis est dies hodierna beati Petri cathedra Episcopatús
exposita, in quâ fidei merito revelationis mysterium
fidei, Filium Dei confitendo, prælatus Apostolus
ordinatur, in cujus confessione est fundamentum
Ecclesiæ: nec adversus hanc Petram portæ inferi*

above p. 73.

d From this to the end of this Contestatio several clauses which occur in M. Goth. are omitted. Some of these are added by Mabillon between brackets, but I have not thought it necessary to give them, as they will be found by turning back to the M. Goth. I may, however, take occasion from this manifest proof of Mabillon's having made use of the other Service-books in editing this Collection, to express my suspicion that he has followed the same plan with regard to it which he adopted in re-editing those first published by Thomasius, and that he has often corrected the reading of the Bobio MS *sub silentio*, either from a comparison with the Roman and Gallican Liturgies or else (which would be still more dangerous) from mere conjecture. I am confirmed in this idea by the marked difference which may be traced between those parts which seem peculiar to the present Collection and those which it has in common with others; the latter usually being so much more easy to construe, while the former in many cases defy every effort to elicit more than a very general meaning.

a "Hic titulus alia manu adjectus est, sed antiqua. Fuerint proinde hæ lectiones pro vigilia Assumtionis, quæ 'sanctæ Mariæ sollemnitas' appelletur infra: aut certe pro quovis alio ejus festo præter Assumtionem, qua sequitur."—Mab.

b c. 6. v. 1–9.

c Vulg. *justum est.* Primas. agrees with the text, as does the Greek.

d For *parentes* Vulg. has *vos patres.* Primas. and Ambrosiaster (ed. 1540.) *patres.*

e Vulg. *placentes,* and in the same line *facientes.*

f Vulg. +*non.*

g Vulg. *recipiet.* Primas. agrees with with the text.

h Vulg. +*et.*

i c. 2. v. 41–49.

* M. 299

j Vulg. omits *in* and has *Jerosolymam;* but 1512 and 1546 have *in,* and Burgensis speaks of the MSS being about equally divided as to retaining or omitting it; Bede agrees with the text.

k Vulg. +*eos,* but it is omitted in the M. Moz. and the Sarum Missal and by many MSS according to Burgensis.

*prævalent.*d  *Quid verò beato Petro diverso sub tempore accessit laudis et gloriæ!  Hinc est quod mare tremulum fixo calcat vestigio, et inter undas liquidas pendulâ plantâ perambulat.  Hic ad portam Speciosam contracti tendit vestigia, et tactus Petri digito claudus non indiget baculo.  Hic carceratus dum dormitat, Christus pro ipso pervigilat, et retrusus ergastulo, foras procedit per Angelum.  Hic paralyticum erexit decubantem in lecto: hic Tabitam mulierem revocavit de funere, et virtutem imperante, morti prædari non licuit, per Christum Dominum.*

IN MISSA SANCTÆ MARIÆ.[a]

*Epistola Pauli Apostoli ad Ephesios.*[b]

Filii, obedite parentibus vestris in Domino ; hoc enim est justum.[c]  Honora patrem tuum et matrem tuam, quod est mandatum primum in promissione, ut benè sit tibi, et sis longævus super terram.  Et parentes,[d] nolite ad iracundiam provocare filios vestros, sed educate illos in disciplinâ et correptione Domini.  Servi, obedite dominis carnalibus cum timore et tremore, in simplicitate cordis vestri, sicut Christo, non ad oculum servientes, quasi hominibus placeatis :[e] sed ut servi Christi faciatis voluntatem Dei ex animo ; cum bonâ voluntate servientes, sicut Domino et[f] hominibus, scientes, quoniam unusquisque quodcumque fecerit bonum, hoc percipiet[g] à Domino, sive servus sive liber.  Et vos, domini, eadem facite illis, remittentes minas, scientes quia[h] illorum et vester Dominus est in cœlis.

*Lectio sancti Evangelii secundum Lucam.*[i]

Tempore illo ibant parentes Jesu per omnes annos in Hierusalem in die solemni Paschæ.  Et cùm factus esset annorum duodecim, ascendentibus* illis in[j] Hierusolyma secundùm consuetudinem diei festi, consummatisque diebus, cùm redirent, remansit puer Jesus in Hierusalem, et non cognoverunt parentes ejus.  Existimantes autem illum esse in comitatu, venerunt iter diei, et requirebant eum inter cognatos et notos.  Et non invenientes, regressi sunt in Hierusalem, requirentes eum.  Et factum est, post triduum invenerunt illum in templo, sedentem in medio doctorum, audientem illos et interrogantem.[k]  Stupebant autem omnes qui eum audiebant super prudentiâ et responsis ejus. Et videntes admirati sunt. Et dixit mater ejus ad illum; Fili, quid fecisti nobis sic? Ecce pater tuus et ego dolentes quærebamus te. Et ait ad illos;[1] Nesciebatis, quia in his quæ Patris mei sunt oportet me esse?

[1] Vulg. + *quid est quod me quærebatis?*

### MISSA IN SANCTÆ MARIÆ SOLEMNITATE.

[*Collectio.*] Omnipotens sempiterne Deus, qui terrenis corporibus Verbi tui veritatem [a] per venerabilem Mariam conjungi voluisti: petimus immensam clementiam tuam, ut quod in ejus veneratione deposcimus, te propitiante mereamur consequi.

[a] *Veritas* is here used for the Godhead of the Son; but the Gregorian reading in the mg seems preferable to that of our text.

(*Collectio.*) Exaudi nos, Domine, sancte Pater omnipotens Deus, qui beatæ Mariæ uteri obumbratione cunctum mundum inluminare dignatus es: majestatem tuam supplices deprecamur, ut quod nostris meritis non valemus, ejus adipisci præsidiis mereamur. Te quæsumus, Domine, famulantes, ut beatæ Mariæ nos gaudia omitentur, cujus meritis nostra deleantur chirographae peccatorum.

(*Post nomina.*) Offerimus, Domine, preces et munera in honore sanctæ Mariæ gaudentes; præsta, quæsumus, ut et convenienter hæc agere, et remedium sempiternum valeamus adquirere.

(*ad Pacem.*) Altario tuo, Domine, proposita munera Spiritus Sanctus benignus assumat, qui beatæ Mariæ viscera splendoris sui veritate replevit.

(*Contestatio.*) Verè dignum et justum est, omnipotens Deus. Qui nos mirabile mysterium et inenarrabile sacramentum per venerabilem Mariam servare docuisti, in quâ manet intacta castitas, pudor integer, firma conscientia. Nam in hoc matrem Domini sui Jesu se esse cognovit, quia plus gaudii contulit, quàm pudoris. Lætatur ergo quod virgo concepit, quod cœli Dominum clausis portavit visceribus, quod virgo edidit partum. O magna clementia Deitatis! Quæ virum non novit, et mater est, et post filium virgo est. Duobus enim gavisa est muneribus: miratur quod virgo peperit; lætatur quod edidit Redemptorem Dominum nostrum Jesum Christum. Per quem. Sanctus.

Omnipotens sempiterne Deus, qui terrenis corporibus Verbi tui veritatis Filii (*S. gr.* tui et veritatis, Filii tui scilicet) vnigeniti per venerabilem ac gloriosam semper Virginem Mariam ineffabile mysterium conjungere voluisti; petimus immensam clementiam tuam, ut quod in ejus veneratione deposcimus, te propitiante, consequi mereamur. Per.—S. Gel. p. 147. S. Greg. apud Gerb. p. 166a.

Exaudi nos Domine sancte Pater, omnipotens æterne Deus, qui per Beatæ Mariæ sacri uteri divinæ gratiæ obumbrationem universum mundum inluminare dignatus es, majestatem tuam supplices exoramus; ut quod nostris meritis non valemus obtinere, ejus adipisci præsidiis mereamur. Per.—S. Gel. p. 132b. S. Greg. apud Gerb. p. 31a.

Te quæsumus, Domine, famulantes, prece humili auxilium implorantes, et Beatæ semper Virginis Mariæ nos gaudia comitentur solemniis: cujus præconia ac meritis nostra deleantur chirographa peccatorum; atque rubiginem scelerum moliviciorum igne compunctionis tui amore mundemur incursu. Per.—S. Gel. p. 132b.

Offerimus tibi, Dne, preces et munera, in honore Scorum tuorum gaudentes: præsta quæsumus, ut et convenienter hæc agere, et remedium sempiternum valeamus acquirere, per Dnm.—S. Greg. apud Gerb. p. 199a.

Altari tuo, Dne, superposita munera Spiritus sanctus assumat: qui beatæ Mariæ viscera sui splendoris veritate replevit. Per Dominum nostrum in unitate eiusdem Spiritus S.—M. Amb. apud Gerb. p. 210a. cf. S. Gel. apud Gerb. p. 31a.

VD. æterne Deus, qui nos mirabile mysterium, et inenarrabile sacramentum per venerabilem Mariam credere docuisti, in qua manet intemerata (*m.* intacta) castitas, pudor integer, firma constantia. Nam in hoc se matrem Dni fuisse cognovit, quia illum cum gaudio protulit, quem incorrupta concepit; lætatur, (*m.*+ quod virgo concepit), quod cœli Dnm clausis portavit visceribus: quod virgo edidit partum: O admirandam divinæ dispensationis operationem! quæ virum non cognovit, et mater est, et post filium virgo est; duobus enim gavisa est muneribus, miratur, quod intacta (*m.* virgo) peperit; exultat, (*m.* lætatur) quod nutrivit (*m.* edidit) redemptorem Iesum Chrm Dnm nostrum, per quem—S. Greg. apud Gerb. p. 31b. It occurs also in S. Greg. apud Mur. p. 315. the readings of which generally agree with those in Præf. Ant. Pamelii p. 584.

30

*Lectio Apocalypsis sancti Johannis.*[a]

Et vidi, et ecce Agnus stabat super[b] montem Sion, et cum illo[c] centum quadraginta quatuor millia, habentes nomen ejus et nomen Patris ejus scriptum in frontibus suis.  Et audivi vocem de cœlo, tanquam vocem aquarum multarum et tanquam vocem tonitrui magni : et vocem quam audivi, sicut cytharœdorum cytharizantium in cytharis suis.  Et cantabant quasi canticum novum ante sedem et ante quatuor * animalia et seniores ; et nemo poterat dicere canticum, nisi illa centum quadraginta quatuor millia qui empti sunt de terrâ.  Hi sunt qui cum mulieribus non sunt coinquinati ; virgines enim sunt ; hi qui[d] sequuntur Agnum quocumque abierit.[e]  Hi empti enim[f] sunt ex hominibus primitiæ Deo et Agno, et in ore ipsorum[g] non est inventum mendacium ; sine maculâ enim sunt.[h]  Vidi[i] Angelum volantem per medium cœlum,[j] habentem Evangelium æternum ut evangelizet[k] sedentibus super terram, et super omnem gentem et tribum et linguam et populum, dicens magnâ voce ; Timete Deum,[l] et date illi honorem, quia venit hora judicii ejus ; et adorate eum qui fecit cœlum et terram, mare et fontes aquarum.

*Lectio sancti Evangelii secundum Lucam.*[m]

Factum est autem dum iret Dominus Jesus,[n] intravit in quoddam castellum, et mulier quædam Martha nomine excepit illum in domo suâ.[o]  Et huic erat soror, nomine Maria, quæ etiam sedens secus pedes Domini audiebat verbum illius.  Martha autem satagebat circa frequens ministerium.  Quæ stetit et ait ; Domine, non est tibi curæ, quòd soror mea reliquit me solam ministrare ? dic ergo illi ut me adjuvet.  Et respondens dixit illi Jesus ;[p] Martha, Martha, sollicita es et turbaris circa[q] plurima.  Porro unum est necessarium.  Maria optimam partem elegit, quæ non auferetur ab eâ.

* M. 300

a cap. 14. v. 1—7.

b Vulg. *supra.* S. Fulg. agrees with the text, as does Bede.

c Vulg. *eo ;* M. Moz. agrees with the text, as do S. Fulg. Bede, Primas. and the Brev. Moz.

d Vulg. omits *qui.* The reading in the text may be meant for that in S. Cyprian, "hi *sunt* qui sequuntur," or else the semicolon before *hi* should be erased.

e Vulg. *ierit.* The Brev. Moz. agrees with the text.

f Vulg. omits *enim.*

g Vulg. *eorum.* 1512 mg. M. Moz. Brev. Moz. M. Sarum and Bede agree with the text.

h Vulg. + *ante thronum Dei ; et.* M. Moz. and Brev. Moz. however, omit the first three words, as do many authorities both Greek and Latin quoted by Scholz, among the latter being S. Aug. S. Jerome, Primas. Tychon. Ansb. Haymo.

i Vulg. + *alterum,* but a good many Greek MSS and S. Ambr. omit it according to Scholz.

j Vulg. *cæli.* M. Moz. Brev. Moz. and Bede agree with the text.

k Vulg. *evangelizaret.*

l Vulg. *Dominum.* The Brev. Moz. S. Cypr. and Bede agree with the text, and also Primas. and Vigilius according to Scholz.

m cap. 10. v. 38—42.

n Vulg. *irent et ipse.*—1512 hns *iret et ipse,* with which the cod. Cant seems to agree.

o Vulg. *domum suam.* The cod. Vercell. also has the ablative.

p Vulg. *Dominus.* The codd. San-Gall. Veron. and Brix. agree with the text.

q Vulg. *erga.* S. Aug. and Bede support the text, as do the codd. San-Gall. and Perusin.

ᵃ MISSA IN ADSUMPTIONE SANCTÆ MARIÆ.

[*Præfatio.*] *Generosœ diei dominicœ Genetricis* above p. 57.
*inexplicabile sacramentum, tanto magis prœconabile*
*sacramentum, quantum inter homines adsumptione*
*Virginis singulare, apud quam vitœ integritas obtinuit*
*filium, et mors non invenit par exemplum ; nec minus*
*ingerens stuporem de transitu, quam exultationem*
*ferens unico beata de partu ; non solùm mirabilis*
*pignore quod fide concepit,*ᵇ *fratres carissimi, depre-*
*cemur : ut ejus adjuti muniamur suffragio, quœ beata*
*Maria de partu clara,*ᶜ *de merito felix prœdicatur*
*post transitum.*

    (*Secreta.*) *Deus universalis, qui in sanctis spiri-* above p. 58.
*taliter, in Matre verò virgine etiam corporaliter*
*habitâsti ; caritate decens, pace gaudens, pietate prœ-*
*cellens ; ab Angelo gratiâ plena, ab Helizabet bene-*
*dicta, ab gentibus prœdicatur beata : cujus nobis fides*
*mysterium, partus gaudium,*ᵈ *pacem quam in adsump-*
*tione matris tunc prœbuisti discipulis, nobis miserere*
*supplicibus.*

    (*Contestatio.*) *Verè dignum et justum est, omni-* above p. 58.
*potens Deus per Christum Dominum nostrum. Quo*
*fidelis Israel egressa est de Ægypto ; quo virgo Dei*
*genetrix Maria de mundo migravit ad Christum,*
*germine gloriosa,*\* *adsumtione secura, paradisi dote*
*prœlata, damna de coetu, sumens vota de fructu ; non*
*subdita labori per partum, non dolori per transitum ;*
*speciosus thalamus, de quo decorus procedit sponsus,*
*lux gentium, spes fidelium, prœdo dœmonum, confusio*
*Judœorum, vasculum gloriœ, templum cœleste :* [*cujus*
*juvenculœ melius prœdicantur* ᵉ] *merita, cùm veteris*
*Evœ conferentur exempla. Si quidem ista mundo*
*vitam protulit ; illa legem mortis invexit : illa prœ-*
*varicando nos perdidit : ista generando servavit : illa*
*nos pomo arboris in ipsâ radice percussit ; ex hujus*
*virgâ flos exiit, qui nos odore refecerit et fruge curârit :*
*illa maledictione in dolore generat ; ista benedictione*
*in salute : illa perfidiâ serpenti consensit, conjugem*
*decepit, prolem damnavit,*ᶠ *nisi etiam tali matri ador-*
*nâsset egressum. Rectè ab ipso suscepta es in adsum-*
*tione feliciter, quem piè suscepisti conceptura per*
*fidem : ut qui terrœ non eras conscia, te non teneret*
*rupis inclusa. .Verè diversis infolis anima redimita,*
*cui apostoli sacrum reddunt obsequium, Angeli can-*
*tum, Christus amplexum, nubis veicolum, adsumptio*
*paradisum, in choris virginum gloriâ tenens princi-*
*patum, per quem laudant Angeli.*

ᵃ This service is a curious specimen of the partial amalgamation of the rites. The service itself is purely Ephesine, as may be seen by its resemblance to that in M. Goth. but the Collects *post nomina* and *ad pacem* as well as the one called the *Collectio sequitur* are here replaced by a single one bearing the Roman name *Secreta*. This is exactly the contrary of what we have hitherto seen in these services, which more generally give Ephesine titles to Roman prayers.
ᵇ Several clauses are omitted here.

ᶜ The comma should be before, not after *clara.*

ᵈ Among the words which M. Goth. shows to be left out here, *attulit* seems necessary ; "Whose faith procured to us the mystery of the Incarnation, &c."

\* M. 301

ᵉ This clause, omitted in the MS, is so absolutely necessary for the sense that I follow Mabillon's example in inserting it.

ᶠ A long passage is here left out.

30*

a 3 Reg. cap. 19 v. 3.–15
b "Hic 'Quadraginsimæ' vocabulum: et ita scribendum more illius temporis, patet ex sequentibus, et ex Lectionario Luxoviensi ac Missali Gothico. Nihil hic de Septuagesima, Sexagesima, et Quinquagesima. Lege adnotata ad Lectionarium Luxoviense pag. 123. In Gothico pariter legitur 'Ordo Missæ in initium Quadraginsimæ,' id est pro Dominica prima, aut die sequenti, ut conjicimus. Necdum enim Quadragesima tunc incipiebat a Feria iv Cinerum."—Mab.
c Vulg. desertum, and in the next line, sederet.

### Lectio libri Regum quæ legitur[a]
### INITIO QUADRAGINSIMÆ.[b]

Tempore illo venit Elias in Bersabee Juda, et dimisit ibi puerum suum, et perrexit in deserto [c] viam unius diei. Cùmque venisset, et sedisset subter unam juniperum, petivit animæ suæ ut moreretur, et ait; Sufficit mihi, Domine, tolle animam meam; neque enim melior sum quàm patres mei. Projecitque se, et obdormivit in umbrâ juniperi. Et ecce Angelus Domini tetigit eum, et dixit illi; Surge et comede. Respexit et ecce ad caput suum subcinericius panis et vas aquæ. Comedit ergo et bibit, et rursum obdormivit. Reversusque est angelus Domini secundò et tetigit eum, dixitque illi; Surge,[d] grandis enim tibi restat via. Qui cùm surrexit,[e] comedit et bibit, et ambulavit in fortitudine cibi illius xl. diebus et xl. noctibus usque ad montem Dei Oreb. Cùmque venisset [f] in speluncâ, et ecce sermo Domini ad eum, dixitque ei,[g] Quid hîc agis, Helia? At ille respondit; Zelo zelatus sum pro Domino [h] exercituum, quia dereliquerunt filii Israel pactum tuum,[i] et Prophetas tuos occiderunt gladio, et [j] derelictus sum ego solus; et quærunt animam meam ut auferant eam. Et ait ei; Egredere, et sta in monte coram Domino. Et ecce Dominus transit, et spiritus grandis et fortis, subvertens montes et conterens petras ante Dominum: non in spiritu Dominus. Et post spiritum commotio; non in commotione Dominus. Et post commotionem ignis: non in igne Dominus. Et post ignem sibilus auræ tenuis: ibi Dominus.[k] Quod cùm audisset Helias, operuit * vultum suum pallio, et egressus stetit in ostio speluncæ; et ecce vox ad eum dicens; Quid hîc agis, Helia? Et ille respondit, Zelo zelatus sum pro Domino [l] exercituum, quia dereliquerunt pactum tuum filii Israel; altaria tua destruxerunt et [m] Prophetas tuos occiderunt gladio; et [n] derelictus sum ego solus, et quærunt animam meam ut auferant eam. Et ait Dominus ad eum; Vade, revertere [o] viam tuam per desertum in Damasco.

d Vulg. + comede.
e Vulg. surrexisset.

f Vulg. + illuc, mansit.
g Vulg. illi.

h Vulg. + Deo.
i Vulg. pact. tu. filii Is. and + adds altaria tuo destruxerunt leaving out et, which, however, is found in 1512, 1546. and the Br. Moz.
j Vulg. omits et, but 1512 has it and 1546, and the Br. Moz.

k Vulg. omits ibi Dominus.

* M. 302

l Vulg. + Deo.

m Vulg. omits et, but not 1512, 1546 nor the Br. Moz.
n Vulg. omits et, but not 1512, 1546, nor the Br. Moz.

o Vulg. et revertere in, and in the next line Damascum.

*Epistola Pauli Apostoli ad Corinthios* [a]
IN QUADRAGINSIMA.

a 2 ad Cor. cap. 6 v. 2—10.

Fratres, ecce nunc tempus acceptabile ; ecce
nunc dies salutis. Nemini dantes ullam offensi-
onem, ut non vituperetur ministerium nostrum;
sed exhibeamus in omnibus [b] nosmetipsos,
sicut Dei ministros, in multâ patientiâ, in tribulationibus, in necessitatibus, in angustiis,
in plagis, in carceribus, in seditionibus, in
laboribus, in vigiliis, in jejuniis, in castitate,
in scientiâ, in longanimitate, in suavitate, in
Spiritu Sancto, in caritate non fictâ, in verbo
veritatis, in virtute Dei ; per arma justitiæ à
dextris et [c] sinistris, per gloriam et ignobili-
tatem, per insaniam et bonam famam ; ut
seductores et veraces ; sicut qui ignoti et
cogniti ; quasi morientes, et ecce vivimus ; ut
castigati, et non mortificati ; quasi tristes,
semper autem gaudentes; sicut egentes, multos
autem locupletantes ; tanquam nihil habentes,
et omnia possidentes, in Christo Jesu Domino
nostro.

b Vulg. *in omn. exh.*

c Vulg.+*a*, and in the next line *in-
famiam*, but M. Moz. also omits *a*, as
does Ambrosiaster, and S. Aug.

*Lectio sancti Evangelii secundum Mat-
thæum.* [d]

Diebus illis dixit Dominus Jesus discipulis
suis ; Adtendite ne justitiam vestram faciatis
coram hominibus, ut videamini ab eis; alioquin
mercedem non habebitis apud Patrem vestrum
qui in cœlis est. Cùm ergo facis eleemosynam, noli tubâ canere ante te, sicut hypocritæ
faciunt in synagogis et in vicis, ut honorifi-
centur ab hominibus. Amen dico vobis, receperunt mercedem suam. Te autem faciente
eleemosynam, nesciat sinistra tua quid faciat
dextera tua, ut sit eleemosyna tua in abscondito, et Pater tuus qui videt in abscondito,
reddet tibi. Et cùm oratis, non eritis sicut
hypocritæ, qui amant in synagogis et in
angulis platearum stantes orare, ut videantur
ab hominibus. Amen dico vobis, receperunt
mercedem suam. Tu autem cùm orabis,[e]
intra in cubiculum tuum, et clauso ostio tuo,[f]
ora Patrem tuum in abscondito ; et Pater tuus
qui videt in abscondito, reddet tibi. Orantes
autem, nolite multum loqui sicut hynici ;[g]
putant enìm quòd in multiloquio suo exaudi-

d cap. 6. v. 1—8.

e Vulg. *oraveris*. Brugensis, however
mentions that the reading of the text
is found in some good MSS. The
codd. Corb. and Forojul. also have it.
f Vulg. omits *tuo*, but 1512 mg and
cod. San-Gall. have it, and many good
MSS according to Brugensis.
g Vulg. *ethnici*.

h Vulg *quid.*

a It will be observed that this service, which is for the first day of Lent, is alone called " Missa Quadraginsimalis," while the other services for Lent are named "missæ jejunii." This may show that at the time and place of the compilation of this Collection, "quadragesima" was used only for a single Sunday, much as we now use the words "Quinquagesima," &c.

above p. 75.

b If this Collect be compared with that in M. Goth. it will be seen that it has been much Romanized in style, the omission of several words having fused two sentences into one, and given it more of the terseness and unity which mark the Roman Collects.

above p. 75.

*   M. 303

c Perhaps this genitive may be the genuine reading both here and in the M. Goth., where it is probably meant by the reading of the MS which I quoted from Vezzosi; see above p. 146ᶜ, 226ᶜ.
This prayer occurs again below p. 244.

Jejunia, quæsumus, Domine, quæ sacris exequimur institutis, et nos a reatibus nostris semper expediant: et tuam nobis justitiam faciant esse placatam. Per.–S. Gel. p. 35.

above p. 76.

d See this word similarly used above p. 36 and the verb, p. 145. It does not seem to occur in M. Moz. though we there have the expression "charitatis amplexibus," p. 378. 24.

e "Forte legendum 'esuriamus.'"— Mab. But the same reading occurs in M. Goth.

antur.  Nolite ergo adsimilari eis.  Scit enim Pater vester quibus[h] opus sit vobis, antequam petatis eum.

## MISSA QUADRAGINSIMALIS.[a]

*(Collectio.)  Omnipotens[b] æterne Deus, ut quadraginsimale hoc jejunium et competentibus inchoemus obsequiis, et tibi placitis effectibus celebremus, humani generis Conditor et Redemptor largire propitius, et continentiam nostræ salutis misericors exaudias.  Per.*

* *(Collectio.)  Deus abstinentiæ, Deus castimoniæ, qui libenter jejunantium humilitate placaris, et humiliantium se precibus benignus inflecteris : exaudi preces nostras in hac hodierná die, quo quadráginsimale inchoamus jejunium; et diversarum turbationum, quibus gradimur, tempestate discussá, continentiam nobis à vitiis tuæ benignitatis c infunde.*

*(Post nomina.)*  Unianimes atque concordes Dominum Deum nostrum, fratres carissimi, deprecemur, ut jejunium nostrum sit remissio peccatorum, et dono gratiæ suæ castigationem corporum profectus mentium consequantur.  Per.

*(Ad Pacem.)*  Jejunia nostra, quæsumus, Domine, ut nos a reatibus nostrorum criminum solvant et tuam nobis justitiam faciant esse placabilem, et concordes nos vinculo per complexum d osculi nectant.

*(Contestatio.)*  Verè dignum et justum est, omnipotens Deus, per Christum Dominum nostrum.  Qui est Filius tuus unigenitus, manens in gloriá tuá, in quo jejunantium fides alitur, spes provehitur, caritas roboratur.  Ipse est enim panis vivus et verus, qui de cœlo descendit, et habitat semper in cœlo, qui est substantia æternitatis et esca virtutis.  Verbum enim tuum, per quod facta sunt omnia, non solùm humanarum mentium, sed et ipsorum quoque panis est angelorum.  Hujus panis alimento Moyses famulus tuus quadraginta diebus et noctibus legem accipiens, jejunavit, et à carnalibus cibis, ut tuæ suavitatis capacior esset, abstenuit, de Verbo tuo vivens; cujus dulcedine vivebat in spiritu et lucem accipiebat in vultu.  Unde nec famem corporis sensit, et terrenarum est oblitus escarum; quia illum gloriæ tuæ clarificabat aspectus, et, influente Spiritu, Dei sermo pascebat.  Hunc panem, Domine, nobis ministrare non desinas, quem ut sitiamus e indesinenter hortaris; cujus carne à teipso sanctificatâ dum pascimur, roboramur; et sanguine dum potamur, abluimur, per Christum Dominum nostrum.

*Epistola Pauli apostoli ad Corinthios* [a]
LEGENDA IN JEJUNIO.

Fratres, libenter suffertis,[b] secundùm igno-
bilitatem dico, quasi nos infirmi fuerimus ; [c] in
quo quis audet, in insipientiâ dico, audeo et
ego. Hebræi sunt, et ego : Israhelitæ sunt,
et ego ; semen Abrahæ sunt, et ego ; ministri
Christi sunt, ut minus sapiens dico, plus ego ;
in laboribus plurimis, in carceribus abundan-
tiùs, in plagis supra modum, in mortibus
frequenter. A Judæis quinquenis [d] quadragenas una minùs accepi : ter virgis cæsus sum,
semel lapidatus sum, ter naufragium feci ;
nocte et die in profundo maris fui. In itineribus
sæpe, periculis fluminum, periculis latronum,
periculis ex genere, periculis ex gentibus,
periculis in civitate, periculis in solitudine,
periculis in mari, periculis in falsis fratribus.
In làbore et ærumnâ, in vigiliis multis, in fame
et siti, in jejuniis* frequenter,[e] in frigore et
nuditate : [f] sollicitudo omnium ecclesiarum in
Christo Jesu.

*Lectio sancti Evangelii secundum Mat-
thæum.*[g]

D.[h] Cùm jejunatis, nolite fieri sicut hypocritæ tristes. Exterminant enim facies suas,
ut pareant [i] hominibus jejunantes. Amen
dico vobis,[j] receperunt mercedem suam. Tu
autem cùm jejunas, unge caput tuum et faciem
tuam lava, ne videaris hominibus jejunans,
sed Patri tuo, qui est in abscondito : et Pater
tuus qui videt in abscondito, reddet tibi.

[a] 2 ad Cor. cap. 11. v. 19—28.

[b] The words "insipientes, cum sitis
ipsi sapientes. Sustinetis enim si
quis vos in servitutem redigit, si quis
devorat, si quis accipit, si quis extolli-
tur, si quis in faciem vos cædit," have
dropped out here.

[c] 'in hac parte,' is here left out, as
by the M. Moz. and by S. Aug. and
the codd. Boern. and Tol. according
to Scholz.

[d] Vulg. *quinquies.*

\* M. 304

[e] Vulg. has *multis* instead of *frequenter.* Ambrosiaster has another adverb *sæpe* according to ed. Ben.

[f] The words, "præter illa quæ extrin-
secus sunt, instantia mea quotidiana,"
are omitted here.

[g] cap. 6. v. 16—18.

[h] "Id est, ' Dixit Dominus Jesus
discipulis suis.' " – Mab.

[i] Vulg. *appareant,* but the text is
supported by 1512, 1546, the cod.
Forojul. S. Hilary and several MSS
according to Brugensis.

[j] Vulg. + *quia.* Several edd. of the M.
Sarum omit it, and S. Aug., and
according to Scholz the codd. Vercell.
Veron. Brix. and Clar. and the Latin
Fathers in general.


ITEM MISSA JEJUNII.

[*Collectio.*] Omnipotens sempiterne Deus, qui above p. 78.
nobis in observatione jejunii et eleemosynarum semine,
posuisti nostrorum remedia peccatorum ; concede quæsumus, nos opere mentis et corporis semper tibi esse devotos.

(*Collectio.*) Deus, qui ad animarum medellam above p. 78.
jejunii devotione castigare corpora præcepisti : concede,
quæsumus, ut corda nostra ita pietatis tuæ valeant exercere mandata, quatenus ab omnibus semper possimus
abstenere peccatis.

(*Post nomina.*) Deus, omnium piè jejunantium spes, salus, gloria, præsta, ut imposita

a The phrase "pro nostra nostrorum-que salute" occurs in a post-common which is often used in M. Moz.; see p. 287. 72, 348. 8 &c.
b see above p. 135. This word is suspicious. One would rather expect *distribuas* or *impertias*, as in M. Moz. 324. 41. cf. p. 340. 68. and 345. 85. "nobis sanctificata tribuas," p. 430. 13. "rogamus ut ... benignus in-spicias, ... benedictus benedicenda respicias: sanctificataque nobis famulis tuis attribuas." cf. p. 276. 76. Also p. 126. 75 "te hec libamina benedicente a nobis sanctificata sumantur."
c The beginning of this Collect occurred above p. 80. The expression "in fide stabiles, in operibus efficaces," is found in a Roman Collect in S. Greg. apud Gerb. p. 46b.

above p. 78.

d Mabillon's correction for *discepta-tione puritate*.

altaribus tuis munera, quæ pro nostris nostrorumque [a] peccatis studio piæ devotionis offerimus, propicius et benignus aspicias, benedicendo benedicas, et nobis sanctificata custodias. [b]

(*Ad Pacem.*) Deus, [c] qui ad hoc nobis dignatus es donare jejunium ut abstinentiâ et castigatione carnali in fide inveniamur stabiles, in operibus efficaces; jejunia nostra suscipiens, da nobis, ut sine disceptationis impuritate [d] in dilectione sinceri, manus nostras ad te puras levare possimus.

(*Contestatio.*) Verè dignum et justum est, omnipotens Deus, tibi sanctificare jejunium, quod nobis ab initio sæculi servare docuisti. Magnam enim in hoc munere corporibus gratiam contulisti : quod si illa humani generis mater interdictam sibi arborem custodisset, immortalitatem retinuisset et patriam. Sed peccatum matris antiquæ, quod inlicitâ ligni vetiti usurpatione conmisit, et nostris oramus absolve jejuniis : ut qui de paradiso non abstinendo cecidimus, eodem nunc jejunando redeamus, per Christum Dominum nostrum.

[ITEM LEGENDA IN JEJUNIO.]

a cap. 14. v. 11–18.

b Vulg. *flectetur*, but several MSS in 1546 mg have *flectet*.

c The words, "quia nihil commune per ipsum, nisi ei qui existimat quid commune esse, illi commune est," are here omitted.

* M. 305

d Vulg. *ergo*.

e Vulg. +*enim*. S. Fulg. omits it, and the Brev. Moz.

f Vulg. has, *enim in hoc servit Christo, placet Deo et*.

g cap. 20. v. 1–16.

*Epistola Pauli Apostoli ad Romanos.* [a]

Fratres, vivo ego, dicit Dominus, quoniam mihi flectit [b] omne genu, et omnis lingua confitebitur Deo. Itaque unusquisque nostrûm pro se rationem reddet Deo. Non ergo amplius invicem judicemus : sed hoc judicate magis, ne ponatis offendiculum fratri vel scandalum. Scio et confido in Domino Jesu. [c] Si enim propter cibum frater tuus contristatur, jam non secundùm caritatem ambulas. Noli cibo tuo illum perdere, pro quo * Christus mortuus est. Non enim [d] blasphemetur bonum nostrum. Non est [e] regnum Dei esca et potus, sed justitia et pax et gaudium in Spiritu Sancto. Qui enim servit Deo, [f] probatus est hominibus.

*Lectio sancti Evangelii secundum Matthæum.* [g]

Simile est regnum cœlorum homini patrifamilias qui exiit primò manè conducere operarios in vineam suam. Conventione autem factâ cum operariis ex denario diurno, misit eos in vineam suam. Et egressus circa horam tertiam, vidit alios stantes in foro otiosos, et illis dixit;[h] Ite et vos in vineam meam, et quod justum fuerit dabo vobis. Illi autem abierunt. Iterum[i] exiit circa sextam et nonam horam, et fecit similiter. Circa undecimam verò exiit, et invenit alios stantes et dicit illis; Quid hîc statis totâ die otiosi? Dicunt ei; Quia nemo nos conduxit. Dicit illis; Ite et vos in vineam.[j] Cùm serò autem factum esset, dicit dominus vineæ procuratori suo; Voca operarios et redde illis mercedem, incipiens à novissimis usque ad primos. Cùm venissent ergo qui circa undecimam horam venerant, acceperunt singulos denarios. Venientes autem et primi, arbitrati sunt quòd plus essent accepturi: acceperunt autem et ipsi singulos denarios. Et accipientes murmurabant adversus patremfamilias, dicentes; Hi[k] novissimi unâ horâ fecerunt, et pares nobis illos[l] fecisti qui portavimus pondus diei et æstus. At ille respondens uni eorum dixit; Amice, non facio tibi injuriam; nonne ex denario convenisti mecum? Tolle quod tuum est, et vade. Volo autem et huic novissimo dare sicut et tibi. Aut non licet mihi quod volo facere? An oculus tuus nequam est, quia ego bonus sum? Sic erunt novissimi primi, et primi novissimi. Multi enim sunt vocati, pauci verò electi.

### ITEM MISSA JEJUNII.

[*Præfatio.*] *Memores cælestium præceptorum, fratres carissimi, peccata nostra coram Domino defleamus, serentes in lacrymis, quòd metamus in gaudiis. Simus in oratione adsidui, in*[a] *jejuniis prompti, in eleemosynis hilares; ut promissæ retributionis gloriam devotâ fide et futurâ*[b] *operatione mereamur.*

(*Collectio.*[c]) Tempus hoc sacratissimum, fratres dilectissimi, vehementi devotione ac sollicitudine celebremus, in quo Dominus noster quadraginta dierum vel[d] noctium cursum absque ullo esûs juvamine sub indumento corporis jejunavit. Nam sicut reliquo anni tempore jejunare præmium est; ita in his diebus non jejunare[e] peccatum est. Illa enim voluntaria sunt jejunia; ista necessaria. Illa de arbitrio; ista veniunt de mandato. Ad illa denique invitamur; ad ista compellimur.

31

[h] Vulg. *dixit illis.* The codd. San-Gall. Cant. and Forojul. agree with the text as does the Greek.

[i] Vulg. + *autem.* The codd. San-Gall. Vercell. Corb. Veron. and Brix. omit it.

[j] Vulg. + *meam,* but several MSS in 1546 mg. omit it, as do the codd. San-Gall. Corb. and Forojul.

[k] MS *hii.* So the cod. Cant.

[l] Vulg. *illos nobis.* The cod. San-Gall. agrees with the order in the text, and almost all the Greek MSS.

[a] This *in* is omitted in both the other copies of this preface; why, I know not.

above p. 203.

[b] Clearly a mistake for *fructuosa* the reading of the other copies.

[c] This is not a Collect but a Preface, of which there are very few examples in this place. It is an extract from a sermon in the appendix to S. Ambrose's works, which was written (as the Benedictines observe) before Quinquagesima was generally acknowledged, and makes no mention whatever of Sexagesima or Septuagesima; in which it accords very well with this Collection, which does not recognize any of these days. Omni igitur sollicitudine tempus sacratissimum celebremus. . . . Nam sicut reliquo anno jejunare præmium est, ita in quadragesima non jejunare peccatum est; illa enim voluntaria sunt jejunia, ista necessaria; illa de arbitrio veniunt, ista de lege; ad illa invitamur, ad ista compellimur – inter opp. Ambr. t. 2 app. p. 421. C.

[d] *vel* of course is here used for *et;* see above p. 229[b].

[e] "Notandus hic locus de præcepto jejunii Quadragesimalis." – Mab.

Efficiatur hæc hostia, Dne quæsumus, solemnibus grata ieiuniis, et
ut tibi acceptior fiat, purificatis
mentibus immoletur, per Dnm. - S.
Greg. apud Gerb. p. 57a. S. Gel. apud
Mur. p. 520.

Accepta tibi sint, Domine, quæsumus, nostri dona jejunii quæ
expiando nos tua gratia (*s. gr.* tuæ
gratiæ) dignos efficiant, et ad sempiterna promissa perducant. Per.—S.
Gel. apud Mur. p. 524 S. Greg. apud
Gerb. p. 47a.

VD. Æterne Deus! Et te suppliciter exorare, ut cum abstinentia
corporali mens quoque nostra sensus
declinet illicitos, et qui terrena delectatione carnales epulas abnegamus,
humanæ voluptatis pravas intentiones
amputemus, ut ad Sancta Sanctorum
fideliter salubriterque capienda competenti ieiunio valeamus aptari; tanto
nobis certi propensius iugiter affu-
tura, quanto fuerimus eorum primitus
institutionibus gratiores, per Xpm.
Dnm.– S. Greg. apud Gerb. p. 49a.

f "id est Eucharistiam seu Communionem paschalem."—Mab. The words
'pie' and 'fideliter' are added by
Mabillon.

a cap. 12 v. 9—16.

b Vulg. *malum.*

c Vulg. *necessitatibus.* The reading
in our text which originated in a
variation in some of the Greek copies
(μνειαις for χρειαις) is found in many
Latin authorities of early date;
Scholz refers to the codd. Boern. and
Clar., MSS mentioned by Rufinus, S.
Hilary, S. Optatus, S. Ambrose, S.
Aug. in one passage, S. Chrysol. S.
Gregory the Great, while Sedul. and
Pelag. mention both.

d The words, "benedicite persequentibus vos," are omitted here, as by
(according to Scholz) the cod. Boern.
Rufin. S. Ambrose. and S. Chrysol.

e cap. 18 v. 1—14.

Precemur ergo Dominum, ut nobis tribuat
remissionem peccaminum per.

*(Post nomina.)* Efficiatur hæc hostia, Domine,
quæsumus, solemnibus grata jejuniis: et ut tibi fiat
acceptior, purificatis mentibus immoletur.

*(Ad Pacem.)* Accepta tibi sint, Domine, quæsumus, nostri dona jejunii, quæ expiando nos tuæ gratiæ
dignos efficiant, et ad sempiterna promissa perducant.

*(Contestatio.)* Verè dignum et justum est, omnipotens Deus, suppliciter exorare, ut cum abstinentiâ
corporali mens quoque nostra sensus declinet illicitos: et
quæ terrenæ felicitatis carnalibus epulis abnegamus,
humanæ voluntatis pravis intentionibus amputemus, ut
ad Sancta sanctorum f piè fideliterque capienda competenti jejunio pervenire valeamus. Per Christum Dominum nostrum.

[ITEM LEGENDA IN JEJUNIO.]

*Epistola Pauli Apostoli ad Romanos.*[a]

Fratres, odientes mala,[b] adhærentes bono,
caritate fraternitatis invicem diligentes, honore
invicem prævenientes, sollicitudine non pigri,
spiritu ferventes, Domino servientes, spe
gaudentes, in tribulatione patientes, orationi
instantes, memoriis [c] sanctorum communicantes, hospitalitatem sectantes.[d] Benedicite
et nolite maledicere: gaudere cum gaudentibus,
flere cum flentibus; id ipsum invicem sentientes, non alta sapientes, sed humilibus consen-
tientes in Christo.

*Lectio sancti Evangelii secundum Lucam.*[e]

Diebus illis, dicebat Dominus Jesus parabolam ad discipulos suos, quoniam oportet
semper orare, et non deficere, dicens; Judex
quidam erat in quadam civitate, qui Deum non
timebat et hominem non reverebatur. Vidua
autem quædam erat in civitate illâ, et veniebat
ad eum dicens; Vindica me de adversario meo;
et nolebat per multum tempus. Post hæc
autem dixit intra se; Etsi Deum non timeo,
nec hominem revereor; tamen quia molesta
est mihi hæc vidua, vindicabo illam, ne in
novissimo veniens, sugillet me. Ait autem
Dominus; Audite quid judex iniquitatis dicit.
Deus autem non faciet vindictam electorum
suorum, clamantium ad se die ac nocte, et
patientiam habebit in illis? Dico vobis, quia
citò faciet vindictam illorum. Verumtamen

Filius Hominis veniens, putas inveniet fidem in terrâ? Dixit autem<sup>f</sup> ad quosdam Dominus Jesus qui in se confidebant, tanquam justi, et aspernabantur cæteros, parabolam istam; Duo homines ascenderunt in templum ut orarent, unus Pharisæus et alter Publicanus. Pharisæus stans, hæc apud se dicebat; Deus, gratias ago tibi, quia non sum sicut cæteri hominum, raptores, injusti, adulteri, velut etiam hic Publicanus. Jejuno bis in sabbato, decimas do omnium quæ possideo. Et Publicanus à longè stans nolebat nec oculos ad cœlum levare sed percutiebat pectus suum dicens; Deus, propicius esto mihi peccatori. Dico vobis, descendit hic justificatus in domum suam ab illo: quia omnis qui se exaltat, humiliabitur; et qui se humiliat, exaltabitur.

f Vulg. + et.

## ITEM MISSA JEJUNII.

[*Collectio*.] Deus, cui omnis creatura pro suo ordine serviens famulatur * subjecta: in hac jejunii humiliatione preces nostras exaudi propitius.

* M. 307

(*Collectio*.) Jejunii incurvatione pro nostris reatibus et delictis miserere, quæsumus, Domine, et à continuis vitiis occupatos ad virtutes propitiatus respicere dignare.

(*Post nomina*.) Præsta nobis, misericors Deus, ut munera nostra pro jejunii sanctificatione oblata Spiritus Sanctus adsumat; et ad te toto corde clamantes propitiationis tuæ indulgentiam consequamur.

(*Ad Pacem*.) *Omnipotens et misericors Deus, exaudi preces jejunantium Christianorum, et misericordiæ tuæ munus, omni cessante fraudulentiâ, propitius impende: ut per conjunctionem pacis omnes à te comprehensam,*<sup>a</sup> *securis tibi mentibus serviamus.*

above p. 81.

a The reading in M. Goth. "omni simultate compressa" seems better.

(*Contestatio*.) *Verè dignum et justum est, te auctorem et sanctificatorem jejunii conlaudare, per quod liberas à nostrorum debitis peccatorum. Ergo suscipe libens jejunantium preces, adque nos à malis omnibus propitiatus eripias; iniquitates nostras quibus justè adfligimur, rogamus absolve. Per Christum Dominum, &c.*

above p. 79.

[ITEM LEGENDA IN JEJUNIO.]

a c. 2 Jacobi v. 5.

*Epistola Pauli Apostoli ad* xii. *Tribus.*[a]

Fratres, Deus. elegit pauperes in hoc mundo, divites in fide et hæredes regni quod repro-

b "Hæc epistola non videtur descripta fuisse integra, qualis ad missam tunc recitabatur; quod etiam de quibus-dam aliis, quæ hic breviores sunt, conjicimus." – Mab.
c cap. 12 v. 24–26.

misit Deus diligentibus se.[b]

*Lectio sancti Evangelii secundum Johan-nem.*[c]

d Vulg. *terram.* M. Moz. has the ablative like our text, as also the cod. Vercell.

Diebus illis dixit Dominus Jesus discipulis suis; Amen, amen, dico vobis, nisi granum frumenti cadens in terrâ[d] mortuum fuerit, ipsum solum manet : si autem mortuum fuerit, multum fructum adfert. Qui amat animam

e Vulg. *perdet* and after *eam*+*et*, in-stead of which Mab.+*autem* after *qui.*

suam, perdit[e] eam ; qui odit animam suam in hoc mundo, in vitam æternam custodit eam. Si quis mihi ministraverit,[f] me sequatur ; et

f Vulg. *ministrat.*

ubi sum ego, illic et minister meus erit. Si quis mihi ministraverit, honorificabit eum

g The last four words are not in the Vulg.

Pater meus, qui est in cœlis.[g]

## ITEM MISSA JEJUNII.

cf. ut observantiam quam corpo-raliter exercemus, mentibus valeamus implere sinceris. –S. Gel. apud Mur. p. 506.
ut suscepta solemniter castigatio corporalis, cunctis ad fructum pro-ficiat animarum.—ib. p. 507.
a Perhaps this is meant for the accusative plural.

above p. 238.

cf. Tuere nos Domine qui non solum carnalibus cibis pascis: sed et spiritu-alibus escis alis. [Ut non in solo pane vivamus: sed in omni verbo tuo vitalem habeamus alimoniam. Nec tantum epulando : sed etiam jeju-nando pascamur. Nam ut dapibus: et poculis corpora: sic jejuniis et verbis tuis anime saginantur. – Then follows the interpolation from the Roman Liturgy quoted above p. 78; after which follows as in the text] Ut qui de paradiso per inobedientiam Ade non abstinendo cecidimus : nunc autem per obedientiam Christi jejunando surgamus. [Qui nobis ex eadem ma-teria calicem salutis remiscuit de qua mortis poculum biberamus.] Ut qui-bus per cibum ligni acquisiti mors venerat; per crucis lignum salus perdita redderetur. Cui merito omnes angeli &c.—M. Moz. 92. 42. With regard to the adoption by M. Moz. of part of a Roman preface, which is so rarely done by it, it should be observed that Ash Wednesday, on which the above preface is used, being of comparatively recent institution, it is not to be wondered at, that along with the day itself part of the Roman service for it should have been re-ceived.

[*Præfatio.*] Dominum Deum nostrum, fra-tres carissimi, in hac nostri humiliatione jejunii supplices deprecemur : ut observantiam, quam cor-poraliter exhibemus, mentibus etiam valeamus exercere sinceris : et castigatio nostrorum corporum profectui militet animarum.

(*Secreta.*) Unianimes adque concordes Dominum Deum nostrum deprecemur, ut jeju-nium nostrum sit propitiatio nostra et dono gratiæ suæ castigationem corporum profectus mentium consequantur.

(*Contestatio.*) Verè dignum et justum est. Qui fideles tuos non solùm cibis corpo-ralibus pascis sed etiam spiritualibus epulis misericors reficis ; ac præstas, ut qui de Para-diso in primo parente per inobedientiam non abstinendo cecidimus, per Christi Domini nostri obedientiam jejunando redeamus ; et quibus per cibum ligni inlata mors fuerat, per crucis lignum salus perdita redderetur. Quem meritò venerantur Sedes, mirantur Throni, cunctusque senatus cœlestium Potestatum * cum beatâ [a] Seraphim proclamant, Sanctus.

* M. 308

## Contestatio de Josep.[b]

Verè dignum et justum est, omnipotens Deus, per Christum Dominum nostrum. Cujus typum Joseph portans immenso amore à patre diligitur, in occulto odio à fratribus reportatur. Illum denique oderant fratres sui propter mysteria somniorum, et Christum Dominum persequebantur Judæi propter manifestationem virtutum. Ille[c] ad visitandum populum à Deo Patre piissimo destinatur. Ille errabat per heremum,[d] ut inveniret fratres, qui noscebantur pastores ; hic Christus Dominus prædicabat in populo, ut ab errore converteret peccatores. Illum in Dotahim vendiderunt fratres et occidere tractaverunt : hunc Christum Dominum Bethania Lazarum suscitantem doluerunt Judæi et crucifigere statuerunt. Ille in cisternâ servandus reputatur : hic custodiæ militum deputatur. Ille à fratribus ; hic Christus Dominus à Judæis traditur. Ille Ismaelitis triginta argenteis venditur in deserto : hic Christus Dominus triginta argenteis à Judæis. Illum fratres vendiderunt in Ægypto,[e] hunc milites exspoliaverunt. Ille addicitur servituti ; hic Christus Dominus adfigitur cruci. Ille in Ægypto descendit : hic Christus Dominus in ligno pependit. Cum illo duo damnati servantur in carcere : cum Christo Domino duo latrones adjunguntur in cruce. Josep damnatis somnia exponit : Christus Dominus latroni præmia promittit æterna. Josep de ergastulo egressus componitur : Christus Dominus infernum exspoliaturus aggreditur. Ille post tribulationem pervenit ad honorem : Christus Dominus post resurrectionem triumphans ascendit ad Patrem. Ille frumenta distribuit in Ægypto : hic Eucharistiam consecravit in mundo. Ille à fratribus est adoratus in terris : hic Christus Dominus ab Angelis jugiter adoratur in cœlis. Cui.

## Contestatio quando de manna legitur.[f]

Verè dignum et justum est, omnipotens Deus : cujus jussu manna de cœlo descendit, similique modo de virgâ percusso silice aqua parturiens, et obdurissimum saxum in stagnum manantibus rivis spumantibus unda sulcabat. Nam totus iste mundus, qui manifestissimè

[b] "Nempe quando Joseph Patriarchæ historia legebatur infra."—Mab. One of the Sermons in the Appendix to the fifth volume of S. Augustine greatly resembles this Contestatio. The following are the clauses which correspond. Sanctus quoque Joseph typum gessit Domini Salvatoris. Diligebat ergo Jacob filium suum, quia et Deus Pater diligit Unigenitum suum. Jacob misit filium suum ut de fratribus sollicitudinem gereret : et Deus Pater misit Unigenitum suum, ut genus humanum peccatis languidum visitaret. Joseph dum fratres suos quæreret, errabat in eremo, et Christus genus humanum requirebat, quod errabat in mundo, quo in mundo quasi et ipse errabat, quia errantes requirebat. ... Invenit ergo Joseph fratres suos in Dothaim. ... Videntes ergo Joseph fratres sui, de morte illius tractaverunt ; sicut videntes Judæi verum Joseph Dominum Christum, ut eum crucifigerent uno omnes consilio statuerunt. Joseph exspoliaverunt fratres sui tunica polymita et talari ; et Judæi Christum per mortem crucis exspoliaverunt tunica corporali. Joseph exutus tunica mittitur in cisternam, id est, in laoum ; et Christus exspoliatus carne humana descendit in infernum. Joseph posteaquam de cisterna levatur, Ismaelitis, id est, Gentibus venditur ; et Christus posteaquam de inferno regreditur, ab omnibus gentibus fidei commercio comparatur. Joseph per consilium Judæ triginta argenteis dis trahitur : et Christus per consilium Judæ Iscariotis eodem numero venumdatur. ... Joseph descendit in Ægyptum ; et Christus in mundum. Joseph a penuria frumenti salvat Ægyptum ; et Christus a fame verbi Dei liberat mundum.—t. 5 app. p. 27.

[c] A clause seems to have dropped out here, as the word *ille* always refers to Joseph ; "The one [was sent by his father to inquire about his brethren's welfare ; the other, the Lord Christ] is appointed by God &c." The mg confirms this.

[d] The Vulg. has *agro*. The correspondence between the text and the mg will be noticed.

[e] For the accusative as usual. From the mg we might rather have expected, " The one was stripped by his brethren of his coat of many colours ; the other was stripped by the soldiers of the garment (cf. Gen. 49. 11) of His Flesh." If the text be correct, it must refer to Joseph being stripped of his liberty, but that would be a repetition of what the next clause expresses.

[f] "Id intelligendum videtur de Evangelio, quod pro tertia Dominica Quadragesimæ assignatur infra."—Mab.

fuit heremus, venit ad petram, id est, Christus.
Crucis virgâ percussum lancea latus ejus
aperuit, aquas vivas evomuit, unde simul
bibit omnis credulitas Gentium, qui nunquam
sitiet in æternum.   Cui meritò.

*Item Contestatio in medio Quadraginsimæ.*
Verè dignum et justum est, omnipotens
Deus.   Quem nullus potentiam majestatis tuæ
offensus effugere potest, nec ante faciem
nominis tui eriperetur læsus; qui aras ædificat
in consecratione adversarii, ut maledicat cui
tu benedicis.   Quænam Balaac insidiator petit
populo maledici; sed jusso tuo prophetatus
Balaam benedixit, laudans tabernacula Jacob
et benedicens tentoria tua, Israel.   Unde te,
Domine Deus omnipotens, deprecamur, quia
cœlos tenes et abyssos regis, ut virga quæ

\* M. 309   egressa est de Jacob et consurgit \* de Israel,
dominetur cunctis Gentibus, benedicat hæreditatem, quam suo sanguine acquisivit Dominus
noster Jesus Christus Filius tuus.   Cui meritò.

*Lectio sancti Evangelii secundum Mat-
thæum* [a]

QUÆ LEGITUR INITIO [b] QUADRAGINSIMÆ.

Tempore illo ductus est Dominus Jesus in
desertum à Spiritu, ut tentaretur à diabolo.
Et cùm jejunâsset quadraginta diebus et quadraginta noctibus, postea esuriit.   Et accedens
tentator dixit illi; Si filius Dei es, dic ut
lapides isti panes fiant.   Qui respondens
dixit; Scriptum est, non in pane solo [c] vivit
homo, sed in omni verbo, quod procedit de ore
Dei.   Tunc adsumpsit eum diabolus in sanctam civitatem, et statuit eum super pinnacu-
lum templi, et dixit ei; Si filius Dei es, mitte
te deorsum; scriptum est enim, quòd angelis
suis mandavit de te, ut [d] in manibus tollant [e] te,
ne forte offendas ad lapidem pedem tuum.
Ait illi iterum [f] Jesus; Rursus scriptum est,
Non tentabis Dominum Deum tuum.   Iterum
adsumpsit eum diabolus in montem excelsum
valdè, et ostendit ei omnia regna mundi et
gloriam eorum, et dixit illi; [g] Hæc tibi omnia
dabo, si procidens [h] adoraveris me.   Tunc dicit

a cap. 4 v. 1—11.
b "Non ergo ex ordine lectiones accurate hic dispositæ. Dominica prima Quadragesimæ, 'initio Quadraginsimæ' hoc loco designari videtur, olim caput Quadragesimæ etiam in ecclesia Romana, ex Notis Menardi nostri in Sacramentarium p. 52."—Mab.

c Vulg. *solo pane.* The codd. San-Gall. Corb. Brix. Forojul. Cant. and M. Moz. have the same order as in the text, as also S. Hilary, S. Fulg. and the Greek.
d Vulg. *et.* The codd. Corb. Veron. and Brix. agree with the text.
e Vulg. *tollent.* The codd. Vercell. Corb. Veron. Brix. agree with the text.
f Vulg. omits *iterum.* 1512 and M. Moz. and M. Sarum have a reading which has some resemblance to the text, for they join *rursus* with the preceding words. The codd. Vercell. San-Germ. Veron. and Brix. have *iterum* as in the text, but omit *rursus.*
g Vulg. *ei.* 1512 mg, M. Moz. and M. Sarum agree with the text, as also the codd. Vercell. Corb. Veron. Brix. Cant. and Forojul.
h Vulg. *cadens.* The codd. Vercell. Corb. Veron. Brix. and Forojul. agree with the text.

ei Jesus ; Vade retro,[i] Satanas ; scriptum est,[j] Dominum Deum tuum adorabis, et illi soli servies. Tunc reliquit eum diabolus, et ecce Angeli accesserunt et ministrabant ei.

[i] Vulg. omits *retro*, but some authorities in 1546 mg have it, as also the codd. Vercell. Corb. Veron. and (according to Scholz) S. Hilary, S. Ambr. S. Aug. and several other Latin writers.
[j] Vulg. + *enim*.

[a] *Lectio sancti Evangelii secundum Lucam, quando historia de Josep legitur.*[b]

Homo quidam habuit duos filios, et dixit adolescentior ex illis patri ; Pater, da mihi portionem substantiæ quæ me contingit. Et divisit illis substantiam. Et non post multos dies, congregatis omnibus, adolescentior filius peregrè profectus est in regionem longinquam, et ibi dissipavit substantiam suam, vivendo luxuriosè. Et postquam omnia consummâsset, facta est fames valida in regione illâ, et ipse cœpit egere. Et abiit, et adhæsit uni civium regionis illius, et misit illum in villam suam ut pasceret porcos, et cupiebat implere ventrem suum de siliquis, quas porci manducabant, et nemo illi dabat. Ipse [c] autem reversus dixit; Quanti mercenarii [d] patris mei abundant panibus, ego autem hîc fame pereo ! Surgam, et ibo ad Deum [e] meum et dicam illi ; [f] Pater, peccavi in cœlum et coram te, et[g] jam non sum dignus vocari filius tuus ; fac me sicut unum de mercenariis tuis. Et surgens venit ad patrem suum. Cùm autem adhuc longè esset, vidit illum pater ipsius, et misericordiâ motus est, et adcurrens cecidit supra [h] collum ejus, et osculatus[i] est illum.[j] Dixitque ei filius ; Pater, peccavi in cœlum et coram te, et[k] jam non sum dignus * vocari filius tuus. Dixit autem pater ad servos suos; Citò proferte stolam primam, et induite illum, et date annulum [l] in manu ejus, et calceamenta in pedes ; et adducite vitulum saginatum, et occidite ; et manducemus et epulemur; quia hic filius meus mortuus erat et revixit ; perierat et inventus est.

[a] cap. 15. v. 11—24.
[b] "Videtur hic assignari hæc historia pro Dominica secunda Quadragesimæ ; nam præcedens est pro prima, subsequens pro tertia."—Mab.

[c] Vulg. *in se* for *ipse*. 1512 mg has, "ipse autem in se reversus."
[d] Vulg. + *in domo*, but several MSS in 1546 mg omit them, as do the codd. San-Gall. Vercell. Veron. Brix. Cant. and Forojul. M. Moz. S. Aug. and Bede. (Scholz quotes S. Aug. as having them, but see t. 5. 511 G.)
[e] for *patrem*.
[f] Vulg. *ei*. The codd. San-Gall. Vercell. Veron. Brix. Forojul. and Cant. Bede, and M. Moz. agree with the text.
[g] Vulg. omits *et*, but 1512 has it, and many ancient MSS. according to Brugensis. The codd. Forojul. has it.
[h] Vulg. *super*. The codd. Veron. Brix. Forojul. and M. Moz. agree with the text.
[i] MS *oscolatus*.
[j] Vulg. *eum*. The codd. Veron. Brix. Forojul. and M. Moz. agree with the text.
[k] Vulg. omits *et*, but cod. San-Gall. has it.

\* M. 310
[l] MS *anolum*.

*Lectio sancti Evangelii secundum Johannem*[a]

QUÆ LEGITUR TERTIA DOMINICA.

[a] cap. 6 v. 28—54.

Diebus illis loquentes turbæ ad Dominum

Jesum, dixerunt ; Quid faciemus ut operemur opera Dei ? Respondit Jesus et dixit eis ; Hoc est opus Dei, ut credatis in eum quem misit ille. Dixerunt ergo ei ; Quod ergo tu facis signum, ut videamus et credamus tibi ? quid operaris ? patres nostri manna manducaverunt[b] in deserto, sicut scriptum est ; Panem de cœlo dedit eis manducare. Dixit ergo eis Jesus ; Amen, amen, dico vobis, non Moyses dedit vobis panem de cœlo, sed Pater meus dat vobis panem de cœlo verum ; panis enim Dei est qui descendit de cœlo[c] et dat vitam mundo. Dixerunt ergo ad eum ; Domine, semper da nobis panem hunc. Dixit autem eis Jesus ; Ego sum panis vitæ ; qui venit ad me, non esuriet ; et qui credit in me, non sitiet unquam. Sed dixi vobis, quia et vidistis me, et non creditis. Omne quod dat mihi Pater, ad me venit ;[d] et eum qui venit ad me, non ejiciam foras ; quia descendi de cœlo, non ut faciam voluntatem meam, sed voluntatem ejus qui misit me[e] Patris ; ut omne quod dedit mihi, non perdam ex eo, sed resuscitem illum[f] in novissimo die. Hæc est enim[g] voluntas Patris mei qui misit me, ut omnis qui videt Filium, et credit in eum, habeat vitam æternam, et[h] resuscitabo eum in novissimo die. Murmurabant ergo Judæi de illo, quia dixisset, Ego sum panis,[i] qui de cœlo descendi ; et dicebant ; Nonne hic est Jesus filius Joseph, cujus nos novimus patrem et matrem ? Quomodo ergo dicit hic, quia de cœlo descendi ? Respondit ergo Jesus et dixit eis ; Nolite murmurare in invicem. Nemo potest venire ad me, nisi Pater qui misit me, traxerit eum, et ego resuscitabo eum in novissimo die. Est scriptum in prophetis ; Et erunt omnes docibiles Dei. Omnis qui audit[j] à Patre et didicit, venit ad me. Non quia Patrem vidit quisquam, nisi is qui est à Deo, hic vidit Patrem. Amen, amen, dico vobis, qui credit in me, habet vitam æternam. Ego sum panis vitæ. Patres vestri manducaverunt in deserto manna,[k] et mortui sunt. Hic est panis de cœlo descendens, ut si quis ex ipso manducaverit, non moriatur. Ego sum panis vivus qui de cœlo descendi. Si quis manducaverit ex hoc pane, vivet in æternum ; et panis quem ego dabo,

---

[b] Vulg. *mand. manna.* S. Aug. has the same order as the text, as also the codd. San-Gall. Veron. Brix. Forojul. Cant. and M. Moz, and almost all the Greek MSS.

[c] Vulg. *de cœlo desc.* M. Moz. M. Sarum and the codd. San-Gall. Vercell. Veron. Brix. and Forojul. agree with the text, as does the Greek.

[d] Vulg. *veniet.* Brugensis mentions the reading of our text as occurring in some copies. The codd Vercell. and Cant. have it.

[e] The words, "Hæc est autem voluntas ejus qui misit me," have been left out here.

[f] Vulg. *illud.* The codd. Vercell. Veron. Brix. agree with the text.

[g] Vulg. *autem.* S. Aug. agrees with the text, as does 1546 text. And M. Moz. the codd. Vercell. Veron. Cant. and Forojul. and (according to Scholz) many other Latin authorities. Brugensis considers the reading of the text correct.

[h] Vulg.+*ego.* The codd. Veron. Brix. and Cant. omit it,

[i] Vulg.+*vivus.* S. Aug. omits it, and M. Moz., the codd. San-Gall. Vercell. Veron. Brix. Cant. Forojul. and many authorities in 1546 mg. Brugensis says that all his MSS and the greater part of those examined by others omit the word, which he considers to have been borrowed from v. 51.

[j] Vulg. *audivit.* The codd. San-Gall. Vercell. Veron. and Cant. support the text.

[k] Vulg. *manna in deserto.* S. Aug. has the same order as in the text, as also M. Moz. and the cod. Veron. and (according to Scholz) several other Latin authorities.

caro mea est pro mundi vitâ. Litigabant ergo
Judæi ad invicem dicentes; Quomodo potest
hic carnem suam nobis [1] dare ad manducandum? Dicit [m] ergo eis Jesus; Amen, amen,
dico vobis,[n] qui manducat meam carnem et
bibit meum sanguinem, habet vitam æternam,
et ego resuscitabo eum in novissimo die.

[1] Vulg. *nobis carn. suam.*

[m] Vulg. *dixit.*

[n] The words, "nisi manducaveritis carnem filii hominis, et biberitis ejus sanguinem, non habebitis vitam in vobis," are left out here.

## IN SYMBOLUM AD AURIUM APERTIONEM.
### AD ELECTOS.

Aperturi vobis, carissimi, Evangelia, id est, gaudia
divina, prius ordine insinuare debemus, quid Evangelium
sit, et unde descendat; * et cujus in eo verba ponantur;
et quare quatuor sint qui hæc gesta scripserunt; vel qui
sunt ipsi ii quatuor, qui divino Spiritu, adnuntiante
prophetâ, antè signati sunt: ne fortè sine hac ordinis
ratione vel causâ stuporem relinquamus, ut qui ad hoc
venistis ut aures vobis aperiantur, ne incipiat sensus
vester obtundi. Evangelium dicitur propriè, bona adnuntiatio. Quæ utique adnunciatio est Jesu Christi Domini
nostri. Descendit autem Evangelium ab eo quod adnuntiet et ostendat, quod is qui per prophetas suos loquebatur,
venit in carne, sicut scriptum est; Qui loquebar ecce
adsum. Explicantes ergo breviter quid sit Evangelium,
vel qui sunt ii quatuor qui per prophetam antè monstrati
sunt, nunc figuras atque nomina singula adsignemus
indiciis. Ait enim propheta Ezechihel; Et similitudo
vultûs eorum ut facies hominis, ut facies leonis à dextris
illius; et facies vituli, et facies aquilæ à sinistris illius.
Hos quatuor has figuras habentes evangelistas esse non
dubium est. Sed nomina eorum qui evangelia scripserunt,
hæc sunt, Matthæus, Marcus, Lucas, Johannes.
*Post hæc legit Diaconus.*
Liber generationis Jesu Christi filii David, filii Abraham. Abraham genuit Isaac, Isaac autem genuit Jacob,
Jacob autem genuit Judam et fratres ejus. Christi
autem generatio sic erat.
*Post hæc tractat [a] Presbyter.*
Filii carissimi, exponamus vobis, ut quam figuram
unusquisque in se contineat: et quare Matthæus figuram
hominis habeat. Quia initio suo nihil aliud agit, nisi
nativitatem Salvatoris, pleni ordinis generationes enarrat.
*Incipit secundum Marcum.*
*Legit Diaconus.*
Initium Evangelii Jesu Christi, Filii Dei. Sicut
scriptum est in Esaiâ prophetâ; Ecce mitto Angelum
meum ante faciem tuam, qui præparabit viam tuam ante
te. Vox clamantis in deserto; Parate viam Domini,
rectas facite semitas ejus.
*Exponit Presbyter.*
Marcus evangelista, leonis gerens figuram, à solitudine
incipit dicere; Vox clamantis in deserto, Parate viam
Domini. Sive quia regnat invictus. Hujus leonis multifariè invenimus exempla, ut non vacet dictum illud;

above p. 166

* M. 311

[a] "Id est, exponit. Hinc tractatus Patrum appellati eorum sermones de Scriptura."—Mab. By a comparison with the texts given above p. 167 it will be seen how greatly what follows has been curtailed.

Juda filius meus, catulus leonis, de germine mihi recubans,
dormisti ut leo et sicut catulus leonis, quis excitabit eum?
*Incipit secundum Lucam.*
*Legit Diaconus.*
Fuit in diebus Herodis regis Judæ sacerdos quidam,
nomine Zacharias, de vice Abia, et uxor illius de filiabus
Aaron et nomen ejus Elizabet.
*Exponit Presbyter.*
Lucas Evangelista speciem vituli gestat; ad cujus
instar Salvator noster est immolatus. Et ideo Lucas
vitulo comparatur, quia duo cornua, duo testamenta; et
quatuor pedum ungulas quatuor evangelia continebant.
[*Incipit secundum Johannem.*
*Legit Diaconus.*]
In principio erat Verbum, et Verbum erat apud Deum,
et Deus erat Verbum. Hoc erat in principio apud Deum.
Omnia per ipsum facta sunt, et sine ipso factum est nihil.

\* M. 312           \* *Exponit Presbyter.*
Johannes habet similitudinem aquilæ, quod nimis alta
petierit. Ait enim David ex personâ Christi; Renovabitur sicut aquilæ juventus tua, id est, Jesu Christi
Domini nostri, qui resurgens à mortuis ascendit in cœlos.

<sup>b</sup> Obviously a mistake for *prægnans,*  Unde jam vobis conceptis regnans <sup>b</sup> gloriatur Ecclesia,
yet it occurs also in M. Gall. p. 168.  nova tendere Christianæ legis exordia.


## Incipit Expositio Symboli.

Sacramenta divina, fratres carissimi, non
tam discutienda sunt, quàm credenda; et nec
credenda tantummodo, sed et timenda: nec
potest tenere fidei disciplinam, qui non habuerit fundamentum timoris Domini, sicut ait
Salomon; Initium sapientiæ timor Domini.
Qui enim timet Dominum in omnibus, quæ
dicuntur à Deo, et sapiens est et fidelis.
Symbolum igitur hodie audituri estis, sine quo
nec Christus adnuntiari potest nec fides teneri
nec baptismi gratia celebrari. Symbolum est
signaculum fidei catholicæ, sacramentum religionis æternæ. Vos ergo, competentes, cum
omni reverentiâ præparate sensus vestros;
audite Symbolum, quod vobis hodie materno
ore sancta Catholica tradit Ecclesia.

Credo in Deum Patrem omnipotentem, creatorem cœli et terræ. Credo in Jesum Christum
Filium ejus unigenitum sempiternum. Conceptum de Spiritu Sancto, natum ex Mariâ
virgine; Passum sub Pontio Pilato, crucifixum,
mortuum et sepultum. Descendit ad inferna,
tertiâ die resurrexit à mortuis. Ascendit ad
cœlos, sedit ad dexteram Dei Patris omnipotentis: Inde venturus judicare vivos et mortuos.

Credo in Spiritum Sanctum, sanctam Ecclesiam catholicam, sanctorum communionem, remissionem peccatorum, carnis resurrectionem, vitam æternam, Amen.

Repetendus vobis est, dilectissimi, sermo Symboli hujus, qualiter ea, quæ dicimus, vestris sensibus meliùs inserantur.

*Credo in Deum.*

Tertiâ igitur vice ut ad reliqua capienda fideliore cursu pervenire possimus, ordo Symboli recensendus est.

*Credo in Deum.* Ecce addidisti *omnipotentem,* et veraciter addidisti. Nihil de promissione diffidas, sed securus expecta, si credis quia omnipotens est promittit.

*Et in Jesum Christum, Filium ejus unicum, dominum nostrum.* Hoc est illud sacramentum fidei. Nisi enim Filium Dei totâ mente credideris, Patrem non potes confiteri. Crede ergo Filium Dei, unigenitum ab ingenito, viventem à vivente, verum de vero.

*Qui conceptus est de Spiritu Sancto, natus ex Mariâ Virgine.* Spiritum Sanctum audis auctorem: ne dubites virginem potuisse concipere. Hoc est quod ait Angelus Gabrihel ad Mariam, dicens; Spiritus Sanctus veniet in te, et virtus Altissimi obumbrabit tibi. Cur non credis eum in utero virginis hominem figurâsse, quem credis hominem fecisse de terrâ? Nec Mariam dubites virginem mansisse post partum, quod ante multa tempora propheta Esaias cecinit, dicens; Ecce virgo in utero accipiet, et pariet filium. Hoc divini eloquii auctoritate credendum est.

*Passum sub Pontio Pilato crucifixum, mortuum et sepultum.* Nulla te trepidatio de Domini tui passione confundat: nihil de cruce, nihil de sepulturâ, verearis. Non fuit in illo qui te redemit fragilitatis infirmitas, sed pietatis * officium. Crux illius tuum regnum est: mors illius tua est vita.

* M. 313

*Descendit ad inferna, tertiâ die resurrexit a mortuis: ascendit in cœlos, sedit ad dexteram Patris omnipotentis.* Si te triduana Domini tui sepultura conturbat, resurrectio magis æterna confirmet. Quidquid infirmitatis audis in Christo, mysterium est. Illud tamen oportet mirari, quòd ei, cui cœlum meritò

It will be observed that although the clause of the descent into hell is contained in the Creed both here and in the preceding page, there is no comment upon it. See above p. 165.

32*

debebatur, crucem pro te contempsit sustinere. Si credis ea quæ tibi videntur, crede et illa quæ negare non potest in gloriâ.

*Inde venturus judicare vivos et mortuos.* Ecce ille qui ab iniquis est judicatus in terris, de sede cœlesti judicaturus advenit. Si judicatum despicis, judicem pertimesce.

*Credo in Spiritum Sanctum.* Si credidisti Deum Patrem omnipotentem, et in Filium ejus unigenitum per fidem, et Spiritum Sanctum Deum te necesse est confiteri. Hic est enim Spiritus Sanctus, qui egreditur à Patre,[a] de quo ait Salvator beatis Apostolis suis : Ite, baptizate omnes gentes in nomine Patris et Filii et Spiritûs Sancti. Non potest videri separabilis virtute, qui non potest in nomine separari.

*Sanctam Ecclesiam catholicam, remissionem peccatorum, carnis resurrectionem, vitam æternam.* Nisi credideris Ecclesiam Dei sanctam, non potes in Ecclesiâ Dei dona percipere. Propter hoc unà cum Patre et Filio, et Spiritum Sanctum professus es Deum : ut per gratiam baptismi peccatorum tibi remissio concedatur, et carnis tuæ resurrectio reparetur in æternum. Nisi enim credideris dimissa tibi peccata tua, absolutus esse non poteris. Nisi credideris carnis resurrectione reparandum te esse post mortem, ad fructum vitæ perpetuæ venire non poteris.

REPLETUM EST.[b]

[a] "Nulla hic mentio de processione ex Filio: nulla item infra in quadam Missa Dominicali."—Mab.

[b] "Forte 'Expletum est.' quod minio descriptum in codice."—Mab.

[a] cap 57. v. 1-4, 13.

*Lectio Esaiæ Prophetæ* [a]
LEGENDA IN TRADITIONE SYMBOLI.

Hæc dicit Dominus ; Ecce justus perit, et nemo [b] est qui recogitet in corde suo : et viri misericordes excolliguntur,[c] quia non est qui intelligat. A facie enim malitiæ collectus est justus. Veniat pax, et [d] requiescat in cubile [e] suo. Vos autem accidite huc, filii auguriatricis,[f] semen adulteri et fornicarii.[g] Super quem lusistis ? super quem dilatâstis os et ejecistis linguam ? [h] Nam qui fiduciam habet mei, hæreditabit terram et possidebit montem sanctum meum, ait Dominus Deus.

[b] Vulg. *non* but 1512 mg agrees with the text.
[c] Vulg. *colliguntur.* In the next line the MS has *intellegat,* a spelling which often occurs in MSS.
[d] Vulg. omits *et.*
[e] Vulg. *cubili,* and after *suo* + "qui ambulavit in directione sua."
[f] Vulg. *auguratricis.*
[g] Vulg. *fornicariæ.*
[h] A long passage is omitted here.

*Epistola Petri apostoli ad Gentes.*[i]

Fratres, in hoc vocati estis, quia [j] Christus passus est pro vobis [k] relinquens vobis [l] exemplum, ut sequamini vestigia ejus. Qui peccatum non fecit, nec inventus est dolus in ore ejus. Qui cùm malediceretur, non remaledicebat ; [m] cùm pateretur, non comminabatur : tradebat autem se judicanti [n] injustè.[o] Qui peccata nostra portavit [p] in corpore suo super lignum, ut peccatis mortui, justitiæ viveremus ; [q] cujus livore sanati sumus.[r] Eratis enim sicut oves errantes : sed conversi estis nunc ad pastorem et visitatorem [s] animarum vestrarum.

*Lectio sancti Evangelii secundum Johannem.*[t]

In illo tempore, ante sex dies Paschæ venit Dominus Jesus Bethaniam,* ubi fuerat Lazarus [u] mortuus, quem suscitavit Jesus. Fecerunt autem ei cœnam ibi, et Martha ministrabat : Lazarus verò unus erat ex discumbentibus cum eo. Maria ergo accepit libram unguenti nardi pistici preciosi, [v] unxit pedes Domini Jesu, et extersit capillis suis pedes ejus, [w] et domus impleta est ex odore unguenti. Dixit ergo unus ex discipulis ejus, Judas Scariothis, qui erat eum traditurus ; Quare hoc unguentum non vendidit [x] trecentis denariis, et datum est egenis ? Dixit autem hoc, non quia de egenis pertinebat ad eum, sed quia fur erat, et loculos habens, ea quæ mittebantur portabat. Dixit ergo Dominus Jesus ; Sine [y] illam, ut in die [z] sepulturæ meæ servet illud. Pauperes enim semper habetis vobiscum, me autem non semper habetis.[a] In crastinum autem turba multa quæ venerant [b] ad diem festum, cùm audissent quia venit Dominus Jesus Hierosolymam, acceperunt ramos palmarum, et processerunt obviam ei, et clamabant ; Osanna, benedictus qui venit [c] Rex Israel. Et invenit Dominus Jesus asellum, et sedit super eum, sicut scriptum est ; Noli timere, filia Sion, ecce Rex tuus venit sedens super pullum asinæ. Hæc non cognoverunt discipuli ejus primùm, sed quando glorificatus est Dominus Jesus, tunc recordati sunt quia hæc erant scripta de eo, et crediderunt [d] ei.

[i] 1 Pet. c. 2. 21—25.
[j] Vulg. + *et.*
[k] Vulg. *nobis;* but 1546 agrees with the text, and the continuator of Estius says that "Latini codd. non pauci, iique probatissimi" have the same reading.
[l] Vulg. *vobis relinq.*

[m] Vulg. *maledicebat;* but S. Amb. de Off. has *remaledixit,* and S. Cypr. and S. Fulg. agree with the text.
[n] Vulg. *judicanti se.*
[o] "Sic in veteri exemplari, ut in Vulgata, non *juste,* ut ex Græco."— Mab.
[p] Vulg. *ipse pertulit;* but S. Fulg. omits *ipse.*
[q] Vulg. *vivamus.*
[r] Vulg. *estis;* the mg of S. Fulg. agrees with the text.
[s] Vulg. *episcopum;* S. Fulg. and Bede agree with the text.

[t] cap. 12. v. 1—8, 12—16.

* M. 314

[u] Vulg. *Laz. fuerat.* S. Aug. and Bede, the codd. San-Gall. Vercell. Veron. Brix. Forojul. and Cant. have the same order as the text.

[v] Vulg. + *et ;* S. Augustine and the cod. San-Gall. omit it.
[w] Vulg. *pedes ejus capillis suis.* S. Augustine and the codd. San-Gall. Vercell. Veron. Brix. Forojul. and Cant. again agree with the text.

[x] Vulg. *veniit.* Bede agrees with the text, as does the cod. Maj. Monast.

[y] Vulg. *sinite;* but 1512 mg and several MSS in 1546 mg have the singular, as also S. Aug. and Bede and the codd. Veron. Brix. Maj. Monast. and Cant.
[z] Vulg. *diem.* The cod. Brix. agrees with the text.
[a] three verses are omitted here.
[b] Vulg. *venerat.* The codd. Vercell. and Cant. agree with the text.

[c] Vulg. + *in nomine Domini.*

[d] for *crediderunt,* Vulg. has *hæc fecerunt.*

MISSA IN SYMBOLI TRADITIONE.

above pp. 82, 171.

a A clause is omitted here.

above p. 82.

b for *adpropinqᴋas.*

c A sentence is left out here.

above p. 83.

d The long passage which follows these words in M. Goth. was probably left out by the compiler, because the recitation of names from the diptychs had been postponed till a later part of the service.

above p. 83.

* M. 315

e Above we had *per oscula.* The change probably indicates the transference of the kiss of peace to the place which it occupies in the Roman rite.

above p. 83.

[*Collectio.*]  *In geminas partes diem hunc excolendum complectitur, Domine, nostræ servitutis famulatio ; vel de jejunii cultu sacrato, vel de insignibus tuis quæ hodie fulserunt mirabilibus, quo Lazarum reduxisti post tartara ; cùm ad vocem tuam, Domine, tonantem exilivit, et quatriduani jam fœtentis funus vivificans animásti ; vel etiam causâ miraculi obstupefacta plaudens turba Bethaniæ occurrit cum palmis tibi obviam Regi.*  a *Et præsta, Domine, quæsumus, ut animæ nostræ quæ tumulo sunt peccatorum conclusæ, tabe corruptæ, reviviscant ex tuâ interius visitatione, sicut Lazari viscera à tuâ voce fuerunt animata, Salvator mundi.*

(*Collectio.*)  *Bone Redemptor noster Domine, qui mansueti animalis aselli terga insedens, ad passionem redemptionis nostræ spontaneus adpropinquans,*b *cùm tibi ramis arborum certatim sternitur via, et triumphatricibus palmis cum voce laudes occurrunt : præsta, quæsumus majestatem tuam,*c *ut sicut illi in tuâ fuerunt obviam cum arboreis virgulis egressi, ita nos te redeunte in secundo adventu cum palmis victoriæ mereamur occurrere læti.*

(*Post nomina.*)  *Ecce Domine de te Caiphæ pontificis vaticinium, ignarum sibi ipsi, in populis est prolatum, ut unus occumberes pro gente ne cuncti pariter interirent.  Et tu singulare granum in terrâ moreris, ut seges plurima nasceretur : supplices tibi ipsi qui pro mundi salute es hostia cæsus deprecamur, ut nobis de ipso veniam dones.*d

(*Ad Pacem.*)  *Universorum ipse Dominator qui* * *conditor, creaturæ tuæ præstabilis amator, cujus Maria pedes abluit, cum quo redivivus Lazarus accubuit ; ministra in nos illas lacrimas, quas Maria de multâ dilectione protulit.  Fragrare facito nostram orationem, sicut unguentum pisticum sacris plantis infusum Mariæ fragravit : ut eam pacem consequamur in pectore,*e *quam assecuta est Maria sui osculans Redemptoris vestigia.*

(*Contestatio.*)  *Verè dignum et justum est, omnipotens Deus, ab omni sexu, ætate, et sensu dicere laudem in hac die jejunii et laudis tuæ triumphali præconio, quo ab Hierosolymis et Bethaniâ occurrerunt tibi plurimæ populorum catervæ, unâ voce perstrepentes : Osanna filio David, benedictus qui venit in nomine Domini.  Tibi enim cum linguâ coma servivit arborea, cùm arenosa itinera ramis viruerunt conposita.  Plebis quoque indumentum tuis plantis prosternitur, nudatisque viris via vestitur : Victori novo populus præstat triumphum.  Surgit totus clamor in laude ; voces clamantium penetrant templum, dicentes : Benedictus qui venit in nomine Domini.  Ecce, Hierusalem,*

*qualiter tibi Rex tuus sedens super asinum mansetus
advenit. Adveni ergo, rogamus, et in medio nostri
adsiste, et qui nos tunc reparásti per crucem, per
istum immolatum panem et sanguinem iterum lapsos
repara : ut te advenire in nostris cordibus sentientes,
exeamus obviàm tibi, et cum supernis illis virtutibus
clamemus dicentes, Sanctus.*

*Epistola Pauli apostoli ad Corinthios*[a]
IN CŒNA DOMINI LEGENDA.

[a] 1 ad Cor. c. 11 v. 20 - 26.

Fratres, convenientibus vobis in unum, jam
non est Dominicam Cœnam manducare ; unusquisque enim suam cœnam præsumit ad manducandum ; et alius quidem esurit, alius autem
ebrius est. Numquid domus [b] non habetis ad
manducandum et bibendum ? aut ecclesiam
Dei contemnitis et confunditis eos qui non
habent ? Quid dicam vobis ? Laudo vos ? In
hoc non laudo. Ego enim accepi à Domino
quod et tradidi vobis; quoniam Dominus Jesus,
in quâ nocte tradebatur, accepit panem, et
gratias agens, fregit et dixit; [c] Hoc est
corpus meum pro vobis : [d] hoc facite in meam
commemorationem. Similiter et calicem, postquam cœnavit, dicens ; Hic calix novum testa-
mentum est in meo sanguine; hoc facite
quotienscunque bibetis in meam commemorationem. Quotienscunque enim manducabitis
panem hunc et calicem bibetis, mortem Domini adnunciabitis donec veniat, in Christo.[e]

[b] for *domos.*

[c] Vulg. +*accipite et manducate,* but S. Fulg. omits them, as do many other authorities, both Greek and Latin, quoted by Scholz.
[d] for *pro vobis* Vulg. has *quod* pro vobis *tradetur.* Mab. adds a * as a mark of the text being corrupt ; but S. Fulg. in one place (Ep. 14 § 40) has the same reading as the text, as well as several Greek authorities quoted by Scholz.

[e] The words *in Christo* are not in the Bible. **M.** Moz. has *in claritatem de cœlis.*

*Lectio sancti Evangelii secundum Mat-
thœum.*[f]

[f] cap. 26 v. 20—35.

Vespere autem facto discumbebat Dominus
Jesus cum XII discipulis, et edentibus illis
dixit; Amen, dico vobis, quia unus vestrûm
me traditurus est. Et contristati valdè cœperunt singuli dicere ; Numquid ego sum, Domine ? At ipse respondens ait ; Qui intinguit[g]
mecum manum in parapside, [h] hic me tradet.
Filius quidem Hominis vadit, sicut scriptum
est de illo : væ autem homini illi, per quem
Filius Hominis * traditur.[i] Bonum erat ei si
natus non fuisset homo ille. Respondens
autem Judas qui tradidit eum, dixit, Numquid ego sum, Rabbi ? Ait illi Dominus Jesus ;[j]
Tu dixisti. † Cœnantibus autem eis, accepit
Jesus panem et benedixit ac fregit; dedit[k]

[g] Vulg. *intingit.* The cod. Cant. has *intinguet.*
[h] Vulg. *paropside.* The codd. San-Gall. and Veron. have *parabside.* The codd. Brix. Cant. and Forojul. agree with the text.

**\* M. 316**

[i] Vulg. *tradetur.* The codd. Vercel. Veron. Brix. and Cant. agree with the text.
[j] Vulg. omits *Dominus Jesus.* The codd. Vercell. Veron. Brix. Forojul. have *Jesus.*
[k] Vulg. *deditque.*

<sup>1</sup> Vulg. *hoc.* The cod. Cant. agrees
with the text.
<sup>m</sup> Vulg. *effundetur.* The codd. Vercell.
and Cant. agree with the text.

discipulis suis et ait; Accipite et comedite:
hoc est corpus meum. Et accipiens calicem
gratias egit, et dedit illis dicens; Bibite ex
eo [1] omnes; hic est enim sanguis meus novi
testamenti, qui pro multis effunditur [m] in remissionem peccatorum. Dico autem vobis,
non bibam amodo de hoc genimine vitis usque
in diem illum, cùm illud bibam [n] novum in
regno Patris mei. Et hymno dicto exierunt in
montem Oliveti. † Tunc dicit illis Dominus
Jesus; Omnes vos scandalum patiemini in me
in istâ nocte. Scriptum est enim; Percutiam
pastorem, et dispergentur oves gregis. Postquam autem resurrexero, præcedam vos in

° for the accusative.

Galilææ.° Respondens autem Petrus, ait illi;
Etsi omnes scandalizati fuerint in te, ego
nunquam scandalizabor. Ait illi Dominus
Jesus; Amen dico tibi, quia in hac nocte,
antequam gallus cantet, ter me negabis. Ait
illi Petrus; Etiamsi oportuerit me mori tecum,
non te negabo. Similiter et omnes discipuli
dixerunt.

## MISSA IN CŒNA DOMINI.

Omnipotens sempiterne Deus, da,
quæsumus, universis famulis tuis
plenius atque perfectius omnia festi
paschalis introire mysteria, ut incunctanter pia corda cognoscant:
quantum debeant de confirmata in
Christo renascentium glorificatione
gaudere. Per.—S. Gel. p. 51a.
    Concede credentibus, misericors
Deus, salvum nobis de Christi passione
remedium; et humanæ fragilitatis
præteritæ culpæ laqueos æternæ
suffragio plebs absolvat. Per.—S. Gel.
p. 52a.     The version of this collect
which Martene (t. 3. p. 84.) prints
from a Service-book of Noyon agrees
with this, except that it has *ut* for *et*
and oddly adds *vitæ* after *æternæ*,
agreeing with the text in having
*plebis*; but the conclusion as given
by Gerbert varies a good deal.
   ... ut humanæ fragilitatis et præteritæ culpæ laqueis æterno suffragio
absolvantur. Per.—S. Gel. apud Gerb.
p. 69a.
    Omnipotens sempiterne Deus, qui
vitam humani generis pro nobis Filio
tuo moriente salvasti; præsta, quæsumus, ut in hac populi tui devotione
fructus præveniat gaudiorum. Per.—
S. Gel. p. 52b.
    Virtutum cælestium Deus, de cujus
gratiæ rore descendit, ut ad mysteria
tua purgatis sensibus accedamus:
præsta, quæsumus: ut in eorum traditione solemniter honorum, tibi placitum deferamus obsequium. Per.—
S. Gel. p. 57a.

[*Collectio.*] Omnipotens sempiterne Deus, da,
quæsumus, universis famulis tuis plenius atque perfectius
omnia festi Paschalis introire mysteria: ut incunctanter
pia corda cognoscant, quantum debeant de confirmatâ in
Christo renascentium glorificatione gaudere.

(*Collectio.*) Concede credentibus, misericors Deus,
salvum nobis de Christi passione remedium: ut humanæ
fragilitatis præteritæ culpæ laqueos æternæ suffragium
plebis absolvat.

(*Post nomina.*) Omnipotens sempiterne Deus,
qui vitam humani generis pro nobis Filio tuo moriente
salvásti; præsta, quæsumus, ut in hac populi tui devotione fructus proveniat gaudiorum.

(*Collectio ad Pacem.*) Virtutum cœlestium
Deus, de cujus gratiæ rore descendit, ut ad mysteria tua
purgatis sensibus accedamus; præsta, quæsumus ut in
eorum traditione solemniter honorum, tibi placitum
deferamus obsequium, et pacis æternæ pactum tibi
reddamus.

(*Contestatio.*) Verè dignum et justum est,
omnipotens Deus, per Christum Dominum
nostrum. Cujus passione cuncta commota
sunt, et eventum Dominici vulneris elementa

tremuerunt. Expavit dies non solidâ nocte, et suas tenebras mundus invenit. Stetit sub incerto lumine dies, inclausis etiam lux ipsa visa est mori cum Christo. Ad hoc enim omnis claritas migravit in noctem, ne sacrilegium cernere videretur. Clauserat enim suos oculos cœlum, ne in cruce aspiceret Redemptorem ; et mundus ipse testis esse non potuit, ut solus aspiceret qui percussit : cujus dolore plaga nostra curata est, et lapsus nostros aliena ruina suscepit. Tremuerunt elementa mundi sub uno percusso, cujus vulnere captivitas resoluta est. Dum enim occiditur Christus, cuncta renata sunt ; et dum moritur, omnia surrexerunt per ipsius majestatem, quem laudant Angeli.[a]

*Item Contestatio eodem die.*

Verè dignum et justum est, omnipotens Deus, per Christum Dominum nostrum. Quòd pro nostris peccatis talis ac tantus traditus est, qui cùm sine peccato esset, à te pro peccatoribus traditus est, justus pro injustis, pius pro impiis ; et cùm omnia sciret, Deum nescientibus sic se subdidit, ut nos ignaros ad agnitionem veritatis de fœce ultimâ in quâ jacebamus, erigeret. O infelicitas Judæ ! cupidus super parvo munere tradidit omnium hominum remuneratorem : dum salutat, vendidit : dum obsequitur, tradit. O falsa labia ! qui sic conflat incendia, et pacem non dubitavit facere bella.[b] Salutando tradens Dominum nostrum Jesum Christum, complet osculo homicidium. In honore Paschæ reus mortis dimittitur, et Dominus cœlorum interimitur. Barrabas latro donatur, et innocens Christus crucifigitur. Cui meritò omnes Angeli.

*Lectio sancti Evangelii secundum Johannem,*[a]

QUÆ LEGITUR IN PARASCEVE AD TERTIA.

Milites Præsidis susceperunt Dominum Jesum bajulantem sibi crucem. [b] Scripsit autem et titulum Pilatus, et posuit super crucem. Erat autem scriptum Hebraicè, Græcè, et Latinè ;[c] Jesus Nazarenus Rex Judæorum. Hunc ergo titulum multi legerunt Judæorum.[d]

33

a There is plainly much both in this *Contestatio* and the following which requires emendation. But it is scarcely possible to apply this without the help of another copy.

* M. 317

b I have altered the punctuation here. The former edd. have a semicolon after *incendia*, and only a comma here.

a cap. 27 Mat. v. 27; cap. 19 Johan. v. 16, 17.
Although the following *cento* is thrice said to be taken from the gospel of S. John, yet the basis of it is from S. Matthew, almost the whole of whose narrative is quoted. If we could venture to ascribe to the practice of reading the history of the Passion on this day such an antiquity as would take it back to a period when the Ephesine tradition was still strong, nothing would seem more natural than its selection from S. John's gospel. And if afterwards the inscription remained after the body of the lection was altered, it will but be parallel to the numerous instances we have met with of Gallican titles being retained to Roman collects.
b ib. v. 19, 20, 21, 22.
c The words "Hebraice, Græce et Latine" are inserted from v. 20, the greater part of which is omitted.
d Vulg. *Jud. legerunt.* The codd. Vercell. Veron. Brix. Cant. and Amint. S. Aug. Miss. Sarum have the same order as the text, which is that of the Greek.

e cap. 27 Mat. v. 27—32.

f Vulg. *prætorium*, but the codd. Vercell. Veron. Corb. Brix. Forojul. and Amiat. have the ablative, as also 1512.

g Vulg. *chlamyde*. The codd. Vercel. Veron. Brix. Cant. and San-Gall. have the accusative, but then they have *vestimenta* in the following line also in the accusative. The cod. Forojul. agrees with the text, as does 1546 and S. Aug.
h Vulg. *ejus*. The cod. Cant. has *sua*. Perhaps *suis* is taken from the corresponding verse in S. Mark 15.20.
i cap. 23 Lucæ v. 27—31.

j cap. 27 Mat. v. 33, 34. Vulg. has " Et venerunt in locum."

k Vulg. + *et*. The codd. Brix. and San-Gall. omit it.

* M. 318

l c. 23 Lucæ v. 34.
m c. 27 Mat. v. 35.
n c. 19 Joan. v. 23, 24.

o Vulg. *impleretur*. The codd. Veron. Corb. Gat. Maj-Monast. and Forojul. agree with the text.
p c. 27 Mat. v. 35—38. In the next line *in* for *super* is taken from c. 19 Joan. v. 24.
q this seems a misprint for *cum*.

Dicebant ergo Pilato Pontifices Judæorum ; Noli scribere, Rex Judæorum, sed quia ipse dixit, Rex sum Judæorum. Respondit Pilatus ; Quod scripsi, scripsi. [e] Tunc milites Præsidis suscipientes Dominum Jesum in prætorio,[f] congregaverunt ad eum universam cohortem, et exuentes eum, clamydem coccineam circumdederunt ei ; et plectentes coronam de spinis, posuerunt super caput ejus, et arundinem in dexterâ ejus, et genu flexo ante eum, inludebant ei, dicentes ; Have Rex Judæorum. Et exspuentes in eum, acceperunt arundinem et percutiebant caput ejus. Et postquam inluserunt ei, exuerunt eum clamydem,[g] et induerunt eum vestimentis suis,[h] et duxerunt eum ut crucifigerent. Exeuntes autem invenerunt hominem Cyrenæum, nomine Symonem. Hunc angariaverunt ut tolleret crucem ejus. [i]Sequebatur autem illum multa turba populi, et mulierum, quæ plangebant et lamentabantur eum. Conversus autem ad illas Jesus, dixit ; Filiæ Hierusalem, nolite flere super me, sed super vos ipsas flete et super filios vestros : quoniam ecce venient dies in quibus dicent : Beatæ steriles et ventres qui non genuerunt et ubera quæ non lactaverunt. Tunc incipient dicere montibus ; Cadite super nos : et collibus ; Operite nos. Quia si in viridi ligno hæc faciunt, in arido quid fiet ? [j] Cùm venisset autem ad locum, qui dicitur Golgotta, quod est Calvariæ locus,[k] dederunt ei vinum bibere cum felle mixtum ; et cùm gustâsset, noluit bibere.

*Lectio sancti Evangelii secundum Johannem*, QUÆ LEGITUR AD SEXTA IN PARASCEVE.

Postquam crucifixerunt Dominum Jesum, dixit * Jesus voce magnâ : [l] Pater, dimitte illis, non enim sciunt quid faciunt. Tunc [m] diviserunt vestimenta ejus, sortem mittentes. [n]Erat autem tunica inconsutilis, desuper contexta per totum. Dixerunt ergo ad invicem ; Non scindamus eam, sed sortiamur de illâ cujus sit. Ut scriptura impleatur,[o] dicens ; [p] Diviserunt sibi vestimenta mea, et in vestem meam miserunt sortem. Et sedentes servabant eam. [q] Et imposuerunt super caput ejus causam ipsius scriptam ; Hic est Jesus rex Judæorum. Tunc crucifixi sunt cum eo duo latrones, unus à dextris et unus à sinistris. [r] Et adimpleta [s] est scriptura quæ dicit; Et cum iniquis reputatus est. [t] Prætereuntes autem blasphemabant eum, moventes capita sua et dicentes; Vah, qui destruis templum Dei, et in triduo illud re-ædificas, salva temetipsum. Si filius Dei es, descende de cruce. Similiter et principes sacerdotum inludentes cum scribis et senioribus dicebant; Alios salvos fecit, seipsum non potest salvum facere. Si Rex Israel est, descendat nunc de cruce, et credimus ei. Confidit in Domino; [u] liberet nunc eum si vult. Dixit enim quia filius Dei sum. Idipsum autem et [v] unus de his qui pendebant latronibus blasphemabat eum, dicens; Si tu es Christus, salvum fac temetipsum et nos. Respondens autem alter increpabat eum, dicens; Miser,[w] neque tu times Deum, quòd in eâdem damnatione es? Et nos quidem justè; nam digna factis recipimus; hic verò nihil mali gessit. Et dicebat ad Jesum; Domine, memento mei, cùm veneris in regnum tuum. Et dixit illi Jesus; Amen amen,[x] dico tibi, quia [y] hodie mecum eris in paradyso.

*Lectio sancti Evangelii secundum Johannem,*[a] QUÆ LEGITUR AD NONA.

A sextâ horâ tenebræ factæ sunt super universâ terrâ [b] usque ad horam nonam. Et circa horam nonam clamavit Jesus voce magnâ dicens; Heli, Heli, limasabactani; [c] hoc est; Deus meus, Deus meus, ut quid dereliquisti me? Quidam autem illic stantes [d] dicebant; Heliam vocat iste. [e] Continuò currens unus ex eis, acceptam spongiam implevit aceto, et posuit arundine,[f] et dabat ei bibere. Cæteri verò dicebant; Sine, videamus an veniat Helias liberans eum. Jesus autem iterum clamans voce magnâ, emisit spiritum. Et ecce velum templi scissum est in duas partes, à summo usque deorsum; et terra mota est, et petræ scissæ sunt, et monumenta aperta sunt, et multa corpora sanctorum qui dormierant surrexerunt; et exeuntes de monumentis post resurrectionem ejus, venerunt in sanctam civitatem, et apparuerunt multis. Centurio autem et qui cum eo erant custodientes Jesum, viso terræ motu et his quæ fiebant, timuerunt valdè, dicentes; Verè Dei filius [g] erat iste. [h] Et

33*

[r] c. 15 Marci v. 28.
[s] Vulg. *impleta.* But the codd. SanGall. and Amiat. agree with the text.
[t] c. 27 Matt. v. 39–44.

[u] Vulg. *Deo;* (but cod. Corb. has *domino*) and in the same line *si vult eum.* But 1512, 1546 and the codd. Corb. Forojul. Amiat. and Orig. S. Aug. and the MSS of Brugensis agree with the order of the text; while the codd. Vercell. Veron. Brix. and SanGall. have *eum* twice, combining the readings.
[v] c. 23 Lucæ v. 39–43.
[w] Vulg. omits *miser.*

[x] Vulg. omits the second *amen.*
[y] Vulg. omits *quia.* It is found in the cod. Veron.

[a] c. 27 Matthæi v. 45–54.

[b] Vulg. *universam terram.*

[c] Vulg. *lamma sabacthani.* These Hebrew words are spelt in many different ways in the old Latin MSS. The one that comes nearest to our text is the cod. Brix. which has *limasabacthani.*
[d] Vulg. + *et audientes.*
[e] Vulg. + *et.*
[f] Vulg. *imposuit arundini.* The cod. Forojul. has *posuit.* M. Moz. has *circumdata arundine.*

[g] Vulg. *filius Dei.* The codd. Vercell. Corb. Brix. Cant. Forojul. Amiat. and San-Gall. M. Moz. have the order in the text, which is that of the Greek.
[h] c. 23 Lucæ v. 48, 49.

i Vulg. + *ad spectaculum istud.*

j c. 27 Mat. v. 55, 56. Vulg. has *erant autem,* and omits the following *et* which is taken from the corresponding verse in S. Mark.
k Vulg. here + *a longe.*

l Johan. v. 31—37.

m Vulg. *ut viderunt.*

n Vulg. *testim. ejus.* The codd. Cant. and Amiat. agree with the text.
o Vulg. *impleretur.* The codd. Veron. and Amiat. agree with the text.
p Vulg. omits *ejus.* The codd. Vercell. Brix. have it.
q Mat. v. 57, 58.
r Vulg *autem sero,* but the same order as in the text is found in the codd. Veron. Corb. Forojul. Amiat. and S. Aug. and Orig.
s Vulg. *Arimathœa.* The cod. Veron. has the same spelling as the text, and the codd. Vercell. San-Germ. Brix. Amiat. Forojul. and San-Gall. M. Moz. 1512. S. Aug. S. Fulg. and Mediæval authorities generally have *Arimathia.*
t Vulg. omits *ejus.*
u Johan. v. 39, 40. Vulg. has *Nicodemus.* Two lines below, *murræ* is the spelling of the codd. Vercell. Veron. Brix. San-Gall. Cant. and Amiat.
v Vulg. *illud.* The masculine is found in 1512, the codd. Veron. Brix. Gat. Forojul. Amiat. and (as a various reading) the San-Gall. as also S. Fulg. S. Aug. Miss. Sarum. Brugensis tells us that "optima quæque MSS" of the Vulgate agree with the text.
w Mat. v. 60. The plural of the three following verbs is necessitated by the mention (from S. John) of Nicodemus; which accounts, moreover, for the next note also.
x Vulg. + *suo.*
y v. 41. Joan.
z v. 60, 61. Mat.
a Vulg. *advolvit.* We may observe that the same word as the text gives, is used in a prayer on the following page in the same way; "adposuerunt lapidem." It is probably taken from a curious addition found in S. Luke 23. 53 in two Latin MSS, the cod. Cant. and the cod. Colb. "Et cum positus esset in monumento, posuerunt (*al.* imposuerunt) lapidem, quem vix viginti volvebant."

c. 27 Mat. v. 62–66.

omnis turba eorum qui simul aderant [i] et videbant quæ fiebant, percutientes pectora sua revertebantur.   Stabant autem omnes noti ejus à longè. [j] Erant enim ibi et mulieres multæ [k] quæ secutæ erant Jesum à Galilæâ, ministrantes ei ; inter quas erat Maria Magdalene et Maria Jacobi et Joseph mater et mater filiorum Zebedæi. [l] Judæi ergo, quoniam parasceve erat, ut non remanerent in cruce corpora sabbato ; erat enim magnus dies ille sabbati ; rogaverunt Pilatum, ut frangerentur

**\* M. 319**

* eorum crura et tollerentur.   Venerunt ergo milites, et primi quidem fregerunt crura, et alterius qui crucifixus est cum eo.   Ad Jesum autem cùm venissent, et vidissent [m] eum jam mortuum, non fregerunt ejus crura : sed unus militum lanceâ latus ejus aperuit, et continuò exivit sanguis et aqua.   Et qui vidit, testimonium perhibuit et verum est ejus testimonium.[n]   Et ille scit quia vera dicit, ut et vos credatis. Facta sunt enim hæc ut scriptura impleatur ; [o] Os ejus [p] non comminuetis ex eo.   Et iterum alia scriptura dicit ; Videbunt in quem transfixerunt.   [q] Cùm serò autem [r] factum esset venit quidam homo dives ab Arimatiâ,[s] nomine Joseph, qui et ipse discipulus erat Jesu.   Hic accessit ad Pilatum, et petiit corpus Jesu.   Tunc Pilatus jussit reddi corpus ejus.[t]   [u] Venit autem et Nicodamus, qui venerat ad Jesum nocte primùm, ferens mixturam murræ et aloes, quasi libras centum. Acceperunt ergo corpus Jesu, et ligaverunt eum [v] linteis cum aromatibus, [w] et posuerunt illud in monumento [x] novo [y] in quo nondum quisquam positus erat.   [z] Et adposuerunt [a] saxum magnum ad ostium monumenti et abierunt.   Erat autem ibi Maria Magdalene et altera Maria, sedentes contra sepulchrum.

### DIE SABBATO.

### *Mane.*

Alterâ autem die, quæ est post Parasceven, convenerunt principes Sacerdotum et Pharisæi ad Pilatum, dicentes ; Domine, recordati sumus, quia seductor ille dixit adhuc vivens : Post tres dies resurgam.   Jube ergo custodiri sepulcrum usque in diem tertium ; ne fortè

veniant discipuli ejus, et furentur eum nobis
dormientibus,[a] et dicant plebi; Surrexit à mortuis : et erit novissimus error pejor priori.[b]
Ait illis Pilatus ; Habetis custodiam, ite,
custodite, sicut scitis. Illi autem abeuntes
munierunt sepulcrum, signantes lapidem cum
custodibus.

There exist, in the Mozarabic Office, Missal Litanies of
this kind for the first five Sundays in Lent. Mabillon
does not seem to have been aware of this, and no Editor
has seen that they are in verse. The present is for Passion
Sunday. We give it as it is found in the Mozarabic, only
breaking up the prose into lines. We believe that these
metrical Litanies will be new to Hymnologists. J. M. N.

*Incipit Precis de eodem die.*[a]

[a] In the two prayers which follow, spoken as if by our
Lord, the citations from the Bible appear to be taken
from the Itala version, which is a proof of considerable
antiquity. *Precis* for *preces* is an example of a change of
vowels common in late Latinity. See amongst many
others, Blanchini's Evang. Quad. vol. 2 p. dxlvii. col. 1.
[b] Should not the full stop be rather put after *adversarii
mei?* Or perhaps, we might suppose that the word 'gratis'
should occur twice; "Insidiati sunt mihi adversarii mei
gratis. Magis gratis tu, Pater sancte, miserere." It should,
however, be added that the Response in the Mozarabic
(which is omitted in the mg) is " Tu pater sancte miserere
et libera me."

Insidiati sunt mihi adversarii mei magis
gratis.[b]  Tu, Pater sancte, miserere et libera
me. [c] Portatus sum, ut agnus innocens, ad
victimam, captus ab inimicis, ut avis in musci-
polâ.  Mag.[d]

Aperuerunt omnes ora sua contra me : dentibus fremuerunt, quærentes deglutire me.
Sibilantes clamabant et movebant capita, tractantes de me proferre falsum testimonium.
Mag.

Suspensum cruce damnant, fixum clavis ferreis, venditum à Judæis propter xxx argenteos.
In latere confossus gladio horrifico,[e] illic con-
fluit aqua cum sanguine innoxio.  Mag.

Omnes inundaverunt sicut aqua ; [f] super me
dimersum in sepulcrum, adposuerunt lapidem.
Mag.

The following are the passages from the Bible incorporated into this Litany.
c. 3 Lam. v. 52. Venatione ceperunt me quasi avem
inimici mei gratis.
c. 11 Hier. v. 19. Et ego quasi agnus mansuetus (S. Fulg. has
the reading, ' agnus innocens') qui portatur ad victimam.
c. 4 Lam. 20. Christus Dominus captus est in peccatis
nostris.
c. 2. Lam. v. 16. Aperuerunt super te os suum omnes
inimici tui: sibilaverunt et fremuerunt dentibus et dixerunt; Devorabimus.  But the Itala (as preserved by S.
Ambrose) has, instead of the last word, "deglutivimus,"
from which probably the word in our text was derived.
ib. v. 15. Sibilaverunt et moverunt caput.
c. 3. Lam. v. 54. 53. Inundaverunt aquæ super caput meum.
Lapsa est in lacum vita mea, et posuerunt lapidem super
me.
c This ought to begin a new clause. But it will be observed
that each clause of the text embraces two stanzas of the
mg, except the last two, where the mg shows the text to be
defective.

[a] The words *nobis dormientibu:* are
taken from the 13th verse of the
following chapter.
[b] for *priore.*  But the codd. Vercell.
Veron. Brix. Cant. and Forojul. have
the same spelling as the text.
[d] " Repetitio est versiculi primi,
' Magis gratis, tu Pater sancte &c.'
quæ repetitio pluries fit in consequentibus."—Mab.
[e] MS ' confusus gladio honorifico.'
which Mab. corrected by conjecture
in a note.
[f] I have inserted this semicolon.

The rhythm runs thus; and many
of the lines rhyme occasionally :—
The first and second lines:

The third, fourth and fifth:

The conflict of rhythm with quan-
tity is exceedingly common in Spanish
hymns ; and this very metre, with one
slight difference, has a melody which
may be found in some hymns of the
Hymnal Noted.  The first verse is
imperfect.  It will be seen that 'mei
gratis,' not ' mei magis gratis,' as in
the Gallican, is right.  J. M. N.

insidiati
sunt mihi adversarii
mei gratis.
Portatus sum, ut agnus
innocens in victimam;
captus ab inimicis
ut avis in muscipulam
magis gratis.
Aperuerunt omnes
ora sua contra me:
dentibus fremuerunt
quærentes deglutire me,
magis gratis.
Sibilantes clamabant
et movebant capita;
tractantes de me falsa
proferre testimonia
magis gratis.
Suspensum cruci damnant,
fixum clavis ferreis,
venditum a Judæis
pro triginta argenteis
magis gratis.
In latere confossus
gladio horrifico:
illico fluit latex
cum sanguine innoxio
magis gratis.
Omnes inundaverunt
quasi aquæ super me
dimersum in sepulchro :
adposuerunt lapidem
magis gratis.
Confusa palluerunt
cuncta cæli sidera;
dies obtenebratur
cum vidit pati Dominum
magis gratis.
Sic Judæorum turba
cæca diffidentia
deposcunt a Pilato
milites pro custodia
magis gratis.
Tunc milites dividunt
vestem meam sortibus,
cernentes in me flagra
injusta et sævissima
magis gratis.

Intende, pie Pater,
et succurre miseris,
pro quibus tam acerbis
afficior suppliciis
magis gratis.
g "Scribitur in exemplari, 'acervis'
et supra, ' sivilantes,' et alia similia."—Mab.

Intende, pie Pater, et succurre miseris, pro quibus tam acerbis g adfligor suppliciis. Magis gratis tu, Pater sancte, m. l.

## \* M. 320

This is the Mozarabic Litany for
the fourth Sunday in Lent, and the
metre is this :—
The first and third lines:
‿–′ | ‿–′ | ‿–′ | –′
The second, fourth and fifth:
–′ ‿ | –′ ‿ | –′ ‿ | –′
This is precisely the metre alluded
to above.  It is used in the anthems
sung in many of the Spanish Cathedrals instead of the 'Ite missa est' on
certain principal feasts. Observe, in
the following verse, the uncouthness
of the rhythm, so strongly resembling
that we are now considering:–
  Stella fulgens hodie
  Conduxit ad præsepe
  Magos ab oriente;
  Qui, invento Puero
  Dicunt laudes Domino.  J. M. N.
The present Litany stands thus in
the Mozarabic:—
  A Patre missus, veni
  perditos requirere :
  et hoste captivatos
  sanguine redimere:
  plebs dira abjecit me
  Prædictus a prophetis,
  natus sum ex virgine:
  assumpsi formam servi
  dispersos colligere:
  venantes ceperunt me.
  Mihi pro bonis mala
  reddita sunt plurima:
  adversum me dederunt
  iniqua consilia,
  venditum pecunia.
(The rhythm slightly alters here in
the first and third lines:—
–′ ‿ | –′ ‿ | –′ ‿ )
  Spineam coronam
  posuerunt capiti
  sputis sordidato:
  inluserunt impii
  afflictum crudeliter.
  [Cum] noxiis latronibus
  suspensum patibulo
  amaro cibo pastum
  et acerbo poculo
  traditum supplicio.
  Quos veni liberare
  hi accusaverunt me:
  flagellis verberatum
  cruci affixerunt me:
  lancea percusserunt [me.]
  Qui impio latroni
  dimisisti scelera
  tu solve vincla nostra
  et relaxa crimina:
  salva nos cruce tua.
  Sum traditus (lib. trad. sum)
    sepulchro    [feri
  fregi (lib. confregi) portas in-
  ejeci vinculatos
  et reduxi ad superos
  ostendi in victima.
  Dimitte illis noxia
  pater clementissime
  cuncta: dele peccata
  et relaxa crimina:
  ignorant (lib. ignorantium)
  quid faciant.

The following Litany contains fewer adaptations of passages of holy Scripture, than the last.  The first sentence, however, which, though not given in the mg, occurs in the Mozarabic also, is taken from Lam. cap. i. 9. "Vide, Domine, afflictionem meam, quoniam erectus est inimicus."  But the Itala, preserved by S. Ambrose, has "humilitatem" and "quia" like the text.  It has however, (also from the lxx) " magnificatus " instead of " erectus," in which the M. Vesont. agrees with the Vulgate.

*Item alia de eâdem die.*

Vide, Domine, humilitatem meam, quia erectus est inimicus.  Miserere, Pater juste, et omnibus indulgentiam dona.

A Patre missus veni perditos requirere, et hoste captivatos sanguine \* redimere.  Plebs dira abjecit me.  Miserere, Pater juste.

Prædictus à prophetis natus sum ex virgine : adsumpsi formam servi dispersos colligere ; venantes ceperunt me.

Mihi pro bonis mala reddita sunt plurima : adversùs me iniqua dederunt consilia, venditus pecuniâ.

Spineam coronam posuerunt capiti, sputis sordidatum inluserunt impiè, adflictum crudeliter.

Cum noxiis latronibus suspensus patibulo, amaro cibo pastus et acerbo poculo, traditus suppliciis.

Quos veni liberare accusaverunt me, flagellis verberatum cruci adfixerunt me : lanceâ percusserunt me.h

h The mg here adds two verses, of which the second probably did originally belong to this Litany, and has been
omitted by the compiler of this Collection from his love
of abridging ; but the other, being addressed to our Lord
instead of spoken by Him, seems a later addition and of
Spanish origin.

Dimitte illis noxam, Pater clementissime ; cuncta dele peccata, et relaxa crimina : igno-rant quid faciunt.

It will be observed that in each of the three Gallican Collections (agreeing herein with the M. Moz.) these twelve intercessions occur on Easter Eve, not (as in the Roman) on Good Friday. With one exception, mentioned below, the order in this Collection is the same as in the M. Moz, while the other Gallican Collections vary a good deal in this respect. This is only one of a number of instances in which the Ephesine element in the M. Vesont. resembles the Spanish more closely than either the Gothic or the Gallican.

### INCIPIUNT ORATIONES IN VIGILIIS PASCHÆ.

#### I.

*Inter prima celebrandæ Paschæ sollemnia, votorum consecratio ex gratiarum actione sumat exordium : ut passum et immolatum pro nobis Christum credentes,* et sacri ministerii principem confitentes, consono ore prosequamur.

above p. 185.

From a comparison with the other Ephesine Service books, we see that the "bidding" to this first preface has been omitted by the scribe. It may have been, "Pro solemnitate sancta," as in M. Gall. p. 185 (which should have been printed in italic) or "Pro solemnitate paschali," as in M. Moz. p. 179.

#### II. *Oratio pro his qui custodiarum vinculis et captivitate detenti, Pascha interesse non possunt.*

Dei Patris omnipotentis clementiam, carissimi, deprecemur, ut eos quos invidus diabolus captivitatis servitio premit, Dei nostri misericordia in statum pristinum libertatemque constituat.

(Dicat Diaconus.) Pro his qui variis necessitatibus detenti: pasche interesse non possunt.—M. Moz. 180. 15.

see above p. 186 note for the antiquity of this Bidding. It will be observed that the Mozarabic, although, like our present Collection and unlike the M. Gall., it retains this prayer for Confessors in its original prominent place, yet has lost the definite reference to those in bonds for Christ's sake. This may be thought an indication of that Liturgy's having been revised and altered during the period of peace between the last General Persecution and the Mahommedan invasion, during which, in fact, lived S. Isidore.

#### III. *Pro Sacerdotibus ac ministris Ecclesiæ.*

*Deum ac Dominum nostrum Jesum Christum pro sacerdotibus ac ministris Ecclesiæ suæ, fratres carissimi, supplices deprecemur : ut ingressi sancta sanctorum, totiusque participes altaris, spiritalium gratiarum donis abundantiáque multimodá repleamur.*

(Dicat Diaconus.) Pro sacerdotibus ac ministris. M. Moz. 180. 98. After which follows a Bidding, "Pro unitate fidei catholice," which in the text is the ninth in order.

above p. 92.

#### IV. *Pro Virginibus.*

Deum Patrem omnipotentem, fratres carissimi, supplices oremus : ut in fratribus ac sororibus nostris, qui sanctam et maximè acceptabilem Deo virginitatem dicârunt, bonæ conceptum mentis propositum tenentes, inmaculati jugiter perseverent.

The title to this Bidding has been (seemingly through mere carelessness) omitted in M. Moz., but a Bidding on behalf of virgins occurs immediately after that mentioned in the last note.

#### V. *Pro his qui eleemosynas faciunt.*

Deum Patrem misericordiæ suppliciter oremus : ut in sanctos et hujus sæculi pauperes effusa largitio in cœlestium divitiarum opes refluat, et carnalium participatio societatem possit munerum spiritualium promereri.

(Dicat Diaconus.) Pro his qui elemosynas faciunt.—M. Moz. 183. 5.

#### VI. *Oremus pro Peregrinantibus.*

*Cœlestium et terrestrium Deum Patrem supplices deprecemur : ut omnes fratres nostros, qui peregrinationum necessitatibus subjacent, potentiá auxilii sui protegat atque defendat.*

(Dicat Diaconus.) Pro peregrinantibus et navigantibus.—M. Moz. 183. 98.

above p. 93.

(Dicat Diaconus.) Pro ægrotis.—
M. Moz. 184. 24.

above p. 93:

### VII. Pro Ægrotis.

Universæ salutis Dominum deprecemur pro fratribus et sororibus nostris, qui secundùm carnis infirmitatem diversis ægritudinum vexantur incommodis :
ut is qui solus potest, pro suâ pietate omnibus
adesse dignetur.

(Dicat Diaconus.) Pro penitenti-
bus.- M. Moz. 185. 69.

### VIII. Pro Pœnitentibus.

Deum spei nostræ, fratres carissimi, deprecemur: ut temeratæ præceptionis reos, reversos
in viam rectam, ab aspectu serenitatis suæ non
rejiciat, neque in adventu suo à * regni cœlestis
januâ condemnandos excludat.

* M. 321

### IX. Pro unitate Ecclesiæ.

Bonorum omnium fontem, auctorem humanæ
salutis Dominum deprecemur : ut unitatem
Ecclesiæ inviolatam custodire dignetur, ut in
præsenti protectionem et in futuro perennis
vitæ stipendia consequi mereamur.

(Diaconus dicat.) Pro pace populi
et regum.—M. Moz. 187. 41.

### X. Pro pace populi et Regum.

Deum ac Regem universæ conditionis Dominum suppliciter oremus: ut regibus ac potestatibus hujus mundi eorumque ministris supplicem inter se amorem et concordiam largiatur.

There is probably something wrong
about the word *supplicem.*

### XI. Pro spiritibus pausantium.

This petition does not occur in M.
Gall. nor in M. Moz. The latter here
inserts the *Benedictio Fontis.*

Deum Patrem omnipotentem, fratres carissimi, pro commemoratione defunctorum supplices oremus : ut eisdem Dominus, adtenuatis
quæ meritò aspera sunt culpæ piaculis, clementissimè remissionis suæ retrigeria largiatur.

(Diaconus dicat.) Pro competentibus. - M. Moz. 190. 14.

### XII. Pro Competentibus.

Dei Patris misericordiam pro Competentibus,
fratres carissimi, supplices deprecemur, ut eos

above p. 94.

Dominus omnipotens ad fontem suæ regenerationis
euntes omni cœlestis misericordiæ auxilio prosequatur.

This is the only petition in the
present Collection which is given
fully, having a title-bidding, a bidding, and a collect. The Mozarabic
varies curiously throughout, having
sometimes a Bidding and sometimes
a Collect, but never both.

(Collectio.) Auctor universitatis ac Domine, te deprecamur et quæsumus, ut mortifi-
catos terrenis vitiis in novum hominem tibi
servire patiaris per resurgentem à mortuis
Dominum nostrum Jesum Christum.

### BENEDICTIO CEREI

above pp. 89, 184.

Sancti Augustini episcopi, cum adhuc Diaconus esset cecinit, dicens.

Exultet jam angelica turba cœlorum ; exultent divina
mysteria, et pro tanti regis victoriâ tuba intonet Salvatoris. Gaudeat se tantis illius inradiata fulgoribus ; æterni
regis splendore lustrata, totius orbis se sentiat amississe
caliginem.  Lætetur mater Ecclesia tanti luminis ornata
fulgore, et magnis populorum vocibus hæc aula resultet.
Quâ adstantibus vobis, fratres carissimi, ad tam miram

sancti hujus luminis claritatem unà mecum, quæso, Dei omnipotentis misericordiam invocate : ut qui nos dignatus est adgregare, luminis sui gratiam infundente, cerei hujus laudem implere percipiat. Sursum corda. Dignum et justum est, invisibilem Dominum, omnipotentem Patrem, Filiumque unigenitum Dominum nostrum Jesum Christum, toto cordis ac mentis affectu et vocis ministerio personare. Qui pro nobis æterno Patri Adæ debitum solvit ; et veteris piaculi cautionem pio cruore detersit. Hæc sunt enim festa Paschalia, in quibus verus ille Agnus occiditur, ejusque sanguis postibus consecratur, in quà primum scire tempus et horam, in quà Christus ab inferis resurrexit. Hæc nox est, de quà scriptum est ; Et nox ut dies inluminabitur, et, Nox inluminatio mea in deliciis meis. Hujus igitur sanctificatio noctis fugat scelera, culpas lavat, et reddit innocentiam lapsis, mæstis lætitiam : fugat odia, concordiam parat, et curvat imperia. In hujus igitur noctis gratiam suscipe, sancte Pater, incensi hujus sacrificium vespertinum, quod in hac cerei oblatione solemni per ministrorum manus de operibus apum sacrosancta reddit Ecclesia. Sed jam columnæ hujus præconia novimus, quam in honore Dei rutilans ignis accendit ; qui licèt divisus in partes, mutuati luminis * detrimenta non novit. Alitur liquantibus ceris, quas in substantiâ pretiosæ hujus lampadis apis mater eduxit. Apis cæteris quæ subjecta sunt homini animantibus antecellit, cùm sit minima corporis parvitate, ingentes animas angusto versat in pectore, viribus inbecillis, sed fortis ingenio. Hæc exploratâ temporum vice, cùm canitiem pruinosa hiberna posuerunt, et glaciale senium verni temporis moderata deterserit, statim prodeundi ad laborem cura succendit : dispersæque per agros libratim paululum pinnibus, cruribus suspensis insidunt, parte ore legere flosculos, oneratis victualibus ad castra remeant ; ibique aliæ inæstimabili arte, cellulas tenaci glutino instruunt, aliæ liquantia mella stipant, aliæ vertunt flores in ceram, aliæ ore natos fingunt, aliæ collectis è foliis nectar includunt. O verè beata et mirabilis apis, cujus nec sexum masculi violant, nec filii destruunt castitatem ; sicut sancta concepit Maria, virgo peperit et virgo permansit. O verè beata nox, quæ exspoliavit Ægyptios, ditavit Hebræos. Nox in quà terrenis cœlestia junguntur. Oramus te, Domine, ut cereus iste in honorem nominis tui consecratus, ad noctis hujus caligines destruendas indeficiens in odorem suavitatis acceptus supernis luminaribus misceatur, flammasque ejus Lucifer matutinus inveniat. Ille, inquam, Lucifer qui nescit occasum ; ille qui, regressus ab inferis, humano generi serenus inluxit. Precamur ergo, Domine, ut nos famulos tuos, omnem clerum, et devotissimum populum, quiete temporum concessâ, in his paschalibus conservare digneris.

* M. 322

### AD CHRISTIANUM FACIENDUM.[a]

Deus, caritatis totius confirmator et conditor,[b] qui maculas mundi mortem fugandam [c] fecisti ; te oramus et quæsumus, ut custodias animam

[a] " Idem titulus in Gothico, sed orationes diversæ."—Mab. It is curious how very little the following service has in common with any of the other Ephesine baptismal Offices, even in those parts which do not seem to have been derived from the Roman. The word "Christian" used here and above p. 95 where the Roman books have "catechumen" is remarkable as being probably an Ephesine appellation, as distinguished from the Roman and African terminology, so far as can be judged from the two examples of it produced by Martene, lib. 1 c. 1 art. 6 § 3. We find it, however, in the East also ; for the seventh canon of the first Council of Constantinople directs that certain heretics should be received as the heathens, and the first day be made Christians, the second catechumens, the third be exorcized, and then after a considerable interval be baptized.

[b] Martene who reprints this Office, omits et conditor ; but as his great work again displays the typographical carelessness which I animadverted upon above, it is probably a mere blunder.

[c] This is probably meant for morte fugandas ; "Who by death—real in the case of Thy Son and imitative in that of each one who is baptized—hast put away the stains of the world."

34

famuli tui *ill.* ut calcato diabolo conrobores eum : ut primi parentis detersis tenebris, Christianum nomen fide percipiat.

*Item alia.*

Deus, qui perdita reparas et reparata conservas; Deus qui opprobrium gentilitatis signare sub titulum nominis tui præcepisti, ut ad fontem baptismi pervenire mereantur.[d]

*Item alia.*

Domine, sancte Pater, omnipotens æterne Deus, qui fecisti cœlum et terram, mare et omnia quæ in eis sunt; respicere digneris ad preces humilitatis meæ pro famulo tuo *ill.* Per invocationem nominis tui confirmes eum, inlumines vultum claritatis tuæ super eum. Benedicere et sanctificare digneris, sicut benedixisti domum Abraham, Isaac, et Jacob. Adsigna[e] ei angelum pacis, angelum misericordiæ, qui eum perducat ad vitam æternam, adjuvante Spiritu Sancto, et de faucibus inimici liberes eum, et per signum Jesu Christi [f] tempus vitæ suæ religiosè consistat. Per.

Deus, qui es, et qui eras et permanes usque in finem sæculi, cujus origo nescitur nec finis comprehendere [g] potest, te oramus et quæsumus, ut custodias animam famuli tui *ill.* quem liberâsti de errore [h] gentilium et à conversatione pessimâ. Dignare exaudire eum qui tibi cervices suas [i] humiliat ; et perveniat ad baptismum fontis [j] regeneratione ex aquâ et Spiritu Sancto, \* qui cum Patre et Filio vivit et regnat.

*Facis* [k] *signum* ✠ *in eum et dices symbolum.*

Accipe signum crucis tam in fronte quàm in corde. Semper esto fidelis. Templum Dei ingredere ; idola derelinque. Cole Deum Patrem omnipotentem et Jesum Christum Filium ejus qui venturus est judicare vivos et mortuos et sæculum per ignem,[l] cum Spiritu Sancto in sæcula sæculorum.

*Post hæc insufflabis* [m] *in os ejus ter, et dices.*

Accipe Spiritum Sanctum, et in corde teneas.

---

[d] Evidently, this prayer is imperfect in the MS. Martene has *mereamur.* which is obviously a blunder. The word *signare* in this prayer, and the corresponding noun in the succeeding one refer of course to the solemn signing with the cross.
cf. "et hunc... virtute custodi ; ut magnitudinis gloriæ tuæ rudimenta servans, per custodiam mandatorum tuorum ad novæ regenerationis gloriam pervenire mereatur. Per.—Ordo ad faciend. catech. secundum Usum Sarum apud Maskel. I. 5.

[e] It is not easy to find in the writings of the early Fathers any passage which expressly teaches that the guardian angel is given at baptism, but this is implied by all those who confine their succours to the good and righteous.
cf c. 4 Act. v. 24. "Tu es qui fecisti cœlum et terram, mare et omnia quæ in eis sunt." See below p. 268 the exorcism for men.

[f] It strikes me that several words have been omitted here.

[g] A mistake for *comprehendi,* as in the mg.

[h] *ore* Mab., which I correct from the mg.

[i] The insertion of the plural is curious, but occurs in the other forms.

[j] for *baptismi fontem.*
(Inde vero postquam gustaverit medicinam salis, et ipse signaverit benedices eum his verbis.) Domine sancte, Pater omnipotens, æterne Deus, qui es, et qui eras, et permanes usque in finem : cujus origo nescitur, nec finis comprehendi potest. Te Domine supplices invocamus super famulum tuum, quem liberasti de errore gentilium et conversatione turpissima : dignare exaudire eum, qui tibi cervices suas humiliat : et perveniat ad lavacri fontem, ut renatus ex aqua et Spiritu sancto, expoliatus veterem hominem induatur novum, qui secundum Deum creatus est. Accipiat vestem incorruptam et immaculatam, tibique Domino nostro servire mereatur. Per. —Martene lib. I c. I art. 7 Ord. 3. S. Greg. Vet. p. 249. S. Greg. apud Gerb. p. 255

\* M. 323

[l] I add from the mg "qui vivit cum Patre et." Yet below p. 269 line 6, a similar phrase occurs.
(Ad catechumenum ex pagano faciendum.) Accipe signum crucis tam in fronte, quam in corde, sume fidem cœlestium præceptorum. Talis esto moribus, ut templum Dei esse jam possis, ingressusque Ecclesiam Dei, evasisse te laqueos mortis lætus agnosce. Horresce idola, respue simulacra. Cole Deum Patrem omnipotentem, et Jesum Christum Filium ejus, qui vivit cum Patre et Spiritu Sancto per omnia sæcula sæculorum.—Martene ubi sup. Ord. 3, 7, and 10. S. Greg. Vet. p. 248.

(Hic ad modum crucis halet in faciem catechizandi, et dicat ei.) Joannes, accipe Spiritum Sanctum per istam insufflationem et Dei benedictionem.—Mart. ubi supra Ord. 7.

[k] probably meant for *facies,* which Martene gives. And in a rubric further on we ought probably in the same way to correct *facies et dices.* As to the places where the sign of the cross was to be made, which vary considerably in the different Rituals, see Martene art. 6 § 6. The Gothic (see above p. 95) has five instead of the two here enjoined.

[m] This rite of insufflation, which must be carefully distinguished from the more common one of exsufflation, which often bears its name, seems to have been rare in the Western Offices. That in the mg is the only example of it found in Martene who does not notice it in his commentary :—

## INCIPIT ORDO BAPTISMI.

Exorcidio te, creatura aquæ, in nomine Dei Patris omnipotentis, et in nomine Domini nostri Jesu Christi Filii ejus, et Spiritûs Sancti ; ut omnis virtus adversarii, omnes exercitus diaboli, omnes incursus, omne fantasma eradicare et effugare ab hac creaturâ aquæ, ut sit omnibus qui in eam descensuri sunt, fons aquæ salutaris in vitam æternam : ut cùm baptizatus in eâ quisquis fuerit, fiat templum Dei vivi in remissione peccatorum in nomine Dei Patris omnipotentis et Christi Jesu Filii ejus et Spiritûs Sancti, [a] qui judicaturus est sæculum per ignem, per hoc signaculum [b] quod permanet in sæcula sæculorum.

Exorcizo te, creatura aquæ in nomine Dei Patris omnipotentis, et in nomine Jesu Christi Filii ejus, et Spiritus-sancti. Omnis virtus adversarii, omnis incursio diaboli, omne phantasma eradicare et effugare ab hac creatura aquæ, ut fiat fons aquæ salientis in vitam æternam, et cum baptizatus fuerit, fiat templum Dei vivi in remissionem peccatorum. Per Dominum nostrum Jesum Christum qui venturus est judicare vivos et mortuos et sæculum per ignem.— Martene lib. 1 c. 1 art. 18. ord. 5.

[a] The words *et Spiritus Sancti* seem to have been interpolated by some one who wished to complete the mention of the Holy Trinity, but did not advert to their being inconsistent with the following clause which can only refer to our Lord.

[b] This sign seems to be that of the cross ; but it is not easy to see how it is brought in here. Probably, the exorcism was meant to end (as in the mg) with the last word of the previous line : and this line may either have been the beginning of another collect left imperfect by the scribe, like the first one on p. 266, or else it may have been the commencement of what follows, the title *Oratio* being misplaced as the following one *Collectio sequitur* undoubtedly is.

### *Oratio.*

Omnipotens sempiterne Deus, adesto magnæ pietatis tuæ mysteriis, adesto sacramentis, et creandis novis populis, quos tibi fons baptismatis parturit, Spiritum adoptionis emitte : ut quod humilitatis nostræ gerendum est ministerio, tuæ virtutis compleatur effectu.[c] Deus, qui invisibili potentiâ sacramentorum tuorum mirabiliter operaris effectum, et licèt nos tantis mysteriis exsequendis simus indigni, tu tamen gratiæ tuæ dona non deserens, etiam ad nostras preces aures tuæ pietatis inclina. Deus, cujus Spiritus super aquas inter ipsa primordia ferebatur, ut etiam tunc virtutem sanctificationis aquarum natura conciperet.

### *Collectio sequitur.*

Deus, qui nocentis mundi crimina per aquam abluens, regenerationis speciem in ipsâ diluvii effusione signâsti [d]

c The words *Collectio sequitur* marked eight lines further down, ought to have been inserted here.
d From the mg we see what a large omission the scribe has made here, to the ruin of the meaning.

### above p. 189.

(Benedictio Fontis.) Omnipotens sempiterne Deus, adesto magnæ pietatis tuæ mysteriis ; adesto sacramentis : et ad creandos novos populos, quos tibi fons baptismatis parturit, spiritum adoptionis emitte : et quod humilitatis nostræ gerendum est ministerio, tuæ virtutis compleatur effectu. Per.

(item Consecratio Fontis.) Deus, qui invisibili potentia tua, Sacramentorum tuorum mirabiliter operaris effectum ; et licet nos tantis mysteriis exequendis simus indigni ; tu tamen gratiæ tuæ dona non deseris : etiam ad nostras preces aures tuæ pietatis inclina. Deus, cujus Spiritus super aquas inter ipsa mundi primordia ferebatur ; ut jam tunc virtutem sanctificationis aquarum natura conciperet. Deus, qui nocentis mundi crimina per aquas abluens, regenerationis speciem in ipsa diluvii effusione signasti ; unus ejusdemque elementi mysterio et finis esset vitiis, et origo virtutum. Respice, Domine, in faciem Ecclesiæ tuæ, et multiplica in ea generationes tuas ; qui gratiæ tuæ effluentis impetu lætificas civitatem tuam : Fontemque Baptismatis aperis toto orbe terrarum gentibus innovandis ; ut tuæ majestatis imperio sumat Unigeniti tui gratiam de Spiritu Sancto : qui hanc aquam regenerandis hominibus præparatam arcana sui luminis admixtione fœcundet. Ut sanctificatione concepta ab immaculato divini Fontis utero in novam renata creaturam progenies cælestis emergat : et quos aut sexus in corpore, aut ætas discernit in tempore, omnes in unam pareat Gratia Mater infantiam. Procul ergo hinc, jubente te, Domine, omnis spiritus immundus abscedat : procul tota nequitia Diabolicæ fraudis absistat. Nihil hic loci habeat contrariæ virtutis ammixtio : non insidiando, circumvolet ; non latendo, subripiat ; non inficiendo, corrumpat. Sit hæc sancta et innocens creatura libera ab omnia impugnatoris incursu ; et totius nequitiæ purgata discessu. Sit Fons vivus aquæ regenerans, unda purificans : ut omnes hoc lavacro

e a mistake for the nominative.
f Instead of *vivis* we must read *fons vivus*. The next word is better in the nominative as in the text, than in the genitive as in the mg.
g The mg reading *omnes* seems preferable. There is considerable corruptness of reading in the rest of this clause, which cannot be made intelligible without violent changes.

libera ab omni impugnatoris incursu, et totius nequitiæ purgatæ [e] discessu. Sit vivis [f] aqua regenerans, unda purificans : ut homines [g] hoc lavacro salutem in eis Spiritu

salutifero diluendi, operante in eis Spiritu Sancto, perfecti purgationis

above p. 189.

indulgentiam consequantur. (*Hic signas.*) Unde benedico te, creatura Aquæ, per Deum vivum, per Deum sanctum, per Deum, qui te in principio verbo separavit ab arida, et in quatuor fluminibus totam terram rigare præcepit. Qui te in deserto amaram, suavitate indita, fecit esse potabilem; et sitienti populo de petra produxit. Benedico te et per Jesum Christum Filium ejus unicum Dominum nostrum. Qui te in Chana Galileæ signo ammirabili sua potentia convertit in vinum. Qui pedibus super te ambulavit: et a Johanne in Jordane in te baptizatus est. Qui te una cum sanguine de latere suo produxit: et discipulis suis jussit; ut credentes baptizarentur in te, dicens: Ite, docete omnes gentes, baptizantes eos in nomine Patris, et Filii, et Spiritus Sancti.— S. Gel. edit. Murat. p. 568.

h Of course this is patois for *fluminibus terram.* The first word is probably meant for an ablative of the second declension, the other for the dative.

\* M. 324

i a mistake for *amaram.*

j Another omission; which the mg shows to have arisen from the resemblance of the words *credentes* and *gentes,* and the repetition of the verb *baptizo.*

k If the present text is to be supposed capable of emendation, we must here add some such word as *voluisti,* and, three lines further on, read *tolles* for *tollens.*

l There is some error here, but the general meaning is plain; " Who hast opened to us a fountain of eternal life, and, regenerating us by Thy Holy Spirit Whom Thou hast appointed the consecrator of this holy laver for the remission (*in remissionem* probably) of sins, so that it becomes no mere bath but a laver of water in the Holy Ghost, by means of which Thou, taking away from us every stain, dost &c." Perhaps, however, in the original unabridged form of this *Contestatio,* the word *ducem* may have applied to our Blessed Lord, on account of His own baptism.

m *quod* would be better, as the antecedent is *lavacrum.*

o This word is tautological with the expression *in aquam hanc* in the following line. Perhaps it is meant for *hunc.* A corresponding expression in the Roman service-book is, " ut super has aquas angelum sanctitatis emittas." S. Gel. apud Mur. p. 595.

above p. 97.

p This is a curious expression for the candidates for baptism; perhaps it is meant for *famulos tuos,* as it is plainly a prayer for their perseverance. " That none of those whom Thou &c, may be deceived &c."

q From a comparison with other Services, we see that this word indicates that a separate exorcism for women ought to follow this for men.

Exorcizo te, omnis immundissime

Sancto purificati, perfectæ purificationis indulgentiam consequantur. Unde benedico te, creatura aquæ, per Deum ✠ verum, per Deum ✠ sanctum, qui te in principio verbo separavit ab aridâ, et in quatuor fluminis terræ h rigare præcepit: qui te in deserto amarum i suavitate inditâ fecit esse potabilem, et sitiente populo de petrâ produxit : ✠ benedico te per Jesum Christum, Filium ejus unicum, Dominum nostrum, qui te in Chanâ Galileæ, signum ✠ admirabile, suâ potentiâ convertit in vinum : qui pedibus super te ambulavit, et ab Johanne in Jordane baptizatus est : qui te unâ cum sanguine de latere suo produxit, et discipulis suis jussit, ut credentes j . . baptizantes eos in nomine Patris et Filii et Spiritûs Sancti, qui vivit et regnat.

Sursum corda.

Dignum et justum est, omnipotens Deus : qui aperuisti nobis fontem vitæ æternæ, et, regenerans nos per Spiritum tuum Sanctum \* quem ducem esse k hujus sancti lavacri in remissione peccatorum, et l fieri lavacrum aquæ in Spiritu Sancto, per quem m omnem maculam tollens à nobis, exuis nos mortem et induis nos vitam : tibi adsistentis in gloriâ laudamus Patrem semper in cœlis, et n recipientis ex initio virtutem per Dominum nostrum Jesum Christum. Per quem te Deum Patrem omnipotentem deprecamur, ut hîc o Spiritum Sanctum in aquam hanc supermittere digneris, ut quoscunque baptizaverimus in nomine tuo et Filii tui Dei ac Domini nostri Jesu Christi et Spiritûs Sancti, purificans ac regenerans accipias eos in numero sanctorum tuorum, et consummes in Spiritu tuo Sancto in vitam æternam in sæcula sæculorum.

n Again there is some mistake, which it is needless to try to correct, as it probably arises from the omission of one or more clauses. *Recipientis* must be construed with the word " water," the clause referring to the consecration bestowed upon that element by our Blessed Lord's baptism in it, and not to the procession of the Holy Ghost from the Son, which is the only meaning that can be got from the present text.

*Deinde in fonte chrismâ decurrente, signum* ✠ *facis et dicis,*
*Infusio chrismæ salutaris Domini nostri Jesu Christi, ut fiat fons aquæ vivæ salientis cunctis venientibus in vitam æternam.*
*Post hæc dices.*
Admitte, quæsumus, omnipotens Deus, familiam tuam p ad fontem salutis æternæ : ut quos · de tenebris ad lucem redire jussisti, nullus decipiatur fraudibus inimici.
*Incipit exorcismus hominis,*q *antequam baptizetur.*
Exorcidio te, spiritus inmunde, per Deum Patrem

omnipotentem, qui fecit cœlum et terram, mare et omnia quæ in eis sunt; ut omnis virtus adversarii, omnes exercitus diaboli, omnes incursus, omne fantasma eradicetur ac fugetur ab hoc plasmate, ut fiat templum Dei sanctum, in nomine Dei Patris omnipotentis et Jesu Christi Filii ejus, qui judicaturus est sæculum per ignem in Spiritu Sancto in sæcula sæculorum.

*Tangis nares, deinde dicis.*

> This touching which (as we see from the Roman rituals) was done with spittle, must be distinguished from that which follows, which was done with consecrated oil, and which in some Churches followed, in others (as here) preceded the renouncing. The leaving out the word " ears " here is probably a mistake of the scribe.

Effeta,[r] effecta est hostia in odorem suavitatis.

*Ungis eum de oleo sanctificato, dicens.*

Ungo te de oleo sanctificato, sicut unxit Samuhel David in regem et prophetam.

*Tangis nares et aures et pectus.*

Operare, creatura olei, operare, ut non lateat hic inmundus spiritus nec in membris, nec in medullis, nec in uno [s] conpagine membrorum ; sed operetur in te virtus Christi Filii Dei altissimi et Spiritûs Sancti per omnia sæcula.

*Interrogas nomen ejus dicens.*

Quis dicitur?

*Ill.*

Abrenuncias Satanæ, pompis ejus, luxuriis suis, sæculo huic ?

*Resp. Abrenunciat.[t]*

> [t] It will be observed that all the answers are here given in the third person, whereas in the M. Gall. p. 191 above, they are in the first. This may also be an indication of the present Collection having preserved less of the original Ephesine baptismal service, inasmuch as it has been adapted to a time when as a body the baptized were answered for by others.

*Hoc ter [u] dices.*

*Interrogas nomen ejus.[v]*

Quis dicitur ?

*Ill.*

Credit [w] in Deum Patrem omnipotentem, creatorem cœli et terræ ?

*Resp. Credat.[x]*

Credit et in Jesum Christum Filium ejus unicum, Dominum nostrum, conceptum de Spiritu Sancto, natum ex Mariâ Virgine, passum sub Pontio Pilato, crucifixum et sepultum. [y] Descendit ad inferna, tertiâ die resurrexit à mortuis ; ascendit in cœlos, sedit ad dexteram Dei Patris omnipotentis, inde venturus judicare vivos ac mortuos ?

> [y] Observe the full stop here which I retain from the former edd. and which shows that (in conformity with the whole current of ancient teaching and with the interrogative form of the Creed in the English Prayer Book) the compiler of this Missal considered the Descent into Hell to form part of our Lord's triumph.

spiritus, in nomine Domini nostri + Jesu Christi, omnis incursio adversarii, omnis ira, omne phantasma, eradicare et effugare ab hoc plasmate Dei, quod Dominus noster Jesus Christus hodie ad templum sanctum suum vocare dignatus est, ut fiat templum Dei vivi, et Spiritus Sanctus habitet in eo, in nomine + Dei Patris omnipotentis, et in nomine + Jesu Christi filii ejus, qui venturus est judicare vivos et mortuos, et sæculum per ignem. Amen.—M. Amb. apud Martene, ubi supra Ord. 21.

[r] The word Ephphatha in allusion to our Blessed Saviour's miracle, is used in many of the Roman Service-books ; but I am unable to see the meaning of the present sentence, unless we read *ostium* in the sense of an opening or passage, instead of *hostia.* (Muratori has *ostia.)*
(Inde tanges ei nares et aures de sputo, et dicis ei ad aurem,) Ephphetha, quod est adaperire in odorem suavitatis.– S. Gel. ed. Murat. p. 563.
(Alia Oratio ad infirmum ungendum.) Inungo te oleo sancto, sicut unxit Samuel David in regem et prophetam. Operare, creatura olei, in nomine Dei Patris omnipotentis, ut non lateat hic spiritus immundus, neque in membris tuis, neque in medullis, neque in ulla compagine membrorum, sed in te habitet virtus Christi altissimi et Spiritus sancti. Amen.– S. Greg. Vet. p. 224.

above p. 191.

[s] *uno* is here used in the sense of " any."

[u] It does not appear how this answer was to be repeated thrice ; but if we may judge from the analogy of the Roman forms, the preceding question may have been divided into three parts, and put separately, the first referring to Satan and his pomps, the second to the flesh, and the third to the world. See above p. 191 note r.
[v] It is difficult to suggest any reason for this repetition of the question as to the name of the candidate for baptism, unless it may have been overlooked in the fusing of the Ephesine and Roman Offices, as we have already had so many examples in this Missal of the duplication of parts of the service. In Martene's 18th Ordo, however, which belonged to the Church of Limoges, it is repeated several times. And perhaps, if there were many to be baptized at one time, the presbyter might first receive the renunciation of all and then begin again with the profession of their faith, in which case he would need again to be told the names of each one as he addressed them the second time.
[w] If my remark (above p. 191) be correct as to the Apostles' Creed not having been used at first in the Ephesine Liturgy, we may consider its occurrence here as another of the many marks of Roman influence in this Collection. It will be observed that with the omission of the word "dead" it is identical (except at its close) with the modern form. This may also be looked upon as a proof that it had been adopted at a comparatively late period by the Church for which this Missal was compiled.
[x] it is difficult to see the reason of this subjunctive, when we have just had *abrenunciat* in the indicative.

*Resp.*  Credat.

Credit in Spiritum Sanctum, sanctam Ecclesiam Catholicam, sanctorum communionem,
remissionem peccatorum, carnis resurrectionem, vitam habere post mortem, in gloriam

ᶻ This last clause seems an awkward
and misplaced addition.

Christi resurgere ? ᶻ

*Resp.*  Credat.

*Baptizas eum, et dicis.*

Baptizo te in nomine Patris et Filii et

ᵃ Is this meant for *habentium?*

Spiritûs Sancti, unam habentem ᵃ substantiam,

**\* M. 325**

ᵇ cf above p. 191 "ut habeas vitam
æternam."

\* ut habeas vitam æternam,ᵇ partem cum
sanctis. ,

*Suffundis chrisma in fronte ejus, dicens.*

Deus Pater Domini nostri Jesu Christi, qui te regene-

above p. 191.

ᶜ Ed. *quicquid.*

ravit per aquam et Spiritum Sanctum, quique ᶜ tibi dedit
remissionem peccatorum per lavacrum regenerationis et
sanguinem, ✠ ipse te liniat chrismate suo sancto in vitam
æternam.

above p. 97.

*Superindues eum, dicens.*

Accipe vestem candidam, sanctam
et immaculatam, quam perferas sine
macula ante tribunal Domini nostri
Jesu Christi, ut habeas vitam æternam, et vivas in sæcula sæculorum.
Amen.—M. Amb. apud Martene, ubi
supra Ord. 21. cf. Ord. 12, 13, &c.

Accipe vestem candidam, quam immaculatam perferas
ante tribunal Christi.

*Collectio ad pedes lavandos.*ᵈ

ᵈ " Hujus item lotionis, sed post albæ vestis impositionem,
mentio est in Missali Gothico et in Gallicano ; necnon in
duobus Cæsarii episcopi Arelatensis sermonibus, qui in
Appendice tomi 5 Augustiniani habentur ordine 168 et
257 atque in sermone ad Neophytos, relato in Appendicem
tomi 6 col. 291.   Hæc lotio apud Hispanos abrogata fuit
in Concilio Eliberitano ; nec fiebat in Ecclesia Romana, ut
patet ex libro tertio de Sacramentis, quod opus Ambrosio
tribuitur ; in Africana vero fiebat die Cœnæ, ex Augustini
epistolis 54 et 55.   Ecclesia Gallicana hoc in ritu con-
veniebat cum Mediolanensi, de qua vide Ambrosium in
lib. de Mysteriis cap. 6." Mab. see also Martene ubi sup.
art. 15 § 8.

above p. 97.

ᵉ Ed. *labo,* by the substitution so
often found in MSS, and now characteristic of Spanish.
ᶠ "In exemplari constanter scriptum
*lenteo.*" Mab.

*Ego tibi lavo* ᵉ *pedes ; sicut Dominus noster
Jesus Christus fecit discipulis suis, ita tu facias hospitibus et peregrinis.*

Dominus noster Jesus Christus de linteo ᶠ
quo erat præcinctus, tersit pedes discipulorum
suorum ; et ego facio tibi : tu facies peregrinis,
hospitibus et pauperibus.

*Post Baptismum.*

Laudes et gratias Domino referamus, fratres
dilectissimi, quòd augere dignatus est Ec-

ᶠ A distinctively Gallican expression.

clesiæ suæ congregationem per caros ᵍ nostros
qui modò baptizati sunt.   Petamus ergo de

cf. "ut baptismum quod acceperunt,
immaculatum ipsum perferant usque
in finem.—M. Goth. p. 97.

Domini misericordiâ, ut baptismum sanctum
quod acceperunt, inlibatum, inviolatum, et
immaculatum perferant ante tribunal Christi.

*Item alia.*

ʰ Some such expression as " we
beseech Thee on behalf of " must
here be inserted.

Domine Deus omnipotens,ʰ famulos tuos
quos jussisti renasci ex aquâ et Spiritu Sancto,

ⁱ cf. conserva in nos tui laticis purum
liquorem.—M. Gall. p. 192.

conserva ⁱ in eis baptismum sanctum quod
acceperunt, et in nominis tui sanctificationem

perficere dignare; ut proficiat in illos gratia tua semper, et quod te ante donante susceperunt, vitæ suæ integritate custodiant.

[LECTIONES IN VIGILIIS PASCHÆ.]

*Epistola Pauli apostoli ad Corinthios.*[a]

Fratres,[b] bona gloriatio vestra in Christo Jesu?[c] Nescitis quia modicum fermentum totam massam corrumpit? Expurgate vetus fermentum, ut sitis nova consparsio,[d] sicut estis azymi. Etenim pascha nostrum immolatus est Christus. Itaque solemnitatem celebremus,[e] non in fermento veteri, neque in fermento malitiæ et nequitiæ, sed in azymis sinceritatis et veritatis in Christo Jesu.

*Lectio sancti Evangelii secundum Matthæum.*[f]

Vespere autem sabbati quæ lucescit in prima sabbati, venit Maria Magdalene et altera Maria videre sepulcrum. [g] Ecce terræ motus factus est magnus. Angelus enim Domini descendit de cœlo, et accedens revolvit lapidem, et sedebat super eum. Erat autem aspectus ejus sicut fulgur, et vestimentum ejus sicut nix. Præ timore autem ejus exterriti sunt custodes et facti sunt velut mortui. Respondens autem angelus dixit mulieribus; Nolite timere vos; scio enim quòd Jesum qui [h] crucifixus est quæritis. Non est hic, surrexit[i] sicut * dixit; venite et videte locum ubi positus erat Dominus. Et citò euntes, dicite discipulis ejus quia surrexit et [j] præcedit [k] vos in Galilæâ; [l] ibi eum videbitis. Ecce dixi [m] vobis. Et exierunt citò de monumento cum timore et magno gaudio,[n] currentes nuntiare discipulis ejus. Et ecce Dominus Jesus occurrit illis dicens; Avete. Illæ autem accesserunt et tenuerunt pedes ejus et adoraverunt.[o] Tunc ait illis Dominus Jesus; Nolite timere; ite nuntiate fratribus meis ut eant in Galilæâ; [p] ibi me videbunt. Quæ cùm abiissent, ecce quidam de custodibus venerunt in civitatem, et nuntiaverunt principibus sacerdotum omnia quæcunque[q] facta fuerant. Et congregati cum senioribus, consilio accepto, pecuniam copiosam dederunt militibus, dicentes; Dicite, quia discipuli ejus nocte venerunt, et furati sunt eum, nobis

[a] I ad Cor. c. 5 v. 6-8.
[b] The words *non est* are omitted here. Ambrosiaster also omits them, making the sentence an interrogative one, which I have followed.
[c] *in Christo Jesu* is not in the Bible.
[d] Vulg. *consparsio*. The cod. Amiat. spells as the text, and Krabinger has restored it in his ed. of S. Cypr. de Hab. Virg. § 12.
[e] Vulg. has *epulemur* for *solemnitatem celebremus*. S. Cypr. Ambrosiaster, S. Aug. have *festa celebremus*.
[f] cap. 28 v. 1-20.
[g] Vulg. + *et*
[h] Ed. *qui Jesum*.
[i] Vulg. + *enim*, but the cod. San-Gall. omits it.

**M. 326**

[j] Vulg. + *ecce*. The codd. Vercell. Veron. omit it.
[k] Several modern edd. of the Vulgate agree with this, but its true reading is *præcedet*. *Præcedit*, however, is found in the codd. Vercell. Veron. Corb. Brix. Amiat. several MSS in 1546 mg, S. Aug. S. Fulg.
[l] for the accusative. The cod. Vercell. has the ablative as in the text.
[m] Vulg. *prædixi*. The cod. Vercell. Veron. San-Gall. Corb. S. Aug. S. Fulg. agree with the text.
[n] Vulg. *gaud. mag.* but cod. Amiat. has the same order as the text.
[o] Vulg. + *eum*.
[p] again for the accusative.
[q] Vulg. *quæ*.

dormientibus ; et si hoc auditum fuerit à Præside, nos suadebimus ei, et securos vos faciemus. At illi acceptâ pecuniâ fecerunt sicut erant edocti ; et devulgatum [r] est verbum istud apud Judæos usque in hodiernum diem. Undecim autem discipuli abierunt in Galilæam in monte [s] ubi constituerat illis Dominus Jesus. Et videntes eum adoraverunt ; quidam autem dubitaverunt. Et accedens Dominus Jesus locutus est eis dicens ; Data est mihi omnis potestas in cœlo et in terrâ. Euntes ergo docete omnes gentes, baptizantes eos in nomine Patris et Filii et Spiritûs Sancti, docentes eos servare omnia quæcunque mandavi vobis. Et ecce ego vobiscum sum omnibus diebus usque ad consummationem sæculi.

[r] Vulg. *divulgatum.* The cod. San-Gall. spells it with *e.*

[s] again for the accusative. The codd. Vercell. Veron. also have the ablative.

## MISSA IN VIGILIIS PASCHÆ.

above p. 192.

[a] Evidently a mistake for *gloria ;* yet it is repeated in the following Collect as also in the *Collectio* above p. 192 where the same introduction is put to the Ambrosian Collect which here is used as the third. We have had several instances already of this Greek use of the genitive.
This is almost identical with the preceding Collect.

[*Collectio.*] Omnipotens sempiterne Deus, qui hanc sacratissimam noctem per universa mundi spatia gloriosæ [a] Dominicæ resurrectionis inlustras, conserva in novâ familiæ tuæ progenie sanctificationis Spiritum quem dedisti, ut corpore et mente renovati, puram tibi animam et purum pectus semper exhibeant.

(*Collectio.*) Deus, qui hanc sacratissimam noctem gloriosæ Dominicæ resurrectionis inlustras, conserva in novâ familiæ tuæ progenie adoptionis Spiritum quem dedisti, ut corpore et mente puram tibi exhibeant servitutem.

above p. 192.

This resembles the Ambrosian original more closely than the copy in the M. Gall. does.
[b] The application of this word to baptism, enables us to appreciate its force above p. 204 where it is applied

(*Post nomina.*) Deus, cujus munere adoranda [b] baptismatis sunt adimpleta mysteria, concede populo tuo originalis delicti errore mundato, post sacratissimum fontem, terram tuæ promissionis intrare : ut dulcia sacramentorum tuorum alimenta percipiant.

above p. 192.

to the sacrifice of the Eucharist.
[c] On this spelling see Krabinger on S. Cypr. c. 4 ad Donat. c. 2 de Op. et El. and cc. 23, 27, 28 de Laps.

(*Ad Pacem.*) Suscipe, Domine, preces populi tui cum oblationibus hostiarum, ut Paschalibus initiata mysteriis, ad æternitatis nobis medillam [c] te operante proficiant.

above p. 192.

(*Contestatio.*) Verè dignum et justum est, omnipotens Deus, te quidem omni tempore sed in hac potissimùm nocte gloriosiùs prædicare, cùm Pascha nostrum immolatus est Christus. Ipse enim verus est Agnus, qui abstulit peccata mundi, qui mortem nostram moriendo destruxit, et vitam resurgendo reparavit. Propterea profusis paschalibus gaudiis totus in orbe terrarum mundus exsultat. Sed et supernæ virtutes atque angelicæ concinunt potestates, hymnum gloriæ sine cessatione dicentes.

* M. 327

## * [LECTIONES IN DIE PASCHÆ]

*Lectio Apocalypsis sancti Johannis apostoli.*[a]

[a] cap. I v. 1-18. It is very singular that this recension of the Revelation should have escaped the notice of Sabatier.

Revelatio [b] Jesu Christi quam dedit illi Deus palam facere servis suis, quæ oportet fieri citò, et significavit mittens per Angelum suum servo suo Johanni, qui testimonium perhibuit verbo Dei, et testimonium Jesu Christi quæcumque vidit. Beatus qui legit et qui [c] audit verba prophetiæ, et servat ea quæ in eâ scripta sunt. Tempus enim prope est. Johannes VII ecclesiis quæ sunt in Asiâ: gratia vobis et pax à Deo [d] qui est et qui erat et qui venturus est, et à septem spiritibus qui in conspectu throni ejus sunt, et ab [e] Jesu Christo qui est testis fidelis, primogenitus mortuorum et princeps regum terræ, qui dilexit nos et lavit nos à peccatis nostris in sanguine suo, et fecit nostrum regnum [f] sacerdotes Deo et Patri suo: ipsi gloria et imperium in sæcula sæculorum.[g] Ecce veniet in [h] nubibus, et videbit eum omnis oculus et qui eum pupugerunt; et plangent [i] super eum omnes tribus terræ, etiam, Amen. Ego sum Alfa et Ω, principium et finis, dicit Dominus [j] qui est et qui erat et qui venturus est, omnipotens. Ego Johannes frater vester et particeps in tribulatione et regno et patientiâ [k] Jesu, fui in insulâ quæ appellatur Pathmos propter verbum Dei et testimonium Jesu. Fui in Spiritu in Dominico [l] die, et audivi post me vocem Agni [m] tanquam tubæ dicentis; Quod vides scribe,[n] et mitte septem ecclesiis, id est,[o] Ephesum, Zmirnam et Pergamum [p] et Tiathiriæ et Sardis et Fiadelfiæ et Laudiciæ. Et converti me [q] ut viderem vocem quæ mecum loquebatur.[r] Conversus vidi septem candelabra aurea, et in medio candelabrorum [s] similem Filio Hominis, vestitum tunicam talarem,[t] et præcinctus erat [u] ad ubera [v] zonam auream: [w] caput autem ejus et capilli albi [x] tanquam nix, et oculi ejus ut [y] flamma ignis; pedes ejus sicut uricalco turino,[z] projecto de camino ignis: [a] Vox ejus sicut [b] vox aquarum multarum, et habebat in dexterâ manu [c] stillas [d] VII, et de ore ejus gladius ex [e] utrâque parte acutus procedens,[f] et facies ejus

[b] Vulg. *Apocalypsis.*

[c] Vulg. omits *qui*. The cod. Amiat. Primas. and Berengaudus have *qui audiunt*. M. Moz. Brev. Moz. and Brev. Aberd. agree with the text. After "prophetiæ" Vulg. + *hujus*. M. Moz. and Brev. Moz. omit it.

[d] Vulg. *ab eo*. Victorin. Primas. and according to Scholz many Greek MSS. agree with the text. Bede also would seem to have read it.

[e] Vulg. *a*. Primas. Vigil., the cod. Amiat. M. Moz. agree with the text, and apparently Bede and Berengaud.

[f] Vulg. *nos regnum et*. The cod. Amiat. agrees with the text, as also the codd. Tol. and Harl. according to Scholz.

[g] Vulg. + *Amen*. M. Moz. omits it and Brev. Moz. Scholz quotes "Tol. Codd. Lat.".

[h] Vulg. *venit cum*. Origen, S. Fulg. and Berengaud. have *veniet*.

[i] Vulg. + *se*.

[j] Vulg. + *Deus*.

[k] Vulg. + *in Christo*. The cod. Amiat. Bereng. omit *Christo*. also "Tol. Codd. Lat." Scholz. "Apring. Rupert." agree with the text according to Scholz.

[l] Vulg. *dominica*. Primas. has the masculine.

[m] Vulg. *magnam*.

[n] Vulg. + *in libro*.

[o] for *id est* Vulg. has *quæ sunt in Asia*. Prim. and the cod. Amiat. omit it.

[p] Vulg. *Epheso et Smyrnæ et Pergamo*. The cod. Amiat. and Bereng. have the accusative throughout.

[q] Vulg. *conversus sum*.

[r] Vulg. *loq. mec.* and + *et*. S. Cypr. and Prim. have the same order as the text.

[s] Vulg. *septem cand. aureorum*. Scholz quotes Tychon. as omitting *septem*. and cod. Tol. (to which add 2 MSS in 1546 mg. also Bede.) as omitting *aureorum*. S. Iren. has "inter candelabra." The cod. Amiat. S. Cypr. Prim. Julius Firm. S. Jerome, Pseudo-Aug. t. 3 app. agree with text.

[t] for *tunicam talarem* Vulg. has *podere*. Bede in his commentary observes "poderis quæ Latine tunica talaris dicitur." The cod. Amiat. has the accusative.

[u] Vulg. *præcinctum*. S. Cypr. and Firmic. have *erat præcinctus*.

[v] Vulg. *mamillas*.

[w] Vulg. *zona aurea*. The cod. Amiat. S. Iren. and S. Cypr. have the accusative.

[x] for *albi* Vulg. has *erant candidi*. S. Iren. agrees with the text. S. Cypr. Prim. and Firmic. have *erant albi*. After this Vulg. adds "tanquam lana alba et."

[y] Vulg. *tanquam*. The cod. Amiat. Bede, Lect. Lux. and Brev. Aberd. have *velut*. S. Iren. S. Cypr. Prim. Firmic. agree with the text.

[z] Vulg. *similes aurichalco*.

[a] Vulg. *sicut in camino ardenti*. S. Cypr. *sicut de fornace ignis*.

[b] Vulg. *et vox illius tanquam*. Pseudo-Aug. omits *et*. S. Iren. S. Cypr. Primas. Pseudo-Aug. and Bereng. have *ejus* and Primas. Bereng. *sicut*.

[c] Vulg. has *sua* instead of *manu*. S. Iren. has both.

[d] for *stellas*. see above p. 205e. The cod. Amiat. spells as in the text.

[e] Vulg. omits *ex*. S. Iren. Firmic. Bede and Bereng. have it.

[f] Vulg. *exibat*. S. Fulg. seems to have read *procedebat*, and Pseudo-Aug. to have agreed with the text.

g Vulg. *cum vidissem eum.*
h Vulg. omits *manum,* (but Capreol. Carth. has it, according to Sabatier) and has *dext. suam super me.* S. Cypr. and Primas. have the order of the text.
i for *ego sum qui vivo semper qui* Vulg. has *et vivus et.* S. Fulg. *et vivus qui.*
j Vulg. *sum viv.*

k cap. I v. 1-8.
"Augustinus in sermone quarto de Paschate: 'Modo incipit liber iste legi: hodie cœpit liber qui vocatur Actus Apostolorum.'"—Mab.

l Vulg. + *et.* S. Aug. twice omits it.

m Vulg. + *inquit.* The codd. Cant. and Laudian. omit it.

n Vulg. has *supervenientis Spiritus Sancti.* but S. Amb. and S. Aug. in many places have the participle in the accusative, adding sometimes in the genitive and sometimes in the accusative the name of the Holy Ghost, which has dropped out of our text.
o Vulg. + *in.* The cod. Cant. and S. Hilary omit it.
p cap. 24 v. 1-12.

q Vulg. *secus* but Miss. Sarum, cod. Brix. agree with the text.

r for the accusative. The cod. Cant. has the ablative.

s Vulg. *die tert.* but the order of the text is found in Miss. Sarum, codd. Vercell. Brix. Cant. Forojul. Colb. and Tertull.
t Vulg. *regressæ* without *sunt.* Bede has *egressæ.* The cod. Colb. has *sunt.*
u The words *erat autem* are printed by Mabillon in capitals, but without any remark. On a former occasion he used them to mark words written with red ink in the MS.
v Vulg. *crediderunt,* but Miss. Sarum codd. Vercell. Veron. Brix. Cant. Forojul. Colb. San-Germ 1 and 2 and Bede agree with the text.

sicut sol lucet in virtute suâ. Et ut vidi illum,[g] cecidi ad pedes ejus tanquam mortuus, et posuit super me manum[h] suam dexteram, dicens; Noli timere; ego sum primus et novissimus, ego sum qui vivo semper, qui[i] fui mortuus, et ecce vivens sum[j] in sæcula sæculorum, amen.

*Lectio Actuum Apostolorum.*[k]

Primum quidem sermonem feci de omnibus, O Theofile, quæ cœpit Jesus facere et docere, usque in diem quâ, præcipiens apostolis per Spiritum Sanctum quos elegit, adsumptus est. Quibus[l] præbuit seipsum vivum post passionem suam in multis argumentis, per dies XL apparens eis et loquens de regno Dei. Et convescens præcepit eis ab Hierusolymis ne discederent, sed expectarent promissionem Patris quam audîstis[m] per os meum; quia Johannes quidem baptizavit aquâ, vos autem baptizabimini Spiritu Sancto non post multos hos dies. Igitur qui convenerant, interrogabant eum, dicentes; Domine, si in tempore hoc *restitues regnum Israel? Dixit autem eis; Non est vestrûm nosse tempora vel momenta quæ Pater posuit in suâ potestate; sed accipietis virtutem supervenientem[n] in vos, et eritis mihi testes in Hierusalem et[o] omni Judæâ et Samariâ et usque ad ultimum terræ.

*Lectio sancti Evangelii secundum Lucam.*[p]

Tempore illo, una sabbati, valdè diluculò venerunt ad monumentum, portantes quæ paraverant aromata: et invenerunt lapidem revolutum à monumento, et ingressæ non invenerunt corpus Domini Jesu. Et factum est dum mente consternatæ essent de isto, ecce duo viri steterunt juxta[q] illas in veste fulgenti. Cùm timerent autem, et declinarent vultum in terrâ,[r] dixerunt ad illas; Quid quæritis viventem cum mortuis? Non est hîc sed surrexit. Recordamini qualiter locutus est vobis, cùm adhuc in Galilæâ esset, dicens, quia oportet Filium Hominis tradi in manus hominum peccatorum et crucifigi et tertiâ die[s] resurgere. Et recordatæ sunt verborum ejus, et egressæ sunt[t] à monumento, nuntiaverunt hæc omnia illis undecim et cæteris omnibus. Erat autem[u] Maria Magdalene et Johanna et Maria Jacobi et cæteræ quæ cum eis erant, quæ dicebant ad Apostolos hæc: et visa sunt ante illos sicut deliramentum verba ista; et non credebant[v]

* M. 328

illis. Petrus autem surgens cucurrit ad monumentum, et procumbens vidit linteamina [w]
posita, et abiit, secum mirans quod factum
fuerat.

### MISSA PRIMA DIE PASCHÆ.

[*Præfatio.*] Deum ac Dominum nostrum
Jesum Christum, fratres carissimi, suppliciter
exoremus, qui tertiâ die dum resurrexit à mortuis, multorum sanctorum corpora suscitavit de
sepulcro ; quem cùm Maria plorans quæreret
ad monumentum, dicitur ei ab angelis, quòd
jam surrexisset à mortuis. Fundebat Maria
pro affectu flumina lacrimarum, eo quòd non
invenisset in monumento Dominum. Plange-
bat in horto Dominicæ resurrectionis; [a] invenit
sepulcrum patentem, et expavit. Illic enim
excubiæ angelorum super lapidem revolutum
cantabant de resurrectione dominicâ hymnum
novum, præclara legio angelorum : illa fundebat [b] ante sepulcrum. Dicitur ei ab angelis,
quòd jam resurrexisset à mortuis. Dum ista
audit, efficitur quem quærebat [c] corpus Domini
Salvatoris. Clamabat jam gaudens ; Tu es
Dominus meus qui in ligno pependisti et in
sepulcro pro toto mundo jacuisti. Noli mihi
indignari : etsi hortulanum putavi, tamen Dei
Filium non negavi. Plorans ploravi [d] ad te
ante sepulcrum, et ibi vidi sudarium vultûs
tui [in] salutem (sepultura [e] enim non tuis
meritis sed nostris peccatis [debebatur]) unde
Maria tergeret oculos luctûs. Sub [f] illud enim
sudarium, id est, in sepulcro, reliquerat, ut
testimonium perhiberet de resurrectione.

(*Collectio.*) Deus, qui per Unigenitum tuum above p. 193.
æternitatis nobis aditum, devictâ morte reserâsti : da
nobis, quæsumus, ut qui [g] resurrectionis Dominicæ annuâ
\* solemnitate lætificas, concede propitius, ut per temporalia quæ agimus, pervenire ad gaudia æterna mereamur.

(*Post nomina.*) Omnipotens sempiterne Deus, above p. 193.
qui resurgens à mortuis, passione cassatâ, potentiorem
te tuis discipulis reddidisti ; concede propitius, ut nos
quoque apud majestatem tuam *in hoc Paschali sacri-*
*ficio in bonis operibus efficiat promptiores, et gratiæ*
*tuæ pietatis adquirat.*

(*Ad Pacem.*) *Deus omnipotens, qui et vitæ* above p. 105.
*nostræ auctor es et salutis, exaudi supplicum voces,*
*atque eos quos sanguinis tui effusione redemisti, præsta,*
*et per te vivere et perpetuâ facias sensuum incolomitate*
*gaudere.*

[a] I would put a full stop here and a semicolon after *expavit.* And per- haps *cantabant,* should begin a new sentence with *legio* for its nominative.

[b] *lacrymas* must be added here.

[c] There is obviously some error here. Perhaps the words " and she beheld " have dropped out. " While she was listening to these words, that which she was wishing for came to pass and she saw her Saviour's Body."

[d] cf. " Plorans ploravit in nocte."—c. 1 Thren. v. 2.

[e] I have put this clause in parenthesis, as the words which follow it seem connected with the clause which pre- cedes it. The parenthetical clause may have been suggested by the expression *in salutem.*

[f] *Sub* seems to be used adverbially, " For He had left that napkin below (that is, in the sepulchre) that it might bear testimony &c."

[g] Mabillon here inserts the word *nos.* But from a comparison with the Missale Gallicanum we see that the scribe has taken the beginning of one Collect and the end of another, his eye having been deceived by the recurrence of the expression " resur- rectionis dominicæ."

\* M. 329

35\*

above p. 193.     *(Contestatio.)* Verè dignum et justum est, omnipotens Deus, te quidem in omni tempore, sed præcipuè die quo tua resurrectio celebratur, omni festivitate laudare, benedicere et prædicare, quo Pascha nostrum immolatus est Christus. Per quem potestas tartarea cecidit, inferni sunt vincola resoluta, cyrographum est antiquæ prævaricationis extinctum; aculeus mortis obtritus; nos quoque de servitutis jugo damnationis Ægyptiæ per spiritales aquas educens, triumphans resurrexit in gloriam, *et libertatem nobis misericordiæ suæ munere redonavit Jesus Christus Dominus noster.* Per quem.

### Item Contestatio.

Verè dignum et justum est, omnipotens Deus, per Christum Dominum nostrum. Cujus sanguine fuso pax in cœlo terràque firmata est. O verè preciosa est conventio pacis, quæ facta est oblatio [h] sancti cruoris! non auro neque argento, non gemmis aut margaritis, sed cruore effuso latere Salvatoris. Sanguis effusus cœlum lætificavit, terram mundavit, inferos conturbavit. Viderunt angeli, acceperunt lætitiam: viderunt homines, et luce gavisi sunt magnâ. Per q. m. l.

b This seems to be meant for the ablative.

[LECTIONES MISSÆ PASCHALIS.]

### Lectio Apocalypsis sancti Johannis apostoli.[a]

Ego Johannes vidi [b] ostium apertum in cœlo, et vox prima quam audivi, tanquam tubæ loquentis mecum, dicens; Ascende huc et ostendam tibi quæ oportet fieri post hæc.[c] Statim fui in Spiritu, et ecce sedes posita erat in cœlo, et supra sedem sedens. Et qui sedebat, similis erat aspectui lapidis hiaspidis et sardinis, et hiris erat in circuitu sedis similis visioni smaragdinæ; et in circuitu sedis sedilia xxiiii, et super thronos xxiiii seniores sedentes, circum amicti vestimentis albis, et in capitibus eorum coronas aureas.[d] Et de throno procedunt [e] fulgora [f] et voces et tonitrua. Et septem lampades ardentes ante thronum, quæ [g] sunt [h] spiritus Dei. Et in conspectu sedis tanquam mare vitreum simile crystallo. Et in medio sedis et in circuitu sedis quatuor animalia, plena oculis antè et retrò. Et animal primum simile leoni, et secundum animal simile vitulo, et tertium animal habens faciem quasi hominis, et quartum animal simile aquilæ

a cap. 4. v. 1-8.

b Vulg. + *et ecce.* Berengaudus does not seem to have had these words.

c Vulg. + *et.* but M. Sarum, Miss. Moz. cod. Amiat. edd. 1512, '26 and (according to Sabatier) S. Jerome Primas. and Victorin. omit it, and Scholz quotes, "Harl. Vulg. ms Apring." for the same reading.

d Vulg. *coronæ aureæ.* Cod. Amiat. the original Greek, Bede, edd. 1512, '26 agree with the text.
e Vulg. *procedebant;* M. Moz. cod. Amiat., Bede, Berengaud. agree with the text. Primas. and the Greek also have the present.
f This spelling is found in the cod. Amiat. and is common in MSS.
g Vulg. *qui,* but Miss. Sarum, cod. Amiat., the Greek, edd. 1512, '26, several MSS in 1546 mg, S. Jerome and Bereng. have the feminine.
h Vulg. + *septem.*

volanti. Et quatuor animalia, singula eorum habebant alas senas; et in circuitu et intùs plena sunt oculis. Et requiem non habent [i] die et [j] nocte, dicentia; Sanctus, sanctus, sanctus, Dominus Deus omnipotens, qui erat et qui est et qui venturus est. [k] Qui habet aurem, audiat quid Spiritus dicat Ecclesiæ.[l]

*\* Lectio Actuum Apostolorum.*[m]

Diebus illis reversi sunt apostoli in Hierusolyma,[n] à monte qui vocatur Oliveti, qui est juxta Hierusalem, sabbati habens iter. Et cùm introissent in cænacolum,[o] ascenderunt ubi manebant Petrus et Johannes, Jacobus et Andreas, Philippus et Thomas, Bartholomæus et Matthæus, Jacobus Alfei et Simon Zelotes, et Judas Jacobi. Hii omnes erant perseverantes unianimiter [p] in oratione, cum mulieribus et Mariâ matre Jesu et fratribus ejus.

*Lectio sancti Evangelii secundum Marcum.*[q]

Unâ sabbatorum Maria Magdalene et Maria Jacobi [r] valdè diluculò [s] venerunt [t] ad monumentum, orto jam sole. Et dicebant ad invicem; Quis revolvet nobis lapidem ab ostio monumenti? Et respicientes viderunt revolutum lapidem. Erat quippe magnus valdè. Et introeuntes in monumentum, viderunt juvenem sedentem à [u] dextris, coopertum stolam candidam,[v] et obstipuerunt.[w] Qui dicit illis; Nolite expavescere. Jesum quæritis Nazarenum crucifixum. Surrexit, non est hîc. Ecce locus ubi posuerunt eum. Sed ite, et [x] dicite discipulis ejus et Petro, quia præcedit vos in Galilæâ.[y] Ibi eum videbitis, sicut dixit vobis.

ITEM MISSA PASCHALIS.

[*Collectio.*] Deus, qui unigenitum Filium tuum de cœlis pro nobis misisti, ut intoleranda sustinuit, crucifixus pendi voluit, ut nos à perpetuis cruciatibus liberaret: tumulo suo, ut credimus, peccata nostra sepelivit, avaras inferni fauces interiora penetravit: nobis quoque famulis suis jubeat [a] in primâ resurrectione esse participes.

(*Collectio.*) Deus, qui Paschalium [b] nobis remedia contulisti; populum tuum cœlesti dono prosequere, ut inde post in perpetuum gaudeat, unde nunc temporaliter exsultat.

---

i Vulg. *habebant;* but M. Moz., the Greek agree with the text.

j Vulg. *ac,* but *et* is in S. Fulg. M. Moz.

k cap. 2 v. 7. &c.

l Vulg. *Ecclesiis.*

**\* M. 330**

m cap. 1 v. 12-14.

n Vulg. *Hierosolymam,* omitting *in.* The cod. Laud. agrees with the text.

o This spelling of *cœnaculum* occurs often in MSS.

p Vulg. *unanimiter.*

q cap. 16. v. 1-7.

r Vulg. + *et Salome.*

s Vulg. *mane.* The word in the text is taken from S. Luke's gospel.

t Vulg. *veniunt.*

u Vulg. *in.* Bede t. 5 p. 430 ed. Giles agrees with the text.

v For the ablative. The accusative may be a servile translation of the Greek. Cod. Corb. has it.

w for *obstupuerunt.* See præf. to cod. Amiat. p. xxx. The codd. San-Gall. and S. Mart. Turon. spell it so.

x Vulg. omits *et.* The cod. S. Mart. Turon. and Bede have it.

y for the accusative.

a There is obviously some mistake here, which has possibly been caused by changing the Preface with which the Gallican service began, into the Roman form of a Collect. In addition to changes in the words, the pointing should probably be altered, colons being placed after *sustinuit* and *sepelivit* and a comma after *penetravit,* so as to make four clauses, each mentioning something that Christ has done and the object of it.

b Mabillon here adds the word "gaudiorum," but the Miss. Galli-**above p. 194.**

canum has the same reading as the text; so that perhaps it is better to leave it as it stands in the MS.

Suscipe, Domine, propitius munera famulorum tuorum : ut confessione tui nominis et baptismate renovati, sempiternam beatitudinem consequantur. Per D.—S. Gel. ed. Mur. p. 573.

### above p. 194.

It will be observed that the addition at the beginning of this prayer, renders its meaning incomplete.

### above p. 194.

c Mab. here adds the word *in*, which is found in the other copies of this Contestatio.

d for the ablative.

*( Post nomina. )* Suscipe, Domine, propitius munera et vota famulorum : ut confessione tui nominis et baptismate renovati, sempiternam beatitudinem consequantur.

*( Ad Pacem. )* Omnipotens sempiterne Deus, cui resurgenti à mortuis sacrificia paschalibus gaudiis immolamus, quibus Ecclesia tua mirabiliter et renascitur et nutritur.

*( Contestatio. )* Verè dignum et justum est, omnipotens Deus, te quidem omni tempore laudare, benedicere, et prædicare, quo Pascha nostrum immolatus est Christus. Per quem c æternam vitam filii lucis oriuntur, fidelibus regni cœlestis atria reserantur, et beati lege commercii divinis humana mutantur. Quia nostrorum omnium mors cruce Christi redempta est, et in resurrectione ejus omnium vita surrexit. Quem in susceptione mortalitatis Deum majestatis agnoscimus, et in Divinitatis gloriam d Deum et hominem confitemur. Qui mortem nostram moriendo destruxit, et vitam resurgendo restituit Jesus Christus Dominus noster. Quem laudant.

### [LECTIONES MISSÆ PASCHALIS.]

a cap. 14 v. 14-20.

b Vulg. + *et ecce.* See above p. 276b.
c Vulg. *super.* Tertull. would seem to have read as our text.

#### * M. 331

d Vulg. *alius ;* but cod. Amiat. Bede, Bereng. agree with the text.

e for these two words Vulg. has *aruit.*
f Vulg. *super.*

g Vulg. *demessa,* but cod. Amiat. agrees with the text.

h Vulg. + *exivit,* but it is left out by cod. Amiat. Scholz quotes " Vulg. ms. Ansb. Rupert. Primas."
i Vulg. *habebat.* The cod. Amiat. and Bede agree with the text.
j Vulg. + *ad eum ;* they are left out by cod. Amiat. a pr. m.
k Vulg. *habebat ;* cod. Amiat. agrees with the text a pr. m.
l Vulg. + *vineæ.*
m Vulg. + *acutam ;* it is left out by cod. Amiat. the Greek, Bede.

n cap. 9 v. 1-9.

o Vulg. + *si.* The cod. Laud. has *ut quoseunque.*

*Lectio Apocalypsis sancti Johannis.*a

Ego Johannes vidi b nubem candidam, et supra c nubem sedentem similem * Filio Hominis, habentem in capite suo coronam auream, et in manu suâ falcem acutam. Et alter d angelus exivit de templo, clamans voce magnâ ad sedentem super nubem; Mitte falcem tuam et mete ; quia venit hora ut metatur, quoniam matura est e messis terræ. Et misit qui sedebat supra f nubem falcem suam in terram, et messa g est terra. Et alius angelus exivit de templo quod est in cœlo, habens et ipse falcem acutam. Et alius angelus h de altari, qui habet i potestatem supra ignem, et clamavit voce magnâ, j qui habet k falcem acutam, dicens ; Mitte falcem tuam acutam, et vindemia botros l terræ, quoniam maturæ sunt uvæ ejus. Et misit angelus falcem suam m in terram, et vindemiavit vineam terræ : et misit in lacum iræ Dei magnum ; et calcatus est lacus extra civitatem, et exivit sanguis de lacu usque ad frænos equorum per stadia mille sexcenta.

*Lectio Actuum Apostolorum.*n

Tempore illo Saulus adhuc spirans minarum et cædis in discipulos Domini, accessit ad principem sacerdotum, et petiit ab eo epistolas in Damascum ad synagogas ; ut o quos invenisset hujus viæ viros ac mulieres vinctos perduceret in Hierusalem. Et cùm iter faceret, contigit ut adpropinquaret Damasco : et subitò circumfulsit eum lux de cœlo, et cadens in terram, audivit vocem dicentem sibi; Saule, Saule, quid me persequeris ? Et ᴾ dixit; Quis es, Domine ? Et ille ; Ego sum Jesus quem tu persequeris. Sed ᵠ surge, et ingredere in ʳ civitatem, et ˢ dicetur tibi quæ ᵗ te oporteat facere. Viri autem ᵘ qui comitabantur cum eo, stabant stupefacti, audientes quidem vocem, neminem autem videntes. Surgens ᵛ autem Saulus de terrâ, apertisque oculis nihil videbat. Ad manum ʷ autem illum trahentes, introierunt ˣ Damascum : et erat ʸ tribus diebus Saulus,ᶻ et non manducavit neque bibit.

*Lectio sancti Evangelii secundum Johannem.*ᵃ

Diebus illis post resurrectionem, cùm fores essent clausæ, ubi erant discipuli ᵇ propter metum Judæorum, venit Dominus Jesus, et stetit in medio eorum,ᶜ et dicit ᵈ eis ; Pax vobis. Et hoc cùm ᵉ dixisset, ostendit eis manus et latus. Gavisi sunt ergo discipuli, viso Domino. Dixit ergo eis iterum ; Pax vobiscum.ᶠ Sicut misit me Pater, et ego mitto vos. Hoc ᵍ cùm dixisset, insufflavit, et dicit ʰ eis ; Accipite Spiritum Sanctum ; quorum remiseritis peccata, remittuntur eis, et quorum retinueritis retenta sunt. Thomas autem unus ex duodecim, qui dicitur Didymus, non erat cum eis quando venit Dominus Jesus. Dixerunt ergo ei alii discipuli ; Vidimus Dominum. Ille autem dixit eis ; Nisi videro in manibus ejus fixuram clavorum, ⁱ et mittam manum meam in latus ejus, non credam. Et post dies octo ʲ iterum erant discipuli ejus intùs, et Thomas cum eis. Venit Dominus Jesus, januis clausis, et stetit in medio, et dixit ; Pax vobis. Deinde dixit ᵏ Thomæ ; Infer digitum tuum huc, et vide manus meas ; et affer manum tuam, et mitte in latus meum ; et noli esse incredulus *sed fidelis. Respondit Thomas et dixit ei ; Dominus meus et Deus meus. Dixit ei Jesus ; Quia vidisti me, etˡ credidisti : beati qui non viderunt, et crediderunt. Multa quidem et alia signa fecit Dominus Jesus in conspectu discipulorum suorum, quæ non sunt scripta in libro hoc. Hæc autem scripta sunt, ut credatis

ᴾ for *et* Vulg. has *qui.*

ᵠ *Sed* replaces a verse and a half. "Durum est tibi contra stimulum calcitrare. Et tremens ac stupens dixit; Domine, quid me vis facere ? Et Dominus ad eum." but codd. Amiat. and Laud. agree with the text, and according to Scholz (except the first clause) cod. Tol. and all Greek MSS.

ʳ Vulg. omits *in.* cod. Laud. has it.

ˢ Vulg. + *ibi ;* codd. Amiat. and Laud. several MSS in 1546 mg, the Greek, and Bede leave it out.

ᵗ Vulg. *quid.*

ᵘ Vulg. + *illi.* cod. Laud. omits it.

ᵛ Vulg. *surrexit.*

ʷ Vulg. *manus.* cod. Laud. has the singular.

ˣ Vulg. *introduxerunt.*

ʸ Vulg. + *ibi ;* cod. Amiat. the same MSS in 1546 mg, the Greek, and Bede again leave it out.

ᶻ Vulg. omits this word and + *non videns.*

ᵃ cap. 20 v. 19-31.

ᵇ Vulg. + *congregati ;* it is omitted by Vigil. Taps. M. Moz. codd. Amiat. Vercell. Gat. Mm. Cant.

ᶜ Vulg. omits *eorum.* The codd. Gat. San-Germ. and Mm have it.

ᵈ Vulg. *dixit,* but S. Aug. has *dicit,* also codd. Amiat. Veron. S. Mart. San-Germ. ed. 1546 and the Greek.

ᵉ Vulg. *cum hoc.* The codd. Amiat. Cant. S. Mart. and Veron. have the same order as the text, and ed. 1512.

ᶠ Vulg. *vobis.* The cod. Vercell. agrees with the text.

ᵍ Vulg. *hæc,* but S. Aug. has *hoc,* as also M. Moz. codd. Amiat. San-Gall. Veron. Cant. S. Mart. San-Germ. several MSS in 1546 mg, S. Cypr. S. Ambr.

ʰ Vulg. *dixit.* The codd. Amiat. S. Mart. San-Germ. and Veron. agree with the text, and edd. 1512 '26 '46. The cod. San-Gal. has the present and the Greek.

ⁱ The text omits "et mittam digitum meum in locum clavorum."

ʲ "Hoc Evangelium bene convenit octavo diei post Pascha, quo die in Ordine Romano assignatur. Vocatur Dominica 'in albis' seu 'ad albas deponendas.' In Codice Vallicellano affertur ad hanc diem ad albas deponendas 'Oratio quam debet sacerdos dicere super infantes, quando eis scucusare' vult, id est albas exsuere."— Mab.

ᵏ Vulg. *dicit.* The cod. Cant. Miss. Sarum, S. Aug. agree with the text.

* M. 332

ˡ Vulg. omits *et* and adds *Thoma ;* but S. Aug. omits this word and + codd. Amiat. San-Gall. Vercell. Veron. Brix. Cant. Colb. The codd. Gat. and San-Germ. agree with the text.

quia Jesus est Christus Filius Dei, et ut credentes vitam habeatis in nomine ejus.

## ITEM MISSA PASCHALIS.

Omnipotens sempiterne Deus, qui
populum tuum Unigeniti tui sanguine
redemisti! solve opera diaboli, rumpe
vincula peccati, ut qui æternam vitam
in confessione tui nominis sunt adepti,
nihil debeant mortis auctori, per
eundem.—M. Amb. apud Gerb. p. 95b.

#### above p. 200.

above p. 200.

The beginnings of this and the
following prayers seem to be Roman.
See above.

#### above p. 78.

#### above pp. 103, 198.

cf. above p. 142 ut conjunctio labiorum copula efficiatur animarum.
cf. Fac cœlestia præcepta servantes.—
M. Moz. p. 92. 33. ut et pacifici tua
servantes præcepta.—ib. 280. 98.

From the analogy of previous
services in this Collection, it is probable that this Contestatio is of Roman
and the following one of Ephesine
origin. The duplication of the Contestatio which is so common in this
Collection reminds us of the same
thing in the M. Richen. above.

#### above pp. 105, 196.

[*Collectio.*] Omnipotens sempiterne Deus, qui
populum tuum Unigeniti tui sanguine redemisti ; solve,
vincula peccatorum nostrorum ; ut qui æternam vitam
in confessione tui nominis sunt adepti, nihil debeant
mortis auctori.

(*Collectio.*) Præsta, quæsumus, omnipotens Deus,
ut hujus Paschalis festivitatis mirabile sacramentum et
temporalem nobis tranquillitatem tribuat et vitam tribuat
sempiternam.

(*Post nomina.*) *Respice, quæsumus, Domine, et
peccatorum nostrorum tenebras averte ; ut quos exercet
devotio solemnitatis Paschalis, inlustrent gaudia piæ
cognitionis ; et nomina quæ recitata sunt, in cœlesti
paginâ conscribi præcipias.*

(*Ad Pacem.*) *Concede, quæsumus, omnipotens
Deus, ut festa Paschalia, quæ devotione colimus, moribus exsequamur :* et pacem quam per omnia custodire jussisti, non tantùm osculis sed animis
conservare nos jubeas ; ut spiritalibus donis
instituti, apostolica præcepta servemus.

(*Contestatio.*) Verè dignum et justum est,
omnipotens Deus, per Christum Dominum.
Cujus mors humanæ vitæ facta est reparatio,
destructio mortis, ablatio peccati, venia offensis, redemptio hominum, reconciliatio mundi,
et tuæ, Pater, pietatis mira placatio. De morte
enim Christi resurrectio nostra venit in mundum, *qui sicut ovis ad occisionem pro nobis ductus est,
et ut agnus coram tondente sine voce, sic non aperuit os
suum. Hic enim est Agnus Dei, unigenitus Filius
tuus, qui tollit peccata mundi : qui se pro nobis offerendo non desinit, nosque apud te perpetuâ advocatione
defendit ; quia nunquam moritur immolatus sed
semper vivit occisus. Quem laudant &c.*

*Item Contestatio Paschalis.*

Verè dignum et justum est, omnipotens
Deus : Cujus à mundi origine inæstimabilis
erga hominum genus dilectio perseverat, dum
justos per viam rectam gradientes cœlestem
ducit ad patriam, et peccatores ab iniquitate
conversos paternam reportet ad gratiam.
Hinc ergo est, omnipotens Deus, quòd Dominus noster Jesus Christus, sicut passione suâ
exspoliat inferos, ita etiam resurrectione suâ
manubiis quibus tartarea vincla nudaverat,

vestivit potentialiter cœlos.  Per quem majestatem tuam.

[LECTIONES IN INVENTIONE SANCTÆ CRUCIS.]

*Epistola Pauli apostoli ad Philippenses.*[a]

Fratres, hoc sentite in vobis quod [b] in Christo Jesu ; qui, cùm in formâ Dei esset, non rapinam arbitratus est esse se æqualem Deo, sed semetipsum exinanivit formam servi accipiens, in similitudinem hominum factus, et habitu *inventus ut homo.  Humiliavit semetipsum, factus obediens usque ad mortem, mortem autem crucis.  Propter quod et Deus illum exaltavit,[c] et donavit illi nomen[d] super omne nomen, ut in nomine Jesu omne genu flectatur, cœlestium, terrestrium, et infernorum, et omnis lingua confiteatur quia Dominus Jesus Christus in gloriâ est Dei Patris.

*Lectio sancti Evangelii secundum Matthæum.*[e]

Simile est regnum cœlorum thesauro abscondito in agro, quem qui invenit homo abscondit, et præ gaudio illius vadit, et vendidit[f] universa quæ habet, et emit agrum illum.  Iterum simile est regnum cœlorum homini negotiatori quærenti bonas margaritas.  Inventâ autem unâ pretiosâ margaritâ, abiit et vendidit omnia quæ habuit, et emit eam.  Iterum simile est regnum cœlorum sagenæ missæ in mare, et ex omni genere piscium congreganti ; quam cùm impleta esset, educentes,[g] elegerunt bonos in vasa, malos autem foras miserunt.  Sic erit in consummatione sæculi.  Exibunt angeli, et separabunt malos de medio justorum, et mittent eos in caminum ignis : ibi erit fletus et stridor dentium.

MISSA IN INVENTIONE SANCTÆ ✠.

[*Præfatio.*] Venerabilem toto mundo de inventione sanctæ Crucis sacratissimum diem sollemniter celebrantes, gratias agamus divinæ potentiæ qui[a] tantæ salutis vexillum, quod Judaica nobis abscondebat malitia, cœlestis hodie revelavit clementia.  Nam etsi gens perfida Dominum nostrum in sepulcro retinere

36

---

[a] cap. 2 v. 5-11.

[b] Vulg. + *et.* Faustin. presb. is quoted as omitting it.

\* M. *333*

[c] Vulg. *ex. illum,* but S. Aug. has the order in the text ; also M. Moz., the codd. Amiat. Bœrn. San-Germ. Augi. and Novatian. S. Ambrose.
[d] Vulg. + *quod est,* but they are left out by M. Moz. codd. Amiat. San-Germ.

[e] cap. 13 v. 44-50.

[f] Vulg. *vendit.*

[g] The text omits " et secus littus sedentes."

" Habetur item Missa de ea in Gothico, sed diversa.  Observa hic nullas assignari Missas pro Dominicis post Pascha : quia Paschales repetebantur."—Mab.

[a] Perhaps for *quia.*

non potuit, vel ipsa Crucis indicia voluit sub fossa celare. Quid enim illa mens perfida poterat excogitare de cruce, quæ jam sacrilegium commiserat in auctorem? Itaque sicut in Christi resurrectione calliditas Judæorum damnata est, ita est in crucis manifestatione virtutis confusa.

*(Secreta.)* Deum creatorem et redemptorem nostrum, qui in carne quam sumpsit de Virgine, pro totius mundi salute admirabilis hostia immolatus est in crucis altari;[b] et propter expellendum venenum quod in Adam fuerat suasione serpentis infusum, pretiosi sanguinis porrexit antidotum: ut criminis antiqui peccatum tam novo sacrificio purgaretur;[c] et mors quæ processit gustando de scientiæ ligno, moreretur per lignum: supplices deprecamur, ut nos quos eripuit de inferno per hujus signi patibulum,[d] ejusdem protectione perducat ad regnum.

*(Contestatio.)* Verè dignum et justum est, omnipotens Deus: qui genus humanum prævaricatione suâ in ipsius originis radice damnatum, per florem virginalis uteri reddere dignatus es absolutum; et hominem recreari, ut diabolus qui Adam in fragili carne divicerat, conservatâ justitiâ[e] à Deo carne redderetur[f] adsumptâ, cùm perfectum Dominum Jesum Christum in utrâque substantiâ hostis tentaret humilem, sed agnosceret præpotentem. Nam adversarius noster nec à solo Deo certari poterat nec à solo homine[g] debellari. Sed cujus provocatus visibili corpore, victus est invisibili potestate. Dic igitur, hostis antique, quo tua fraus, quo argumenta, quo serpentina consilia * sunt vorata?[h] Ecce deceptor deceptus es, et qui triumphaveras conculcaris. Nam caro, quæ tibi fuit in Adam cibus, factus est in Christo interitus: et unde priùs esca, inde successit penuria. Sed videamus ubi contigit pœna, de quâ tenemus victoriam: et adoremus Crucis signaculum per quod salutis sumpsimus sacramentum. Ecce crux venerabilis evacuatio vulneris, restitutio sanitatis, fidei oraculum, spei suffragium, victoriæ firmamentum. In hac Dominus noster manus sacras pugnaturus inseruit:[i] in hac ut nobis palmam tribueret, suas palmas[j] Redemptor aptavit; et quasi in

---

There are not many examples of the *Secreta* taking (as here) the form of a Preface. See a similar example above pp. 238, 244. and another below p. 287.

b The expression "altar of the cross," which was objected to by John Johnson, occurs occasionally in the Ephesine Service-books. Miss. Moz. 279. 29 "in fine seculorum filio hominis super aram crucis Deo Patri expiationem peccatorum nostrorum offerri voluisti."

c cf. above p. 4 "In quo vetusta illa vulnera nova Dominus medicina sanavit."

d cf. "patibulum gloriose crucis."— M. Moz. 28. 33 cf. p. 198. 31.

e On God's justice towards the devil as manifested in the Incarnation, see the passages from the Fathers collected by Petavius 2 *de Incarn.* c. 5 § 9-17. To which add Didymus Alex. in c. 3 Job p. 123 Catenæ Junii; S. Chrysost. H. 39. in 1 ad Cor. p. 366E; Pseudo-Aug. t. 5 *App.* serm. 161 § 2. and suppl. 1 ed. Caillau, serm. 30 § 2 p. 49. and suppl.2 *app.* serm. 14 § 3 p. 95 cf. also above p. 4 "Jure etenim obnoxiis dimittuntur debita &c." M. Moz. p. 197. 85 "Qui per mortem suam diabolum non virtute sed justitia vicit." ib. p. 216. 38 "Qui cum solo majestatis terribili nutu nostrum potueris conterere vexatorem : maluisti eum humilitatis objectione prosternere. Ex hoc magis approbans : nullam majestati tue contrariam nobis subsistere aereorum principum tirannidem : cum sic nostrorum infirmitate membrorum omnem inimici ad nihilum redegeris vanitatem. Etenim superbus tuus *(forte* tyrannus) se ingemuit gravius corruisse: quando se elisum sensit ab humilitate fuisse. Atque ideo tali divina sapientia antiqui serpentis astuciam consilio vicit: ne violenter addiceret sed legaliter quateretur. Ut qui transgressorem eo se jure possidere jactabat: quem suis consentientem persuasionibus obligaverat. Sic eum justo superatus judicio redderet: cum istum in quo suum nihil reppererat: occidisset. Quapropter amisit merito reum: qui tollentem mundi peccata crucis supplicio agnum non timuit mortificare divinum." ib. p. 213. 21 "et liberaret virtute justicie: quos humilitatis sue redemerat passione." Brev. Moz. p. ccxl. 2 ; "Juste quidem, Domine, judicans peccata nostra in corpore tuo super lignum portasti, cum diabolum non potestate sed justitia divicisti."

f There seems to be a mistake here; for the sense requires some expression equivalent to "should be overcome." Either there is some error about the word *redderetur,* or (more probably) part of a clause has been left out here.

g Of course this applies to fallen man unaided by God's grace.

*\* M. 334*

h This word needs some correction.

i A clause would seem to have dropped out, relating to the parallel with regard to us; unless perhaps the contrast is contained sufficiently in the word *pugnaturus.*

j Observe the play on the double meaning of this word.

staterâ se ipsum pro pretio nostro pensavit,
ut vitâ venditâ fieret mors captiva. In hac,
ne mundus gravem lapsum gemeret, sanctos
pedes Christus adfixit, et contra fortem fortior
totum corpus triumphaturus extendit. Hoc
tamen plus est mirabile, quia quod toto mundo
profecerit, in uno stans stipite cursum victor
implevit. O crux, admirabili virtute præcellens, muneris pretiosi largitrix, quæ reddis
cives de peregrinis, felices de naufragis, liberos
de subditis,[k] vivaces efficis de peremptis! Ad
cœlos ducis de tartaris, amicos revocas ex
offensis, adoptivos facis de perditis, hæredes
instituis de damnatis. Verè summis digna
præconiis, quæ viduato[l] inferno dotâsti paradisum, et virtus[m] quæ illum subdidit, hunc
erexit. Tu nostri capitis galea, lateris palma,
pectoris es lorica; et quicquid tota membra
poposcerint, sola sufficis præmunire. Ecce
factum est nobis signum Crucis in bonum,
per Christum Dominum nostrum.

cf. c. 11 Lucæ v. 21, 22.

[k] Should the mark of exclamation not be put here, instead of after *peremptis?*

[l] Is this a mistake for *vacuato?*

[m] There seems some mistake in this word.

### IN LETANIAS LEGENDA.

*Lectio Johel Prophetæ.*[a]
Hæc dicit Dominus; Convertimini ad me in
toto corde vestro, in jejunio et[b] fletu et in
planctu;[c] scindite corda vestra et non vestimenta vestra; et convertimini ad Dominum
Deum vestrum, quia benignus et misericors
est.[d] Canite tubâ in Sion, sanctificate jejunium,
vocate cœtum, congregate populum, sanctificate
ecclesiam, vocate[e] senes[f] et sugentes ad[g] ubera.[h]
Inter vestibulum et altare plorabunt sacerdotes
ministri Domini, et dicent; Parce, Domine,[i]
populo tuo, et ne des hæreditatem tuam in
opprobrium.[j] Et respondit Dominus, et dixit
populo suo; Ecce ego mittam vobis frumen-
tum,[k] vinum et oleum, et replebimini eo,[l] et
non dabo vos ultrà in[m] opprobrium in gentibus,[n]
quia dedi[o] vobis Doctorem justitiæ, et descendere faciam ad vos imbrem matutinum et
serotinum, ait Dominus Deus.
*Lectio sancti Evangelii secundum Mat-
thæum.*[p]
Diebus illis dixit Dominus Jesus discipulis
suis; Audîstis quia dictum est antiquis:[q]
Diliges proximum tuum et odio habebis inimicum tuum. Ego autem dico vobis: Diligite

[a] cap. 2 v. 12-23.

[b] Vulg. + *in.* Brev. Moz. omits it, and ed. 1526.
[c] Vulg. + *et.*

[d] A verse and a half[f] are omitted here.

[e] Vulg. *coadunate.*
[f] The words "congregate parvulos" are here left out.
[g] Vulg. has not *ad.*
[h] Two clauses are here omitted.
[i] The word *parce* is here left out.

[j] A verse and a half is here omitted.

[k] Vulg. + *et.* Brev. Moz. omits it.
[l] Vulg. *eis.* 1512 mg and several MSS in 1546 mg agree with the text.
[m] Vulg. omits *in.*
[n] More than three verses are here omitted.
[o] Vulg. *dedit,* and in the following line *faciet.*

[p] cap. 5 v. 43-48.

[q] Vulg. has not got *antiquis.* Berengaud. in Apocal. Chromat. Aquil. the author of the Opus Imperfectum, the cod. San-Germ. 2 agree with the text.

36*

inimicos vestros, benefacite his qui oderunt
vos, orate pro persequentibus et calumniantibus
vos : ut sitis filii Patris vestri qui in cœlis est,
qui solem suum oriri facit super malos et

r Vulg. *bonos et malos ;* but S. Iren.
S. Fulg. in one place, S. Aug. have the
order of the text and so the Greek
and the codd. Cant. San-Gall. and
Veron.
s Vulg. *diligitis ;* but the codd. Corb.
Brix. San-Germ. 2 Gat. Amiat. San-
Gall. agree with the text.

bonos,[r] et pluit super justos et injustos.  Si
enim diligatis [s] eos qui vos * diligunt, quam
mercedem habebitis ? nonne et publicani hoc
faciunt ? Et si salutaveritis fratres vestros
tantùm, quid ampliùs facietis ? [t] nonne [u] ethnici

**\* M. 335**

t Vulg. *facitis ;* but the cod. Corb.
and 1512 mg agree with the text.
u Vulg. + *et ;* the codd. San-Germ. 2
Amiat. omit it.
v Vulg. + *vos ;* but the cod. San-Germ.
2. S. Ambrose and S. Aug. in some
places omit it.
w Vulg. + *et.*  The Greek has it not
nor codd. San-Germ. 1 Veron. Brix.
Cant. San-Gall. nor Tert. S. Cypr. S.
Aug.
x cap. 15 v. 32-38.

hoc faciunt ? Estote ergo [v] perfecti, sicut [w]
Pater vester cœlestis perfectus est.

*Item alia*

*Lectio sancti evangelii secundum Mat-*
*thœum.*[x]

In illo tempore, convocatis Dominus Jesus
discipulis suis, dixit ; Misereor turbæ, quia
triduo jam perseverant mecum, et non habent
quod manducent : et dimittere eos jejunos nolo,
ne deficiant in viâ.  Et dicunt ei discipuli ;
Unde ergo nobis in deserto panes tantos, ut
saturemus turbam tantam ?  Et ait illis Jesus ;

y Vulg. *hab. panes.* The Greek agrees
with the order of the text, as also
codd. Vercell. Veron. Brix. Corb. 1
Cant. Amiat. San-Gall. Palat. and S.
Hilary, and 1512.
z Vulg. *discumberent.* The cod. Amiat.
agrees with the text.
a for the accusative.
b Vulg. + *et.* cod. Corb. 1 and S.
Hilary also omit it, but they change
other words so as to alter the construction.  The codd. Brix. San-Gall.
agree with the text, as do edd. 1526
and '46 mg.
c "In exemplari 'fraumentis ;' et in
subsequente alia lectione 'fraumen-
torum.'"—Mab.
d cap. 14 *Matthœi* v. 15-21.

Quot panes habetis ? [y] At illi dixerunt ; Septem
et paucos pisciculos.  Et præcepit turbæ ut
discumberet [z] super terrâ : [a] et accipiens septem panes et pisces,[b] gratias agens, fregit et
dedit discipulis suis, et discipuli dederunt
populo : et comederunt omnes et saturati
sunt.  Et quod superfuit de fragmentis [c] tulerunt septem sportas plenas.  Erant autem
qui manducaverunt quatuor millia hominum,
extra parvulos et mulieres.

*Item alia.*[d]

Vespere autem facto, accesserunt ad Jesum
discipuli ejus dicentes ; Desertus est locus, et

e Vulg. *præteriit ;* the cod. Colb.
spells as the text.

hora jam præterit ; [e] dimitte turbas, ut euntes
in castella, emant sibi escas.  Jesus autem
dixit eis ; Non habent necesse ire, date illis vos
manducare.  Responderunt ei ; Non habemus
hîc nisi quinque panes et duos pisces.  Qui ait

f Vulg. *mihi illos.* But Miss. Moz.
codd. Vercell. Veron. San-Germ. 2
Amiat. have the order of the text.
g Vulg. *super.* But Miss. Moz. codd.
Vercell. Veron. Brix. San-Germ. 1
Corb. 2 and Amiat. and 1512 agree
with the text.
h Vulg. has not *suis.* The codd.
Vercell. Veron. Colb. and 1512, '26
have it.

eis ; Adferte illos mihi [f] huc.  Et cùm jussisset
turbam discumbere supra [g] fœnum, acceptis
quinque panibus et duobus piscibus, aspiciens
in cœlum, benedixit et fregit et dedit discipulis
suis [h] panes, discipuli autem turbis.  Et manducaverunt omnes, et saturati sunt, et tulerunt
reliquias duodecim cophinos fragmentorum
plenos.  Manducantium autem fuit numerus
quinque millia virorum, exceptis mulieribus et
parvulis.

## MISSA IN LETANIIS DICENDA.

[*Præfatio.*] Misericors Domine, [a] cujus miserationes sunt super omnia opera ejus, fratres carissimi, supplicemus, ut reliquiis populi sui, quem ruina mundi labentis ac prætereuntis [b] oppressit, in variis adflictionum ejus succurrat angustiis, quo singulis atque [c] universis tribulationum suarum pondus non irâ delendi sint, sed eruditio [d] convertendi.

*(Secreta.)* Deus, nostrum refugium in laboribus, virtus in infirmitatibus, adjutorium in tribulationibus, solamen in fletibus, parce, Domine, parce populo tuo, ne tradas bestiis animas confitentes tibi. [e]

*(Contestatio.)* Verè dignum et justum est, omnipotens Deus. Exspectantes ergo misericordias tuas, ante oculos tuos extensum humilitatis nostræ sine infusione [f] tuæ benedictionis expetimus. Parce, Domine, miseris, et ante tuum conspectum parce prostratis ; nec afferant nobis nostra delicta reatum, sed tribuat tua dulcedo consolationis remedium. Veruntamen, omnipotens et misericors Deus, te obsecramus, ut voluntariam [g] nobis conferas pluviam, et ne secundùm peccata nostra tribuas nobis, nec eâ quâ meremur austeritate nos judices ; quia tu reples omnem animam benedictione [h] per Christum Dominum nostrum.

## [LECTIONES IN ASCENSIONE DOMINI.]

[*] *Lectio Apocalypsis sancti Johannis.* [a]
Vidi turbam magnam, quam dinumerare nemo poterat, ex omnibus gentibus et tribubus et populis et linguis, stantes ante thronum [b] in conspectu Agni, amicti stolas albas, [c] et palmæ in manibus eorum. Et clamabant voce magnâ, dicentes ; Salus Deo nostro qui sedit [d] super thronum et Agno. Et omnes angeli stabant in circuitu [e] throni et seniorum et quatuor animalium ; et ceciderunt in conspectu throni in facies suas, et adoraverunt Deum, dicentes ; Amen. Benedictio et claritas et sapientia et gratiarum actio et [f] honor et virtus et fortitudo Deo nostro in sæcula sæculorum, Amen.

[a] A mistake for the accusative. The next clause is from Ps. 144. 9.

[b] cf. "ruentis evi sustentatorem."— M. Moz. 46. 10 S. Cypr. ad Demetr. § 17 "inter ipsas sæculi labentis ruinas."
[c] Ed. *adque.*

[d] Mabillon puts a * here as a mark of hopeless corruptness of the text. *eruditio* is probably meant for an ablative, and perhaps a clause has dropped out after *non* by homœoteleuton ; "that to each and all the burden of their afflictions may not [be heavier than they are able to bear ; and that they may not] be crushed through His anger, but &c."
[e] cf Ps. 73. 20 ; "Ne tradas bestiis animas confitentes tibi."

[f] There is something wrong in this sentence. Perhaps we might read, "sinum, infusionem ;" "we supplicate the infusion of Thy benediction into the heart of our lowliness laid open before Thy eyes."

[g] This seems to be used in the sense of " abundant."

[h] cf Ps. 144. 16 ; "Imples omne animal benedictione ;" where, however, S. Ambrose, Prosper and the Psaltt. Corb. and Moz. have "omnem animam," as in our text. So also Miss. Moz. p. 92. 41 ; 145. 82.

* M. 336
[a] cap. 7 v. 9-12.

[b] Vulg. + *et.* M. Moz. omits it.

[c] Vulg. *stolis albis.* S. Cyprian. Lect. Lux. and the cod. Amiat. agree with the text.

[d] Vulg. *sedet.* The cod. Amiat a pr. m. agrees with the text.

[e] Ed. *circuito,* and in the next line *conspecto.* So also four lines above.

[f] Vulg. omits *et.* The cod. Amiat. Primas. S. Fulg. and M. Moz. have it.

g cap. 24 v. 36-53.

h MS *discipolorum*.

i Vulg. *ego ipse*. The codd. S. Mart. Turon. Amiat. San-Gall. and S. Hilary have the order of the text.

j on this spelling see Krabinger on S. Cyprian. The cod. Veron. has it here.

k Vulg. + *essem*. The cod. San-Gall. omits it together with the word *cum*.

l Vulg. *tertia die*. The codd. Cant. Brix. Amiat. and M. Moz. have the order of the text.
m Vulg. *omnes gentes*. The cod. Vercell. agrees with the text.
n Vulg. *testes estis*. The codd. Vercell. Veron. Brix. S. Mart. Turon. Amiat. San-Gall. Palat. and M. Moz. agree with the order of the text.
o Vulg. + *mei*. The cod. Vercell. omits it.
p Vulg. *virtute*. The codd. Vercell. Veron. Brix. Cant. Corb. Amiat. San-Gall. Palat. M. Moz. and the author "de promiss." in one passage have the accusative.
q These four words are printed by Mabillon in capitals; see above p. 274n.
r Vulg. *Bethaniam*. The codd. Colb. and Brix. have *Bethania*.
s Vulg. omits *in cœlum*.
t Vulg. *Deum. Amen;* but Blanchini observes; " ' Amen ' in plerisque antiquis codd. MSS non legitur." It is omitted by 1512. and cod. Pal.
a cf Ps. 67. 34; " Qui ascendit super cœlum cœli ad orientem," but S. Fulg. Cassiod. and several Psalters e. g. the Roman, Mozarabic and Coislinian have " cœlos cœlorum." So also M. Moz. p. 251. 93.
b cf Ps. 83. 6; "Ascensiones in corde ejus disposuit." It ought, however, to be added that the reading of the Mozarabic and Corbey Psalters and of S. Gregory of Tours was (like the Roman Psalter) " ascensus." so also Libell. Orat. Gotho-Hisp. apud Pinium p. 115. This would seem to imply a more recent date for the service in the text, which is borne out by the Roman titles and by the absence of a Preface or address to the people.

*Lectio sancti Evangelii secundum Lucam.*[g]
Diebus illis stetit Dominus Jesus in medio discipulorum [h] suorum, et dicit eis ; Pax vobis ; ego sum ; nolite timere. Conturbati verò et conterriti, existimabant se spiritum videre. Et dixit eis ; Quid turbati estis, et cogitationes ascendunt in corda vestra ? Videte manus meas et pedes, quia ipse ego [i] sum. Palpate et videte ; quia spiritus carnem et ossa non habet, sicut me videtis habere. Et cùm hoc dixisset, ostendit eis manus et pedes. Adhuc autem illis non credentibus, et mirantibus præ gaudio, dixit ; Habetis hîc aliquid quod manducetur ? At illi optulerunt [j] ei partem piscis assi et favum mellis. Et cùm manducâsset coram eis, sumens reliquias dedit eis. Et dixit ad eos ; Hæc sunt verba quæ locutus sum ad vos cùm adhuc [k] vobiscum, quoniam necesse est impleri omnia quæ scripta sunt in lege Moysi et prophetis et psalmis de me. Tunc aperuit illis sensum, ut intelligerent scripturas, et dixit eis ; Quoniam sic scriptum est, et sic oportebat Christum pati, et resurgere à mortuis die tertiâ,[l] et prædicari in nomine ejus pœnitentiam et remissionem peccatorum in omnibus gentibus,[m] incipientibus ab Hierusolyma. Vos autem estis testes [n] horum. Et ego mitto promissum Patris [o] in vos. Vos autem sedete in civitate quoadusque induamini virtutem [p] ex alto. Eduxit autem eos foras [q] in Bethaneâ,[r] et elevatis manibus suis in cœlum,[s] benedixit eis. Et factum est, dum benediceret illis, recessit ab eis et ferebatur in cœlum. Et ipsi adorantes regressi sunt in Hierusalem cum gaudio magno. Et erant semper in templo, laudantes et benedicentes Dominum.[t]

## MISSA IN ASCENSIONE DOMINI.

[*Collectio.*] Mirabilis in excelsis Dominus Deus noster, qui [a] ascendisti super cœlos cœlorum ad orientem, inter angelorum ministeria carnis trophæa sustollens, cùm ad occursum tuum cœli potestates occurrunt ; pone, quæsumus, ascensiones [b] in cordibus nostris ; ut etiam nos te sequentes, illuc tendamus fide ubi scimus ad Dei Patris dexteram te regnare.

*(Secreta.)* Ascensionis Domini sacramentum, quo advocatus Dominus noster Jesus Christus ad Patrem nobis[c] missurus[*] ascendit, fidei nostræ gaudia multiplicata concelebret; ut promissionis suæ memorata[d] interpellet pro nobis, ut in secundo ejus adventu mereamur occurrere læti.

*(Contestatio.)* Verè dignum et justum est, omnipotens Deus, per Christum Dominum nostrum. Qui[e] mortuus est propter peccata nostra et resurrexit propter justificationem nostram. Qui solutis inferni nexibus æreas[f] portas ac ferrea claustra confregit : deinde, resurgens à mortuis, quadraginsimo die, videntibus cunctis discipolis, ad cœlos ascendit; quia ipse est exspectatio nostra, quem exspectamus[g] venire de cœlis, ut conformet corpus humilitatis nostræ corpori gloriæ suæ. Quem laud.

[LECTIONES IN DIE PENTECOSTES.]

*Lectio Apocalypsin sancti Johannis apostoli.*[a]

Veni,[b] ostendam tibi sponsam uxorem Agni. Et sustulit me in spiritu in montem magnum et altum, et ostendit mihi civitatem sanctam Hierusalem descendentem de cœlo à Deo, habentem claritatem Dei.[c] Lumen ejus simile lapidi pretioso, tanquam lapidi jaspidis, sicut crystallum. Et habebat murum magnum et altum, habens[d] portas xii, et in portis angelos xii, et nomina inscripta quæ sunt nomina xii tribuum filiorum Israel. Ab oriente portæ tres, et ab aquilone portæ tres, et ab austro portæ tres, et ab occasu portæ tres. Et murus civitatis habens fundamenta xii et in ipsis xii nomina apostolorum Agni. Et qui loquebatur mecum, habebat mensuram, harundinem[e] auream, ut metiretur civitatem et portas ejus et murum. Et civitas in quadrato[f] posita est, et longitudo ejus tanta est quanta et latitudo. Et mensus est civitatem in[g] harundine[h] per stadia xii.[i] Longitudo et altitudo[j] æqualia sunt. Et mensus est murus[k] ejus cxliiii cubitorum[l] mensurâ hominis, quæ est angeli. Et erat structura muri ejus ex lapide jaspide ; ipsa verò civitas auro mundo,[m] simile vitro

c Probably some such word as *dona* ought to be inserted here.

**\* M. 337**

d Perhaps for *memor, ita.*

cf. " in secundo adventu mereamur occurrere læti."—above p. 84.

e cf c. 4 ad Rom. v. 25; " Qui traditus est propter delicta nostra, et resurrexit propter justificationem nostram," where Ambrosiast. has " peccata " for " delicta." See this text quoted above p. 118.

f cf Ps. 106. 16; " Contrivit portas æreas, et vectes ferreos confregit." The word *claustra* is found in Miss. Moz. p. 193. 90 ; " vectes ferreos comminuit : portarumque erearum claustra perfregit."

g cf c. 3 ad Phil. v. 20,21; "Nostra conversatio in cœlis est: unde etiam Salvatorem exspectamus D. n. J. C.; qui reformabit corpus humilitatis nostræ, configuratum corpori claritatis suæ." But very many Latin Fathers for " configuratum " have " conformatum " or " conforme " with the verb *fieri* ; and S. Hilary in one place has " Qui potens est, corpus humilitatis nostræ conformare corpori gloriæ suæ." " Gloria " for " claritatis " is also found in very many Latin authorities.

a cap. 21 v. 9-21. The accusative in this title is probably a misprint.

b Vulg. *et* ; but cod. Amiat. S. Cypr. Firmic. Primas. Pseudo-Aug. omit it.

c Vulg. + *et* ; cod. Amiat. and Pseudo-Aug. omit it.

d Vulg. *habentem.* cod. Amiat. agrees with the text.

e Vulg. *arundineam.* Primas. (agreeing with the Greek) has " arundinem " but he has " ad mensuram " which seems another version of that is also rendered by " ut metiretur." Some MSS in 1546 mg and " quidam codd." according to Brugens. agree with the text.

f Vulg. *quadro.* Primas. agrees with the text.

g Vulg. *de.*

h Vulg. + *aurea.* cod. Amiat. Primas. and several MSS in 1546 mg omit it.

i Vulg. + *millia et.* cod. Amiat. and Primas. omit *et.*

j Vulg. + *et latitudo ejus.*

k Vulg. *murum.* cod. Amiat. and Primas. agree with the text. 1512 '26 have *muros.*

l Ed. *cobitorum.*

m Vulg. *aurum mundum.* cod. Amiat. agrees with the text. Primas. has " ex auro mundo."

ⁿ Vulg. + *et·* cod. Amiat. omits it.

ᵒ Vulg. *secundum,* and so all the following numbers in the neuter. The cod. Amiat. agrees with the text.
ᵖ Vulg. *calcedonius.* In this and the next two notes the cod. Amiat. has the same spelling as the text.
�q Vulg. *smaragdus·*
ʳ Vulg. *sardius.*

ˢ cap. 2 v. 7 &c. see above p. 277.

ᵗ cap. 14 v. 12-21.

ᵘ Vulg. + *Patrem ;* but it is omitted by the codd. Vercell. Cant. Corb. San-Germ. S. Gat. Mm Amiat. San-Gall. Palat. and S. Aug. and many other authorities, including several MSS in 1546 mg. and "complura MSS faventibus tractatoribus veteribus" according to Brugensis.
ᵛ A verse and a half are omitted here owing to the recurrence of the word *faciam.*

**\* M. 338**

ʷ *Non* is omitted here.
ˣ Vulg. *videtis.* The codd. Vercell. Veron. Brix. Colb. San-Gall. Palat. and S. Hilary, Victorin. agree with the text. Brugensis mentions the same reading.
ᵃ An old name for Whitsunday, as *Quadragesima* was for Ascension day. This explains the twenty-ninth epistle of S. Aug. about the feast of S. Leontius which occurred the day after the "dies quadragesimæ." I do not know any authority for the supposition of the Benedictine editors that there were at Hippo two festivals in honour of this saint, which strikes me as being at variance with the usual practice of that age; and they have overlooked the word "pridie" p. 50D which seems decisive as to the correctness of the second hypothesis which they advance with so much hesitation. The "day before" the "day of Quadragesima" was the "quarta feria" (see p. 49A6) or Wednesday; so that the day itself could be nothing else than Holy Thursday.
ᵇ Though *dies* is twice used in this Collect as a feminine, it is difficult to see what else this masculine relative can agree with.
ᶜ See the same word used above p. 35 "Divini Spiritus infusione ditavit."
ᵈ cf. above p. 112 "Te in hoc jejunium supplices ac provoluti rogamus."
ᵉ Perhaps the word *et* ought to be here supplied. cf. also M. Amb. apud Gerb. p. 128a; "quia sacratissimum *Pascha* quinquaginta dierum *mysteriis* tegitur, et mysticus numerus *adimpletur.*" The last clause of this Collect is hopelessly corrupt.
ᶠ Perhaps the word *nos* ought to be added here.

mundo.ⁿ Fundamenta muri civitatis omni lapide pretioso ornata. Fundamentum primum jaspis ; secundus ᵒ sapphirus ; tertius calcidonius : ᵖ quartus zmaragdus ; q quintus sardonix ; sextus sardinus ; ʳ septimus chrysolitus ; octavus beryllus ; nonus topasius ; decimus chrysoprassus ; undecimus hyacinthus ; duodecimus amethystus ; et duodecim portæ duodecim margaritæ sunt per singulas. ˢ Qui habet aurem audiat quæ Spiritus dicat.

*Lectio sancti Evangelii secundum Johannem.*ᵗ

Diebus illis dixit Dominus Jesus discipulis suis ; Qui credit in me, opera quæ ego facio, et ipse faciet, et majora horum faciet, quia ego ad Patrem vado : et quodcunque petieritis ᵘ in nomine meo, hoc faciam.ᵛ Si diligitis me, mandata mea servate ; et ego rogabo Patrem, et alium Paraclitum dabit vobis, ut maneat vobiscum in æternum, Spiritum veritatis, quem mundus non potest accipere, quia non videt eum nec scit eum : vos autem cognoscetis eum, quia apud vos manebit et in vobis erit. Non relinquam vos orphanos ; veniam ad \* vos. Adhuc modicum, et mundus me jam ʷ videt ; vos autem videbitis ˣ me, quia ego vivo et vos vivetis. In illo die vos cognoscetis quia ego sum in Patre meo, et vos in me, et ego in vobis. Qui habet mandata mea, et servat ea, ille est qui diligit me. Qui autem diligit me, diligetur à Patre meo, et ego diligam eum, et manifestabo ei meipsum.

### MISSA IN QUINQUAGINSIMO.ᵃ

[*Collectio.*] Te datorem Spiritûs Sancti, Domine Christe, in hac die celeberrimâ, quo ᵇ tuos apostolos charismatum donis Spiritûs Sancti igni ditâsti, ᶜ provolutâ ac submissâ prece rogamus ; ᵈ quo adveniente Trinitas coruscavit, quinquaginsima dies emicuit ; in quo Pascha adimpleta est,ᵉ mysterii tui solemnitatem concludimus ; obsecrantes, ut corda nostra purifices, à quo discipulorum corda quasi ferrum ad capiendum ignisti.

(*Collectio.*) Spiritus Sanctus tuus Paraclitus, quæsumus, Domine, à peccatis nostris ᶠ emundans continuam nobis tribuat claritatem ;

quique quasi ignis super apostolos advenit, dispergens dona; super nos quoque infirmos, te concedente vel aliquâ portione suæ dignationis, adveniens, et peccata deleat et pietatis dona largiatur.

*(Post nomina.)* Virtute Sancti Spiritûs, Domine, munera nostra continge : ut quod solemnitate Quinquaginsimæ suo nomini dedicavit, et intelligibile nobis faciat et æternum.

*(Collectio ad Pacem.)* Munera nostra, quæsumus, Domine, Sancti Spiritûs tui dignatione sacrentur, per quæ et à peccatis omnibus absolvantur g et adoptionis tuæ filii renascantur.

above p. 118.

g This and the following verb must be changed into the first person plural.

*(Contestatio.)* Verè dignum et justum est, omnipotens Deus, te laudare, in hoc præcipuè die, quo sacratissimum Pascha quinquaginta dierum mysteriis tegitur, et per sua vestigia recursantium dierum spatiis colligitur ; et dispersio linguarum, quæ in confusione facta fuerat, per Spiritum Sanctum adunatur. Hodie namque de cœlis repentè sonum audientes apostoli, unius fidei symbolum exceperunt, et linguis variis evangelii tui gloriam gentibus tradiderunt per Christum Dominum nostrum.

above p. 119.

## IN DEI NOMINE
## INCIPIUNT LECTIONES COTTIDIANAS.[a]

*Lectio de Hieremiâ prophetâ.*[b]

Hæc dicit Dominus; Quærite pacem civitatis,[c] et orate pro eâ ad Dominum, quia in pace illius erit pax vobis. Hæc [d] dicit Dominus ; [e] Non vos seducant prophetæ vestri qui sunt in medio vestri [f] et divini vestri : et ne attendatis ad somnia vestra quæ vos somniatis ; quia falsum [g] vobis ipsi prophetant in nomine meo, * et non misi eos, dicit Dominus.[h] Visitabo vos et suscitabo super vos verbum meum bonum, ut reducam vos ad locum istum. Ego enim scio cogitationes quas [i] cogito super vos,[j] cogitationes pacis et non adflictionis : ut dem vobis finem et pœnitentiam. [k] Invocabitis me, et vivetis ;[l] orabitis me, et [m] exaudiam vos ; quæretis me, et invenietis. Cùm quæsieritis me in totọ corde vestro, [n] inveniar à vobis, ait Dominus : et reducam captivitatem vestram, et congregabo vos de universis gentibus et de cunctis locis ad quæ expuli vos, ait [o] Dominus.

a In Mabillon's edition this title stretches across the page in the same way that the title after the Canon, "Incipiunt lectiones de Adventu Domini," above p. 211 ; from which we may conclude that in the MS it is written as a special title. It will, however, be observed that, unless the pages of the MS have been misplaced by a binder, the scribe after having written out a single Lesson for this head, turned back to the Sanctorale and gave, though in very confused order, several of the Offices which in the Gothic Missal follow that for Whitsunday.

b cap. 29 v. 7-14.

c The words " ad quam transmigrare vos feci " are omitted here.

d Vulg. + *enim.*

e Vulg. + *exercituum, Deus Israel.*

f Vulg. *vestrum.*

g Vulg. *falso.* and has *ipsi pr. vob.*

* M. 339

h A sentence is omitted here.

i Vulg. + *ego.*

j Vulg. + *ait Dominus.*

k Vulg. + *et.*

l Vulg. *ibitis* and + *et.*

m Vulg. + *ego.*

n Vulg. + *et.*

o Vulg. *dicit.*

*Epistola Pauli apostoli ad Philippenses*
IN SANCTI JOHANNIS MISSA.[a]

[a] cap. 4 v. 4-9. "Id est, 'festo,' uti colligitur ex Missa sequente "post sancti Johannis Missam." Quo nomine festum apud veteres significari, notius est quam ut probari sit necessarium."—Mab. who, however, on the title "Missa S. Johannis Baptistæ" below p. 292, says (seemingly inconsistently) "Hæc præpostere posita, quæ præcedere debuerant superiora 'post Missam sancti Johannis.'" But it would seem more simple to suppose a patois use of the preposition 'post,' for 'in,' or 'pro,' and that two Gospels were assigned, either of which might be used on this festival.

[b] Vulg. omits *enim*.

Fratres, gaudete in Domino semper, iterum dico gaudete. Modestia vestra nota sit omnibus hominibus, Dominus enim [b] prope est. Nihil solliciti sitis, sed in omni oratione et obsecratione cum gratiarum actione petitiones vestræ innotescant apud Deum. Et pax Dei quæ exsuperat omnem sensum custodiat corda vestra et intelligentias vestras in Christo Jesu. De cætero, fratres, quæcunque sunt vera, quæcunque pudica, quæcunque justa, quæcunque sancta, quæcunque amabilia, quæcunque bonæ famæ: si qua virtus, si qua laus, [c] hæc cogitate; quia [d] et didicistis et accepistis et audîstis et vidistis in me. Hæc agite, et Deus pacis erit vobiscum.

[c] Vulg. + *disciplinæ*. S. Aug. S. Fulg. and Sedul. omit it.
[d] Vulg. *quæ*.

*Lectio sancti Evangelii secundum Lucam.*[e]

[e] cap. 1 v. 5-25, 57-68, 80.
[f] Vulg. *Judææ*. The codd. San-Germ. 2 and Palat. with S. Jerome agree with the text.
[g] Vulg. *illius*. The codd. Colb. Cant. and others; also S. Aug. S. Jer. agree with the text.

Fuit in diebus Herodis regis Judæ [f] sacerdos quidam nomine Zaccharias, de vice Abia, et uxor illi [g] de filiabus Aaron et nomen ejus Elizabeth. Erant autem justi ambo ante Deum, incedentes in omnibus mandatis et justificationibus Domini sine querellâ: [h] et non erat illis filius, eo quòd esset Elizabeth sterilis et ambo processissent in diebus suis. Factum est autem cùm sacerdotio fungeretur in ordine vicis suæ ante Deum secundùm consuetudinem sacerdotii, sorte exiit ut incensum poneret ingressus in templum Domini, et omnis multitudo erat populi [i] orans foris horâ incensi. Apparuit autem illi angelus Domini stans à dextris altaris incensi, et Zaccharias turbatus est videns, et timor inruit super eum. Ait autem ad illum angelus; Ne timeas, Zaccharia, quoniam exaudita est deprecatio tua, et uxor tua Elizabeth pariet tibi filium, et vocabis nomen ejus Johannem; et erit gaudium tibi et exsultatio; et multi in nativitate ejus gaudebunt; et erit [j] magnus coram Domino, et vinum et siceram non bibet, et Spiritu Sancto replebitur adhuc ex utero matris suæ; et multos filiorum Israel convertet ad Dominum Deum ipsorum. Et ipse præcedet ante illum in spiritu et virtute Heliæ ut convertat corda patrum in filios, et incredibiles [k] ad prudentiam justorum; parare Domino plebem perfectam. Et dixit Zaccharias ad angelum;

[h] On this spelling, see above p. 272. The cod. Palat. here has the double *l*.

[i] Vulg. *pop. erat*.

Vulg. *Erit enim*. The cod. S. Mart. Turon. agrees with the text.

[k] Vulg. *incredulos*. The codd. Colb. Corb. San-Germ. 1 and 2 S. Mart. Turon. agree with the text.

Unde hoc sciam? Ego enim sum senex, et
uxor mea processit in diebus suis. Et respondens angelus dixit ei; Ego sum Gabriel
qui adsto ante Deum, et missus sum loqui ad
te et hæc tibi evangelizare; et ecce eris tacens
et non poteris loqui usque in diem quo hæc
fiant; pro eo quod non credidisti verbis meis
quæ implebuntur in tempore suo. Et erat
plebs exspectans * Zachariam, et mirabantur
quòd tardaret ipse in templo. Egressus autem
non poterat loqui ad illos; et cognoverunt
quòd visionem vidisset ipse [1] in templo. Et
ipse erat innuens illis, et permansit mutus.
Et factum est, ut impleti sunt dies officii ejus,
abiit in domum suam. Post hos autem dies,
concepit Elizabeth uxor ejus, et occultabat
se mensibus quinque, dicens; Quia sic mihi
fecit [m] Dominus in diebus quibus respexit
auferre opprobrium meum inter homines.
Elizabeth autem impletum est tempus pariendi
et peperit filium. [n] Audierunt vicini et cog-
nati ejus quia magnificavit Dominus misericordiam suam cum illâ, et congratulabantur
ei. Et factum est in die octavo venerunt
circumcidere puerum, et vocabant eum nomine
patris ejus [o] Zacharia. Et respondens mater
ejus, dixit; Nequaquam, sed vocabitur Johannes. Et dixerunt ad illam; Quia nemo est in
cognatione tuâ qui vocetur hoc nomine. In-
nuebant autem patri ejus quem vellet vocari
eum. Et postulans pugillarem, scripsit dicens;
Johannes est nomen ejus. Et mirati sunt
universi. Apertum est autem ilicò os ejus et
lingua ejus, et loquebatur benedicens Deum.
Et factus est timor super omnes vicinos eorum;
et super omnia montana Judæ [p] divulgabantur
omnia verba hæc. Et posuerunt omnes qui
audierant in corde suo, dicentes; Quid [q] putas
puer iste erit? etenim manus Domini erat cum
illo. Et Zacharias pater ejus impletus [r] est
Spiritu Sancto, et prophetavit, dicens; Benedictus Dominus Deus Israel. Puer autem
crescebat et confortabatur spiritu, et erat in
deserto [s] usque in diem ostensionis suæ ad
Israel.

\* M. 340

[1] Vulg. omits *ipse*.

[m] Vulg. *fecit mihi*. The codd. Colb.
San-Germ. 1 S. Mart. Turon. Cant.
Palat. have the order of the text.

[n] *Et* is here left out.

[o] Vulg. *sui*. The codd. Colb. Corb.
San-Germ. 1 S. Gat. and Palat. agree
with the text.

[p] Vulg. *Judææ*.

[q] Vulg. *Quis*. The codd. Colb. Corb.
San-Germ. 1 and 2 S. Mart. Tur. S.
Gat. Cant. have the reading of the
text and Luc. Brug. mentions it.
[r] Vulg. *repletus*. The codd. Colb. S.
Gat. San-Germ. 1 S. Mart. Turon.
Cant. and Palat. also S. Cypr. S.
Ambr. S. Aug. agree with the text.

[s] Vulg. *desertis*.

*Lectio sancti evangelii secundum Matthœum,*[t]

QUÆ LEGITUR POST SANCTI JOHANNIS MISSAM.

Diebus illis, cùm venisset Dominus Jesus in templum, accesserunt ad eum docentem principes sacerdotum et seniores populi, dicentes; In quâ potestate hæc facis, et quis dedit tibi[u] hanc potestatem? Respondens Jesus dixit illis;[v] Interrogabo vos et ego unum sermonem, quem si dixeritis mihi, et ego vobis dicam in quâ potestate hæc facio. Baptismum[w] Johannis unde erat? è cœlo, an ex hominibus? At illi cogitabant inter se, dicentes; Si dixerimus, E cœlo, dicet nobis; Quare ergo non credidistis illo?[x] si autem dixerimus, Ex hominibus: timemus turbam. Omnes enim habebant Johannem sicut prophetam. Et respondentes Jesu, dixerunt; Nescimus. Ait illis et ipse; Nec ego vobis dico[y] in quâ potestate hæc facio. Quid autem vobis videtur? Homo[z] habebat duos filios, et accedens ad primum dixit; Fili, vade hodie operari[a] in vineâ meâ. Ille autem respondens ait; Nolo. Postea autem, pœnitentiâ motus, abiit. Accedens autem ad alterum, dixit similiter. At ille respondens, ait; Eo, domine; et non ivit. Quis ex duobus fecit voluntatem patris? Dicunt ei; Novissimus.[b] Dicit illis Jesus; Amen, dico vobis, quia publicani et meretrices præcedunt[c] vos in regno[d] Dei. Venit enim ad vos Johannes in viâ justitiæ, et non credidistis ei, publicani autem et meretrices crediderunt ei, vos autem videntes nec pœnitentiam habuistis postea ut crederetis ei.

*(post Prophetiam.)* Aperi, Domine, claustra oris nostri, non solùm linguam sed et mentem, *secundùm[e] servi tui Zacchariæ prophetæ, ut omnibus diebus vitæ nostræ te laudare possimus, et remissionem peccatorum consequi mereamur in viâ pacis æternæ. Per.

MISSA SANCTI JOHANNIS BAPTISTÆ.[a]

[*Collectio.*] Omnipotens sempiterne Deus, qui hunc nobis honorabilem diem in beati Johannis Baptistæ nativitate fecisti insignem, *quæsumus, ut tuus præcursor, qui inter natos mulierum omnibus major surrexit, nostram fragilitatem tuæ pietati commendet.*

---

*Side notes (left margin):*

[t] c. 21 v. 23-32.

[u] Vulg. *tibi dedit.* The codd. Colb. Corb. 1 San-Germ. 2 have the order of the text.

[v] Vulg. *eis.* The codd. Colb. San-Germ. 1 and Palat. agree with the text.

[w] Vulg. *baptismus.* The codd. Corb. 1 and 2 San-Germ. 1 Clarom. Mm and Palat. agree with the text.

[x] Vulg. *illi.*

[y] Vulg. *dico vobis.* The codd. Colb. Corb. 1 and 2 and Palat.; also S. Aug. twice, and the Opus Imperfectum have the order of the text.

[z] Vulg. + *quidam.* The cod. Cant. omits it.

[a] Vulg. *operare.* Brug. mentions the reading which the text has. The cod. Palat. has it.

[b] Vulg. *primus.* The codd. Corb. 1 and 2 San-Germ. 1 Clarom. Cant. S. Andr. Aven. and Palat.; with S. Hilary. S. Aug. have this reading. S. Jerome also mentions it, and Brugensis.

[c] Vulg. *præcedent.* The codd. Colb. San-Germ. 1 and 2 S. Gat. Mm and Palat. with S. Iren. S. Ambr. and "alii libri" according to Brug. agree with the text.

[d] Vulg. *regnum.* The codd. Colb. Corb. 1 and 2 San-Germ. 1 Cant. S. Gat. and Palat. with S. Iren. S. Amb. (once) have the reading of the text. Brug. mentions it.

\* M. 341

[e] Some word must be supplied here.

[a] It is curious that this title should be placed after the Collect "post Prophetiam."

above p. 121.

*(Collectio.)* Deus, qui hunc diem nativitatis beati Johannis Baptistæ incomparabilem [b] hominibus consecrâsti : præsta nobis de ejus meritis, illius nos calceamenti sequi vestigium [qui se ad solvendam Salvatoris] [c] corrigiam prædicavit indignum.

*(Post nomina.)* Tua, Domine, muneribus salutaria [d] cumulamus, beati Johannis Baptistæ nativitatem, honore debito celebrantes, qui Salvatorem mundi cecinit ad salutem.

*(Ad Pacem.)* Præsta, quæsumus, Domine, ut populus tuus ad plenæ devotionis effectum, beati Johannis Baptistæ natalitiis inbuatur, quem præmisisti Filio tuo plebem parare perfectam.

*(Contestatio.)* Verè dignum et justum est, omnipotens Deus, in die festivitatis hodiernæ, quo beatus ille Johannes exortus est, qui vocem matris Domini nondum editus sensit, et adhuc clausus utero adventum salutis humanæ propheticâ exsultatione gestivit; qui et genetricis sterilitatem conceptus abstersit, et patris linguam natus absolvit, solusque omnium prophetarum, Redemptorem mundi quem prænunciavit ostendit : et ut sacræ purificationis effectum aquarum natura conciperet, sanctificandis Jordanis fluentis ipsum baptismatis lavit auctorem Jesum Christum Dominum nostrum. Per quem.

*Lectio libri Sapientiæ Salomonis* [a]
DE UNO JUSTO.[b]

Beatus vir [c] qui inventus est sine maculâ, et qui post aurum non abiit, nec speravit in pecuniâ et thesauris. Quis est hic, et laudabimus eum ? fecit enim mirabilia in vitâ suâ. Quis [d] probatus est in illo, et perfectus inventus [e] est, et [f] erit illi gloria.[g] Qui potuit transgredi, et non est transgressus; et [h] facere mala, et non fecit. Ideo stabilita sunt bona illius,[i] et eleemosynas illius enarrabit [j] ecclesia sanctorum.

*Lectio sancti Evangelii secundum Marcum.*[k]

In illo tempore audivit Herodes tetrarcha famam Jesu,[l] tenuit Johannem et alligavit eum, et posuit in carcere [m] propter Herodiadem uxorem fratris sui. Dicebat enim illi Johannes; Non licet tibi habere eam. Et voluit [n] illum occidere; timuit populum, quia sicut prophetam eum habebant. Die autem natali [o] saltavit filia Herodiadis in medio, et placuit Herodi. Unde cum juramento * pollicitus est ei dare quodcunque postulâsset ab eo. At illa præ-

[b] cf. " incomparabilis martyr (Laurentius.)"—M. Moz. 360. 37. " suffragatricem incomparabilem (B. V. M.)"—ib. p. 364. 90; 415. 51. " qui es incomparabiliter pius (Deus.)"—ib. 377. 86.

[c] Instead of these words inserted by Mabillon, 'the Bollandists (t. 4 Junii p. 698) propose " cujus se ad solvendam; " " Nec enim," they say, " calceamentis usus est Joannes, ut intelligamus ejus calceamenti vestigium velle sequi." But if we transpose the word " calceamenti " so as to make it be governed by " corrigiam," Mabillon's suggestion seems the best.

Tua, Domine, muneribus Altaria cumulamus, Sancti Johannis nativitatem honore debito celebrantes; qui Salvatorem mundi et cecinit adfuturum ; et adesse monstravit Jesum Christum.—S. Gel. ed. Mur. p. 650.

Præsta, quæsumus, Domine, ut populus tuus ad plenæ devotionis effectum Beati Baptistæ Johannis natalitiis præparetur, quem præmisisti Filio tuo parare plebem perfectam Jesum Christum.—S. Gel. ed. Mur. p. 649.

V. D. In die festivitatis hodiernæ, qua beatus Joannes exortus est, qui vocem Matris Domini nondum editus sensit, et adhuc clausus utero, adventum salutis humanæ prophetica exsultatione gestivit; qui et genitricis sterilitatem conceptus abstersit, et patris linguam natus absolvit : solusque omnium Prophetarum Redemptorem mundi, quem prænuntiavit, ostendit ; et ut sacræ purificationis effectum aquarum natura conciperet, sanctificandis Jordanis fluentis ipsum baptismatis lavit auctorem. Unde cum angelis.—S. Leon. p. 32. S. Greg. apud Gerb. p. 141 a.

[d] Of course, this is a mistake for " altaria " as in the mg. In the same way, the last two words must be changed into " adfuturum."

[a] Ecclus. cap. 31 v. 8-11.

[b] " Sequentes lectiones assignantur pro subsequente festo passionis sancti Johannis Baptistæ."—Mab.

[c] Vulg. *dives.*

[d] Vulg. *qui.* codd. San-Germ. 15 S. Theod.; S. Aug. "multi insignes libri" according to Brugens. agree with the text.

[e] Vulg. omits *inventus.* Brugens. mentions it as added by "quidam."

[f] Vulg. omits *et* ; cod. San-Germ. 15 S. Theod.; S. Aug. the Greek agree with the text; and Brugens. says " multi insignes libri " have it.

[g] Vulg. + *æterna* ; the Greek omits it.

[h] Vulg. omits *et* ; S. Amb. S. Aug. the Greek have it.

[i] Vulg. + *in Domino* ; the Greek omits it.

[j] Vulg. + *omnis* ; S. Aug. the Greek, cod. San-Germ. 15 omit it.

[k] cap. 14 *Matthæi* v. 1-12.

[l] More than a verse is omitted here.

[m] Vulg. *carcerem.* The cod. Cant. agrees with the text.

[n] A mistake for *volens.*

[o] Vulg. + *Herodis.*

* M. 342

p Vulg. *attulit.* The cod. Mm agrees with,the text.

a We have had many instances in which Services consisted of purely Roman Collects with Ephesine titles; here on the other hand we find a thoroughly Ephesine service with the Roman title of Secret.

b The ed. has *oranda,* which I correct by the mg. But the meaning is very obscure.

c The Bollandists who reprint this service have here *veneranda,* which is probably a mere mistake in copying as also several other variations from our text which I have not marked.

d Either we must supply *quem* here, or alter the following word into *extabat.*

e The mg shows that this comma is misplaced and that the words *rem* and *rei* must be added to the text. The prophets had shown the signs of the truth; S. John pointed out Him Who was the reality of these signs.

f I add *pro* from the mg.

Grandi nobis fide fratres charissimi et tota ad Deum conversione gloriosi Johannis adoranda sanctitas: celebranda solemnitas est: qui eo divine lectionis (*lege* electionis) nunciatus munere: quo finitus: in hoc recessit coelestis glorie testimonio: quo processit.—M. Moz. p. 371. 20.

Erat speculum luminis. Initium baptismatis. Testimonium veritatis. Ut in plenitudine Christi signorum rem post rei signa monstraret. Nuncius salutis. Emulus passionis. Servit propheta baptismo. Baptista martyrio. Ut Christum Dei Filium pro mundi redemptione venturum: quem adnunciare se prædicatione sermonis ostenderet: amare se effusione sanguinis comprobaret.—ib. p. 333. 11.

g see this word used for the simple verb, M. Moz. p. 431. 93 "eis pro te moriendi ardorem adtribuis." ib. p. 466. 20 " pacis concordiam nobis attribuas." ib. p. 96. 2 "attribuet postulationi effectum." ib. p. 192. 1 " veniam culparum attribuat."ib. 239. 17 "servitutem attribuat." compare also a curious passage above p. 66. " meritorum nostrorum tribuas indulgentiam."

Cui toti in virtutem Sancti Spiritus amore translato: Christus fuit causa moriendi: cui Christus fuit causa nascendi.— ib. p. 371. 26.

h Ed. *ab ore,* which I correct from the mg. *translatum,* also, must on the same authority be chang-d into the dative.

i A mistake for *conceptu.* The same error seems to occur in M. Moz. 380. 100 " qui eum conceptu mortis fecisti esse felicem."

j Read " consummatur in gladio," as in the mg.

Nullum sibi tempus in eo nature infirmitas vindicavit: cui in conceptu vaticinium: in actu baptismum: in obitu datum est implere martyrium. Per unam eamdemque gratiam accendit generatio quem promisit: conversatio quem docuit: passio quem amavit. Prophetat in utero: in seculo: consummatur in gladio. A justicia erigitur: de justicia loquitur: pro justicia decollatur. [Nec mirum quod virum tot sanctitatis meritis in Dei agnitione dispositum: quem non cohibuit uterus matris: non interruit gladius imperantis. Et consequens fuit: ut Herodi pro castitate non cederet: qui patrem pro incredulitate non distrinxerat. Et percuteret verbo

monita à matre suâ ; Da mihi, inquit, hîc in disco caput Johannis Baptistæ. Et contristatus est rex. Propter juramentum autem et eos qui pariter recumbebant, jussit dari. Misitque, et decollavit Johannem in carcere ; et allatum est caput ejus in disco, et datum est puellæ, et tulit p matri suæ. Et accedentes discipuli ejus, tulerunt corpus ejus, et sepelierunt illud.

## MISSA IN SANCTI JOHANNIS PASSIONE.a

[*Præfatio.*] Deus, cui sanctâ conversatione directa gloriosi Johannis adoranda b sanctitas, celebranda c solemnitas est: qui quondam cùm adnunciaret mirabiliter Redemptorem, d expectabat, speculum luminis, initium baptismatis, testimonium veritatis ; et in plenitudinem Christi signorum,e post signa monstrabat, nuncius salutis, æmulus passionis; serviit propheta baptismo, baptista martyrio, et Jesum Dei Filium pro f mundi redemptione venturum quem adnunciare se prædicatione sermonis ostendit, amare se effusione sanguinis comprobavit.

(*Collectio secreta.*) Exaudi nos, bonorum omnium dispensator, atque in electissimi tui Johannis solemnitate præsenti delictorum indulgentiam placatus adtribue : g cui totum in virtutem Sancti Spiritûs amore h translatum, Christus fuit moriendi causa, cui Christus fuerat causa nascendi. Ipse igitur nativitatis Dominicæ nuncius, ipse præcursor probatus est passionis. Per.

(*Contestatio.*) Verè dignum et justum est, omnipotens Deus, per Christum Dominum nostrum. Cui in conspectu i vaticinium, in actu baptismum, in obitu martyrium ; quo per unam eandemque dispensationem ostendit generatio quem promisit, conversatio quem docuit, passio quem dilexit : prophetat in utero, prædicat in sæculo, consummat in gaudio.j A justitiâ elegitur, de justitiâ loquitur, pro justitiâ decollatur. Tantus prophetæ splendor in carceris claustra detruditur, et preciosus Deo sanguis meretriciæ saltationis mercede taxatur : atque inter gentiliciæ [k] voluptatis fit epulas speculum. Cui meritò omnes Angeli. Sanctus.

### Epistola Pauli apostoli ad Romanos [a]
### IN NATALE APOSTOLORUM.

Fratres, justificati igitur [b] ex fide, pacem habeamus ad Deum per Dominum nostrum Jesum Christum : per quem accessum habemus [c] fide [d] in gratiâ istâ,[e] in quâ stamus et gloriamur in spe gloriæ filiorum Dei. Non solùm autem, sed et gloriamur in tribulationibus, scientes quòd tribulatio patientiam operatur, patientia autem probationem, probatio verò spem : spes autem non confundit : quia caritas Dei defusa [f] est in cordibus vestris [g] per Spiritum Sanctum, qui datus est nobis. Ut quid enim Christus, cùm adhuc infirmi essemus, secundùm tempus pro impiis mortuus est? Vix enim pro justo quis moritur : nam pro bono forsitan quis et [h] audeat mori ? Commendat autem suam caritatem [i] Deus in nobis : quoniam cùm adhuc peccatores essemus,[j] Christus pro nobis mortuus est. Multo igitur magis [k] justificati in sanguine ipsius, salvi erimus.[l]

\* *Lectio sancti Evangelii secundum Johannem.*[m]

Diebus illis ambulans Dominus Jesus, juxta mare Galileæ, vidit duos fratres, Simon [n] qui vocatur Petrus, et Andream fratrem ejus, mittentes retia [o] in mare, erant enim piscatores : et ait illis ; Venite post me, et faciam vos [p] piscatores hominum. At illi continuò relictis retibus suis [q] secuti sunt eum. [r] Post hæc dicit Jesus Petro ; Simon Johannis,[s] diligis me plus his ? Dicit ei ; Etiam, Domine ; tu scis quia amo te. Dicit ei ; Pasce agnos meos. Dicit ei iterum ; Simon Johannis, diligis me ? At ille ait ; [t] Etiam, Domine, tu scis

Regem : qui silentio percusserat Sacerdotem. Hunc ergo honestatis legisque censorem mores improbi non tulerant : profanam petulantis conscientiam abjectam incesti : facinus exacerbat : et furor verecundia provocatus studet perdere : quo docetur : dum nescit corrigere quod vetatur. Putat latere culpam posse : si ponat in prohibentem custodiam.] Tantus prophete splendor in carceris claustra detruditur : et preciosus Deo sanguis meretricie saltationis mercede taxatur. Et inter gentiles delicias : et voluptatis epulas : fit expectaculum : quo inter religiose confessionis hostias credentibus gaudium : credituris exemplum: terris presidium: celis fieret ornamentum.—ib. p. 371. 29. I have marked with brackets a long passage omitted by the compiler of the text.

[k] The Bollandists propose "Genetliacæ" for this word, and "ferculum" for "speculum" in the next line. But the mg supplies the true emendations.

[a] cap. 5 v. 1-9.

[b] Vulg. *ergo ;* but the codd. San-Germ. Clarom. Amiat. Augi. Bœrn. Ambrosiast. Oros. and the author de Vocat. Gent. agree with the text.

[c] Vulg. *et hab. acc.* But the codd. San-Germ. Clarom. Amiat. Augi. Bœrn. with Ambrosiast. Sedul. Oros. the author de Vocat. Gent. have the order of the text.

[d] Vulg. *per fidem.* The cod. Amiat. and the author de Vocat. Gent. agree with the text.

[e] for the accusative. Oros. agrees with the text.

[f] for *diffusa.*

[g] Vulg. *nostris.*

[h] Vulg. omits *et.* The cod. Augi. has it.

[i] Vulg. *car. su.* The codd. Amiat. Augi. Bœrn. San-Germ. and Clarom. with S. Iren. S. Aug. have the order of the text.

[j] Vulg. + *secundum tempus.* The codd. Amiat. Augi. Bœrn. San-Germ. Clarom. S. Aug. Faustin. &c. omit them.

[k] Vulg. + *nunc.* The author de Vocat. Gent. omits it.

[l] Vulg. + *ab ira per ipsum.*

\* M. 343

[m] cap. 4 *Matthæi* v. 18-20.

[n] Vulg. *Simonem.*

[o] Vulg. *rete.* The codd. Colb. Corb. agree with the text.

[p] Vulg. + *fieri.* cod. Clarom. S. Ambr. S. Aug. Epiphan. omit it.

[q] Vulg. omits *suis.* But codd. Colb. San-Germ. 1 S. Gat. Mm have it.

[r] cap. 21 *Johannis* v. 15-19.

[s] for *Johannis.* The cod. Palat. spells as the text.

[t] Vulg. has *ait illi* without *at.* codd. S. Gat. Mm agree with the text.

quia amo te. Dicit ei ; Pasce agnos meos. Dicit ei tertiò ; Simon Johannes, amas me ? Contristatus <sup>u</sup> Petrus, quia dixit ei tertiò ; Amas me ? Et dicit <sup>v</sup> ei : Domine, tu nosti omnia,<sup>w</sup> tu scis quia amo te. Dicit <sup>x</sup> ei ; Pasce oves meas. Amen, amen, dico tibi, cùm esses junior, cingebas te et ambulabas ubi volebas. Cùm autem senueris, extendes manus tuas, et alius te cinget et ducet quò tu non vis. Hoc autem dixit, significans quâ morte esset clarificaturus <sup>y</sup> Deum.

## MISSA IN NATALE PETRI ET PAULI.

[*Collectio.*] Deus, qui hunc [diem] <sup>a</sup> beatorum tuorum Petri et Pauli martyrio consecrâsti ; Ecclesiam tuam eorum, quæsumus, magisterio gubernare [digneris] per quos sumpsit initium.

(*Collectio.*) Apostolorum, Domine, beatorum Petri et Pauli desiderata solemnia recensemus : præsta, quæsumus, ut eorum supplicatione muniamur, quorum regimur principatu.

(*Post nomina.*) Largiente te, Domine, natalitio <sup>b</sup> Petri et Pauli lumen effulsit : concede, quæsumus, ut hodierna gloria passionis sicut illis magnificentiam tribuit sempiternam, ita nobis veniam largiatur optatam.

(*Ad Pacem.*) Munera quæ deferimus, Domine, benignus adsume ; ut qui nostris inpedimur offensis, apostolorum precibus adjuvemur.

(*Contestatio.*) Verè dignum et justum est, omnipotens, te gloriosum in sanctis tuis, te mirabilem in tuis discipolis declamare.<sup>c</sup> Te enim verum Deum deprecantes apostoli in omnem terram sonum præbuerunt, et in fines orbis terræ verbum sancti certaminis tradiderunt. Ex quibus beatum Petrum in fundamentum Ecclesiæ conlocâsti, cujus fide in omnium discipulorum tuorum gaudio <sup>d</sup> confortâsti. Huic gentium Magistrum tradidisti

collegam, novissimum quidem in cursum, sed

æqualem ad præmium. Plus enim omnibus laborat in prædicatione, qui plus in persecutione præsumpserat : et quem Saulum persequentem nominabat, <sup>e</sup> Ecclesia prædicantem

Paulum appellat. Par efficitur Petro in passione, ut credatur ejus particeps esse in remuneratione. Hæc tu omnia, Domine,

operaris, qui à prophetis demonstraris, ab angelis adoraris, et ad omne sæculum apostolorum lumine declararis. Et ideo cum angelis et archangelis conlaud.

\* M. 344

\* [LECTIONES PRO MISSA S. SIGISMUNDI.]ᵃ

*Epistola Johannis apostoli ad gentes.*ᵇ

Fratres, nolite diligere mundum, nec ᶜ ea quæ in mundo sunt. Si quis diligit mundum, non est caritas Patris in eo: quoniam omne quod est in mundo, concupiscentia carnis ᵈ et concupiscentia oculorum et superbia vitæ.

*Lectio sancti evangelii secundum Matthæum.*ᵉ

Diebus illis, circuibat Dominus Jesus totam Galilæam, docens in synagogis eorum, et prædicans evangelium regni, et sanans omnem languorem et omnem infirmitatem in populo. Et abiit opinio ejus in totam Syriam, et obtulerunt ei omnes malè habentes, variis languoribus et tormentis comprehensos, ᶠet curavit eos.

MISSA SANCTI SIGISMUNDI REGIS.

[*Præfatio.*] Omnipotentem Dominum, qui per apostolos et martyres suos diversa sanitatum dona largitur, fratres dilectissimi, deprecemur, ut huic servo suo *ill.* qui typi ᵃ quartani vexatione fatigatur, fidelis famuli sui Sigismundi precibus clementer occurrat; et dum nobis illius facit ᵇ merita, isti conferat medicinam.ᶜ

(*Secreta.*) Inclina, Domine, pias preces ᵈ ad desideria supplicantium, et quæ devoto corde poscimus, benignus admitte; ut servo tuo *ill.* qui typi quartani vexatione fatigatur, fidelis famuli tui Sigismundi precibus clementer occurras; nobis illius patefacias merita, præsenti ægroto conferas medicinam.

(*Contestatio.*) Verè dignum et justum est, omnipotens Deus, nomen tuum laudare, cujus majestatem tuam ᵉ tanto magis obnoxii sumus, quantum illi pro susceptâ nostri corporis humilitate debemus, exemplum nobis relinquens, ut sequamini vestigia ejus, qui peccatum non fecit, nec dolus inventus est in ore ejus. Quis in hoc mundo ita poterit sequi, ut nec dolus in ore, nec peccatum ejus inveniatur in opere? sed in patientiâ, quæ Deus amat, majestas divina commendat. Nunc

38

a " Sequentes lectiones pro missa sancti Sigismundi regis, ' quem in consortium sanctorum adscitum, ipsa res quæ geritur manifestat,' ait Gregorius Turonensis in lib. I de Gloria Martyrum cap. lxxv. ' Nam si qui nunc frigoritici in ejus honore Missas devote celebrent, ejusque pro requie Deo offerant oblationem, statim ... pristinæ sanitati restituuntur.' Sic in Missali Mozarabum sacrificium offertur 'pro spiritibus pausantium, Hilarii, Athanasii, Martini, &c.' id est, confessorum."—Mab. see above p. 139.
b I ep. Johan. cap. 2 v. 15, 16.
c Vulg. *neque.*
d Vulg. + *est.* Ruricius is quoted as omitting it.
e cap. 4 v. 23, 24.

f Vulg. + "et qui dæmonia habebant et lunaticos et paralyticos."

a Typus; febris accessio vel febris ipsa."—Ducange, who amongst other authorities quotes Greg. Turon. cap. 15 de Gloria Conf. "Typum frigoreticum incurrere."
b From the Collect immediately following, it would seem that we ought to read *patefaciat.*
Omnipotentem Deum, qui per sanctos apostolos et martyres suos diversa sanitatum dona largiris dignatus est, fratres carissimi, intentis precibus deprecemur, ut præsenti famulo suo ill. qui quartani typi vexatione fatigatur, per intercessionem famuli sui ill. Sigismundi regis et martyris clementer succurrat, et ad sanitatem pristinam revocare dignetur. Per.— Martene t. 2 p. 379.
This is taken from a MS of the Monastery of S. Benedict at Fleury. It is to be found in the Sarum Missal (ed. 1498) changed into a Collect, but I have printed it in large type, for the reason given above p. 133, on the festival of S. Leodegarius.
c cf. " tu appone nostris infirmitatibus medicinam."—M. Moz. 108. 72.
d " Legendum videtur *aures.*"—Mab.

e There is something wrong here.

cf. "Christus passus est pro nobis, vobis (S. Aug. S. Fulg. and several MSS in 1546 mg have *nobis*)relinquens exemplum ut sequamini vestigia ejus, qui peccatum non fecit, nec inventus est dolus (but cod. Amiat., S. Cypr., S. Aug., S. Greg. Mag. have *dol. inv. est* as in the text) in ore ejus." I Petri cap. 2 v. 21, 22.

f cf. "sunt reliquiæ homini pacifico. Ps. 36. 37.

Tu ergo Domine Deus noster, qui electo tuo Sigismundo regi triumphum martyrii contulisti, tua enim est misericordia, tua sunt dona, Domine omnipotens Pater, ut per communicationem corporis et sanguinis tui, in honorem electi tui Sigismundi, tempestatem ab eo frigoris excutias, febrium ardorem repellas, et ad sanitatem pristinam illum revocare digneris qui socrui beati Petri apostoli integram restituisti corporis sanitatem Christe, illum Salvator mundi. Per quem.—Martene ubi supra.

g "to him knocking by alms-giving Thou didst deign to open." In the next line, we should probably make *secutus* to begin a new sentence and add *est* after *consecutus*.

ergo dono majestatis tuæ agnoscimus reliquias esse homini pacifico.f Tu ergo, Domine Deus noster, qui inter bellorum tumultus, non examinatione persecutoris, electo tuo Sigismundo triumphum martyrii contulisti, tu dispensando pauperibus pulsanti g aperire dignatus es, secutus gratiam, consecutus misericordiam, ut post mortem ostendas in virtute quem ante mortem firmâsti in fide. Tua enim dona sunt, Domine, ut in nomine electi tui Sigismundi per communionem corporis et sanguinis Domini nostri Jesu Christi Filii tui à famulo tuo *ill.* tempestatis frigora, febrium ardorem repellas, et ad sanitatem pristinam revocare digneris. Præsta, quem in Trinitate laudant omnes angeli.

## \* M. 345     [\* LECTIONES DE MARTYRIBUS.]

a cap. 7 v. 13-17. The first three words are taken from c. 4 v. 1. and for *dicens* the Vulgate has *et dixit.*

b "Hic incipit Commune (ut vocant) sanctorum. Quæ vero sequuntur lectiones conveniunt sanctis Martyribus, de quibus est Missa sequens; nam nihil de Communi Apostolorum, nequidem in Gothico. Quanquam nomine Martyrum etiam Apostolos comprehensos fuisse, patet ex Missa sequente, quæ videtur esse de omnibus sanctis.—Mab. It ought, however, to be remembered that Offices for the Apostles (with the exception, perhaps, of some of the leading ones) seem to have been of a later origin than those of the local martyrs. *In* governing the genitive will be observed in the following title also.

c Vulg. *stolis albis.* S. Cyprian agrees with the text.

d Vulg. *venerunt.* Tertull. agrees with the text.

e Vulg. *nec.* S. Cypr. S. Fulg. Primas. Pseudo-Aug. agree with the text.

f Vulg. *ab.* S. Cypr. and Primas. agree with the text.

g cap. 11 v. 33, 34.

*Lectio Apocalypsis sancti Johannis.*a

IN SANCTORUM LEGENDA.b

Vidi, et ecce unus de senioribus dicens mihi; Hi qui amicti sunt stolas albas,c qui sunt et unde venerunt? Et dixi illi; Domine mi, tu scis. Et dixit mihi; Hi sunt qui veniunt d de tribulatione magnâ, et laverunt stolas suas, et dealbaverunt eas in sanguine Agni. Ideo sunt ante thronum Dei, et serviunt ei die ac nocte in templo ejus; et qui sedet in throno habitabit super illos. Non esurient neque sitient ampliùs, neque e cadet super illos sol neque ullus æstus : quoniam Agnus qui in medio throni est, reget illos, et deducet eos ad vitæ fontes aquarum, et absterget Deus omnem lacrymam ex f oculis eorum.

*Epistola Pauli apostoli ad Hebræos.*g

Fratres, Sancti per fidem vicerunt regna, operati sunt justitiam, adepti sunt repromissiones, obturaverunt ora leonum, extinxerunt impetum ignis, effugerunt aciem gladii, convaluerunt de infirmitate, fortes facti sunt in bello.

*Lectio sancti Evangelii secundum Matthæum.*h

h cap. 5 v. 1-12.

Videns Dominus Jesus turbas, ascendit in montem : et cùm sedisset, accesserunt ad eum discipuli ejus; et aperiens os suum docebat eos, dicens; Beati pauperes spiritu, quoniam ipsorum est regnum cœlorum. Beati mites, quoniam ipsi possidebunt terram.[1] Beati qui esuriunt et sitiunt justitiam, quoniam ipsi saturabuntur. Beati misericordes, quoniam ipsi misericordiam consequentur. Beati mundo corde, quoniam ipsi Deum videbunt. Beati pacifici, quoniam filii Dei vocabuntur. Beati qui persecutionem patiuntur propter justitiam, quoniam ipsorum est regnum cœlorum. Beati estis cùm maledixerint vobis et persecuti vos fuerint et dixerint omne malum adversùm vos mentientes, propter me : gaudete et exsultate, quoniam merces vestra copiosa est in cœlis.

[1] A whole beatitude is here left out.

## MISSA IN SANCTORUM MARTYRUM.

[*Collectio.*] Deus, qui in sanctorum tuorum cordibus sancti caloris[a] tui ignes accendens, usque ad martyrii eos gloriosa certamina sustulisti, ut in supplicio constituti, persecutores tuos te vincente[b] despicerent, pœnas te confortante contemnerent, præmia te remunerante perciperent in gloriâ : per[c] illorum te, Domine, triumphum deprecamur, ut nobis remissionem tribuas peccatorum.

[a] This word is of frequent occurrence in the Mozarabic Missal.
Deus qui in Sancti ac beatissimi Martyris tui N. certamine gaudens: ejus victoriam usque ad martyrii gloriam sustulisti: ut inter supplicia constitutus: persecutores suos : te vocante despiceret.—M. Moz. p. 425. 50. cf. above p. 137.

[b] read from the mg *suos te vocante.*

(*Secreta.*) Omnipotens Deus noster, tu tribue ut intercessio beatissimorum patriarcharum, prophetarum, apostolorum, martyrum, confessorum, virginum et sacerdotum, omniumque sanctorum,[d] nostrarum profectus sit animarum, et cultus quem illis deferimus ad honorem, nobis proficiat ad salutem;[e] ut intercessione eorum gratiam tuam et pacem in nobis facias permanere.[f]

[c] cf. " per quos te Deus Pater rogamus : et petimus : ut ...".—M. Moz. 386. 70.

[d] See a similar enumeration above pp. 131, 133. M. Moz. 314. 48.
[e] cf. " Cum quicquid omnibus sanctis impenditur ad honorem : obsequentibus proficiat ad salutem."—M. Moz. 401. 53 cf. 402. 90; 434. 4.
[f] This would seem a Gallican Collect *ad Pacem* under a Roman title: cf. " sed pax illa . . . semper inlibata permaneat in cordibus nostris." above p. 112.

**✱ M. 346**

(*Immolatio missæ.*) Verè dignum et justum est, omnipotens Deus. Tibi enim, Domine, festa solemnitas agitur, tibi dies sacrata ✱ celebratur, quam beatorum tuorum patriarcharum, prophetarum, apostolorum, martyrum et confessorum, virginum et sacerdotum, in veritatis tuæ testificatione profusis, [g] magnifico nominis tui honore signavit, in quo unicum salutis nostræ præsidium, Pater æterne, posuisti. Tuas igitur, Domine, virtutes, tuasque victorias admiramur, quoties in Ecclesiâ tuâ horum dierum festa celebramus, quos insignes sanctorum tuorum palmæ ad perennem memoriam solemnemque lætitiam fidelibus populis sacraverunt per Christum Dominum nostrum. Cui merito.

[g] for *sanguis profusus*, as in the mg.
V. D. Tibi etenim, Domine, sacra festivitas agitur, tibi dies sacrata celebratur, quam beatorum Martyrum tuorum sanguis, in veritatis tuæ testificatione profusus, magnifico nominis tui honore signavit. Per—S. Leon. p. 17. cf above p. 39, where from line 3 to line 11 should have been printed in small type.
Isti sunt enim Confessores illius nominis, in quo nobis unicum salutis nostræ præsidium, Pater æterne, posuisti.—S. Leon. p. 12. cf above p. 39.
V. D. Tuas enim, Domine, virtutes, tuasque victorias admiramur, quoties in Ecclesia tua horum dierum festa celebrantur, quos insignes Confessorum tuorum et Martyrum palmæ ad perennem memoriam, solemnemque lætitiam fidelibus populis sacraverunt. Per.—S. Leon. p. 2.

38✱

a 2 ad *Tim.* cap. 4 v. 17, 18.

*Epistola Pauli apostoli ad Corinthios.* a
UNIUS MARTYRIS.

Fratres, Dominus mihi adstitit et confor-
tavit me, ut per me prædicatio impleatur, et
ut b audiant omnes gentes quia c liberatus
sum de ore leonis. Liberavit enim d me Dominus, et e ab omni opere malo salvum faciet
in regnum suum cœleste, cui gloria in sæcula
sæculorum.

b Vulg. omits *ut.*
c Vulg. *et.*
d Vulg. omits *enim.*
e Vulg. places *et* after *malo.*

*Lectio sancti Evangelii secundum Mat-
thæum.*f

f cap. 10 v. 32, 33, 37, 39-42.

Omnis ergo qui confitebitur me coram
hominibus, confitebor et ego eum coram Patre
meo qui est in cœlis. g Qui autem negaverit
me coram hominibus, negabo et ego eum
coram Patre meo qui est in cœlis. h Qui amat
patrem aut matrem plus quàm me, non est
me dignus ; et qui amat filium aut filiam super
me, non est me dignus. Qui invenit animam
suam, perdet illam : et qui perdiderit animam
suam propter me, inveniet eam. Qui recipit
vos, me recipit ; et qui me recipit, recipit eum
qui me misit. Qui recipit prophetam in nomine prophetæ, mercedem prophetæ accipiet :
et qui recipit justum in nomine justi, mercedem
justi accipiet. Et quicunque potum dederit
uni ex minimis istis calicem aquæ frigidæ
tantùm in nomine discipuli, amen dico vobis,
non perdet mercedem suam.

g Vulg. *in cœ. est.*

h Vulg. *in cœ. est.* codd. Corb. San-
Germ. I and Tertull. (once) have the
order of the text.

MISSA UNIUS MARTYRIS.

[*Collectio.*] Sancte Domine, cujus a tam
multa est miseratio, quàm copiosa redemptio ;
propitius ac benignus exaudi preces nostras,
et da, intercessionibus beatissimi martyris tui
*ill.*,b ut quæ pro alterutrum c poscimus, etiam
pro nostris criminibus impetremus.

(*Collectio.*) Deus, qui nos de spe misericordiæ tuæ hac primâ ratione voluisti confiteri,
ut martyrum tuorum, quorum hîc d reliquias
veneramur, et præsentiâ et auxilio circumdares ; ut haberet et oratio nostra suffragium
et vita patrocinium, illud sanctorum intercessione, hoc munere. Custodi igitur, quæsumus,
Domine, Ecclesiam tuam, custodi locum istum
vel e omnes convenientes in eo, suffragio sancti

a cf. "cujus non minor est misericordia, quam potestas." – above p. 51.
b "In nostro exemplari passim scriptum est *ll* non *ill.* Nos tamen vul-
garem modum substituimus, adjecta
littera *i.*"—Mab.
c There seems to be some mistake
about this clause. The word occurs
above, p. 83 "per oscula nostra in
alterutrum porrecta."
d This Collect is very remarkable as
preserving a trace of the original local
honour for the martyrs of the place ;
see especially the concluding words.
It was probably composed at first for
some particular martyr, and then
taken, without much regard to its
suitableness, to form part of the
*Commune.* This has been done in
most of these services in the Mozarabic Missal, almost all of which are
to be found in the *Proprium* also.
The antiquity of this *Missa* may also
be gathered from the Collect *ad
Pacem* which speaks of martyrdom
as still possible, thus showing that it
was composed during an interval of
rest after persecution, while the civil
powers were still heathen. May we
draw the same conclusion from the
*Contestatio ?* A late composition
would probably not have qualified
the praise of the martyrs by speaking
in such a tone of what they must
have in common with all the faithful.
e for *et.*

martyris tui *ill.*; fiatque nobis ipse auxiliator è cœlo, qui ad te præsenti migravit è sæculo; sitque hæc vicissim retributio muneris tui, ut mereatur hic locus martyris gratiam, qui misit eundem martyrem ad coronam.

(*Post nomina.*) Munera nostra, quæsumus, Domine, dignanter assume : ut quod in honore sancti martyris tui *ill.* venerabiliter exsequuntur,[f] impetret fidelibus tuis auxilium oratio justa sanctorum.

*(*Ad Pacem.*) Oramus te, Pater sancte, ut nos servos tuos beatissimi martyris tui *ill.* jubeas esse consortes, in confessione participes, in fide stabiles, in persecutione firmos, in tribulatione patientes, in consummatione victores : ut si nos dies persecutionis invenerit, jungat consummatio virtutum, par præmium et corona cœlestis.

(*Contestatio.*) Verè dignum et justum est, omnipotens Deus, dedicator martyrii,[g] inspector belli, largitor triumphi. Qui inter spiritualium agonum, non effusione sanguinis, non morte hominis, sed præconio veritatis et pio in te caritatis officio delectaris ; adtestantibus meritis beatissimi martyris tui *ill.* cujus hodie gloriosam passionis victoriam recolentes, sperantes [h] per ejus suffragia, ut [i] nostras quoque voces admittere jubeas cum sanctis angelis atque [j] archangelis tuis, qui tibi hymnum perpetim supplice confessione dicentes, Sanctus.

[LECTIONES DE UNO CONFESSORE.]

*Lectio Hieremiæ Prophetæ.*[a]

Hæc dicit Dominus ; [b] Benedictio Domini super caput justi. [c] Eleemosyna illius non erit in oblivione : [d] omnia opera ejus sicut lux in conspectu [e] Dei fulgebunt. [f] Manus suas aperuit pauperibus, fructum autem porrexit

[e] Ed. *conspecto.*

[f] A clause seems to have been omitted here. That there is some confusion in the first part, also, of this collect, may be seen by the change of person from *nostra* to *exsequuntur;* for this last word can hardly be construed with *munera.*

cf. "Munus populi tui, Domine, quæsumus, dignanter assume."—S. Leon. p. 99.

above p. 136.

* M. 347

cf. "et in fide inveniantur stabiles, et in opere efficaces."—S. Greg. apud Gerb. p. 46b.

cf. "Imitemur proinde martyris patientiam ... ut cum dies tentationis advenerit: nihil habeamus quod perdamus inviti: sed spirituali gaudio sapienter accincti: dimicemus fortiter ad effusionem sanguinis: contra perfidiam inimici."— M. Moz. 358. 49.

[g] cf. "dicator martyrii." –above p. 65.
[h] Probably for *speramus.*
[i] cf. "cum quibus et nostras voces ut admitti jubeas, deprecamur, supplici confessione dicentes, Sanctus."—S. Greg. This adaptation of the Canon of the Roman Missal is interesting, as marking the intermediate stage between the complete freedom of the Gallican Liturgy from Roman influence and its servile adoption of entire collects without much reference to their suitableness to the part of the service in which they were to be used.
[j] MS *adque.*
[a] The following *centos* from Holy Scripture are remarkable as being taken from the Itala version. It would seem that when S. Jerome's translation was substituted for the old one, the scribe would not take the trouble of searching out the places from which the following sentences were compiled. We thus gain an argument for the antiquity of the substance of this Collection—that it must have been compiled from materials older than the use of S. Jerome's version.
The passages, so far as I have been able to trace them, are as follows. The first two are due to Mabillon :—
[b] Prov. 10. 6 "Benedictio Domini super caput justi."
This is the Vulgate. Sabatier gives nothing of the Itala here, but the Greek so closely agrees with it, that it is not probable that there was any difference.
[c] Ecclus. 3. 15 "Eleemosina enim patris non erit in oblivione."
Here again Sabatier gives no assistance.
[d] Prov. 4. 18 "Nam viæ justorum similiter ut lux fulgebunt." This is the Itala preserved by Lucifer and Chromat. Aquil. The Vulg. has "Justorum autem semita quasi lux splendens."
[f] Prov. 31. 20 "Manus suas aperuit pauperi, fructum autem porrexit inopi." from S. Aug. t. 5. 187. The Vulg. has "Manum suam ap. inopi, et palmas suas extendit ad pauperem."

g Ib. v. 25, 26, 27 "Fortitu line et
decore induta est, et lætata est in
diebus novissimis. Os suum aperuit
attente (al. prudenter) et ordinem
posuit linguæ suæ ... cibos autem
pigros non comedit;" also from S.
Aug. t. 5. 190,1. The Vulg. has
"Fortitudo et decor indumentum ejus,
et videbit in die novissimo. Os suum
aperuit sapientiæ, et lex clementiæ
in lingua ejus. ... et panem otiosa
non comedit." The words "in prædicatione" may have been introduced
into the text to make it suit the
occasion for which it was used.
h 1 ad Cor. 9. 22 "Omnibus omnia
factus sum, ut omnes facerem salvos."
The Itala does not differ much from
this. The codd. San-Germ. Clarom.
have "salvos faciam."
i "Nihil in sequenti lectione ex Pauli
apostoli epistola ad Titum: sed varia
sunt loca ex Scripturis, neque ad
verbum, neque etiam ad sensum
relata."—Mab.
j This is Mabillon's correction in the
list of errata. The text has *spiritum*.
k Job. 21. 12 "Tenent psalterium et
citharam, et lætantur ad vocem organi," from cod. Mm. The Vulg. has
"Tenent tympanum et cith. et gaudent
ad sonitum org."
l The only passage I can suggest for
the next clause is Ecclus 50. 20 where
the Vulg. (which is here the same as
the Itala) has "et in magna domo
auctus est sonus suavitatis plenus"
which is translated from the text of
the cod. Alex. but the cod. Vat. has
ἐγλυκάνϑη μέλος, so that possibly our
text preserves a Latin version of
which there is no other trace.
a cap. 24 v. 45-47.

b Vulg. + *suus.* codd. Clarom. San-
Germ. 2 Cant. S. Iren. S. Hilary. S.
Ambrose omit it.
c Vulg. *super.*
d Vulg. *illis.*

inopi.   g In fortitudinem et decorem indutus est et lætatus est in diebus novissimis.   Os suum aperuit in prædicatione, et ordinem posuit linguæ suæ: cibos autem pigros [non] comedit.   h [Omnia] factus est omnibus, ut omnes salvos faceret.

*Epistola Pauli apostoli ad Titum.*[i]

Fratres, timor Domini custodit animam justi, et spiritus[j] sapientiæ erudivit illum. k Tenens psalterium et cytharam, lætatus est ad vocem organi.   l Et quia dulcis fuit in ore ejus decantatio laudis; ideoque in die obitûs sui gavisus est, eo quòd suscepit illum dextera Dei.

*Lectio sancti Evangelii secundum Matthæum.*[a]

In illo tempore, dixit Dominus Jesus discipulis suis; Quis, putas, est fidelis servus et prudens, quem constituit dominus b supra c familiam suam, ut det illi d cibum in tempore? Beatus ille servus, quem, cùm venerit dominus ejus, invenerit sic facientem.   Amen dico vobis, quoniam super omnia bona sua constituet eum.


MISSA DE UNO CONFESSORE.

[*Collectio.*]   Propitiare nobis, Domine, ovibus tuis, interveniente beatissimo confessore tuo *ill.*; et quia tui est muneris, ut quæ præcipis impleamus, gratiæ tuæ lumen emitte.

* M. 348

cf. "cui omnia elementa famulantur."—M. Moz. 22. 97.
Omnipotens sempiterne Deus, cui
cuncta famulantur elementa: intercedente pro nobis beato Confessore
tuo ill. exaudi propitius orationem
nostram, et tribue nobis misericordiam tuam, ut quæcunque præcipis ut agamus, ipso adjuvante implere possimus. Per.—S. Greg. apud
Gerb. p. 221b.
Sancti Confessoris tui ill., Domine,
tribue nos foveri supplicationibus; ut
cujus depositionem annuo celebramus
obsequio, ejus apud te intercessionibus
et meritis commendemur. Per.—S.
Greg. apud Gerb. p. 221b.

above p. 136.

(*Collectio.*)   Omnipotens sempiterne Deus, cui cuncta famolantur elementa, interpellante pro nobis beatissimo confessore tuo *ill.,* exaudi propitius orationem nostram, et tribue nobis misericordiam tuam; et quæcunque præcipis ut agamus, ipse adjuva ut implere possimus.

(*Post nomina.*)   Sancti, Domine, confessoris tui *ill.** tribue nobis supplicationibus foveri; ut cujus depositionem colimus obsequio, ejus apud te intercessionibus et meritis commendemur. *Proficiant hæc quæ offerimus pro incolumitate viventium et pro requie defunctorum.*

*(Ad Pacem.)* Omnipotens sempiterne Deus, da above p. 62.
nobis in præsenti festivitate beatissimi confessoris tui
*ill.* congruâ devotione gaudere, ut et potentiam tuam in
ejus glorioso continentiæ cultu laudemus, et divinum
obtineamus auxilium.

*(Contestatio.)* Verè dignum et justum est,
omnipotens Deus, te adorare in sanctis, in
quibus glorificatus es, Domine, vehementer,
qui tibi adhærentes calcaverunt superbientem
excellentiam mundi virtute Spiritûs Sancti,
contemnentes blanditias et inlecebras mundi
hujus et frivolas pompas. Ex quibus beatus
tuus confessor *ill.* emicuit, mundum con-
temptui crucis postponens. Propterea nunc
requiescit in pace tuâ,[a] nihil inlecebrosum,
nihil jam metuens adversum. Cui inspira,
misericors Deus, intercedere tibi pro nobis ;
ut quem fecisti de suâ felicitate securum,
facias pro nostrâ liberatione sollicitum, per
Christum Dominum nostrum.

[a] This probably is a mark of considerable antiquity. In later times the expression "reigns in glory" would have been used even of confessors rather than "rests in peace." This is taken from S. Cyprian, de Mort. *sub fin.* "jam de sua incolumitate secura, adhuc de nostra salute sollicita." cf. M. Moz. p. 79. 95 ; "Simus ad Deum fratres charissimi solliciti : qui de meritorum nostrorum non sumus felicitate securi." See this further adapted to later doctrine in M. Moz. p. 348. 55 ; "ut que es de meritorum tuorum remuneratione secura : sis etiam de nostrorum criminum remissione solicita." And nearly in the same words in the addition at the end of Sac. Leon. (which must be very recent since it speaks of baptism by affusion ; "qui baptizabitur *ex* ea ") "ut qui de vestrorum meritorum estis remuneratione securi, sitis de nostrorum criminum remissione solliciti."

*Lectio Hieremiæ prophetæ* [a]
IN DEPOSITIONE SANCTI MARTINI EPISCOPI.[b]

Benedictus vir qui confidit in Domino, et
erit Dominus fiducia ejus. Et erit quasi
lignum quod transplantatur super aquas, quod
ad humorem mittit radices suas, et non timebit
cùm venerit æstus. Et erit folium ejus viride,
et in tempore siccitatis non erit sollicitum,
nec aliquando desinet facere fructum. Pravum
est cor omnium et inscrutabile, quis cognoscet
illud ? Ego Dominus scrutans cor et probans
renes, qui do unicuique juxta viam [c] et juxta
fructum adinventionum suarum. Solium gloriæ [d] à principio locus sanctificationis nostræ,
exspectatio Israel Dominus.[e] Omnes qui te
derelinquunt confundentur, recedentes [f] in
terrâ scribentur, quoniam dereliquerunt venam
aquarum viventium Dominum. Sana me, Domine, et sanabor ; salvum me fac, et salvus
ero : quoniam laus mea tu es, Domine Deus
meus.

[a] cap. 17 v. 7-10, 12-14.
[b] "Ita post Commune Confessorum sequitur Missa de sancto Martino in Gothico Missali."—Mab.
[c] Vulg. + *suam.*
[d] Vulg. + *altitudinis.*
[e] Vulg. *Domine.*
[f] Vulg. + *a te.* S. Aug. in his version has not got these words.

*Epistola Pauli apostoli ad Timotheum.*[g]
Fratres, Omnis scriptura divinitùs inspirata
utilis est ad docendum, ad arguendum, ad
corrigendum [h] in justitiâ, ut perfectus sit
omnis [i] homo Dei, ad omne opus bonum in-
structus. Testificor coram Deo et Christo

[g] 2 ad Tim. cap. 3. 16-cap. 4. 8.
[h] Vulg. + *ad erudiendum.*
[i] Vulg. omits *omnis.*

j Vulg. *J. Ch.* The codd. San-Germ. Clarom. S. Aug. Ambrosiast. have the same order as the text.

k Two verses and a half are here omitted.

l The words "sobrius esto" are here left out. The codd. San-Germ. Clarom. omit them, and Lucas Brug. says "Quidam libri non temere videntur omittere; est enim altera versio ejus quod præcedit, 'Tu vero vigila.'"
m Vulg. *delibor.* Tertull. S. Cypr. (once) agree with the text.
n Vulg. + *autem.*

o Vulg. *iis.* The codd. San-Germ. Clarom. S. Ambrose (once) agree with the text.

\* M. 349

p cap. 25. v. 14-21.
q Vulg. + *peregre,* omitting *quidam.*

r Vulg. + *et.* The codd. Corb. 1 and Cant. agree with the text, but the latter has a participle instead of *Abiit.*
s Vulg. + *et.* cod. San-Germ. 2 omits it also.
t for the accusative. codd. San-Germ. 2, Cant. agree with the text.

u Vulg. + *talenta.* cod. Clarom. omits it.

a These three words seem to have been added by Mabillon.
b There seems to be some mistake in these three words, which the mg does not enable us to correct.
c see above p. 40 and App. The strange mistake in the Mozarabic is noticed by Lesley. Some other readings also of our text (*e. g.* "adnumerandum apostolis") are superior to those of the mg.

(*Post nomina.*) Deus qui mirabilis es in Sanctis tuis: cujus cultui deputatur: quicquid amicis tuis honoris impenditur. Intenta oratione te poscimus: ut hunc diem quem Sancti et incomparabilis viri Martini inlustravit excessus: prosperum nobis et posteris in rebus nationum propiciatus indulgeas. Tribuasque ut cujus veneratores sumus: imitatores effici mereamur. Hunc etiam virum quem celicolis ammirandum Martyribus adgregatum etatis nostre tempora protulerunt: jubeas auxilium nostris ferre temporibus. Dubium enim non est: quod sit Martyr in celo: qui fuit Confessor in seculo. Cum sciatur non Martino martyrium: sed martyrio defuisse Martinum. Oramus Domine: ut qui tantum potuit tuis se equare virtutibus: [ut vitam mortuis redderet;] dignetur [etiam defunctorum spiritus consolari: ac viventes] in tribulatione defendere: qui potens fuit mortuos suscitare.—M. Moz. 402.

Jesu j qui judicaturus est vivos et mortuos, per adventum ipsius et regnum ejus, prædica verbum, insta oportunè, inportunè.k Tu verò vigila, in omnibus labora, opus fac evangelistæ, ministerium tuum imple.l Ego enim jam libor,m et tempus resolutionis meæ instat. Bonum certamen certavi, cursum consummavi, fidem servavi. In reliquo reposita est mihi corona justitiæ, quam reddet mihi Dominus in illâ die justus judex: non solùm n mihi, sed et his o qui diligunt adventum ejus.

\**Lectio sancti Evangelii secundum Matthæum.*p

Homo quidam q proficiscens vocavit servos suos, et tradidit illis bona sua. Et uni dedit quinque talenta, alii autem duo, alii verò unum; unicuique secundùm propriam virtutem, et profectus est statim. Abiit autem qui quinque talenta acceperat,r operatus est in eis, et lucratus est alia quinque. Similiters qui duo acceperat, lucratus est alia duo. Qui autem unum acceperat, abiens fodit in terrâ,t et abscondit pecuniam domini sui. Post multum verò temporis, venit dominus servorum illorum, et posuit rationem cum eis. Et accedens qui quinque talenta acceperat, obtulit alia quinque,u dicens; Domine, quinque talenta tradidisti mihi, ecce alia quinque superlucratus sum. Ait illi dominus ejus; Euge, serve bone et fidelis; quia super pauca fuisti fidelis, super multa te constituam ; intra in gaudium domini tui.

### MISSA S. MARTINI EPISCOPI.

[*Præfatio.*] Sanctum in mirabilibus, mirabilem Deum in sanctis suis et confessore suo Martino, [fratres carissimi, deprecemur ;]a ut cujus venerabilem diem celebramus, mereamur ejus esse participes. Hic vir, quem adnumerandum apostolis, martyribus adgregandum, proxima ita in rem b tempora protulerunt. Dubium enim non est ut sit martyr in cœlo, qui fuit confessor in sæculo; cùm sciamus non Martinum c martyrio, sed martyrium defuisse Martino. Oremus qui in tantum Domini potuit æquare virtutes, dignetur in tribulatione defendere, qui potens fuit mortuos suscitare.

*(Collectio.)* Deus, cujus per summum antistitem et confessorem tuum Martinum fulgoris [d] tui lumen effulsit ; cujus hodie felicem transmigrationis diem celebrantes, clementiam tuam [e] supplices exoramus, ut Ecclesiam tuam conversantem in tribulatione dignetur defendere, cui à te satis largâ pietate concessum est etiam mortuos suscitare.

*(Post nomina.)* Largam Dei Patris omnipotentis misericordiam,[f] fratres carissimi, deprecemur ; ut intercessione sancti ac beatissimi antistitis sui Martini, cujus hodiernâ die officium commemorationis impendimus, ejus interventu [g] per misericordiam Domini indulgentiam consequi mereamur.

*(Ad Pacem.)* Exaudi, Domine, preces nostras quas in sancti confessoris et sacerdotis episcopi [h] tui Martini commemoratione deferimus ; et præsta, ut sicut ille in conspectu tuo qui tibi dignè meruit famulari clarus semper exstitit, ita ejus nos supplicatio in bonis actibus adjuvet. Per.

*(Contestatio.)* Verè dignum et justum est, omnipotens Deus, te in Martini tui laudibus honorare, qui Sancti Spiritus tui dono successus, Ita in ipso tirocinio fidei perfectus inventus est, ut Christum texisset in paupere ; et vestem quam egenus acceperat, mundi Dominus induisset. O felix largitas, in [i] quâ divinitas operitur! O clamydis gloriosa divisio, quæ militem texit et regem! Inæstimabile donum est quod vestire Deum [j] meruit Deitatis. Dignè huic confessionis tuæ præmium commisisti ; dignè Arrianorum non subjacuit feritati ; dignè tantùm amore Martinus persecutoris * tormenta non timuit securus ; quia tanta est glorificatio passionis, ut [k] per quantitatem vestis exiguæ vestire Christum meruit et videre. O animæ imitanda benignitas! O virtutum veneranda potentia ! sic egit suscepti pontificatûs officium, ut per formam probabilis vitæ observantiam exegerit disciplinæ ; sic apostolicâ virtute sperantibus contulit medicinam, ut alios supplicationibus, alios visu salvârit. Hæc tua est, Domine, veneranda potentia, cui cùm linguâ non suppleat, meritis [l] exorat, per Christum Dominum.

[LECTIONES DE UNA VIRGINE.]

*Epistola Pauli apostoli ad Romanos.*[a]
Fratres, De virginibus præceptum Domini non habeo, consilium autem do, tanquam misericordiam consecutus à Domino, ut sim fidelis. Existimo autem [b] hoc bonum esse propter instantem necessitatem, quoniam bonum est homini sic esse. Alligatus es uxori ? [Noli [c] quærere solutionem. Solutus es ab

39

90. I have marked with brackets two clauses which have been omitted in the text, as no longer needed when its position was altered from that which it occupies in the Mozarabic Missal. Lesley calls attention to the expression *ætatis nostræ*, as proving that this was composed not long after S. Martin's death. Besides his note on the passage, see his preface p. lxi.
[d] I scarcely see in what sense this word is to be taken. That which follows it, seems redundant ; and in the same line we should probably read *ejus* instead of *cujus*.
[e] cf. "deprecemur clementiam ejus." M. Moz. 299. 2.
[f] cf. "Pie largissimam tue pietatis clementiam implorantes; ut." M. Moz. 93. 6. " Rogantes prelargissimam Domini pietatem ut." ib. 288. 14.

[g] These two words are redundant.

above p. 139.
[h] As the word " sacerdos " was in early times applied solely to bishops, this word seems superfluous. It will be observed that this is a later form of this Collect than that which occurred above in the M. Goth. as the prayer that the confessor may be

above p. 141.
honoured in the presence of God, is here changed (but rather awkwardly, for the words "in conspectu tuo " ought to have been transposed) into a simple assertion that he is so.
[i] This word is superfluous.

[j] This expression (found also in the M. Goth.) is of course applied to our Blessed Lord as " God of God."

[k] From the Roman versions of this " Contestatio," we see that the meaning of this must be ; "how great must be his glory from his confessorship, *when* for so small a bit of a garment he was so highly honoured."

* M. 350

[l] This expression is remarkable, and betokens a period before the modern Roman doctrine of the intercession of the saints had been adopted, as it speaks of S. Martin's intercession consisting, not in any express prayer, but simply in the force of his holy life when upon earth.

[a] 1 ad *Cor*. cap. 7 v. 25-34.

[b] Vulg. *ergo*. Brugens. says that "quidam " have the reading.
[c] The words in brackets are added by Mabillon in his list of errata, but it does not appear whether he has taken them from his transcript of the MS or from the Vulgate.

uxore ?] Noli quærere uxorem. Si autem acceperis uxorem, non peccâsti. Et si nupserit virgo, non peccabit : [d] tribulationem [e] carnis habebunt hujusmodi ; ego autem vobis parco. Hoc itaque dico, fratres, tempus breve est. Reliquum est, ut [f] qui habent uxores, tanquam non habentes sint ; et qui flent, tanquam non flentes ; et qui gaudent, tanquam non gaudentes : et qui emunt, tanquam non possidentes ; et qui utuntur hoc mundo, tanquam non utantur : præterit enim figura hujus mundi. Volo autem vos sine sollicitudine esse. Qui sine uxore est, sollicitus est quæ Domini sunt, quomodo placeat Deo. Qui autem cum uxore est, sollicitus est quæ sunt mundi, quomodo placeat uxori, et divisus est. Et mulier innupta et virgo cogitat quæ sunt Domini,[g] ut sit sancta corpore et spiritu.

*Lectio sancti Evangelii secundum Matthæum.*[h]

Simile erit regnum cœlorum decem virginibus, quæ accipientes lampades suas, exierunt obviam sponso et sponsæ. Quinque autem ex eis erant fatuæ et quinque prudentes. Sed quinque fatuæ, acceptis lampadibus, non sumpserunt oleum secum : prudentes verò acceperunt oleum in vasis[i] cum lampadibus. Moram autem faciente sponso, dormitaverunt omnes et dormierunt. Mediâ autem nocte, clamor factus est ; Ecce sponsus venit, exite obviam ei. Tunc surrexerunt omnes virgines illæ, et ornaverunt lampades suas. Fatuæ autem sapientibus dixerunt ; Date nobis de oleo vestro, quia lampades nostræ extinguuntur. Responderunt prudentes, dicentes : Ne fortè non sufficiat nobis et vobis, ite potiùs ad vendentes, et emite vobis. Dum autem irent emere, venit sponsus ; et quæ paratæ erant intraverunt cum eo ad nuptias, et clausa est janua. Novissimè[j] venerunt[k] reliquæ virgines, dicentes ; Domine, domine, aperi nobis. At ille respondens, ait ; Amen dico vobis, nescio vos. Vigilate itaque, quia nescitis diem neque horam.

[d] Vulg. *peccavit.* codd. Amiat. Augi. Sedul. Scot. have the future, or at least the *b* ; for it probably was still meant for the perfect.

[e] Vulg. + *tamen.*

[f] Vulg. + *et.* cod. Amiat. Miss. Moz. S. Jerome (twice) S. Aug. (once) S. Paulin. omit it, and (according to Scholz) cod. Tol.

[g] Vulg. *Dni sunt.* codd. Boern. Augi. Tertull. S. Cypr. S. Ambr. (twice) S. Aug. S. Jer. (once) S. Fulg. have the order of the text.

[h] cap. 25 v. 1-13.

[i] Vulg. + *suis.* codd. Clarom. Forojul. and (according to Scholz) Arnob. omit it.

[j] Vulg. + *vero.* Lect. Lux. codd. San-Germ. 1 S. Gat. Cant. Clarom. Veron. Amiat. Miss. Moz. omit it.

[k] Vulg. *veniunt et.* codd. Colb. Cant. Brix. agree with the text; the author of the Opus Imperf. and Miss. Sarum have the perfect, but add *et.* codd. Veron. Forojul. and Miss. Moz. omit *et.*

## MISSA UNIUS VIRGINIS.

[*Collectio.*] *Propitiare, Domine, supplicationi-* above p. 137.
*bus nostris, et flammam in nobis tuæ caritatis accende ;*
*ut sanctæ tuæ virginis ill. vel*[a] *martyris, quæ sexum*
*cum sæculo vicit, cujus nos fecisti esse imitatores,*
*jubeas esse consortes.*

(*Collectio.*) Deus, qui candidatam tuam
*ill.* virginitate pariter et martyrio in fonte vivi
certaminis abluisti, ut confessionis gloriam [b]
roseo sui sanguinis decore ornata, spe caneret
victoriæ,* et mundum in suis dormientem peccatis ad confessionem tui nominis excitaret;
da ejus patrocinio peccatis nostris indulgentiam, qui dedisti certanti coronam.

(*Post nomina.*) Supplicationibus nostris,
Domine, propitiatus intende, quas in sanctæ
tuæ *ill.* virginis et martyris commemoratione
deferimus ; et hoc sacrificium super inlatum
ita dignanter adtende, ut qui fiduciam de propriâ
justitiâ non habemus, ejus quæ tibi placere meruit
precibus adjuvemur. Per.

(*Ad Pacem.*) Exaudi, Domine, preces
nostras in die solemnitatis magnifico sanctæ
virginis et martyris, quæ mundum vicit cum
fragili sexu ; et dona, ejus apud te interventu
placatus, ut cuncti qui adsistimus, ejus memoriam frequentantes, pacis et caritatis vinculo
colligemur.

(*Contestatio.*) Verè dignum et justum
est, omnipotens Deus, in virgine decorosâ te
palmâ laudare. Et ideo, pro martyre tuâ *ill.*
vel virgine decorosâ honoris obsequium persolventes, supplices clementiæ tuæ fundimus
preces ; rogantes ut nos exaudire digneris et
in sanctæ *ill.* solemnitate lætifices, quo sancta
*ill.* virgo, dum humanas nuptias tempsit,
sponsum sibi, qui perpetuus immortalitatis
præmio esset, adjunxit: cui confessionis testimonio se elegit[c] sanguinis martyrio consecrare,
ut virginalis integritas eo esset in sponsâ
præclarior, quo sanguinis rosea diadema mi-
cabat. In hujus ergo tale[d] gloriosum certamen
votorum tibi hostias immolamus, laudes tibi
cum angelis concinunt[e] dicentes, Sanctus.

[a] This is used in the sense of "and "
of which we have already met with
many instances ; as the whole of this
service is fitted only for those who
were martyrs as well as virgins.

[b] This seems a mistake for the nominative, agreeing with *ornata*, as this
seems more likely than that the sense
should be, "that *she* adorned *as to*
the glory of her confession &c.
might sing &c." Or else the two
words may be taken as an ablative
absolute.

\* M. 351

cf. " ad hanc propitius hostiam dig-
nanter attende, et benignus accipe."—
S. Greg. apud Gerb. p. 275a. cf. M.
Moz. 74. I.

Adesto, Domine, precibus nostris,
quas in Sanctorum tuorum commemoratione deferimus, ut qui nostræ justitiæ fiduciam non habemus,
eorum, qui tibi placuerunt, meritis
adjuvemur. Per.—Sac. Leon. p. 8.

[c] Should not *et* be here added? It
might easily have dropped out owing
to its resemblance with the final
syllable of the preceding word.
[d] Is this for *tam?*

[e] This word seems redundant, or
wrong.

a cap. 5 v. 14-18.

*Epistola Jacobi apostoli ad Gentes* [a]
PRO INFIRMIS.

b Vulg. *quis.* cod. Corb. agrees with the text.

c Vulg. *alleviabit.* Brugens. mentions the reading as being in "alii libri." cod. Amiat. S. Aug. and Miss. Moz. have it.
d Vulg. *remittentur.* cod. Amiat. has *dimittentur.* Is the singular a very servile translation of the Greek?
e Vulg. + *ergo.* cod. Corb. S. Aug. and the ordinary Greek text omit it.

f Vulg. *ho. erat.*

g Vulg. *rursum.* cod. Amiat. agrees with the text.

h cap. 4 v. 38-40.

i Vulg. *Simonis.* Probably, the other name is used here, as being the best known.

j Vulg. *aut. sol.* codd. Colb. Veron. Amiat. and Miss. Sarum have the order of the text.
k Mabillon gives no explanation how this is left imperfect in the MS.

Fratres, infirmatur aliquis [b] in vobis? inducat presbyteros Ecclesiæ, et orent super eum, ungentes eum oleo in nomine Domini, et oratio fidei salvabit infirmum, et allevabit [c] eum Dominus; et si in peccatis sit, dimittetur [d] ei. Confitemini [e] alterutrum peccata vestra et orate pro invicem, ut salvemini. Multum enim valet deprecatio justi assidua. Helias erat homo [f] similis * nobis passibilis, et oratione

***M. 352***

oravit ut non plueret super terram: et non pluit annos tres et menses sex. Et rursùs [g] oravit, et cœlum dedit pluviam, et terra dedit fructum suum.

*Lectio sancti Evangelii secundum Lucam.* [h]

In tempore illo Dominus noster Jesus Christus introivit in domum Petri : [i] socrus autem Simonis tenebatur magnis febribus. Et rogaverunt illum pro eâ. Et stans super illam, imperavit febri, et dimisit illam. Et continuò surgens ministrabat illis. Cùm sol autem [j] occidisset, omnes qui habebant infirmos variis languoribus, ducebant illos ad eum. At ille singulis manus imponens, [k]

MISSA PRO ÆGROTIS.

Domine sancte Pater omnipotens æterne Deus! qui fragilitatem conditionis nostræ infusa virtutis tuæ dignatione confirmas, ut salutaribus remediis pietatis tuæ corpora nostra et membra vegetentur: super hunc famulum tuum ill. propitiatus intende, ut omni necessitate corporeæ infirmitatis exclusa, gratia in eo pristinæ sanitatis perfecta reparetur, per.—S. Gel. ed. Mur. p. 735; S. Greg. apud Gerb. p. 309a.
Virtutum cœlestium Deus! qui ab humanis corporibus omnem languorem, et omnem infirmitatem præcepti tui potestate depellis: adesto propitius huic famulo tuo; ut fugatis infirmitatibus, et viribus revocatis, nomen sanctum tuum instaurata protinus sanitate benedicat, per.—S. Gel. ed. Mur. p. 735 ; S. Greg. apud Gerb. p. 310b.
a see this same expression used below in the *Contestatio.*
Deus, infirmitatis humanæ singulare præsidium, auxilii tui &c.—S. Gel. ed. Mur. p. 736.
Omnipotens sempiterne Deus! qui ægritudines et animarum depellis et corporum, auxilii tui super infirmos nostros ostende virtutem: ut ope misericordiæ tuæ adjuti, ad omnia pietatis tuæ reparentur officia, per.—S. Gel. ed. Mur. p. 736; S. Greg. apud Gerb. p. 310b.

[*Collectio.*] Omnipotens sempiterne Deus, qui fragilitatem conditionis nostræ infusâ virtutis tuæ dignatione confirmas, ut salutaribus remediis pietatis tuæ corpora nostra et membra vegetentur: super famulum tuum *ill.* propitius intende, ut, omni necessitate corporeæ infirmitatis exclusâ, gratia in eum pristinæ sanitatis perfecta reparetur. Per.

(*Collectio.*) Virtutum cœlestium Deus, qui ab humanis corporibus omnem languorem et omnem infirmitatem præcepti tui potestate depellis: adesto propitius famulo tuo *ill.* ut, fugatis infirmitatibus et viribus reparatis, nomini sancto tuo instauratâ protinus sanitate benedicat.

(*Post nomina.*) Adesto supplicationibus nostris, omnipotens Deus, et hanc [a] oblationem pro incolomitate famuli tui *ill.* oblatam sanctificans, tu qui es humanæ fragilitatis singulare præsidium, auxilii tui ostende virtutem, ut, ope misericordiæ tuæ adjutus, ad omnia sanitatis reparetur officia.

*(Ad Pacem.)* Sacrificia, Domine, tibi cum Ecclesiæ precibus immolanda, quæsumus, corda nostra purificent, et indulgentiæ tuæ nobis dona concilient [b] et de adversis prospera sentire perficiant.

*(Contestatio.)* Verè dignum et justum est, omnipotens Deus, te Dominum totius misericordiæ in necessitatibus invocare, qui dominaris vitæ et morti, qui es medicus [c] animarum. Sanctificans ergo hanc oblationem pro incolomitate famuli tui *ill.* oblatam, quæsumus, ut respicias propitius de præparato habitaculo tuo super eum qui diversâ [d] ægritudine continetur, et visites eum visitatione tuâ cœlesti, sicut visitare dignatus es socrum Petri, puerum centurionis, et Sarram ancillam tuam. Alleva eum, Domine, de strato doloris sui, ut salvus atque incolomis in ecclesiâ tibi ore David dicere possit, Castigans castigavit me Dominus, et morti non tradidit me, per Christum Dominum nostrum.

Sacrificia, Domine, tibi cum Ecclesiæ precibus immolanda, quæsumus, corda nostra purificent: et indulgentiæ tuæ nobis dona concilient: et de adversis prospera sentire perficiant. Per.—S. Gel. ed. Mur. p. 708.

[b] cf. " fac, quæsumus, ut (hostiæ laudis) et indulgentiam tuam nobis concilient et favorem."—S. Leon. p. 109.

[c] Have the words " et corporum et " dropped out here?

cf. Ps. 32. 14. " De præparato habitaculo suo respexit super omnes qui habitant terram."

[d] What is the force of this word? cf. " famulos et famulas tuas, Domine, cœlesti visitatione circumda."—S. Leon. p. 76. "... visitare digneris, sicut visitasti Dne Tobiam et Saram, socrum Petri puerumque Centurionis."—S. Greg. apud Gerb. p. 310a.

cf. Ps. 117. 18. " Castigans castigavit me Dominus, et morti non tradidit me."

---

*Lectio libri Genesis* [a]
LEGENDA IN DEDICATIONE ECCLESIÆ.

[a] cap. 28 v. 10-22.

Tempore illo egressus Jacob de Bersabee, pergebat Aram.[b] Cùmque venisset ad quendam locum, et vellet in eo requiescere post solis occubitum, tulit de lapidibus quos [c] subponens capiti suo dormivit in eodem loco; viditque in somnis scalam stantem super terram, et cacumen * ejus [d] tangens cœlum, et [e] angelos quoque Dei ascendentes et descendentes per eam, et Dominum innixum scalæ dicentem sibi; Ego sum Dominus Deus Abraham patris tui et Deus Isaac. Terram in quâ dormis, tibi dabo et semini tuo: eritque semen tuum quasi pulvis terræ. Dilataberis ad occidentem et orientem,[f] septemtrionem et meridiem; et benedicentur in te et [g] semine tuo cunctæ tribus terræ, et ero custos tuus quocunque perrexeris. Et reducam te in terram hanc, nec dimittam nisi complevero universa quæ dixi. Cùmque evigilâsset Jacob de somno, ait; Verè Dominus est in loco isto, et ego nesciebam; pavensque, Quàm terribilis, inquit, est [h] locus iste! non est hîc aliud, nisi domus Dei et porta cœli. Surgens ergo [i] manè, tulit lapidem quem supposuerat capiti suo, et erexit in titulum, fundens oleum desuper; appellavit-

[b] Vulg. *Haran.* The Itala as given by S. Aug. has *m.* so 1512.

[c] for *quos* Vulg. has " qui jacebat et."

* M. 353
[d] Vulg. *illius.*
[e] Vulg. omits *et.*

[f] Vulg. + *et.*

[g] Vulg. + *in.*

[h] Vulg. *est inq.*
[i] Vulg. + *Jacob.*

que nomen urbis Bethel, quæ priùs Luza
vocabatur. Vovit etiam votum, dicens; Si
fuerit Deus mecum, et custodierit me in viâ

j Vulg. *per quam ego.*

quâ j ambulo, et dederit mihi panem ad ves-

k Vulg. *vestimentum.* S. Jerome
(once) S. Ambr. agree with the text.

cendum et vestem k ad induendum, reversusque
fuero prosperè ad domum patris mei; erit
mihi Dominus in Deum, et lapis iste quem
erexi in titulum, vocabitur domus Dei; et

l Vulg. *cunctorumque.*

cunctorum l quæ dederis mihi, decimas offeram
tibi.

m 1 ad Cor. cap. 3 v. 9-17.

*Epistola Pauli apostoli ad Corinthios.*m

Fratres, Dei sumus adjutores, Dei agri-
cultura estis, Dei ædificatio estis. Secundùm
gratiam Dei quæ data est mihi, ut sapiens
architectus fundamentum posui. Alius autem
superædificat; unusquisque autem videat quomodo superædificet. Fundamentum enim aliud
nemo potest ponere præter id quod positum
est, quod est Christus Jesus. Si quis autem

n Vulg. *super.* codd. Augi. Amiat.
S. Ambr. (once) and ed. 1512 agree
with the text.
o Vulg.+*hoc.* S. Ambr. leaves it out.

superædificat supra n fundamentum,o aurum,
argentum, lapides preciosos, ligna, fœnum,
stipulam ; uniuscujusque opus manifestum

p Vulg.+*Domini.* codd. San-Germ.
Clarom. Amiat. S. Aug. (sometimes)
Ambrosiast. many Latin MSS according to Erasmus and 1546 mg
and the Greek leave it out.
q Vulg. *cujus.*

erit. Dies enim p declarabit, quia in igne
revelabitur.; et uniuscujusque opus quale sit
ignis probabit. Si cujusque q opus manserit
quod superædificavit, mercedem accipiet. Si
cujus opus arserit, detrimentum patietur; ipse

r Vulg. *autem.* S. Amb. de Off. ed.
Krab. agrees with the text.

tamen r salvus erit, sic tamen quasi per ignem.
Nescitis quia templum Dei estis, et Spiritus
Dei habitat in vobis? Si quis autem templum

s Vulg. *Deus.*

Dei violaverit, disperdet illum Dominus. s
Templum enim Dei sanctum est, quod estis vos.

t cap. 10 v. 22-38.

*Lectio sancti Evangelii secundum Jo-
hannem.*t

Diebus illis facta sunt encænia in Hierusolymis, et hiems erat. Et ambulabat Jesus
in templo, in porticu Salomonis. Circumdederunt ergo eum Judæi et dicebant ei ;
Quousque animam nostram tollis? Si tu es
Christus, dic nobis palam. Respondit ei u

u for *eis.*

Jesus; Loquor vobis et non creditis. Opera
quæ ego facio in nomine Patris mei, hæc
testimonium perhibent de me. Sed vos non
creditis, quia non estis ex ovibus meis. Oves
meæ vocem meam audiunt, et ego cognosco

v Ed. *secuntur,* a common spelling
in MSS.

eas, et sequuntur v me, et ego vitam æternam
do eis : et non peribunt in æternum, et non

w Vulg. *rapiet.* codd. Colb. Fossat.
Palat. Verc. Miss. Moz. S. Ambr. S.
Fulg. agree with the text.

rapit w eas quisquam de manu meâ. Pater
meus quod dedit mihi, majus omnibus est, et

nemo potest rapere de manu Patris mei. Ego
et Pater unum sumus. Sustulerunt [x] lapides
Judæi ut lapidarent eum. Respondit eis Jesus;
Multa opera bona [y] ostendi vobis ex Patre
meo; propter quod eorum opus me lapidatis?
Responderunt ei Judæi; De bono opere non
lapidamus te, sed de blasphemiâ * et quia tu,
homo cùm sis, facis te ipsum Deum. Respondit
eis Jesus; Nonne scriptum est in lege vestrâ,
quia ego dixi, Dii estis. Si illos dixit deos
ad quos sermo Dei factus est, et non potest
solvi scriptura; quem Pater sanctificavit et
misit in mundum, vos dicitis quia blaspemas,[z]
quia dixi, Filius Dei sum? Si non facio opera
Patris mei, nolite credere mihi; si autem facio,
et si mihi non vultis credere, operibus credite;
ut cognoscatis et credatis quia in me est
Pater [a] et ego in Patre.

[x] Vulg. + *ergo.* codd. Amiat. Corb. Forojul. Miss. Moz. and ed. 1546 text and (according to Scholz) codd. Mart. Germ. and Emmer. leave it out; Burgens. mentions the omission.
[y] Vulg. *bo. op.* codd. Colb. Fossat. Palat. Amiat. Verc. Brix. Forojul. have the order of the text.

\* M. 354

[z] for *blasphemas.*

[a] Vulg. *Pa. in me est.* codd. Colb. San-Gall. Palat. Amiat. Verc. Veron. Brix. S. Cypr. S. Zeno Ver. and the Greek have the order of the text.

*Collectio post Prophetiam*
## IN DEDICATIONE ECCLESIÆ.[a]

Benedicte Deus sancte Israel, qui cœlestem
Hierusalem cottidie multiplicè ædificas congregatione sanctorum, respice super domum hanc,
cujus natalis [b] est hodie, quæ in honore martyrum tuorum *ill.* condita est, et præsta, ut
omnes invocantes te in eâ inveniant salutem,
infirmi medicinam, vulnerati remedium, mœ-
rentes gaudium, reditum captivi, pœnitentes
indulgentiam, rei [c] veniam, vincti solutionem,
orantes præsidium.

*Item alia ejusdem.*
Ascendat oratio nostra per manus sancti
angeli tui ad divinum altare tuum, Domine,
cum odore suavitatis tuæ, commendante advo-
cato Domino nostro Jesu Christo, cum quo
tibi est imperium, potestas, honor, laus, majestas, gloria, æternitas, cum Spiritu Sancto
in sæcula sæculorum.

### MISSA IN DEDICATIONE.

[*Præfatio.*] Deum, qui templorum condidit
ornamenta,[d] qui martyribus suis atque confessoribus sacra dedicavit [e] altaria, fratres
dilectissimi, affectu piissimo veneremur, pronâ
humilitate poscentes; ut templa quæ nomini
suo dedicata sunt, munere spiritali respersa

[a] In the edd. this and the following Collect are placed above, just before the Lessons for the sick. But this is so obvious a transposition that I have ventured to correct it by placing them here. On the Collect *post Pro- phetiam,* that is, after the song of Zacharias, see above pp. 8, 34.
[b] For this curious use of the word, here and below in the Collect *post nomina,* showing how completely it had come to be taken as synonymous with 'festival,' Ducange refers to a sermon on the dedication of a church printed by J. Petit. It occurs also in a Gregorian Collect for the same solemnity, S. Greg. apud Gerb. p. 228b.
[c] cf. "ad veniam rei . . . vincti ab-solutionem." M. Moz. 393. 52.

[d] cf. "Deus, qui sacrandorum tibi auctor es munerum."– M. Amb. apud Gerb. p. 227b. S. Greg. apud Mur. p. 241.
[e] There is surely some mistake here in saying that the altars were dedi-cated *to* the martyrs and confessors; especially, as it is *God* who is here said to have dedicated them, whereas it ought to have been the builders of the church. At any rate, the mention of the confessors shows that this service must be comparatively recent: which, indeed, we would have known independently of this, as the con-secration of churches, and of course still more the yearly commemorations of that rite, was not introduced till some time after the Empire had become Christian. See the Bene-dictine note to S. Aug. t. 5 p. 1301. The Mozarabic Missal has no service for this.

f There must be some mistake here.

g "Peculiaris dedicationis ritus erat olim in Ecclesia Romana, saltem diversus ab eo, quem Mediolani servari mos erat, ut ex Ambrosii epistola 52 intelligimus. ' Cum ego,' ait, ' basilicam dedicare vellem, multi tanquam uno ore interpellare cœperunt, dicentes: Sicut in Romano, sic basilicam dedices. Respondi : Faciam si martyrum reliquias invenero.' Ita ille ad Marcel'inam."— Mab.
h cf. "ut quorum hic reliquias pio amore complectimur, eorum semper meritis adjuvemur."- S. Gel. ed. Mur. p. 614: S. Greg. apud Gerb. p. 226b. see above p. 300; "quorum hic reliquias veneramur." M. Moz. 296. 3 ; "ut istic ubi nobis reposita est ejus reliquiarum portio."
i This word is here used for the gifts of bread and wine brought to be used for the holy Eucharist ; a meaning not given by Ducange.
j Is this to be taken as a reference to the later practice of having several altars in one church? see Martene t. I p. 112 who is fuller than Mabillon de Lit. Gall. I. 8. 7. In the same line I have put the comma after, instead of before "devotis mentibus."
k If this word were taken in the genitive as an attribute of that which precedes it, it would be more suitable to the New Jerusalem mentioned afterwards, especially as it recalls the expression in the Song of the Three Children, "Benedictus es in throno gloriæ tuæ." If, therefore, the demonstrative pronoun had been added, " in this temple," we might have been inclined to take this as a dative.

\* M. 355

Deus, qui nobis per singulos annos hujus sancti templi tui consecrationis reparas diem, et sacris semper mysteriis repræsentas incolumes : exaudi preces populi tui, et præsta, ut si quis hoc templum beneficia petiturus ingreditur, cuncta se impetrasse lætetur. Per.—S. Greg. apud Gerb. p. 228b.
VD. Domine sancte Pater omnipotens æterne Deus! pro annua dedicatione tabernaculi hujus honorem tibi gratiasque referre, per Christum Dominum, cujus virtus magna, pietas copiosa. Respice, quæsumus, de cœlo, et vide, et visita domum istam, ut si quis in ea nomini tuo supplicaverit, libenter exaudias, et satisfacientibus clementer ignoscas. Hic tibi sacerdotes tui sacrificium laudis offerant, hic fidelis populus vota persolvat, hic peccatorum onera deponantur, hic fides sancta stabilitetur (al. stabiliatur.) Hic ipse inter bonum malumque discernens, cum causam interpellatus judicaveris, quam non ignoras, hic pietas absoluta redeat, hinc iniquitas emendata discedat. Inveniat apud te, Domine, locum veniæ, quicumque hunc (al. om. hunc) satisfaciens confugerit, et conscio (al. serio) dolore victus altaria tua rivis suarum laverit lacrymarum. Hic si quando populus tuus tristis mœstusque convenerit, adquiesce rogari, et rogatus indulge. Per.—S. Greg. apud Gerb. p. 229a. Præf. Ant. apud Pam. 2. 602.

nostris artibus inserantur f : ut dum diem festivitatis hujus annuis recursibus honoramus, ipsi templorum cœlestium pares effici mereamur. Precemur etiam ut beatissimorum martyrum intercessione salvemur, quorum in hoc loco reliquias g pio amore h veneramur.

(*Collectio.*) Deus, qui ad cultum tuum pro salute credentium loci istius amplitudinem consecrâsti, ubi cottidianâ invocatione nominis tui cœlestis consolatio non deesset, quæsumus pietatem tuam, ut memoriæ i quæ sacris inferuntur altaribus j devotis mentibus, ad remedium præparentur animarum; et supplicem familiam tuam, quæ tibi in templo gloriæ k tuæ sacrificium laudis gratulantes immolant votis, in illâ sanctâ Hierusalem inter electa cœlestis regiæ ornamenta constituas.

(*Post nomina.*) Gloria tibi Domino Deo nostro, sæculorum regi, hominum conditori, qui in cultum perpetim templi hujus ambitum cum sanctorum martyrum patrocinio consecrâsti, ubi cottidianâ devotione præstaris è cœlis, quod petebaris in terris. Introeat ergo, Domine, postulatio nostra coram te hodie, et in conspectu majestatis tuæ oratio contriti cordis ascendat; ac singulorum votis in templo hoc, cujus natalis est hodie, pro benignitatis tuæ serenitate responde, et fidem credentis effectu concesso petitionis amplifica. Per.

(*Ad Pacem.*) Deus, qui nobis per singulos annos sancti hujus templi tui consecrationis reparas diem, et sacris semper mysteriis repræsentas incolomes; exaudi preces populi tui, et præsta, ut si quis hoc templum beneficia petiturus ingreditur, cuncta se impetrâsse lætetur.

(*Contestatio.*) Verè dignum et justum est, omnipotens Deus, pro annuâ dedicatione tabernaculi hujus, gratias honoremque referre, cujus virtus magna, pietas copiosa. Respice, quæsumus de cœlo et vide et visita domum istam : ut si quis in eâ nomini tuo supplicaverit, libenter exaudias, et satisfacientibus clementer ignoscas. Hic tibi sacerdotes tui sacrificium \* laudis offerant : hic fidelis populus vota persolvat : hic peccatorum onera deponantur : hic fides lapsa reparetur : hic ipse inter bonum malumque discernens, cùm causam interpellatus judicaveris quam non ignoras, hinc simplicitas absoluta redeat, hinc impietas emendata discedat. Inveniat apud te, Domine, locum veniæ quicunque ad domum istam satisfactionis confugerit, et, conscio dolore victus, ad altaria tua rivis suarum laverit lacrymarum : ubi si quando populus tuus tristis mæstusque convenerit, adquiesce rogari, et rogatus indulge. Custodi etiam sub gubernatione nominis tui. Per Christum Dominum nostrum.

*(Item Contestatio.*[h]*)* Verè dignum et justum est, omnipotens Deus, ut altare hoc sanctis usibus præparatum cœlesti dedicatione sanctifices: ut sicut Melchisedech sacerdotis oblationem dignam,[i] ita novo huic altario munera semper accepto ferre digneris: ut populus tuus ecclesiæ domum sanctam conveniens, super hæc pura libamina cœlesti sanctificatione animarum quoque suarum salutem perpetuam consequatur, per Christum Dominum nostrum.

[LECTIONES IN FESTO SANCTI MICHAELIS.]

*Lectio Apocalypsis sancti Johannis.*[a]

Factum est prælium[b] in cœlo, Michael et angeli ejus præliabantur cum dracone, et draco pugnabat et angeli ejus: et non valuerunt neque locus inventus est eorum ampliùs in cœlo. Et projectus est draco ille magnus, serpens antiquus, qui vocatur diabolus et satanas, qui seducit universum orbem,[c] projectus est in terram, et angeli ejus cum illo missi sunt. Et audivi vocem magnam in cœlo dicentem; Nunc facta est salus et virtus et regnum Dei nostri, et potestas Christi ejus; quia projectus est accusator fratrum nostrûm[d] qui accusabat illos ante conspectum Dei nostri, die ac nocte; et ipsi vicerunt illum[e] propter sanguinem Agni. [f]Qui habet aurem, audiat quid[g]

*Lectio sancti Evangelii secundum Matthœum.*[h]

Diebus illis, adsumpsit[i] Dominus Jesus Petrum et Jacobum et Johannem fratrem ejus, et duxit[j] illos in montem excelsum seorsùm, et transfiguratus est ante eos. Et resplenduit facies ejus sicut sol; vestimenta autem ejus facta sunt alba sicut nix. Et ecce apparuerunt illis Moyses et Helias cum eo loquentes. Respondens autem Petrus, dixit ad Jesum; Domine, bonum est nos hîc esse. Si vis, hîc faciamus[k] tria tabernacula, tibi unum et[l] Moysi unum et Heliæ unum. Adhuc eo loquente, ecce nubes lucida obumbravit eos. Et ecce vox de nube dicens; Hic est Filius meus dilectus, in quo mihi conplacui;[m] ipsum audite. Et audientes discipuli, ceciderunt in faciem suam et timuerunt valdè timore magno.[n] Et accessit Jesus et tetigit eos, dixitque eis; Surgite et nolite timere. Le-

[h] In the Roman books (e. g. Pamelius) this is rightly entitled, " In consecratione altaris."
VD. per Christum Dominum nostrum. Per quem te supplices deprecamur, ut altare hoc sancti usibus præparatum cœlesti dedicatione sanctifices: ut sicut Melchisedech sacerdotis præcipui oblationem dignatione mirabili suscepisti, ita imposita novo huic altari munera semper accepto ferre digneris; ut populus tuus in hanc ecclesiæ domum sanctam conveniens, per hæc pura libamina cœlesti sanctificatione salvatus, animarum quoque suarum salutem perpetuam consequatur. Per quem *(al.* Et ideo.)—S. Gel. ed. Mur. p. 615; S. Greg. apud Mur. p. 242.
[i] This reading may stand, though different from, and inferior to, that in the Roman original.
[a] cap. 12 v. 7-11. "Hæc lectio recte convenit festo sancti Michaelis: sed quomodo Evangelium eidem aptari possit, non facile intelligitur."—Mab. Probably, the description of the heavenly brightness of the Transfiguration was thought germane to the festival of the leader of the heavenly hosts.
[b] Vulg.+*magnum.* cod. Amiat. S. Hier. Victorin. Pseudo-Aug. Primas. 1512 mg 1546 mg. leave it out.
[c] Vulg.+*et.* cod. Amiat. Primas. leave it out.
[d] Vulg. *nostrorum.*
[e] Vulg. *eum.* cod. Amiat. agrees with the text.
[f] see above p. 277, 288.
[g] This is left unfinished in the MS. perhaps because it was a well-known termination to Lessons from the Revelation; something like the termination repeatedly found in this Collection to those which contain parables by our Blessed Lord.
[h] cap. 17 v. 1-9.
[i] Vulg. *assumit.* codd. Colb. Corb. 1 and 2 San-Germ. 1 and 2, Brix. Veron. Verc. San-Gall. Palat. Amiat. edd. 1512,' 26 '46 text agree with the text. Burgens. mentions this and the following reading.
[j] Vulg. *ducit.* codd. Colb. San-Germ. 1 and 2 Verc. Brix. edd. 1512 '46 text agree with the text. cod. Palat. also has the perfect.
[k] Vulg. *fac. hic.* cod. Palat. has the order of the text.
[l] Vulg. omits *et.* codd. Cant. San-Germ. 1 and 2 Brix. Corb. Verc. San-Gall. Palat. Amiat., edd. 1512 mg '46. have it.
[m] Vulg. *bene conplacui. Bene* is omitted by codd. San-Germ. 1 Corb. 1 Cant. and S. Hilary (sometimes) S. Ambr. the " Opus Imperf." while the codd. Amiat. and Brix. have *conplacuit.*
[n] Vulg. omits *timore magno.* It seems to be another version of the preceding word.

40

o Vulg. + *suos.* cod. Palat. omits it.

p Vulg. + *eis.* codd. San-Germ. 2 Amiat. edd. 1512,'46 text. leave it out.

vantes autem oculos,[o] neminem viderunt, nisi solum Jesum. Et descendentibus illis de monte, præcepit [p] Jesus, dicens ; Nemini dixeritis visionem, donec Filius Hominis à mortuis resurgat.

\* M. 356      \* MISSA IN HONORE SANCTI MICHAHEL.

[*Collectio.*] Æterne omnipotens Deus, qui universam in principio creaturam, Verbo co-operante, ex nihilo condidisti, quique angeli-cam substantiam splendore conspicuo poten-tialiter adornâsti, te supplices quæsumus et oramus : ut in hac solemnitate, quam sub tui nominis invocatione in honore archangeli Michahelis [celebramus,] nostras preces ex-audire digneris. Per.

a The blank may be filled up with the words, " dicati, tuæ majestati offerimus." compare ; " In honorem beati Archangeli Michaelis, loca no-mini tuo dicata, mystico frequenta-mus obsequio.".–S. Leon. p. 100. Also ; " Oblatio tibi, Domine, sit nostra semper accepta, quæ Angelis tuis, Sanctisque precantibus, et indulgenti-am nobis referat, et remedia procuret æterna. Per."—Ib.

b cf. " quæ pro illorum solemnitate deferimus."—S. Leon. p, 85, 91.

o This explains the expression in the " Secreta," " in culto templi hujus," by showing that this service was com-piled for a church dedicated in honour of S. Michael ; as indeed we see from the Roman service from which this is borrowed.

VD. Teque profusis gaudiis præ-dicare in die festivitatis hodiernæ, qua in honorem (" honore."—S. Greg. apud Gerb. p. 262b) beati Archangeli Michaelis sacrata nomini tuo loca divinis sunt instituta mysteriis.—S. Leon. p. 99. " Natale Basilicæ Angeli in Salaria."

d I have inserted this full stop. The next three words seem to mean ; " In consequence of our forming jointly with the holy angels, one society and fellowship of the saints, may &c."

e Et sicut illi *coronam* sancte per-fectionis tribuisti: ita nobis eius in-tercessione omnium delictorum *veni-am* et indulgentiam largiaris.—M. Moz. 394. 1.

f cf." vitam conferat sempiternam."— S. Leon. p. 115.

(*Secreta.*) Preces populi tui, Domine, dignanter exaudi, quas in culto templi hujus ob honorem sancti archangeli tui Michahelis [a] ... et ita tibi pro ejus solemnitate oblatio [b] nostra fiat accepta.

(*Contestatio.*) Verè dignum et justum est, omni-potens Deus, in die festivitatis hodiernæ, quo in honore [c] beati archangeli Michahelis dedicata nomini tuo loca sacris sunt instituta mysteriis.[d] Omnium societate sanctorum ipsa fides, quæ illos tibi fecit amicos esse, pro nobis apud te faciat advocatos ; illorum corona,[e] nostra sit venia; imitatio nos esse faciat sine pœnâ ; illorum oratio salutem nobis conferat sempiternam [f] per Christum Dominum.

[LECTIONES PRO ITER AGENTIBUS.]

a cap. 5 v. 15, 16.

*Epistola Pauli apostoli ad Ephesios.*[a]
Fratres, videte quomodo cautè ambuletis, non quasi insipientes sed ut sapientes, redi-mentes tempus quoniam dies mali sunt.[b]
*Lectio sancti Evangelii secundum Mat-thæum.*[c]

b " Hic lacuna seu spatium quinque versuum in exemplari vacuum est."— Mab.

c cap. 10 v. 11-15.

d Vulg. + " dicentes, Pax huic domui." The Greek has not these words, nor codd. San-Gall. Amiat. ; and Burgens. mentions that they are left out " by many."

e Vulg. + *illa.* codd. Cant. San-Gall. Amiat. several MSS in 1546 mg omit it.

f Vulg. *veniet.* cod. Amiat. agrees with the text; Burgens. mentions this reading.

In quamcunque civitatem aut castellum intraveritis, interrogate quis in eâ dignus sit ; et ibi manete donec exeatis. Intrantes autem in domum, salutate eam : [d] et si quidem fuerit domus [e] digna, veniat [f] pax vestra super eam : si autem non fuerit digna, pax vestra ad vos revertatur.ᵍ Et quicunque non receperit vos neque audierit sermones vestros, exeuntes foras de domo vel de ʰ civitate, excutite pulverem de pedibus vestris. Amen dico vobis, tolerabiliùs erit terræ Sodomorum et Gomorreorum in die judicii quàm illi.ⁱ Qui habet aures audiendi, audiat.


MISSA PRO ITER AGENTIBUS.

[*Collectio.*] Adesto, Domine, supplicationibus nostris, et viam famoli tui *ill.* in salute et prosperitate dignare dirigere ; ut inter omnes vitæ hujus varietates, tuo semper auxilio protegatur.

(*Collectio.*) Exaudi, Domine, quæsumus, preces nostras, et profectioni famuli tui *ill.* misericordiam semper et ubique prætende : ut in omnibus tuâ defensione justorum desideriorum potiatur effectibus, ut de incolomitate ipsius adque victuriâ ᵃ tibi Domino semper gratias referamus. Per.

(*Post nomina.*) Deus, qui diligentibus te in nullâ es regione longinquus, dirige viam famolorum tuorum *ill.* in voluntate tuâ : ut, te protectore, te duce, per justitiæ tuæ semitas sine offensione gradiantur.

(*Ad Pacem.*) Suscipe, Domine, propitius orationem nostram pro famolo tuo *ill.* qui in longa terrarum spatia detinetur, pro quo majestati tuæ supplices fundimus preces, ut dirigas ei angelum pietatis tuæ, qui eum ad domicilium * suum salvum et incolomem repræsentet.

(*Contestatio.*) Verè dignum et justum est, omnipotens Deus. Qui properante Jacob sub felicitatis gratiâ commoda itinera ᵇ direxisti ; cuique tu ipse cursum, curam, solicitudinemque gerere dignatus es ; necnon et Thobiæ famolo tuo angelum tuum ducem prævium præstitisti. Quapropter omnipotentiam tuam, Domine, humiliter postolamus, ut ita profectionem famolorum tuorum dirigere eos in itinere et ᶜ custodire digneris : quatenus ᵈ nullum periculum ᵉ per spatia terrarum aut juga montium vel coangusta vallium, vadaque fluminum, venena serpentium vel impetum bestiarum aut infestorum

40*

incurrat: sed sub tuo nomine ab omnibus malis defensus, ad locum destinatum perveniat, et opportuni temporis iterato repetitu ad propria revertendo suffragii tui mereatur adipisci custodiam. Per.—S. Greg. apud Gerb. p. 288.

hominum [incurrant]: sed sub tui nominis defensione ad locum destinatum perveniant, et, oportuni temporis iteracto repetito, ad propria habitacula revertendo suffragii tui mereantur adipisci custodiam per Christum Dominum nostrum. Cui merito.

[PRO SEIPSO.]

ᵃ cap. I v. 19-21, 26, 27.
"Incertum est, an hæ lectiones duæ ad superiorem an ad subsequentem Missam pertineant. Sed quia Missam solent præcedere lectiones, potius ad sequentem revocamus. Quanquam in Missis Dominicalibus lectiones secundo loco post Missam positæ sunt infra."—Mab. I could almost suppose that this note has been misplaced by the printer, and that it was meant for some other Service. That for persons on a journey, has its own lessons, which are very appropriate, while these would not be at all suitable to it. On the other hand, they accord very well with the following Service for the priest himself, the Epistle speaking of the necessity for personal holiness and for diligence in the pastoral work ; the Gospel expanding the latter idea, by showing how much care should be expended on each individual of the flock. The last clause of Mabillon's note, I do not at all understand. The Sunday Services also seem to me to be each preceded by its own Lessons.
ᵇ Vulg. dilectissimi. codd. Corb. Amiat. agree with the text.
ᶜ This spelling is common in MSS.
ᵈ Vulg. vestras.
ᵉ et is redundant.
ᶠ ed. inmacolata, and in the next line popillos.
ᵍ cap. 15 v. 4-7.
ʰ Vulg. imponit. codd. Colb. Corb. have ponet.

ⁱ Vulg. agente. codd. Amiat. Veron. Vindob. agree with the text.

*Epistola Jacobi apostoli ad* xii *Tribus.*ᵃ

Fratres mei dilecti,ᵇ sit autem omnis homo velox ad audiendum, tardus autem ad loquendum, et tardus ad iram. Ira enim viri justitiam Dei non operatur. Propter quod, abicientes ᶜ omnem inmundiciam et abundantiam malitiæ, in mansuetudine suscipite insitum verbum quod potest salvare animas nostras.ᵈ Si quis autem putat se religiosum esse, et ᵉ non refrænans linguam suam sed seducens cor suum, hujus vana est religio. Religio munda et immaculata ᶠ apud Deum et Patrem hæc est, visitare pupillos et viduas in tribulatione.

*Lectio sancti Evangelii secundum Lucam.*ᵍ

Quis ex vobis homo qui habet centum oves, et si perdiderit unam ex illis, nonne dimittit nonaginta novem in deserto et vadit ad illam quæ perierat, donec inveniat eam? Et cùm invenerit eam, ponit ʰ in humeros suos gaudens; et veniens domum, convocat amicos et vicinos, dicens illis; Congratulamini mihi, quia inveni ovem meam quæ perierat. Dico vobis, quòd ita gaudium erit in cœlo super uno peccatore pœnitentiam habente ⁱ quàm super nonaginta novem justis qui non indigent pœnitentiâ.

MISSA

QUOMODO SACERDOS PRO SE ORARE DEBET.

ᵃ for manum, as in the mg.
Suppliciter te, Pater omnipotens æterne Deus! qui es creator omnium rerum, deprecor: ut dum me famulum tuum coram omnipotentia Majestatis tuæ graviter deliquisse confiteor, manum misericordiæ tuæ mihi porrigas ; quatenus ut hac oblatione, quam tuæ pietati (al. quatenus dum hanc oblationem pietati tuæ) offero, quod nequiter commisi, (al. admisi) clementissime digneris absolvere. Per.—S. Greg. apud Gerb. p. 291. apud Pam. 2. 432. apud Mur. p. 385.
Deus misericordiæ, Deus pietatis, Deus indulgentiæ, indulge quæso et miserere mei : sacrificium quoque, quod pietatis tuæ gratia humiliter

[*Collectio.*] Suppliciter te, Deus Pater omnipotens, qui es creator omnium rerum, deprecor, ut dum me famolum tuum coram omnipotentiâ majestatis tuæ graviter deliquisse confiteor, munus ᵃ misericordiæ tuæ ut mihi porregas; quatinus dum hanc oblationem tuæ pietati offero, quod nequiter admisi, clementissimè digneris absolvere.

(*Collectio.*) Deus misericordiæ, Deus pietatis, Deus indulgentiæ, indulge, quæso, et miserere mei : sacrificium quoque quod pietatis tuæ gratiâ humiliter offero, benignè dignare suscipere, et peccata quæ labentibus vitiis contraxi, pius et propitius ac miseratus indulgeas,* et locum pœnitentiæ ac flumina lacrymarum, concessam veniam, à te merear accipere.

(*Post nomina.*) Deus, qui vivorum es salvator omnium, qui non vis mortem peccatoris nec lætaris in perditione morientium ; te suppliciter deprecor, ut concedas mihi veniam delictorum, ut admissa defleam et in postmodum non admittam : et cùm mihi extrema dies finisque vitæ advenerit, emundatis delictis omnibus, me angelus sanctitatis suscipiat. Per.

(*Ad Pacem.*) Deus caritatis et pacis, qui pro salute generis humani crucis patibolum pertulisti, et sanguinem tuum pro redemptione nostrâ fudisti, preces nostras placatus et benignus suscipe ; et hoc sacrificium quod tuæ gratiæ offero, sereno vultu digneris respicere, et misericordiam tuam mihi concedas : ut quando de corpore me exire jusseris, pars iniqua in me non habeat potestatem, sed angelus tuus inter sanctos et electos conlocet, ubi lux permanet et vita regnat in sæcula sæculorum.

(*Contestatio.*) Verè dignum et justum est, omnipotens Deus, per Christum Dominum nostrum. Qui pro amore hominum factus in similitudinem peccati, formam servi Dominus adsumpsit et speciem : vulneratus medicus ambolavit, hic nobis dominus et minister salutis, advocatus, judex, sacerdos, et sacrificium. Per hunc te, sancte Pater, suppliciter exoro, ut dum reatum conscientiæ meæ recognosco, et in præceptis tuis prævaricator perstiti, et per delictorum facinus conrui in ruinâ ; tu me, Domine, erige elisum quem lapsus peccati prostravit : inlumina cæcum, quem tetræ peccatorum caligines obscuraverunt : solve conpeditum, quem vincola peccatorum constringunt. Præsta per sanctum et gloriosum et adorandum Dominum nostrum Jesum Christum Filium tuum, quem laudant angeli atque archangeli, Cherubin quoque ac Serafin.

offero, benigne dignare suscipere, et peccata, quæ labentibus vitiis contraxi, pius et propitius ac miseratus indulgeas, et loco pœnitentiæ ac flumine lacrymarum concesso, veniam a te merear accipere. Per.—S. Greg. apud Gerb. p. 291a. the readings of which seem better both than those of the text and than those apud Pam. 2. 431. and apud Mur. p. 385.

Deus vivorum et Salvator omnium, qui non vis mortem peccatorum, nec lætaris in perditione morientium : te suppliciter deprecor intercedentibus Sanctis tuis : ut concedas mihi veniam delictorum, ut admissa defleam, et in postmodum non admittam ; ut cum mihi extrema dies finisque vitæ advenerit, mundatis (*al.* emendatum) delictis omnibus me Angelus sanctitatis suscipiat. Per.—S. Greg. apud Gerb. p. 292. apud Mur. p. 385.

Deus charitatis et pacis, qui pro salute generis humani crucis patibulum pertulisti, et sanguinem tuum pro redemtione nostra fudisti : preces nostras placatus et benignus suscipe, et hoc sacrificium. quod tuæ gratiæ offero, sereno vultu digneris respicere, et misericordiam tuam mihi concedas : ut cum de corpore me exire iusseris, pars iniqua in me non habeat potestatem, sed Angelus tuus inter Sanctos et Electos me collocet, ubi lux permanet, et vita regnat, per te Jesu Christe, qui.—S. Greg. apud Gerb. p. 290 ; apud Pam. ubi supra.

VD. Qui pro amore hominum factus in similitudinem carnis peccati, formam servi Dominus adsumpsit, et in specie carnis vulneratæ (*al.* specie vulnerati) medicus ambulavit. Hic nobis Dominus et minister salutis, advocatus et iudex, sacerdos et sacrificium. Per hunc te, Dne sancte Pater, suppliciter exoro, ut dum reatum conscientiæ meæ recognosco, quod in præceptis tuis prævaricator extitit, et per delictorum facinus corrui in ruinam : tu me, Domine, erige, quem lapsus peccati prostravit : illumina cæcum, quem tetræ peccatorum caligines obscuraverunt : solve compeditum, quem vincula peccatorum constringunt. Præsta per sanctum et gloriosum, adorandum et tremendum Filium tuum Dnm nostrum J. C. quem laudant.—S. Greg. apud Gerb. p. 290 ; apud Pam. ubi supra et 2. 605.

\* M. 358

[LECTIONES PRO MISSA OMNIMODA.]

*Epistola Jacobi apostoli ad* xii *Tribus.*[a]

Fratres, si dixerimus quia [b] peccatum non habemus, ipsi nos seducimus et veritas in nobis non est. Si autem [c] confessi fuerimus [d] peccata nostra, fidelis est et justus Dominus,[e] qui [f] nobis peccata [g] dimittat [h] et emundet nos ab omni iniquitate. Sed [i] si quis peccaverit, advocatum habemus apud Patrem Jesum Christum ;[j] et ipse est propiciatio pro peccatis nostris ; non pro nostris autem tantùm sed etiam pro totius mundi. Et in hoc scimus quoniam cognovimus eum, si mandata

a 1 Ep. *Johannis* cap. 1 v. 8, 9. cap. 2 v. 1-5.
b Vulg. *quoniam.* S. Aug. S. Cypr. and many others agree with the text.
c Vulg. omits *autem.* S. Cypr. S. Aug. (sometimes) Victor. Tun. have it.
d Vulg. *confiteamur.* S. Cypr. S. Aug. Victor. Tun. Gelas. I. agree with the text.
e Vulg. omits *Dns.* S. Cypr. has it.
f Vulg. *ut.* S. Cypr. S. Aug. (generally) agree with the text.
g Vulg. + *nostra.* S. Cypr. S. Aug. (sometimes) S. Jer. (once) the writer of the Quæst. ex utr. Test. Gelas. I. omit it.
h Vulg. *remittat* and places it before *nobis.* S. Cypr. Victor. Tun. agree with the text. S. Aug. S. Hier. (once) Gelas. I. have *dimittat.*
i Vulg. + *et.* Gelas. I. omits it.
j Vulg. + *justum.* Victor. Vit., Vig. Taps. seem to leave it out.

k Vulg. *qui.*

l Vulg. *eum.* Burgens. mentions the reading; 1512, '26 '46 text have it.

m Vulg. *et.*

n Vulg. *hoc.* cod. Amiat. agrees with the text.

o cap. 9 v. 9.

p " Super hanc vocem legitur *Levin Alfei.*"—Mab. These words are taken from S. Mark 2. 14 where codd. Brix. Gat. Mm have *Levin.*

q The usual spelling is *telonio,* but *e* is found in codd. Colb. San-Germ. 1 and 2 Clarom. Cant. Amiat. (and see Tischend.'s preface p. xxix.) and S. Hilary, Laurent. Mediol., ed. 1512.

r cap. 2 *Marci* v. 15-17.

**\* M. 359**

s Vulg. *pub. et pecc.* the codd. Verc. Veron. Colb. San-Germ. 1 Corb. 1 Cant. S. Mart. Tur. Amiat. have the order of the text.

t Vulg. + *et bibit.* codd. Corb. 2. Cant. Palat. Verc. Veron. M. Moz. leave them out.

u Vulg. *medico.* codd. San-Germ. 1 Corb. 1 Cant. Vindob. Brix. Amiat. M. Moz. agree with the text.

a This accusative seems better than the dative of the mg ; as, while there are no other examples in M. Moz. of *majestati* in the dative being governed by *deposco* or any similar verb, there are several instances of the accusative; see especially p. 149. 13; "supplici obsecratione deposcimus majestatem tuam." so also p. 69. 38; "majestatem ejus deprecemur acclives." p. 141. 50; "maj. tuam supplices rogamus ac petimus." p. 310. 38; " Dei ineffabilem maj. . .laudando rogemus : rogando laudemus." p. 343. 71 ; " Unde maj. tuam Pater piissime postulamus: ut." p. 356. 72; "poscentes tuam piissimam maj." p. 380. 106; "tuam proni Domine immensam quesumus maj." p. 447. 27; " precamur inclitam tue clementie maj." p. 457. 55 ; "pro eo tuam maj. humiliter exoramus."

Omnipotens sempiterne Deus: tue glorie majestati supplici devotione deposco: ut omnium malorum meorum vincula solvas: cunctisque meis criminibus clementer ignoscas. Et quia me indignum et peccatorem ad ministerium tuum vocare dignatus es: sic me idoneum tibi ministrum efficias: ut sacrificium de manibus meis placide ac benigne suscipias. Electorumque Sacerdotum tuorum me participem facias : et de preceptis tuis in nullo me oberrare permittas. Amen.—M. Moz. 441. 76.

Attende Domine propicius mee servitutis obsequium : et miserere viventium famulorum tuorum : vel omnium Christianorum: ut cunctis eorum sceleribus amputatis ita sint tue miserationis defensione protecti: ut in observatione mandatorum tuorum mereantur esse perfecti. Quatenus et in hac vita universo facinore careant: et in conspectu glorie tue quandoque sine confusione perveniant. Amen.—ib. ubi supra.

b I prefer this reading to that in the mg. though both verbs are common in M. Moz.

Deus tuorum supplicum vota : et

ejus observemus. Si quis [k] dicit, se nosse Deum, [l] et mandata ejus non custodit, mendax est, [m] in hoc veritas non est. Qui autem servat verbum ejus, verè in eo [n] caritas Dei perfecta est in Christo Jesu.

*Lectio sancti Evangelii secundum Matthæum.*[o]

Diebus illis, cùm transiret Dominus Jesus vidit [p] hominem sedentem in teloneo,[q] Matthæum nomine, et ait illi; Sequere me. Et surgens secutus est eum. [r] Factum est cùm accumberet Dominus Jesus in domo illius, multi publicani et peccatores simul discumbebant cum Jesu et discipulis ejus. Erant enim multi qui et sequebantur eum. Et scribæ \* et Pharisæi videntes quia manducaret cum peccatoribus et publicanis, [s] dicebant discipulis ejus ; Quare cum publicanis et peccatoribus manducat [t] magister vester ; Hoc audito Jesus ait illis ; Non necesse habent sani medicum, [u] sed qui malè habent. Non enim veni vocare justos sed peccatores.

MISSA OMNIMODA.

[*Collectio.*] Omnipotens æterne Deus, tuæ gloriæ pietatem [a] supplici devotione deposco, ut omnium malorum meorum vincula solvas, cunctisque meis criminibus atque peccatis clementer ignoscas : ut quia me indignum et peccatorem ad ministerium tuum vocare dignatus es, sic me idoneum tibi ministrum efficias, ut sacrificium de manibus meis placitè ac benignè suscipias ; electorum sacerdotum me participem facias, et de præceptis tuis in nullo aberrare permittas.

(*Collectio.*) Adtende, Domine, propitius meæ servitutis obsequium, et miserere fidelibus famulis tuis *ill.;* ut, cunctis eorum sceleribus amputatis, ita sint tuæ miserationis defensione protecti, ut in observatione mandatorum tuorum mereantur esse perfecti : quatinus et in hac vitâ universa facinora caveant,[b] et ante conspectum gloriæ tuæ quandoque sine confusione perveniant.

(*Post nomina.*) Accipe, Deus piissime, tuorum supplicum vota, et nomina quæ tuo

coram altario conspicis recenseri, in æterno
vitæ libro conscribe. Concede [c] etiam mihi
indigno et omnibus pro quibus te supplex
postulo: perpetuam requiem tribue famulorum
tuorum *ill.* vel [d] omnium fidelium defunctorum,
ut in Abrahæ gremio conlocati, illic pœnas
evadant inferorum, et resurrectionis tempore
cœtibus eos sociari jubeas angelorum.[e]

*(Ad Pacem.)* Deus, qui caritatis es auctor
et puræ pacis ac dilectionis amator, suscipe
offerentium oblationem, et omnium infirmorum
Christianorum sana languores *ill.;* quo te
medicante salutem recipiant et tuis semper
sani jussionibus appareant.[f] Id denique ob-
noxius quæso, ut omnes metu territos, inopiâ
afflictos, tribulatione vexatos, morbis obrutos,
suppliciis deditos, debitis obligatos, in captivitate et peregrinatione constitutos, cunctos
indulgentia tuæ pietatis absolvat, morum
emendatio [g] relevet, et miseratio quotidiana
confoveat.

*(Contestatio.)* Verè dignum et justum est,
omnipotens Deus, per Christum Dominum
nostrum. Verum pontificem et solum sine
peccati maculâ sacerdotem; [h] per quem te,

[h] The long passage which the Mozarabic Missal here
adds, taken from Rev. 1. 5, 6; Rom. 5. 9; 1 Pet. 2. 24; Col.
1. 20; Phil. 2. 10, 11 is so much in the style of that service-
book (see above p. 98) that it is probably ancient, which
is further confirmed by the curious variations of reading
in the quotation from S. Peter which for the most part agree
with those of S. Fulgentius and S. Ambrose. The same
may be said of much of what is added after *deposco;* but
what follows *ut* seems to come in so awkwardly that it
looks like a late addition. Perhaps we may draw the
same conclusion from the repeated use of the epithet
"Christian," which savours of the feelings produced by
the Moslem invasion of Spain.

æterne Pater et Domine, omnimodâ intentione

[e] cf. above p. 69; "sanctos apostolos ... angelicis jussisti
cœtibus adgregare."

deposco ut oblationem hanc, quam pro famulis

nomina: que tuo coram altario conspicis recensere: in eterne vite libro
conscribe. Miserere etiam indigno
mihi et peccatori Domine: vel omnibus pro quibus te supplex expostulo:
perpetuamque requiem tribue defunctis famulis tuis N. ut in Abrae
gremio conlocati: et nunc penas
evadant inferorum: et resurrectionis
tue tempore cetibus eos sociari jubeas
Angelorum. Amen.—ib. ubi supra.

[e] The reading of the mg "miserere"
seems better than this. If the latter
be retained, it must be rendered,
"Grant *this* also."

Deus qui charitatis es auctor: et
pure pacis et dilectionis amator.
Suscipe offerentium oblationes et infirmorum omnium fidelium sana
languores. Quo te medicante: et
plenitudinem salutis recipiant: et
tuis semper sani jussionibus pareant:
denique obnixius quæso: ut omnes
metu territos: inopia afflictos: tribulatione vexatos: morbis obrutos: itineribus constitutos: suppliciis deditos: debitis obligatos: vel quolibet
merore contritos: cunctos indulgentia
tue pietatis absolvat: morum emendatio relevet: et miseratio quotidiana:
confoveat. Amen.—ib. 442. 3. cf. 196.
107.

[d] in the sense of "and" as is usual in
M. Moz.

[f] for *pareant,* as in the mg. and in the
same line read *obnixius* from the mg.

[g] ed. *emendatione.*

Dignum et justum est: equum vere:
et salutare est: nos tibi gratias agere
omnipotens Deus: per Jesum Christum filium tuum Dominum nostrum.
Verum Pontificem: et solum sine
peccati macula Sacerdotem. Qui lavit
nos a peccatis nostris: et fecit nos
regnum: et Sacerdotes tibi Deo Patri
suo: ut justificati in sanguine ejus
salvi simus ab ira per ipsum. Qui
peccata nostra portavit in corpore
suo super lignum: ut a malis omnibus
separati: cum justicia vivamus: cujus
sacro vulnere sanati sumus. Quique
pacificavit omnia per sanguinem crucis sue: sive que in celis: sive que in
terris sunt: ut in nomine ejus omne
genu flectatur celestium: terrestrium:
et infernorum: et omnis lingua confiteatur: quia ipse est in gloria Dei
Patris. Per quem te eterne Pater:
et Domine omnimoda intentione deposco: per ipsum qui pependit in
ligno propter salutem nostram: qui
factus est mediator tuus et noster: ut
nos ad te perduceret. Quique nos
reconciliavit tibi per sanguinem crucis sue: imo qui nobis hanc fiduciam
dedit: ut omne quod petierimus a te
Patre in nomine suo: des nobis. In
ipsius dilecti filii tui comparis tibi
per omnia: et coeterni Domini nostri
Jesu Christi nomine: te invoco: ut
omnibus malis meis innocens (Lesley
suggests "indulgens"): cunctas maculas criminum meorum abstergens:
finem delictis meis omnibus hodie
ponens: ab omnibus tentationibus
sordidissimis: vanis libidinibus: et
blasfemiis cor meum eluens: atque
spiritualibus donis replens: et hanc
oblationem quam tibi offero: ego in-
dignus propter remedia animarum
fidelium: et pro conversione infide-
lium: atque pro Ecclesia tua Sancta
Catholica: que est in oriente usque in
occidentem: Septemtrione et meridie: per universum orbem terrarum
in pace diffusa: benigne suscipias.

Jam tandem Domine exaudi eam clementer: sustenta eam in periculis: protege in adversis: et moderare in prosperis. Ut nihil contra eam prævaleat noxium: dum in cunctis te meruit habere propicium. Itinerantium famulorum tuorum N. vel omnium Christianorum adoptata desideria gressus (Lesley corrects thus; "famulorum tuorum gressus dirigere, vel omnium Christ. pia desid. ad optatum finem") perducere jubeas. Egrotantibus famulis tuis N. vel omnibus fidelibus Christianis infirmis medelam sanitatis impercias. Locum lucis ac refrigerii animabus famulorum tuorum N. vel omnium fidelium Christianorum defunctorum requiem tribuas. Nostrumque omnium humilitatem placatus intendas : et ubique nos te protegente custodias. Ut eruti ab adversitatibus mundi: et hic et in eternum sanctificati: te incessabiliter cum Angelis et Archangelis conlaudemus : ita dicentes. Sanctus.—ib. ubi supra.

i Both the mg and the succeeding clause, show that this is a mistake for the dative.

j This is the correction in the list of errata for *vocatus* which occurs in the text; but Mab. does not say whether the obvious mistake in his text is due to the MS or not.

*Pax* is not often applied to the departed in M. Moz.; The following is the nearest parallel I have met with; p. 464. 25; "ad te mereamur pervenire in pace." see also p. 293. 73; "ad quos precedentium nos in pace Dominica animas pax perpetua confoveat." p. 457. 77; "pro anima ... qui in dominica pace predecessit." p. 459. 70; "in pacis regione jubeas conlocari." p. 280. 91; "ut illos in pace refrigeres." (so pp. 405. 62; 439. 95; 451. 89) p. 461. 37; "plenam pacis tue gratiam consequatur." p. 462. 107; "ut animam *ill.* in pace conlocare digneris." p.466. 8; "omnibus defunctis in pace tua quiescentibus requiem largiaris eternam."

a cap. 15 v. 30-33.

b Vulg. *San. Sp.* Ambrosiast. Vigil. Taps. M. Moz. have the order of the text.

c Vulg. + *vestris.* cod. Amiat. Bede, Ambrosiast. ed. 1546 mg M. Moz. also omit it, and Brugens. mentions the reading.

d Vulg. *Deum.* Ambrosiast. Rufin. agree with the text.

e Vulg. *in Hierusalem.* cod. Augi. M. Moz. omit the preposition. cod. Amiat. spells the proper name in the same way as the text.

f Vulg. + *in gaudio.*

g Vulg. *et.* Bede. edd. 1512 '26 '46 agree with the text. Brug. mentions the reading.

h cap. 19 v. 1-10.

i Vulg. *prin. erat.* codd. Colb. Corb. S. Mart. Turon. Cant. Palat. Verc. Veron. Vindob. Brix. Amiat. San-Gall. M. Moz. have the order of the text.

j Vulg. *vid. J.*

k The usual spelling is *sycomorum.*

l Vulg. *eum.* codd. Colb. Corb. Palat. Verc. Veron. Vindob. Brix. Amiat. San-Gall. agree with the text.

m Vulg. *quid aliquem.* S. Ambr. S. Aug. and (according to Bianchini) S. Chrysol. agree with the text ; codd. Colb. Corb. Veron. Vindob. have "quid alicui"; S. Cypr. cod. Verc. "cui quid"; cod. Palat. "quid cui."

tuis offerimus *ill.*, benignè suscipias, ægrotantium [i] medellam sanitatis inpertias, locum lucis et refrigerii animabus defunctorum in pace vocatis[j] tribuas, nostram omnium humilitatem intendas, crimina relaxes et peccata dimittas; simulque orationes exaudias, et ubique nos protegendo custodias; ut eruti adversitatibus mundi, [et] hîc et in æternum sanctificati, te incessabiliter cum angelis et archangelis conlaudemus, ita dicentes, Sanctus.

[LECTIONES PRO MISSA VOTIVA.]

*Epistola Pauli apostoli ad Romanos.*[a]

Fratres, obsecro vos per Dominum nostrum Jesum Christum et per caritatem Spiritûs Sancti, [b] ut adjuvetis me in orationibus [c] pro me ad Dominum, [d] ut liberer ab infidelibus qui sunt in Judæâ, et obsequii mei oblatio * accepta fiat Hierusolyma [e] sanctis, ut veniam ad vos [f] per voluntatem Dei ut [g] refrigerer vobiscum. Deus autem pacis sit cum omnibus vobis.

*Lectio sancti Evangelii secundum Lucam.*[h]

Tempore illo perambulabat Dominus Jesus Hiericho, et ecce vir nomine Zacchæus, et hic erat princeps [i] publicanorum et ipse dives : et quærebat Jesum videre [j] quis esset, et non poterat præ turbâ quia staturâ pusillus erat. Et præcurrens ascendit in arborem sycimorum [k] ut videret illum,[l] quia inde erat transiturus. Et cùm venisset ad locum, suspiciens Jesus vidit illum et dixit ad eum; Zacchæe, festinans descende, quia hodie in domo tuâ oportet me manere. Et festinans descendit et excepit illum gaudens. Et cùm viderent omnes, murmurabant dicentes, quòd ad hominem peccatorem divertisset. Stans autem Zacchæus, dixit ad Dominum ; Ecce dimidium bonorum meorum, Domine, do pauperibus, et si cui aliquid [m] defraudavi, reddo quadruplum. Ait

* M. 360

Dominus [n] ad eum; Quia hodie salus domui huic facta est, eo quòd et ipse filius est [o] Abrahæ. Venit enim Filius Hominis quærere et salvum facere quod perierat.

## MISSA VOTIVA.

[*Collectio.*] Exsultatio divina, paterna pietas, inmensa majestas, te supplices, trementes quidem [a] precamur pro servo tuo *ill.* ut des ei, Domine, mentem puram, caritatem perfectam, in actibus sinceritatem, in corde puritatem, in opere virtutem, in necessitatibus fortitudinem, in moribus disciplinam; et quod pro justitiæ tuæ timore, integrâ mente vel [b] devotione pro ipso tibi offerimus, pietatis tuæ obtinenda [c] cognoscat.

(*Secreta.* [d]) Iteramus, omnipotens Deus, deprecationem nostram ante conspectum majestatis tuæ; quam specialiter pro famulo tuo *ill.* oblationem pro peccatis vel pro auxilio ejus offerimus, vota perficias; petitiones ejus ascendant ad aures clementiæ tuæ, et descendat super eum pia benedictio tua: ut sub umbrâ alarum tuarum in omnibus protegatur, et orationes nostræ te propitiante pro ipso non refutentur à conspectu pietatis tuæ, sed in omnibus ei auxiliari atque defendere digneris.

(*Contestatio.*) Verè dignum et justum est, omnipotens Deus. Cujus potentia deprecanda est, misericordia adoranda, pietas amplectenda. Quis enim disputare poterit opus omnipotentiæ tuæ? [e] Nec aures hominum audire, nec in cor hominis adscendere, nec stimatio [f] hominum poterit invenire, quanta sit pietas misericordiæ tuæ, quantum [g] præparas sanctis et electis tuis. Sed in quantum possumus miseri, territi quidem de conscientiâ sed fidi de tuâ misericordiâ, veniam miserationis et refugium postulantes, atque in commemoratione sanctorum tuorum Petri et Pauli, (per quorum suffragia sperantes [h] veniam) precamur ut famulo tuo *ill.* remissionem tribuas peccatorum, opus ejus perficias, vota condones. Dona idemque [i] servo tuo *ill.*, intercedentibus sanctis, remedium animæ suæ quod postulamus, ut vota desideriorum * ejus perficias. Præsta, omnipotens Deus, (supplicantibus nobis) indulgentiam postulanti, veniam poscenti. Protege ei nomen Dei Jacob, mitte ei auxilium salutis de sancto, et de Sion tu erige eum. Memor esto, misericors Deus, sacrificium ejus, et holocaustum ejus ante conspectum omnium sanctorum tuorum pingue fiat. Per Christum Dominum nostrum.

41

[n] Vulg. *Jesus.*

[o] Vulg. *sit.* codd. Cant. Vindob. Verc. S. Cypr. S. Aug. M. Moz. agree with the text.

[a] There ought to be some word to answer to this *quidem.*

[b] Of course this is to be taken in the sense of " and."

[c] Some words seem wanting here, but the general meaning is plain.

[d] " Hæc proprius ad ritum Romanum, omissis orationibus ' post nomina ' et ' ad Pacem :' retento tamen nomine Contestationis. Sed plura exempla infra sub finem Missarum Dominicalium."—Mab. I have endeavoured to arrange the pointing of it; but nothing but a reference to the margin will enable us to understand what the meaning really is.

[e] In the former edd. there is only a comma here. What follows is not in the mg but is taken from I Cor. 2. 9; " Quod oculus non vidit, nec auris audivit, nec in cor hominis ascendit, quæ præparavit Deus iis qui diligunt illum."

[f] On this Gallican spelling, see above p. 209[b].

[g] Is this a mistake for *quam?*

[h] for *speramus* or *sperat.*

Iteramus, omnipotens Deus, deprecationem nostram, quam specialiter pro famulo tuo ill. in honore Sancti tui ill. facimus, offerentes tibi hostiam placationis et laudis. Tu clementissime Pater, vota perficias, petitiones nostræ ascendant ad aures clementiæ tuæ, et descendat super eum pia sanctificatio &c.—S. Greg. apud Gerb. p. 285b.

. . . ut per ejus merita vota petitiones eius ascendant ad aures clementiæ tuæ, et descendat super eum pia benedictio tua; ut sub umbra alarum tuarum protegatur, et orationes nostræ, te propitiante, non refutentur, sed omnibus auxiliare atque defende. Per.—ib. p. 281b.

[i] for *eidemque.*

* M. 361

VD. Cuius potentia deprecanda est, misericordia adoranda; pietas amplectenda, opera magnificanda; quis enim disputare potest, opus omnipotentiæ tuæ? Sed nos, in quantum possumus, miseri, territi quidem de conscientia, sed fidi de tua misericordia, clementiam tuam suppliciter deprecamur, ut famulo tuo ill. intercedente sancto ill. Confessore tuo, remissionem peccatorum tribuas, opus bonum perficias, admissa condones, concedasque eidem servo tuo ill. per cuius commemorationem remedium postulat, ad vota desideriorum tuorum perveniat: præsta, omnipotens Deus, supplicanti indulgentiam, postulanti veniam, poscenti vitam sempiternam. Per.—S. Greg. apud Gerb. p. 281b. What follows is taken from Psalm 20. 1-3; " Protegat te nomen Dei Jacob. Mittat tibi auxilium de sancto, et de Sion tueatur te. Memor sit omnis sacrificii tui: et holocaustum tuum pingue fiat."

[LECTIONES PRO MISSA VOTIVA.]

ᵃ *Eccles.* cap. 5 v. 3-6.

*Lectio libri Sapientiœ Salomonis.*ᵃ

Fili, si quid vovisti Deo, ne moreris reddere.
Displicet enim ei infidelis et stulta promissio;
sed quodcunque voveris, redde.    Multòque
meliùs est non vovere quàm post votum promissa non reddere.    Ne dederis os tuum ut
peccare facias carnem tuam, neque dicas coram
angelo; Non est providentia; ne fortè, iratus

ᵇ Vulg. *contra.*   The Itala as preserved by S. Jerome agrees with the
text.

Deus super ᵇ sermones tuos, dissipet cuncta
opera manuum tuarum.    Ubi multa sunt

ᶜ Vulg. *plurimœ sunt vanitates.*

somnia, plurima vanitas ᶜ et sermones innu-
meri; tu verò Deum time.

ᵈ cap. 11 v. 5-10.

*Lectio sancti Evangelii secundum Lucam.*ᵈ

ᵉ Vulg. *habebit.* codd. Veron. Brix.
Corb. San-Germ. 1 S. Gat. agree with
the text.

Diebus illis dixit Jesus; Quis vestrûm habet ᵉ
amicum, et ibit ad illum mediâ nocte, et dicet
illi; Amice, commoda mihi tres panes, quoniam amicus meus venit de viâ ad me, et non
habeo quod ponam ante illum.    Et ille deintus
respondens dicat; Noli mihi molestus esse;
jam ostium clausum est, et pueri mei mecum
sunt in cubili; non possum surgere et dare

ᶠ The clause " et si ille perseveraverit
pulsans," is left out here. codd. Veron.
Brix. Cant. San-Germ.  1  San-Gall.
Forojul. ed. 1546 mg, the Greek, also
" aliquot codd. Lat." according to
Blanchini omit it.
ᵍ Vulg. *improbitatem.* codd. Colb.
Corb. agree with the text.
ʰ Vulg. *dico vob.* Sabatier's ed. of the
Vulg. codd. Veron. Vindob. Colb.
Corb. Cant. San-Germ. Amiat. Forojul. San-Gall. have the order of the
text.

tibi.ᶠ    Dico vobis; etsi non dabit illi surgens,
eò quòd amicus ejus sit; propter inportuni-
tatem ᵍ tamen ejus surget et dabit illi quotquot
habet necessarios.    Et ego vobis dico,ʰ Petite
et dabitur vobis, quærite et invenietis, pulsate
et aperietur vobis.    Omnis enim qui petit accipit, et qui quærit invenit, et pulsanti aperietur.

MISSA VOTIVA.

Suscipe Deus supplicantem famulum tuum N. fratrem nostrum Sacerdotem: [Lesley adds, pro quo] votivum
tibi munus oblatum est: multiplici
ob hoc eum locupleta fenore gratiarum.   Ut qui te his honorat: in
spontaneis votis te largiente ditetur
premiis infinitis.  Amen.—M. Moz.
451. 76.
ᵃ I add these words from the mg.
cf. above p. 48; "Deus, rerum omnium rector et conditor." and p. 75;
"Humani generis conditor et Redemptor.

[*Collectio.*]  Suscipe, Domine, supplicantis
servi tui *ill.* votivum tibi munus oblatum, et
multiplici fœnore gratiarum [locupleta eum,ᵃ]
ut quæ te fidelissimis votis petit, tu ei, piissime, miseranter indulge.

*(Secreta.)*  Redemptor [et naturæ] humanæ
conditor Deus, da ut servus tuus *ill.* vota adi-
piscatur, et impetrare mereatur quod exoptat.

Dignum: et justum est: nos tibi
omnipotenti Deo vota reddere: quo
placeris inspiras: votiva nos inspiratione remuneras.  Te ob hoc rogamus
supplici prece: ob [Lesley's correction
of *ut* for *ob* is supported by the text:]
hanc servi tui N. pro fratre meo
oblationem Domine dignanter inten-

*(Contestatio.)*  Verè dignum et justum est,
omnipotens Deus, per Christum Dominum
nostrum.  Qui nobis votum quo placeris inspiras, et votivâ nos inspiratione remuneras.
Te obsecramus supplici prece, ut hanc servi
tui *ill.* oblationem dignanter accipias, et in

ejus humilitatem intendas, peccata deleas, orationem accipias : ut liberatus ab omni adversitate, et hîc et in æternum justificatus, cum angelis sine fine conlaudet dicens, Sanctus.

### [LECTIONES PRO MISSA VOTIVA.]

*Epistola Pauli apostoli ad Romanos.*[a]

Fratres, quæcunque enim scripta sunt, ad nostram doctrinam scripta sunt, ut per patientiam et consolationem scripturarum spem habeamus. Deus autem patientiæ et solatii det vobis idipsum sapere in alterutrum secundùm Jesum Christum, ut unianimes [b] uno ore honorificetis Deum et Patrem Domini nostri Jesu Christi. Propter quod suscipite invicem, sicut et Christus suscepit vos in honore [c] Dei.

*\* Lectio sancti Evangelii secundum Lucam.*[d]

In illo tempore Dominus noster Jesus Christus cùm adpropinquâsset [e] Hiericho cæcus quidam sedebat secùs viam mendicans. Et cùm audiret turbam prætereuntem, interrogabat, quid hoc esset. Dixerunt autem ei, quòd Jesus Nazarenus transiret.[f] Clamavit dicens ; Jesu, fili David, miserere mei. Et qui præibant increpabant ei [g] ut taceret. Ipse verò multò magis clamabat ; Fili David, miserere mei. Stans autem Jesus jussit eum [h] adduci ad se. Et cùm adpropinquâsset, interrogabat eum,[i] dicens ; Quid tibi vis faciam ? At ille dixit ; Domine, ut videam. Et Jesus ait [j] illi ; Respice, fides tua te salvum fecit. Et confestim vidit, et sequebatur illum magnificans Deum. Et omnis plebs ut vidit, dedit laudem Deo.

### ITEM MISSA VOTIVA.

[*Præfatio.*] Deum, cui acceptiora sunt vota fidelium quàm munera, fratres carissimi, supplices deprecemur, ut hanc oblationem famuli sui *ill.* dignanter accipiat. Tribuat[a] ei magna pro parvis, pro temporalibus præmia sempiterna. Det ei auxilium sive præsidium [b] gratiæ suæ, ut quod humiliter implorat, Domino largiente suscipiat.

41*

---

das : et peccata deleas : orationes accipias. Ut liberatus ab omni adversitate : et hic et in eternum sit sanctificatus cum Angelis : qui te sine fine conlaudant : ita dicentes.— ubi supra, l. 98. The words " pro fratre meo" occur also in the *post nomina* Collect, where Lesley would alter them to "fratris mei"; but as they are found twice, it is more probable that they were an alternative clause to adapt the service to different occasions, viz. when the oblation was provided by the celebrant or when by the person for whom it was offered. Our text is adapted to the latter purpose.
a cap. 15 v. 4-7.

b Vulg. *unanimes.* cod. Clarom. spells as in the text.

c Vulg. *honorem.*

\* M. 362
d cap. 18 v. 35-43.

e Vulg. *appropinquaret.* S. Ambr. agrees with the text.

f Vulg. + *et.*

g Vulg. *eum.*

h Vulg. *illum.* codd. Palat. San-Gall. agree with the text.
i Vulg. *interrogavit illum.* cod. San-Gall. has *eum.*

j Vulg. *dixit.*

a cf. "Tribue ei pro parvis magna pro terrenis cœlestia, pro temporalibus sempiterna."—S. Greg. apud Gerb. p. 284 b; so ib. p. 283 b.
b What is the difference of meaning between these two words? Does the first denote external, assisting grace, and the second such as is indwelling ?

Omnipotens et misericors Deus, cui redditur votum in Hierusalem: per merita et intercessionem beati ill. Martyris tui exaudi preces famuli tui ill. memor esto sacrificii eius, pingue fiat holocaustum eius. Tribue ei, quæsumus, divitias gratiæ tuæ, comple in bonis desiderium, corona eum in miseratione et misericordia, tibique Domino pia devotione iugiter famuletur. Ignosce ei facinora, et ne lugenda committat, paterna pietate castiga. Per.—ubi supra p. 281a.

VD. Sancte Pater omnipotens Deus! per Christum Dominum nostrum te laudare, te benedicere, teque glorificare, tuæ Maiestati ac voluntati semper obtemperare, in quo est salus omnium populorum: cui Abel munera obtulit, cui Abraham holocausta offerre decrevit, cui Jacob votum vovit et reddidit. Miserere, Domine, famulo tuo ill. qui in honore sancti tui ill. votorum munera offert, ut per suffragia orationum Sanctorum tuorum te protectorem suum semper agnoscat, et sui auxilii opera indesinenter in veniat, in illud gloriatur recipere præmium, cui devotum pectus decrevit ad altam contemplationem suspendere. Tu es enim Deus, qui nullum tibi perire vis, sed omnibus reddis magna pro parvis, pro morte vitam, pro pœna gloriam, pro votorum officiis præmia sempiterna. Per.—ubi supra p. 286.

c The mg shows how strangely grammatical correctness has been disregarded in the changes made upon this sentence.

*(Secreta)* Omnipotens et misericors Deus, cui redditur votum in Hierusalem, exaudi preces famuli tui, memor esto sacrificii sui, fiant holocausta sua [pinguia,] tribue ei devotionis gratiam, comple in bonis desiderium suum, et corona eum in misericordiâ. Tibi, Domine, quando fideli devotione famuletur, ignosce facinora; et ne lugenda committat, paternâ pietate castiga.

*(Contestatio.)* Verè dignum et justum est, omnipotens Deus, te laudare, te benedicere, teque glorificare, tuæ majestati ac voluntati semper obtemperare, in quo est salus omnium populorum. Cui Abel munera obtulit, cui Abraham holocaustum offerre decrevit, cui Jacob votum vovit et reddidit; miserere, Domine, servo tuo *ill.* qui in honore sanctorum *ill.* votorum munera offert per suffragia orationum sanctorum tuorum: te protectorem suum semper agnoscat, et sui auxilii opem indesinenter inveniat; illum glorietur recipere præmium, qui devoto pectore ad alta contemplatione suspendere.c Tu es enim Deus, qui nullum tibi perire vis, sed omnibus reddis magna pro parvis, pro morte vitam, pro pœnâ gloriam, pro votorum officio præmia tribuis sempiterna, per Christum Dominum nostrum.

## ITEM MISSA VOTIVA.

[*Collectio.*] Deus, qui vulnere passionis et crucis nostrorum vincula solvis [peccatorum,] votivam hanc servo tuo *ill.* suscipe precem in omnibus, [et] pro quibus te poposcerit fideli devotione, exaudire digneris.

*Dicitur Secreta.*

[*Contestatio.*] Verè dignum et justum est, omnipotens Deus, qui ob hoc peccatorum non renuis postulata; pro quo te, Domine, supplices postulamus, ut huic servo tuo *ill.* delectabiles petitiones impleas, et perseverantiam in bonis operibus tribuas, per Christum Dominum nostrum. Per quem majestatem tuam laudant angeli.

[LECTIONES PRO VIVIS ET DEFUNCTIS.]

\* M. 363

a "Sequens lectio non legitur in epistola ad Colossenses, neque in libris sacris: sed est farrago ex Scripturæ verbis contexta."—Mab. Only a small part is taken from holy Scripture. The whole greatly resembles some of the sermons in the Appendix to S. Augustine's.

*\*Epistola Pauli apostoli ad Colossenses.*a

Fratres, qui sub potestate Domini sumus, mandatum Dei custodire debemus. Qui custodiunt præcepta Domini, habent vitam æternam; et qui negant mandata ejus, adquirunt ruinam, et in hoc secundam mortem. Præceptum Domini hoc est: Non perjuraberis, Non furtum facies, Non adulterabis, Non falsum testimonium dices, Non accipies munera contra veritatem, nec per potestatem. Qui habet potestatem, et abnegat veritatem, abnegabitur illi regnum Dei, et conculcabitur in infernum. Ibi non egreditur bis. Quomodo sumus fragiles et prævaricatores agentes peccatum. Non per singulos dies pœnitemus, sed per singulos dies peccatum super peccatum facimus. Ut sciatis hoc, fratres carissimi, quia opera nostra scriptum est in hoc libro, in commemoratione erit nobis in die judicii. Ibi nec testes, ibi nec pares, ibi nec per munera judicabitur : quia non est melior quàm fides, veritas, castitas, jejunium, et eleemosyna quæ extinguit omnia peccata. Et quod tibi non vis, alio non facias. Stipola regnum Dei, et accepit coronam, quod est in Christo Jesu Domino.

*Evangelium superius dicitur.*

## MISSA PRO VIVIS ET DEFUNCTIS.

[*Secreta.*] Majestatem tuam, clementissime Pater, exoramus pro fratribus et sororibus nostris, seu omnibus benefactoribus nostris, vel qui se in nostris orationibus conmendaverunt, tam pro vivis, quàm et solutis debito mortis, quorum eleemosynas erogandas suscepimus, vel quorum animas ad memorandum conscripsimus, vel quorum nomina super sanctum altarium scripta adest evidenter: concede propitius, ut hæc sacra oblatio mortuis prosit ad veniam, et vivis proficiat ad salutem ; et fidelibus tuis, pro quibus oblationem offerimus, indulgentia tuæ pietatis succurrat.

(*Dicitur Secreta alia.*) Preces nostras, clementissime Deus, benignus exaudi : suscipe propitius oblationem adque libamina pro fratribus ac sororibus nostris quam tibi offerimus, seu cunctis benefactoribus nostris, tam pro vivis quàm mortuis, vel fidelibus tuis, pro quibus oblationem offerimus, ut cunctis proficiat ad salutem.

(*Contestatio.*) Verè dignum et justum est, omnipotens Deus, ad vota humilium manum dexteræ tuæ majestatis extende, ut animabus famulorum famularumque tuarum, tam pro vivis, quàm et solutis debito mortis, quorum animas ad memorandum conscripsimus, fidelium catholicorum orthodoxorum qui tibi placuerunt, quorum conmemorationem agimus, vel quorum nomina super sanctum altarium scripta adest evidenter, remissionem

Maiestatem tuam, clementissime Pater, suppliciter exoramus, ut mente devota postulamus pro fratribus et sororibus nostris, vel pro his, qui nobis propria crimina vel facinora ante tuam Maiestatem confessi fuerint, vel pro his qui se in nostris orationibus commendaverunt ; tam pro vivis, quam et pro salutis debito mortis, quorum eleemosynas erogandi suscepimus, et quorum animas ad memorandum conscripsimus, vel quorum nomina ante sanctum altare tuum adscripta esse videntur : concede propitius, ut hæc oblatio mortis prosit ad veniam, et vivis proficiat ad medelam, et fidelibus tuis pro quibus oblatio offertur, indulgentia tuæ pietatis succurrat. Per.—S. Greg. apud Gerb. p. 279b.

Preces nostras, quæsumus Dne, clementer exaudi, et supplicationem nostram efficaciter comple : suscipe propitius oblationem atque eleemosynas, quas ante altare tuum pro fratribus et sororibus nostris offerimus, seu et pro cunctis benefactoribus nostris, quorum eleemosynas erogandas suscepimus, et quorum animas ad memorandas conscripsimus, vel nomina ante sanctum altare tuum adscripta esse videntur, sive vivorum sive defunctorum, et fidelibus tuis, pro quibus oblatio cunctis proficiat ad salutem. Per.—ubi supra.

Deus omnipotens vota humilia, atque supplicationes nostras dexteram tuæ Maiestatis extende, et animabus famulorum famularumque tuarum tam pro vivis, et pro salutis debitum mortis, quorum confessiones vel eleemosynas erogandi suscepimus, et quorum ad memorandum conscripsimus, vel quorum nomina ante sanctum altare tuum adscripta esse videntur, remissionem cunctorum tribue peccatorum, ut indulgentiam, quam semper optaverunt, piis supplicationibus consequantur. Per.—ubi supra p. 280b.

peccatorum, indulgentiam quam semper optaverunt, piis supplicationibus consequantur, per Christum Dominum nostrum. Cui.

[LECTIO IN DOMO CUJUSLiBET.]

* cap. 12 v. 16-24. "Hoc Evangelium videtur potius referendum ad Missam sequentem, quam ad superiorem de vivis et mortuis."–Mab. There was no need to use the word "videtur" of what is so very obvious, and so consistent with the whole of this Collection.

\* M. 364

b The strange pointing of the ed. is probably copied from the MS. This stop should be placed after *similitudinem.*
c Vulg. *quia.* codd. Corb. San-Gall. Vercell. Veron. Vindob. Forojul. S. Ambr. agree with the text.
d Vulg. *cong. fr. m.*
e Vulg. + *bona.*

*Lectio sancti Evangelii secundum Lucam.*[a]
Diebus illis, dixit Dominus Jesus turbis similitudinem hominis \* cujusdam divitis. [b] Uberes fructus ager attulit, et cogitabat intra se dicens; Quid faciam, quòd [c] non habeo quo fructus meos congregem? [d] Et dixit; Hoc faciam. Destruam horrea mea, et majora faciam; et illuc congregabo omnia quæ nata sunt mihi, et bona mea; et dicam animæ meæ; Anima, habes multa[e] posita in annos plurimos: requiesce, comede, bibe, epulare. Dixit autem illi Deus; Stulte, hac nocte animam tuam repetunt à te; quæ autem parâsti, cujus erunt? Sic est qui sibi thesaurizat, et non est in Deum dives. Dixitque ad discipulos suos; Ideo

f Vulg. + *vestræ.* codd. Colb. Corb. San-Germ. 1 Cant. Amiat. Veron. Vindob. Brix. Forojul. S. Ambr. M. Moz. also omit it.
g Vulg. *induamini.* codd. Colb. Corb. San-Germ. 1 and 2 S. Gat. Mm Palat. Amiat. Forojul. S. Ambr. M. Moz. agree with the text; and cod. San-Gall. has both readings.
h Vulg. + *plus.* codd. Amiat. Palat. Vindob. Brix. Forojul. M. Moz. omit it.

dico vobis, nolite solliciti esse animæ [f] quid manducetis, neque corpori quid vestiamini.[g] Anima plus est quàm esca, et corpus [h] quàm vestimentum. Considerate corvos, quia non seminant neque metunt, quibus non est cellarium neque horreum; et Deus pascit illos. Quanto magis vos pluris estis illis?

MISSA IN DOMO CUJUSLIBET.[a]

a "Moris aliquando fuisse, ut in domibus privatis, sive pro infirmis, seu pro aliis causis sacra celebrarentur, testis est præter alios Paulinus in libro de vita S. Ambrosii, qui Romæ trans Tiberim apud quamdam clarissimam matronam invitatus, sacrificium in domo obtulit."–Mab. Other instances will be found in Bona, 1 Rer. Lit. cap. 14 § 1. Nestorius made it the pretext for condemning Philip a presbyter of Constantinople, but it is observed that almost all the clergy stated that they did it occasionally; Fleury H. E. xxv. 10.
b cf. above p. 52 "ut veniat super hanc omnem ecclesiam tuam illa benedictio quæ &c."
c cf. above p. 168; "credulitatis muris includi."

[*Collectio.*] Protector in te sperantium Deus, et subditarum tibi mentium custos, habitantibus in hac domo famolis tuis *ill.* propitius adesse dignare. Veniat super eos sperantes à te benedictio,[b] ne subvertas: ut pietatis tuæ repleti muneribus, in tuâ gratiâ et in tuo nomine læti semper exsultent.

(*Secreta.*) Suscipe, Domine, quæsumus, preces et hostias famulorum tuorum *ill.* et murò[c] custodiæ tuæ hanc domum circumda: ut, omni adversitate depulsâ, sit hoc semper domicilium incolomitatis et pacis. Per.

(*Contestatio.*) Verè dignum et justum est, omnipotens Deus, benignus indultor in secretis officiis nostris; et in hanc domum manentibus præsentiæ tuæ concede custodiam; familiæ tuæ defensor ac totius habitaculi hujus habitator appareas.

LECTIONES DOMINICALES.[a]

*Lecto Hiezechiel Prophetæ.*[b]

[b] cap. 18 v. 1-9.

Factum est verbum [c] Domini ad me dicens ;
Quid est quòd inter vos parabolam vertitis in
proverbium istud in terrâ Israel, dicentes ;
Patres comederunt uvam acerbam, et dentes
filiorum obstupescunt? Vivo ego, dicit Dominus Deus,[d] ecce omnes animæ meæ sunt.
Ut anima patris, ita et anima filii mea est.
Anima quæ peccaverit ipsa morietur. Et vir,
si fuerit justus et fecerit judicium et justitiam,
de rapinâ [e] non comederit et oculos suos non
elevaverit [f] ad idola domûs Israel, et uxorem
proximi sui non violaverit, et ad mulierem
menstruatam non accedat,[g] et hominem non
contristaverit, pignus debitori reddiderit, per
vim nihil rapuerit ; panem suum esurienti
dederit, et nudum operuerit vestimento ; ad
usuram non commodaverit, et ampliùs non
acceperit ; ab iniquitate averterit * manum
suam,[h] judicium verum fecerit inter virum et
proximum ;[i] in præceptis meis ambulaverit,
et judicia mea custodierit ut faciat veritatem ;
hic justus est, vitâ vivet, ait Dominus Deus.

[c] Vulg. *factus e. sermo.*

[d] The words "si erit ultra vobis parabola hæc in proverbium in Israel" are omitted here.

[e] Instead of "de rapina" Vulg. has *in montibus.*
[f] Vulg. *levaverit.* S. Jer. (from the lxx) agrees with the text.

[g] Vulg. *accesserit.*

* M. 365
[h] Vulg. + *et.* S. Jerome (from the lxx) also omits it.
[i] Vulg. *virum.*

*Epistola Pauli Apostoli ad Galatas.*[j]

Fratres, fructus autem Spiritûs est caritas,
gaudium, pax,[k] longanimitas, bonitas, benignitas,[l] fides, modestia, continentia.[m] Adversùs
hujusmodi non est lex. Qui autem sunt
Christi, carnem suam crucifixerunt cum vitiis
et concupiscentiis. Si spiritu vivimus, spiritu
et ambulemus. Non efficiamur inanis gloriæ
cupidi, invicem provocantes, invicem inviden-
tes. Fratres, etsi præoccupatus fuerit homo
in aliquo delicto, vos qui spiritales estis,
hujusmodi instruite in spiritu lenitatis, con-
siderans te ipsum, ne et tu tenteris. Alter
alterius onera portate, et sic adimplebitis
legem Christi.

[j] cap. 5 v. 22.-cap. 6 v. 2.
[k] Vulg. + *patientia.* cod. Amiat. S. Cypr. S. Aug. S. Jerome and others seem to have left it out. The Lect. Lux. has it. cod. Augi. leaves it out here.
[l] Vulg. *ben. bon. long.* codd. Amiat. Augi. Bede have the order of the text, and the word *mansuetudo* is here omitted, in which it agrees with cod. Amiat. The cod. Augi. places it further on.
[m] Vulg. + *castitas.* cod. Amiat. leaves it out.

*Lectio sancti Evangelii secundum Mat-
thæum.*[n]

Diebus illis accedens unus de scribis [o] ad
Dominum Jesum, et dicit illi ; Magister bone,
quid boni faciam, ut habeam vitam æternam ?
Qui dixit ei ; Quid me interrogas de bono ?
Unus est bonus, Deus. Si autem vis ad vitam
ingredi, serva mandata. Dicit illi ; Quæ ?

[n] cap. 19 v. 16-30.
[o] Vulg. omits *de scribis,* and has *ait* for *dicit.* codd. Vercell. and Brix. have *dixit.*

Jesus autem dixit ; Non homicidium facies, non adulterabis, non facies furtum, non falsûm testimonium dices ; honora patrem [p] et matrem,[q] et diliges proximum tuum sicut teipsum. Dicit illi adolescens ; [r] Omnia hæc custodivi,[s] quid adhuc mihi deest ? Ait illi Jesus ; Si vis perfectus esse, vade et [t] vende quæ habes, et da pauperibus, et habebis thesaurum in cœlo, et veni, sequere me.　　Cùm audîsset autem adolescens verbum, abiit tristis.　　Erat enim habens multas possessiones.　　Jesus autem dixit discipulis suis ; Amen dico vobis ; [u] facilius est camelum per foramen acûs transire, quàm divitem intrare in regnum cœlorum. Auditis autem his, discipuli mirabantur valdè, dicentes ; Quis ergo poterit salvus esse ? Aspiciens autem Jesus, dixit illis ; Apud homines hoc impossibile est, apud Deum autem omnia possibilia sunt.　　Tunc respondens Petrus, dixit ei ; Ecce nos reliquimus omnia, et secuti sumus te ; quid ergo erit nobis ?　　Jesus autem dixit illis ; Amen dico vobis, quòd vos qui secuti estis me, in regeneratione, cùm sederit Filius Hominis in sede majestatis suæ, sedebitis et vos super sedes duodecim judicantes duodecim tribus Israel.　　Et omnis qui reliquit [v] domum vel fratres aut sorores aut patrem aut matrem aut uxorem aut filios aut agros, propter nomen meum, centuplum accipiet, et vitam æternam possidebit.　　Multi autem erunt primi novissimi, et novissimi primi.

MISSA DOMINICALIS.

(*Collectio post Prophetiam.*)　Domine Jesu Christe, spes et salus humani generis, qui ad nos veniens, ex alto visitare dignatus es, et de antiquâ morte peccati per * miserationis tuæ mysteria redemisti : qui inluxisti nobis qui errabamus in tenebris, et vitalem diem in umbrâ mortis sedentibus intulisti : respice, Domine, et dirige pedes nostros in viam pacis. Per.

(*Præfatio.*[a])　Domine Deus inconprehensibilis et inenarrabilis, qui dixisti, Non veni vocare justos sed peccatores ad pœnitentiam ; et, cùm profectu nostro non egeas, gaudes tamen super peccatorem pœnitentiam agentem,

p　Vulg. + *tuum.* codd. Colb. San-Germ. 1 and 2 Cant. Palat. San-Gall. Amiat. S. Iren. S. Cypr. S. Hil. S. Ambr. leave it out.

q　Vulg. + *tuam.* codd. Colb. San-Germ. 1 and 2 Cant. Clarom. Palat. San-Gall. Amiat. S. Iren. S. Cypr. S. Hil. S. Ambr. leave it out.

r　Ed. *adulescens,* here and a few lines below : so codd. Vercell. Veron. Brix. &c.

s　Vulg. + " a juventute mea." codd. San-Germ. 1 and 2 Corb. 1 Amiat. Forojul. S. Cypr. the author of the " de prom." " vetusta MSS " according to Brugens. leave it out.

t　Vulg. omits *et.* codd. San-Germ. 2 Corb. 1 Palat. S. Cypr. S. Zeno, S. Jerome (once) S. Paulin. Philastr. the Opus imperf. have it, and Brugens. mentions the reading.

u　The words " quia dives difficile intrabit in regnum cœlorum. Et iterum dico vobis,". have here dropped out, on account of the recurrence of the words " dico vobis."

v　Vulg. *reliquerit.* codd. Cant. Amiat. agree with the text.

cf. c. 1 Lucæ v. 78, 79 ; "visitavit nos ex alto, . . . per viscera misericordiæ Dei nostri . . . illuminare his qui in tenebris et in umbra mortis sedent, ad dirigendos pedes nostros in viam pacis."

* M. 366

a　This is a Collect. cf. c. 5 Lucæ v. 32 ; "Non veni vocare justos sed peccatores ad pænitentiam."

quia non [a] vis mortem peccatoris, sed ut convertatur et vivat. Converte [b] nos, Domine, ad te et convertemur. Converte [c] nos, Deus salutaris noster, et ne perdas nos cum peccatis nostris, ne [d] tradas nos in finem. Ne [e] intres in judicium cum servis tuis, ne [f] tradas bestiis animam confitentem tibi. Memento [g] congregationis tuæ, et dirige [h] nos in viâ rectâ. Doce [i] nos, Domine, facere voluntatem tuam, quia tu es Deus noster. Statue [j] pedes in consummatione, ut te adjuvante vincamus antiqui hostis insidias, ut [k] liberi ab infestatione inimici, serviamus tibi in sanctitate et justitiâ omnibus diebus vitæ nostræ.

(*Collectio.*) Domine Deus omnipotens, qui [l] salvos facis sperantes in te ; tu, clementissime, qui revocas errantes : tu, misericordissime, qui non despicis peccatores : tu, Domine Pater, cùm [m] ceciderit justus, manum apponis : tu excelsus in cœlis, habitare promisisti in terris, ubi sunt congregati in tuo nomine duo vel tres : te, Domine, tenemus promissorem, ut des veniam pœnitentibus ; te inveniant omnes qui quærunt te. Tu rex gloriæ Christus : [n] tu rex omnis terræ Deus : tu rex virtutum ; te perscrutatorem conscientiarum nostrarum scimus : ideo et veniam petimus delictorum. Tu magnus [o] Dominus et laudabilis valdè ; te precamur ut sis nobis propitius. A te speramus. Averte [p] faciem tuam à peccatis nostris, et omnes iniquitates nostras dele. Te obsecramus, qui præmia paras justis, da veniam peccatoribus. Tibi confitemur mala nostra, ut mereamur consequi bona tua.

(*Post nomina.*) Domine Deus Abraham, Deus Isaac, Deus Jacob, Deus patriarcharum, prophetarum, apostolorum et martyrum, omniumque sanctorum, sicut pro piissimâ misericordiâ tuâ dedisti eis voluntatem veniendi ad te ; ita, [q] clementissime Pater, da servis tuis intellectum, virtutem et possibilitatem, ut tibi secundùm voluntatem [r] tuam serviamus. Spiritus [s] tuus bonus deducat nos in viâ rectâ. Da incipientibus perfectionem, da parvulis intellectum, da currentibus adjutorium, da negligentibus compunctionem, da tepidis spiritum ferventem, da perfectis bonam consummationem. Loquatur [t] os nostrum laudem tuam, et

42

[a] cap. 33 Ezech. v. 11; "Nolo mortem impii, sed ut convertatur impius a via sua, et vivat."

[b] cap. 5 Thren. v. 20; "Converte nos, Domine, ad te, et convertemur."

[c] Ps. 84. 5 ; "Converte nos, Deus salutaris noster."

[d] Ps. 43. 23; "Ne repellas in finem."

[e] Ps. 142. 2; "Et non (*ne* is the reading of the Itala preserved by S. Aug. and the Mozarbic Psalter) intres in judicium cum servo tuo."

[f] Ps. 73. 19; "Ne tradas bestiis animas confitentes tibi." quoted above p. 285.

[g] Ps. 73. 2 ; "Memór esto congregationis tuæ."

[h] Ps. 26. 11 ; " Dirige me in semitam rectam." Many Psalters are quoted in the preface to S. Aug. t. 4 as having the ablative.

[i] Ps. 142. 10; "Doce me facere voluntatem tuam, quia Deus meus es tu." The Itala preserved by S. Aug. has the order of the text ; so the Psalt. Mozar.

[j] Hab. 3. 19; " ponet pedes meos quasi cervorum," where the codd. S. Germ. and S. Mich. and Psalt. Moz. have " statuet pedes meos in consummatione," with which S. Aug. and other authorities nearly agree.

[k] cap. 1 Lucæ v. 74, 75; "ut de manu inimicorum nostrorum liberati serviamus illi in sanctitate et justitia coram ipso omnibus diebus nostris." The words " vitæ nostræ " of our text occur in the Elzevir Greek, but are omitted by many editors of the Greek Testament. They are found in the *Collectio post Prophetiam*, above p. 292 also ; which makes me suspect some mistake in the passage below p. 336, where Mab. supplies the word *diebus*. Though neither in the Vulgate nor the Itala Gospels, Scholz tells us that the translation of S. Irenæus has them, as also S. Jerome.

[l] cf. Ps. 16. 8 ; " qui salvos facis sperantes in te."

[m] Ps. 36. 24 ; " Cum ceciderit (Psalt. Moz. adds *justus*) ... Dominus supponit manum suam."

[n] see above p. 27 another quotation from the *Te Deum*.

[o] Ps. 47. 2 ; "Magnus Dominus et laudabilis nimis," where, however, *valde* is found in the Itala preserved by S. Aug. and in the Psalt. Mozar.

[p] Ps. 50. 11 ; " Averte faciem tuam a peccatis meis, et omnes iniquitates meas dele."

[q] It will be observed that there is no prayer here for the departed. This probably indicates a rather late date for the composition of this beautiful service, a date at which prayers had ceased to be offered for the apostles and martyrs, while those for the ordinary faithful were made at the time prescribed in the Roman Liturgy.

[r] cf. below p. 336; "ut voluntatem tuam in omnibus implere possimus."

[s] Ps. 142. 10; "Spiritus tuus bonus deducet me in terram rectam." Two edd. of the Roman Psalter are quoted in the preface to S. Aug. t. 4. as having *viam*. so also the Psalt. Mozar. and S. Ambrose.

[t] Ps. 144. 21; "Laudationem Domini loquetur os meum, et benedicat omnis caro nomini sancto ejus in sæculum et in sæculum sæculi." The Itala in S. Aug. has *laudem* as in the text ; so the Psalt. Mozar.

per singulos dies benedicamus te et laudemus nomen tuum in æterna sæcula sæculorum.

*(Ad Pacem.)* Deus, pax et caritas, te deprecamur, Domine sancte, Pater omnipotens, æterne Deus, libera nos ab omni temptatione, adjuva nos in omni certamine, consolare in omni tribulatione ; da nobis patientiam in adversis, da nobis ut te puro corde adoremus, tibi mundâ conscientiâ psallamus, tibi totâ virtute serviamus. Te benedicimus, Trinitas sancta, tibi gratias agimus, te per singulos dies laudamus, te deprecamur, Abba, Pater. Suavis sit tibi laudatio nostra, sitque acceptabilis oratio nostra.

**\* M. 367**

*\*(Contestatio.)* Verè dignum ét justum est, Domine, rex cœlestium, rex regum, Deus deorum et Dominus dominorum, tibi gratias agere, laudum hostias immolare. Exaudi orationem et deprecationem famulorum famularumque tuarum ; auribus percipe lacrymas eorum.[u] Abba, Pater, imple nominis tui officium super famulos et famulas tuas ; tu eos rege, tu protege, tu conserva, tu sanctifica, tu guberna, tu consolare. Sicut non es dedignatus congregare et vocare eos ; ita tuo inflammentur amore, ut à te non despiciantur, Domine clementissime, et piissime Pater: Oro te, Domine, non pereat in nobis factura redemptionis et vocatio tua. Sicut vocâsti errantes, ita custodi in hoc ovili habitantes. Precamur te, Domine sancte, Pater omnipotens, æternè Deus, exaudi famulos tuos, quia benigna est misericordia tua. Concede eis, ut tuo Sancto Spiritu inflammentur, tuâ virtute firmentur, tuo splendore inluminentur, tuâ gratiâ repleantur, cum tuo adjutorio proficiant. Dona eis, Domine, fidem rectam, caritatem perfectam, humilitatem veram. Concede, Domine, ut sit in nobis [v] simplex affectus, patientia fortis, obedientia perseverans, pax [w] perpetua, mens pura, rectum et mundum cor, voluntas bona, conscientia sancta, compunctio spiritalis, virtus animæ, vita inmaculata, inreprehensibilis ; consummatoque viriliter cursu, in tuum feliciter mereamur intrare regnum. Cui meritò.

cf. Ps. 38. 12 ; "Exaudi orationem meam, Domine, et deprecationem meam : auribus percipe lacrymas meas."

[u] In the former edd. this full stop is placed after "Abba, Pater ;" but it seemed better to connect that tender epithet more closely with the following petition. I am not sure whether a similar change of punctuation might not be made with advantage with regard to the same expression in the preceding Collect.

Ps. 68. 17 ; "Exaudi me, Domine, quoniam benigna est misericordia tua."

[v] This change back to the first person is curious.
[w] See a somewhat similar list, M. Moz. 21. 60 ; " Prestetur Ecclesie tue pax indeficiens : &c."

## [ITEM LECTIONES PRO MISSA DOMINICALI.]

[a] cap. 5. 1-9, 13. see above p. 287 the same form *Apocalypsin.* for the concluding clause, see above pp. 277 [g] 288 [s].

*Lectio Apocalypsin sancti Johannis.*[a]

Egó Johannes vidi sedentem super thronum, et[b] in dexterâ sedentis super[c] thronum, librum scriptum intus et foris, signatum sigillis septem. Et vidi angelum fortem, prædicantem voce magnâ et dicentem;[d] Quis est dignus aperire librum, et solvere signacula ejus? Et nemo poterat.[e] Et ego flebam multùm, quia[f] nemo dignus inventus est aperire librum et[g] videre eum. Et unus de senioribus dicit[h] mihi; Ne fleveris. Ecce vicit Leo de tribu Juda, radix David, aperire librum et[i] septem signacula ejus. Et vidi, et ecce in medio throni et quatuor animalium et in medio seniorum, Agnum stantem quasi[j] occisum, habentem cornua septem et oculos septem, qui sunt[k] spiritus Dei missi in omnem terram. Et venit, et accepit[l] librum: et[m] quatuor animalia et viginti quatuor seniores ceciderunt coram Agno;[n] et cantant[o] novum canticum,[p] dicentes; Dignus es[q] aperire librum et[r] signacula ejus, quoniam occisus es, et redemisti nos Deo in sanguine tuo.[s] Et omnes audivi dicentes; Sedenti in throno et Agno, benedictio et honor et gloria et potestas in sæcula sæculorum,[t] amen. Qui habet aurem audiat, quid Spiritus dicat Ecclesiis.

*Epistola Pauli apostoli ad Corinthios.*[u]

Fratres, cùm ergo[v] Christus prædicatur quòd à mortuis resurrexit,[w] quomodo dicunt quidam[x] in vobis quoniam resurrectio mortuorum non est? Si autem resurrectio mortuorum non est, neque Christus resurrexit. Si autem[y] non resurrexit, sine causâ[z] est ergo et[a] prædicatio nostra[b] et fides vestra vacua. Invenimur autem[c] falsi testes Dei; quoniam testimonium diximus adversùs Deum quòd suscitaverit Christum, quem non suscitavit.[d] Si enim[e] mortui non resurgunt, neque *Christus resurrexit. Quòd si Christus non resurrexit, sine causâ et[f] fides vestra est,[g] et adhuc[h] estis in peccatis vestris. Ergo et qui dormierunt,[i] in Christo perierunt. Si in hac vitâ solâ[j] in Christo sperantes sumus tantùm, miserabiliores sumus omnibus hominibus;[k] Quoniam[l] in Adam omnes moriuntur, ita et in Christo omnes vivificabuntur.

[b] The words "sedentem super thronum et" are not in the Bible.

[c] Vulg. *supra;* but cod. Amiat. Primas. S. Cypr. Victorin. Bering. agree with the text.

[d] Vulg. omits *et dicentem.*

[e] The words "neque in cœlo neque in terra neque subtus terram aperire librum neque respicere illum" are here omitted.

[f] Vulg. *quoniam.* S. Hilary, Pseudo-Aug. agree with the text.

[g] Vulg. *nec.* Pseudo-Aug. has the reading of the text.

[h] Vulg. *dixit.* Primas. agrees with the text as also two MSS in 1546 mg.

[i] Vulg. + *solvere.* cod. Amiat., Primas. S. Hilary omit the word, and (apparently) Bereng. and (according to Scholz) Orosius.

[j] Vulg *tanquam.* Primas. S. Iren. S. Cypr. Firm. Pseudo-Aug. Bereng. agree with the text.

[k] Vulg. + *septem.* the first scribe of cod. Amiat. and (according to Scholz.) cod. Harl.* and Tychon. with Pseudo-Aug. also leave it out.

[l] The words "de dextera sedentis in throno" are left out here.

[m] The words "cum aperuisset librum" are left out here.

[n] The words "habentes singuli citharas et phialas aureas plenas odoramentorum, quæ sunt orationes sanctorum" are left out here.

[o] Vulg. *cantabant.* cod. Amiat. agrees with the text.

[p] Vulg. *canti. nov.* cod. Amiat. Primas. have the order of the text.

[q] Vulg. + *Dne.* cod. Amiat. Primas. Firmic. S. Aug. and 3 MSS in 1546 mg and (according to Scholz.) cod. Tol. S. Cypr. S. Fulg. Bede also omit it.

[r] Vulg. "accipere librum et aperire." Scholz's cod. 40 seems here and in some other places, to have the same recension as the text.

[s] Four verses are here left out.

[t] The words, "Et quatuor animalia dicebant," are here left out.

[u] 1 ad Cor. cap. 15 v. 12-22.

[v] For "cum ergo" Vulg. has *si autem.*

[w] Vulg. *res. a mor.* S. Iren. Tertull. Ambrosiast. have the order of the text.

[x] Vulg. *qu. dic.* codd. San-Germ. Bœrn. the author "de promiss." Ambrosiast. have the order of the text.

[y] Vulg. + *Christus.*

[z] for "sine causa" Vulg. has *inanis.*

[a] Vulg omits *et.* cod. Bœrn. has it.

[b] Vulg. + *inanis est,* omitting the word *vacua.* Tertull. and Ambrosiast. have "vacua."

[c] Vulg. + *et.* codd. San-Germ. Clarom. and Tertull. omit it.

[d] Vulg. + "si mortui non resurgunt." codd. San-Germ. Clarom. Amiat. S. Iren. Tertull. S. Aug. Ambrosiast. also omit the clause.

[e] for "si enim" Vulg. has *nam si.* codd. San-Germ. Clarom. Bœrn. S. Iren. agree with the text.

* M. 368

[f] for "sine causa et" Vulg. has *vana.*

[g] Vulg. *est fi. vestra.*

[h] Vulg. *adhuc enim* for "et adhuc."

[i] Vulg. places this comma after the words *in Chr.* but the pointing of the text is found in Miss. Sarum.

[j] for "sola" Vulg. has *tantum* and omits that word in the same line, where S. Iren. also has it.

[k] A verse is here left out.

[l] The words, "quidem per hominem mors, et per hominem resurrectio mortuorum. Et sicut," have here dropped out.

*Lectio sancti Evangelii secundum Matthæum.*[m]

Diebus illis, convocatis ad se Dominus Jesus turbis, dixit eis; Audite et intelligite. Non quod intrat in os, coinquinat hominem; sed quod procedit ex ore, hoc coinquinat hominem. Tunc accesserunt[n] discipuli ejus et dixerunt ei; Scis quia Pharisæi, audito hoc verbo,[o] scandalizati sunt. At ille respondens, ait; Omnis plantatio quam non plantavit Pater meus cœlestis, eradicabitur. Sinite illos; cæci sunt,[p] duces cæcorum. Cæcus autem si cæco ducatum præstet, ambo in foveam cadunt. Respondens autem Petrus dixit ei; Edissere nobis parabolam istam. At ille dixit; Adhuc et vos sine intellectu estis? non intelligitis, quia omne quod in os intrat, in ventrem vadit et in secessum mittitur?[q] quæ autem procedunt de ore, de corde exeunt, et ea coinquinant hominem. De corde enim exeunt cogitationes malæ, homicidia, adulteria, fornicationes, furta, falsa testimonia, blasphemiæ; hæc sunt quæ coinquinant hominem. Non lotis autem manibus manducare, non coinquinat hominem. [r]Egressus inde Dominus Jesus secessit in partes Tyri et Sidonis; et ecce mulier Chananea, à finibus illis egressa, clamavit, dicens ei; Miserere mei, Domine, fili David; filia mea malè à dæmonio vexatur. Qui non respondit ei verbum. Et accedentes discipuli ejus rogabant eum, dicentes; Dimitte eam, quia clamat post nos. Ipse autem respondens, ait; Non sum missus nisi ad oves quæ perierunt domûs Israel. At illa venit et adorabat[s] eum, dicens; Domine, adjuva me. Qui respondens ait; Non est bonum sumere panem filiorum, et mittere canibus. At illa dixit; Etiam, Domine; nam et catelli edunt[t] de mensâ dominorum suorum. Tunc respondens Jesus ait illi; O mulier, magna est fides tua; fiat tibi sicut vis. Et sanata est filia ejus ex illâ horâ.

## MISSA DOMINICALIS.

[*Præfatio.*] Oremus, fratres cárissimi, unianimes atque concordes, ut Ecclesiam suam Dominus in pace constituat;[a] clerum suum cœlesti benedictione circumdet,[b] plebem suam

---

[m] cap. 15 v. 10-28.

[n] Vulg. *accedentes* omitting the following *et*- codd. Corb. 1 Palat. Corb. have "accesserunt."

[o] Vulg. *ver. hoc.* codd. Vercel. Colb. San-Germ. 1 and 2 Corb. 1 and 2 S. Gat. ed. 1512 Miss. Sarum have the order of the text.

[p] Vulg. + *et.* codd. Vercel. Brix. Colb. San-Germ. 1 and 2 Corb. 1 and 2 Cant. Palat. San-Gall. Foro-Jul. Amiat. several MSS in 1546 mg S. Cypr. S. Aug. (twice) the author of the "de promiss." omit it; "tollitur a multis MSS." Brugens. Perhaps the comma ought to be taken out here.

[q] Vulg. *emittitur.* codd. Cant. Palat. agree with the text.

[r] Vulg. + *et.* The four following words are printed by Mabillon in capitals; see above p. 208[t]. Probably they are rubricated in the original; see below p. 335 q. In each case, the passage following is probably meant as an alternative gospel.

[s] Vulg. *adoravit.* codd. Veron. Colb. San-Germ. 1 and 2 Corb. 1 Cant. San-Gall. agree with the text.

[t] Vulg. + "de micis quæ cadunt." cod. San-Germ. 2 has the same omission.

[a] cf. the phrase so often found above, "constitue nos in bouis," see pp. 1, 146, 147, 153, &c. where some have wrongly translated "establish" instead of simply, "place;" so "c. ultimos in remuneratione;" p. 137. "c. in quibuscunque necessitatibus:" p. 144. "c. in captivitate et peregrinatione;" p. 319.

[b] cf. above p. 188; "Refice eorum viscera benedictione cœlesti, qui te pauperem pastu reficiunt." M. Moz. 36. 103; "Consecrantur juvenes benedictione celesti." S. Leon. p. 132; "Familiam tuam dextera tua perpetuo circumdet auxilio." above p. 300; "ut circumdares nos præsentia et auxilio martyrum." p. 326; "circumda hanc domum muro tuæ custodiæ." S. Greg. ap. Gerb. p. 266; "Familiam istam cœlesti protectione circumda."

donis repleat spiritalium gratiarum ; ut quietam vitam agentes,[c] æterno Domino inlibatè serviamus.

(*Collectio.*[d]) Sempiternum Dominum, infinitum, ingenitum, inmortalem, devotæ mentis desiderium,[e] [pii] cordis habitatorem, deprecemur, ut Ecclesiam sanctam catholicam perpetuâ defensione tueatur.

(*Post nomina.*) Domine[f] Deus dilectionis et pacis, in cujus dexterâ salus nostra est, præsta ut ad te non ore tantùm sed et corde vigilemus. Timorem tui nominis nostris emitte visceribus, et amorem infunde pectoribus. Per.

(*Ad Pacem.*) Præsta nobis, Domine, in domo tuâ sanctâ unanimitate viventibus, pacem habere quam tradimus, pacem servare quam sumimus.

* (*Contestatio.*) Verè dignum et justum est, omnipotens Deus, per Christum Dominum nostrum. Cujus vocem Adam audivit, et timuit ipsius aspectum.[g] Abel quæsivit, et meruit ; cujus nomen Enoch credidit, et vocavit.[h] Ipsius gratiam Noe justificatus invenit ;[i] cujus benedictionem Abraham vocatus accepit. Ipsius caritatem Isaac probatus agnovit ; cujus sanctificationem Jacob electus[j] emeruit. Ipsius ignem Moyses miratus[k] inspexit ; cujus ducatum Jesus sibi conscius adoravit.[l] Ipsius suavitate Debbora cantavit in voce ; cujus potentiam Gedeon probavit in vellere. Ipsius fortitudinem Samson ostendit in crine ; cujus majestatem Samuhel vidit in sancto. Ipsius magnitudinem David exsultavit in tympano ; cujus honorem Salomon glorificavit in templo. Ipsius ascensionem Helias præfiguravit in curro ;[m] cujus donum[n] vidua benedixit in oleo. Ipsius vivificationem Heliseus vidit in sepulchro ; cujus patientiam Hieremias docuit in lacum.[o] Ipsius misericordiam Zerobabel prædicavit in reditum. Cujus opus patriarcharum forma distinxit. Ipsius propitiationem sacerdotum præparatio declaravit ; cujus longanimitatem judicum æquitas protulit. Ipsius sapientiam regum vita deservit ; cujus spiritum prophetarum veritas adprobavit. Ipsius adventum Zaccharias castigatus ostendit : cujus introitum Johannes præcursor admonuit. Ipsius nativitatem virgo protulit, stella præcessit, angelorum vox sacra cecinit,

* M. 369

[a] cf. 1 ad Tim. c. 2 v. 2 ; "ut quietam vitam agamus."

[d] This is a Preface, which is seldom found in this part of the service, called in the M. Richen. "ante nomina," in the M. Moz. "alia oratio," and in the M. Goth. "collectio sequitur." The present *Missa* presents a curious contrast to the one immediately preceding, where the Preface was replaced by a Collect, while here a Preface occupies the place of the first Collect. In each case, it will be observed that the usual title has been retained, although no longer suitable.

[e] So I read for *desideriorum*, and have transposed the comma which Mab. puts before it instead of after. I have also added the word in brackets. The meaning thus becomes clear.

[f] This rather resembles a Collect *ad Pacem*.

[g] I suspect that these two words *ipsius aspectum* ought to be repeated, to make the next sentence begin like those that follow. The leaving them out would be very natural. Adam heard God's voice and feared and fled from His face ; but Abel sought His face by sacrifice and found it.

In addition to this, I have altered the whole pointing of what follows. The edd. throughout place full stops before *cujus* and semicolons before *ipsius*. But on considering the different pairs of comparisons, it seemed much more natural to reverse this ; the favour obtained by Noah and the blessing by Abraham, the visions seen by Moses and Joshua at the outsets of their leaderships of Israel, Deborah (with whom begins the series of ablatives governed by *in*) and Gideon, David bringing up the ark and Solomon building the temple, Elisha's tomb and Jeremiah's pit, Zacharias showing His advent and S. John Baptist His having actually come, go best together. The chief difficulty presented by this change would be got over, if we suppose two half sentences to have dropped out after that about Zorobabel, one answering to it, and referring probably to the Machabees, (whom one would expect to find mentioned) the other possibly referring to the state of innocence in paradise and introducing that about the patriarchs. Thus, too, the sentences about our Blessed Lord are brought together, which formerly were awkwardly disjoined, His birth with its attendant miracles being put after the preaching of S. John Baptist, while His passion, resurrection and session stood separated from the rest.

[h] Does this word indicate a mistake of the name Enoch for the less known Enos ? cf. c. 4 Gen. v. 26 ; "Enos ; iste cœpit *invocare* nomen Domini."

[i] cf. c. 6 Gen. v. 8 ; "Noe invenit gratiam coram Domino."

[j] cf. c. 9 ad Rom. v. 11 ; "ut secundum electionem propositum Dei maneret."

[k] cf. c. 7 Act. v. 31 ; "admiratus est visum ; et accedente illo ut consideraret."

[l] This refers to the vision of the Captain of the Lord's host ; cf. c. 5 Jos. v. 15 ; "Cecidit Josue pronus in terram, et adorans ait." In the same line *suavitate* ought probably to be the accusative. [m] for *curru*.

[n] This is Mabillon's correction in his list of errata for *dono* which he gives in his text. * for the ablative.

pastorum pervigil sollicitudo pervidit, magorum, tripertita oblatio muneris honoravit; cujus passionem mundus non sustinuit, sol refugit; cujus resurrectionem adsistentes sustentaverunt angeli, cùm resurgentem glorificaverunt sancti ; cujus regnum universum cœlestium et terrestrium infernorumque concentum, animalium, seniorum, signatorum, [1] incessabile voce proclamabant [m] dicentes, Sanctus.

[1] These three words refer to the visions in the Revelation. cf. c. 7 v. 4; " Et audivi numerum signatorum." [m] This would seem an oversight for the present.

[a] cap. 3 v. 10-14, 18—cap. 4 v. 2, 5, 6.

## Lectio Malachiæ prophetæ [a]
### DOMINICALIS LEGENDA.

Hæc dicit Dominus; Inferte omnem decimam in horreum meum,[b] et sit cibus in domo meâ, et probate me super hoc, dicit Dominus. Si non aperuero vobis cataractas cœli et effudero vobis benedictionem usque ad abundantiam ; et increpabo pro vobis devorantem, et non corrumpet fructum terræ vestræ, nec erit sterilis vinea in agro, dicit Dominus exercituum. Et beatos vos dicent omnes gentes. Eritis enim vos terra desiderabilis, dicit Dominus exercituum. Invaluerunt super me verba vestra, dicit Dominus, et dixistis ; Quid locuti sumus contra te ? Dixistis ; Vanus est qui servit Deo.[c] Convertimini et videbitis, quid sit inter justum et impium, et inter servientem Deum [d] et non servientem ei. Ecce enim dies veniet succensa quasi caminus, et erunt omnes superbi et omnes facientes impietatem stipula, et inflammabit eos dies veniens.[e] Et orietur vobis timentibus nomen meum sol justitiæ, et sanitas in pinnis[f] ejus. Ecce ego mittam vobis Heliam prophetam, antequam veniat dies Domini magnus et terribilis.[g] Et convertet cor patrum ad filios, et cor filiorum ad patres eorum ; ne fortè veniam et percutiam terram anathemate, ait Dominus Deus.[h]

[b] Vulg. omits *meum*. edd. 1512, '26, '46 in text have it.

[c] several verses are here left out.

[d] Vulg. *Deo.*

[e] a clause is here left out.

[f] Vulg. *pennis.* After *ejus* there is another omission.

[g] Vulg. *horribilis.*

[h] The last three words are not in the Bible.
[i] cap. 6 v. 12-18.

## Epistola Pauli Apostoli ad Romanos.[i]

Fratres, non ergo regnet peccatum in vestro mortali corpore, ut obediatis concupiscentiis ejus. Sed * neque exhibeatis membra vestra arma iniquitatis peccato ; sed exhibete vos Deo tanquam ex mortuis viventes, et membra vestra arma justitiæ Deo. Peccatum enim

* M. 370

vobis non dominabitur. Non enim sub lege estis, sed sub gratiâ. Quid ergo? peccabimus quoniam non sumus sub lege sed sub gratiâ? Absit. Nescitis [j] cui exhibuistis [k] vos servos ad obediendum, servi estis ejus cui obeditis, sive peccati in [l] mortem sive obeditionis ad justitiam? Gratias autem Deo quòd fuistis servi peccati, obedîstis autem ex corde in eam formam doctrinæ in quâ [m] traditi estis. Liberati autem à peccato, servi facti estis justitiæ, per Jesum Christum Dominum.

*Lectio sancti Evangelii secundum Matthæum.* [n]

Simile factum est regnum cœlorum homini, qui seminavit bonum semen in agro suo. Cùm autem dormirent homines, venit inimicus ejus, et superseminavit zizania in medio tritici, et abiit. Cùm autem crevisset herba, et fructum fecisset, tunc apparuerunt [o] zizania. Accedentes autem servi patrisfamilias, dixerunt ei; Domine, nonne bonum semen seminâsti in agro tuo? unde ergo habet zizania? Et ait illis; Inimicus homo hoc fecit. Servi autem dixerunt ei; Vis, imus et colligimus ea? Et ait illis; [p] Non, ne fortè colligentes zizania, eradicetis simul cum eis et triticum. Sinite utraque crescere usque ad messem; et in tempore messis dicam messoribus; Colligite primùm zizania, et alligate ea in fasciculos ad comburendum; triticum autem congregate in horreum meum.

[q] Locutus est Dominus Jesus in parabolis ad turbas, et sine parabolis non loquebatur eis, ut impleretur quod dictum est [r] per prophetam dicentem; Aperiam in parabolis os meum, eructuabo [s] absconsa [t] à constitutione mundi. Tunc, dimissis turbis, venit in domum; et accesserunt ad eum discipuli [u] ejus, dicentes; Dissere [v] nobis parabolam zizaniorum agri. Qui respondens ait; [w] Qui seminat bonum semen, est Filius Hominis. Ager autem est mundus. Bonum verò semen, hi [x] sunt filii regni. Zizania autem filii sunt nequam. [y] Qui seminavit ea, est diabolus. Messis verò consummatio sæculi est; messores autem angeli sunt. Sicut ergo colliguntur zizania et igne [z] conburuntur; sic erit in consummatione sæculi. Mittet Filius Hominis angelos suos, et colligent de regno ejus omnia scandala et eos qui

[j] Vulg. + *quoniam.* Sedulius also leaves it out.
[k] Vulg. *exhibetis.* S. Ambr. codd. Augi. Bœrn. agree with the text.
[l] Vulg. *ad.* S. Ambr. Ambrosiast. cod. Bœrn. agree with the text; cod. Amiat. omits *in mortem* altogether.

[m] Vulg. *quam.* S. Ambr. Ambrosiast. codd. Floriac. Amiat. edd. 1512, '26, '46 agree with the text. Brugens, mentions the reading, and Estius says; "'In quam' lego ex correctione Romana, pro eo quod passim legebatur 'in qua.'"
[n] cap. 13 v. 24-30.

[o] Vulg. + *et.* codd. Vercel. Veron. Colb. Clarom. San-Germ. 1 and 2 Cant. omit it.

[p] Vulg. omits *illis.* codd. Veron. Clarom. have it; and codd. Cant. Vercel. Brix. have *eis.*

[q] cap. 13 *Matthœi* v. 34-43. "Hæc lectio est sine titulo in exemplari, ubi primus hujus lectionis versus minio descriptus est, ut nempe esset indicio, hæc non consequenter legi apud Matthæum in cap. xiii."—Mab. See above p. 332 v.
[r] Vulg. *erat.* codd. Brix. San-Germ. 1 and 2 Corb. 2 Clarom. Cant. Palat. San-Gall. Foro-Jul. S. Hilary Miss. Sarum agree with the text.
[s] Vulg. *eructabo.* The spelling of the text is in codd. Vercel. Veron. Brix. Colb. San-Germ. 1 Clarom. Cant. Palat. San-Gall. Foro-Jul. and ed. 1512.
[t] Vulg. *abscondita.* codd. Vercel. Veron. Brix. San-Germ. 1 and 2 Corb. 1 and 2 Clarom. Cant. San-Gall. Miss. Sarum agree with the text.
[u] Ed. *discipoli.*
[v] Vulg. *edissere.* codd. Colb. S. Gat. San-Germ. 2 Corb. 1 Amiat. Foro-Jul. several MSS in 1546 mg. agree with the text.
[w] Vulg. + *illis.* codd. Vercel. Veron. San-Germ. 1 Corb. 1 and 2 Cant. Amiat. Foro-Jul. Miss. Sarum, edd. 1512, '26 omit it. "omittitur et in Latinis MSS Regio-Vaticanis Divinæ Bibliothecæ S. Hieronymi." Blanch.
[x] Ed. *hii.*
[y] Vulg. + *inimicus autem.* cod. San-Germ. 2 seems to omit them.
[z] Vulg. *igni.* codd. San-Gall. Brix. have the same spelling as the text.

faciunt iniquitatem, et mittent eos in caminum ignis. Ibi erit fletus et stridor dentium. Tunc justi fulgebunt sicut sol in regno Patris eorum. Qui habet aures audiendi, audiat.

## MISSA DOMINICALIS.

*(Collectio post Prophetiam.)* Benedicte [a] sancte Deus Israel, visita plebem tuam, benedic populum tuum, et libera eum à peccatis eorum, et præsta, Domine virtutum, ut de manibus inimicorum nostrorum liberemur, et tibi soli servire mereamur cum justitiâ et sanctitate omnibus [diebus] [b] nostris : et dirige pedes nostros in viâ pacis, ut voluntatem tuam in omnibus implere possimus. Per.

*(Præfatio.)* Oremus Dominum, dilectissimi nobis, quia amara nobis adveniunt tempora et periculosi adproximant anni. Mutantur [c] regna, vocantur [d] gentes, excidit caritas, exsurgit iniquitas, increvit cupiditas, prævaluit impietas, et in [e] miserorum creaturæ fugit. Dum ergo tempus est, convertamur ad Dominum, flectamus genua, curvemus cervices, rogemus Deum Patrem omnipotentem, qui clamantes ad se clementer exaudit, et sperantes in se non derelinquit.

*(Collectio.)* Quàm magna est misericordia tua, Domine, subvenire captivis, miseris parcere, indulgere peccantibus, peregrinos consolari, oppressos sublevare, rogantes audire, non habentibus dare, veniam peccantibus dare, [f] gentes barbaras ad invocationem nominis tui convertere ! Ad illam misericordiam converte nos, quam rogantibus nobis pius et misericors Deus exaudire [g] digneris per interventum sanctæ Mariæ.

*(Post nomina.)* Cœlestium vitæ æternæ adoremus [h] Dominum, fratres carissimi, suppliciter deprecemur, ut populum suum semper [i] ubique custodiat, protegat atque defendat, principes mitiget, potestates gubernet, judices regat, nocentes reprimat, hostes repellat, laborantibus opem tribuat, oppressos liberet, vinctos dimittat, captivos revocet, lapsos restituat, contritos foveat, languidos curet, cunctis misericordiâ subveniat, [j] pius et misericors Deus preces nostras propitiatus exaudit.

---

[a] cf. above p. 311 ; "Benedicte Deus sancte Israel." cap. 1 Lucæ v. 68, 74, 75, 79 ; "Benedictus Dns Deus Israel, quia visitavit ... plebis suæ ... ut ... de manu inimicorum nostrorum liberati, serviamus illi, in sanctitate et justitia coram ipso, omnibus diebus nostris ... ad dirigendos pedes nostros in viam pacis."

[b] On this addition of Mabillon's, see my remarks above, p. 329[k]. What I suspect is, that there may have been a mistake in transcribing from the MS the pronoun following, and that we ought here to read, "diebus vitæ nostræ."

**\* M. 371**

[c] "Hæc fortasse dicta sunt, cum vel Franci in Galliam, vel Langobardi in Italiam irruperunt."– Mab. The mention in the following collect of the conversion of the barbarian nations, would seem to indicate a later date than the first irruption of the Franks into Gaul. The clause at the end of the following "Collectio" also must be rather late. And this is probably evidenced also by the more intelligible Latin in which this service is written ; or perhaps one might rather say, by its being written in Latin, not in the patois of Gaul like those in the *Miss. Richenovense.*

[d] Can there be a reference here to Amos 5. 8 ; "Qui vocat aquas maris et effundit eas super faciem terræ"? The clause that follows might almost be thought a bold contrast to S. Paul's, "caritas *nunquam* excidit ;" (1 Cor. 13. 8.) the words being of course taken in a different sense.

[e] Mab. puts a * here as a mark of hopeless corruption.

[f] This second *dare* is probably wrong.

[g] more probably *conferre.*

[h] This word is probably a mistake of the scribe's for a noun in the genitive plural to agree with *cœlestium.* It is useless to endeavour to conjecture what it was, but its meaning was probably "rewards," or "gifts," and as it comes after the offering of the gifts of the faithful to God, there may be a reference to this, and a special emphasis in the first three words of the Collect, as contrasting the gifts God bestows upon us with those which we are able to offer to Him.

[i] Probably we should here insert *et.* The three following verbs occur in the same tense and order in an ejaculatory prayer in Cardinal Bona, which probably indicates some common source in the Petrine Liturgy, as it is very unlikely that the coincidence was fortuitous. "In nomine Dni nostri J. C. crucifixi surgo : ipse qui me redemit, me custodiat, protegat atque defendat ab omni malo hodie, semper, et in hora mortis meæ." (Via compendii ad Deum, cap. 19.)

[j] We should probably put a semicolon here ; otherwise, the four words following should be placed at the end of the Collect.

*(Ad Pacem.)* Deus Pater omnipotens, bonus ac mitis es, qui Dominum nostrum Jesum Christum hoc [k] sedem lætitiæ cùm ergo quis ascensurus es in cœlum pacem [l] suam dare nobis, pacem suam relinquere servis suis. Respice, Domine; sanctæ Ecclesiæ tuæ catholicæ signum pacis inpone. Fiat in virtute quod de eâ dicitur, et quo titulus [m] inpleatur. Pacem teneant sacerdotes, pacem habeant divites, pacem habeant pauperes, pace gaudeant locupletes, pace mitescant barbaræ nationes; pacem videant liberi, pacem sentiant servi; pacem cogitent reges, pacem faciant principes; pacem tuam omnipotens da nobis, per intercessionem beatissimi Johannis Baptistæ mereamur accipere.[n]

*(Contestatio.)* Verè dignum et justum est, omnipotens Deus; qui cùm patribus nostris veniam supplicantibus . . . . te, Domine, quia tempus est necesse pœnitendi, ut non egrediamur alieni. O magnam vallem Josaphat, ubi omnes ad judicium venient; ubi erit discussio inter justos et injustos,[o] ut cognoscantur mendaces et veraces in illo die judicii; ubi nulla est accusatio nec excusatio; ubi nec fides datur, nec fides repellitur; ubi justi solvuntur, et peccatores ferro fixi tenentur. O magnum Regem, qui de profundo bonos adducit et[p] malos repellit. Justi eligendi sunt, peccatores torquendi; justi ad vitam, peccatores ad gehennam. Nec pater filium, nec filius patrem lugebit: se unusquisque lugebit, nec ullus ullum requiret, quia omnis cupiditas [q] requiescet. O magnum diem judicii,* ubi nec tortores deficiunt nec mortui moriuntur![r] Timeamus dum vacat, nc timeamus ubi non vacat. Timeamus gehennam, quæ est in æternum malum: cum Deo vivamus, quod est in æternum bonum, per Christum Dominum nostrum, cui meritò.

*Item Contestatio Dominicalis.*

Verè dignum et justum est, omnipotens Deus, te glorificare, et tibi cum timore et tremore immensas laudes canere,[s] Deus noster, qui per Filium tuum Dominum nostrum genus humanum judicare disposuisti.[t] O quàm magnâ et altâ sapientiâ factum est hoc, ut ille Dominus noster Jesus Christus venerabilis statu et pretiosus formâ judicaret, quam crudelissima

43

[k] "Locus corruptus. Forte legendum, 'obsidem lætitiæ nobis reliquisti, cum is ascensurus in cælum voluit pacem &c.'"—Mab. I am doubtful as to the word 'obsidem.' I would rather say, 'May our Lord J. C. give us this [from] His throne of joy since when He was about to ascend into heaven He vouchsafed to give His peace, &c."

[l] cf. c. 14 Johan. v. 27; "Pacem relinquo vobis; pacem meam do vobis.'

[m] I do not understand the use of this word, nor what connection there is between any name of the Church and the gift of peace.

[n] The word 'pacem' seems to have dropped out here. But the whole of this last clause seems a late addition.

cf. c. 3 Joel v. 12; "Consurgant et ascendant gentes in vallem Josaphat, quia ibi sedebo ut judicem omnes gentes in circuitu."
[o] I have altered the pointing of the following clause; the former edd. have a colon here and a comma in the next line.

[p] Some such clause as 'into a still deeper abyss' seems to have dropped out here, as a contrast between hades (or paradise) and gehenna, is implied.

[q] This word is here taken in the meaning simply of "affection." The utter cessation of all kindly feelings of natural affection among the lost, will doubtless much increase their sufferings.

* M. 372
[r] This rather applies to the consequences of the day to those who shall be condemned.

[s] cf. above p. 126; 'tibi assiduas laudes canere.'

[t] cf. c. 17 Act. v. 31; "Eo quod statuit diem in quo judicaturus est orbem in æquitate in viro in quo statuit."

plebs Judæorum præsumpsit sauciare. Ille venturus est judicare qui pœnam sustinuit, ille venturus est judicare qui crucem portavit, ille venturus est judicare, cujus latus Judaica perfidia vulneravit. Ille venturus, manus tendit [u] ad judicandum, ubi clavi confixi sunt, et ipsa signa permanent in æternum, sicut scriptum est; Videbunt quem transfixerunt, et plangent se cunctæ tribus terræ. Ibi erit tribulatio, et impiis condemnatio ; ibi erit justis exsultatio et impiis condemnatio : ibi erit justis jocunditas, et impiis verecundia; ibi erit justis gratia defusa, et plebs Judæorum erit confusa. O quàm gravis et laboriosa est dies illa ! O quàm terribilis et horribilis est dies illa ! dies iræ, dies tribulationis et angustiæ, dies calamitatis et miseriæ, dies tenebrarum et caliginis, dies nebulæ et turbinis, dies tubæ et clangoris ; ubi cœlum cum terrâ contremiscit, et omnes justi terribiliter conturbantur : ubi omnis causa ventilatur, et unicuique secundùm opera sua dispensatur, per Christum Dominum nostrum, cui meritò.

*Epistola Pauli Apostoli ad Colossenses,*[a]
DOMINICALIS LEGENDA.

Fratres, mortificate membra vestra quæ sunt super terram, fornicationem, immunditiam, libidinem, concupiscentiam malam, et avaritiam quæ est simulacrorum servitus ; propter quæ venit ira Dei super filios incredulitatis. In quibus et vos ambulastis aliquando, cùm viveretis in illis. Nunc autem deponite [b] vos omnia, iram, indignationem, malitiam, blasphemiam, turpem sermonem de ore vestro. Nolite mentiri in [c] invicem, exspoliantes vos veterem hominem cum actibus suis, et induentes novum, eum qui renovatur in agnitione [d] secundùm imaginem ejus qui creavit eum ; [e] ubi non est gentilis et Judæus, circumcisio et præputium, barbarus et Schyta,[f] servus et liber, sed omnia et in omnibus Christus.

*Lectio sancti Evangelii secundum Matthæum.*[g]

Diebus illis, dixit Dominus Jesus discipulis suis; Cùm venerit Filius Hominis in majestate suâ et omnes angeli cum eo ; tunc sedebit

---

u for the future.

cf. c. 12 Zach. v. 10; "et aspicient ad me quem confixerunt; et plangent eum &c." c. 19 Johan. v. 37; "videbunt in quem transfixerunt." c. 1 Apoc. v. 7; "et qui eum pupugerunt; et plangent se super eum omnes tribus terræ."

cf. c. 1 Soph. v. 15, 16; "Dies iræ dies illa, dies tribulationis et angustiæ, dies calamitatis et miseriæ, dies tenebrarum et caliginis, dies nebulæ et turbinis, dies tubæ et clangoris." The use of S. Jerome's version marks this as being of later origin than those parts where the Itala is used.

a cap. 3 v. 5-11.

b Vulg. + et.

c Vulg. omits in.

d Vulg. *agnitionem.* ed. 1512 S. Ambrose (sometimes) S. Aug. (once) Faustus Man. apud S. Aug. have the ablative.
e Vulg. *illum.* codd. Amiat. Augi. ed. 1512 S. Iren. S. Hilary (perhaps) S. Ambr. S. Aug. Faust Man. agree with the text; cod. Bœrn. has both readings.
f for *Scytha.*

g cap. 25 v. 31-46.

super sedem majestatis suæ, et congregabuntur ante eum omnes gentes, et separabit eos ab invicem, sicut pastor segregat oves ab hœdis.[h]

Tunc dicet rex his qui à dextris ejus erunt; Venite, benedicti Patris mei, possidete paratum vobis regnum à constitutione mundi. Esurivi enim, et dedistis mihi manducare; sitivi, et dedistis mihi bibere; hospes eram, et collegistis me; nudus, et operuistis[l] me; infirmus, et visitâstis me; in carcere eram, et venistis ad me. Tunc respondebunt ei justi, dicentes;

[l] Vulg. *co-operuistis.* codd. San-Germ. 1 and 2 Cant. Amiat. Vercel. Veron. edd. 1512, '26, '46 S. Ambr. agree with the text.

Domine, quando te vidimus esurientem, * et pavimus; [j] sitientem, et dedimus tibi potum? quando autem te vidimus hospitem, et collegimus te; aut nudum, et cooperuimus[k]; aut quando te vidimus infirmum aut in carcere, et venimus ad te? Et respondens rex, dicet illis; Amen dico vobis; quamdiu fecistis uni de[l] his fratribus meis minimis, mihi fecistis. Tunc dicet et his qui à sinistris erunt; Discedite à me maledicti in ignem æternum, qui paratus est diabolo et angelis ejus. Esurivi enim, et non dedistis mihi manducare; sitivi, et non dedistis mihi potum; hospes eram, et non collegistis me; nudus, et non operuistis[m] me; infirmus et in carcere, et non visitâstis me. Tunc respondebunt[n] et ipsi dicentes; Domine, quando te vidimus esurientem aut sitientem aut hospitem aut nudum aut infirmum vel[o] in carcere, et non ministravimus tibi? Tunc respondebit illis dicens; Amen dico vobis: quamdiu non fecistis uni de minoribus his, nec mihi fecistis. Et ibunt hi in supplicium æternum, justi autem in vitam æternam.

\* **M. 373**

[j] Vulg. + *te.* codd. Corb. 1 San-Germ. 1 Clarom. Cant. Amiat. San-Gall. edd. 1526, '46 Miss. Moz. S. Cypr. the Opus Imperf. omit it.

[k] Vulg. + *te.* codd. Corb. 1 Cant. Amiat. San-Gall. Vercel. edd. 1512. '26, '46 Miss. Moz. S. Cypr. omit it.

[l] Vulg. *ex.* codd. San-Germ. 2. Amiat. edd. 1512, '26,'46 Miss. Moz. agree with the text.

[m] Vulg. *co-operuistis.* codd. San-Germ. 1 and 2 Corb. 2 Cant. Amiat. Vercel. Veron. edd. 1512, '26,'46 S. Ambr. agree with the text.

[n] Vulg. + *ei.* codd. Colb. San-Germ. 1 Cant. Corb. 1 Amiat. San-Gall. Vercel. Veron. S. Cypr. the Opus Imperf. omit it.

[o] Vulg. *aut.* codd. San-Germ. 1 and 2. Cant. Amiat. San-Gall. Veron. Miss. Moz. agree with the text.

## ITEM MISSA DOMINICALIS.

*(Collectio post Prophetiam.)* Dirige, omnipotens Deus Dominator, gressus nostros in viâ pacis, et sensus nostros conrobora[a] in mandatis tuis; visitet[b] nos Oriens ex alto, et inluminet eos qui in tenebris et umbrâ mortis sedent; ut te adorent propter misericordiam tuam, te sequantur propter veritatem tuam, teque desiderent propter dulçedinem tuam, qui es benedictus Dominus Deus Israel in unitate Spiritûs Sancti in sæcula sæculorum.

[a] cf. corroboret Dns sensum tuum ac labia tua.—M. Moz. 219.88.

[b] cap. 1 Lucæ 79, 78, 79; "visitavit nos oriens ex alto: illuminare his qui in tenebris et in umbra mortis sedent, ad dirigendos pedes nostros in viam pacis."

43\*

c " Legendum 'Præfatio dominicalis.'
Ita enim vocabatur illa adhortatio
post Prophetiam, ut supra in prima
Missa Dominicali." Mab. I am not
quite sure of this. Lesley in his
notes to M. Moz. 122. 71 says of
the Spanish Liturgy; "Postquam
Sacerdos 'appologiam' ad altare secreto absolvit, elevans se populum
salutabat dicendo, 'Dominus sit semper &c.' et respondebat populus, 'et
cum spiritu tuo;'...et statim Sacerdos primam orationem, quam 'Missam' proprio nomine appellant, reci-
tabat. In Sacramentario Bobiano"
[our Missale Vesontionense] "hæc
oratio frequenter titulo caret, semel
inscribitur 'Missa,' nimirum p. 373,
semel 'Collectio' simpliciter, et bis
'Præfatio' Missali Gallicano vetere
'Præfatio' quoque inscribitur, et Missali Gallogothico 'Præfatio Missæ' et
simpliciter 'Præfatio;' estque prima
earum septem orationum quas in
Missa Gothohispana S. Isidorus (Off.
I. 15) prima inquit 'oratio admoniti-
onis est erga populum ut excitentur
ad impetrandum Deum.' Dicitur
autem 'Missa,' quia est prima oratio
quæ in Missa fidelium funditur. Aliquando petitiones habet pro diversis
populi necessitatibus, sed hoc raro
contingit." This is more probable
than Mabillon's suggestion, as the
scribe who has copied so much from
a Sacramentary which must have
been nearly allied to the Mozarabic,
might easily have adopted one of its
rubrics; but there is difficulty in the
word 'dominicalis,' which coupled
with what was observed, above p. 292a,
would almost lead one to suspect that
title of the special 'Missa fidelium'
was sometimes placed after the 'post
prophetiam,' that the words in our
text should be printed in capitals, and
an italic title 'Præfatio' introduced
after them, as I have so often had to
do. This may derive some support
from the very next Missa, where we
have the full double expression.

above p. 215.
* M. 374
Qui peccato primi parentis hominem
a salutis finibus exulantem, pietatis
indulgentia ad veniam vitamque revocasti, mittendo nobis unigenitum
Filium tuum Dominum et Salvatorem
nostrum.—Præf. Antiquæ apud Pam.
p. 553. S. Greg. p. 15 A.
d cf. regibus ac potestatibus . . . concordiam largiatur.—supra p. 264;
largiatur: populis tranquillitate concordiam.—M. Moz. 328. 80.
e It does not appear clearly whether
by this word the deacons and inferior
clergy only are designated; or whether
"sacerdos" in the preceding line was
confined to Bishops, as in so many of
the early Latin Fathers, in which case
this word would also include presby-
ters. The word "ministerii," however,
seems most applicable to deacons, and
is twice used of S. Laurence the deacon
in M. Moz. 358. 74, 105.
f This word is more often applied to
widows; see above p. 101, 146; M.
Moz. 141. 23; 412. 25.
b This is a preface.
h cf. qui docuisti humilitatis bono et
charitatis studio posse servari.—M.
Moz. 65. 107.
i Mab. puts a comma here, but this
word 'fabricam' would rather seem
to be governed by 'extinguentis,'
and 'videns' to govern 'fallaciam.'

(*Missa Dominicalis.*[c]) Pronis mentibus et totius corporis devotione porrecti, omnipotentem Dominum deprecemur, ut omnes incolas suos unumque corpus Ecclesiæ trina et unita plebem suam custodiat; sacerdotibus pacem et concordiam,[d] et universo clero[e] perpetis ministerii gratiam largiatur, defensionem pupillis, solatium viduis, continentiam[f] monachis, mercedem operantibus, esurientibus victum, vestitum nudis, ægrotantibus sanitatem, vinctis absolutionem, peregrinantibus patriam, navigantibus portum, dignatus inpertiat; humilitatem superbis, maleloquentibus emendationem, pœnitentibus delictorum finem, peccatoribus veniam, in hæretico errore viam veritatis ostendat.

(*Collectio.*[g]) Deum ineffabilis potentiæ, bonitatis inmensæ, fratres carissimi, deprecemur, ut sacerdotes, clerum ac populum suum visitet et tueatur; inluminet totam plebem suam, et illâ quâ redemit pietate, suâ miseratione conservet.

(*Post nomina.*) Respice, Deus omnipotens, ad precem familiæ tuæ, quæ misericordiam tuam sinceritatis officio et studio[h] caritatis obtinere desiderant; atque muneris tui donum te adjuvante percipiant.

(*Ad Pacem.*) *Pacem tuam nostris temporibus, bone Jesu, inlabere, in quâ est plenitudo dilectionis tuæ, et præsta, ut pacem quam nunc ore proferimus, semper spiritali sensu conservare mereamur.*

(*Contestatio.*) Verè dignum et justum est, omnipotens * Deus, qui peccato primi parentis hominem à salutis finibus exulantem, pietatis indulgentiâ ad veniam vitamque revocâsti, mittendo nobis Unigenitum tuum Salvatorem nostrum, per quem languores nostros curares, peccata dimitteres, potentiam hostis antiqui contereres, infernorum nexus resolveres, paradisi portas aperires, fidem innovares, vitam mortuis redderes, Dei filios faceres, et ad cœlestia regna perduceres, Dominus noster Jesus Christus. Cui meritò.

(*Alia Contestatio.*) Verè dignum et justum est, omnipotens Deus, per Christum Dominum nostrum. Qui videns humani generis fabricam[i] hostis antiqui extinguentis fallaciam, in terrâ descendit, Dominus noster Jesus Christus, utero conceptus est virginali, Deus et homo processit. Homo videtur in corpore, Deus autem manifestatus est in virtute. Homo fuit, quando cum Judæis ambulavit : Deus autem manifestatus est, quando paralyticum xxxviii annorum solo verbo curavit. Homo fuit ad frequentiam[j] nuptiarum : Deus autem manifestatus est, quando aquas convertit in vinum. Homo fuit, quando ad piscinam Siloe cum discipulis venit: Deus autem manifestatus est, quando cæcum à nativitate inluminavit. Homo fuit, quando mulier peccatrix lacrymis pedes lavit : Deus autem manifestatus est, quando eam[k] à profluvio sanguinis liberavit : Homo fuit, quando in nave dormivit : Deus autem manifestatus est, quando ventibus in mare ut quiescerent imperavit. Homo fuit, quando Maria et Martha pro fratre eum rogabant: Deus autem manifestatus est, quando Lazarum quatriduanum de monumento resuscitavit. Homo fuit, quando in cruce pependit : Deus autem manifestatus est, quando tertiâ die resurrexit à mortuis, sedit ad dexteram Patris, interpellat pro peccatis nostris. Quis non timeat talem Dominum regem æternum, aut quis non prostratus adoret ? cui meritò.

[j] From signifying a crowd or concourse, this word came to be taken for the occasion which brought them together. Thus, the Itala version of Amos 5. 21 is cited by Tertull. 5 c. Marc. § 4; "non odorabor in frequentiis vestris."

[k] The confusion here as to the two women, may be noticed.

*Epistola Pauli apostoli ad Romanos.*[a]
DOMINICALIS LEGENDA.

[a] cap. 10 v. 8-13.

Fratres, hoc est verbum fidei quod prædicamus; quia si confitearis in ore tuo Dominum Jesum, et in corde tuo credideris quòd Deus illum suscitavit à mortuis, salvus eris. Corde enim creditur ad justitiam, ore autem confessio fit ad salutem. Dicit enim scriptura; Omnis qui crediderit[b] in illum, non confundetur. Non enim est distinctio Judæi et Græci ; nam idem Dominus omnium, dives in omnibus qui invocant eum.[c] Omnis enim qui[d] invocaverit nomen Domini, salvus erit.

[b] Vulg. *credit.* codd. San-Germ. Clarom. Miss. Moz. agree with the text.

[c] Vulg. *illum.* cod. Bœrn. agrees with the text.

[d] Vulg. *quicunque.* 2 MSS in 1546 mg S. Hilary (once) the author " de voc. gent." agree with the text.

*Lectio sancti Evangelii secundum Matthæum.*[e]

[e] cap. 7 v. 12-21.

Omnia ergo quæcunque vultis ut faciant vobis homines, et vos facite eis.[f] Hæc est enim lex et prophetæ. Intrate per angustam portam, quia lata porta et spatiosa via[g] quæ ducit ad perditionem, et multi sunt qui intrant per eam. Quàm angusta porta et arta[h] via[i] quæ ducit ad vitam, et pauci sunt qui inveniunt eam. Adtendite à falsis prophetis, qui veniunt ad vos in vestimentis ovium, intrinsecùs autem

[f] Vulg. *illis.* codd. San-Germ. 2. Amiat. agree with the text.

[g] Vulg. + *est.* codd. Amiat. San-Gall. Corb. (according to Blanch.) Brix. omit it.

[h] Vulg. *arcta.* codd. Amiat. San-Gall. Brix. have the same spelling as the text.

[i] Vulg. + *est.* codd. Corb. San-Germ. 1 and 2 Clarom. Amiat. San-Gall. Brix. S. Aug. (once) S. Fulg. omit it.

342 MISSALE VESONTIONENSE.

j This word seems to have been added by Mabillon.

k Vulg. *ma. fr.* codd. Amiat. San-Gall. Corb. (according to Blanch.) Brix. here and in the two following notes, and cod. Vercel. here, have the order of the text.

l Vulg. *ma. fr.* To the authorities in the preceding note must here be added the Opus Imperf.

m Vulg. *bo. fr.* ed. 1526 has also the order of the text.

**\* M. 375**

n a verse is omitted here.

o Vulg. has all these plurals in the singular; "omnis .. dicit .. intrabit . facit .. ipse intrabit."

S. Ambr. (once) and Tychon. have the first three, and the Opus Imperf. the first four in the plural. cod. San-Germ. (ap. Blanch.) has the last three.

Cod. Colb. has *dicet* in the future.

a I add this clause from the mg to preserve the antithesis.

b This change in the use of the infinitives from what the mg has, is curious, but the general sense is plain.

Si ante oculos tuos, Domine, culpas quas fecimus, et plagas quas excipimus conferamus, minus est quod patimur, majus est quod meremur. Peccati pœnam sentimus, et peccandi pertinaciam non vitamus. In flagellis enim tuis infirmitas nostra vincitur, (fragilitas n. frangitur,—p. 195a.) et iniquitas non mutatur, mens ægrota torquetur, et cervix dura inflectitur (non flectitur;—p. 195a.) Vita in dolore suspirat, et in opere non emendat. Si expectas, non corrigimur; si vindicas, non duramus. Confitemur in correptione quod læsimus, obliviscimur in visitatione quod flevimus. Si impresseris manum, facienda promittimus; si suspenseris (suspenderis;—p. 195b.) gladium, promissa non facimus; si ferias, clamamus ut parcas; si iterum peperceris, rursus provocamus ut ferias; si angustiæ veniunt, tempus petimus pœnitentiæ; si misericordia subvenit, abutimur patientia quæ pepercit. Adhuc plaga inlata vix præterit, et jam non recolit mens ingrata quod pertulit. Si citius nos exaudis, ex misericordia insolescimus; si tardius, ex patientia murmuramus. O Domine, si volumus servari quod feceris, non timemur (Te, Dne, vol. servare q. fec. nec timemur—p. 195b) negligere quod jusseris. Habes, Domine, confitentes reos, parce quia pius es. Novimus enim quod si non dimiseris, recte nos punis. Sed et apud te est multa miseratio et abundans propitiatio. Præsta sine merito quod rogamus, qui fecisti ex nihilo eos qui rogarent. Clamantibus ad te, Domine, miserere. Moveat pietatem tuam vox fidelis et debilis, offer illam in quam omnes speramus pietas. Non reputet quod offendimus, dum respicit quod rogamus. Item grandis sit miseria esse nos reos, major tibi sit clementia erga nos miseros. Erige nos, Domine Deus noster, et alleva misericordia tua, ut in fide et pace semper perseveremus. Qui vivis et regnas Deus per omnia.—Ordo 15 apud Martene t. 1. p. 211b ex MS "qui videtur olim fuisse ecclesiæ Virdunensis." cf. p. 195a, b.

c cf. above p. 100; "Habes me confitentem reum."

d The mg has an additional clause here.

e This concluding clause is not in the mg.

[sunt] j lupi rapaces. A fructibus eorum cognoscetis eos. Numquid colligunt de spinis uvas aut de tribulis ficus? sic omnis arbor bona fructus bonos facit; mala autem arbor fructus malos k facit. Non potest arbor bona fructus malos l facere, neque arbor mala fructus bonos m facere. Omnis \* arbor quæ non facit fructum bonum, excidetur et in ignem mittetur.n Non omnes o qui dicent mihi, Domine, Domine, intrabunt in regnum cœlorum; sed qui faciunt voluntatem Patris mei qui in cœlis est, ipsi intrabunt in regnum cœlorum.

## INCIPIT APOLOGIA.

Ante oculos tuos, Domine, culpas quas fecimus et plagas quas excepimus conferimus. Minus est quod patimur, majus est quod meremur. Peccati pœnam sentimus, et peccati pertinaciam non vitamus. In flagellis tuis, Domine, fragilitas nostra vincitur, et iniquitas non mutatur. Mens ægrota torquetur, et cervix dura non flectitur. Vita in dolore suspirat, et in opere non inmendat. Si exspectas, Domine, non corrigimus: si vindicas, non duramus. Confitemur in confractione quod læsimus, [obliviscimur in visitatione quod flevimus.a] Si oppresseris manum, facienda promittimus: si suspenderis gladium, promissa non facimus. Si ferias, clamamus ut parcas: si iterum peperceris, te provocamus ut ferias. Si angustia venerit, tempus petimus pœnitendi: si misericordia venerit, abutimur pœnitentiâ ab misericordiâ. Te volumus observare quod jusseris: te nolumus obaudire quod feceris.b Habes,c Domine, confitentes reos. Parce, quia pius es,d quia tibi multa miseratio perabundat. Præsta, Domine, sine merito quod rogamus, qui fecisti ex nihilo qui rogarent: quia e [justis] præmia tribues, et peccatoribus veniam non negâsti. Rogo, inclite Pater. . . .

## MISSA DOMINICALIS.

(*Præfatio.*) Deum ac Dominum nostrum, fratres carissimi, deprecemur, ut custodiat in nobis opus redemptionis suæ: et qui vitam nostram emere suâ morte dignatus est ad æternam nobis beatitudinem consequendam, donet, pacem temporibus nostris, castitatem cordis et corporis, decessum vitiorum, successionem virtutum, desiderium futurorum. Per.

*(Collectio.)* Domine Deus noster, suscipe preces supplicum, et famolorum tuorum orationes benignus exaudi. Debemus [a] deferre ad publicum [b] crimina, si ad judicium nolumus sustenere tormenta. Debemus humiliari coram hominibus, si volumus coram angelis gloriari. Debemus lugere in sæculo, si volumus regnare cum Christo. Debemus honorem expernere [c] temporalem, si obtenere volumus gloriam sempiternam. Timeamus Deum occultum in conscientiâ testem, et publicum in examinatione censorem. Non ille quærit pro ignorantiâ confessionem, sed pro misericordiâ confessorem. Fratres carissimi, Dominum deprecemur, ut sic absolvat pietas humiles, ut non puniat severitas contumaces. Per.

*(Post nomina.)* Offerentes Deo, fratres carissimi, spiritalia munera,[d] divinam clementiam deprecemur,[e] ut has oblationes, quas in commemoratione sanctorum et pro salute omnium credentium [f] offerimus, plenâ pietatis suæ dignatione suscipiat,[g] nostrûm omnium preces exaudiat.

*(Ad Pacem.)* Deus, vita[h] credentium, regio vivorum,* exspectatio fidelium, resurrectio mortuorum, captivorum [i] redemptio, æternitas redemptorum, benignus indultor,[j] supplicantium preces accipe, suffragantium intercessionibus mitigare, confitentium peccata dimitte; et quos redemere dignatus es humilitate corporeâ, protegere digneris virtute divinâ.

*(Contestatio.)* Verè dignum et justum est, omnipotens Deus, Deus Abraham, Deus Isaac, Deus Jacob: cujus Verbo universa creata sunt; cujus Spiritu omnia nunciantur; [k] una divinitas et trina majestas; naturâ inseparabilis, personâ individua; Deus unus et [non [l]] solus, unitas triplex, [trinitas simplex,] incomprehensa conjunctio, indivisa distinctio, quem unum insubstantialiter, trinum personaliter nominamus, credimus, confitemur. Tu es enim Deus, et [m] non est secundùm opera tua. Tu [n] fundâsti terram super aquam; tu legem creaturis omnibus posuisti; qui in uno trinus

# * M. 376

c One would suppose that the word 'unus' ought to be repeated here.

d "Hinc patet hanc Missam usitatam fuisse ante additamentum 'filioque,' quod jam superius vidimus in expositione Symboli p. [252.]" Mab.

Ipse docuit que tibi esset gloria in celis. Potentia in aquis. Sapientia in terris. Virtus in abyssis. Claritas in Angelis. Voluntas in Patriarchis: dignitas in Prophetis. Sublimitas in Evangelistis. Pietas in Apostolis. Auctoritas in preceptis. Placabilitas in templis. Festivitas ir holocaustis. Largitas in ministris.—M. Moz. 210. 7.

e The transposition in the mg will here be observed; but I rather prefer the text. It is curious also that both copies place the evangelists before the apostles. May it be an indication that the writer held that the apostolate was continued in the episcopate, while of course the four evangelists had no successors?

f From the parallel with the words "pavida subjectione" in the following clause, it seems probable that this word means "awe-struck" in the passive, and not "awe-inspiring" in a transitive sense.

g This is derived from Ps. 17. 10; 98. 1.

h This is an addition to the account given by S. John, (Rev. 4. 4) who only mentions that the crowns were golden. I have added the commas in the preceding line; "six quaternions of elders, a wonderful array, wearing &c."

i This word is suspicious. It may be meant for "luminum," referring to S. John's statement that they were "plena oculis ante et retro." Rev. 4. 6. or else for "animalium." If it is correct, it must be taken as meaning, "divine" or "angelic" "living creatures." In the same line, "variata terga" would seem meant for the ablative. I am doubtful also as to the following word, "evangelia," instead of which we might have expected some reference to their wings, "senas alas" mentioned by S. John.

a One would rather have expected to find these epithets transposed, so as to say that God is bountiful in His promises, and faithful in accomplishing them.

b cf. nunc *nuper* senem sterilem fecundasti; et tam cito quod donaveras, repetisti?—Serm. 7 § 2 app. t. 5 August. The word I have put in italics is a curious variation, changing the object of the verb from Sarah to Abraham; and the additional clause is needed.

c This clause is unintelligible.

d Has the adverb *quum* dropped out here?

e There seems some mistake here. Perhaps it should be a verb to govern *genuisse.* I have transposed the colon, which in former edd. is placed after the words "devotus pater."

This word shows that the quotation ~from the Itala. The Vulg. has ~e ignis et ligna, ubi est victima ~usti.' (c. 22 Gen. 7.) But the ~grees with the Greek and is ~us by S. Ambrose, 'Ecce est ovis in holocaustum. ~culum.

appares, in tribus unus agnosceris : c Pater ingenitus, Filius unus est generatus, Spiritus Sanctus unus est ex Patre d procedens, Patri et Filio coæternus. Una tamen in tribus virtus et dignitas, potestas, atque ita conjuncta divisio ; quæ tibi esset gloria in cœlis, potentia in aquis, sapientia in terris, virtus in abyssis, claritas in angelis, [voluntas in patriarchis,] dignitas in prophetis, sublimitas in evangelistis, auctoritas e in apostolis, pietas in præceptis, placabilitas in templis, festivitas in holocaustis, largitas in ministris, per Dominum nostrum. Cui angelicus flammiferus chorus terribile f exhibet obsequium : quem Cherubin et Serafin aurigam g sedentem pavidâ subjectione mirantur : ante cujus conspectum sex quaterni seniorum, mirificus ordo, splendifluam nitentium gemmarum h coronam capitis vertice gestantium; animalium quoque diversis numinum i vultibus variataque terga evangelia unà se jungentes, perenne jubilatione conlaudant dicentes, Sanctus.

*Contestatio de Abraham.*
*Incipit Contestatio*
DOMINICALIS DICENDA.

Verè dignum et justum est, omnipotens Deus, qui Abrahæ famolo tuo unicum filium quem ipse dederas, in sacrificium tibi victimam esse jussisti. O Domine, in promittendo fidelis, in perficiendo liberalis,a nunc b per sterilem senem fecundâsti, [et tam citò quod donaveras repetisti?] Sed ut devotio conprobaretur in patre, affectio postponeretur in sobole, et quâ futurum c nesciebat affectum. Plus siquidem gavisus est offerens tibi filium, quàm d promissum crediderit nasciturum. Pro hoc enim non sibi sed tibi filium genuisse, quem sic festinabat offerre, è rege : e devotus pater cum sacrificio jam parato ibat, et devotus filius cum sacerdote perfecto. Ita enim utrumque, sibi vota contexerant, ut nec pater de filii voluntate esset suspectus, nec filius de patris voluntate esset sollicitus. Consulit victima sacerdotem, et percussorem suum moriturus interrogat; Ecce adest ignis et ligna, ubi est ovis f quæ est ad victimam ! O expectacolum g dignum Deo ! O invictum devotionis triumphum, et magnum et inviolabile sacramentum. Devotio dicebat, Percute : pietas clamabat, Parce. Illa provocabat, ista revocabat. * Filius tamen moriturus jacebat, non vincolis arduis inretitus, sed officium pietatis indutus. Totis ergo pater visceribus in sua viscera feriturus insurgit : et nullam devotionis suæ afferre patitur tarditatem, nec[c] ex tarditate perdidit mercedem. Sed ecce Divinitas quæ jusserat ut feriret, iterum dicebat; Parce.[d] Parce, inquit, devote pater ; parce, religiose percussor ; parce, sine crimine parricida. Ego libens victimam tuam acceptavi ; votum non reprobo,[e] sacrificium laudo, fidem non repello. Tu quidem non perimes filium, sed facti tui per sæcula manet exemplum. O qualem rem ! nec filius timuit victima, nec pater inventus parricida ; quoniam adventum Domini nostri Jesu Christi exspectabat,[f] ante cujus conspectum omnes angeli atque archangeli.

*Item Contestatio Dominicalis.*

Verè dignum et justum est, credentium populum semper Deo dicere laudes, et in Christo[a] dominicæ sublimitatis præferre virtutem, et in Filio misericordem prædicare pietatem ; per quem cuncta protulit,[b] universa restituit. Sublata[c] sunt omnia quæ propheticis vocibus à te mandaveras ; perfecta sunt cuncta quæ de adventu tuæ sublimitatis ante prædixeras. Tu[d] es leo de tribu Juda, fortis in prælio ; tu catulus leonis, resurgens victor à mortuis ; tu verus agnus Dei, diu quæsitus ad victimam, per[e] cujus sanguinem placata sunt omnia ; tu lapis angularis, ædificantibus spretus, in[f] Ecclesiæ capite constitutus, admirabilis postmodum effectus ; tu sacerdos excelsus[g] et verus minister ; tu virga de radice Jesse prolata ; tu templum verum, quod pro nostrâ redemptione prostratum est ; tu[h] post triduum resurgens vivus à mortuis. Tu igitur in Noe rector arcæ, non solùm Noe sed Ecclesiæ gubernator. In Abraham fidelissimus patriarcha, in Isaac gloriosissima hostia patris, in Jacob summæ

* M. 377

cf. Devotio dicebat, Percute : pietas clamabat, Parce. Illa revocabat, ista provocabat. Filius tunc moriturus jacebat: erigit dexteram feriturus... Qui jusserat ut feriret, modo vociferatur ut parceret... Parce, inquit, devote pater ; parricida sine crimine, parce.... Acceptavi votum, nec repuli sacrificium. Laudo fidem, nec reprobo pietatem—ubi supra, app, t. 5 August.

c Should not this be *ne ... perdat?*

d In the edd. there is only a comma here.

e Edd. *reprovo.*

f This ought to be in the plural.

a The only suggestion I can offer as to the evident contrast between this word and *Filio* two lines afterwards, is that in His Humanity we are to contemplate His power, and in His Godhead to see the mercy generally associated rather with His Incarnation.

b A better reading than that in the mg. At the end of the preceding line the edd. have only a comma.

c The variation in the mg is remarkable ; but either word is suitable. The observance of the types was taken away by their being themselves fulfilled by the coming of Christ. *a te* in the next line seems a mistake for *antea.*

d On this variation Lesley observes, "In Mozarabico hæc tota Inlatio dirigitur ad Patrem æternum, at in Sacramentario Bobiano dirigitur oratio ad Dei filium." It is only after the first three lines that it changes from being addressed to the Father. The change begins in the preceding line.

Dignum et justum est nos Dominice potestatis preterre virtutem : et in filio paterne plenitudinis agnoscere majestatem. Per quem cuncta restituis: et universa restauras. Quem in hominis effigie misisti in seculo: ut amares in nobis quod diligebas in filio. Impleta sunt que propheticis vocibus antea mandaveras. Perfecta sunt cuncta que de adventu ejus ipse predixeras. Hic namque est leo de tribu Juda fortis in prelio. Hic catulus leonis victor resurgens a mortuis. Hic agnus immaculatus diu questus ad victimam. Hic lapis ab edificantibus spretus: postmodum ammirabilis factus; et in Ecclesie capite constitutus. Hic dux militie celestis et princeps. Hic Ecclesie Sponsus et Dominus. Hic in Noe non solum arche: sed Ecclesie gubernator. In Abraam fidelissimum patriarchalis privilegii fastigium : in Isaac gloriose hostie sacramentum. In Jacob summum patientie documentum. In Sanctis omnibus totius justicie plenitudo. quem conlaudant omnes Angeli et Archangeli ita dicentes.—M. Moz. 248. 77.

e This clause seems to have dropped out of the mg.

f The mg shows that this and the following clause have been transposed and the word *et* omitted between them.

g Lesley suggests 'excelsi.' The omission of the passage in the mg, evidently referring to the vision of the Captain of the Lord's host to Joshua, is noticeable. Dr Mill held that it was a vision of S. Michael, and that none but the semi-Arian Eusebius applied it to our Blessed Lord. But there is more support for this view in the Fathers than he was aware of, among which the passage in the mg must be reckoned.

h I think there must be a mistake here, and that instead of *tu* we must read *et* or *ut* with some change on the following participle. The passage consists of a list of the figures by which our Lord was shadowed forth; but this clause as it now stands, has nothing in common with it. I would, therefore, translate, ' Thou art the true temple, overthrown for our redemption, and after three days raised again from the dead.

44

i It is seldom that we find the text fuller than M. Moz. 'Misericordiæ' is 'forgivingness.'

j This is curious.

l This curious idea is also found in the writings of S. Paulinus of Aquileja; " Sed et omnium pene dona charismatum in eodem sacratissima die creduntur in mundo collata.... In ipsa in deserto Dominus de quinque panibus quinque millia hominum pavit. In ipsa die manna pluit de cœlis primum in eremo, et multæ aliæ spiritalium munificentiæ rerum in ipsa die sunt manifestatæ, quas cunctas longum est per ordinem recenseri." Cap. 13 in Concil. Forojul. p. 76. This Council was held A. D. 796. Madrisius in his note on the passage, gives the following; " Can. 8 inter novem adjectos vi. synodo, qui etsi ejusdem non sint, ut præmonet ibi Surius, attamen ut pii recipiuntur, additur; ' In eo nasci dignatus est: in eo stella magis refulsit: in eo de quinque panibus et duobus piscibus quinque millia hominum pavit: in eo baptismum in Jordane a Joanne suscepit.' " I have not been able to find anything to illustrate the legend about the three burning cities. It has been suggested to me by the learned Dr Reeves of Armagh that the word 'Landoglado' betokens a Cambrian or Armorican origin. This is interesting as connecting it with the Celtic nationality of S. Columbanus. Can it have been a town whose inhabitants had resisted the preaching of the Gospel, and which had therefore (probably not long before this was written) been given over to the flames by some warlike Christian chief? In this case, it might here be joined with Babel and Babylon as a warning of the danger of withstanding the truth. What is said of Babylon is probably taken from the Revelation, where we may notice the use of the word here connected with it; "de vino iræ fornicationis ejus biberunt omnes gentes, et reges terræ cum illa fornicati sunt; (18. 3) and it is said expressly that it was to be burned, "igne comburetur " and again, " cum viderint fumum incendii ejus." (18. 8, 9 : 19. 3) S. Jerome uses the burning of the Chaldæan city as a warning, much as I suppose it here employed ; though probably, the present passage refers chiefly to the Apocalyptic Babylon : " Nec dubium quin, ardente urbe, habitatores ejus vorax flamma consumserit.... forte possumus hoc dicere, quod multo utilior sit ignis et incendium Babyloni, quam fuerunt magi. ... Hic enim eos per pœnas atque supplicia ad pœnitentiam provocat." 13 in Isa. c. 47 v. 12. Babilla, which is mentioned first, is probably the tower of Babel. S. Gregory the Great connects it with the Apocalyptic Babylon ; " Ad construendum autem hujus spiritalis Babyloniæ ædificium, perversi quique illius antiquæ 'Babel imitantur exemplum ; cujus (teste sancta Scriptura) civitatis auctores, et pro saxis lateres et pro cæmento bitumen habuisse leguntur." (in Ps. quarti pœniten. § 24.) There may have been some legend that the Tower of Babel was destroyed by fire as a visible mark of God's displeasure.

**\* M.** *378*

r This word ought to be placed at the end of the sentence.

patientiæ magister, in [l] Joseph misericordiæ prædicator, in Moyse laudabilis dux, in David patriarcha præclarus, in Salomone abundantissimus fons sapientiæ, in Isaiâ auctor omnium prophetarum, in Johanne primus baptista, in Stephano primus martyr, in Petro negantium fides, in Paulo Spiritus Sanctus Paraclitus,[j] Quod meritò tibi, Domine, conlaudant opera illa, viginti quatuor seniores, et quatuor animalia senas alas habentes,[k] dicentes, Sanctus.

k "lege ' habentia.' " Lesley. The reference to S. John's Revelation will be observed. cf. above p. 344.

### Item Contestatio Dominicalis.

Verè dignum et justum est, omnipotens Verbum veritatis et Lumen claritatis. Gloria in excelsis Deo, et in terrâ pax hominibus bonæ voluntatis, die in quâ natus est Dominus. Die sancto dominico baptismum introivit. Die sancto dominico resurrexit Dominus. Die sancto dominico fecit mirabilia in Canâ. Galileæ, aquas in vina convertit. Die [l] sancto dominico de quinque panibus et duobus piscibus quinque millia hominum pavit. Die sancto dominico siccatum est mare ante populum Moysis. Die sancto dominico ordinatus est Petrus [m] secundum apostolus in novo Testamento. Die sancto dominico mare pedibus ambulavit. Die sancto dominico respexit in terrâ Babylonis, et vidit tres civitates ardentes, una Babilla, secunda Babylonis, tertia Landoglado. Babilla cedunt pedes peccatorum ; Babylonis cedunt pedes fornicatorum ; \* Landoglado cedunt qui contradicunt verbo Domini. Ibi sonat ossa [n] morigena peccatorum, et linguas aridas. Omnia[o] quæcunque voluit Dominus fecit in cœlo et in terrâ, in mari et in abyssis. Descendit ad infernum, et exinde tulit Adam,[p] et direxit eum in paradisum, et restituit eum unà cum [q] patriarchis. Meritò tibi,[r] Domine, omnis terra adorat te et confitetur.

m " Sic habet vetus exemplar." Mab. Can it refer to S. Andrew having been first called to follow our Lord ?

n " An legendum, ' os Amorrhæi, genas peccatorum."— Mab. I greatly doubt this, and would rather make the sentence apply to the unburied skeletons lying about, the bones rattling against each other, and the tongues being specially mentioned as being the members by which they had opposed the word of God. The quotation from the Psalms follows naturally as an exulting reference to these victories of God over His enemies.

o cf. Ps. 134. 6 ; " Omnia quæcunque voluit, Dominus fecit, in cœlo, in terra, in mari, et in omnibus abyssis."

p On the salvation of Adam, see above p. 96h, p. 183 ult.

q If this means (as it probably does) 'placed Adam where the patriarchs had previously been,' the writer must have held S. Augustine's view that the saintly patriarchs did not go to ' infernum ' at their death ; with regard to which see an Article in the Panoply vol. 2 p. 187.

<sup>a</sup> *Item Contestatio Dominicalis.*

Verè dignum et justum est, omnipotens Deus, te angelorum aptare licet illa in cœlestibus. Te in personis trinum, unum Deum in Trinitate, sine cessatione conlaudantes demonstrant; sed nostra exiguitas, terrigeno pulvere circumsepta,<sup>b</sup> quomodo poterit de tuis ineffabilibus operibus, saltim paucissima in laudes promere verba? præsertim cùm cœlum tibi sedes sit, terra autem scabellum pedum tuorum, et cuncta visibilia et invisibilia pugillo concludens, polum reples sanctorum angelorum catervis, tellurem per gradus hominum locatim disponis mirificè. Sic namque te ordinante regalis potentia principatum gerit in mundo, quatinus in cunctis <sup>c</sup> te Deum, dominum et auxiliatorem suum semper esse cognoscat. Proinde, Domine, subnixè deposcimus, ut prolixa per tempora isto in sæculo pacificè et feliciter principi nostro concedas regnare, et quandoque post annorum multa curricula peracta, tecum æterno aptes in regno per Dominum nostrum Jesum Christum Filium tuum, cui meritò omnes angeli, &c.

[MISSA PRO PRINCIPE.<sup>a</sup>]

[*Præfatio.*] Regem regum atque cunctorum regnantium dominum, Deum omnipotentem, sub cujus nutu et virtute universa regna terrarum piâ moderatione subsistunt, fratres dilectissimi, unianimiter deprecemur, ut principem nostrum tali jugiter tueatur auxilio, quali Abraham quondam cum trecentis decem et octo vernaculis suis de quinque regibus cum phalangis prostratis victoriam referentem mirabiliter salvavit cum triumpho; <sup>b</sup> ut nepotem suum Loth et prædam, gaudens propria reduceret ad loca. Ita principem nostrum semper victorem contra cunctos adversarios <sup>c</sup> vivificet,<sup>d</sup> salvum tueatur, conservet illæsum, qui Melchisedech et Abraham æterno tempore feliciter regnare [fecit] in mundum. Per Dominum.

[*Collectio.*] Domine Deus omnipotens, qui per sapientiam inæstimabilem, quà ita disposuisti mundum, ut absque regibus et principibus nullâ cum pace subsisterent climactera sæculi, quatinus, bonorum florente justitiâ,

44<sup>*</sup>

<sup>a</sup> " Hoc loco anteponitur secunda quidem sed antiquissima manu ' Missa pro Regibus:' quam post sequentem Contestationem, in qua de rege agitur, referimus." Mab. I do not see why he has taken away the title from this place, where it seems so suitable.

<sup>b</sup> cf. cernentes nos talibus incommodis circumseptos.—M. Moz. 378. 59.

cf. c. 7 Act. v. 49; Cœlum mihi sedes est: terra autem scabellum pedum meorum.

cf. c. 40 Isa. v. 12 ; Quis mensus est pugillo aquas, et cœlos palmo ponderavit ?

<sup>c</sup> cf. Que dum se ad futurum in cunctis subjicit creatori.—M. Moz. 392. 83.

cf. fac nos diem istum ... per multa curricula annorum in pace suscipere.—M. Moz. 35. 27, &c. post multa annorum curricula : suo nos adtrahat in regno superno.—ib. 445. 91. ut per multa curricula annorum lætus tibi in pauperes tuos hæc operetur.—S. Gel. ed. Mur. p. 719.
<sup>a</sup> " Hunc titulum, qui in exemplari deest, atque alios ejusdem Missæ titulos supplevimus. In hac Missa semper sermo est de principe, non de rege." Mab.

cf. c. 14 Genes. v. 14 ; Abram ... numeravit expeditos vernaculos suos trecentos decem et octo.
<sup>b</sup> I have altered the punctuation : the edd. have the full stop here and a semicolon after ' loca,' two lines further on. But the mood of ' reduceret' seems conclusive against this. Besides this sentence is needed to express the completeness of Abraham's victory.
<sup>c</sup> See the same expression in the following Collect.
<sup>d</sup> A curious use of the word, in the sense apparently of preserving from being killed. Perhaps the verb *faciat* is to be added before it, or *jubeat esse* as in the following Collect. In the following line the words 'et Abraham' should be erased. After having in the former sentence prayed that he might be as victorious as Abraham, it proceeds in this one to ask that he may have a prosperous and endless reign : the allusion being to what is said of Melchizedek in the Epistle to the Hebrews.

cuncta subacta tabescerent e perfidorum nequitia. Unde, Domine, te supplices deprecamur, tibique devotis mentibus in hac die fundimus preces pro fideli famulo tuo principe nostro *ill.* atque pro universo exercitu f illius. Ita eum, Domine, per dexteram virtutis tuæ, contra omnes adversarios semper esse \* jubeas cum triumphis victorem, sicut quondam auxiliatus es Moysi, dum adversùs inimicos suos dimicans, Hur brachia illius sustentaret usque ad vesperam ; illeque lumina g levans ad cœlos, mox, te auxiliante, Domine, usque ad internecionem suos percussit atque prostravit adversarios. Proinde te, Domine, subnixè deposcimus, ut taliter princeps noster in cunctis tuo jugiter fultus auxilio, innumeros per annos h feliciter vigeat in regno. Per Dominum.

[*Post nomina.*] Dominator Domine, qui superstites l atque defunctos, sicut volueris, misericors tuo tenes in nutu; adesto precibus nostris, ut sanctorum nominibus recensitis, j illorum meritis adjuvemur, k atque hæc sacrificia quæ tibi offerimus, et viventibus l proficiant ad salutem et defunctis opitulentur ad requiem æternam. m His inlatis muneribus, princeps noster et universus exercitus illius, in omnibus victor, ope potiatur divinâ, deprecantibus nobis. Et sicut olim Josue dum septies cum tubis mœnia circuit Hierico, ruentibus muris ilicò victoriam cepit n de urbe : ita, Domine omnipotens Deus, orantes deposcimus, ut siqui fortassis conati fuerint principis nostri contraire imperiis, sub pedibus illius tabescant feliciter prostrati. Præsta, Deus omnipotens.

[*Ad Pacem.*] Mediator cœli et terræ, omnipotens Deus Jesus Christus, qui pacata atque pacifica o hominum diligis corda; te supplices deprecamur, ut pax illa quam tenendam tuis reliquisti p apostolis, jugiter perseverans nostris vigeat in cordibus ; et sicut David quondam forti manu spurio q percusso Golia pacem Saulis fecit in populo, ita princeps noster, te opitulante, universis devictis undique gentibus, pacificè innumeros per annos suo feliciter splendeat in regno.

[*Contestatio.*] Dignum et justum est, Domine Deus omnipotens, laudes vocum nostrarum, si fas est, concentibus r angelorum aptare; licet illi in cœlestibus te in Personis trinum, unum Deum in Divinitate sine cessatione conlaudantes demonstrent. Sed nostra exilitas terrigeno pulvere circumsepta, quomodo poterit de tuis ineffabilibus operibus saltim paucissima &c. *ut supra pag.* 346.

### LEGENDIS COTTIDIANIS.[a]

*Epistola Pauli apostoli ad Romanos.*[a]

Fratres, rogo vos ut observetis eos qui dissensiones et offendicula, præter doctrinam quam vos didicistis, faciunt; et declinate ab illis. Hujusmodi [b] enim Christo Domino nostro non serviunt sed suo ventri, et per dulces sermones et benedictiones seducunt corda innocentium. Vestra enim obedientia in omni loco [c] divulgata est. Gaudeo igitur in vobis, sed volo vos sapientes esse in bono et simplices in malo. Deus autem pacis conteret [d] Satanan sub pedibus vestris velociter. Gratia Domini nostri Jesu Christi vobiscum.

*Lectio sancti Evangelii secundum Lucam.*[e]

In illo tempore, factum est [f] unâ dierum sedebat Jesus docens, et erant Pharisæi sedentes et legis doctores qui venerant ex omni castello Galileæ et Judæ [g] et Jerusalem : et virtus erat Domini [h] ad sanandum eos. Et ecce viri portantes hominem in lecto[i] qui erat paralyticus, et * quærebant eum inferre et ponere ante eum. Et non invenientes quâ parte illum inferrent præ turbâ, ascenderunt supra tectum per tegulas, et [j] submiserunt illum [k] in medio [l] ante Jesum. Quorum fidem ut vidit, dixit; Homo, remittuntur tibi peccata tua. Et cœperunt cogitare scribæ et Pharisæi, dicentes; Quis est hic? quid loquitur? blasphemat.[m] Quis potest dimittere peccata nisi solus Deus ? [n] Cognovit autem Jesus cogitationes eorum, et respondens, dixit ad illos: Quid cogitatis in cordibus vestris? quid est facilius dicere, Dimittuntur tibi peccata, an dicere, Surge et ambula? ut autem sciatis quia Filius Hominis potestatem habet [o] in terrâ dimittere [p] peccata, ait paralytico ; Tibi dico, surge et [q] tolle lectum tuum et vade in domum tuam. Et confestim surgens [r] coram illis, tulit lectum in quo jacebat, et abiit in domum suam magnificans Deum, et stupor adprehendit omnes, et magnificabant Deum.

a It will be observed as a proof of inattention as to cases, that in the present sheet we have this expression thrice, once (p. 352) in the nominative, once (on the same page) in the accusative, and here in the dative or ablative.
a cap. 16 v. 17-20

b Vulg *hujuscemodi.* codd. San-Germ. Clarom. Augi. Bœrn. Pseudo-Cypr. Bede agree with the text.

c Vulg. *omnem locum.* Sedul. Bede Ambrosiast. edd. 1512, '26, '46 text. have the ablative.

d Vulg. *conterat;* also *Satanam.* codd. San-Germ. Clarom. Augi. Bœrn. Amiat. have the same spelling of this latter word.
e cap. 5. v. 17-26.

f Vulg. *in.*

g Vulg. *Judœœ.* ed. 1512 spells it like our text.
h Vulg. *Dni erat.* codd. Colb. Vercel. Veron. Brix. Palat. Amiat. have the same order as the text.
i Vulg. *in l. ho.*

**\* M. 380**

j Vulg. *et per teg.* cod. Amiat. has the same order as the text.
k Vulg. *sum.* codd. Colb. San-Germ. I Veron. Palat. San-Gall. Amiat. S. Ambr. agree with the text. Also, the words *cum lecto* are omitted here.
l Vulg. *medium.* codd. Colb. Cant. Veron. Brix. Palat. agree with the text.

m Vulg. *qui loquitur blasphemias.*

n Vulg. + *ut* and omits the following *et.*

o Vulg. *hab. pot.* codd. Colb. Cant. San-Germ. I Vercel. Veron. Brix. Palat. San-Gall. Amiat. have the order of the text.
p Vulg. *dimittendi.* codd. Colb. Cant. San-Germ. I S. Gat. Veron. San-Gall. Amiat. have the infinitive.
q Vulg. omits *et.* codd. Cant. San-Germ. I Vercel. Veron. San-Gall. have it.
r Vulg. *consurgens.* codd. Corb. San-Germ. I S. Mart-Tur. S. Gat. Cant. Vercel. Veron. Brix. San-Gall. Amiat. agree with the text. codd. Colb. Palat. also have the simple verb.

## MISSA COTTIDIANA DOMINICALIS.

Placatus, quæsumus, Domine, quidquid pro peccatis meremur, averte; nec apud te delicta nostra prævaleant, sed misericordia tua semper exorta prævincat. Per.—S. Leon. p. 44.[a]
a Perhaps for *ut ... emundes.*
Præsta populo tuo, Domine, quæsumus, consolationis auxilium; et diuturnis calamitatibus laborantem respirare concede. Da veniam peccatis, et cor ejus ab iniquitate custodi; ut quia humana fragilitas incessabiliter meretur offensam, intervenientibus Sanctis tuis, indulgentia lapsis continuata subveniat. Per.—S. Leon. p. 45.
... ut qui diu pro nostris peccatis afficimur .... celerius in tua misericordia respiremus.—S. Gel. ed. Mur. p. 707.
b "Secretæ ejusmodi orationes sunt ex ritu Romano, ut superius observatum."—Mab. This note is a further proof that the learned Benedictine did not edit this work so carefully as his former one *de Lit. Gall.* for it ought to have been given many pages earlier.
c cf above p. 181; eodem pietatis cultu celebrare.

[*Collectio.*] Placatus, Domine, quæsumus, quicquid meremur averte, nec apud te delicta nostra plus valeant, sed misericordia tua semper nos peccatores præveniat : et per precem supplicem ita nos dignare respicere, et [a] à cunctis iniquitatibus nostris emunda.

(*Secreta.*[b]) Præsta populo tuo, Domine, quæsumus, consolationis auxilium, da veniam peccatis nostris, et ab omni nos iniquitate custodi ; et quia humana fragilitas incessabiliter meretur offensa, celeriùs in tuâ misericordiâ gaudeamus.

(*Contestatio.*) Verè dignum et justum est, omnipotens Deus, te semper cultu [c] servitutis humanæ laudare, qui, divinis muneribus tuis et cœlestibus beneficiis in nostrâ humilitate largus, ad lucem nos de tenebris revocâsti ; ut qui ante in desertâ et aridâ solitudine tenebamur, vitæ patefacto salutari spiritu, rigaremur, misso nobis Jesu Christo Filio tuo Domino Deo, rege et salvatore nostro, qui, in se delicta nostra suscipiens et quicquid homo anteà peccaverat sanguine suo abluens, nativitatem novam credentibus et ad se confugientibus [d] patefecit; in cujus ineffabili gratiâ gloriantes, quæsumus, Domine, ut statuas in viâ rectâ quos firmâsti per gratiam, per Christum Dominum nostrum.

d cf M.Moz. 368. 25; ad te confugiendo fugerat suos persecutores.

## MISSA ALIA.

### Epistola Apostoli ad Galatas.[a]

a 2 ad *Cor.* cap. 5 v. 10.

Fratres, omnes nos manifestari oportet ante tribunal Christi, ut referat unusquisque propria corporis sui [b] prout gessit, sive bonum sive malum. [c]Quæcunque[d] enim seminaverit homo, hæc et metet : quoniam qui seminat in carne,[e] de carne et metet corruptionem ; qui autem seminat in spiritu, de spiritu metet vitam æternam. Bonum autem facientes, non deficiamus.[f] Ergo dum tempus habemus, operemur bona [g] ad omnes homines, maximè autem ad domesticos fidei, in Christo.

b Vulg. omits *sui.* S. Cypr. S. Zeno, S. Ambr. (once) Sedul. have it.
c cap. 6 Gal. v. 8-10.
d Vulg. *quæ.* S. Jerome has "quodcunque."
e Vulg. + *sua.* S. Aug. (once) omits it.

f a clause is here omitted, probably through the recurrence of the verb "deficere."
g Vulg. *bonum;* it also omits *homines.*

### Lectio sancti Evangelii secundum Matthæum.[h]

h cap. 22 v. 35-46.

       \* M 381

Diebus illis interrogavit Dominum Jesum unus Pharisæus \* legis doctor, tentans eum ; Magister, quod est mandatum magnum in lege ? Ait illi Jesus ; Diliges Dominum Deum tuum in [i] toto corde tuo et in totâ animâ tuâ et in totâ mente tuâ. Hoc est maximum et

i Vulg. *ex.* codd. Colb. Corb. 1 and 2 San-Germ. 2 Clarom. Cant. Veron. San-Gall. agree with the text.

primum mandatum. Secundum autem simile est huic : Diliges proximum tuum sicut te ipsum. In his duobus mandatis universa lex pendet et prophetæ. Congregatis autem Pharisæis, interrogavit eos Jesus, dicens ; Quid vobis videtur de Christo? cujus filius est? Dicunt ei ; David. Ait illis ; Quomodo ergo David in Spiritu vocat eum Dominum, dicens : Dixit Dominus Domino meo, sede à dextris meis, donec ponam inimicos tuos scabellum pedum tuorum? Si ergo David vocat eum Dominum, quomodo filius ejus est? Et nemo poterat respondere ei ʲ verbum, neque ausus fuit quisquam ex illâ die eum ampliùs interrogare.

### ITEM MISSA DOMINICALIS.

[*Collectio.*] Omnipotens sempiterne Deus, cui potestas est sine fine miserendi, respice propitius ad humilitatis nostræ supplicem servitutem, quam ᵃ ante te per precem subjectam prætendimus, et præsta ut tibi subditas mentes perpetuum defensionis servet auxilium.

<small>ᵃ This clause, which is not in the mg, was probably added to adapt what was originally meant as a commendation of those who had received the Eucharistic gifts, to its new position as a Collect to be said before even the oblation was made. On the expression 'precem subjectam' we may compare ' precem supplicem ' at the beginning of the preceding page. It does not seem to be a Roman expression, as in that Liturgy this adjective is rather construed with such words as 'plebs' or 'familia.' At the end of the Collect the usual carelessness as to cases will be observed.</small>

(*Secreta.*) Deus, in te sperantium fortitudo, adesto propitius invocationibus nostris ; et quia sine te nihil potest mortalis infirmitas, præsta auxilium gratiæ tuæ, ut in sequendis mandatis tuis, et voluntate tibi et actione placeamus.

(*Contestatio.*) Verè dignum et justum est, omnipotens Deus, per quem Moyses famulus tuus populum suum eduxit in Christi triumphum per baculum crucis. Unde et baptismum ejus significavit in mundo.ᵇ INDEᶜ Maria canebat in tympano, unde passio Christi veneranda depignitur.ᵈ INDE Jonas vaticinavit inclusus, unde Ecclesia margarita te fecundant.ᵉ INDE David psallebat in cythara, unde Paulus apostolus prædicabat ; ᶠ Fundamentum aliud nemo potest ponere nisi Christus Jesus. INDE Petro mergenti manus porrigitur, ubi titubantis fides munitur,ᵍ ibi caput Ecclesiæ confirmatur. INDE Lazarus de sepulcro proditur, unde resurrectio Christi gloriosa laudatur. Gaudentes angeli et exsultantes archangeli, Cherubim quoque ac Seraphim.

<small>ʲ Vulg. *ei resp.* codd. Colb. San-Germ. 1 and 2 Vercel. Veron. San-Gall. Amiat. the Opus imperf. Miss. Sarum have the same order as the text.</small>

<small>ᵇ I have not changed the punctuation of the following passage, but I am inclined to suppose that the clauses beginning with the word 'unde' ought to be the first members of the contrasted events, and those with 'inde,' the second. Miriam's playing on the timbrel seems to be connected with the passage of the Red sea, the type of baptism and not with the Passion, which would rather go with Jonah. The next I do not understand, unless it be held to refer to the heavenly dew of the Holy Spirit, which was the source alike of David's inspiration and of the fruitfulness of the Church ; while the following, where Christ is spoken of as the foundation, suits well with His giving S. Peter a solid standing ground on the water. Perhaps, therefore, the first sentence also of this passage should be taken as containing a comparison ; 'Moses triumphantly led the people out of Egypt with his rod, as Christ triumphed by the wood of the cross.</small>

above p. 141.

<small>Omnipotens sempiterne Deus, cui miserendi sine fine potestas est ; respice propitius ad humilitatis nræ supplicem servitutem : ut donum gratiæ tuæ, quod sumsimus, nobis, et pro quibus oblatum est, te concedente proficiat ad salutem, et mentes nostras semper tibi subditas perpetuo defensionis tuæ conserva auxilio, atque cœlestis gaudii tribue nos esse participes, per.—S. Greg. apud Gerb. p. 297a.
ᶜ The edd. print this word here and in several other places of this 'Contestatio' in capitals. See above p. 208.
ᵈ " An ' depingitur '?"--Mab. May it not rather (if my view of the punctuation be correct) be an allusion to our Blessed Lord's Soul and Body being seized at His passion by the Devil, who, however, had to restore them as a wrongfully-gotten pledge (*pignus*) has to be given back. This would be parallel with the sentence about Jonah.
Deus, in te sperantium fortitudo, adesto propitius invocationibus nostris : et quia sine te nihil potest mortalis infirmitas ; præsta auxilium gratiæ tuæ : ut in exequendis mandatis tuis, et voluntate tibi et actione placeamus. Per.--S. Gel. ed. Mur. p. 587. there is nothing in this Collect to adapt it to the purpose of a 'Secreta.' It was probably the intention of the compiler of this Collection, to add a clause at the end to make it appropriate.
ᵉ " Forte, ' Ecclesiam margaritæ fecundant :' vel, ' Ecclesia margaritis fecundatur.' "—Mab. I would rather alter it thus ; 'unde Ecclesiam margaritam tu fecundas,' so as to mean, ' whereby Thou dost impregnate the Church as pearls are formed ;' cf. S. Isidore 16 Etym. 10. 1 ; " Margarita gignitur de cœlesti rore, quem certo anni tempore cochleæ hauriunt." This would agree with the general view I suggest of this passage.
ᶠ 1 ad Cor. c. 3 v. 11 ; Fundamentum aliud nemo potest ponere, præter id quod positum est, quod est Xps Jesus.
ᵍ My copy of the original edition of Mabillon looks as if the types of a small word had come out in the process of printing ; but Muratori's reprint agrees exactly with what is given in the text ; so that his copy had the same defect, if it be one.</small>

ITEM ALIAS LECTIONES COTTIDIANAS.

*Ad Titum.[a]

a cap. 2 v. 15—cap. 3 v. 4.

Fratres, hæc loquere et exhortare et argue cum omni imperio. Nemo te contemnat. Admone illos principibus et potestatibus subditos esse,[b] neminem blasphemare, non litigiosos esse sed modestos; omnem ostendentes mansuetudinem ad omnes homines. Eramus enim et nos aliquando [c] insipientes et [d] increduli, errantes, servientes desideriis et voluptatibus variis, in malitiâ et invidiâ agentes.[e] Cùm autem benignitas et humanitas apparuit salutaris [f] nostri Jesu Christi,[g]

b a clause is here omitted, perhaps from the recurrence of the word *esse.*

c Vulg. *aliq. et nos.* codd. Augi. Amiat. Lucif. S. Ambr. have the same order as the text.
d Vulg. omits *et.* cod. San-Germ. Lucif. S. Aug. ed. 1526 have it.
e The words "odibiles, odientes invicem" are here left out.
f Vulg. *Salvatoris.* Ambrosiast. agrees with the reading of the text. Brugens. mentions it.
g Vulg. *Dei.* instead of "Jesu Chr." Probably, the Epistle was continued to the end of the sixth verse, 'Quem ffudit in nos abunde per Jesum Christum Salvatorem nostrum," and the scribe may have had a copy where the order of the last four words were different and his eye have passed from 'salutaris' to 'salvatorem.'

* *Lectio sancti Evangelii secundum Lucam.*[h]

* M. 382

Tempore illo ibat Dominus Jesus in civitatem quæ vocatur Naim, et ibant cum illo [i] discipuli ejus et turba copiosa. Cùm autem adpropinquaret portæ civitatis, et [j] ecce defunctus efferebatur filius unicus matris suæ. Et hæc vidua erat, et turba civitatis multa cum illâ. Quam cùm vidisset Dominus, misericordiâ motus super eam, dixit illi; Noli flere. Et accessit et tetigit loculum. Hi [k] autem qui portabant steterunt. Et ait; Adolescens,[l] tibi dico, surge. Et resedit qui erat mortuus, et cœpit loqui, et dedit illum matri suæ. Accepit autem timor omnes,[m] et magnificabant Deum, dicentes, quia propheta magnus surrexit in nobis, et quia Deus visitavit plebem suam.

h cap. 7 v. 11-16.
i Vulg. *eo.* codd. Vercel. Veron. Brix. Palat. San-Gall. Amiat. agree with the text.
j Vulg. omits *et.* codd. Colb. San-Germ. 1. Vercel. Veron. Brix. Palat. San-Gall. Amiat. a pr. m. have it.
k Ed. *Hii.*
l Ed. *adulescens.*

m Vulg. *om. ti.* codd. Cant. Vercel. Veron. San-Gall. have the same order as the text.

ITEM LECTIONES COTTIDIANÆ.

a cap. 3 v. 12-15.
b Vulg. + "sancti et dilecti." the author "de promiss." omits them.

*Epistola Pauli Apostoli ad Colossenses.*[a]

Fratres, induite vos, sicut electi Dei,[b] viscera misericordiæ, benignitatem, humilitatem, modestiam, patientiam, supportantes invicem et donantes vobis ipsis,[c] si quis adversùs aliquem habet querelam. Sicut et Dominus donavit,[d] ita et vos. Super omnia autem hæc caritatem,[e] quod est vinculum perfectionis, et pax Christi exsultet in cordibus vestris.

c Vulg. *vobismetipsis.* codd. San-Germ. Clarom. Bœrn. Amiat. agree with the text.
d Vulg. + *vobis.*
e Vulg. + *habete.* codd. San-Germ. Clarom. Augi. Bœrn. Amiat. Ambrosiast. S. Aug. two MSS in 1546 mg omit it.

f cap. 8 v. 40, 41.

*Lectio sancti Evangelii secundum Lucam.*[f]

In diebus illis, factum est cùm redisset Dominus Jesus, excepit illum turba. Erant enim omnes exspectantes eum. Et ecce venit vir nomine [g] Jairus, et ipse princeps erat synagogæ; [h] et videns eum procidit ad pedes ejus et deprecabatur eum multùm, dicens, quoniam

g Vulg. *cui nomen.* The text is from the parallel passage in S. Mark. cod. Vercel. has the same confusion.
h Vulg. *syn. er.*
After this S. Mark is followed; cap. 5 v. 22-24, 35-43.

filia mea in extremis est; veni, inpone manum super eam, ut salva sit et vivat. Et abiit cum illo, et sequebatur eum turba multa.[i] Adhuc eo loquente, veniunt ab archisynagogo, dicentes; quia Filia tua mortua est, quid ultrà vexas magistrum? Jesus autem verbo quod dicebatur audito,[j] ait archisynagogo; Noli timere, tantummodo crede. Et non admisit quemquam sequi se[k] nisi Petrum et Jacobum et Johannem fratrem Jacobi. Et veniunt in domum archisynagogi, et vidit[l] tumultum et flentes et ejulantes multùm. Et ingressus ait eis;[m] Quid turbamini et ploratis? puella non est mortua sed dormit. Et inridebant eum. Ipse verò, ejectis omnibus, adsumpsit[n] patrem et matrem puellæ, et qui secum erant. Et ingreditur ubi erat puella[o] jacens, et tenens manum puellæ ait illi; Tabita[p] cumi, quod est interpretatum, puella, tibi dico, surge. Et confestim surrexit puella et ambulabat. Erat autem annorum xii. Et obstipuerunt[q] stupore maximo,[r] et præcepit illis vehementer ut nemo id sciret.

[i] All the history of the woman with the issue of blood, is here left out.

[j] Vulg. *aud. ver. q. dicebatur.* codd. San-Germ. I S. Mart-Tur. Amiat. have the order of the text.

[k] Vulg. *se seq.* codd. Colb. San-Germ. I S. Mart-Tur. Vercel. Vindob. Veron. Brix. Amiat. have the same order as the text.

[l] Vulg. *videt.* codd. Corb. San-Germ. I and 2, Brix. San-Gall. edd. 1512 '26, 46 text. agree with the text.

[m] Vulg. *illis.* codd. San-Germ. I S. Mart. Turon. Vercel. Brix. Amiat. agree with the text.

[n] Vulg. *assumit.* codd. Colb. Vercel. agree with the text.

[o] Vulg. *pu. er.* codd. Colb. Cant. S. Mart. Turon. Vercell. Veron. Brix. Palat. San-Gall. Amiat. have the same order as the text.

[p] Vulg. *Talitha.* codd. Colb. and Cant. Thabita; codd. Corb. San-Germ. 2 Vercel. Gat. Mm have Tabitha. so edd. 1526 '46 " multi libri " according to Brugens. while ed. 1512. codd. Veron. Vindob. have Thabitha, and cod. Palat. Tabea.

[q] On this spelling, see above p. 277.w codd. Cant. S. Mart. Turon. San-Gall. Amiat. have it.

[r] Vulg. *magno.* codd. Colb. San-Germ. 2 S. Gat. S. Mart. Turon. Mm Vindob. San-Gall. Amiat. ed. 1512 mg agree with the text.

## MISSA COTTIDIANA.

[*Collectio.*] Quæsumus, omnipotens Deus, ne nos tua misericordia derelinquat, quæ et terrores nostros amoveat, et noxia cuncta depellat.

(*Secreta.*) Munda nos, Domine, sacrificii præsentis effectu, et perfice miserator in nobis, ut ejus mereamur esse participes.

(*Contestatio.*) Verè dignum et justùm est, omnipotens Deus, verus homo carnem sumpsit de virgine, verus Deus non abstulit virginitatem. Verus homo * positus in præsepio: verus Deus Magis stellam ostendit. Verus homo baptizatus à Johanne: verus Deus aquas Johannis sanctificavit. Verus homo ad nuptias fuit: verus Deus aquas in vinum convertit. Verus homo dormiebat in nave: verus Deus sedavit tempestatem. Verus homo fidem miratur centurionis: verus Deus sanavit puerum ipsius. Verus homo super aquas pedibus ambulavit: verus Deus Petro mergenti manum porrexit. Verus homo super Lazarum flevit: verus Deus unâ voce Lazarum ab inferis suscitavit. Quis non timeat talem Dominum, regem æternum? cui meritò. Sanctus.

Quæsumus, omnipotens Deus! ne nos tua misericordia derelinquat: quæ et errores nostros semper amoveat, et noxia cuncta depellat. Per.— S. Greg. apud Gerb. p. 247.

Munda nos, Domine, sacrificii præsentis effectu: et perfice miseratus in nobis; ut ejus mereamur esse participes. Per.—S. Gel. ed. Mur. p. 693.

* M. 383

45

ITEM LECTIONES COTTIDIANAS.

*Epistola Pauli Apostoli ad Philippenses.*[a]

a cap. 1 v. 7, 8.

b This seems an insertion of Mabillon's; but the Vulg. places it before "gaudii."

o Vulg. *Deus.* cod. Bœrn. agrees with the text.

d Vulg. *om. vos.*

Fratres, scio vos gaudii mei omnes [socios][b] vos esse. Testis enim mihi est Dominus,[o] quomodo cupiam vos omnes [d] in visceribus Christi Jesu Domini nostri.

*Lectio sancti Evangelii secundum Johannem.*[e]

e cap. 3 v. 16-21.

f Vulg. *D. di.* codd. Colb. Palat. Vercell. Veron. Brix. San-Gall. Amiat. Tertull. Pseudo-Cypr. and some others have the same order s the text.

g Ed. seemingly by a misprint, *dacet.* The following words i. *illo* which are not in the Vulg. may be the remains of a reading found in cod. Palat. "mitteret in hunc mundum."

h Vulg. has all the following plurals in the sing. "omnis ... credit ... pereat ... habeat."

i Vulg omits *in eum* and adds *jam.* codd. Corb. and Fossat. have "in ipsum." Lucif. agrees with the text.

Sic enim dilexit Deus [f] mundum, ut Filium suum unigenitum daret [g] in illo, ut omnes [h] qui credunt in eum non pereant, sed habeant vitam æternam. Non enim misit Deus Filium suum in mundum, ut judicet mundum, sed ut salvetur mundus per ipsum. Qui credit in eum, non judicatur; qui autem non credit in eum,[i] judicatus est quia non credit in nomine unigeniti Filii Dei. Hoc est autem judicium quia lux venit in mundum et dilexerunt homines magis tenebras quàm lucem. Erant enim eorum mala opera. Omnis enim qui malè agit, odit lucem, et non venit ad lucem, ut non

j Vulg. + *autem.*

arguantur opera ejus. Qui [j] facit veritatem, venit ad lucem, ut manifestentur opera [ejus], quia in Deo sunt facta.

*Item alia secundum Johannem.*[k]

k cap. 14. v. 12, 13, 15, 21.

Amen, amen, dico vobis, qui credit in me, opera quæ ego facio, et ipse faciet, et majora

l The words "quia ego ad Patrem vado" are left out here.

m Vulg. + *Patrem.* codd. Corb. San-Germ. Fossat. Cant. S. Gat. S. Mart. Turon. Mm Palat. Vercell. Brix. San-Gall. Amiat. M. Moz. S. Ambr. S. Aug. Victorin. four MSS in '46 mg "complura MSS faventibus tractatoribus veteribus" according to Brugens. omit it.

n Vulg. *habet.* codd. Veron. Colb. Fossat. Lucif. Maximin. apud S. Aug. Cassiod. agree with the text.

horum faciet;[l] et quodcunque petieritis [m] in nomine meo, hoc faciam, ut glorificetur Pater in Filio. Si diligitis me, mandata mea servate. Qui audit [n] mandata mea et servat ea, ille est qui diligit me : qui autem diligit me, diligetur à Patre meo, et ego diligam eum et manifestabo ei me ipsum.

ITEM MISSA COTTIDIANA DOMINICALIS.

Deus, qui diligentibus te bona invisibilia præparasti; infunde cordibus nostris tui amoris affectum: ut te in omnibus et super omnia diligentes, promissiones tuas, quæ omne desiderium superant, consequamur. Per.— S. Gel. ed. Mur. p. 687.

cf. Respice propitius, quæsumus Dne, afflictionem populi tui.—S. Greg. apud Gerb. p. 117 a.

cf. M. Goth. supra p. 116; ut quos justitia corripis, misericordia consoleris. S. Leon. p. 124; quos jure corripis a veritate digressos, protege tua miseratione correctos.

cf. M. Gall. supra p. 155; te custode adque rectore.

cf. septi semper maneamus munimine charitatis.—M. Moz. 299. 53.

*(Collectio.)* Deus, qui diligentibus te bona invisibilia præparâsti, infunde in cordibus nostris tui amoris effectum : ut te in omnibus et super omnia diligentes, promissiones tuas quæ omne desiderium superant consequamur.

*(Secreta.)* Respice, Domine, quæsumus, adflictionem populi tui; et quos justitiâ corripis, misericordiâ consolari dignare ; ut te custode servati, ab omnibus periculis hujus vitæ liberemur.

*(Contestatio.)* Verè dignum et justum est, omnipotens Deus, clemens et misericors, qui januam fidelibus tuis per studium pacis et caritatis munimine patere voluisti; respice in

nobis et miserere nostri, Deus, qui ad æternam vitam in Christi resurrectione nos reparas. Custodi opera misericordiæ tuæ: ut cùm in majestate suâ Unigenitus * tuus advenerit, ad immortalitatis gloriam resurgamus per Christum Dominum.

cf. V. D. Qui Christi tui beata passione nos reparas: conserva in nobis operam misericordiæ tuæ.—S. Leon. p. 110.

* M. 384

SANCTUS.

## LEGENDA IN DEPOSITIONE SACERDOTIS.

*Epistola Pauli Apostoli ad Titum.*[a]

Fratres, de dormientibus nolumus vos ignorare,[b] ut non contristemini sicut[c] cæteri qui spem non habent. Si enim credimus quòd Jesus mortuus est et resurrexit; ita et Deus eos qui dormierunt per Jesum adducet cum eo. Hoc enim vobis dicimus in verbo Domini, quia nos qui vivimus, qui residui sumus in adventum Domini, non præveniemus eos qui dormierunt. Quoniam ipse Dominus in jussu et [d] voce archangeli et in tubâ Dei descendet de cœlo, et mortui qui in Christo sunt resurgent primi. Deinde nos qui vivimus, qui relinquemur,[e] simul rapiemur cum illis in nubibus obviam Domino[f] in aera, et sic semper cum Domino erimus.

*Lectio sancti Evangelii secundum Johannem.*[g]

Dixit Dominus Jesus ad turbas ; Amen, amen, dico vobis, quia qui verbum meum audit, et credit ei qui misit me, habet vitam æternam, et in judicium non venit sed transit à morte in vitam. Amen, amen, dico vobis, quia venit hora et nunc est, quando mortui audient vocem Filii Dei, et qui audierint vivent. Sicut enim Pater habet vitam in semetipso, sic dedit et Filio habere vitam in semetipso, et potestatem dedit ei judicium facere, quia Filius hominis est. Nolite mirari hoc, quia venit hora in quâ omnes qui in monumentis sunt audient vocem ejus ; [h] et procedent qui bona fecerunt in resurrectionem vitæ, qui verò mala gesserunt,[i] in resurrectionem judicii.

### MISSA SACERDOTIS DEFUNCTI.

[*Collectio.*] Præsta, Domine, quæsumus, ut anima sacerdotis tui *ill.* quem in hoc sæculo commorantem sacris muneribus coronâsti, cœlesti sede gloriosa semper exsultet.

b 1 ad *Thess.* cap. 4 v. 12-16. "Augustinus in sermone clxxiii. ad populum, ait nos debere hanc lectionem in mente habere, 'quando celebramus dies fratrum defunctorum.' Quantum vero defunctis prosit Sacrificium, idem testatur in sermone præcedente."—Mab. If this quotation were correct, it would have shown that this passage of S. Paul was not then used in Africa at funerals, as it would have been needless to tell people to bear it in mind, if they actually heard it read on these occasions. But the whole sentence is as follows; "Quando celebramus dies fratrum defunctorum, in mente habere debemus, et quid sperandum et quid timendum est."

D Vulg. *no. v. ig. fr. de do.* S. Aug. (sometimes) has the order of the text.
c Vulg. + *et.* several of Krabinger's MSS of S. Cypr. de Mort. p. 235 and S. Zeno omit it.
d Vulg. + *in.* Ambrosiast. omits it.
e Vulg. *relinquimur.* S. Hilary has the future.
f Vulg. *Christo.* codd. San-Germ. Clarom. Amiat. 1512 mg, '26, and 3 MSS in '46 mg, Tertull. S. Hilary, Ambrosiast. agree with the text.
g cap. 5 v. 24-29.

h Vulg. *Filii Dei.* codd. Colb. Palat. Vercell. Veron. Brix. San-Gall. Amiat. S. Hilary, S. Jerome, S. Aug. "antiqui libri cum nostri tum Epanorthotæ," (Brugens.) agree with the text, and 3 MSS in '46 mg.
i Vulg. *egerunt.* codd. Veron. Brix. S. Hilary, S. Aug. (once) agree with the text.

Præsta, quæsumus, Domine ; ut anima famuli tui *ill.* Episcopi quam in hoc sæculo commorantem, sacris muneribus decorasti ; cœlesti sede gloriosa semper exultet. Per.—S. Gel. ed. Mur. p. 753.

Deus, confitentium te portio defunctorum, preces nostras, quas in famuli tui Silvestri Episcopi depositione deferimus, propiciatus assume (S. Gel. ed. Mur. p. 752 has ' exaudi' like the text); ut qui nomini tuo ministerium fidele dependit, perpetua Sanctorum tuorum societate lætetur. Per.—S. Leon. p. 137.

Deus, qui universorum creator et conditor es; qui cum sis tuorum beatitudo Sanctorum, præsta nobis petentibus; ut animam fratris nostri *ill.* corporis nexibus absolutam, in prima Sanctorum tuorum resurrectione facias præsentari. Per.—S. Gel. ed. Mur. p. 750.

ᵃ The mg enables us to make this intelligible. The present Compiler seems to have stopped in the middle of an attempt to alter the Collect.

ᵇ I think that the word "per" ought to be added here, and three lines further on after the word "consortium" the words "admittere, et nomen ejus." Possibly the words "excelsum nomen" in this line, which seem superfluous, may have arisen from some confusion of the scribe's as to those which I suppose him to have omitted.

*(Collectio.)* Deus, qui confitentium te portio es defunctorum, preces nostras quas in sacerdotis tui *ill.* depositione deferimus, propitius exaudi; ut qui nomini tuo ministerium fidele dependit, perpetuâ sanctorum societate lætetur.

*(Post nomina.)* Deus, qui universorum creator et conditor es, cùm sis tuorum beatitudo sanctorum, præsta nobis petentibus; ut depositionem sacerdotis tui et ᵃ corporis nexibus absolutum in primâ resurrectione facias præsentari.

*(Contestatio.)* Verè dignum et justum est, mysteriorum cœlestium consecrator, æterne Deus, custos Ecclesiæ, sacerdotum decus, et laus omnium certa pontificum, eminentiam majestatis tuæ, excelsum nomen orare, ut ᵇ hæc sacra mysteria, quæ tuæ pietati offerimus pro animâ et spiritu sacerdotis tui *ill.* cujus hodie depositionem celebramus, inter sanctorum consortium in libri vitæ jubeas paginam intimare, per Christum Dominum nostrum. Cui.

**\* M. 385**

ᵃ cap. 14 ᵥ. 7-9.

ᵇ Vulg. *nostrum.* M. Moz. agrees with the text.

ᶜ Vulg. *ergo.* S. Aug. (once) M. Moz. agree with the text.

ᵈ cap. 6 ᵥ. 39, 40.
ᵉ Ed. *discipolis.*
ᶠ Vulg. *autem.* codd. Colb. San-Germ. S. Mart. Fossat. Cant. Palat. Vercell. Veron. Brix. Amiat. M. Moz. '46 text. agree with the text.
ᵍ Vulg. + *ego.* codd. Vercell. Veron. Fossat. Cant. Tertull. S. Hilary omit it.

ᵃ I do not think that this expression would have been used at an early date, while the resurrection of the body was one of the leading articles of belief. We may, however, compare it with S. Greg. apud Gerb. p. 317a M. Moz. 459. 87; anime corporeo ergastulo liberate. M. Moz. 300. 32; remuneraturi ad te de hujus vite carcere exeamus. The change to the second person shows that the conclusion of this passage belonged originally to a collect, and the confusion in it will be observed, the being received into Abraham's bosom referring to the soul, in spite of the masculine pronoun *eum,* while the being raised applies to the body, although no distinction is made.

ᵇ cf. M. Moz. 23. 20; gloriosus migravit e seculo. ib. 358. 48; qui migrare disponimus de hac temporali vita. ib. 388. 95; ad celestia regna migraverunt. ib. 286. 33; triumphator migravit ad celum. ib. 216. 62; ad celos migrant cum Christo.

**\* LECTIONES PRO DEFUNCTIS.**

*Epistola Pauli Apostoli ad Romanos.*ᵃ

Fratres, nemo vestrûm ᵇ sibi vivit, et nemo sibi moritur. Sive enim vivimus, Domino vivimus; sive morimur, Domino morimur. Sive enim ᶜ vivimus sive morimur, Domini sumus. In hoc enim Christus mortuus est et resurrexit, ut et mortuorum et vivorum dominetur.

*Lectio sancti Evangelii secundum Johannem.*ᵈ

In illo tempore, Dominus noster Jesus Christus loquebatur discipulis ᵉ suis, dicens; Hæc est voluntas ejus qui misit me Patris, ut omne quod dedit mihi, non perdam ex eo, sed resuscitem illud in novissimo die. Hæc est enim ᶠ voluntas Patris mei qui misit me, ut omnis qui videt Filium, et credit in eum, habeat vitam æternam. Et ᵍ resuscitabo eum in novissimo die.

### MISSA PRO DEFUNCTIS.

*[Præfatio.]* Omnipotentem Dominum, fratres carissimi, deprecemur, ut animam famoli tui *ill.* quam de corporis carcere ᵃ absolutam in illud sempiternum et inviolabile sæculum migrare ᵇ præcepisti, in Abrahæ sinum eum

digneris excipere, et in consortio primæ resurrectionis suscitare jubeas.

(*Collectio.*) Domine Salvator noster, qui
de fluctibus hujus sæculi [o] bonorum animas
suscipere dignatus es ; animam quoque famoli
tui *ill.* adsumere digneris, ut [d] eum ad portum
æternæ quietis admittas : ut cœlestibus fruatur
bonis, et gaudeat se malis evasisse [e] tormentis.

(*Post nomina.*) Rogamus etiam,[f] Domine,
pro animâ famoli tui *ill.* quam in pace dominicâ [g] adsumere dignatus es ; ut locum refrigerii
teneat,[h] vitæ merita consequatur æterna, ibique
eum statuere digneris, ubi est omnium beatitudo justorum ; et cùm [i] dies ille judicii advenerit,
inter sanctos et electos tuos eum facias suscitari.

(*ad Pacem.*) Judex superstitum[j] pariter
atque pausantium, pro fidelium omnium defunctorum spiritibus te deprecamur, sed maximè
pro hujus animâ famoli tui *ill.* ut pro meritis
et operatione justorum [k] motus in eo animad-
versionis exageres,[l] et omnia ei pro clementiâ
tuæ pietatis [m] indulgeas.

(*Contestatio.*) Verè dignum et justum est,
omnipotens Deus. Tu, Domine, cui omnia
adsunt, cui vivunt omnia ; [n] qui vocas ea quæ
non sunt, tanquam ea quæ sunt ; [o] æterne
miserator, qui non secundùm iniquitates nostras
retribuis nobis ; [p] et si iniquitatem observaveris,
Domine, quis sustinebit? [q] atque ideo deprecamur majestatem tuam, omnipotens Deus, ut
remittas famolo tuo *ill.* quos in hac vitâ habuit
carnis errores. Tribuas ei, Domine, delictorum
suorum veniam in illo secreto receptacolo, ubi
jam non est locus pœnitentiæ. Non [r] intres in
judicium cum servo tuo. Quis enim in conspecto
tuæ justitiæ justus appareat? Non se ei opponat
leo rugiens ; [s] et draco devorans, miserorum
animas rapere consuetus, non accusationem
exsequatur adversùs eum. Non objiciat [t] quicquid semper [u] suadendum cum ipso est. Tu
autem, Christe, recipe animam famoli tui *ill.*
quam dedisti, et demitte ejus debita magis quàm
ille demisit debitoribus suis ; ut ab omni metu
pœnæ adque ab æterni * judicii terroribus
absolutus, in [v] bonis tuis demoretur in pace per
Christum Dominum nostrum. Cui meritò.
SANCTUS.

o cf. M. Moz. 300. 31; inter istius mundi fluctus.
d Probably, a mistake for *et*.
e cf. quæsumus, ut famulus tuus sacerdos N. in beatorum tabernaculis constitutus: evasisse carnales angustias glorietur.- S. Greg. apud Gerb. p. 317a. penas evadant inferorum; M. Moz. 441. 107. evadere prestet inferni supplicium; ib. 21. 53.
f This word refers no doubt to the list of the departed which had just been read from the diptychs.
g cf. ad quos precedentium nos in pace Dominica animas pax perpetua confoveat. M. Moz. 293. 73. Te deprecamur pro anima famuli tui N. qui in dominica pace predecessit. ib. 457. 76. deprecemur pro spiritibus carorum nostrorum, qui nos in Dominica pace præcesserunt. M. Goth. supra p. 94.
h cf. pausantiun animas quies perpetua teneat. M. Moz. 317. 105.
i cf. sed cum magnus dies ille resurrectionis ac remunerationis advenerit, resuscitare eum digneris, Domine, una cum Sanctis et Electis tuis.— S. Gel. ed. Mur. p. 750. ut cum dies agnitionis tuæ venerit, inter Sanctos et Electos tuos eum resuscitari præcipias.— S. Greg. apud Gerb. p. 328.
I suspect that this sentence in the text has been added inconsiderately from a Roman Collect, to a Gallican one which ended at *justorum*, and which was complete of itself, the expressions, "Christ's peace" and "place of refreshment" referring to the intermediate state, while "eternal earnings of one's life" and "the place of the bliss of the righteous" seem rather to denote heaven itself; so that the mention of the resurrection is out of place after it.
j On this word, see above p. 348l.
k Probably the words *operum ejus* are to be supplied here.
l "An legendum, 'non exaggeres'?" – Mab. I would rather suppose a Hellenism, and render the word ' to take off.' Ducange has, ' exaggare, de acervo detrahere.'
m cf. ut eis pro suæ pietatis clementia maturum reditum largiatur.—M.Goth. supra p. 187.
n c. 20 Lucæ v. 38; omnes enim vivunt ei. M. Moz. 459. 99; Sancte Deus cui omnia vivunt. S. Greg. apud Gerb. 315b; Deum, cui omnia vivunt.
o c. 4 ad Rom. v. 17; et vocat ea quæ non sunt, tanquam ea quæ sunt.
p Ps 102. 10; neque secundùm iniquitates nostras retribuit nobis.
q Ps 129. 3; si iniquitates observaveris Domine; Domine, quis sustinebit ?
r Ps 142. 2; non intres in judicium cum servo tuo, quia non justificabitur in conspectu tuo omnis vivens.
s I have added this semicolon, and in the following line have substituted a comma after "consuetus" for a full stop.
t Edd. *obiciat*.
u Mab. puts a * here as a mark of hopeless corruptness of the text. But the general meaning seems plain enough, ' Let not Satan accuse him at the day of judgment for the things which he himself induced him to commit.'

**\* M. 386**

v cf. Ps. 24. 13; anima ejus in bonis demorabitur.

### ORATIONES AD [a] DEFUNCTOS.

[*Præfatio.*] Piæ recordationis affecto, fratres carissimi, commemorationem faciamus cari nostri *ill.* quem Dominus de tentationibus sæculi adsumpsit; obsecrantes misericordiam Dei nostri, ut ipse tribuere ei dignetur placitam et quietam mansionem. Remittat omnes lubricæ temeritatis offensas: ut concessâ plenæ indulgentiæ veniâ, quicquid in hoc sæculo proprius error attulit, ineffabile pietate ac benignitate suâ indulgeat.

(*Item alia.*) Tu nobis, Domine, auxilium præstare digneris, tu per [b] misericordiam largiaris, animam quoque famoli tui *ill.* à vinculis corporalibus liberatam in pace sanctorum tuorum recipias et gehennæ ignis evadat.

[c](*Item alia.*) Deus, qui justis supplicationibus semper præsto ades, qui pia vota dignaris intueri, da animæ famoli tui *ill.*, cujus transitûs hodie officia præstamus, cum sanctis adque electis tuis beati muneris portionem.

(*Item alia.*)[d] Antiqui memores chirographi, fratres dilectissimi, quo primi hominis peccato et corruptione addicta est humana conditio, sub cujus lege id sibi unusquisque formidat, quod alia [e] investigavit videatque, omnipotentis Dei misericordiam deprecemur pro animâ cari nostri *ill.* cujus hodie depositionem celebramus; ut eam in æternam requiem suscipiat, et beatæ resurrectioni repræsentet.

(*Item alia.*) Te, Domine, sancte Pater, omnipotens Deus, supplices deprecamur pro animâ cari nostri *ill.* quem ab hoc sæculo arcessiri jussisti. Dona ei, Domine, locum lucidum et refrigerium. Liceat ei transire portas inferorum et vias tenebrarum, maneatque in mansionibus Moysi, Eliæ, et Simonis [f] et Lazari, cunctorumque sanctorum, et in luce quam promisisti Abraham et semini ejus; ut cùm dies tremendus ille resurrectionis advenerit, resuscitari eum præcipias ad indulgentiam et non ad pœnam.

c It is plain that a " Preface" or address to the people, has dropped out here; this series consisting (like those above p. 91 and elsewhere) of a bidding and a collect alternately.
d This ought to have been designated a Preface.
e Probably for *alio;* but see the mg. The meaning of the clause seems to be, 'As each of us must expect to die some day, we should have a fellow-feeling for him who has died, and pray for him as we hope others will do the same kind office to us.'
f Simeon is probably mentioned because in his Song he speaks of his departing "in peace," (he having been the first to whom this blessed consequence of the Incarnation was promised; see S. Aug. t. 6 *app.* 261c) Lazarus, on account of the parable of the rich man. He is mentioned conjointly with Abraham in M. Moz. 463. 14.

### EXORCISMUM [a]
### *ad salis sparsum faciendum.*

Exorcizo te, creatura salis, in nomine Patris et Filii et Spiritûs Sancti; qui te per Eliseum in aquam mitti jussit, ut sanaretur sterilis; qui divinâ oris sui voce ait, Vos estis sal terræ, et per apostolum suum, Sit sermo noster sale conditus. Ideoque efficere sal exorcizatum, ut ubi-

---

a The only meaning I can suggest for this preposition is, that the following prefaces and prayers were to be used beside the corpse.

Pio recordationis affectu, fratres carissimi, commemorationem faciamus cari nostri (*illius*,) quem Dominus de tentationibus hujus Sæculi assumsit; obsecrantes misericordiam Dei nostri, ut ipse ei tribuere dignetur placidam et quietam mansionem: et remittat omnes lubricæ temeritatis offensas, ut concessa venia plenæ indulgentiæ, quidquid in hoc sæculo proprio reatu deliquit, totum ineffabili pietate ac benignitate sua deleat et abstergat.—S. Greg. apud Mur. p. 213.

Tu nobis, Domine, auxilium præstare digneris: tu opem, tu misericordiam largiaris: spiritum etiam famuli tui *illius* ac cari nostri, vinculis corporalibus liberatum, in pace Sanctorum tuorum recipias: uti locum pœnalem, et gehennæ ignem, flammamque tartari in regione viventium evadat. Per.—S. Gel. ed. Mur. p. 748.

Deus, qui justis supplicationibus præsto es; qui pia vota dignaris intueri; da famulo tuo *illi*, cujus diem depositionis hodie officia pia præstamus, cum Sanctis atque Electis tuis beati muneris portionem. Per.—S. Gel. ed. Mur. p. 749.

Antiqui memores chyrographi, Fratres carissimi, qui primi hominis peccato et corruptioni addicta est humana conditio; sub cujus lege sibi unusquisque formidat, quod aliis accidisse videat; omnipotentis Dei misericordiam deprecemur pro spiritu cari nostri *illius*, cujus hodie depositio celebratur: ut eum in æterna requie suscipiat; et beata resurrectione repræsentet. Per.—S. Gel. ibid.

Te, Domine sancte, Pater omnipotens, æterne Deus, supplices deprecamur pro spiritu fratris nostri, quem a voraginibus hujus sæculi accersire jussisti, ut digneris, Domine, dare ei locum lucidum, locum refrigerii et quietis: liceat ei transire portas inferorum et pœnas (*al.* vias) tenebrarum, maneatque in mansionibus sanc-

torum et in luce sancta quam olim Abrahæ promisisti et semini ejus: (*al. addit* nullam læsionem sustineant animæ eorum) sed cum magnus dies ille resurrectionis ac remunerationis advenerit, resuscitare eum digneris una cum electis et sanctis tuis; deleas ejus delicta atque peccata usque ad novissimum quadrantem, tecumque immortalitatis tuæ vitam et regnum consequatur æternum. Per.—Martene 2. 392 b ex cod. Gemmeticensi; et 3. 237 a ex cod. Floriacensi.

b The mg shows that this is a mistake for " opem." The last line of this collect must also be corrected from the same source.

---

a This title in Mabillon's edition, occupies the whole breadth of the page; see above p. 327a.

(Post hæc benedicet Sal, et dicit.) Exorcizo te, creatura Salis, in nomine Patris, et Filii, et Spiritus Sancti: qui te per Heliseum in aqua mitti jussit, ut sanaretur sterilitas: qui divini oris sui voce Discipulis ait: Vos estis Sal terræ: et per Apostolum inquit: Cor vestrum sale sit conditum. Ideoque efficere Sale exorcizatum: ut cunque fueris aspersa, præstes omnibus sanitatem mentis in protectionem [animi atque corporis, in confirmationem [b]] salutis, ad expellendas et excludendas omnes dæmonum tentationes per Dominum nostrum Jesum Christum, qui venturus est judicare sæculum per ignem.

> [b] I have added from the Mozarabic Missal these words, which are clearly required by the sense.

### Benedictio salis.

Virtutis tuæ invictissimam fortitudinem deprecor, Domine sancte, Pater omnipotens, æterne Deus, qui inter cuncta quæ procreari jussisti,* non minimam gratiam conferre dignatus es sali, ut ex illo possint universa condiri quæ hominibus ad escam per Filium tuum Dominum nostrum dignatus es largiri: per quem, Domine, supplices exoramus, ut hoc sal digneris sanctificare, ut ex vultu [a] majestatis tuæ virtutem contra omnes inmundos spiritus possit accipere. Expellat à tabernaculis famolorum tuorum quicquid potest esse pestiferum : exhibeat plenum salutis effectum, detergat [b] omnes præstigias inimici, et omnia monstrorum genera longiùs faciat effugere ; gravedines omnes fantasiasque compescat, et tranquillitatis in omnibus conferat gratiam. Per signum crucis Filii tui Domini nostri tutellam fidelissimam desiderantibus præstes.

> [a] A curious reading, not found in either of the other copies.
> [b] Probably a mistake for "deterreat" as in the mg.

### Exorcismum aquæ.

Exorcizo te, creatura aquæ, per Deum vivum, per Deum creatorem, qui te in principio è terrà separavit, et in quatuor fluminibus dividere dignatus est, ut ubicunque potata vel asparsa fueris, effugetur et expugnetur inimicus et omnis putredinis vis, ut sis propriè Deo dicata.

### Benedictio aquæ.

Deus, qui ad salutem generis humani maxima sacramenta in aquarum substantiâ dedisti ; adesto supplicationibus nostris, et elemento huic multimodis purificationibus præparato virtutis tuæ benedictionem infunde ; ut hæc creatura mysteriis tuis serviens, ad ablegandos dæmones morbosque repellendos divinæ gratiæ sumat effectum ; et quicquid in domibus fidelium hæc unda asparserit, careat inmunditiâ, liberetur à noxiâ; non illic resideat spiritus pestilens, non aura corrumpens ; abscedant omnes latentes insidiæ inimici, omnesque inquietudines procul aufugiant ; et si quid est quod incolomitati habitantium invideat aut saluti, adsparsione aquæ hujus abscedat ; ut salubritas per invocationem sancti nominis permaneat impugnatione defensa.

### Benedictio salis et aquæ.

Domine Deus omnipotens, institutor omnium elementorum, te per Dominum nostrum Jesum Christum Filium tuum supplices exoramus ; ut has creaturas salis et aquæ benedicere et sanctificare digneris, ut ubicunque aspersæ fuerint, omnis spiritus inmundus ab eo loco confusus abscedat atque recedat, nec ulterius in eo loco commorandi habeat potestatem : per virtutem Domini nostri Jesu

omnes qui te sumpserint sis eis animæ tutamentum ; atque huic domui in remissione peccatorum, in sanitate mentis, in protectione animæ, in confirmatione salutis ad expellendas et excludendas omnes dæmonum tentationes. In nomine.—S. Gel. ed. Mur. p. 739. It occurs also in M. Moz. xciii. where see the interesting note by Lesley, who observes that the two Ephesine authorities agree in placing the blessing of the salt before that of the water, whereas the Roman has the opposite order. Several of the readings of the Mozarabic Missal agree with the text where the Roman version differs from it.

Virtutis tuæ invictam fortitudinem deprecamur Domine sancte, Pater æterne, omnipotens Deus, qui inter omnia necessaria, quæ per Jesum Christum Dominum nostrum procreari jussisti non minimam gratiam conferre dignatus es sali, ut ex illo possint universa condiri, quæ omnibus ad escam per eundem tuum Filium Dominum nostrum procreasti. Ideoque te supplices exoramus, ut hoc sal digneris aspicere, quatenus ex majestatis tuæ virtute contra omnes spiritus immundos valorem possit accipere. Expellat ab omni loco, ubi tua fuerit invocatione aspersum quicquid potest esse pestiferum, ut exhibeat plenum salutis effectum. Deterreat omnia præstigia inimici, et omnia monstruosorum genera longius faciat effugari, gravedines omnes, phantasiasque compescat, et per signum crucis Filii tui D.n.J.C. tutelam fidelissimam desiderantibus præstet Qui tecum.—Martene t. 2 p. 271 ex Pontif. Halinardi. Like the preceding it occurs also in M. Moz. xciv. the readings of which agree much more closely with the text.

Exorcizo te, creatura aquæ, per Deum vivum, per Deum sanctum, per Deum totius dulcedinis Creatorem, qui te in principio verbo separavit a terra, et in quatuor fluminibus dividens totam terram rigare præcepit.—S. Greg. ed. Gerb. p. 255b from the consecration of the font.

Deus, qui ad salutem humani generis, maxima quæque sacramenta in aquarum substantia condidisti, adesto invocationibus nostris, et elemento huic multimodis purificationibus præparato virtutem tuæ benedictionis effunde ; ut creatura mysteriis tuis serviens ad abjiciendos dæmones, morbosque pellendos divinæ gratiæ sumat effectus: ut quidquid in loci in domibus fidelium hæc unda resperserit, careat immunditia, liberetur a noxia. Non illic resedeat spiritus pestilens, non aura corrumpens ; abscedant omnes insidiæ latentes inimici ; et si quid est quod incolumitati habitantium invidet aut quieti, aspersione hujus aquæ effugiat ; ut salubritas per invocationem tui nominis expedita, ab omni sit impugnatione defensa. Per.—S. Gel. ed. Mur. p. 738.

✱ M. 387

Christi, qui tecum, Deus Pater omnipotens, et cum Spiritu Sancto æqualis semper vivit et regnat in sæcula sæculorum.

*Oratio in domo.*

Te Deum Patrem omnipotentem suppliciter exoramus pro hac Domo, et pro Domus hujus habitatoribus hac spe, ut eam benedicere et sanctificare digneris; ut sint promtuaria eorum plena, eructantia ex hoc in illud. Tribue eis, Domine, de rore Cœli et de pinguedine Terræ, vitæ substantiam, et des deria voti eorum ad effectum tuæ miserationis perducas. Ad introitum ergo nostrum benedicere et sanctificare dignare hanc Domum, sicut benedicere dignatus es domum Abrahæ, Isaac et Jacob, et inter parietes Domus istius Angelus tuæ lucis inhabitet. Per.—S. Greg. ed. Mur. p. 507.

Benedic, Domine, domum istam, et omnes habitantes in eâ per intercessionem sanctorum tuorum benedicere et sanctificare digneris, et bonis omnibus amplificare; tribuas eis de rore cœli et de pinguedine terræ abundantem vitæ substantiam, in bonis omnibus desiderium ad effectum suæ miserationis perducat. Per Dominum.

## ORDO AD CONSECRANDAS MONACHAS.

a cf. c. 10 Luc. v. 42; Maria optimam partem elegit. But S. Ambrose (in loc. p. 1430B) seems to have a trace of the comparative; 'Nec Martha tamen in bono ministerio reprehenditur sed Maria, quod meliorem partem sibi elegerit, antefertur.' and S. Augustine (t. 3. 168) 'Salvator noster meliorem partem dicit Mariæ.'

\* M. 388

b cf. c. 25 Matt. v. 1-10.

c I suspect that there is something amiss as to this word; though it may be a reference to the words 'clausa est janua' in the parable of the virgins.

Omnipotens sempiterne Deus, Pater Domini nostri Jesu Christi : tu, Domine, adjuva voluntatem ancillarum tuarum, quæ meliorem portionem elegerunt [a]; et præsta eis gratiam spiritalem, ut sobriè, pudicè * viventes, hæc semper faciant quæ tibi sunt placita. Dignare etiam, Domine, lampadas earum inestinguibiles servare usque in finem : ut, sponso [b] veniente lætæ occurrere possint, atque regna cœlestia intrare : inclusæ [c] gratias tibi referant in regione vivorum, hoc signum Filii tui bajulantes ✠ qui vivit et regnat.

This may be compared with the service, above p. 154.

## AD VELANDAM VIRGINEM.

a Perhaps for *hujus.* "This all-pure garment has no ornament which can deceive men into sin."
b This is a quotation from the verse in the Revelation, so often applied to virgins; cap. 14 v. 4; Hi sequuntur Agnum, quocumque ierit.
c cf. M. Moz. 25. 96: ad amenitatem beatæ sedis.

Hæc sunt, Domine, capitis consecrati splendidiora velamina. Nullus [a] hic candidissimæ vestis ornatus cum quo errore decepta iter . . . sequatur Agnum ; [b] ita lumen Ecclesiæ atque inmaculata virgo, uni Domino nupta, beatam sedem [c] requirat.

## BENEDICTIO ABBATISSÆ.

a This thought greatly resembles passages in services for female saints. cf. Tua est enim gratia: non solum viros: sed etiam feminas per fidei confessionem miris victoriis emicare.—M. Moz. 344. 91. Cujus nec fides necessitate sexus variatur : nec virtus teneritudine muliebrium artuum enervata dissolvitur. Invictum enim Ecclesie Catholice caput : ita suis membris subrogavit virtutis augmentum: ut non solum viros sui nominis testes : in certamine victores per patientiam redderet: verum etiam feminis triumphalem coronam per tolerantiam condonaret.—ib. 347. 38.
b Note the two-fold ceremony by which an Abbess was inducted.

Omnipotens Domine Deus, apud quem non est discretio sexuum, nec ulla sanctarum disparilitas animarum : qui ita [a] viros ad spiritalia certamina conroboras, ut fœminas non derelinquas ; pietatem tuam humili supplicatione deposcimus, ut huic famolæ tuæ *ill.* quam sacrosancto gregi virginum, nostrarum [b] impositione manuum et hoc velaminis tegumento, in cœnobio *ill.* Matrem fieri optamus, clementia tua roboratrix perpetua non recedat. Da ei, Domine, fortitudinem spiritalia bella gerendi, ut nec honesta delaceret nec inhonesta delectet : atque ita à te inluminata, sibi creditam multitudinem animarum tuo sancto nomini jugiter admonendo faciat inservire, ut de nullius perditione confusa, tuæ genitricis[c] adjungatur cœtibus lætabunda, cum suis omnibus feliciter coronanda. Per &c.

> [c] Have these two words, which do not suit very well with the plural *cœtibus*, not been inconsiderately substituted for *sanctorum?*

### BENEDICTIO SUPER VIDUAM VESTE MUTANDAM.[a]

Domine sancte, Pater omnipotens, æterne Deus, qui in tantum humano generi miserationis tuæ curam inpendis,[b] et ita virginitatis devotionem amplecteris, ut viduitatis professionem clementer acceptes ; te, quæsumus,[c] Domine, precibus inploramus, te supplices deprecamur ; ut famolam tuam *ill.* quæ ob timorem tui nominis casto timore[d] sibi prospiciens, viduitatis indumentum per nostræ humilitatis manus percipere postulavit, tuo auxilio contra inlecebras carnis[e] atque insidias inimici munias præsidio ac[f] defendas, ut sit famola tua *ill.* Annæ filiæ Fannhelis similis in vigiliis, in abstinentiâ, in orationibus atque eleemosynis prompta.

### BENEDICTIO THALAMI SUPER NUBENTES.[a]

Deum, qui ad multiplicandam humani generis prolem benedictionis suæ dona largiri dignatus est, fratres carissimi, deprecemur, ut hos famulos suos *ill.* et *ill.* quos ad conjugalem copulam ipse præelegit, ipse custodiat. Det eis sensus pacificos, pares animos, mores mutuâ caritate[b] devinctos ;[c] habeant quoque optatas ejus munere soboles ; quâ sicut donum ipsius tribuit, ita ipsius benedictione consequantur, ut[d] hi famoli sui *ill.* et *ill.* in omni idem cordis humilitate deserviant. Per.

*Item alia.*[e]    *M. 389

Te deprecamur, Domine sancte, Pater omnipotens, æterne Deus, super hos famolos tuos *ill.* et *ill.* quos ad gratiam conjugii venire jussisti, qui (per nostram licèt[f] precem aut vocem) benedictionem tuam* desiderant. Tribue eis, Domine, fidele consortium caritatis.[g] Induant caritatem Sarræ, pœnitentiam[h] Rebeccæ, amorem Rachel, gratiam et caritatem Susannæ. Descendat[i] super hos famolos tuos *ill.* et *ill.* sicut descendit ros pluviæ super faciem terræ ; manûs tuæ sentiant actum,[j] et Spiritûs Sancti tui percipiant gaudium sempiternum.

46

[a] On this rite see above p. 155 and Martene lib. ii c. 7 who, however, does not notice the Benediction in the text, which is entirely different from those which he prints. The words "veste mutandam" in this title and "viduitatis indumentum" further on, seem to imply something more than mere veiling, which is all that most of his authorities speak of ; and even that was not practised everywhere. One quotation, however, which he makes (Capit. Caroli M. anno 801 n. 13) where it is described as " vestem *religionis* mutare velumque suscipere" implies that the verb is used in a special meaning, for "to assume for the first time."

[b] cf. M. Moz. 255. 57; deinceps curam sibi funeris excusat impendi. ib. 313. 107 ; Dominicarum ovium curam bonus etiam nunc pastor impendat. ib. 358. 105 ; ministerii sui curam cunctis Laurentio impendente.

[c] Either this word must be erased, or we must add *te* after *Domine.*

[d] The repetition of this word is suspicious. The writer probably had in mind 1 S. Pet. 3. 2 ; considerantes in timore castam conversationem vestram.

[e] cf. M. Moz. 350. 46 ; diabolus genus humanum per carnis inlecebram gloriabatur subjectum. supra p. 114 ; prægravatus illecebra usus carnis.

[f] Should we read, *ac præsidio?*

[a] " Hoc est quod ait Ambrosius in Epistola xxiv ad Vercellenses,[*] ipsum conjugium velamine sacerdotali et benedictione sanctificari oportere.'" Mab. Martene prints 15 Roman Offices for Marriage, and that in the text has not a single phrase in common with any one of them. This makes it probable that it is a purely Ephesine service. The absence of the actual contract may be taken as an evidence of antiquity ; as this Benediction must have been composed while that was regulated exclusively by the civil law.

[b] cf. M. Moz. 76. 86 ; da cunctis fidelibus mutuam charitatem.

[c] I have put a semicolon here in place of a full stop, and in the following line a semicolon in place of a comma.

[d] Should not this word *ut* with the comma that precedes it, be placed after " hi famuli sui ill. et ill. ? " In the same line the word *idem* is either meant for the ablative singular feminine or else is taken adverbially in the sense of 'jointly' 'together;' "may in every thing serve Thee unitedly in lowliness of heart."

[e] This is not an alternative form, but the prayer which was always to follow the preceding preface.

[f] for *scilicet; cf, ut quicunque hic, scilicet per nostrum officium atque ministerium, tibi dicatur, Ordo Bapt.

[g] cf. supra p. 72 ; nobis fraternæ caritatis sinceræ consortium dona.

[h] There must be some mistake here, as it would surely be out of place on such an occasion, and besides it is not very obvious to what it could refer in Rebekah's history. In the Gelasian the epithet joined with her name is " sapiens." Possibly, what our scribe meant to write was " patientiam," referring to the many years during which she was childless. "Rebeccæ utique, hoc est, patientiæ," says S. Ambr. ep. 63 § 100. It will be observed that in spite of the plural verb, this sentence applies only to the bride.

[i] Some such nominative as grace seems needed here.

[j] 'The guiding impulse.'

ORATIO SUPER EOS QUI SECUNDO NUBUNT.[a]
*Antiphona.* Benedictio Domini super vos.
[*Psalmus.*] Beati omnes.

Deus, qui multimoda subsidiorum remedia[b] fragilitati humanæ beneficia confers et tribuis incrementum, ut natura non defraudetur à semine, per quod geminata propago crescat in progenies. Sic temporibus priscis Ruth Moabitem benedixisti, sic in novissimis per apostolum tuum secunda matrimonia concessisti. Da eis[c] ergo, Domine, famolis tuis procreandorum filiorum unianime desiderium,[d] ut faciat Dominus hanc mulierem *ill.* quæ ingreditur in domum tuam, sicut Rachel et Lia, quæ ædificaverunt domum Israel, et sit exemplum virtutis in Ecclesiâ Dei. Per.

[BENEDICTIONES VARIÆ.]

*Benedictio omni quod in Ecclesiâ offertur.*[a]

Deus, cujus verbo et potentiâ facta sunt omnia, cujus dono percipimus quæ ad vitæ remedium possidemus; supplices te nixis precibus exoramus, ut de sede majestatis tuæ hujus oblationis sanctificator accedas. Suscipe de manibus famulorum tuorum *ill.* munus oblatum, quod à tuâ clementiâ benedictum in usum sanctuarii tui *ill.* maneat consecratum. Sint hæc in conspectu tuo libenter accepta, sicut quondam Abel pueri tui munera tibi ipsa placuerunt, et quia ob honorem amoris tui Ecclesia tua[b] offerit,[c] reconpensa ei pro[d] parvis magna; ut devotionem ejus aspiciens, peccata dimittas, fide repleas, indulgentiâ foveas, misericordiâ protegas. Per Dominum.

b Probably for the dative.
c Probably this is merely a misprint.
d cf. above p. 21; restituat illis pro modicis.

*Benedictio calicis et patenæ et turris.*[e]

e "Singularis est hæc 'benedictio Turris,' de qua fit mentio apud Gregorium Turonensem et Fortunatum. In testamento sancti Remigii Remorum episcopi; 'Jubeo,' inquit, 'turriculam et imaginatum calicem fabricari.' De hac alias fusius." Mab.

Deus omnipotens, qui cum Moyse famolo tuo in Chore montem servando populo tuo præcepta disponeres, templum sanctum tuum qualiter ædificaret, instituisti; precamur te,[f] Domine, tuam majestatem, ut hunc calicem, patenam et turrem, in quo celebraturi sumus sacrosancta mysteria, cœlesti benedictione sanctifices atque benedicas, ut sanctis vasculis tuis acceptabilem deferat famulatum. Per.

*Benedictio super eum qui in ecclesiâ primitus tondetur.*[a]

Manda, Deus, benedictionem et vitam famolo tuo *ill.* ut unguentum quod descendit in capite et in barbam illius Aaron, toto maneat et[b] in corpore, ut sit eodem famolo tuo *ill.* perfectio ad hanc quæ se juvenilem gaudet

---

a " Antiquissima est in Ecclesia benedictio super nubentes, super secundo nubentes rarior." Mab. Martene seems to have overlooked this as well as the preceding Benediction. Indeed, he does not give any Form for the Benediction of second marriages, and writes as if no one was ever used; lib. i. c. ix. 2. 7. The use of S. Jerome's version shows that this Form is not very ancient.

b This is probably meant for the ablative plural.

c The confusion between *hic* and *is* is so frequent in MSS, that it probably is characteristic of late Latin.

d Either there is an omission here, or else the scribe in quoting the following passage from the Bible, has not taken the trouble to adapt it to the context.

cf. c. 4 Ruth v. 11; faciat Dominus hanc mulierem quæ ingreditur domum tuam, sicut Rachel et Liam quæ ædificaverunt domum Israel, ut sit exemplum virtutis in Ephrata.

a Although I have printed this and the following Benediction in small type, in accordance with the rule I have followed throughout, of ascribing to the Roman Liturgy whatever is to be found in any Roman book, they seem rather of Gallican origin.

Deus, cujus verbo et potentia facta sunt omnia, cujus dono percipimus quæ ad vitæ remedium possidemus, te supplices nixis precibus exoramus, ut de sede Majestatis tuæ huic oblationi fidelium sanctificator accedas. Suscipe de manu famulorum tuorum *Ill.* munus oblatum, quod a tua clementia benedictum, in hujus sanctuarii tui usum maneat consecratum. Sint hæc in conspectu tuo libenter accepta, sicut quondam Abel alumni tui, vel Melchisedech munera tibi placuerunt oblata. Et quia ob honorem tui amoris Ecclesiam tuam summis nituntur decorare obsequiis: tu eis Domine magna pro parvis recompensa, ut devotionem eorum accipiens, peccata dimittas, fide eos repleas, indulgentia foveas, misericordia protegas, adversa destruas, prospera concedas. Habeant in hoc seculo bonæ actionis documentum, caritatis studium, sancti amoris effectum, et in futuro cum sanctis Angelis adipiscantur perpetuum regnum. Per.—S. Greg. p. 150.

f This word is redundant.

Deus, qui Moysi famulo tuo in Oreb monte servanda populo tuo præcepta disponens, templum sanctum tuum qualiter ædificaret instituisti; sacra quoque vasa, quæ inferri altari tuo deberent, ad instar vasorum cælestium docuisti: precamur, ut hunc Calicem, in quo celebraturi sumus sacrosancta mysteria, emissione sancti Spiritus tui cælesti benedictione sanctifices, gratumque et acceptabilem habeas, atque benedicas, ac digne sociatum vasculis tuis, et acceptabilem deferat famulatum, et digne tuis mysteriis consecretur. Per.—S. Greg. p. 151.

a An entirely different Form will be found in S. Greg. ap. Gerb. 257 a.

cf. Ps. 132. 3; illic mandavit Dominus benedictionem et vitam usque in sæculum.

cf. Ps. 132. 2; sicut unguentum in capite, quod descendit in barbam, barbam Aaron.

b Is this for *ei*? or has a mention of his soul dropped out here?

pervenisse ætatem, et quod in tuo nomine suo celebrat voto, à tuâ clementiâ toto corde benedictionem exspectet.

*Benedictio super puteum.* **\* M. 390**

Domine sancte, Pater omnipotens, æterne Deus, qui Abraham, Isaac, et Jacob, patres nostros puteos fœderis \* fodere, atque ex his aquam bibere propitiâ divinitate ᵃ docuisti ; te supplices deprecamur, ut aquam putei hujus ad communis vitæ utilitatem cœlesti benedictione sanctifices, ut fugato eâ ᵇ omni diaboli tentationis seu pollutionis incursu, quicunque ex eâ deinceps biberit, benedictionem Domini nostri Jesu Christi percipiat. Per.

*Benedictio ubi aliquid immundum ceciderit in vas.*ᶜ

Misericordiam tuam, Domine, supplices deprecamur, æterne omnipotens Deus, ut descendat benedictio tua in horum vasorum pollutionem : emundet sive vinum sive oleum, mel aut aquam : ᵈ ut nullam inquinationem sentiamus, qui dixit,ᵉ Omne ᶠ quod intrat in os non coinquinat. Nos humiles servi tui, exigui sacerdotes, jussa implentes, laudes honoris tui in corde retinentes, cruce tuâ expellimus sordes omnes, fiduciâ divinâ protege ; ᵍ omnes vincamus molestias in nomine Patris et Filii et Spiritûs Sancti regnantis in sæcula sæculorum.

*Benedictio palmæ et olivæ super altario.*

Ecce dies,ᵃ Domine, festa recolitur, in quâ infantum præsciæ turbæ frondes arboreos adsumentes in tuæ laudis trophæo Osanna in excelsis, fili David, Benedictus qui venit in nomine Domini, acclamantes occurrunt, pro quibus omnes gentes cognoscerent te et victoriam levâsse de mundo, et de diabolo obtinuisse triumphum ; præsta, ut ᵇ plebs tua ad sanctam resurrectionem tuam excubanda ᶜ perveniat: hæc quoque creatura arboris oliarum unâ cum palmis, quas populus pro tuis laudibus ᵈ . . . benedicatur benedictione perenni : ut quicunque piâ devotione pro expellendis languoribus, sive etiam pro expugnandas omnes insidiasᵉ inimici in cunctis habitationibus suis eas adportaverint aut biberint, ab omni sint impugnatione inimici securi : ut cognoscant omnes gentes, quia nomen tuum gloriosum est super omnia sæcula sæculorum.

46\*

---

ᵃ There seems some mistake here.

ᵇ Apparently, "*from it.*"

ᶜ The old Penitentials contain penances for those who ate what was polluted by something unclean falling into it. But when part only was polluted, the rest might be used after receiving a benediction of holy water. It is, however, observable, that none of them refer to such a prayer as we have in the text.

ᵈ These four nouns are put as alternatives ; on each occasion the one which was suitable would be used.

ᵉ for dixisti.

Deprecamur Domine clementiam pietatis tuæ, ut aquam putei huius cœlesti benedictione sanctifices, et ad communem vitam concedas salubrem, et ita ex eo fugare digneris omnem diabolicæ tentationis incursum, ut quicunque ex eo ab hinc hauserit, biberitve,vel in quibuslibet necessariis usibus hausta aqua usus fuerit, totius virtutis ac sanitatis dulcedine perfruatur, ut tibi semper sanctificatori et salvatori omnium Domino gratias agere mereatur. Per.—Sacram. liber auctore Grimoldo apud Pam. 2. 466.

ᶠ cf. c. 15 Matt. v. 11 ; non quod intrat in os, coinquinat hominem. The text has the same reading as the cod. Cant. which both in the Greek and Latin adds the word "all." I do not find any other Itala authority quoted in support of it.

ᵍ I would either erase this word or change it into *te protegente*. The following sentence might seem to have been transported from a Preface, which (according to the practice of the Ephesine rite) preceded this Prayer.

ᵃ "Hinc colligitur, hanc benedictionem factam fuisse Dominica Palmarum." Mab. I do not recollect any other example of a benediction of olive oil to be drunk (see below, the word "biberint") as a protection against Satan.

ᵇ The mg supplies an addition which I have marked by brackets.

ᶜ Correct *excubando* from the mg.

ᵈ The mg fills up this blank.

ᵉ for the ablative.

Hæc tibi Domine festa recoluntur, et annuis exacta curriculis memorantur, in qua infantum præsciæ turbæ arborum ramos assumentes, in tuæ laudis tropheo, Osanna in excelsis Filio David, benedictus qui venit in nomine Domini, acclamantes occurrerunt, ut omnes gentes cognoscerent, et victoriam te levasse de mundo, et de diabolo obtinuisse triumphum : Præsta igitur, Domine, ut [hujus diei celebrrimum cultum præsentiæ tuæ sanctificatione clarifices, ut perfectis tibi sacris solemnibus, universa hæc] plebs tua ad sanctam resurrectionem tuam excubando perveniat. Hæc quoque creatura arborum olivarum una cum palmis, quam populus tuus pro tuis laudibus [et benedictionibus suscipiendam alacri devotione expetit, ita] bene+dicatur benedictione perenni, ut quicunque pia devotione pro expellendis languoribus, sive expugnandis inimici insidiis in cunctis habitationibus suis eas hinc portaverint, ab omni sint expugnatione securi, ut agnoscant omnes quia nomen tuum gloriosum est. Qui cum Patre et Spiritu-sancto &c.— Martene lib. iv c. 20 § 4 from the Pontificals of Arles and Narbonne. He has overlooked the Benediction in the text, *ubi sup.* § 2. where he says there is no Blessing of palms in this Collection.

a It will be observed, that this Benediction performed at Easter, follows
one used on Palm Sunday. The rite
is mentioned in Mabillon's edition of
the *Ordo Romanus* pp. xcix, 142, 187
and by Martene lib. iv c. 24 § 32 (he
states that a Pontifical of S. Germain
des Pres contains a Benediction for it,
but does not print it) c. 25 § 24 (he
mentions among other things that it
was still observed in the Monastery
of Cassane near the close of the four-
teenth century). A form for it is
found in the Mozarabic Missal 193.
103 (see Lesley's note) but different
from that in the text and open to the
objection of Walafrid Strabo. Another
is still used at Rouen.
b cf. c. 32 Jer. v. 21 ; Et eduxisti populum tuum Israel de terra Ægypti . . .
in manu robusta et in brachio extento.
c cf. c. I Joan. v. 29 ; Ait ; Ecce agnus
Dei, ecce qui tollit peccatum (several
authorities, such as cod. Palat. S.
Fulg. M. Moz. have *peccata*) mundi.
Some clause seems to have dropped
out of the text here. ✱ M. 391
d A rare expression.
Benedic, Domine, hos fructus novos
uvæ sive fabæ, quos tu, Domine, per
rorem cæli et inundantiam pluvi-
arum, et tempora serena atque tranquilla ad maturitatem perducere
dignatus es, ad percipiendum nobis
cum gratiarum actione in nomine
D. n. J. C. Per quem hæc omnia &c.—
S. Gel. ed. Mur. p. 746. S. Greg. apud
Gerb. p. 308a. cf. Oremus pietatem
tuam, omnipotens Deus! ut has primitias creaturæ tuæ quos aeris et
pluviæ temperamento nutrire dignatus es, benedictionis tuæ imbre
perfundas, &c.—ib.
Benedic, (*Grim. ap. Pam.* Benedicantur nobis) Domine, dona tua ; qua
de tua largitate sumus sumpturi.
Per.—S. Gel. ed. Mur. p. 746.
Sanctum ac venerabilem retributorem bonorum operum Dnm deprecamur pro filio nostro *ill.;* qui de
suis justis laboribus victum indigentibus administrat: ut Dns cælesti sua
misericordia terrenam eleemosynam
compensat; et spiritales divitias largiatur: tribuat ei magna pro parvis,
pro terrenis cælestia, pro temporalibus sempiterna. Per.—S. Gel. ed.
Mur. p. 718, "Oratt. pro his qui
Agapen faciunt."

Omnipotens sempiterne Deus vespere, et mane, et meridie Majestatem
tuam suppliciter deprecamur: ut expulsis de cordibus nostris peccatorum
tenebris, ad veram lucem, quæ Christus est, nos facias pervenire. Per.—
S. Gel. ed. Mur. p. 745.

Deus, qui illuminas noctem ; et
lumen post tenebras facis; concede
nobis: ut hanc noctem sine impedimento Satanæ transeamus : atque
matutinis horis ad Altare tuum re-
currentes, tibi Deo gratias referamus.
Per.—ib.

Illumina, quæsumus, Dne, tenebras
nostras : et totius noctis insidias repelle propitius. Per.—ib.

Tuus est dies, Domine, et tua est
nox : concede Solem justitiæ permanere in cordibus nostris ad repellendas tenebras cogitationum iniqua-
rum. Per.—ib.

*Benedictio ad agnum* a *benedicendum in Pascha.*

Domine Deus, omnipotens Pater, qui populo tuo, quem eduxisti de terrâ Ægypti in manu robustâ et brachio forti,[b] per fidelissimum famulum tuum Moysen, præcipere dignatus es ut Paschæ solemnia celebraret, tuisque præceptis obtemperans agnum immaculatum imaginari, quem in figurâ ovis tui, Domini nostri Jesu Christi, immolaret, dum ait,[c] Ecce agnus Dei, ecce qui tollit peccata mundi. Ob hoc igitur supplices quæsumus, ut intercedente [d] Filio tuo Domino nostro Jesu Christo, hunc agnum præparatum benedicere et sanctificare digneris.

*Benedictio omni creaturæ pomorum.*

Benedic, Domine, et hos fructus novos *ill.* quos per temperamentum aeris et pluviæ, et temporum serenitatem, ad maturitatem perducere dignatus es ad percipiendum nobis cum gratiarum actione in nomine Patris et Filii et Spiritûs Sancti : per quem hæc omnia, Domine,✱ semper bona a creas.

a " Hæc verba extrema sunt Canonis Missæ, in'qua olim
hæc benedictio fiebat per hæc verba, teste Udalrico in lib.
I Consuetud. Cluniac. cap. xxxv."–Mab. It occurs in the
Missal of Soissons (printed in 1745) on July 25.

*Benedictio ad mensam.*

Benedicantur nobis, Domine, dona tua, quæ de tuâ largitate sumpturi sumus, qui vivis et regnas.

*Benedictio post mensam levatam.*

Gratias tibi agimus, omnipotens, æterne Deus, qui nos de tuis donis satiare dignatus es, per famolos *ill.*ᵃ Redde illis, Domine, pro parvis magna, pro temporalibus præmia sempiterna, qui vivis et regnas.

a This shows that this Collection was 'drawn up for a
community which was supported by alms.

### ORATIONES VESPERTINÆ.

Omnipotens sempiterne Deus, vespere et mane et meridie majestatem tuam suppliciter deprecamur : ut expulsis de cordibus nostris peccatorum tenebris, ad veram lucem, quæ Christus est, facias nos pervenire.

*Item alia.*

Deus, qui inluminas noctem, et lumen post tenebras facis ; concede nobis ut hanc noctem sine impedimento Satanæ transeamus, adque ad matutinis horis ad altare tuum revertentes, tibi, Deo, gratias referamus.

*Item alia.*

Inlumina, quæsumus, Domine, tenebras nostras, et totius noctis insidias repelle propitius. Per.

*Alia.*

Tuus est dies, Domine, et tua est nox : concede solem justitiæ tuæ permanere in cordibus nostris ad repellendas cogitationum tenebras iniquitatum.

### Item alia.

Vespertinæ laudis officia persolventes, clementiam tuam, Domine, humile prece poscimus ; ut nocturni insidiatoris fraudes, te protegente, vitemus.

### Item alia.

Propitiare, Domine, vespertinis supplicationibus nostris, et fac nos sine ullo reatu matutinis tibi laudibus repræsentari. Per.

## ORATIO DE MATUTINIS..

Gratias tibi agimus, Domine sancte, Pater omnipotens, æterne Deus, qui nos transacto noctis spatio ad matutinas horas perducere dignatus es ; quæsumus, ut dones nobis diem hanc sine peccato transire, quatenus ad vesperum gratias referamus.

### Alia.

Doni tui est, Domine, quòd quievimus : muneris tui est quòd ad te diluculò vigilamus. Dona desiderabilem fontem lucis post tenebras noctis ; ut perfusi rore cœlesti, totâ die refrigeriis medicinalibus foveamur.

### Alia.

Exsurgentes de cubilibus nostris, auxilium gratiæ tuæ matutinis precibus imploramus ; ut discussis tenebris vitiorum, ambulare mereamur in luce virtutum.

### Alia.

Matutina supplicum vota, Domine, propitius intuere, et occulta cordis nostri remedio tuæ clarifica pietatis, ut desideria tenebrosa non teneant, quos lux cœlestis gratiæ reparavit. Per.

### Alia.

Te lucem veram et lucis auctorem, Domine, deprecamur; ut digneris nobis tenebras repellere peccatorum, et clarificare nos luce virtutum.

## * EXORCISMUM OLEI.

Exorcizo te, spiritus inmundissime, per Deum Patrem omnipotentem et Jesum Christum Filium ejus Dominum nostrum ; ut omnis virtus adversarii, omnes exercitus diaboli, omne phantasma, eradicetur et effugiat ab hac creaturâ olei ; et sit ei [a] qui ex hac creaturâ olei contingitur, ubicunque in membris illius tetigerit vel perfusus fuerit, Domino auxiliante, benedictionem percipiat, et vitam æternam percipere mereatur.

### Benedictio olei.

Rex gloriæ majestatis tuæ, Domine Deus, benedic hanc creaturam olei, et sanctifica eam. Infunde illam à rore cœlesti Spiritu sanctitatis ; ut cujuscunque corpus vel membrum ex eo fuerit linitum vel perfusum, salutaris gratiam et peccatorum veniam et sanitatem cœlestem consequi mereatur. Per Dominum nostrum Jesum Christum.[a]

The most complete collection of Western Penitentials is that edited by Wasserschleben (Halle 1851). He prints nearly a dozen belonging to the Frank races, of which that in the text is one. As will be seen from the mg, they agree closely with each other. When no authority is named for the passage in the mg, it is taken from the Penitential of Halitgarius, which may also be found in Morinus' great work on Penitence.
b MS *exsol*.

Si quis clericus homicidium fecerit, et proximum suum occiderit, decem annis exul pœniteat. Post hos recipiatur in patriam, si bene egerit pœnitentiam in pane et aqua, testimonio comprobatus episcopi vel sacerdotis, cum quo pœnituit et cui commissus fuit, ut (*al.* et) satisfaciat parentibus ejus quem occidit, vicem filii reddens et dicens: Quæcunque vultis faciam vobis. Si autem non satisfecerit parentibus illius, nunquam recipiatur in patriam, sed more Cain vagus et profugus sit super terram. [Columbani b. 1. Merse. 1.]

Si quis ruina maxima ceciderit et filium genuerit, septem annis peregrinus in pane et aqua pœniteat; tunc primum sacerdotis judicio jungatur altario. [Columb. b. 2.]

Si quis clericus adulterium commiserit, id est cum vxore vel sponsa alterius; si filium genuerit, septem annos pœniteat: si vero filium non genuerit et in notitia hominum non venerit, si clericus est, tres annos pœniteat, vnum ex his in pane et aqua.

Si quis fornicaverit, sicut Sodomitæ (*al.* + fecerunt) 10 annos pœniteat, iii. ex his in pane et aqua. (*al.* + et nunquam cum alio dormiat.)
e This word shows that this § should follow immediately after § 1, as it does in several other Penitentials.

Si quis vero homicidium casu fecerit, id est non volens, v annos pœniteat. [Hubert. 2. Mers. a. 2 + iii ex his in pane et aqua.]

Si quis ad homicidium faciendum consenserit, et factum fuerit septem annis pœniteat. Si vero factum non est, iii annis pœniteat. [Hub. 3.] This enables us to add the words dropped out in our text.

Si quis perjuraverit, septem annis pœniteat, (*al.* + iii ex his in pane et aqua,) et nunquam juret postea. [Columb. b. 5.]

Si quis vero coactus pro qualibet necessitate, aut nesciens periurauerit, tres annos pœniteat, vnum in pane et aqua: et animam pro se reddat, id est, servum vel ancillam de servitute absolvat, et eleemosynas multas faciat.

Si quis clericus furtum fecerit capitale, id est, quadrupedum: vel casam ruperit vel fregerit, vel qualibet (*Wassersch.* quadrupedem .. quolibet) meliorem præsidium furauerit, septem annos pœniteat. Laicus quinque. Subdiaconus sex. &c.

Si quis maleficio (*al.* + suo) aliquem perdiderit, 7 annos pœniteat, 3 in pane et aqua.

Si quis pro amore maleficus sit (*al.* veneficus fuerit), et neminem perdiderit, si laicus est dimidium annum pœniteat: si clericus, annum vnum pœniteat in pane et aqua: si diaconus, tres annos, vnum in pane et aqua: si sacerdos, quinque annos, 2 in pane et aqua.

## IN DEI NOMINE
## INCIPIT JUDICIUS a PŒNITENTIALIS.

a I have not found this word in any other Frankish Penitential, though there are some which are like it. That of the Monastery of S. Hubert begins, "in nomine S. Trinitatis incipiunt judicia sacerdotalia. The Vienna MS, "incipit judicium patrum ad penitentes." But the only Spanish one which I find in Wasserschleben, begins, "incipit judicius penitentie." This is interesting when taken in connection with the strong traces of the influence of the Mozarabic Missal on the earlier portions of the present Collection. The resemblance, however, is confined to the title; for this Penitential is thoroughly Frankish.

I. Si quis clericus homicidium fecerit, et proximum suum occiderit, x annos exsul b pœniteat. Post hos recipiatur in patriam c cui conmisit, satisfaciat parentibus ejus quem occidit.

c The mg shows how much has been omitted here. "Commisit" is probably a mistake of the scribe's.

II. Si quis ruinâ maximâ d ceciderit, et filium genuerit, VII annos pœniteat.

d "Id est qui grave crimen carnale commiserit, si recte conjicimus."—Mab. The mg explains the meaning.

III. Si quis autem fornicaverit, sicut sodomitæ fecerunt, x annos pœniteat, tres in pane et aquâ, et nunquam cum alio dormiat.

IV. Si quis verò e homicidium casu fecerit, non volens, v annos pœniteat, tres in pane et aquâ.

V. Si quis ad homicidium faciendum consenserit, et non factum fuerit, tres annos pœniteat, duos in pane et aquâ.

VI. Si quis perjuraverit, septem annos pœniteat, tres in pane et aquâ, et nunquam juret postea.

VII. Si quis coactus aut nesciens perjuraverit, tres annos pœniteat, unum in pane.f

f "Supplendum videtur hic et in sequentibus, *et aqua*."—Mab.

VIII. Si quis furtùm capitale fecerit, quadrupedia vel casas fregerit, quinque annos pœniteat, tres in pane.

IX. Si quis maleficio suo aliquid perdiderit, decem annos pœniteat, tres in pane.

X. Si quis pro amore veneficium fecerit, et neminem perdiderit, tres annos pœniteat, unum in pane et aquâ.

XI. Si [g] quis mulieri partum deceperit, sex quadragenas agat in pane.

XII. Si quis clericus vel superior [h] gradus, qui uxorem habuit, et post honorem iterum eam cognoverit,* sciat se adulterium commisisse. Clericus [i] quatuor, diaconus sex, sacerdos septem, episcopus duodecim, singuli in pane et aquâ juxta ordinem suum.

[i] " Locus observatione dignus de continentia clericorum, etiam eorum qui conjugati erant. Concilium Africanum, a Zacharia pontifice relatum in epistola ix ad Pipinum, cap. xi minores Clericos ad continentiam non cogit, ' sed secundum uniuscujusque ecclesiæ consuetudinem observari debere' sancit. Concilium Matisconense can. xi, 'honoratiores' tantum 'clericos,' id est majores, ad id adstringit. Fortasse hic clericorum nomine subdiaconi censentur, de quibus videnda Gregorii M. Epistola xlii, lib. 1. Confer Petri Damiani Opusculum vii a cap. x, et num. xxviii infra."—Mab. From a comparison of the corresponding enactments in the other cognate Penitentials, especially Merseb. a12 and Hubert. 13, I rather suspect that these two words, "clericus quatuor" were a subsequent addition when the discipline as to clerical celibacy had become more strict.

XIII. Si quis cum sanctæmoniale vel Deo devotâ fornicaverit, unusquisque superiore sententiâ juxta ordinem suum pœniteat.

XIV. Si quis verò propter concupiscentiam vel libidinem seipsum fornicaverit, unum annum pœniteat.

XV. Si quis sepulcrum violaverit, quinque annos pœniteat.

XVI. Si quis concupiscit mulierem, et non vult eum suscipere, unum annum pœniteat.

XVII. Si quis eucharistiam, corpus Domini, neglexerit aut perdiderit, unum annum pœniteat. Si per ebrietatem aut voracitatem illum vomerit, tres quadragesimas in pane et aquâ. Si verò per infirmitatem, una hebdomada in pane et aquâ.

XVIII. Si quis clericus, aut uxor sua [j] vel cujuscunque infantem oppresserit, tres annos pœniteat, unum in pane.

[j] It would be a natural conjecture to read *uxoris suæ* in the text; but the other Penitentials do not justify this. One has; Si quis aut uxor suum infantem oppresserit. (Mers. a. 18.) another; Si quis cum uxore sua inf. opp. (Hub. 19.) another; Si quis laicus inf. suum oppresserit vel mulier. (Columb. b. 18.) another; Si quis clericus vel uxor sua inf. opp. (Paris. 11.) another; Si qui clerici aut laici aut mulier inf. opp. (Sang. 5. 2.)

XIX. Si quis verò [k] maleficus inmissor tempestatis, septem annos pœniteat, tres in pane et aquâ.

XX. Si quis autem membrum voluntate truncaverit, quinque annos pœniteat.

Si autem per hoc mulieris partus quis deceperit, sex quadragenas (*Wass.* quadragesimas) unusquisque insuper augeat, ne homicidii reus sit.

Si quis clericus, i. cuius superior gradus est, qui vxorem habet, et post conuersionem vel honorem iterum eam cognouerit, sciat se adulterium commisisse: idcirco, vt superius constitutum est, pœniteat.
[g] Compare below, number xxxii.
[h] Wassersch. reads *superioris* without remark.

* M. 393

Si quis fornicauerit cum sanctimoniale vel Deo dicata, cognoscat se adulterium commisisse, secundum superiorem sententiam vnusquisque iuxta ordinem suum pœniteat.

Si quis propter concupiscentiam vel libidinem per se ipsum fornicaberit, annum integrum pœniteat. [Merse. a 14.]

Si quis sepulchrum violauerit, septem annos pœniteat, tres in pane et aqua.

Si quis concupiscit mulierem, et non potest peccare cum illa aut non vult eum suscipere, annum integrum pœniteat. [Merse. a 16.]

Si quis sacrificium perdiderit, (*all.* Si quis Eucharistiam, id est communionem corporis et sanguinis Domini neglexerit aut exinde perdiderit; *v.* Pœnn. Hubert. 18 *et* Merse. a. 17) anno pœniteat, si per ebrietatem aut voracitatem illud evomuerit et negligenter illud dimiserit, tribus quadragesimis in pane et aqua pœniteat; si vero per infirmitatem, septem diebus pœniteat. Sed hæc de clericis et monachis mixtim dicta sint; cæterum de laicis. [Columb. b. 12.] This last clause may account for the apparent repetition in the text, below §§ 43-45.

Si quis infantem oppresserit, tres annos pœniteat, vnum ex his in pane et aqua: similiter et clericus observet.

[k] This word shows that this § has been transposed, as it ought to have been preceded (as in the Penitential of Cummeanus) by another of the same class. Our present Penitential, therefore, seems to represent an intermediate stage, coming before those which keep the same order but have dropped the particle.

Si quis (*al.* + maleficus) immissor tempestatum fuerit, 7 annos pœniteat, 3 in pane et aqua.

Si quis quoquolibet (*lege* quodlibet) membrum sibi voluntarie (*al.* voluntate) truncauerit, tres annos pœniteat, vnum in pane et aqua.

Si quis vsuras undecunque exegerit, tres annos pœniteat, vnum in pane et aqua.
m From the Penitentials of Cummeanus (vii. 3) and Merseburg (a 22) it would seem that we ought to read here, " sive per aves aut quocunque," ' whether they perform their auguries by means of birds or in any other way.'
n for ebriosus.

Si quis per potestatem, aut quolibet ingenio res alienas malo ordine inuaserit vel tulerit, super jure (*Wassersch.* superiore) sententia, similiter pœniteat, et eleemosynas multas faciat.

Si quis sacrilegium fecerit, id est quos (*lege* quod) aruspices vocant, qui auguria colunt, superauguriauerit, (*Wassersch.* colunt si per aves auguriaverit) aut quocunque malo ingenio, 3 annos in pane et aqua.

Si quis per iram alium percusserit, et sanguinem fuderit aut debilitauerit, soluat ei primo mercedem, et medicum quærat : si laicus est, 40 diebus : clericus, 2 quadragenas : &c.

Si quis cupidus, avarus, superbus aut invidiosus, aut ebriosus, aut fratrem suum odio habuit vel alia similia, quæ dinumerare longum est, iii. ann. pœn. in pane et aqua. [Merse. a 25.]

Si quis sortes habuerit, quas Sanctorum contra rationem vocant, vel aliquas (*al.* alias) sortes habuerit vel qualecunque malo ingenio sortitus fuerit vel diuinauerit, tres annos pœniteat, 1 in pane et aqua.

Si quis ad arbores, uel ad fontes, vel ad cancellum, vel vbicunque, excepto in Ecclesia, votum vouerit aut exsoluerit, tres annos cum pane et aqua pœniteat : et (*Wass.* quia) hoc sacrilegium est vel dæmoniacum. Qui vero ibidem ederit aut biberit, vnum annum pœniteat in pane et aqua.

* M. 394

Si quis clericus postquam se Deo vouerit, ad habitum secularem redierit, sicut canis ad proprium vomitum, vel vxorem duxerit, sex annos pœniteat, tres ex his in pane et aqua, et postea in coniugio non copuletur. Quod si noluerit, sancta Synodus vel sedes Apostolica separabit eos a communione Catholicorum. Similiter et mulier postquam se Deo vouerit, si tale scelus commiserit, pari sententiæ subiacebit.

Si quis falsitatem commiserit, vii annos pœniteat, iii ex his in pane et aqua ; qui autem consenserit, v annos pœniteat. [Merse. a. 29.]

Si quis cum quadrupede furnicatus fuerit, clericus ii ann. pœn., diaconus iii, sacerdos v. iii ex his i. p. e. a. [Paris. 25.]

Si quis in Kalendis Januarii quod multi faciunt, et in ceruulo ducunt (*lege* ducit ; *Wass. has* dicunt, *wrongly, I think*), aut in vetula vadit, tres annos pœniteat.

o " Sortes ejusmodi fiebant per sacros codices, ut notum est."—Mab. From our text it might have been inferred that these "sortes" were permitted under certain circumstances, when performed by holy Scripture, and that it was only when divorced from Christianity that they were wholly forbidden. But the consentient testimony of all the other Penitentials shows this was not the case ; so that we must suppose the scribe to have here written inaccurately.

XXI. Si quis autem usuras [1] undecunque exegerit, tres annos pœniteat, unum in . . .

1 " Et hic locus observandus contra usuras, nulla mentione facta solorum clericorum. Confer Pœnitentiale Cummeani, cap. 8 ubi usurariis quatuor anni pœnitentiæ imponuntur. Exstat cum operibus Columbani editionis Lovaniensis ann. 1667."—Mab. It will be found in the Collection of Wasserschleben p. 482, but in his copy, three years only of penitence are prescribed, as in the text.

XXII. Si quis per potestatem aut quodlibet ingenium res alienas malo ordine invaserit, superiore sententia pœniteat.

XXIII. Si quis sacrilegium fecerit, quod aruspices vocant, si per aves aut [m] aguria colunt, vel ad divinationes eorum vadunt, quinque annos pœniteat, tres in pane et aquâ.

XXIV. Si quis clericus proximum suum percusserit, et sanguinem fuderit, uno pœniteat anno.

XXV. Si quis malo ordine cupidus, aut avarus, aut superbus, aut tenebrosus,[n] aut fratrem suum [odio] habuerit, tres annos pœniteat.

XXVI. Si quis sortes sanctorum [o] contra rationem invocat, vel alias sortes habuerit, tres annos pœniteat, unum in pane et aquâ.

XXVII. Si quis ad arbores vel ad fontes aut cancellos, vel ubicunque, nisi in ecclesiâ, votum voverit aut solverit, tres annos pœniteat, unum in pane et aquâ, quia hoc sacrilegium est. Et qui ibidem comederit aut biberit, unum annum pœniteat.

XXVIII. Si quis clericus, postquam se Deo voverit, iterum ad sæculum reversus fuerit vel uxorem duxerit, duodecim annos pœniteat, sex in pane et aquâ, et nunquam in conjugio *copuletur. Quòd si noluerint, sancta Sedes apostolica separavit eos à communione sanctorum. Similiter et mulier, postquam se Deo vovit, et tale scelus admiserit, similiter faciat.

XXIX. Si quis falsitatem commiserit, septem annos pœniteat, tres in pane.

XXX. Si quis cum quadrupediâ fornicaverit, si clericus, duos annos, diaconus quinque, presbyter septem, episcopus decem.

XXXI. Si quis Kalendas Januarias in cervolo vel vicolâ [p] vadit, tres annos pœniteat.

p " Legendum videtur vitola (pro vitula, ut in variis locis). In sermone tamen sancti Pirminii a nobis edito, qualis est in codice Einsidlensi, legitur vehiculas ; tomo 4 Analect. p. 586. Forte, quod prohiberentur vectationes in vehiculis, quæ ab hominibus in speciem pecorum compositis trahebantur. In præfatione de Assumptione Deiparæ supra p. [235] legitur veicolum pro vehiculum."—Mab. As no authority is quoted to bear out this conjecture, it seems better (with the mg) to read vetula, which is a very slight alteration of the text, as c and t so closely re-